JavaScript Kochbuch
für Web-Anwendungen

Jerry Bradenbaugh

Deutsche Übersetzung von
Ulrich Günther

O'REILLY®

Beijing · Cambridge · Farnham · Köln · Paris · Sebastopol · Taipei · Tokyo

Kommentare und Fragen können Sie gerne an uns richten:
O'Reilly Verlag
Balthasarstr. 81
50670 Köln
Tel.: 0221/9731600
Fax: 0221/9731608
E-Mail: kommentar@oreilly.de

1. Auflage 2000

Die Originalausgabe erschien 1999 unter dem Titel
JavaScript Application Cookbook im Verlag O'Reilly & Associates, Inc.

Die Deutsche Bibliothek - CIP - Einheitsaufnahme

Ein Titeldatensatz für diese Publikation ist
bei der Deutschen Bibliothek erhältlich.

Übersetzung und deutsche Bearbeitung: Dr. Ulrich Günther, Auckland
Lektorat: Kerstin Grebenstein, Köln
Korrektorat: Friederike Daenecke, Zülpich
Fachgutachten: Imke Schenk, Hannover
Satz: reemers publishing services gmbh, Krefeld
Umschlaggestaltung: Edie Freedman, Kathleen Wilson & Risa Graziano, Boston
Produktion: Geesche Kieckbusch, Köln
Belichtung, Druck und buchbinderische Verarbeitung:
Druckerei Kösel, Kempten; www.koeselbuch.de

ISBN 3-89721-162-9

Dieses Buch ist auf 100% chlorfrei gebleichtem Papier gedruckt

Inhalt

Vorwort des US-Lektors

Willkommen im *JavaScript Kochbuch für Webanwendungen*, dem zweiten Buch in der »Kochbuch«-Reihe von O'Reilly. Dieses Buch unterscheidet sich jedoch derart vom *Perl Kochbuch*, unserem ersten Titel dieser Art, um eine Erklärung verdient zu haben. In seinem Vorwort zum *Perl Kochbuch* schreibt Larry Wall, das Kochbuch wolle »nicht für seine Leserinnen und Leser kochen (kann es auch nicht) oder ihnen gar das Kochen beibringen (obgleich es dabei hilft), sondern vielmehr eine Vielfalt von Kulturelementen vermitteln, die für nützlich erachtet wurden ...«.

Das *Perl Kochbuch* ist ein Kompendium von Kochtechniken. »Die n-te passende Stelle finden« entspricht grob einem »Wie man Butter anbräunt« und »Einen Hash sortieren« läßt sich als »Gebackene rote Paprika schälen« verstehen.

Das *JavaScript Kochbuch für Webanwendungen* ist dagegen ein reines Rezeptbuch. Denken Sie bei »Der JavaScript-Online-Shop« an »Kleine Schalottenplätzchen mit Räucherlachsaufstrich«. Jedes Kapitel stellt den Code und die Dokumentation für eine nützliche Webanwendung dar, die (meistens) völlig in JavaScript geschrieben ist. Bereiten Sie jedes Rezept so zu, wie Jerry es aufgeschrieben hat, oder nehmen Sie einfach die Schlüsselkonzepte, und rühren Sie sie in Ihre eigenen Kreationen. (*Designing with JavaScript* von Nick Heinle enthält kleinere Rezepte, die Sie in eine einzelne Webseite einsetzen können, während dieses Buch Ihnen zeigt, wie Sie vollständige client-seitige Webanwendungen in JavaScript schreiben können, der einzigen Skriptsprache, die Browser von Natur aus verstehen.)

Was ist, anhand dieser beiden unterschiedlichen Versuche, unsere Definition eines Kochbuchs? Ein Kochbuch ist nicht Inhalt in einem starren Format; es ist ein Buch, daß Ihnen beim »Code-Kochen« hilft. Erwarten Sie weitere Kochbücher, die das auf verschiedene Weisen machen.

Richard Koman, Lektor

Vorwort

Irgend etwas fehlte. Da saß ich nun, grub mich durch Stapel von JavaScript-Büchern, las Bildschirm um Bildschirm von Webseiten und versuchte dabei, soviel Code und Konzepte wie möglich aufzusaugen. Aber jedesmal, wenn ich eine neue Syntax oder elegante Technik vom Guru des Tages aufgeschnappt hatte, wußte ich außerhalb des Beispiels nichts damit anzufangen. Es war, als ob ich eine Küche voller Zutaten hätte, aber keine Rezepte. Ich hatte alle diese coolen JavaScript-Techniken und Codeschnipsel, war mir aber nicht sicher, wie ich sie zur Lösung üblicher Website-Probleme einsetzen sollte. Klar, in einigen dieser Bücher gab es JavaScript-Anwendungen; die waren aber nicht für das Web relevant. Ich meine, ein Blackjack-Spiel ist toll. Eine Tabellenkalkulation auch, ich werde aber weder das eine noch die andere in der nächsten Zeit auf einer Website unterbringen.

Also gibt es hier einige Rezepte. Nicht nur zum Herausfinden der Browseridentität oder zur Durchführung eines Bildrollovers, sondern vollständige Anwendungen, die Sie auf Ihrer Website auch verwenden können. Die Anwendungen in diesem Buch sind meist direkt verwendbar. Sie können sie in ein Verzeichnis auf Ihrem Webserver (oder lokalen Computer) kopieren und sofort ausführen. Die folgenden Kapitel sind vollgepackt mit JavaScript, das Ihnen hilft, Ihren Benutzern bei der Durchführung typischer Webaufgaben zu helfen, beispielsweise beim Durchsuchen von Sites, bei der Erzeugung von Bildrollovern, beim Betrachten von Online-Präsentationen, Cybershopping und vielem mehr. Sie werden die Programme natürlich modifizieren wollen, damit sie optimal für Sie arbeiten, aber sie sind mehr oder weniger betriebsbereit. Zusätzlich gibt es zu jeder Anwendung eine lange Erklärung, damit Sie sich ansehen können, wie sie funktioniert.

Was Sie wissen sollten

Dies ist kein Anfängerbuch. Sie werden hier kein JavaScript lernen. Sie werden lernen, es zu verwenden. Sie brauchen kein Drei-Jahre-JavaScript-Veteran zu sei. Wenn Ihnen aber `info.replace(/</g, "<")`, `new Image()` und `var itemArray = []` obskur vorkommen, dann sorgen Sie dafür, daß Sie wenigstens ein JavaScript-Syntaxbuch zur Hand haben, wenn Sie arbeiten. Versuchen Sie es doch einmal mit *JavaScript – Das umfassende Referenzwerk* von David Flanagan, das ebenfalls bei O'Reilly erschienen ist.

Schriftkonventionen

Kursiv
: wird verwendet für: Dateinamen, Verzeichnispfade, URLs und die Namen von Objekten, Variablen, Arrays und anderen Gebilden.

`Konstante Breite`
: wird verwendet für: HTML-Tags, Codebeispiele, Codefragmente, Funktionen und andere Codeverweise.

`Konstante Breite kursiv`
: wird für vom Benutzer eingegebenen und austauschbaren Text eingesetzt.

`Konstante Breite fett`
: wird für auf dem Bildschirm dargestellten Text verwendet.

Buchstruktur

Zum größten Teil folgt jedes Kapitel einem ähnlichen Schema mit den folgenden vier Abschnitten.

Einsatzvoraussetzungen

Dieser kurze Abschnitt umreißt die zur Ausführung der Anwendung benötigte Umgebung. Das bedeutet üblicherweise die kompatiblen Versionen von Netscape Navigator und Microsoft Internet Explorer. Der Abschnitt bietet auch einen Ausblick durch die Erörterung von Themen wie Skalierbarkeit oder Monitorauflösung.

Die Syntax unter die Lupe genommen

Wenn Sie genug vom Herumspielen mit einer Anwendung haben und sehen wollen, was sich »unter der Motorhaube« befindet, dann lesen Sie hier nach. Hier finden Sie die Besprechung des Codes, größtenteils Zeile für Zeile. Das ist bei weitem der längste Abschnitt des Kapitels, machen Sie es sich also gemütlich, bevor Sie anfangen, ihn zu lesen.

JavaScript-Techniken

Während wir uns unseren Weg durch die Syntax bahnen, wird es Punkte geben, an denen wir anhalten und eine Technik herausheben werden, die Sie zu Ihrem Rüstzeug für das Web hinzufügen können.

Mögliche Erweiterungen

Dieser Abschnitt schlägt Verfahren vor, mit denen Sie jede Anwendung durch noch eindrucksvollere Funktionalität erweitern können. Manchmal gebe ich Anregungen, manchmal biete ich Code an. Und manchmal kann ich es mir nicht verkneifen und schreibe den Code für Sie. Er ist in einem Codearchiv enthalten, das Sie herunterladen können. Wie auch immer, das sollte Ihre Kreativität anregen, so daß Sie nicht mit einem »Cool, aber wie bringe ich das auf meine Site?« steckenbleiben.

Über den Code

In diesem Buch dreht sich alles um Anwendungen. Es sollte Sie daher nicht überraschen, daß Sie jede Menge JavaScript-Code sehen werden. Einige Anwendungen enthalten mehrere hundert Zeilen, und die meisten davon sind auf den Seiten nach dem Code erklärt. In einigen Fällen wird der Code sogar wiederholt, damit Sie nicht ständig zwischen Erklärung und Code hin- und herblättern müssen.

Einer der Nachteile, den Code im Buch zu haben, besteht darin, daß er, nun ja, im Buch steht! Leider steht nicht genügend Zeilenbreite zur Verfügung, um all den gewünschten Code in einer Zeile unterzubringen. Der Code wird oft von einer Zeile in die nächste und wieder in die nächste umbrochen. Um die Lesbarkeit zu erhöhen, wurden die Kommentare weggelassen, die Sie aber z.T. in den Dateien selbst finden werden. Der Setzer hat sich große Mühe gegeben, den Code sauber innerhalb der Seitenbegrenzungen zu formatieren, in manchen Fällen werden Sie es aber vielleicht augenschonender finden, sich die Dateien in Ihrem Texteditor anzusehen.

Da wir erwarten, daß Sie diesen Code verwenden und nicht nur lesen wollen, haben wir alle Anwendungen in einer zip-Datei zur Verfügung gestellt, die Sie von der O'Reilly-Website herunterladen können. Gehen Sie zu *http://www.oreilly.de/catalog/jscookger/*, und halten Sie nach dem »Download«-Link Ausschau. Sie werden in jedem Kapitel Hinweise auf diese Datei finden.

Entwicklung und Test

Hier habe ich die bei der Codeentwicklung für dieses Buch benutzte Hardware und Software aufgelistet (in keiner besonderen Reihenfolge). Zum größten Teil wurde alles in einer Windows-Umgebung getestet, Unix- und Mac-Benutzer sollten, wenn überhaupt, aber nur wenigen Problemen begegnen.

Hardware: IBM ThinkPad 55/P75/16M, Compaq Presario/P233/100M, IBM Aptiva C23/P120/128M, DELL OptiPlex/P2-266/128M, Sun SPARC 20

Betriebssysteme: Win95, WinNT Workstation 4.0, WinNT Server 4.0, Solaris 2.5

Browser: Netscape Navigator 3.0, 3.04 Gold, 4.0, 4.04, 4.07, 4.08, 4.5; Microsoft Internet Explorer 3.0, 3.02, 4.0, 4.01, 5.00

Auflösungen: 640 x 480, 800 x 600, 1024 x 768, 1152 x 900, 1280 x 1024

Natürlich wurde nicht jede Anwendung unter allen diesen Bedingungen getestet. Ich habe jedoch versucht, defensiv genug zu programmieren, um die überwiegende Mehrheit der Benutzerumgebungen unterzubringen.

Danksagungen

Mein Name steht auf dem Einband, es macht mich aber sehr stolz, auf die Rolle anderer bei der Entstehung dieses Buchs hinzuweisen. Ich möchte mich herzlich bei diesen Leuten dafür bedanken, daß sie es möglich gemacht haben.

Auf der technischen Seite möchte ich mich bei Steve Quint und James Chan, Jim Esten, Bill Anderson, Roland Chow, Rodney Myers, Matthew Mastracci, Giorgio Braga, Brock Beauchamp und all den anderen bedanken, die mich Ihre enorme JavaScript- und anderweitige Programmiererfahrung anzapfen ließen, wenn es eng für mich wurde. Außerdem bin ich Patrick Clark verbunden, dessen Code die Inspiration für die Online-Hilfe-Anwendung war. Dank gebührt auch Richard Koman, meinem Lektor, der immer ein offenes Ohr für meine Ideen hatte und mir die Gelegenheit gab, sie zu Papier zu bringen, und Tara McGoldrick und Rob Romano für alle ihre Bemühungen hinter den Kulissen.

Auf privater Ebene möchte ich mich sehr bei meiner Frau, Róndine Bradenbaugh, dafür bedanken, daß sie es monatelang ausgehalten hat, daß ich Nacht für Nacht meinen PC-Monitor angestarrt und fieberhaft getippt habe. Ich möchte mich bei meinen Eltern für ihre Unterstützung bedanken und dafür, daß sie mich ermutigt haben, meine schriftstellerische Seite zu entwickeln.

Ich möchte auch noch jemandem anderen danken, der häufig übersehen wird – *Ihnen*, dem Leser. Sie sind es, der oder die Ihr schwerverdientes Geld in der Buchhandlung läßt, um dies alles möglich zu machen. Es gibt jede Menge JavaScript-Bücher. Sie haben meins gewählt. Vielen, vielen Dank für die Gelegenheit, Ihnen einen Gegenwert für Ihr Geld geben zu dürfen.

Einführung

Dies ist ein ungewöhnliches Buch. Es beschäftigt sich mit der Erstellung umfangreicher Webanwendungen in JavaScript. Das ist etwas anderes als das, was sich die meisten Leute unter der Benutzung von JavaScript vorstellen. JavaScript wird normalerweise (oder wurde zumindest) nur mit Bildrollovern, Zählern, der Browserbestimmung und ähnlichen Sachen in Verbindung gebracht.

Was für JavaScript spricht

Es gibt keine einzelne Sprache oder Technologie, die den Markt als beste Lösung zur Entwicklung von Webapplikationen beherrscht. Jede hat ihre Vorzüge und Nachteile. Die in letzter Zeit erreichten Fortschritte in JavaScript und anderen um sich greifenden Technologien wie DHTML, Java oder auch Macromedias Flash haben JavaScript in die Lage versetzt, auf diese Werkzeuge aufbauen und damit ziemlich leistungsfähige Weblösungen erstellen zu können. Hier sind ein paar weitere Gründe, die für die Anwendungsentwicklung in JavaScript sprechen.

Einfach zu erlernen, schnell und leistungsfähig

Da JavaScript ziemlich leicht zu erlernen ist, können Sie sofort anfangen, es zu verwenden. Das ist optimal, wenn Sie einer Site schnell etwas Funktionalität verleihen wollen. Wenn Sie erst einmal die Grundlagen beherrschen, ist es bis zur Erstellung ganzer Anwendungen nicht mehr weit.

Für eine höhere Programmiersprache ist JavaScript auch ziemlich leistungsfähig. Sie können damit zwar nichts auf Maschinenebene unternehmen, es macht aber viele Eigenschaften des Browsers, von Webseiten und teilweise auch des Systems verfügbar, auf dem der Browser läuft. Anders als Java™ oder C muß JavaScript nicht kompiliert werden, und der Browser muß auch keine virtuelle Maschine laden, um den Code auszuführen. Einfach programmieren und laden, fertig.

JavaScript arbeitet auch unter einer objektorientierten Architektur, ähnlich wie Java und C++. Merkmale wie Konstruktorfunktionen und prototypenbasierte Vererbung geben dem Entwicklungsschema eine Abstraktionsebene. Das fördert die Wiederverwendbarkeit von Code.

Verbreitung

JavaScript ist bei weitem die populärste Skriptsprache im Web. Nicht nur Tausende, sondern Millionen von Webseiten in der ganzen Welt enthalten JavaScript. JavaScript wird von den beliebtesten Webbrowsern unterstützt (obwohl wir da bei MSIE eigentlich von JScript reden). Sowohl Netscape als auch Microsoft scheinen ständig nach Wegen zu suchen, die Funktionalität der Sprache auszubauen. Diese Art Unterstützung bedeutet, daß JavaScript eine bessere Chance hat, von der überwiegenden Mehrheit der Browser Ihrer Website-Besucher unterstützt zu werden.

Die Serverbelastung reduzieren

Das war einer der ersten Gründe, derentwegen Webentwickler JavaScript übernahmen. Es kann viele Funktionen auf der Client-Seite übernehmen, die vorher ausschließlich auf dem Server ausgeführt wurden. Eines der besten Beispiele ist die Überprüfung von Formulardaten. Programmierer und Programmiererinnen der alten Schule werden sich daran erinnern, daß vor ein paar Jahren die einzige Möglichkeit zur Überprüfung von Benutzereingaben in einem HTML-Formular darin bestand, die Benutzerinformationen an den Webserver zu übergeben und die Daten dann einem CGI-Skript vorzuwerfen, das sicherstellte, daß der Benutzer alles korrekt eingegeben hatte.

Wenn die Daten keine Fehler enthielten, arbeitete das CGI-Skript alles normal ab. Wenn Fehler gefunden wurden, gab das Skript eine Meldung an den Benutzer zurück, die das Problem anzeigte. Das ist zwar eine Lösung, bedenken Sie aber, welchen Aufwand das verursacht. Das Abschicken des Formulars benötigt einen zusätzlichen HTTP-Request an den Server. Diese Exkursion über das Netz wird außerdem von einer weiteren Ausführung des CGI-Skripts gefolgt. Jedesmal, wenn der Benutzer einen Fehler im Formular macht, wiederholt sich dieser Vorgang. Der Benutzer muß bis zum Eintreffen der Fehlermeldung warten, bis er oder sie von dem Fehler erfährt.

Hier kommt JavaScript ins Spiel. Jetzt können Sie die Elemente eines Formulars verifizieren, *bevor* der Benutzer es an den Webserver zurückschickt. Das reduziert die Anzahl der Transaktionen über HTTP und die Wahrscheinlichkeit, daß die Formulareingabe Benutzerfehler enthält. JavaScript kann außerdem Cookies lesen und schreiben, eine Operation, die früher nur über HTTP-Header des Webservers möglich war.

JavaScript wächst

Als JavaScript 1.1 herauskam, gab es eine Massenhysterie wegen des neuen *Image*-Objekts und des *document.images*-Arrays, die uns Bildrollover erzeugen lassen. Dann kam JavaScript 1.2. Die Schleusentore waren weit offen. Die Unterstützung für DHTML, Layer und eine ganze Palette anderer Verbesserungen waren einfach umwerfend. Es war zu gut, um wahr zu sein.

Damit hat es aber nicht aufgehört. JavaScript ist inzwischen das Designmodell für EMCA-262 geworden, eine standardisierte Allzweck-Skriptsprache. Mindestens eine Firma hat eine Umgebung entwickelt, die JavaScript von der Kommandozeile aus ermöglicht. Macromedia hat benutzerdefinierte JavaScript-Aufrufe in seine Flash-Technologie eingebaut. ColdFusion von Allaire hat JavaScript in seine XML-basierte Technologie, Web Distributed Data Exchange (WDDX), integriert. JavaScript wird immer besser: mehr Features, mehr Optionen, mehr Haken.

Vielleicht haben Sie keine Wahl

Manchmal läßt es sich gar nicht anders machen. Nehmen wir einmal an, Ihr ISP erlaubt keine CGI-Skripte. Was machen Sie dann, wenn Sie ein E-Mail-Formular hinzufügen wollen oder die Vorteile der Cookie-Technologie nützen wollen? Sie müssen sich client-seitige Lösungen ansehen. JavaScript ist unbestreitbar die beste Lösung, um server-seitige Funktionalität zu Webseiten hinzuzufügen, die ansonsten auf die Client-Seite beschränkt sind.

Weitere Vorteile

Mir fallen noch ein paar weitere Vorteile ein. Sie könnten sicherlich auch noch etwas zu der Liste hinzufügen. Um es auf den Punkt zu bringen: JavaScript-Anwendungen haben ihren Platz im Netz, trotz der Vorteile server-seitiger Technologie.

Grundlegende JavaScript-Programmierstrategie

Immer, wenn Sie eine Anwendung entwickeln, ob mit oder ohne JavaScript, ist es in Ihrem eigenen Interesse, eine Strategie zu haben. Das hilft, Ihre Gedanken und Ihren Code zu organisieren und beschleunigt außerdem die Entwicklung und den Debugging-Prozeß. Es gibt jede Menge brauchbarer Publikationen, die sich mit den Details des schrittweisen Anwendungsdesigns befassen, und Sie werden sich vermutlich eine Strategie zulegen wollen, die für Sie funktioniert. Also werde ich hier nicht zuviel Zeit damit verbringen. Wenn Sie aber die folgenden Dinge im Hinterkopf behalten, bevor, während und nachdem Sie Ihren Weg zwischen den `<SCRIPT></SCRIPT>`-Tags programmieren, erspart Ihnen das sicher einige Kopfschmerzen. Es ist ziemlich einfach: Beantworten Sie die Fragen *Was?*, *Wer?* und *Wie?*

Was sind die Merkmale der Anwendung?

Zunächst einmal: Was genau wird die Anwendung denn überhaupt machen? Seien Sie so genau wie möglich. Was wird die Anwendung nicht bieten? Nehmen wir einmal an, Sie wollen ein HTML-Formular zum Versenden von E-Mail entwickeln. Denken Sie über die folgenden Fragen nach:

- Wie viele Felder wird das Formular enthalten?
- Werden Benutzer die E-Mail-Adresse selbst eingeben oder aus einer SELECT-Auswahlliste wählen?
- Wollen Sie die Eingabe vor dem Abschicken überprüfen? Wenn ja, was werden Sie überprüfen? Die Nachricht? Die E-Mail-Adresse? Beides?
- Was passiert, nachdem die E-Mail abgeschickt worden ist? Möchten Sie den Benutzer zu einer anderen Seite umleiten oder nichts passieren lassen?

Diese Flut von Fragen läßt sich sicherlich weiterführen. Die gute Nachricht ist, daß Sie eine viel bessere Vorstellung davon bekommen, was Sie eigentlich wollen, wenn Sie sich die Zeit nehmen, über solche Fragen nachzudenken.

Wer ist Ihr Publikum?

Um die Fähigkeiten der Anwendung zu bestimmen, ist es lebensnotwendig, daß Sie herausfinden, wer die Informationen verwenden wird. Stellen Sie sicher, daß Sie genaue Antworten auf zumindest die folgenden Fragen haben:

- Welche Browser werden die Anwender benutzen? Netscape Navigator? Welche Versionen: 2.x, 3.x, 4.x oder höher?
- Wird die Anwendung im Internet, in einem Intranet oder lokal auf individuellen Computern laufen?
- Können Sie herausfinden, welche Monitorauflösung die meisten Benutzer haben werden?
- Welche Art von Netzanbindung werden die meisten Benutzer haben? Ein 56K-Modem? ISDN? Fractional T-1? T-3?

Vom Browsertyp abgesehen denken Sie jetzt vielleicht, daß diese Fragen nichts mit JavaScript zu tun haben. »Netzanbindung, wen kümmert das? Ich muß doch für das Zeugs keinen Router konfigurieren«. Stimmt. Sie brauchen keine Zertifikation von Cisco. Gehen wir die Fragen aber einmal einzeln durch, und sehen wir uns an, warum sie für Sie wichtig sind.

Die Angelegenheit mit dem Browser ist zugegeben die wichtigste. Als allgemeine Regel gilt: Je neuer der Browser, desto neuer ist die Version von JavaScript, die Sie verwenden können. Wenn Ihr Publikum beispielsweise auf NN 2.x und MSIE 3.x beschränkt ist (obwohl ich mir nicht vorstellen kann, warum das der Fall sein sollte), können Sie automatisch auf Bildrollover verzichten. Die Versionen von JavaScript und JScript in den beiden Browsern unterstützen weder *Image* noch das *document.images*-Objekt.[1]

Da die meisten Leute zumindest auf eine der 4.x-Versionen dieser Browser aufgerüstet haben, sind Bildrollover akzeptabel. Dafür müssen Sie jetzt mit sich duellierenden Object Models rechnen. Das bedeutet, daß Sie Ihre Anwendungen browserunabhängig machen oder getrennte Anwendungen für jede Browserversion schreiben müssen (was eine Sisyphusarbeit sein kann).

1 Einige MSIE-3.x-Browser für den Mac unterstützen Bildrollover.

Wo wird sich die Anwendung befinden? Auf dem Internet, in einem Intranet oder vielleicht auf einem zu einem Kiosk umgebauten PC? Die Antwort auf diese Frage liefert wiederum viele Anhaltspunkte dafür, was Sie sich erlauben können. Wenn die Anwendung beispielsweise auf dem Internet läuft, können Sie sich sicher sein, daß fast jeder vorstellbare Browser auf Ihre Site zugreifen und zumindest versuchen wird, die Anwendung zu benutzen. Wenn die Anwendung auf ein Intranet oder einen lokalen Rechner beschränkt ist, dann gibt es vermutlich eine Art Browserstandard. Während der Zeit, in der dieses Buch geschrieben wurde, beriet ich eine Firma, die ein einziger Microsoft-Laden ist. Wenn sich mein Intranet-Code in Navigator verschluckt, dann ist mir das egal. Die Benutzer müssen MSIE haben.

Die Bildschirmauflösung ist eine andere wichtige Angelegenheit. Wenn Ihre Seite eine Tabelle enthält, die 900 Pixel breit ist und die Benutzer nur eine Auflösung von 800 × 600 haben, dann entgeht ihnen ein Teil Ihrer harten Arbeit. Können Sie von einer festen Auflösung für alle Besucher ausgehen? Wenn es das Internet betrifft, ist Ihre Antwort nein. Wenn das Publikum auf einem Intranet sitzt, könnten Sie Glück haben. Einige Unternehmen standardisieren PC-Hardware, Software, Browser, Monitore und sogar Auflösungen.

Netzwerkanbindungen haben auch eine Auswirkung. Nehmen wir einmal an, Sie haben eine atemberaubende Bildrolloversequenz zusammengebastelt, die Steven Spielbergs Kinoanimationen Konkurrenz macht (wenn ja, dann sollten Sie und ich vielleicht ... nun ja ... *zusammenarbeiten*). Ziemlich cool, aber Benutzer mit 56K-Modems könnten vermutlich ausgehen und sich einen Film ansehen, bevor Ihr Code all die Bilder geladen hat. Die meisten Benutzer verstehen, daß das Netz schon mal bei regem Verkehr etwas langsam ist, aber nach einer Minute oder so wird sich die Mehrheit zu anderen Sites begeben. Sie sollten also die Bandbreitenfrage nicht außer acht lassen.

Wie können Sie die Hindernisse umgehen?

Es mag ziemlich unkompliziert aussehen, mit allen diesen Angelegenheiten zu jonglieren. In Wirklichkeit ist es aber nicht so einfach. Vielleicht können Sie nicht alle Browserversionen, Bildschirmauflösungen und Netzanbindungen unterbringen. Was dann? Wie sorgen Sie dafür, daß alle glücklich sind und Sie sie trotzdem mit Ihren 500K-Bildrollover-Extravaganzen beeindrucken können?

Überlegen Sie sich eine oder mehrere der Strategien, die ich unten vorschlage. Lesen Sie sie alle, so daß Sie eine fundiertere Entscheidung treffen können.

Versuchen Sie, browserübergreifend zu arbeiten

Die egalitäre Methode des browserunabhängigen Programmierens zum »größten Nutzen für die größtmögliche Anzahl Benutzer« ist vermutlich die am weitesten verbreitete und wahrscheinlich beste Strategie. Mit dem größten Nutzen für die größtmögliche Anzahl Benutzer meine ich, daß die meisten Benutzer wahrscheinlich mit MSIE 4.x und NN 4.x arbeiten. Sie können einen umfangreichen Teil der websurfenden Bevölkerung bedienen, wenn Sie eine Erkennung für wichtige Browser einbauen und Ihre Anwendung so codieren, daß sie auf den gemeinsamen Merkmalen der Generation 4.x aufbaut, während sie auf die Unterschiede Rücksicht nimmt.

Das Verhalten elegant zurückschrauben oder ändern

Das ist eine hübsche Ergänzung zur browserunabhängigen Strategie. Wenn Ihr Bildrollover-Skript beispielsweise in einen Browser wie MSIE 3.x geladen wird, der keine Rollovereffekte unterstützt, dann erhalten Sie garantiert üble JavaScript-Fehler. Verwenden Sie Browsererkennung, um die Rollover für diese Browser abzustellen. Und wenn Sie schon dabei sind, möchten Sie vielleicht auch unterschiedliche Seiten für unterschiedliche Bildschirmauflösungen laden.

Setzen Sie die Latte niedrig an

Diese Strategie geht davon aus, daß alle Benutzer NN-2.0-Browser, Bildschirme mit einer Auflösung von 640 × 480, 14.4K-Modems und einen Pentium mit 33MHz haben. Die schlechte Nachricht ist, daß Sie dann nichts außer JavaScript 1.0 verwenden können: keine Rollover, keine Layer, keine regulären Ausdrücke und keine externen Technologien (seien Sie dankbar, daß Sie Frames benutzen können). Die gute Nachricht lautet: Die Massen werden Ihre Anwendung nützen können. Streng genommen ist auch das nach den letzten Änderungen in JavaScript vielleicht nicht ganz wahr. Zugegeben, ich setze die Latte wirklich etwas niedrig an. Es ist aber nicht ungewöhnlich, sich beispielsweise auf NN 3.x und MSIE 3.x einzuschießen. Veraltet zu sein hat seine Vorteile.

Die Latte hoch ansetzen

Wenn Ihre Benutzer nicht über MSIE 5.0 verfügen, gehen Sie davon aus, daß es sich um technische Ignoranten handelt, die es nicht wert sind, Ihre Anwendung zu sehen oder gar zu benutzen. Jetzt können Sie nach Herzenslust programmieren, auf das MSIE Document Object Model, Event Model, Datenanbindung und so weiter zurückgreifen. Das führt natürlich zu einem scharfen Zuschauerrückgang und kann auf Dauer schlecht für Ihr Ego sein.

Mehrfache Versionen derselben Anwendung

Wenn Sie ein Masochist sind, können Sie auch mehrere Versionen der Anwendung schreiben, beispielsweise eine für NN, die andere für MSIE. Diese Methode ist definitiv für diejenigen gedacht, denen monotones Arbeiten Spaß macht, aber es gibt mindestens einen Aspekt, der sich auszahlt. Sehen wir uns noch einmal die Frage der Netzanbindung an. Da es häufig unmöglich ist herauszufinden, welche Bandbreite Benutzern zur Verfügung steht, können Sie ihnen erlauben, eine Auswahl zu treffen. Ein paar Links von der Homepage lassen Benutzer mit T-1-Anbindung Ihre spektakulären Rollover laden, während Benutzer mit Modems die gutmütigere Version ansehen können.

JavaScript-Strategien in diesen Anwendungen

Das sind die Grundlagen. Sie werden sehen, daß ich ein paar dieser Strategien bei den Anwendungen in diesem Buch benutzt habe. Ich sollte aber auch die JavaScript-Strategien oder Programmierkonventionen erwähnen. Das gibt Ihnen ein besseres Gefühl dafür, wie ich die Dinge angehe und ob diese Strategien auch für Sie sinnvoll sind.

Bei der Beurteilung möglicher Anwendungen habe ich jeweils zuerst überlegt, ob sie für Ihre (und meine) Webseiten-Besucher irgendwie nützlich sein könnten. Jede Anwendung löst eines oder mehrere grundlegende Probleme. Suchen, E-Mails schikken, Online-Hilfe, persönliche Einstellungen vornehmen, Informationen prüfen oder einlesen sind ziemlich allgemeine Merkmale, die Websurfer mögen. Wenn eine potentielle Anwendung den Berechtigungstest nicht bestand, habe ich keine Zeit damit verschwendet.

Als nächstes mußte ich entscheiden, ob JavaScript die von mir gewünschte Funktionalität liefern konnte. Das war ziemlich einfach. Wenn die Antwort »ja« lautete, dann habe ich losgelegt. Wenn nicht, landete die Anwendung auf der JavaScript-Müllkippe.

Sobald ich mich für eine Anwendung entschieden hatte, startete ich den Texteditor. Hier sind einige der Konventionen, die ich beim Programmieren verwendet habe.

Soviel Code wiederverwenden wie möglich

Hier kommen JavaScript-Quelldateien ins Spiel. Das heißt, die Anwendungen benutzen JavaScript-Quelldateien, die über die folgende Syntax geladen werden:

```
<SCRIPT LANGUAGE="JavaScript1.1" SRC="eineJSDatei.js"></SCRIPT>
```

eineJSDatei.js enthält Code, der von mehreren Skripten verwendet werden kann – jedem, das die obige Syntax verwendet. Viele der Anwendungen im Buch benutzen JavaScript-Quelldateien. Das macht einfach Sinn. Warum das Rad neu erfinden? Sie können JavaScript-Quelldateien auch dazu benutzen, Code vor dem Rest der Anwendung zu verstecken. Sie werden es vielleicht praktisch finden, ein sehr großes JavaScript-Array in einer Quelldatei zu halten. Die Benutzung von JavaScript-Quelldateien lohnt sich definitiv, so daß ich Kapitel 6, *Das Anlegen von JavaScript-Quelldateien*, diesem Thema gewidmet habe.

Einige der Anwendungen enthalten Code, der einfach von einer Stelle kopiert und anderswo eingefügt worden ist. Dieser Code ist ein typischer Kandidat für eine Quelldatei. Ich habe es hier trotzdem so gemacht, damit Sie nicht so oft »*Sehen Sie sich den Code in der Bibliotheksdatei drei Kapitel früher an . . .*« lesen müssen. Auf diese Weise bleibt Ihnen der Code vor Augen, bis Sie ihn verstanden haben, und erspart Ihnen das Umblättern. Wenn Sie die Anwendungen erst einmal bequem auf Ihrer Site zum Laufen gebracht haben, sollten Sie sich überlegen, eine JavaScript-Quelldatei zu erstellen.

Das JavaScript isolieren

Behalten Sie soviel wie möglich innerhalb eines einzelnen <SCRIPT></SCRIPT>-Tag-Satzes innerhalb der <HEAD></HEAD>-Tags.

Deklarieren Sie globale Variablen und Arrays am Anfang

Sogar wenn sie am Anfang zu einem leeren String gesetzt oder undefiniert gelassen werden, ist die Deklaration globaler Variablen und Arrays am Anfang des Skripts eine gute Methode zur Verwaltung Ihrer Variablen, insbesondere, wenn sie im ganzen Skript verwendet werden. Auf diese Weise müssen Sie sich nicht durch einen Haufen Code wühlen, wenn Sie einen Variablenwert ändern wollen. Sie wissen, daß Sie ihn irgendwo oben im Skript finden können.

Deklarieren Sie Konstruktorfunktionen nach den globalen Variablen

Funktionen, die benutzereigene Objekte erzeugen, setze ich üblicherweise an den Anfang. Das liegt schlicht und ergreifend daran, daß die meisten meiner Objekte am Anfang der Lebensdauer des Skripts erzeugt werden.

Definieren Sie Funktionen von oben nach unten in »chronologischer Reihenfolge«

Mit anderen Worten: Ich versuche Funktionen in der Reihenfolge zu definieren, in der sie in der Anwendung aufgerufen werden. Die erste Funktion, die im Skript definiert wird, wird zuerst aufgerufen, anschließend die zweite und so weiter. Das kann manchmal schwer oder sogar unmöglich sein. Diese Strategie verbessert aber zumindest die Ordnung und die Wahrscheinlichkeit, daß benachbarte Funktionen nacheinander aufgerufen werden.

Jede Funktion führt eine einzelne Operation durch

Ich versuche, jede Funktion auf eine klar abgegrenzte Operation zu beschränken, beispielsweise auf die Überprüfung von Benutzereingaben, das Setzen oder Abrufen von Cookie-Informationen, die Automatisierung einer Diashow, das Sichtbar- oder Unsichtbarmachen von Layern usw. Das ist eine großartige Theorie, die aber nur schwer in allen Fällen angewandt werden kann. Um nicht zu sagen, ich verletze die Regel ziemlich grob in Kapitel 5, *Die Rollover-Maschine*. Die Funktionen führen zwar immer noch eine grundlegende Operation durch, sind aber schließlich doch Dutzende von Zeilen lang.

Verwenden Sie so viele lokale Variablen wie möglich

Ich mache das, um Speicherplatz zu sparen. Da lokale JavaScript-Variablen nach der Ausführung der Funktion aufhören zu existieren, wird der von ihnen benutzte Speicher an das System zurückgegeben. Wenn eine Variable nicht während der ganzen Lebenszeit der Anwendung zur Verfügung stehen muß, definiere ich sie lokal und nicht global.

Weiter geht's

Das sollte Ihnen einen allgemeinen Eindruck davon vermittelt haben, wie Sie beim Konstruieren Ihrer JavaScript-Anwendungen vorgehen sollten, und wie ich meine konstruiert habe. Sehen wir uns nun den unterhaltsameren Teil an.

1

Die client-seitige Suchmaschine

> *Projektmerkmale*
> - Effizientes Suchen auf der Client-Seite
> - Mehrere Suchalgorithmen
> - Sortierte und seitenweise angezeigte Suchergebnisse
> - Auf Tausende Einträge skalierbar
> - Einfach programmiert zwecks Kompatibilität mit JavaScript 1.0
>
> *JavaScript-Techniken*
> - Verschachtelte for-Schleifen
> - Sparsame Verwendung von document.write()
> - Verwendung des ternären Operators

Jede Website könnte eine Suchmaschine gebrauchen, aber warum sollten Sie Ihren Server dazu zwingen, mit den ganzen Anfragen fertigzuwerden? Die client-seitige Suchmaschine ermöglicht es Benutzern, Ihre Seiten ausschließlich vom Client aus zu durchsuchen. Anstatt einen Datenbank- oder Applikationsserver abzufragen, lädt sich jeder Benutzer die »Datenbank« mit den angeforderten Webseiten herunter. Diese behelfsmäßige Datenbank wird durch ein einfaches JavaScript-Array implementiert. Jedes Element des Arrays enthält genau einen Eintrag.

Diese Methode hat ein paar handfeste Vorteile: in der Hauptsache eine reduzierte Serverbelastung und eine verbesserte Serverantwortzeit. Das hört sich natürlich gut an. Bedenken Sie aber, daß die Anwendung durch die Ressourcen der Benutzer beschränkt ist Halbgeviertstrich insbesondere durch die Prozessorgeschwindigkeit und den verfügbaren Speicher. Trotzdem kann sie eine großartige Einrichtung für Ihre Website sein. Den Quellcode für die Anwendung finden Sie in der zip-Datei im Ordner *ch01*. Abbildung 1-1 zeigt die Startseite.

Die Anwendung ist mit zwei Booleschen Suchmethoden ausgestattet: AND und OR. Sie können nach Dokumenttitel und -beschreibung geordnet suchen oder nach dem URL des Dokuments. Die Funktionalität auf der Benutzerseite ist ziemlich schnörkellos. Lediglich die Suchbegriffe müssen eingegeben werden, dann wird Enter gedrückt. Die einzelnen Suchoptionen sind:

- Die Eingabe von durch Leerzeichen getrennten Begriffen liefert alle Einträge, die mindestens *einen* der angegebenen Begriffe enthalten (Boolesches ODER).
- Wenn ein Pluszeichen (+) vor die Suchbegriffe gesetzt wird, werden nur diejenigen Einträge geliefert, die *alle* eingegebenen Begriffe enthalten (Boolesches UND).
- Die Eingabe von `url:` vor einem vollständigen oder Teil-URL liefert die Einträge, deren URLs mindestens einem der angegebenen Begriffe entsprechen.

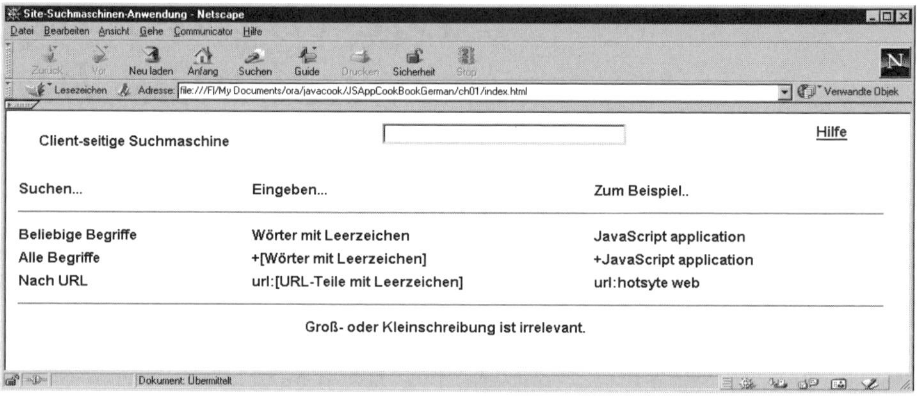

Abbildung 1-1: Das Eröffnungsfenster

> Vergessen Sie Ihre zip-Datei nicht! Wie schon im Vorwort erwähnt, ist der gesamte Code dieses Buches als zip-Datei auf der O'Reilly-Website erhältlich. Sie können sich die zip-Datei unter *http://www.oreilly.de/catalog/jscookger/* herunterladen.

Abbildung 1-2 zeigt die Ergebnisseite einer einfachen Suche. Beachten Sie, daß die betreffende Suche die voreingestellte Suchmethode (keine Präfixe) und *javascript* als Suchbegriff verwendet. Für jede Suche wird eine frische Ergebnisseite zusammengestellt, in der die Früchte der Suche dargestellt werden. Außerdem gibt es, zum schnellen Nachschlagen, einen Link zur Hilfe-Seite.

Es ist auch angenehm, nach URLs suchen zu können. Abbildung 1-3 zeigt eine Suche mit dem *url:*-Präfix, das die Suchmaschine anweist, nur URLs zu durchsuchen. In diesem Fall ist der Begriff *html* angegeben, und die Suchmaschine liefert alle Dokumente, deren URLs *html* enthalten. Die Beschreibung der Dokumente wird trotzdem gezeigt, der URL steht aber an oberster Stelle. Die URL-Suchmethode ist auf einzelne Übereinstimmungen beschränkt, wie die Defaultmethode auch. Das sollte aber kein Problem sein – nur wenige Leute werden Ihre URLs mit komplexen Suchalgorithmen durchsuchen wollen.

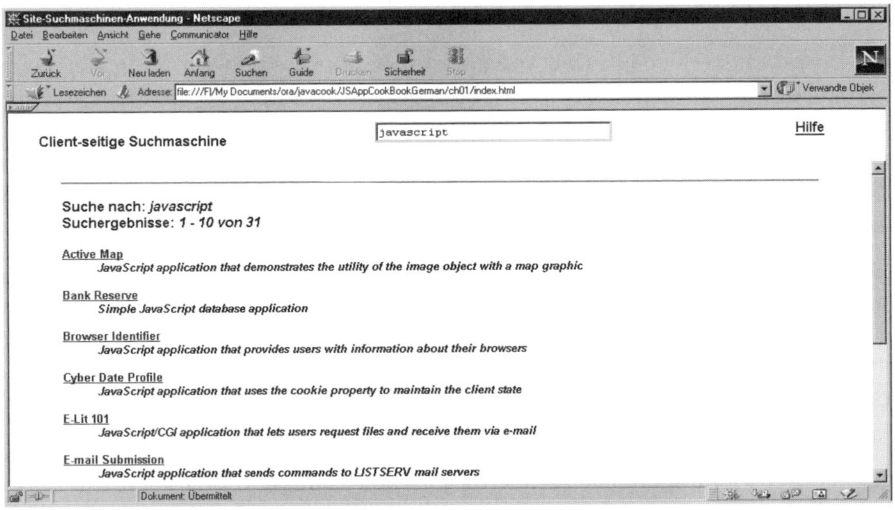

Abbildung 1-2: Eine typische Seite mit Suchergebnissen

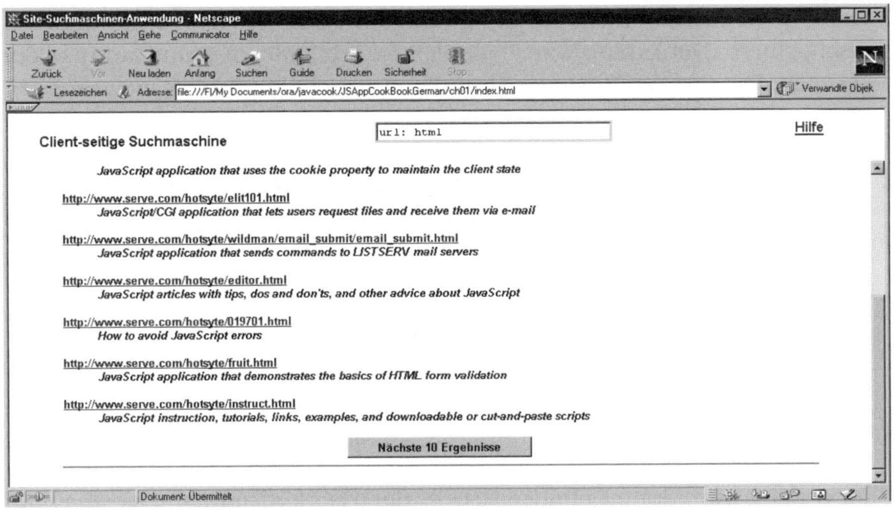

Abbildung 1-3: Ergebnisseite einer Suche in den URLs der Einträge

Die Anwendung kann die Anzahl der pro Seite angezeigten Suchergebnisse beschränken und Buttons zum Aufrufen vorangegangener oder folgender Seiten erzeugen, damit Benutzer nicht unter kilometerlangen Anzeigen passender Einträge begraben werden. Die Anzahl der pro Seite angezeigten Einträge können Sie selbst bestimmen – die Voreinstellung ist 10.

Einsatzvoraussetzungen

Die hier besprochene Version der Anwendung benötigt einen Browser, der JavaScript 1.1 unterstützt. Für Benutzer von Netscape Navigator 3 und 4 sowie Microsoft Internet Explorer 4 und 5 ist das eine gute Nachricht, für IE3-Benutzer eine schlechte. Wenn es Ihnen auf Abwärtskompatibilität ankommt, brauchen Sie aber nicht gleich in Panik zu verfallen. Im Abschnitt »Mögliche Erweiterungen« zeige ich Ihnen, wie Sie IE3-Benutzer mit einbeziehen können (unter Verlust von etwas Funktionalität).

Alle client-seitigen Anwendungen hängen von den Ressourcen des Client-Rechners ab, ein Umstand, der hier ganz besonders zutrifft. Sie können zwar mit ziemlicher Sicherheit davon ausgehen, daß der Client die Ressourcen zur Ausführung des Codes hat. Wenn Sie ihm aber eine riesige Datenbank (mehr als 6000 oder 7000 Einträge) übergeben, dann führt das zu sinkender Leistung und letztendlich zum Abwürgen des Rechners.

Unter MSIE 4 und Navigator 4 hatte ich keine Probleme bei einer Datenbank mit etwas weniger als 10000 Einträgen. Die JavaScript-Quelldatei mit den Einträgen war dabei größer als 1 MB. Der Speicher der Rechner lag jeweils zwischen 24 und 128 MB RAM. Dasselbe Arrangement unter NN 3.0 Gold produzierte einen Stapelüberlauf – einfach zu viele Einträge im Array.

Am anderen Ende der Skala erlaubte die Version mit JavaScript 1.0 unter MSIE 3.02 auf einem IBM ThinkPad nicht mehr als 215 Einträge. Lassen Sie sich von dieser Zahl aber nicht einschüchtern. Der Laptop war so alt, daß Sie die Ratte im Laufradantrieb der CPU hören konnten. Die meisten Benutzer verfügen wahrscheinlich über mehr Kapazität.

Die Syntax unter die Lupe genommen

Die Anwendung besteht aus drei HTML-Dateien (*index.html*, *nav.html* und *main.html*) sowie einer JavaScript-Quelldatei (*records.js*). Die drei HTML-Dateien umfassen ein winziges Frameset, eine Headerseite, auf der Sie die Suchbegriffe eingeben, und eine Defaultseite im Hauptframe, die eine Anleitung enthält.

nav.html

Das Gehirn der Anwendung befindet sich in der Headerdatei namens *nav.html*. Die einzige andere Stelle, an der Sie JavaScript finden werden, ist in der dynamisch erzeugten Ergebnisseite. Sehen wir uns den Code doch einmal in Beispiel 1-1 an.

Beispiel 1-1: Quellcode für nav.html

```
<HTML>
<HEAD>
<TITLE>Die Such-Seite</TITLE>

```

Beispiel 1-1: Quellcode für nav.html (Fortsetzung)

```
<SCRIPT LANGUAGE="JavaScript1.1" SRC="records.js"></SCRIPT>
<SCRIPT LANGUAGE="JavaScript1.1">
<!--

var SEARCHANY  = 1;
var SEARCHALL  = 2;
var SEARCHURL  = 4;
var searchType = "";
var showMatches    = 10;
var currentMatch  = 0;
var copyArray    = new Array();
var docObj  = parent.frames[1].document;

function validate(entry) {
  if (entry.charAt(0) == "+") {
   entry = entry.substring(1,entry.length);
   searchType = SEARCHALL;
   }
  else if (entry.substring(0,4) == "url:") {
   entry = entry.substring(5,entry.length);
   searchType = SEARCHURL;
   }
  else { searchType = SEARCHANY; }
  while (entry.charAt(0) == " ") {
   entry = entry.substring(1,entry.length);
   document.forms[0].query.value = entry;
   }
  while (entry.charAt(entry.length - 1) == " ") {
   entry = entry.substring(0,entry.length - 1);
   document.forms[0].query.value = entry;
   }
  if (entry.length < 3) {
   alert("Nach so kurzen Strings können Sie nicht suchen.
   Etwas ausführlicher sollte es schon sein.");
   document.forms[0].query.focus();
   return;
   }
  convertString(entry);
  }

function convertString(reentry) {
  var searchArray = reentry.split(" ");
  if (searchType == (SEARCHALL)) { requireAll(searchArray); }
  else { allowAny(searchArray); }
  }

function allowAny(t) {
  var findings = new Array(0);
  for (i = 0; i < profiles.length; i++) {
    var compareElement  = profiles[i].toUpperCase();
    if(searchType == SEARCHANY) {
      var refineElement = compareElement.substring(0,
```

Beispiel 1-1: Quellcode für nav.html (Fortsetzung)

```
        compareElement.indexOf('|HTTP'));
      }
    else {
      var refineElement =
        compareElement.substring(compareElement.indexOf('|HTTP'),
        compareElement.length);
      }
    for (j = 0; j < t.length; j++) {
      var compareString = t[j].toUpperCase();
      if (refineElement.indexOf(compareString) != -1) {
        findings[findings.length] = profiles[i];
        break;
        }
      }
    }
  verifyManage(findings);
  }

function requireAll(t) {
  var findings = new Array();
  for (i = 0; i < profiles.length; i++) {
    var allConfirmation = true;
    var allString     = profiles[i].toUpperCase();
    var refineAllString = allString.substring(0,
      allString.indexOf('|HTTP'));
    for (j = 0; j < t.length; j++) {
      var allElement = t[j].toUpperCase();
      if (refineAllString.indexOf(allElement) == -1) {
        allConfirmation = false;
        continue;
        }
      }
    if (allConfirmation) {
      findings[findings.length] = profiles[i];
      }
    }
  verifyManage(findings);
  }

function verifyManage(resultSet) {
  if (resultSet.length == 0) { noMatch(); }
  else {
    copyArray = resultSet.sort();
    formatResults(copyArray, currentMatch, showMatches);
    }
  }

function noMatch() {
  docObj.open();
  docObj.writeln('<HTML><HEAD><TITLE>Suchergebnisse</TITLE></HEAD>' +
    '<BODY BGCOLOR=WHITE TEXT=BLACK>' +
    '<TABLE WIDTH=90% BORDER=0 ALIGN=CENTER><TR><TD VALIGN=TOP>' +
```

Beispiel 1-1: Quellcode für nav.html (Fortsetzung)

```
'<FONT FACE=Arial><B><DL>' +
    '<HR NOSHADE WIDTH=100%>"' + document.forms[0].query.value +
    '" erzielte keine Ergebnisse.<HR NOSHADE WIDTH=100%>' +
    '</TD></TR></TABLE></BODY></HTML>');
  docObj.close();
  document.forms[0].query.select();
  }

function formatResults(results, reference, offset) {
  var currentRecord = (results.length < reference + offset ?
    results.length : reference + offset);
  docObj.open();
  docObj.writeln('<HTML><HEAD><TITLE>Suchergebnisse</TITLE>\n</HEAD>' +
    '<BODY BGCOLOR=WHITE TEXT=BLACK>' +
    '<TABLE WIDTH=90% BORDER=0 ALIGN=CENTER CELLPADDING=3><TR><TD>' +
    '<HR NOSHADE WIDTH=100%></TD></TR><TR><TD VALIGN=TOP>' +
    '<FONT FACE=Arial><B>Suche nach: <I>' +
    parent.frames[0].document.forms[0].query.value + '</I><BR>\n' +
    'Suchergebnisse: <I>' + (reference + 1) + ' - ' +
    currentRecord + ' von ' + results.length + '</I><BR><BR></FONT>' +
    '<FONT FACE=Arial SIZE=-1><B>' +
    '\n\n<!-- Anfang Ergebnissatz //-->\n\n\t<DL>');
  for (var i = reference; i < currentRecord; i++) {
      var divide = results[i].split('|');
      docObj.writeln('\t<DT>' + '<A HREF="' + divide[2] + '">' +
        divide[(searchType == SEARCHURL ? 2 : 0)] +
        '</A>\t<DD><I>' + divide[1] + '</I><P>\n\n');
  }
  docObj.writeln('\n\t</DL>\n\n<!-- Ende Ergebnissatz //-->\n\n');
  prevNextResults(results.length, reference, offset);
  docObj.writeln('<HR NOSHADE WIDTH=100%>' +
    '</TD>\n</TR>\n</TABLE>\n</BODY>\n</HTML>');
  docObj.close();
  document.forms[0].query.select();
  }

function prevNextResults(ceiling, reference, offset) {
  docObj.writeln('<CENTER><FORM>');
  if(reference > 0) {
    docObj.writeln('<INPUT TYPE=BUTTON VALUE="Letzte  ' + offset +
    ' Ergebnisse" ' +
 'onClick="parent.frames[0].formatResults(parent.frames[0].copyArray, ' +
      (reference - offset) + ', ' + offset + ')">');
    }
  if(reference >= 0 && reference + offset < ceiling) {
    var trueTop = ((ceiling - (offset + reference) < offset) ?
      ceiling - (reference + offset) : offset);
     var nextButtonCaption = (trueTop > 1 ?  'N&auml;chste  ' + trueTop +
     ' Ergebnisse '  :  'N&auml;chstes Ergebnis ');
   docObj.writeln('<INPUT TYPE=BUTTON VALUE=" ' + nextButtonCaption +  "'  ' +
  'onClick="parent.frames[0].formatResults(parent.frames[0].copyArray, ' +
      (reference + offset) + ', ' + offset + ')">');
```

Beispiel 1-1: Quellcode für nav.html (Fortsetzung)

```
158     }
159   docObj.writeln('</CENTER>');
160   }
161
162 //-->
163 </SCRIPT>
164 </HEAD>
165 <BODY BGCOLOR="WHITE">
166 <TABLE WIDTH="95%" BORDER="0" ALIGN="CENTER">
167 <TR>
168   <TD VALIGN=MIDDLE>
169   <FONT FACE="Arial">
170   <B>Client-seitige Suchmaschine</B>
171   </TD>
172
173   <TD VALIGN=ABSMIDDLE>
174   <FORM NAME="search"
175     onsubmit="validate(document.forms[0].query.value); return false;">
176   <INPUT TYPE=TEXT NAME="query" SIZE="33">
177   <INPUT TYPE=HIDDEN NAME="standin" VALUE="">
178   </FORM>
179   </TD>
180
181   <TD VALIGN=ABSMIDDLE>
182   <FONT FACE="Arial">
183   <B><A HREF="main.html" TARGET="main">Help</A></B>
184   </TD>
185 </TR>
186 </TABLE>
187 </BODY>
188 </HTML>
```

Das ist eine ganze Menge Code. Was hier vor sich geht, läßt sich am einfachsten verstehen, indem wir oben anfangen und uns dann nach unten durcharbeiten. Zum Glück wurde der Code so geschrieben, daß die Funktionen mehr oder weniger der Reihenfolge nach durchgearbeitet werden.

Wir nehmen uns das Programm wie folgt vor:

- Die Quelldatei *records.js*
- Die globalen Variablen
- Die Funktionen
- Der HTML-Code

records.js

Der erste Punkt, der nähere Betrachtung verdient, ist die JavaScript-Quelldatei *records.js*. Sie finden sie im <SCRIPT>-Tag in Zeile 5 erwähnt.

Sie enthält ein ziemlich langes Array mit Elementen, das wir *profiles* nennen werden. Der Inhalt der Datei hätte in dieses Buch gequetscht werden müssen und ist deshalb hier nicht enthalten. Nachdem Sie die Dateien in der zip-Datei entpackt haben, starten Sie Ihren Texteditor und öffnen *ch01/records.js*. Aufpassen: Dies ist Ihre Datenbank! Jedes Element ist ein dreiteiliger String. Ein Beispiel:

```
"http://www.serve.com/hotsyte|HotSyte-The JavaScript Resource|Die " +
  "HotSyte Homepage mit Links, Anleitungen, kostenlosen Skripten und mehr"
```

Die Einträge sind durch das Pipe-Zeichen (|) unterteilt. Diese Zeichen werden sich noch als nützlich erweisen, wenn es darum geht, passende Datenbankeinträge auf dem Bildschirm darzustellen. Der zweite Teil ist der Titel des Dokuments (was hier gar nichts mit `TITLE`-Tags zu tun hat); der dritte ist die Beschreibung des Dokuments und der erste Teil des URL des Dokuments.

Übrigens gibt es kein Gesetz, das die Verwendung von »|« als Trennungszeichen vorschreibt. Sie sollten lediglich sicherstellen, daß das verwendete Zeichen nicht vom Benutzer als Teil des Such-Strings verwendet wird (beispielsweise `&^` oder `~[%`). Außerdem sollten Sie die Finger vom umgekehrten Schrägstrich (Backslash, \) lassen. JavaScript interpretiert ihn als ein Escape-Zeichen und liefert Ihnen komische Suchergebnisse, wenn es die Anwendung nicht komplett abwürgt.

Warum sollte all dieses Material in eine JavaScript-Quelldatei gesteckt werden? Aus zwei Gründen: Modularität und Übersichtlichkeit. Wenn Ihre Site aus mehr als ein paar hundert Webseiten besteht, werden Sie wahrscheinlich ein server-seitiges Programm zum Erstellen des Codes mit den Einträgen verwenden wollen. Es ist etwas übersichtlicher, den Code dann gleich als JavaScript-Quelldatei zu generieren.

Sie können diese Datenbank auch in anderen Suchanwendungen verwenden, indem Sie einfach *records.js* in Ihrem Code verwenden. Außerdem wäre es mir ziemlich zuwider, den ganzen Code in eine HTML-Datei zu kopieren und als Quellcode darzustellen.

Die globalen Variablen

Die Zeilen 9 bis 16 der Abbildung 1-1 deklarieren die globalen Variablen und initialisieren sie.

```
var SEARCHANY    = 1;
var SEARCHALL    = 2;
var SEARCHURL    = 4;
var searchType    = '''';
var showMatches   = 10;
var currentMatch  = 0;
var copyArray   = new Array();
var docObj    = parent.frames[1].document;
```

Die folgende Liste erklärt die Funktion der Variablen:

SEARCHANY
: Zeigt an, daß nach beliebigen der eingegebenen Begriffe gesucht werden soll.

SEARCHALL
: Zeigt an, daß nach dem Vorhandensein aller eingegebenen Begriffe gesucht werden soll.

SEARCHURL
: Zeigt an, daß nur im URL gesucht werden soll (nach beliebigen der eingegebenen Begriffe).

searchType
: Gibt die Suchmethode an (wird zu *SEARCHANY*, *SEARCHALL* oder *SEARCHURL* gesetzt).

showMatches
: Bestimmt die Anzahl von Einträgen, die pro Ergebnisseite auszugeben sind.

currentMatch
: Bestimmt den Eintrag, der auf der aktuellen Ergebnisseite zuerst ausgegeben wird.

copyArray
: Kopie des temporären Arrays mit Suchergebnissen, das zur Darstellung des nächsten oder vorhergehenden Ergebnissatzes benutzt wird.

docObj
: Eine Variable, die auf das document-Objekt des zweiten Frames zeigt. Das ist zwar nicht lebenswichtig für unsere Anwendung, macht den Code aber übersichtlicher, weil Sie häufig auf das Objekt (`parent.frames[1].document`) zugreifen müssen, wenn Sie die Suchergebnisse ausgeben. *docObj* zeigt auf dieses Objekt, reduziert damit das Codevolumen und dient als zentraler Punkt für Änderungen.

Die Funktionen

Als nächstes schauen wir uns die wichtigsten Funktionen an:

validate()

Wenn der Benutzer die Enter-Taste betätigt, bestimmt die `validate()`-Funktion in Zeile 18, was der Benutzer durchsuchen möchte und wie die Suche durchzuführen ist. Wir rufen uns die drei Möglichkeiten nochmals ins Gedächtnis:

- Dokumenttitel und -beschreibung durchsuchen, wobei nur ein Suchbegriff passen muß.
- Dokumenttitel und -beschreibung durchsuchen, wobei alle Suchbegriffe passen müssen.
- URL oder Pfad des Dokuments durchsuchen, wobei nur ein Suchbegriff passen muß.

`validate()` bestimmt, wie und wo zu suchen ist, indem es die ersten Zeichen des übergebenen Strings untersucht. Die Suchmethode wird mit der Variable *searchType* festgelegt. Wenn der Benutzer alle Suchbegriffe zusammen finden möchte, dann wird *searchType* auf *SEARCHALL* gesetzt. Wenn der Benutzer nur mindestens einen passenden Suchbegriff verlangt, setzt `validate()` *searchType* auf *SEARCHANY* (die Defaulteinstellung). Wenn der Benutzer den URL durchsuchen möchte, wird *searchType* auf *SEARCHURL* gesetzt. Das geschieht wie folgt:

Zeile 19 zeigt die `charAt()`-Methode des *String*-Objekts, die nach dem +-Zeichen als erstem Zeichen sucht. Wenn es gefunden wird, wird die Suchmethode auf Option 2 gesetzt (Boolesches UND).

```
if (entry.charAt(0) == "+") {
 entry = entry.substring(1,entry.length);
 searchType = SEARCHALL;
 }
```

Zeile 23 zeigt die `substring()`-Methode des *String*-Objekts, die nach »`url:`« Ausschau hält. Wenn dieser String gefunden wird, wird *searchType* entsprechend gesetzt.

```
if (entry.substring(0,4) == "url:") {
 entry = entry.substring(5,entry.length);
 searchType = SEARCHURL;
 }
```

Was machen die `substring()`-Methoden in Zeile 20 und 24? Nun, da `validate()` inzwischen weiß, was wie durchsucht werden soll, werden die Indikatorzeichen (+ und `url:`) nicht mehr gebraucht. `validate()` entfernt deshalb die entsprechende Anzahl Zeichen vom Anfang des Strings, bevor es weitergeht.

Wenn weder + noch `url:` am Anfang des Strings zu finden sind, setzt `validate()` die Variable *searchType* auf *SEARCHANY* und räumt noch ein bißchen auf, bevor `convertString()` aufgerufen wird. Die *while*-Statements in den Zeilen 28 und 32 entfernen überflüssige Leerzeichen vom Anfang und Ende des Strings.

Nachdem Benutzerwünsche bestimmt und überflüssiger Leerraum entfernt worden ist, muß `validate()` noch sicherstellen, daß überhaupt etwas übriggelieben ist, nach dem gesucht werden kann. Zeile 36 überprüft, ob der Suchstring mindestens aus drei Zeichen besteht. Die Suche nach weniger Zeichen dürfte wenig nützliche Resultate bringen, aber Sie dürfen das nach Lust und Laune abändern:

```
if (entry.length < 3) {
 alert("Nach so kurzen Strings können Sie nicht suchen.
 Etwas ausführlicher sollte es schon sein.");
  document.forms[0].query.focus();
  return;
  }
```

Wenn bis hierher alles glattgegangen ist, ruft `validate()` die Funktion `convertString()` mit einer sauberen Kopie des Suchstrings (`entry`) auf.

convertString()

`convertString()` führt zwei verwandte Operationen aus: Sie zerlegt den String in Arrayelemente und ruft die entsprechende Suchfunktion auf. Die `split()`-Methode des *String*-Objekts unterteilt den vom Benutzer eingegebenen String an den Leerzeichen und speichert das Resultat im Array *searchArray* ab. Das passiert in Zeile 45 wie folgt:

```
var searchArray = reentry.split(" ");
```

Wenn der Benutzer beispielsweise den String »client-side JavaScript development« in das Suchfeld eingibt, enthält *searchArray* die Werte `client-side`, `JavaScript` und `development` in den Elementen 0, 1 und 2. Nachdem dies erledigt ist, ruft `convertString()` die dem Wert von *searchType* entsprechende Suchfunktion auf. Sie können das in den Zeilen 46 und 47 sehen:

```
if (searchType == (SEARCHALL)) { requireAll(searchArray); }
else { allowAny(searchArray); }
```

Wie Sie sehen können, wird hier jeweils eine von zwei Funktionen aufgerufen. Beide arbeiten ähnlich, weisen aber Unterschiede auf. Schauen wir uns die Funktionen `allowAny()` und `requireAll()` doch einmal näher an:

allowAny()

Wie der Name im Englischen andeutet, wird diese Funktion aufgerufen, wenn nur mindestens ein Suchbegriff passen muß. Den folgenden Code finden Sie in den Zeilen 50 bis 68:

```
function allowAny(t) {
  var findings = new Array(0);
  for (i = 0; i < profiles.length; i++) {
    var compareElement  = profiles[i].toUpperCase();
    if(searchType == SEARCHANY) {
      var refineElement  =
        compareElement.substring(0,compareElement.indexOf('|HTTP'));
      }
    else {
      var refineElement =
        compareElement.substring(compareElement.indexOf('|HTTP'),
        compareElement.length);
      }
    for (j = 0; j < t.length; j++) {
      var compareString = t[j].toUpperCase();
      if (refineElement.indexOf(compareString) != -1) {
        findings[findings.length] = profiles[i];
        break;
        }
```

Das Prinzip in allen beiden Suchfunktionen ist der Stringvergleich mit verschachtelten *for*-Schleifen. Im Kasten »JavaScript-Technik: Verschachtelte for-Schleifen« finden Sie dazu weitere Informationen. Die *for*-Schleifen machen sich in den Zeilen 52 und 63 an die Arbeit. Dabei hat die erste *for*-Schleife die Aufgabe, jedes der *profiles*-Arrayelemente (aus der Quellcodedatei) zu durchlaufen. Die zweite *for*-Schleife durchläuft für jedes *profiles*-Element die Suchbegriffe, die von `convertString()` übergeben wurden.

Um sicherzustellen, daß Benutzer keine Einträge verfehlen, nur weil sie Groß- oder Kleinschreibung verwenden, deklarieren die Zeilen 53 und 64 die lokalen Variablen *compareElement* und *compareString* und setzen sie dann jeweils zu einer großgeschriebenen Version des Eintrags und des Suchbegriffs. Dann macht es keinen Unterschied mehr, ob der Benutzer nach »JavaScript«, »javascript« oder sogar »jAvasCRIpt« sucht.

`allowAny()` muß noch herausfinden, ob in Dokumenttitel und -beschreibung oder im URL gesucht werden soll. Daher wird die lokale Variable *refineElement* (der Substring, der mit jedem der Suchbegriffe verglichen wird) in Zeile 55 oder 59 je nach dem Wert von *searchType* gesetzt. Wenn *searchType* zu *SEARCHANY* gesetzt wurde, wird *refineElement* mit dem Substring geladen, der den Dokumenttitel und die Dokumentbeschreibung enthält. Wenn nicht, muß *searchType* auf *SEARCHURL* gesetzt worden sein, und *refineElement* wird mit dem Substring geladen, der den URL des Dokuments enthält.

Erinnern Sie sich noch an die »|«-Symbole? Das ist der Trick, mit dem JavaScript die verschiedenen Teile des Eintrags unterscheidet. Die `substring()`-Methode liefert also entweder einen String, der an der Position 0 anfängt und mit dem Zeichen vor dem ersten Auftauchen von »|HTTP« aufhört, oder einen String, der mit dem ersten Auftauchen von »|HTTP« beginnt und bis zum Ende des Elements reicht. Damit haben wir, was wir zum Vergleich mit der Eingabe des Benutzers benötigen. Sie können sich das in Zeile 65 ansehen:

```
if (refineElement.indexOf(compareString) != -1) {
  findings[findings.length] = profiles[i];
  break;
  }
```

Wenn *compareString* innerhalb von *refineElement* gefunden wird, haben wir einen passenden Eintrag (wurde ja auch Zeit!). Dieser Originaleintrag (nicht die verkürzte Version mit oder ohne URL, die wir zum Suchen verwendet haben) wird in Zeile 66 zum Array *findings* hinzugefügt. Wir können dabei *findings.length* als Index benutzen, um kontinuierlich neue Elemente hinzuzufügen.

Sobald wir einen Suchbegriff im Eintrag gefunden haben, gibt es keinen Grund, den Eintrag auch noch nach den anderen Suchbegriffen abzusuchen. Zeile 67 enthält das *break*-Statement, das die vergleichende *for*-Schleife für den derzeitigen Eintrag unterbricht. Strenggenommen ist das nicht notwendig, es spart aber überflüssige Bearbeitungszeit.

Nachdem alle Einträge und Suchbegriffe durchlaufen wurden, überreicht `allowAny()` alle möglicherweise passenden Einträge im *findings*-Array an die Funktion `verifyManage()` in den Zeilen 95 bis 101. Wenn die Suche erfolgreich war, wird die Funktion `formatResults()` aufgerufen, um die Resultate auszugeben. Wenn nicht, läßt die Funktion `noMatch()` den Benutzer wissen, daß die Suche erfolglos war. Die Funktionen `formatResults()` und `noMatch()` werden später in diesem Kapitel behandelt – zuerst sehen wir uns die verbleibende Suchmethode `requireAll()` genauer an.

requireAll()

Wenn Sie ein + vor Ihre Suchbegriffe setzen, wird `requireAll()` aufgerufen. Diese Funktion ist nahezu identisch mit `allowAny()`, es müssen aber alle Suchbegriffe vorhanden sein. In `allowAny()` wurden Einträge zum Ergebnissatz hinzugefügt, sobald ein passender Suchbegriff gefunden wurde. In dieser Funktion müssen wir warten, bis alle Suchbegriffe mit dem Eintrag verglichen worden sind – erst dann können wir entscheiden, ob wir dem Ergebnissatz etwas hinzufügen können. Die Funktion beginnt in Zeile 74:

```
function requireAll(t) {
  var findings = new Array();
  for (i = 0; i < profiles.length; i++) {
    var allConfirmation = true;
    var allString       = profiles[i].toUpperCase();
    var refineAllString = allString.substring(0,
      allString.indexOf('|HTTP'));
    for (j = 0; j < t.length; j++) {
      var allElement = t[j].toUpperCase();
      if (refineAllString.indexOf(allElement) == -1) {
        allConfirmation = false;
        continue;
        }
      }
    if (allConfirmation) {
      findings[findings.length] = profiles[i];
      }
    }
  verifyManage(findings);
  }
```

JavaScript-Technik: Verschachtelte for-Schleifen

Die beiden Suchfunktionen `allowAny()` und `requireAll()` benutzen verschachtelte *for*-Schleifen. Das ist eine praktische Art, mehrdimensionale Arrays statt eindimensionaler Arrays zu durchlaufen. (JavaScript-Arrays sind technisch gesehen eindimensional. JavaScript kann aber, wie hier beschrieben, mehrdimensionale Arrays emulieren). Wenn Sie zum Beispiel einen String mit jedem der fünf Elemente des folgenden eindimensionalen Arrays

```
var numbers =  ("one", "two", "three", "four", "five");
```

vergleichen wollen, dann verwenden Sie einfach eine *for*- (or *while*-)Schleife und vergleichen dabei den String in jedem Durchgang mit dem jeweiligen Element, zum Beispiel so:

```
for (var i = 0; i < numbers.length; i++) {
  if (myString == numbers[i]) { alert("Zahl gefunden!");
  break;
  }
```

– Fortsetzung –

Nicht allzu schwierig, also steigern wir uns ein bißchen. Mehrdimensionale Arrays sind, nun ja, Arrays von Arrays. Zum Beispiel:

```
var numbers = new Array(
new Array("one", "two", "three", "four", "five"),
new Array("uno", "dos", "tres", "cuatro", "cinco"),
new Array("won", "too", "tree", "for", "fife")
);
```

Da hilft eine einzelne *for*-Schleife nicht weiter. Wir brauchen mehr Power. Das erste *numbers*-Array war ein eindimensionales Array (1 × 5). Die neue Version ist ein mehrdimensionales Array (3 × 5). Um alle 15 Elemente (3 × 5) zu durchlaufen, brauchen wir eine zusätzliche Schleife:

```
for (var i = 0; i < numbers.length; i++) {          // 1...
  for (var j = 0; j < numbers[i].length; j++) {     // und 2.
    if (myString == numbers[i][j]) {
      alert("Endlich gefunden!");
      break;
      }
    }
  }
```

Das ist die zweidimensionale Antwort auf die Frage, wie wir jedes Element einmal durchprobieren können. Lassen Sie uns noch einen Gang raufschalten. Wie wäre es, wenn wir eine Farbpalette in einer Tabelle konstruieren: 216 websichere Farben, zwar eine pro Zelle? Wieder einmal kommen veschachtelte *for*-Schleifen zu unserer Rettung. Diesmal benutzen wir aber nur ein eindimensionales Array.

Wenn wir Hexadezimalzahlen verwenden, kommen websichere Farben in sechsstelligen Gruppen vor – mit zwei Stellen pro Farbkomponente, also zum Beispiel FFFFFF, 336699 oder 9900CC. Die zweistelligen Komponenten, aus denen[a] alle Farben der Web-Palette bestehen, sind: 00, 33, 66, 99, CC und FF. Basteln wir uns doch gleich ein Array:

```
var hexPairs = new Array("00","33","66","99","CC","FF");
```

»Nur ein Array und eine Dimension? Ich will mein Geld zurück!«

Moment – rennen Sie nicht gleich in die Buchhandlung zurück! Hier haben wir drei Dimensionen und verwenden dasselbe Array für jede der Dimensionen, und zwar so:

```
var str = '';

// Eine Tabelle erstellen
document.writeln('<H2>Web-Farben</H2>' +
  '<TABLE BORDER=1 CELLSPACING=0>');
for (var i = 0; i < hexPairs.length; i++) {
```

– Fortsetzung –

```
    // Tabellenzeile generieren
    document.writeln('<TR>');
    for (var j = 0; j < hexPairs.length; j++) {
      for (var k = 0; k < hexPairs.length; k++) {
      // Einen String mit Tabellenzellen für die Zeile erzeugen, mit
Leerzeichen in jeder Zelle
      // Beachten Sie, daß die Hintergrundfarbe aus den drei hexPairs-
Elementen zusammengesetzt ist
      str += '<TD BGCOLOR="' + hexPairs[i]  + hexPairs[j] + hexPairs[k] +
      '">   </TD>';
        }
      // Die Tabellenzeile in das Dokument schreiben und str zurücksetzen
      document.writeln(str);
      str ='';
      }
    // Zeile beenden
    document.writeln('</TR>');
    }
  // Tabelle beenden
  document.writeln('</TABLE>');
```

Wenn Sie diesen Code in ein Webdokument einbinden (zu finden in der zip-Datei als *\Ch01\websafe.html*), dann bekommen Sie eine Tabelle mit 6 × 36 Zellen, in der alle 216 (d.h. 6 × 6 × 6) websicheren Farben zu finden sind. Drei *for*-Schleifen und drei Dimensionen. Natürlich könnten Sie die Palettentabelle in vielerlei Hinsicht ändern, aber das zeigt ja nur, wie Sie mit verschachtelten *for*-Schleifen Ihre programmtechnischen Kopfschmerzen loswerden können.

a. Die hier angegebenen Farben gelten für den Mac und für Windows-Systeme. Unter Unix sind die entsprechenden Komponenten 00, 40, 80, BF, FF.

Auf den ersten Blick sehen die Dinge ähnlich aus wie bei `allowAny()`. Die verschachtelten *for*-Schleifen und die Konvertierung zu Großschreibung bleiben wie gehabt. In Zeile 77 definieren wir eine Bestätigungsvariable, *allConfirmation*. In den Zeilen 79–80 ändert sich auch etwas:

```
var refineAllString = allString.substring(0,allString.indexOf('|HTTP'));
```

Haben Sie bemerkt, daß *searchType* nicht dahingehend überprüft wurde, welcher Teil des Eintrags durchsucht werden soll, wie in Zeile 50 in `allowAny()`? Dazu besteht keine Notwendigkeit. `requireAll()` wird nur dann aufgerufen, wenn *searchType* gleich *SEARCHALL* ist (siehe Zeile 46). Das Durchsuchen des URL sieht die Boolesche UND-Methode nicht vor, also ist bekannt, daß Dokumenttitel und -beschreibung durchsucht werden sollen.

Die Funktion `requireAll()` ist ein bißchen schwerer zufriedenzustellen. Weil alle vom Benutzer eingegebenen Begriffe im zu durchsuchenden String gefunden werden müssen, ist die Suchlogik restriktiver als in `allowAny()`; siehe Zeilen 83 bis 86:

```
if (refineAllString.indexOf(allElement) == -1) {
  allConfirmation = false;
  continue;
  }
```

Es ist erheblich einfacher, einen Eintrag schon dann auszuschließen, wenn zum erstenmal ein Suchbegriff nicht gefunden wird, als die Anzahl der Suchbegriffe mit der der gefundenen Begriffe zu vergleichen. Wenn deshalb zum erstenmal ein Suchbegriff in einem Eintrag nicht gefunden wird, dann wird *allConfirmation* auf false gesetzt, und der `continue`-Befehl sorgt dafür, daß JavaScript den Eintrag fallenläßt und sich zum nächsten Eintrag begibt.

Wenn alle Suchbegriffe mit einem Eintrag verglichen worden sind und die lokale Variable *allConfirmation* immer noch auf true gesetzt ist, dann haben wir einen passenden Eintrag gefunden. Der aktuelle Eintrag wird dann zum temporären Array *findings* in Zeile 89 hinzugefügt. Diese Bedingung ist schwerer zu erfüllen, die Suchergebnisse werden aber wahrscheinlich etwas spezifischer sein.

Sobald alle Einträge auf diese Weise ausgewertet worden sind, wird *findings* an `verifyManage()` übergeben. Wenn irgendwelche passenden Einträge gefunden wurden, wird `formatResults()` aufgerufen, ansonsten ruft `verifyManage()` die Funktion `noMatch()` auf, um dem Benutzer die schlechten Nachrichten zu überbringen.

verifyManage()

Wie Sie vermutlich schon mitbekommen haben, stellt diese Funktion fest, ob die Suche des Benutzers passende Einträge gefunden hat, und ruft je nach Ergebnis eine der beiden Ausgabefunktionen auf. Sie startet in Zeile 95:

```
function verifyManage(resultSet) {
if (resultSet.length == 0) {
     noMatch();
     }
    copyArray = resultSet.sort();
    formatResults(copyArray, currentMatch, showMatches);
    }
```

Sowohl `allowAny()` als auch `requireAll()` rufen nach ihrem jeweiligen Ablauf `verifyManage()` auf und übergeben das Array *findings* als Parameter. Zeile 96 zeigt, daß `verifyManage()` die Funktion `noMatch()` aufruft, wenn das Array *resultSet* (eine Kopie von *findings*) leer ist.

Wenn *resultSet* jedoch mindestens einen passenden Eintrag enthält, wird in der globalen Variable *copyArray* eine lexikographisch geordnete Version der Elemente in *resultSet* gespeichert. Das Sortieren ist zwar nicht notwendig, ist aber eine gute Idee, um Ordnung in Ihren Ergebnissatz zu bringen. Außerdem brauchen Sie sich dann nicht darum zu sorgen, in welcher Reihenfolge Sie Einträge zum *profiles*-Array hinzufügen. Sie können sie einfach am Ende anhängen und wissen, daß sie bei Übereinstimmung sortiert werden.

Warum sollten wir eine Kopie des Ergebnissatzes machen, den wir doch schon haben? Denken Sie daran, daß *findings* ein lokales und daher temporäres Array ist. Sobald eine Suche durchgeführt worden ist (das heißt, die Anwendung hat eine der Suchfunktionen ausgeführt), verschwindet *findings*, und der zugehörige Speicher wird zur weiteren Benutzung freigegeben. Das ist an sich eine gute Sache, weil es keinen Grund gibt, an Speicher festzuhalten, der vielleicht anderswo gebraucht wird. Wir müssen aber noch auf die Einträge zugreifen können.

Da die Anwendung, sagen wir mal, zehn Einträge pro Seite ausgibt, sehen Benutzer unter Umständen nur einen Teil der passenden Ergebnisse. Da die Variable *copyArray* global ist, bleiben alle Einträge intakt, nachdem sie sortiert und in *copyArray* abgelegt worden sind. Benutzer können sich nun die Ergebnisse ansehen, 10, 15 oder wie viele auch immer auf einmal. Die globale Variable speichert die Ergebnisse, bis der Benutzer eine neue Suche startet.

Als letztes ruft `verifyManage()` die Funktion `formatResults()` auf und übergibt einen Index (*currentMatch*), der angibt, mit welchem Eintrag anzufangen ist, sowie die Anzahl der pro Seite anzuzeigenden Einträge (*showMatches*). Sowohl *currentMatch* als auch *showMatches* sind globale Variablen. Sie verschwinden nicht, nachdem die Funktionen ausgeführt worden sind. Wir benötigen sie während der gesamten Lebensdauer der Anwendung.

noMatch()

`noMatch()` macht genau das, was sein Name andeutet. Wenn Ihre Suche kein einziges Ergebnis produziert, dann überbringt Ihnen diese Funktion die schlechte Nachricht. Die Funktion ist ziemlich kurz und knapp, erzeugt aber immerhin eine komplette Ergebnisseite (bzw. Nichtergebnisseite), die mitteilt, daß die vom Benutzer eingegebenen Suchbegriffe kein einziges Ergebnis zur Folge hatten haben. Hier ist die Funktion, die in Zeile 103 anfängt:

```
function noMatch() {
  docObj.open();
  docObj.writeln('<HTML><HEAD><TITLE>Suchergebnisse</TITLE></HEAD>' +
    '<BODY BGCOLOR=WHITE TEXT=BLACK>' +
    '<TABLE WIDTH=90% BORDER=0 ALIGN=CENTER><TR><TD VALIGN=TOP>' +
    '<FONT FACE=Arial><B><DL>' +
    '<HR NOSHADE WIDTH=100%>"' + document.forms[0].query.value +
    '" lieferte keine Ergebnisse.<HR NOSHADE WIDTH=100%>' +
    '</TD></TR></TABLE></BODY></HTML>');
  docObj.close();
  document.forms[0].query.select();
  }
```

formatResults()

Die Aufgabe dieser Funktion ist es, die passenden Einträge ordentlich für den Benutzer darzustellen. Das ist nicht besonders schwierig, die Funktion deckt aber eine Menge neues Material ab. Für eine erfolgreiche Ergebnisausgabe brauchen wir die folgenden Zutaten:

- Einen HTML-Dokumentenkopf, einen Titel (<TITLE>) und den Dokumentkörper (<BODY>)
- Den Titel, die Beschreibung und den URL jedes gefundenen Eintrags mit einem Link auf den Eintrag
- Buttons, mit denen die nächsten oder vorhergehenden Ergebnisse aufgerufen werden können, falls vorhanden

Der HTML-Head-Abschnitt und der Titel

Der HTML-Head-Abschnitt und der Titel sind ziemlich unkompliziert. Die Zeilen 116 bis 129 geben Head-Abschnitt, Titel und den Anfang des Body-Inhalts aus. Das sieht so aus:

```
function formatResults(results, reference, offset) {
  var currentRecord = (results.length < reference + offset ?
    results.length : reference + offset);
  docObj.open();
  docObj.writeln('<HTML><HEAD><TITLE>Suchergebnisse</TITLE>\n</HEAD>' +
    '<BODY BGCOLOR=WHITE TEXT=BLACK>' +
    '<TABLE WIDTH=90% BORDER=0 ALIGN=CENTER CELLPADDING=3><TR><TD>' +
    '<HR NOSHADE WIDTH=100%></TD></TR><TR><TD VALIGN=TOP>' +
    '<FONT FACE=Arial><B>Suche nach: <I>' +
    parent.frames[0].document.forms[0].query.value + '</I><BR>\n' +
    'Suchergebnisse: <I>' + (reference + 1) + ' - ' + currentRecord +
    ' von ' + results.length + '</I><BR><BR></FONT>' +
    '<FONT FACE=Arial SIZE=-1><B>' +
    '\n\n<!- Anfang Ergebnissatz //-->\n\n\t<DL>');
```

Bevor wir den Head-Abschnitt und Titel ausgeben, finden wir erst einmal heraus, mit welchem Ergebnis wir dann anfangen werden. Wir wissen, daß der erste auszugebende Eintrag bei `results[reference]` anfängt. Die Anzahl der auszugebenden Einträge ist *offset*, es sei denn, daß *reference + offset* größer als die Gesamtzahl der Einträge ist. Um den größeren der beiden Werte zu finden, benutzen wir den ternären Operator. In Zeile 117 wird die Variable *currentRecord* auf diese Zahl gesetzt. Wir werden diesen Wert in Kürze brauchen.

Jetzt gibt `formatResults()` Ihren Web-Wald-Wiesen-HTML-Head-Abschnitt und Titel aus. Der Body beginnt mit einer zentrierten Tabelle und einem Querstrich. Die Anwendung erinnert den Benutzer dann an die Sucheingabe (Zeile 125), die dem Formfeld-Wert entnommen wird:

```
parent.frames[0].document.forms[0].query.value
```

In Zeile 126 wird es dann etwas konkreter. Hier fängt der Ergebnissatz an. Die Textzeile auf der Seite zeigt an, welcher Teil der Suchergebnisse gerade angezeigt wird. Außerdem wird die Gesamtzahl der gefundenen Einträge angezeigt. Ein Beispiel:

Suchergebnisse: 1 - 10 von 38

Um das machen zu können, brauchen wir drei Zahlen – den ersten Eintrag im anzuzeigenden Ergebnissatz, die Anzahl der anzuzeigenden Einträge und die Länge von *copyArray*, in dem die gefundenen Einträge abgespeichert sind. Schauen wir uns das einmal Schritt für Schritt an, auch wenn das nicht dem eigentlichen Programmablauf entspricht. Diese Logik teilt dem Benutzer mit, *wie viele* Einträge vorliegen und mit *welchem* Eintrag angefangen wird. Und so geht das:

1. Der Variable *reference* wird die Nummer des aktuellen Eintrags zugewiesen und ausgegeben.
2. Eine weitere Zahl namens *offset*, die angibt, wie viele Einträge pro Seite auszugeben sind (in diesem Fall 10), wird dazuaddiert.
3. Wenn die Summe *reference* + *offset* größer ist als die Gesamtzahl der gefundenen Einträge, wird die Gesamtzahl der gefundenen Einträge ausgegeben. Ansonsten wird die Summe *reference* + *offset* ausgegeben (dieser Wert wurde bereits berechnet und befindet sich in *currentRecord*).
4. Die Gesamtzahl der gefundenen Einträge wird ausgegeben.

Die Schritte 1 und 2 scheinen einfach genug zu sein. Rufen Sie sich den Code in `verifyManage()` in Erinnerung, insbesondere Zeile 99:

```
formatResult(copyArray, currentMatch, showMatches);
```

Die lokale Variable *results* ist eine Kopie von *copyArray*. Die Variable *reference* wird zu *currentMatch* gesetzt, damit die Summe von *reference* + *offset* der Summe von *currentMatch* + *showResults* entspricht. In den ersten paar Zeilen dieses Programms (13 und 14, um genau zu sein), wurde *showMatches* auf 10 und *currentMatch* auf 0 gesetzt. Daher startet *reference* bei 0, und *reference* + *offset* ist 10. Schritt 1 erledigt sich mit der Ausgabe von *reference*. Die Rechnereien von eben erledigen Schritt 2.

In Schritt 3 verwenden wir den ternären Operator (in Zeile 117 und 118), um zu entscheiden, ob die Summe von *reference* + *offset* größer als die Gesamtzahl der gefundenen Einträge ist. Mit anderen Worten: Erhalten wir, wenn *offset* Einträge zu *reference* hinzuaddiert werden, mehr Einträge als insgesamt vorhanden sind? Wenn *reference* auf 20 steht und insgesamt 38 Einträge gefunden wurden, dann führt das Addieren von 10 zu *reference* zu einem Wert von 30. Die Ausgabe würde dann so aussehen:

```
Suchergebnisse: 20 - 30 von 38
```

Wenn *reference* aber auf 30 steht, und insgesamt 38 Einträge vorhanden sind, dann führt das Addieren von 10 zu *reference* zu einem Wert von 40. Die Ausgabe sähe dann so aus:

```
Suchergebnisse: 30 - 40 von 38
```

Das geht natürlich nicht. Die Suchmaschine kann die Einträge 39 und 40 nicht ausgeben, wenn nur 38 gefunden wurden. Das zeigt dann an, daß das Ende der Suchergebnisse erreicht wurde. Also wird statt der Summe von *reference* + *offset* die Gesamtzahl der Einträge ausgegeben. Das bringt uns zu Schritt 4 und an das Ende des Prozesses:

```
Suchergebnisse: 30 - 38 von 38
```

Die Funktion `formatResults()` ist mit Sonderzeichen wie `\n` und `\t` gespickt. `\n` steht für einen Zeilenumbruch, entspricht also der »Eingabetaste«, wie wenn Sie in Ihrem Texteditor Programme schreiben. `\t` entspricht der Funktion der Tabulatortaste. Die einzige Funktion dieser Zeichen ist in diesem Fall eine Verschönerung des HTML-Codes für die Suchresultate, wenn Sie sich den zugehörigen Quellcode anschauen wollen. Ich habe sie hier hauptsächlich verwendet, um Ihnen vorzuführen, wie diese Zeichen aussehen. Denken Sie dran, daß die Zeichen eigentlich überflüssig sind und Ihre Anwendungen nicht beeinflussen. Wenn Sie der Meinung sind, daß sie Ihren Code verunstalten, sollten Sie sie nicht verwenden. Ich werde sie im Rest dieses Buches sparsam einsetzen.

Die Darstellung der Dokumenttitel, Beschreibungen und verknüpften URLs

Nun, da der Bereich für die Einträge angegeben wurde, ist es an der Zeit, die Einträge selbst auszugeben. Dazu kommen Zeilen 130 bis 134 ins Spiel:

```
for (var i = reference; i < currentRecord; i++) {
  var divide = results[i].split('|');
  docObj.writeln('\t<DT>' + '<A HREF="' + divide[2] + '">' +
    divide[(searchType == SEARCHURL ? 2 : 0)] + '</A>' + '\t<DD>' + '<I>' +
    divide[1] + '</I><P>\n\n');
  }
```

Diese Zeilen durchlaufen sämtliche Einträge und erzeugen den HTML-Code zur Darstellung eines Links für jeden Eintrag. Dazu müssen wir die Einträge ensprechend in Titel, Beschreibung und URL aufspalten und sie dabei so anordnen, wie wir uns das eben wünschen. Rufen Sie sich die Datei *records.js* in Erinnerung. Jedes Element von *profiles* ist ein String, der den gesamten Eintrag enthält, wobei die »|«-Zeichen als Trennzeichen dienen. Wir zerlegen die Einträge wie folgt:

```
var divide = results[i].split('|');
```

Für jedes Element wird der lokalen Variable *divide* ein Array mit den Teilen der aufgespaltenen Einträge zugewiesen. Das erste Element (`divide[0]`) ist der URL, das zweite Element (`divide[1]`) ist der Titel des Dokuments und das dritte (`divide[2]`) ist die Beschreibung des Dokuments. Jedes dieser Elemente wird zusammen mit dem passenden begleitenden HTML-Code auf der Seite ausgedruckt (ich habe hier die Tags `<DL>`, `<DT>` und `<DD>` gewählt).

Wenn der Benutzer die URLs durchsucht hat, müssen wir den URL als Linktext anzeigen. In den anderen Fällen wird der Titel des Dokuments zum Linktext. Mit anderen Worten, wir müssen wissen, ob der Wert von `divide[2]`, der den URL enthält, oder der Wert von `divide[0]` mit der Dokumentbeschreibung anzuzeigen ist. Bringen wir den folgenden Code ins Spiel:

```
divide[(searchType == SEARCHURL ? 2 : 0)]
```

Wenn *searchType* gleich *SEARCHURL* ist, verwenden wir einen Index von 2. Ansonsten ist *searchType* gleich *SEARCHANY* oder *SEARCHALL*. In diesen beiden Fällen verwenden wir einen Index von 0.

Buttons für vorhergehende und nächste Ergebnisse hinzufügen

Jetzt müssen nur noch die Buttons hinzugefügt werden, mit denen der Benutzer sich die den vorhergehenden oder nächsten Block mit Suchergebnissen ansehen kann. Das passiert in der Funktion `prevNextResults()`, die wir in Kürze besprechen werden. Hier sind aber noch die letzten Zeilen von `formatResults()`:

```
docObj.writeln('\n\t</DL>\n\n<!- Ende der Ergebnisliste //-->\n\n');
prevNextResults(results.length, reference, offset);
docObj.writeln('<HR NOSHADE WIDTH=100%>' +
  '</TD>\n</TR>\n</TABLE>\n</BODY>\n</HTML>');
docObj.close();
document.forms[0].query.select();
}
```

Dieser Teil ruft `prevNextResults()` auf, fügt noch etwas abschließenden HTML-Text hinzu und setzt dann den Fokus auf das Eingabefeld für die Suchbegriffe.

prevNextResults()

Wenn Sie es ohne Aufschrei bis hierher geschafft haben, sollte Sie diese Funktion auch nicht überstrapazieren. `prevNextResults()` sieht wie folgt aus und fängt in Zeile 143 an:

```
function prevNextResults(ceiling, reference, offset) {
  docObj.writeln('<CENTER><FORM>');
  if(reference > 0) {
    docObj.writeln('<INPUT TYPE=BUTTON VALUE="Letzte ' + offset +
      ' Ergebnisse" onClick="' +
      parent.frames[0].formatResults(parent.frames[0].copyArray, ' +
      (reference - offset) + ', ' + offset + ')">');
    }
  if(reference >= 0 && reference + offset < ceiling) {
    var trueTop = ((ceiling - (offset + reference) < offset) ?
      ceiling - (reference + offset) : offset);
    var nextButtonCaption = (trueTop > 1 ? 'N&auml;chste' + trueTop +
    ' Ergebnisse' : 'N&auml;chstes Ergebnis');
    docObj.writeln('<INPUT TYPE=BUTTON VALUE="' + nextButtonCaption +  '"' +
     ' onClick="parent.frames[0].formatResults(parent.frames[0].copyArray, ' +
      (reference + offset) + ', ' + offset + ')">');
    }
  docObj.writeln('</CENTER>');
  }
```

JavaScript-Technik: document.write() sparsam einsetzen

Sehen Sie sich `formatResults()` noch einmal genau an. Sie sehen, daß der HTML-Code mit einem Aufruf von `document.write()` oder `document.writeln()` ausgegeben wird. Der String, der an diese Methoden übergeben wird, ist üblicherweise ziemlich lang und erstreckt sich über mehrere Zeilen, die durch + zusammengefügt werden. Sie könnten jetzt natürlich argumetieren, daß der Code lesbarer wäre, wenn jede Zeile einen Aufruf von `document.writeln()` enthielte. Es gibt aber einen Grund, das nicht zu tun. Hier sind die entsprechenden Zeilen in `formatResults()`:

```
function formatResults(results, reference, offset) {
    docObj.open();
    docObj.writeln('<HTML>\n<HEAD>\n<TITLE>Suchergebnisse</TITLE>\n
      </HEAD>' +
    '<BODY BGCOLOR=WHITE TEXT=BLACK>' +
    '<TABLE WIDTH=90% BORDER=0 ALIGN=CENTER CELLPADDING=3><TR><TD>' +
    '<HR NOSHADE WIDTH=100%></TD></TR><TR><TD VALIGN=TOP>' +
    '<FONT FACE=Arial><B>Suche nach: <I>' +
    parent.frames[0].document.forms[0].query.value + '</I><BR>\n' +
    'Suchergebnisse: <I>' + (reference + 1) + ' - ' +
    (reference + offset > results.length ? results.length :
      reference + offset) +
    ' von ' + results.length + '</I><BR><BR></FONT>' +
    '<FONT FACE=Arial SIZE=-1><B>' +
    '\n\n<!- Anfang Ergebnisseite //-->\n\n\t<DL>');
```

Nur ein Aufruf der Methode wird verwendet, um den Text in die Seite zu schreiben. Das ist nicht sehr attraktiv. Als Alternative könnte man die Dinge auch hübsch auflisten, mit einem Aufruf der Methode in jeder Zeile:

```
function formatResults(results, reference, offset) {
  docObj.open();
  docObj.writeln('<HTML><HEAD><TITLE>Suchergebnisse</TITLE>\n</HEAD>');
  docObj.writeln('<BODY BGCOLOR=WHITE TEXT=BLACK>');
  docObj.writeln('<TABLE WIDTH=90% BORDER=0 ALIGN=CENTER ' +
    'CELLPADDING=3><TR><TD>');
  docObj.writeln('<HR NOSHADE WIDTH=100%></TD></TR><TR><TD VALIGN=TOP');
  docObj.writeln('<FONT FACE=Arial><B>' +  'Suche nach: <I>' +
    parent.frames[0].document.forms[0].query.value + '</I><BR>\n');
  docObj.writeln('Suchergebnisse: <I>' + (reference + 1) + ' - ' );
  docObj.writeln( (reference + offset > results.length ?
    results.length : reference + offset) +
    ' von ' + results.length + '</I><BR><BR></FONT>' +
    '<FONT FACE=Arial SIZE=-1><B>');
  docObj.writeln('\n\n<!- Anfang Ergebnisseite //-->\n\n\t<DL>');
```

Das sieht zwar etwas ordentlicher aus, dafür bedeutet aber jeder Aufruf der Methode etwas mehr Arbeit für die JavaScript-Engine. Denken Sie einmal nach. Was würden Sie tun: fünfmal zum Laden laufen und Ihre Einkäufe stückweise erledigen oder einmal in den Laden gehen und alles auf einmal einkaufen? Ebenso können Sie hier einfach einen längeren String übergeben, dessen Teile durch +-Zeichen verbunden sind. Fertig.

Diese Funktion gibt eine zentriertes HTML-Formular im unteren Teil der Ergebnisseite aus, die ein oder zwei Buttons enthält. Abbildung 1-3 zeigt eine Ergebnisseite, die sowohl einen Button für die nächsten als auch für die vorhergehenden Ergebnisse zeigt. Es gibt drei verschiedene Button-Kombinationen:

- Nur einen »Nächste...«-Button – für die erste Ergebnisseite, die angezeigt wird. Hier gibt es keine vorhergehenden Einträge.
- Sowohl einen »Letzte...«-Button als auch einen »Nächste...«-Button – für die Ergebnisseiten zwischen der ersten und letzten Ergebnisseite. Hier gibt es sowohl vorhergehende als auch weitere Ergebnisse vor bzw. nach den momentan angezeigten.
- Nur einen »Letzte...«-Button – für die letzte Ergebnisseite. Hier stehen keine weiteren Einträge mehr zur Verfügung.

Drei Kombinationen, zwei Buttons: Das bedeutet, daß die Anwendung wissen muß, wann ein Button ausgegeben werden soll und wann nicht. Die folgende Auflistung beschreibt die Bedingungen, unter denen die jeweiligen Kombinationen auftauchen.

Nur ein »Nächste...«-Button

Wann sollten wir einen »Nächste...«-Button vorsehen? Antwort: auf jeder Ergebnisseite, außer der letzten. Mit anderen Worten: immer dann, wenn die Nummer des letzten Eintrags (*reference* + *offset*) der Ergebnisseite kleiner ist als die Gesamtzahl der Funde.

Und wann dürfen wir keinen »Letzte...«-Button vorsehen? Antwort: auf der ersten Ergebnisseite, das heißt, immer dann, wenn *reference* gleich 0 ist (was wir von *currentMatch* erfahren).

Sowohl ein »Letzte...«-Button als auch ein »Nächste...«-Button

Wann sollten beide Buttons angezeigt werden? Wenn ein »Nächste...«-Button auf allen Ergebnisseiten außer der letzten vorhanden sein soll und ein »Letzte...«-Button auf allen außer der ersten, dann brauchen wir einen »Letzte...«-Button solange *reference* größer als 0 ist, und einen »Nächste...«-Button, wenn *reference* + *offset* kleiner als die Gesamtzahl der gefundenen Einträge ist.

Nur ein »Letzte...«-Button

Wir wissen schon, wann wir einen »Letzte«-Button vorsehen müssen, aber unter welchen Umständen sollten wir den »Nächste...«-Button weglassen? Antwort: wenn die letzte Ergebnisseite angezeigt wird. Mit anderen Worten: wenn *reference* + *offset* größer oder gleich der Gesamtzahl der gefundenen Einträge ist.

Die Dinge mögen im Moment noch etwas theoretisch erscheinen, aber wir wissen wenigstens, wann wir welche(n) Button(s) anzeigen müssen, und die *if*-Statements in Zeilen 145 und 151 machen genau das. Diese Anweisungen zeigen einen oder beide der »Letzte...« und »Nächste..«-Buttons an, je nach dem aktuellen Ergebnissatz und der verbleibenden Anzahl von Einträgen.

Beide Buttons rufen die Funktion `formatResults()` auf, wenn der Benutzer auf die Buttons klickt. Der einzige Unterschied besteht in den übergebenen Parametern, die verschiedene Ergebnisbereiche angeben. Unter der Motorhaube sind beide Buttons ziemlich gleich. Wegen des `VALUE`-Attributs sehen sie aber unterschiedlich aus. Der erste Teil des »Letzte...«-Buttons in den Zeilen 146 und 147 sieht so aus:

```
docObj.writeln('<INPUT TYPE=BUTTON VALUE="Letzte ' + offset + ' Ergebnisse" ' +
```

Der »Nächste"-Button fängt in Zeile 155 wie folgt an:

```
docObj.writeln('<INPUT TYPE=BUTTON VALUE="' + nextButtonCaption +  '"' +
```

Beide Zeilen enthalten die Attribute `TYPE` und `VALUE` für das Button-Element sowie eine Zahl, die angibt, wie viele vorhergehende oder nächste Ergebnisse zur Verfügung stehen. Da die Anzahl der vorhergehenden Ergebnisse immer gleich ist (*offset*), stellt der »Letzte...«-Button diese Zahl dar, zum Beispiel »Letzte 10 Ergebnisse«. Die Anzahl der nächsten Ergebnisse kann jedoch variabel sein. Es ist entweder *offset* oder die verbleibende Anzahl, wenn der letzte Ergebnissatz weniger als *offset* Einträge hat. Zu diesem Zweck wird die Variable *trueTop* auf den entsprechenden Wert gesetzt.

Beim »Letzte...«-Button ist die Beschriftung recht einfach: *showMatches* hat in der Anwendung immer denselben Wert (in diesem Fall 10), der sich nicht ändert. Der Benutzer kann sich deshalb darauf verlassen, daß es immer 10 vorhergehende Einträge gibt. Für die »nächsten« Einträge ist das aber nicht der Fall. Nehmen wir mal an, daß der letzte Ergebnissatz nur einen Eintrag enthält. Dann sollte der Benutzer keinen Button mit der Aufschrift »Nächste 1 Ergebnisse« sehen. Das wäre Dummdeutsch. Um dieses Problem zu lösen, enthält `prevNextResults()` eine lokale Variable namens *nextButtonCaption,* die wieder den ternären Operator verwendet und die Beschriftung des »Nächste...«-Buttons festlegt. Sie finden den Code in Zeile 154:

```
var nextButtonCaption = (trueTop > 1 ? 'N&auml;chste ' + trueTop +
' Ergebnisse'  :  'N&auml;chstes Ergebnis');
```

Wenn *trueTop* größer als 1 ist, wird *nextButtonCaption* der String `'Nächste ' + trueTop + ' Ergebnisse'` mit dem HTML-Code für die Beschriftung für Mehrfachergebnisse zugewiesen. Wenn *trueTop* gleich 1 ist, wird *nextButtonCaption* der HTML-String für Einfachergebnisse zugewiesen. Wenn also nur ein weiteres Ergebnis vorliegt, wird »Nächstes Ergebnis« angezeigt, ansonsten sieht der Benutzer den anderen String, zum Beispiel »Nächste 4 Ergebnisse.«

Der letzte Schritt bei beiden Buttons besteht darin, ihnen mitzugeben, was sie machen sollen, wenn sie angeklickt werden. Ich habe oben schon einmal erwähnt, daß das *onClick*-Event beider Buttons `formatResults()` aufruft. Die Zeilen 148–149 und 156–157 schreiben den Aufruf von `formatResults()` dynamisch in den Event-Handler von *onClick* in beiden Buttons. Hier ist der erste Teil (die zweite Hälfte des Aufrufs von `document.writeln()`):

```
'onClick="' + parent.frames[0].formatResults(parent.frames[0].copyArray, ' +
 (reference - offset) + ', ' + offset + ')">');
```

Die Parameter werden mit Hilfe des ternären Operators festgelegt und bei der Zusammenstellung der Seite eingefügt. Beachten Sie die drei Parameter, die übergeben werden (nachdem JavaScript den Code erzeugt hat): *copyArray*, *reference – offset* und *offset*. Der »Letzte…«-Button bekommt immer diese drei Parameter. Beachten Sie auch, wie `formatResults()` und *copyArray* geschrieben werden:

```
parent.frames[0].formatResults(...)
```

und:

```
parent.frames[0].copyArray
```

Das mag auf den ersten Blick etwas merkwürdig erscheinen, denken Sie aber daran, daß `formatResults()` nicht von *nav.html* (`parent.frames[0]`) aufgerufen wird. Der Aufruf erfolgt aus dem Ergebnis-Frame `parent.frames[1]` heraus, das über keine Funktion namens `formatResults()` und über keine Variable namens *copyArray* verfügt. Daher brauchen die Funktionen und Variablen diese Referenz.

Der »Nächste…«-Button bekommt einen ähnlichen Aufruf im *onClick*-Event-Handler – aber Moment mal: Müssen wir nicht für die Möglichkeit planen, daß der letzte Ergebnissatz weniger als *offset* Einträge erhält, so wie in `formatResults()`? Müssen wir nicht! Die Funktion `formatResults()` übernimmt diesen Entscheidungsprozeß für uns; wir müssen nur *reference* zu *offset* addieren und den Wert einsetzen. Sehen Sie sich Zeilen 156–157 an, das ist wiederum der zweite Teil des Aufrufs der `document.writeln()`-Methode:

```
'onClick="parent.frames[0].formatResults(parent.frames[0].copyArray, ' +
(reference + offset) + ', ' + offset + ')">');
```

JavaScript-Technik: Der ternäre Operator

Nach diesem Abschnitt mußten Sie das eigentlich kommen sehen! Der ternäre Operator ist ziemlich hilfreich, also kommt hier meine Predigt. Ternäre Operatoren benötigen drei Operanden, die in dieser Anwendung stets als ein einzeiliges if-else-Statement verwendet werden. Hier ist die Syntax, geradewegs aus Kapitel 9 des *JavaScript Guide for Communicator 4.0* von Netscape ausgeliehen:

```
(bedingung) ? wert1 : wert2
```

Wenn alle Teile vorhanden sind, wertet dieser Bedingungsoperator *wert1* aus, wenn die *bedingung* wahr ist, und `wert2` in allen anderen Fällen. Warum mir das so wichtig ist? Weil ich in vielen Fällen finde, daß es den Code lesbarer macht. Außerdem muß man meist weniger schreiben. Der Operator ist gerade dann besonders nützlich, wenn Sie in mehreren verschachtelten Statements programmieren.

Der ternäre Operator ist aber kein Allheilmittel. Wenn mehrere Dinge passieren müssen, wenn die *bedingung* wahr oder falsch ist, sollten Sie mit if-else vorliebnehmen. Ansonsten sollten Sie den ternären Operator in Ihrem Code einmal ausprobieren.

Der HTML-Code

nav.html enthält sehr wenig statischen HTML-Code. Hier ist es noch einmal, von Zeile 164 an:

```
</HEAD>
<BODY BGCOLOR="WHITE">
<TABLE WIDTH="95%" BORDER="0" ALIGN="CENTER">
<TR>
  <TD VALIGN=MIDDLE>
  <FONT FACE="Arial">
  <B>Client-seitige Suchmaschine</B>
  </TD>

  <TD VALIGN=ABSMIDDLE>
  <FORM NAME="search"
    onsubmit="validate(document.forms[0].query.value); return false;">
  <INPUT TYPE=TEXT NAME="query" SIZE="33">
  <INPUT TYPE=HIDDEN NAME="standin" VALUE="">
  </FORM>
  </TD>

  <TD VALIGN=ABSMIDDLE>
  <FONT FACE="Arial">
  <B><A HREF="main.html" TARGET="main">Hilfe</A></B>
  </TD>
</TR>
</TABLE>
</BODY>
</HTML>
```

Hier gibt es eigentlich keine Überraschungen. Sie haben ein Formularelement, das in eine Tabelle eingebettet ist. Das »Abschicken« des Formulars führt den besprochenen Code aus. Die einzige Frage, die Sie vielleicht haben, ist: »Wie kann das Formular ohne einen Button abgeschickt werden?« Seit der Spezifikation von HTML 2.0 ist in den meisten Browsern (einschließlich Navigator und MSIE) das Abschicken von Formularen Textfeldformular implementiert.

Es gibt aber kein Gesetz, das vorschreibt, daß Sie es auch so zu machen haben. Wenn Sie wollen, können Sie ruhig einen Button oder ein gelinktes Bild hinzufügen, um die Sache interessanter zu machen.

Bauen Sie Ihre eigene JavaScript-Datenbank

Irgendwann möchten Sie sicher die von mir zur Verfügung gestellten Einträge durch Ihre eigenen ersetzen. Das können Sie in drei einfachen Schritten tun:

1. Öffnen Sie *records.js* in Ihrem Texteditor.
2. Löschen Sie die bestehenden Einträge, so daß der Inhalt der Datei wie folgt aussieht:

```
var profiles = new Array(

          );
```

3. Für jeden Eintrag, den Sie hinzufügen wollen, sollten Sie die folgende Syntax benutzen:

```
"Ihr_Seitentitel|Ihre_Seitenbeschreibung|http://ihr_seiten_url/dateiname.html",
```

Sie können so viele von diesen Elementen zwischen den runden Klammern hinzufügen, wie Sie wollen. Vergessen Sie das Komma am Ende jedes Eintrags nicht – außer nach dem letzten Eintrag. Beachten Sie auch, daß der Titel der Seite, die Beschreibung und der URL jeweils durch ein | (Pipe-Zeichen) getrennt werden müssen. Dieses Zeichen sollten Sie nicht in Ihren Titeln, Beschreibungen oder URLs verwenden, denn das würde JavaScript-Fehler hervorrufen. Denken Sie auch daran, daß Sie doppelte Anführungszeichen (") außer denen am Anfang und Ende des Strings mit einem Backslash versehen müssen (d.h., Sie müssen \" anstatt nur " schreiben).

Mögliche Erweiterungen

Die Suchmaschine ist auch in ihrem jetzigen Zustand schon ziemlich brauchbar. Aber es kommt noch besser – Sie können sie nämlich bedeutend verbessern oder ändern. Hier sind ein paar Möglichkeiten:

- Machen Sie die Suchmaschine JavaScript-1.0-kompatibel.
- Machen Sie die Suchmaschine robuster.
- Zeigen Sie Werbe-Banner an.
- Erweitern Sie die Suchmöglichkeiten.
- Entwickeln Sie Cluster.

JavaScript 1.0-Kompatibilität

Sie wissen es, und ich weiß es: die beiden wichtigsten Browser sind inzwischen in den höheren 4.x- oder frühen 5.x-Versionen zu haben. Beide sind kostenlos. Es gibt aber immer noch Leute dort draußen, die mit MSIE 3.02 oder NN 2.x herumschippern. Ich bekomme bei HotSyte – The JavaScript Resource (*http://www.serve.com/hotsyte/*) immer noch viele Hits von Besuchern mit diesen Browsern.

Da eine Suchmaschine eine ziemlich zentrale Einrichtung einer Website ist, möchten Sie die Anwendung vielleicht auch mit JavaScript 1.0 kompatibel machen. Dazu müssen Sie zum Glück nur Zeile für Zeile durch den schon aufgelisteten Code gehen, herausfinden, welche Teile nicht in JavaScript 1.0 unterstützt werden, und diese *alle* ändern.

OK. Ich habe das schon gemacht, aber geben Sie's zu: Da ist Ihnen das Herz schon in die Hose gesackt, oder? Die modifizierte Version finden Sie übrigens in */ch01/js1.0/*. Öffnen Sie *index.html* in Ihrem Browser, genauso, wie Sie das mit dem Original auch gemacht haben. In diesem Abschnitt sehen wir uns kurz an, was die Anwendung in JavaScript 1.0-Browsern ermöglicht. Drei Änderungen müssen vorgenommen werden:

- Keine JavaScript-Quelldatei (eigentlich eine Browser-Angelegenheit)
- Keine Sortierung von Arrays (`sort()`-Methode)
- Eine Alternative zur `split()`-Methode

NN 2.x und MSIE 3.x unterstützen keine *.js*-Quelldateien.[1] Die Alternative dazu ist, das Array profiles in *nav.html* unterzubringen. Die zweite Änderung eliminiert den Aufruf von `resultSet.sort()` in Zeile 98. Das bedeutet, daß Ihre Ergebnisse nicht in lexikographischer Reihenfolge sortiert werden, sondern in der Reihenfolge, in der Sie sie in *profiles* aufgelistet haben. Die letzte Änderung eliminiert die `split()`-Methode, die von JavaScript 1.0 auch nicht unterstützt wird. Die Alternativlösung übernimmt das zwar, darunter leidet aber die Leistungsfähigkeit.

There's No Such Thing As A Free Lunch

Das hat mein Professor in Wirtschaftwissenschaften an der Florida State University gleich in meinem ersten Jahr an die Tafel geschrieben. Hier bedeutet das: Die Änderungen geben Ihnen zwar die gewünschte Kompatibilität mit älteren Browsern, dafür müssen Sie aber Einbußen bei Funktionalität und Code-Management hinnehmen.

Ohne Unterstützung für *.js*-Dateien müsen Sie das Array profiles in *nav.html* unterbringen. Das sieht nicht gerade schön aus und ist schwer zu verwalten, wenn Sie diese Einträge in andere Suchen einbeziehen möchten.

Die `sort()`-Methode ist zwar nicht lebenswichtig für unsere Anwendung, ist aber eine hervorragende Einrichtung. Ohne sie müssen Leute möglicherweise alle Ergebnisse durchlesen, weil die Einträge nicht geordnet sind. Natürlich könnten Sie die Einträge in alphabetischer Reihenfolge in das Array schreiben, aber das ist auch nicht bequem. Sie könnten auch Ihre eigene Sortiermethode für JavaScript 1.0 schreiben. Die `split()`-Methode ist zugegeben Ihr geringstes Problem, da die Version für JavaScript 1.0 eine Alternative enthält, so daß es eigentlich keine große Sache ist.

Die Suchmaschine robuster machen

Im Moment können Sie das Pipe-Zeichen »|« als Teil des Suchstrings eingeben. Wenn Sie möchten, können Sie eine Funktionalität hinzufügen, die Zeichen aus dem String entfernt, die als Trennzeichen verwendet werden. Das macht die Anwendung robuster.

Werbebanner anzeigen

Wenn viele Benutzer auf Ihre Site zugreifen, können Sie sie auch dazu verwenden, extra Geld zu verdienen.

1 Zugegeben, das ist eine Übertreibung. Einige Versionen von MSIE 3.02 unterstützen JavaScript-Quelldateien.

Wie? Versuchen Sie es wie folgt. Nehmen wir mal an, Sie möchten eines von fünf verschiedenen Bannern mit Werbung in zufälliger Auswahl anzeigen (in diesem Fall ohne besondere Reihenfolge). Wenn Sie ein paar URLs mit Werbebildern in einem Array haben, könnten Sie eines per Zufallszahl zur Darstellung auswählen. Hier ist das Array:

```
var adImages = new Array("pcAd.gif", "modemAd.gif", "webDevAd.gif");
```

Dann können Sie nach dem Zufallsprinzip eines auf der Ergebnisseite wie folgt darstellen:

```
document.writeln('<IMG SRC=' + ads[Math.floor(Math.random(ads.length))] +
  '>');
```

Erweitern Sie die Suchmöglichkeiten

Mit diesem Konzept können Sie jede Menge Spaß beim Programmieren haben. Zum Beispiel könnten Sie den Benutzer auswählen lassen, welche Arrayelemente durchsucht werden sollen. Der Benutzer könnte dann die Suche entsprechend einengen.

Sie könnten beispielsweise wie folgt eine Reihe mit Checkboxen unterhalb des Textfelds in *nav.html* anbringen:

```
<INPUT TYPE=CHECKBOX NAME="group" VALUE="97">Archiv 1997<BR>
<INPUT TYPE=CHECKBOX NAME="group" VALUE="98">Archiv 1998<BR>
<INPUT TYPE=CHECKBOX NAME="group" VALUE="99">Archiv 1999<BR>
```

Sie können diese Checkboxen benutzen, um festzulegen, welche Arrays durchsucht werden sollen, in diesem Fall *profiles97*, *profiles98* oder *profiles99*.

Es gibt viele Möglichkeiten, mit denen Sie dem Benutzer ermöglichen können, die Suche einzuengen. Eine einfache Möglichkeit ist, Abfragen mit oder ohne Rücksicht auf die Groß-/Kleinschreibung anzubieten. Im Moment ist die Groß- oder Kleinschreibung irrelevant. Sie können das aber ändern, indem Sie eine Checkbox hinzufügen, die beide Stile ermöglicht.

Sie könnten eine gezieltere Suche auch dadurch ermöglichen, daß Sie die Booleschen Suchoptionen vom momentanen *AND* und *OR* auf *AND*, *OR*, *NOT*, *ONLY* oder sogar *LIKE* erweitern. Hier sind die Bedeutungen im einzelnen erklärt:

AND
: Der Eintrag muß die beiden Begriffe links und rechts des AND enthalten.

OR
: Der Eintrag muß mindestens einen der beiden Begriffe links und rechts von OR enthalten.

NOT
: Der Eintrag darf den Begriff/die Begriffe rechts von NOT nicht enthalten.

ONLY
: Der Eintrag muß und darf nur diesen Ausdruck enthalten.

LIKE
: Der Eintrag kann Begriffe enthalten, die ähnlich buchstabiert oder ausgesprochen werden.

Das benötigt natürlich etwas Programmierschmalz (insbesondere *LIKE*); Benutzer wären aber sicher von Ihrer Zauberei beeindruckt.

Cluster

Eine andere beliebte und nützliche Technik ist es, Cluster zu erstellen. Clustersätze sind vordefinierte Wortgruppen, die automatisch vordefinierte Ergebnisse liefern. Wenn ein Benutzer beispielsweise den Ausdruck »europäische Aktien« in der Suchanfrage eingibt, könnten Sie automatisch Seiten mit Einträgen generieren, die finanzielle Produkte Ihrer Firma enthalten. Diese Technik benötigt etwas mehr Planung, wäre aber ein großartiges Funktionsmerkmal in einer Suchmaschine.

2

Der Online-Test

Projektmerkmale

- Interaktiver Multiple-Choice-Test
- Tausende individueller Tests aus einem Fragen-Pool
- Umfassende Ausgabe der Ergebnisse mit Bewertung
- Kontextabhängige Erklärungen für falsch beantwortete Fragen

JavaScript-Techniken

- Das SRC-Attribut überlisten
- Mischen und Manipulieren von Arrays
- Das javascript:-Protokoll

Die Online-Test-Anwendung ist ein Ausgangspunkt für so ziemlich jede Art von Multiple-Choice-Test, den Sie über das Web abhalten möchten. Sie haben einigen Spielraum in den folgenden Punkten:

- Sie entscheiden, wie viele Fragen dem Benutzer gestellt werden.
- Wenn die Anwendung geladen oder der Test wiederholt wird, werden die Fragen und Antworten jedesmal zufällig gemischt, was praktisch einzigartige Tests für jeden Benutzer garantiert.
- Sie können Testfragen an beliebigen Stellen des Fragen-Pools entfernen oder hinzufügen – die Anwendung paßt das Mischen, die Verwaltung, die Testkorrektur und die Bewertung automatisch an.
- Sie können die Antworten einfach aus der Anwendung entfernen, um dem Schummeln vorzubeugen und die Antworten des Benutzers zu einer von Ihnen ausgewählten Serveranwendung zur Auswertung schicken.

Sie können die Anwendung öffnen, indem Sie *ch02/index.html* in Ihren Browser laden. Abbildung 2-1 zeigt den Eröffnungsbildschirm. Mal ehrlich – wer hätte gedacht, daß die mitgelieferten Fragen etwas mit JavaScript zu tun haben? Probieren Sie den Test doch einmal aus. Der Test hat 50 Fragen, die die meisten Leute wohl als Herausforderung betrachten dürften. Die Fragen decken viele JavaScript-Themen ab: Core-JavaScript, client-seitiges und server-seitiges JavaScript, LiveConnect, bekannte Bugs und mehr. Er ist nicht einfach, macht aber Spaß. (Ich habe für alle Fragen und Antworten des Tests entsprechende Dokumentation vorliegen. Wenn Sie trotzdem denken, daß eine oder mehrere der Fragen ungenau sind, schicken Sie mir doch eine E-Mail.)

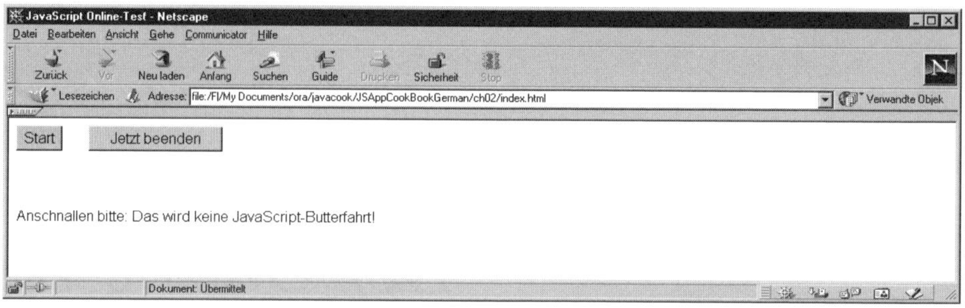

Abbildung 2-1: Vor dem Testbeginn

Wenn Sie mit dem Test beginnen, werden Sie sehen, daß jede Frage vier mögliche Antworten bietet. Sobald Sie Ihre Auswahl treffen, geht die Anwendung automatisch zur nächsten Frage weiter. Sie können nicht zurückgehen, um Ihre Antworten zu ändern. Jede Frage bietet eine einmalige Gelegenheit. Abbildung 2-2 zeigt das Format der Fragen und Antworten.

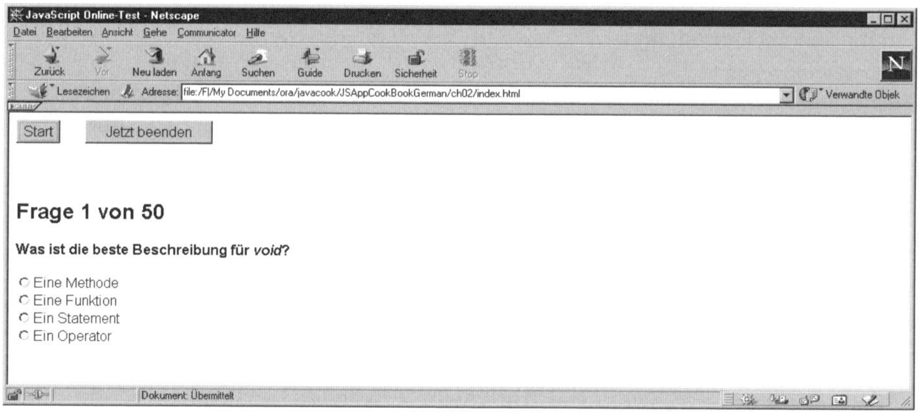

Abbildung 2-2: Die Multiple-Choice-Fragen

Wenn Sie die letzte Frage des Tests beantworten, werden Ihre ausgewählten Antworten mit den richtigen Antworten verglichen. Ihre Leistung wird beurteilt, und die Ergebnisse werden ausgegeben. Abbildung 2-3 zeigt die Ergebnisse. Beachten Sie, wie jede Frage und die dazugehörigen vier Antworten zusammen mit der von Ihnen ausgewählten Antwort auf dem Bildschirm ausgegeben werden. Wenn Sie richtig geantwortet haben, ist Ihr Text grün. Wenn nicht, bekommen Sie roten Text und dürfen sich schämen.

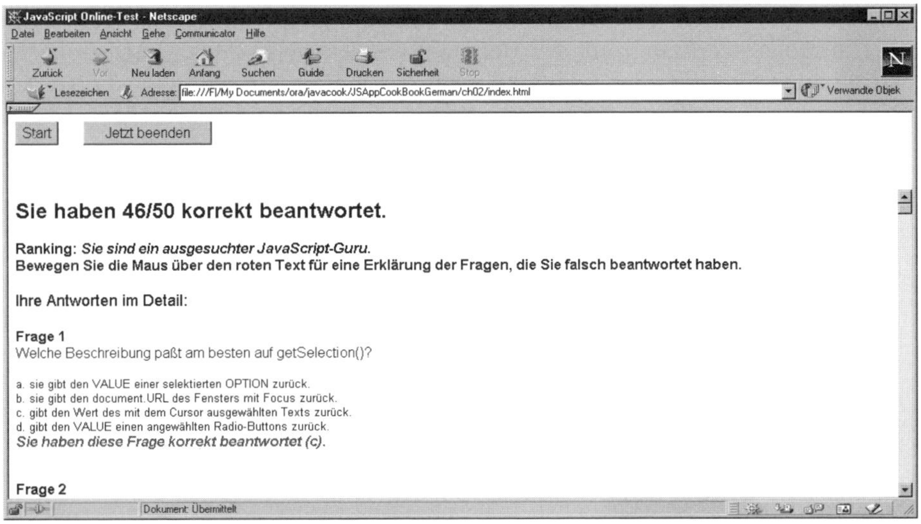

Abbildung 2-3: Testergebnisse

Um die falsch beantworteten Fragen besser zu verstehen, kann der Benutzer eine Erklärung der Lösung bekommen, indem er den Mauscursor über den roten Text der falsch beantworteten Frage bewegt. Beachten Sie die Texterklärung im oberen rechten Teil des Fensters in Abbildung 2-4.

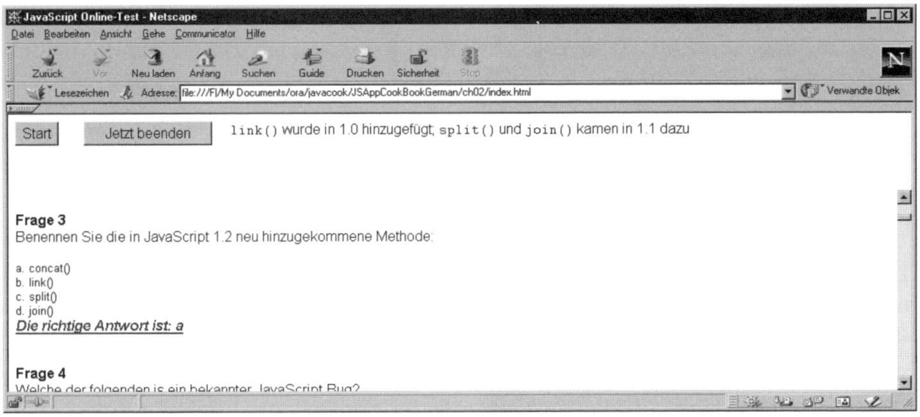

Abbildung 2-4: Erklärung der falsch beantworteten Fragen

OK. Das war die Anwendung auf den ersten Blick. Obwohl alles ziemlich einfach zu sein scheint, gibt Ihnen das Diagramm in Abbildung 2-5 einen besseren Eindruck davon, wie die Anwendung aus der Benutzerperspektive abläuft. Gestrichelte Linien zeigen optionale Aktionen des Benutzers oder das Warten auf eine Eingabe an. Folgen Sie mir durch die folgenden fünf Prozeßschritte.

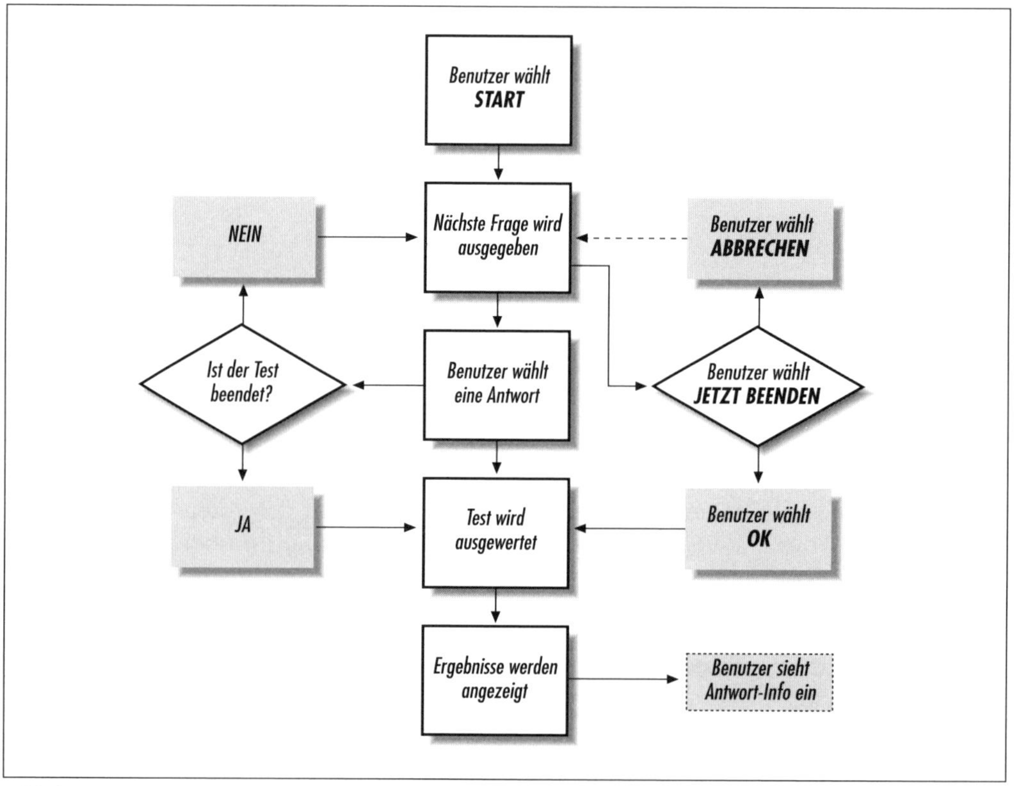

Abbildung 2-5: Der Ablauf der Anwendung aus der Benutzerperspektive

Der Prozeß läuft wie folgt ab:

1. Der Benutzer wählt den »Start«-Button. Diese Aktion stellt die erste Frage und wartet darauf, daß der Benutzer entweder eine Antwort auswählt oder den Button »Beenden« betätigt.
2. Wenn der Benutzer eine Antwort auswählt, merkt sich die Anwendung diese Auswahl und prüft dann, ob der Test beendet ist oder ob eine weitere Frage auszugeben ist. Sobald der Test beendet ist (d.h., die letzte Frage vom Benutzer beantwortet worden ist) geht es bei Schritt 4 weiter (Korrektur des Tests). Wenn nicht, wird die nächste Frage ausgedruckt.

3. Wenn der Benutzer sich jedoch entscheidet, auf »Beenden« zu klicken, wird er um eine Bestätigung gebeten. Wenn der Benutzer »OK« wählt, wird der Test (wenn auch verfrüht) in Schritt 4 korrigiert. Wenn der Benutzer statt dessen »Weiter« wählt, führt die Anwendung den Test weiter.
4. Nachdem der Test beendet (oder abgebrochen) wurde, werden die Auswahlen des Benutzers mit den korrekten Antworten verglichen und die Ergebnisse auf dem Bildschirm ausgegeben.
5. Wenn der Benutzer sich die Ergebnisliste durchliest, kann er den Mauscursor über den roten Text bewegen, der eine falsche Antwort anzeigt. Er bekommt dann mehr Informationen zu der entsprechenden Frage.

Einsatzvoraussetzungen

Alles ist in JavaScript 1.1 gehalten, also passen Navigator 3.x und höher sowie MSIE 4.x und höher. Was die Skalierbarkeit betrifft, so enthält der Fragenkatalog der Anwendung im Moment 75 Testfragen. Ich habe es mit Fragenkatalogen von bis zu 400 Fragen probiert. Da vermutlich niemand einen Medizinertest oder ein Juristenexamen damit bestreiten will, bin ich einfach mal davon ausgegangen, daß 400 Fragen mehr als ausreichend sind.

Die Syntax unter die Lupe genommen

Abbildung 2-5 zeigt ein Flußdiagramm, das beschreibt, wie sich ein Benutzer von Anfang bis Ende durch die Anwendung bewegt. Ein umfassenderes Flußdiagramm, das den JavaScript-Ablauf beschreibt, ist eine gute Methode, um herauszufinden, was sich hier wirklich abspielt. Dann können wir die Dateien und den unterstützenden Code näher untersuchen.

Abbildung 2-6 illustriert den JavaScript-Ablauf. Gestrichelte Kästchen zeigen Prozesse, die vor oder nach dem Test stattfinden (beispielsweise während die Seiten geladen werden). Gestrichelte Pfeile zeigen optionale Benutzeraktionen oder die Rückkehr zu einem Status an, in dem auf Benutzeraktionen gewartet wird. Die mit den einzelnen Prozessen verbundenen Funktionen sind in Kursivschrift aufgeführt.

Vergleichen Sie das Flußdiagramm in Abbildung 2-5 mit dem in Abbildung 2-6, und Sie werden sich schnell zurechtfinden. Im Prinzip ist es derselbe Ablauf, es passieren aber noch Sachen, bevor und nachdem der Benutzer den Test durchläuft.

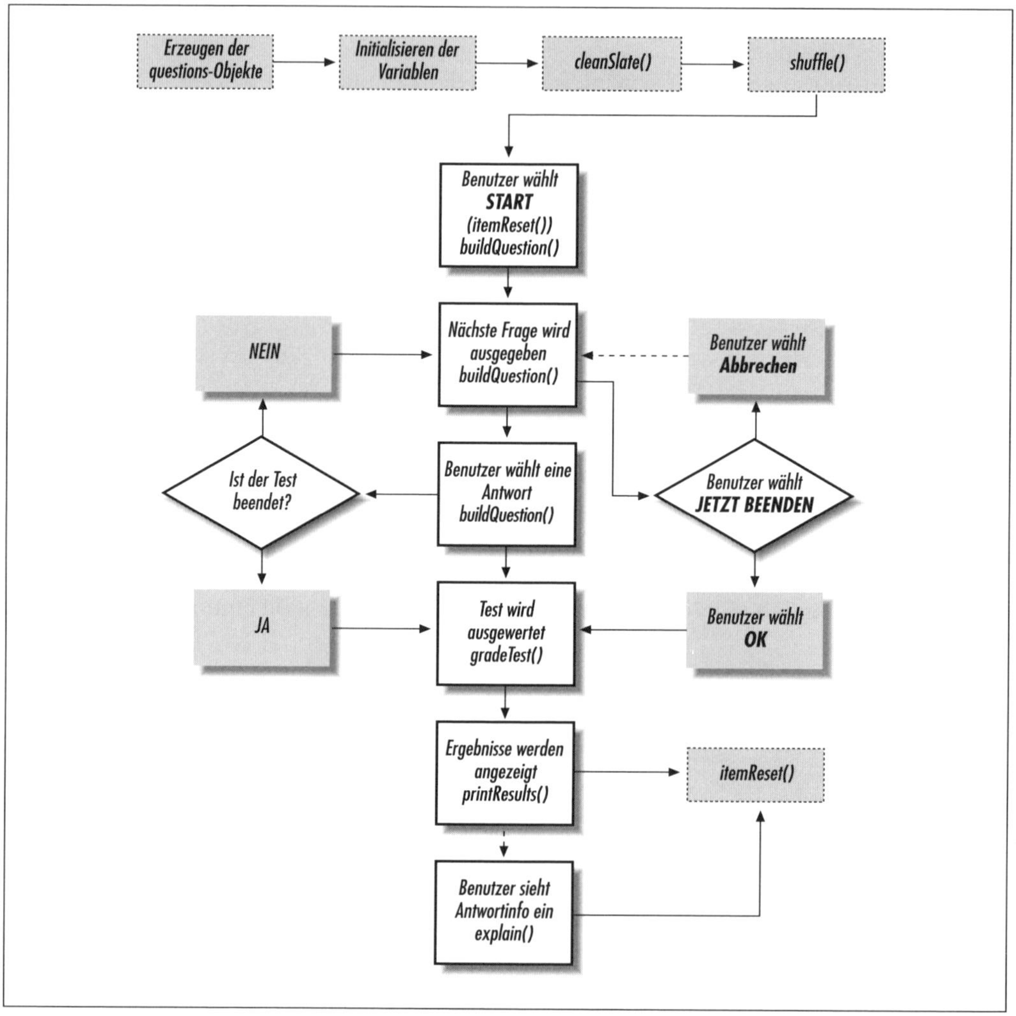

Abbildung 2-6: Der JavaScript-Ablauf

index.html - Das Frameset

Die Anwendung besteht aus den drei Dateien *index.html*, *administer.html* und *questions.js*. Weil *index.html* das Frameset ist, fangen wir einfach damit an. Das Beispiel 2-1 zeigt uns den Weg.

Beispiel 2-1: Der Quellcode von index.html

```
<HTML>
<HEAD>
<TITLE>JavaScript Online-Test</TITLE>
<SCRIPT LANGUAGE="JavaScript1.1">
```

Beispiel 2-1: Der Quellcode von index.html (Fortsetzung)

```
 5 <!--
 6 var dummy1 = '<HTML><BODY BGCOLOR=WHITE></BODY></HTML>';
 7 var dummy2 = '<HTML><BODY BGCOLOR=WHITE><FONT FACE=Arial>' +
 8   'Anschnallen bitte: Das wird keine JavaScript-Butterfahrt!</BODY></HTML>';
 9 //-->
10 </SCRIPT>
11 </HEAD>
12 <FRAMESET ROWS="90,*" FRAMEBORDER=0 BORDER=0>
13   <FRAMESET COLS="250,*">
14     <FRAME SRC="administer.html" SCROLLING=NO>
15     <FRAME SRC="javascript: self.dummy1">
16   </FRAMESET>
17   <FRAME NAME="questions" SRC="javascript: self.dummy2">
18 </FRAMESET>
19 </HTML>
```

Wie Sie vielleicht gemerkt haben, ist das nicht Ihr Web-Wald-Wiesen-Frameset. Zum einen ist es verschachtelt, d.h. ein Frameset innerhalb eines Framesets. Das äußere Frameset in Zeile 12 definiert zwei Frame-Zeilen – die erste mit einer Höhe von 90 Pixeln, die zweite füllt die verbleibende Höhe des Fensters.

Das 90-Pixel-Frame enthält selbst wiederum ein Frameset; in diesem Fall eines, das zwei Spalten deklariert – die erste 250 Pixel breit, die zweite füllt den Rest der zur Verfügung stehenden Fensterbreite. Abbildung 2-7 zeigt, wie das umgebende Fenster (»parent«) zwischen den Frames aufgeteilt ist. Das SRC-Attribut der jeweiligen Frames ist auch aufgeführt.

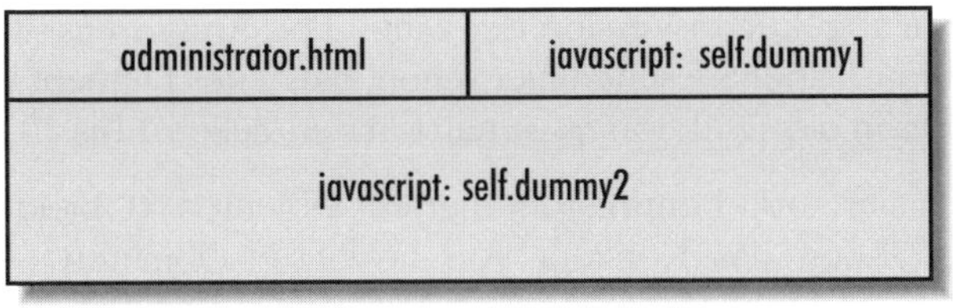

Abbildung 2-7: Das Layout des verschachtelten Framesets in index.html

administer.html macht Sinn als `SRC` für ein `FRAME`-Tag, aber was ist mit den beiden anderen Variablen? Die beiden Dummy-Variablen definieren implizit HTML-Seiten. Das heißt, *dummy1* und *dummy2* stellen HTML-Seiten ohne Dateinamen dar. Beide existieren nur innerhalb der Anwendung. Diese Dummy-Variablen werden in Zeilen 6 und 7 definiert. Beachten Sie, daß jede ein bißchen HTML enthält. Nicht viel, aber es funktioniert. *index.html* benutzt das `javascript:`-Protokoll, um die Ausdrücke in *dummy1* und *dummy2* auszuwerten, und übergibt beide HTML-Strings an die jeweiligen SRC-Attribute. Sehen Sie sich dazu den Kasten »JavaScript-Technik: Das SRC-Attribut überlisten« an.

Das Frameset ist jetzt implementiert. Sie haben drei Frames mit nur einer HTML-Seite gefüllt (*administer.html*). Effizient, was?

questions.js - Die JavaScript-Quelldatei

Machen wir doch einfach mit *questions.js* weiter, der JavaScript-Quelldatei, die von *administer.html* aufgerufen wird und in Beispiel 2-2 zu sehen ist.

Beispiel 2-2: Der Anfang der Quellcodedatei questions.js

```
 1 function question(answer, support, question, a, b, c, d) {
 2   this.answer = answer;
 3   this.support = support;
 4   this.question = question;
 5   this.a = a;
 6   this.b = b;
 7   this.c = c;
 8   this.d = d;
 9   return this;
10   }
11 var units = new Array(
12   new question("b", "Die Eigenschaft <FONT FACE=Courier>body</FONT> ist frei
     erfunden. Alle anderen gibt es.",
13   "Benennen Sie die Eigenschaft, die nicht zum Mail Message-Objekt für Netscape
     Messenger gehört:",
14   "folder", "body", "read", "priority"),
15 // und so weiter...
16   }
```

Das ist natürlich eine abgekürzte Version der Datei. Das Array *units* ist erheblich länger (insgesamt 75 Elemente), aber Sie sehen hier schon, daß jedes Element von *units* ein *question*-Objekt ist, wie es in der Funktion `question()` in den Zeilen 1 bis 10 definiert wird.

Die Anwendung basiert auf benutzerdefinierten Objekten (Objekte, die wir selbst deklarieren). Wenn Ihnen das Konzept von JavaScript-Objekten obskur vorkommt, dann sollten Sie sich die Dokumentation von Netscape unter *http://developer.netscape.com/docs/manuals/communicator/jsguide4/model.htm* zu Gemüte führen. Sie wird Ihnen helfen, das JavaScript Object Model besser zu verstehen. In der Zwischenzeit können Sie die nächsten Absätze als Crash-Kurs ansehen.

Ein Objekt ist eine Ansammlung strukturierter Daten. Jedes Objekt kann zwei Arten von Datenelementen besitzen oder mit ihnen verbunden sein: Eigenschaften und Methoden. Eigenschaften *enthalten* etwas, beispielsweise die Zahl 6, den Ausdruck `a * b` oder den String »Jimmy«. Methoden *tun* etwas, sie stellen beispielsweise Berechnungen an oder ändern die Hintergrundfarbe Ihres Dokuments. Betrachten Sie zum Beispiel das JavaScript-Objekt *document*. Jedes Dokument enthält Dinge (*document.bgColor*, *document.fgColor* etc.) und tut Dinge (*document.open()*, *document.write()*, *document.close()*). Eigenschaften *enthalten* etwas. Methoden *tun* etwas.

JavaScript-Technik: Das SRC-Attribut überlisten

Es mag schon etwas verwirrend sein, das SRC-Attribut mit einem JavaScript-Ausdruck gleichzusetzen. Kommen wir nochmal darauf zurück: Nehmen wir an, Sie öffnen Ihren Texteditor und kopieren den folgenden Code in eine frische, saubere Textdatei:

```
<BODY BGCOLOR=WHITE>
<FONT FACE=Arial>
Anschnallen bitte: Das wird keine JavaScript-Butterfahrt!
</FONT>
</BODY>
```

Dann nennen Sie die Datei *anschnallen.html* und laden sie in Ihren Browser. Sie wissen natürlich, was Sie zu erwarten haben. Was in *index.html* passiert, ist im Prinzip dasselbe, außer daß *dummy2* mit dem obigen Text geladen wurde und das `javascript:`-Protokoll *dummy2* auswertet. Das SRC-Attribut in Zeile 20 wird auf die Auswertung des `javascript:`-Protokolls gesetzt, in diesem Fall auf den Wert von *dummy2*. Mehr Informationen über das `javascript:`-Protokoll finden Sie im Kasten »JavaScript-Technik: Das javascript:-Protokoll« weiter unten in diesem Kapitel.

Was Sie hier haben, ist eine anonyme HTML-Seite. Ich nenne diese Technik »Das SRC-Attribut überlisten«. Wir werden in diesem Kapitel noch sehr von ihr profitieren.

Um ein eigenes Objekt zu erzeugen (instanziieren), müssen Sie es erst irgendwo definieren, da JavaScript sonst nicht weiß, wie es Objekte dieses Typs konstruieren soll. Das heißt, Sie müssen JavaScript durch eine »Bauanleitung« sagen, was in das Objekt gehört. Zu diesem Zweck deklarieren Sie eine Konstruktor-Funktion, die den Bauplan enthält, beispielsweise so:

```
function meinErsterKonstruktor(arg1, arg2, argn) {
  this.eigenschaft1 = arg1;
  this.eigenschaft2 = arg2;
  this.eigenschaftn = argn;
  return this;
  }
```

Der Konstruktor sieht so aus wie jede andere Ihrer Funktionen auch, außer daß er das Schlüsselwort `this` benutzt, um auf sich selbst zu verweisen. Parameter, die Sie dem Konstruktor übergeben, können Eigenschaften zugewiesen oder anderweitig verarbeitet werden. Wenn Sie erst einmal Ihren Konstruktor haben, können Sie die Objekte als Variablen mit dem Operator new initialisieren:

```
var myFirstObject   = new meinErsterKonstruktor(6, a*b, "Jimmy"),
var mySecondObject  = new meinErsterKonstruktor(6, a*b, "Jimmy"),
var myThirdObject   = new meinErsterKonstruktor(6, a*b, "Jimmy"),
```

In unserem Skript ist die Objektimplementierung einfach. Die Objekte, die wir erzeugen, sind Instanzen der Konstruktorfunktion `question()` und haben nur Eigenschaften. Die Zeilen 2 bis 8 legen sieben Eigenschaften fest, die alle Objekte der Klasse `question()` besitzen: eine Antwort (answer), eine Erklärung (explanation), eine Frage (question; den Text) und vier Multiple-Choice-Optionen: a, b, c und d. Hier sind die Zeilen 1 bis 10:

```
function question(answer, support, question, a, b, c, d) {
  this.answer = answer;
  this.support = support;
  this.question = question;
  this.a = a;
  this.b = b;
  this.c = c;
  this.d = d;
  return this;
  }
```

Eigenschaften und Methoden werden Objekten mit der `this`-Notation zugewiesen. Damit benutzt jedes Element von *units* den Operator `new`, um eine neue Instanz von `question()` zu erzeugen, der sieben Parameter übergeben werden, die dann den Eigenschaften zugewiesen werden. Zeile 9 benutzt die folgende Syntax:

```
return this;
```

Diese Zeile gibt eine Referenz auf die initialisierte Objektvariable zurück, in unserem Fall die Elemente von `units`. Betrachten Sie sie als eine Art Vertragsabschluß, der die Dinge offiziell macht. Jetzt ist jedes Element in *units* ein `question`-Objekt. Das ist eine bequeme Art, Testfragen zu erzeugen, zu löschen und auch sonst zu verarbeiten. Sie können Testfragen hinzufügen, indem Sie dieselbe Syntax benutzen, wie für die anderen Elemente von *units* auch:

```
new question("ihre_antwort_option", "ihre_erklärung",
"ihr_fragetext", "option_a", "option_b", "option_c", "option_d");
```

Falls Sie sich wundern: Ich habe die Antwort als ersten Parameter der Funktion angeführt, weil es einfacher erscheint, einen einbuchstabigen String am Anfang der Parameterliste zu haben als am Ende. Das macht das Suchen und Ändern einfach leichter, insbesondere weil einige der Fragen sind ziemlich lang sind.

Es mag vielleicht unnötig erscheinen, ein question-Objekt für jede Frage zu erzeugen. Es macht das Leben aber um einiges einfacher, wenn wir erst einmal anfangen, mit den Daten in den Eigenschaften des question-Objekts zu arbeiten. Das wird der Fall sein, wenn wir uns mit *administer.html* beschäftigen.

Wenn Sie in Ihren Anwendungen keine JavaScript-Objekte verwenden, sollten Sie sich überlegen, Ihren Stil zu ändern. Objekte haben bedeutende Vorteile. Sie machen Ihren Code eleganter und sind einfacher zu verwalten. Objekte haben außerdem den Vorteil der »Vererbung«, das heißt, des Transfers von Eigenschaften eines ursprünglichen Objekts auf ein anderes Objekt, das auf der Basis des ursprünglichen Objekts konstruiert wird. Unter *http://developer.netscape.com:80/docs/manuals/communicator/jsobj/contents.htm* können Sie sich eine PDF-Datei herunterladen oder die Dokumentation zu JavaScript und Objektvererbung online einsehen.

administer.html

Die Objekte haben wir jetzt, also lassen wir sie doch für uns arbeiten. In dieser JavaScript-Anwendung steckt das Hirn mal wieder im oberen Frame, und das untere Frame wird zur Bedienung verwendet. Die Anwendung läßt sich in eine Reihe von Prozessen zerlegen. Tabelle 2-1 zählt diese Prozesse auf, beschreibt sie und benennt die jeweils zugehörigen JavaScript-Variablen und Funktionen.

Tabelle 2-1: Testprozesse und zugehörige JavaScript-Funktionen

Prozeß	Beschreibung	Zugehöriges JavaScript
Einrichten der Umgebung	Globale Variablen deklarieren und initialisieren; Fragenkatalog mischen.	Variablen `qIdx`, `correct`, `howMany`, `stopOK`, `nextQ`, `results`, `aFrame`, `qFrame` Arrays `keeper`, `rank`, `questions`, `answers` Funktionen `itemReset()`, `shuffle()`
Durchführen des Tests	Jeden Frage-Antwort-Satz in das Fenster schreiben; die Benutzerantwort festhalten.	Funktionen `buildQuestion()`, `makeButton()`, eventuell `iWantOut()`
Auswertung des Tests	Vergleichen der Benutzerantworten mit den korrekten Antworten.	Funktion `gradeTest()`
Ergebnisse ausgeben	Alle Antworten im Fenster ausgeben, richtige und falsche, zusammen mit einer Beurteilung.	Funktion `printResults()`
Erkärungen zeigen	Erklärungen nach `parent.frame[1]` ausgeben und von dort entfernen.	Funktionen `explain()` und `show()`.
Umgebung zurücksetzen	Alle notwendigen Variablen auf ihre Originalwerte zurücksetzen.	Variablen `qIdx`, `correct`, `stopOK` Array `keeper` Funktionen `cleanSlate()`, `shuffle()`

Wir sehen uns diese gleich alle einzeln an. Erst sollten Sie sich aber den Code für *administer.html* in Beispiel 2-3 anschauen.

Beispiel 2-3: Der Quellcode von administer.html

```
<HTML>
<HEAD><TITLE> JavaScript Online-Test</TITLE>
<SCRIPT LANGUAGE="JavaScript1.1" SRC="questions.js"></SCRIPT>
<SCRIPT LANGUAGE="JavaScript1.1">
var qIdx     = 0;
var correct  = 0;
var howMany  = 50;
var keeper   = new Array();
var rank    = new Array('Nix f&uuml;r ungut, aber Sie brauchen Hilfe.',
  'Ahem... nun ja... nur wenige haben  schlechter abgeschnitten.',
  'Hmmm... Sie scheinen ja ein bi&szlig;chen zu wissen. Weiter &uuml;ben!',
  'Sie scheinen brauchbare Kenntnisse zu haben.',
  'Besser als der Durschnittshacker.','Sie sind ein guter JavaScripter.',
  'Sie sind ein sehr guter JavaScripter.',
  'Sie sind ein ausgezeichneter JavaScripter.',
  'Sie sind ein ausgesuchter JavaScript-Guru.'
  );
var stopOK = false;
var nextQ    = '';
var results   = '';
var aFrame = parent.frames[1];
var qFrame = parent.frames[2];
function shuffle() {
  for (var i = 0; i < units.length; i++) {
    var j = Math.floor(Math.random() * units.length);
    var tempUnit = units[i];
    units[i] = units[j];
    units[j] = tempUnit;
    }
  }
function itemReset() {
  qIdx    = 0;
  correct   = 0;
  stopOK    = false;
  keeper    = new Array();
  shuffle();
  }
function buildQuestion() {
  if (qIdx == howMany) {
    gradeTest();
    return;
    }
  nextQ = '<HTML><BODY BGCOLOR=WHITE><FONT FACE=Arial>' +
  '<H2>Frage ' + (qIdx + 1) + ' von ' + howMany + '</H2>' +
  '<FORM>' + '<B>' + units[qIdx].question + '</B><BR><BR>' +
  makeButton("a", units[qIdx].a) +
  makeButton("b", units[qIdx].b) +
  makeButton("c", units[qIdx].c) +
```

Beispiel 2-3: Der Quellcode von administer.html (Fortsetzung)

```
  makeButton("d", units[qIdx].d) +
  '</FORM></BODY></HTML>';
  qFrame.location.replace("javascript: parent.frames[0].nextQ");
  qIdx++;
  if(qIdx >= 2 && !stopOK) { stopOK = true; }
  }
function makeButton(optLtr, optAnswer) {
  return   '<INPUT TYPE=RADIO NAME="answer" VALUE="' + optLtr +
    '" onClick="parent.frames[0].keeper[parent.frames[0].qIdx - 1] =
    this.value; parent.frames[0].buildQuestion()">' + optAnswer + '<BR>';
  }
function iWantOut() {
  if(stopOK && confirm('Schon zu schwer? Sind Sie wirklich ' +
    'ein JavaScript-Angsthase?')) {
    gradeTest();
    }
  }
function gradeTest() {
  for (var i = 0; i < qIdx; i++) {
    if (keeper[i] == units[i].answer) {
      correct++;
      }
    }
  var idx = Math.ceil((correct/howMany) * rank.length - 1) < 0 ? 0 :
    Math.ceil((correct/howMany) * rank.length - 1);
  printResults(rank[idx]);
  itemReset();
  }
function printResults(ranking) {
  results = '<HTML><BODY BGCOLOR=WHITE LINK=RED VLINK=RED ALINK=RED>' +
    '<FONT FACE=Arial>' +
    '<H2>Sie haben ' + correct + '/' + howMany + ' korrekt beantwortet.</H2>' +
    '<B>Bewertung: <I>' + ranking +
    '</I><BR>Bewegen Sie die Maus &uuml;ber den roten Text f&uuml;r eine
    Erkl&auml;rung der Fragen, ' +
    'die Sie falsch beantwortet haben.</B>' +
   '<BR><BR><FONT SIZE=4>Ihre Antworten im Detail: </FONT><BR><BR>';
  for (var i = 0; i < howMany; i++) {
    results += '\n\r\n\r\n\r<B>Frage ' + (i + 1) + '</B><BR>' +
      units[i].question + '<BR><BR><FONT SIZE=-1>' +
      'a. ' + units[i].a + '<BR>' +
      'b. ' + units[i].b + '<BR>' +
      'c. ' + units[i].c + '<BR>' +
      'd. ' + units[i].d + '<BR></FONT>';
    if (keeper[i] == units[i].answer) {
      results += '<B><I><FONT COLOR=GREEN>' +
        'Sie haben diese Frage korrekt beantwortet (' + keeper[i] + '). ' +
        '</FONT></I></B>\n\r<BR><BR><BR>';
      }
    else {
      results += '<FONT FACE=Arial><B><I>' + '
```

Beispiel 2-3: Der Quellcode von administer.html (Fortsetzung)

```
 99          '<A HREF=" " onMouseOver="parent.frames[0].show();' +
100          parent.frames[0].explain(\'' + units[i].support + '\'); ' +
101          'return true" onMouseOut="parent.frames[0].explain(\' \');"' +
102          'onClick="return false;">' +
103          'Die richtige Antwort ist: ' + units[i].answer +
104          '</A></FONT></I></B>\n\r<BR><BR><BR>';
105        }
106      }
107    results += '\n\r</BODY></HTML>';
108    qFrame.location.replace("javascript: parent.frames[0].results");
109    }
110  function show() { parent.status = ''; }
111  function explain(str) {
112    with (aFrame.document) {
113      open();
114      writeln('<HTML><BODY BGCOLOR=WHITE><FONT FACE=Arial>' + str +
115        '</FONT></BODY></HTML>');
116      close();
117      }
118    }
119  function cleanSlate() {
120    aFrame.location.replace('javascript: parent.dummy1');
121    qFrame.location.replace('javascript: parent.dummy2');
122    }
123  </SCRIPT>
124  </HEAD>
125  <BODY BGCOLOR=WHITE onLoad="cleanSlate();">
126  <FONT FACE="Arial">
127    <FORM>
128    <INPUT TYPE=BUTTON VALUE="Start"
129      onclick="itemReset(); buildQuestion();">
130         
131    <INPUT TYPE=BUTTON VALUE="Jetzt beenden" onclick="iWantOut();">
132    </FORM>
133  </FONT>
134  </BODY>
135  </HTML>
```

Diese lange Datei kann in vier Abschnitte unterteilt werden. Erst wird die Quelldatei *questions.js* geladen. Dann werden einige globale Variablen definiert. Danach kommen die Funktionen. Zum Schluß haben wir ein paar Zeilen mit HTML-Code. Sehen wir uns den HTML-Code doch zuerst an, er ist kurz und einfach.

HTML-Body

Wenn *administer.html* vollständig geladen ist, wird die Funktion `cleanSlate()` in Zeile 125 aufgerufen:

```
<BODY BGCOLOR=WHITE onLoad="cleanSlate();">
```

`cleanSlate()` verwendet die `replace()`-Methode des location-Objekts, um die derzeitigen URLs von `parent.frames[1]` (aFrame) und `parent.frames[2]` (qFrame) durch die Auswertung der Variablen *dummy1* und *dummy2* zu ersetzen, die in *index.html* definiert wurden (siehe Zeilen 119 bis 122):

```
function cleanSlate() {
  aFrame.location.replace('javascript: parent.dummy1');
  qFrame.location.replace('javascript: parent.dummy2');
  }
```

Haben wir das nicht gerade schon in *index.html* gemacht? Jawohl, haben wir. Für den Fall, daß der Benutzer *administer.html* aus irgendwelchen Gründen neu lädt, stellen diese Zeilen sicher, daß das obere rechte Frame immer als blanke weiße Seite und das untere Frame immer mit der »Anschnallen...«-Meldung startet und daß die vorhergehenden Inhalte der Seite, zum Beispiel eine Testfrage, nicht mehr zugänglich sind und damit keinen Ärger mehr anrichten können.

Der Rest des HTML-Codes ist einfach ein FORM-Element mit zwei Buttons. Dieser Teil ist schnell besprochen. *administer.html* hat ein FORM-Element mit zwei Buttons. Jeder der Buttons ruft beim Anklicken eine andere Funktion auf. Hier ist der Code aus den Zeilen 127 bis 132:

```
<FORM>
  <INPUT TYPE=BUTTON VALUE="Start"
    onclick="itemReset(); buildQuestion();">
       
  <INPUT TYPE=BUTTON VALUE="Jetzt beenden" onclick="iWantOut();">
</FORM>
```

Beachten Sie, daß der »Start«-Button `itemReset()` und `buildQuestion()` und der »Jetzt beenden«-Button `iWantOut()` aufruft. Wir werden alle drei Funktionen noch im Abschnitt »Funktionen« besprechen.

Globale Variablen

Direkt nach dem Code, der die JavaScript-Quelldatei *questions.js* in Zeile 4 lädt, sehen Sie die globalen Variablen, die in dieser Anwendung benutzt werden. Hier sind die Zeilen 5 bis 22:

```
var qIdx     = 0;
var correct   = 0;
var howMany  = 50;
var keeper   = new Array();
var rank    = new Array('Nix f&uuml;r ungut, aber Sie brauchen Hilfe.',
    ''Ahem... nun ja... nur wenige haben  schlechter abgeschnitten.',
    ''Hmmm... Sie scheinen ja ein bi&szlig;chen zu wissen. Weiter &uuml;ben!',
    'Sie scheinen brauchbare Kenntnisse zu haben.',
    'Besser als der Durschnittshacker.',
    'Sie sind ein guter JavaScripter.',
    ''Sie sind ein sehr guter JavaScripter.',
    'Sie sind ein ausgezeichneter JavaScripter',
    ''Sie sind ein ausgesuchter JavaScript-Guru.'
    );
```

```
var stopOK = false;
var nextQ    = '';
var results   = '';
var aFrame = parent.frames[1];
var qFrame = parent.frames[2];
```

Die folgende Auflistung beschreibt die Funktionen aller globalen Variablen. Wir werden sie uns bei der Besprechung der Funktionen noch näher ansehen.

qIdx
: Eine Variable, die zur Überwachung der momentan auf dem Schirm befindlichen Frage benutzt wird.

correct
: Eine Variable, mit der die richtigen Antworten während der Auswertung des Tests gezählt werden.

howMany
: Eine statische Anzahl, mit der Sie festlegen, wie viele der von den insgesamt im *units*-Array zu Verfügung stehenden Fragen der Benutzer beantworten soll.

keeper
: Ein anfänglich leeres Array, in dem die Antworten des Benutzers gespeichert werden.

rank
: Ein Array mit Strings, die die verschiedenen Leistungsstufen anzeigen.

stopOK
: Eine Variable mit einem Booleschen Wahrheitswert, die anzeigt, ob der Test vorzeitig abgebrochen werden darf.

nextQ
: Ein leerer String, der immer wieder mit dem HTML-Code für die jeweilige Testfrage geladen wird.

results
: Ein leerer String, der später mit dem HTML-Code für die Testergebnisse gefüllt wird.

aFrame
: Eine einfache Referenz auf das zweite Frame.

qFrame
: Eine einfache Referenz auf das dritte Frame.

Funktionen

Als nächstes kommen wir zu den Funktionen. Wir fangen mit `itemReset()` an.

itemReset()

Die erste der Funktionen, die in unserer Anwendung aufgerufen werden, ist `itemReset()`. Das passiert, wenn der Benutzer den »Start«-Button anklickt (Zeilen 128 und 129):

```
<INPUT TYPE=BUTTON VALUE="Start"
onclick="itemReset(); buildQuestion();">
```

`itemReset()` setzt die Werte der globalen Variablen auf ihre Anfangswerte und mischt die Elemente des Arrays mit den *question*-Objekten (mehr über das Mischen in Kürze). Sehen Sie sich die Zeilen 31 bis 37 an:

```
function itemReset() {
  qIdx      = 0;
  correct   = 0;
  stopOK    = false;
  keeper    = new Array();
  shuffle();
  }
```

Beachten Sie, daß der Benutzer noch nicht einmal die erste Frage gesehen hat. Trotzdem ist JavaScript schon eifrig dabei, die globalen Variablen zurückzusetzen. Warum? Nun, nehmen wir einmal an, Sie haben den Test schon ausgefüllt und dabei nur zwei Fragen richtig beantwortet. Sie könnten sich also entschließen, auf »Start« zu klicken, um den Test noch einmal zu probieren. Nach dem ersten Test haben jedoch viele globale Variablen andere als ihre Anfangswerte. `itemReset()` kümmert sich darum und gibt Ihnen frische neue Werte.

Beachten Sie, daß die Variable *howMany* nicht mit eingeschlossen ist. Ihr Wert bleibt in der Anwendung immer gleich. Die Variablen *nextQ* und *results* fangen anfangs als leere Strings an, ihre Werte werden aber nicht zurückgesetzt. Das ist auch nicht notwendig. Sehen Sie sich die Zeilen 43 und 86 an, und Sie werden merken, daß diese Variablen jeweils vor Gebrauch gesetzt werden.

Wie sieht es dann mit dem Aufruf von `shuffle()` in Zeile 36 aus, nachdem wir die Variablen richtig gesetzt haben?

shuffle()

Diese kleine Funktion gibt dem Test-Aufseher eine ganze Menge Flexibilität. Die Funktion ordnet die Fragen in zufälliger Reihenfolge, was jedem Teilnehmer einen praktisch einzigartigen Test garantiert. Der Test wird weiterhin dadurch individualisiert, daß aus den 75 Fragen im Array *units* nur *howMany* (in diesem Fall 50) ausgewählt werden. Nach dem Mischen verwendet der Test nur die ersten 50 Fragen. Da insgesamt 75 Fragen zur Verfügung stehen, ist es sehr unwahrscheinlich, daß zwei Benutzer dieselben 50 Fragen bekommen. Daher gibt Ihnen der Test unzählige verschiedene Kombinationen verschiedener Testfragen. Erstaunlicherweise ist der Mischprozeß ziemlich einfach.

Hier sind die Zeilen 23 bis 30:

```
function shuffle() {
  for (var i = 0; i < units.length; i++) {
    var j = Math.floor(Math.random() * units.length);
    var tempUnit = units[i];
    units[i] = units[j];
    units[j] = tempUnit;
    }
  }
```

Für jedes Element des Arrays *units* müssen Sie folgendes tun:

1. Wählen Sie eine ganzzahlige Zufallszahl zwischen 0 und `units.length - 1`.
2. Setzen Sie den Wert der lokalen Variable *tempUnit* auf den des Elements mit dem momentanen Index (`units[i]`).
3. Setzen Sie den Wert des Elements mit dem momentanen Index (`units[i]`) auf den Wert des Elements mit dem Zufallsindex (`units[j]`).
4. Setzen Sie den Wert des Elements mit dem Zufallsindex auf den der lokalen Variable *tempUnit*.

Mit anderen Worten: Sie wandern systematisch durch das Array und tauschen den Wert jedes Elements mit dem eines anderen, zufällig ausgewählten Elements.

Die Fragen sind jetzt in einer zufälligen Reihenfolge gemischt und warten auf den Benutzer.

JavaScript-Technik: Mischen und Arraymanipulation

Dieser Test ordnet die Elemente des Arrays in zufälliger Reihenfolge. Für diese Anwendung ist das der gewünschte Effekt. Es ist aber auch nicht schwer, andere, kontrolliertere Mischalgorithmen zu schreiben. Die folgende Funktion akzeptiert eine Kopie eines Arrayobjekts zum Mischen sowie eine ganze Zahl, die anzeigt, in welchen Schritten Sie mischen möchten:

```
function shakeUp(formObj, stepUp) {
  stepUp = (Math.abs(parseInt(stepUp)) > 0 ?
    Math.abs(parseInt(stepUp)) : 1);
  var nextRound = 1;
  var idx = 0;
  var tempArray = new Array();
  for (var i = 0; i < formObj.length; i++) {
    tempArray[i] = formObj[idx];
    if (idx + stepUp >= formObj.length) {
      idx = nextRound;
      nextRound++;
      }
    else {
      idx += stepUp;
      }
    }
  formObj = tempArray;
  }
```

Wenn Ihr Array zum Beispiel zehn Elemente hat und Sie sie in Schritten der Länge 2 mischen möchten (Elemente 0, 2, 4, 6, 8, dann 1, 3, 5, 7, 9), dann verwenden Sie `shakeUp(yourArrayObj, 2)`. Wenn Sie 0 übergeben, wird automatisch die Schrittweite 1 gewählt. Sie können mehr Funktionen dieser Art in Kapitel 6, *Das Anlegen von JavaScript-Quelldateien*, finden.

buildQuestion()

Diese Funktion agiert als Tester. Wie Sie vermutlich schon beim letzten Flußdiagramm bemerkt haben, wird `buildQuestion()` an mehreren Stellen erwähnt. Die Funktion hat eine Menge Verantwortung. Hier ist sie, von Zeile 38 bis Zeile 54:

```
function buildQuestion() {
  if (qIdx == howMany) {
    gradeTest();
    return;
    }
  nextQ = '<HTML><BODY BGCOLOR=WHITE><FONT FACE=Arial>' +
  '<H2>Frage ' + (qIdx + 1) + ' von ' + howMany + '</H2>' +
  '<FORM>' + '<B>' + units[qIdx].question + '</B><BR><BR>' +
  makeButton("a", units[qIdx].a) +
  makeButton("b", units[qIdx].b) +
  makeButton("c", units[qIdx].c) +
  makeButton("d", units[qIdx].d) +
  '</FORM></BODY></HTML>';
  qFrame.location.replace("javascript: parent.frames[0].nextQ");
  qIdx++;
  if(qIdx >= 2 && !stopOK) { stopOK = true; }
  }
```

Zuerst überprüft `buildQuestion()`, ob die Variable *qIdx* der Variablen *howMany* gleicht. In diesem Fall hat der Benutzer gerade die letzte Frage beantwortet, und es ist Zeit für die Auswertung. Dazu wird in Zeile 40 die Funktion `gradeTest()` aufgerufen.

Wenn der Test noch nicht beendet ist, geht `buildQuestion()` dazu über – Sie haben es erraten –, die nächste Frage zusammenzustellen, indem ein String generiert wird, der eine komplette HTML-Seite darstellt. Das passiert in den Zeilen 43 bis 50. Wenn Sie *nextQ* genauer untersuchen, werden Sie sehen, daß die zukünftige HTML-Seite die Nummer der Frage und die Gesamtzahl der Fragen im Test enthält. Sie finden das in Zeile 44:

```
'<H2>Frage ' + (qIdx + 1) + ' von ' + howMany + '</H2>'
```

Als nächstes sehen Sie ein `FORM`-Tag, das den Anfang eines FORM-Elements markiert, gefolgt vom Text der Frage. Wie Sie sich vielleicht erinnern, wird der Text in der *question*-Eigenschaft jedes Elements in *units* gespeichert. Daher ist es keine Überraschung, Zeile 45 wie folgt zu sehen:

```
'<FORM>' + '<B>' + units[qIdx].question
```

Wenn Sie ein `FORM`-Tag finden, können die Elemente des Formulars nicht weit sein – um nicht zu sagen, sie sind das einzige, was zur Herstellung der HTML-Seite noch fehlt. Das Formular besteht in diesem Fall aus nur vier Elementen, die allesamt Radio-Buttons sind. Anstatt den HTML-Code für die (fast identischen) Buttons innerhalb der Funktion zu generieren, die die Buttons schreibt, werden sie von der Funktion `makeButton()` erzeugt. Sie müssen nur den Buchstaben und den Text der Antwortoption übergeben, wie dies in jedem Aufruf in den Zeilen 46 bis 49 geschieht. Hier ist die Funktion `makeButton()` in Zeilen 55 bis 59:

```
function makeButton(optLtr, optAnswer) {
  return  '<INPUT TYPE=RADIO NAME="answer" VALUE="' + optLtr +
    '" onClick="parent.frames[0].keeper[parent.frames[0].qIdx - 1] =
    this.value; parent.frames[0].buildQuestion()">' + optAnswer + '<BR>';
    }
```

Diese Funktion liefert einfach einen String, der einen Radio-Button darstellt, dessen `VALUE`-Attribut mit dem angegebenen Wert – `a`, `b`, `c` oder `d` – versehen ist, und der vom Text der Antwortoption gefolgt wird. Das `VALUE`-Attribut wird *optLtr* entnommen, der Text kommt aus *optAnswer*.

Denken Sie daran, daß der Test vom Benutzer kontrolliert wird. Das heißt, daß der Test automatisch weiterschaltet, sobald der Benutzer eine Auswahl trifft. Auf JavaScriptisch bedeutet das, daß einige Dinge passieren, weil wir Ausdrücke mit dem *onClick*-Event-Handler in jedem Radio-Button verbunden haben.

Als erstes speichert das Array *keeper* den Buchstaben, der mit der Benutzerantwort verbunden ist. Um zu bestimmen, welchem Element wir die aktuelle Benutzerantwort zuweisen wollen, benutzen wir:

```
parent.frames[0].qIdx - 1
```

Die Variable *qIdx* zählt die ausgegebenen Fragen, ist also hervorragend geeignet, um das nächste Element mit der aktuellen Benutzerantwort zu laden.

Als nächstes ruft JavaScript `buildQuestion()` auf, um die nächste Frage auszugeben oder den Test auszuwerten, wenn er beendet ist. Beachten Sie, daß sowohl *keeper* als auch `buildQuestion()` so referenziert sind, daß sie über `parent.frames[0]` gestartet werden. Da diese Information nach `parent.frames[1]` geschrieben wird, müssen wir die Elemente vom übergeordneten Frame aus ansprechen.

Nachdem das Formular fertig konstruiert ist (unter HTML-Gesichtspunkten), müssen wir nur noch die Tags schließen und den Inhalt in das Fenster laden (siehe Zeile 50 und 51):

```
'</FORM></BODY></HTML>';
  qFrame.location.replace("javascript: parent.frames[0].nextQ");
```

Damit wird der Wert von *nextQ* in das untere Frame geladen. Beachten Sie, daß die Anwendung die `replace()`-Methode des *location*-Objekts verwendet, anstatt die `location.href`-Eigenschaft zu setzen oder die Testfragen gar mit `document.write()` auf der Seite auszudrucken. In dieser Anwendung macht das einen wichtigen Unterschied. `replace()` lädt den angegebenen URL in den Browser (in unserem Fall ist der URL ein String mit HTML-Code, der sich aus der Auswertung des `javascript:`-Protokolls ergibt) und ersetzt außerdem die aktuelle Seite in der Browser-History. Das hält Benutzer davon ab, zurückzugehen und sich vorhergehende Fragen anzusehen oder Antworten zu ändern. Wenn der Benutzer den »Zurück«-Button betätigt, dann lädt der Browser die Seite, die vor *index.html* zu sehen war.

Bevor wir `buildQuestion()` verlassen, sind in den Zeilen 52 bis 53 noch ein paar Aufräumarbeiten zu erledigen.

```
qIdx++;
if(qIdx >= 2 && !stopOK) { stopOK = true; }
```

Die Variable *qIdx* wird um eins erhöht, was den nächsten Aufruf von `buildQuestion()` vorbereitet. Denken Sie daran, daß in Zeile 39 die Auswertung gestartet wird, wenn *qIdx* die Anzahl der Testfragen (in der Variable *howMany*) übersteigt. Das *if*-Statement in Zeile 53 bestimmt, ob der Benutzer den Test schon abbrechen darf. Im momentanen Code ist vorgeschrieben, daß der Benutzer mindestens eine Frage beantworten muß, bevor er den Test mit dem »Jetzt beenden«-Button beenden darf. Das können Sie nach Belieben ändern.

JavaScript-Technik: Das javascript:-Protokoll

Sie haben es schon oft in diesem Buch gesehen, und Sie können darauf bauen, daß Sie es noch häufiger sehen werden. Das `javascript:`-Protokoll ermöglicht es JavaScript, beliebige folgende Ausdrücke auszuwerten. Es dient mehreren Zwekken. Wenn Sie beispielsweise beim Anklicken eines Links möchten, daß etwas anderes passiert als nur das Laden einer neuen Seite in den Browser, dann können Sie das Protokoll im `HREF`-Attribut des `<A>`-Tags verwenden:

```
<A HREF="javascript: alert('You found the alert dialog!');">Klick mich!</A>
```

Sie können auch die `SRC`-Attribute anderer HTML-Tags setzen (siehe »JavaScript-Technik: Das SRC-Attribut überlisten« in diesem Kapitel für weitere Informationen).

Ein Wort der Warnung: Wenn Sie das Protokoll innerhalb einer von Ihnen definierten JavaScript-Funktion verwenden, dann sollten Sie nicht versuchen, es zur Auswertung von Variablen zu verwenden, die nur lokal in der Funktion definiert sind. Das funktionert nicht. Das `javascript:`-Protokoll arbeitet auf einer globalen Ebene und kann deswegen auch nur globale Variablen, globale Objekte usw. »sehen« und auf sie zugreifen. Zeile 51 ist ein klassisches Beispiel:

```
qFrame.location.replace("javascript: parent.frames[0].nextQ");
```

Die Variable *nextQ* hätte auch lokal definiert sein können. Immerhin wird sie ja nur innerhalb von `buildQuestion()` verwendet. Da Zeile 51 aber das `javascript:`-Protokoll benutzt, wird die folgende Codezeile nicht funktionieren:

```
qFrame.location.replace("javascript: nextQ");
```

Wenn *nextQ* lokal ist, wird `javascript:` das nicht auswerten können.

gradeTest()

`gradeTest()` führt zwei Aufgaben aus. Erstens vergleicht es die Benutzerantworten mit den korrekten Antworten und zählt die richtigen Benutzerantworten. Zweitens berechnet `gradeTest()` einen Rangindex mit Bewertung, der auf der Anzahl der richtigen Benutzerantworten beruht. Hier ist `gradeTest()`, vollständig in den Zeilen 66 bis 76:

```
function gradeTest() {
  for (var i = 0; i < qIdx; i++) {
    if (keeper[i] == units[i].answer) {
      correct++;
      }
    }
  var idx = Math.ceil((correct/howMany) * (rank.length - 1)) < 0 ? 0 :
    Math.ceil((correct/howMany) * (rank.length - 1));
  printResults(rank[idx]);
  itemReset();
  }
```

Das Array *keeper* enthält die Buchstaben (`a`, `b`, `c` oder `d`), die die Benutzerantworten auf die Fragen anzeigen. Jedes Element des Arrays *units* ist ein *question*-Objekt, das eine *answer*-Eigenschaft enthält – ebenfalls `a`, `b`, `c` oder `d`. `gradeTest()` durchläuft jedes der Elemente in *keeper* und vergleicht es mit dem Wert der *answer*-Eigenschaft des entsprechenden *units*-Element. Wenn Übereinstimmung herrscht, wird die Variable *correct* um eins erhöht.

Beachten Sie, daß diese Funktion nicht verfolgt, welche Antworten korrekt waren. Das ist in dieser Anwendung nie der Fall. Die Funktion bestimmt nur die Anzahl der richtigen Antworten und liefert eine auf dieser Zahl basierende Bewertung. Wir kommen bald noch einmal auf das Array *keeper* zurück, wenn wir die Funktion `printResults()` untersuchen. Beachten Sie auch, daß `gradeTest()` nicht *howMany* Fragen durchläuft. Wie viele Fragen der Test enthält ist unwichtig, nur die Zahl der vom Benutzer beantworteten Fragen zählt.

Sobald die Ergebnisse vorliegen, enthält die Variable *correct* die Anzahl der vom Benutzer richtig beantworteten Fragen. `gradeTest()` muß jetzt nur die Einstufung des Benutzers bestimmen, beziehungsweise wie gut er abgeschnitten hat. Die Zeilen 72 und 73 übernehmen diese Aufgabe:

```
var idx = Math.ceil((correct/howMany) * (rank.length - 1)) < 0 ? 0 :
  Math.ceil((correct/howMany) * (rank.length - 1));
```

Das funktioniert wie folgt: Wir wollen eine der Beurteilungen in den Elementen des Arrays *rank* in Zeile 9 zuteilen. Um ein Element auszuwählen, brauchen wir eine ganze Zahl zwischen 0 und `rank.length - 1`. Die Funktion `gradeTest()` wählt eine solche Zahl in einem dreistufigen Prozeß:

1. Berechne den Anteil der richtigen Antworten (`correct / howMany`).
2. Multipliziere diesen Anteil mit (`rank.length - 1`).
3. Runde das Produkt auf die nächste ganze Zahl auf.

Das Ergebnis dieses Prozesses wird in der lokalen Variable *idx* gespeichert, einer Ganzzahl, die proportional zum Abschneiden des Benutzers ist und zwischen 0 und `rank.length` liegt. Mit anderen Worten: Egal wie viele Fragen der Test hat, der Benutzer wird immer eine Bewertung auf der Basis der richtig beantworteten Fragen bekommen. Das folgende Beispiel sollte dies erläutern. Nehmen wir an, Sie haben das Array *rank* wie folgt angelegt:

```
var rank = new Array( "Ich hab' schon Bessere gesehen", "Na  ja", "Gut",
"Sehr gut" "Ausgezeichnet");
```

`rank.length` ist 5. Wenn Ihr Test 50 Fragen hat, ist die Beurteilungsskala die folgende:

Richtig beantwortete Fragen	Berechnete Ganzzahl	Bewertung (rank[int])
0–9	0	»Ich hab' schon Besssere gesehen«
10–19	1	»Na ja«
20–29	2	»Gut«
30–39	3	»Sehr gut«
40–50	4	»Ausgezeichnet«

Das gibt dann ungefähr `howMany / rank.length` richtige Antworten pro Rang. Es ist egal, ob Sie zwei oder zweihundert Fragen haben. Funktionieren tut es ganz genauso.

Dieses Bewertungssytem hat den Vorteil, ziemlich effektiv zu sein, hat aber auch den Nachteil, daß es etwas grob ist. Bewertungssyteme sind meistens etwas komplexer. Vielleicht möchten Sie eine Art Kurve verwenden? Siehe »Mögliche Erweiterungen« in diesem Kapitel für innovative Ideen.

Die Funktion `gradeTest()` hat ihren Job im Prinzip erledigt. Die Variable *rank[idx]* wird der Funktion `printResults()` zur Ausgabe übergeben; dann wird `itemReset()` zum Aufräumen aufgerufen.

printResults()

Die Anwendung weiß jetzt, wie der Benutzer abgeschnitten hat, also ist es an der Zeit, dem Benutzer das Ergebnis mitzuteilen. Die Funktion `printResults()` erledigt das, indem sie die folgenden Dinge ausgibt:

- Die Anzahl der richtigen Antworten und die Zahl der Fragen
- Die Beurteilung des Benutzers aufgrund der von `gradeTest()` übergebenen Berechnung
- Jede der Testfragen einschließlich der vier Antwortoptionen
- Die vom Benutzer gewählte Antwort, falls sie korrekt war, oder die korrekte Antwort, falls die vom Benutzer gewählte Antwort nicht korrekt war
- Gelinkter Text, der es dem Benutzer erlaubt, zusätzliche Informationen über falsch beantwortete Fragen einzusehen

Die Zeilen 77 bis 84 kümmern sich um die ersten beiden Punkte:

```
function printResults(ranking) {
  results = '<HTML></HEAD><BODY BGCOLOR=WHITE LINK=RED VLINK=RED ALINK=RED>'+
    '<FONT FACE=Arial>' +
    '<H2>Sie haben ' + correct + '/' + howMany + ' korrekt beantwortet.</H2>' +
    '<B>Bewertung: <I>' + ranking +
```

```
    '</I><BR>Bewegen Sie die Maus &uuml;ber den roten Text f&uuml;r eine Er-
    kl&auml;rung der Fragen, ' +
    'die Sie falsch beantwortet haben.</B>' +
  '<BR><BR><FONT SIZE=4>Ihre Antworten im Detail: </FONT><BR><BR>';
```

Die Variablen *correct* und *howMany* enthalten die Anzahl der korrekten Antworten und die Gesamtzahl der Testfragen. `rank[rankIdx]` enthält den String, der das Abschneiden des Benutzers kommentiert. Die Testfragen und die vier zugehörigen Antwortoptionen werden in den Zeilen 85 bis 91 eingefügt. Es ist keine Überraschung, daß das in einer *for*-Schleife stattfindet:

```
for (var i = 0; i < howMany; i++) {
  results += '<B>Frage ' + (i + 1) + '</B><BR>' +
    units[i].question + '<BR><BR><FONT SIZE=-1>' +
    'a. ' + units[i].a + '<BR>' +
    'b. ' + units[i].b + '<BR>' +
    'c. ' + units[i].c + '<BR>' +
    'd. ' + units[i].d + '<BR></FONT>';
```

Für jeden Durchlauf von 0 bis `howMany – 1` wird *results* ein String übergeben, in dem sich die Nummer der Frage (`i + 1`), der Fragentext (`units[i].question`) und die zugehörigen vier Antwortoptionen (`units[i].a`, `units[i].b`, `units[i].c` und `units[i].d`) befinden. Das umgebende HTML-Code verschönert die ganze Sache etwas.

Das letzte Stück des Ausgabepuzzles stellt die Benutzerantwort grün dar, wenn die richtige gewählt wurde, oder als roten, gelinkten Text, wenn nicht. Dies erfolgt in den Zeilen 92 bis 106:

```
if (keeper[i] == units[i].answer) {
      results += '<B><I><FONT COLOR=GREEN>' +
        'Sie haben diese Frage korrekt beantwortet (' + keeper[i] + '). ' +
        '</FONT></I></B>\n\r<BR><BR><BR>';
      }
    else {
      results += '<FONT FACE=Arial><B><I>' + '
        '<A HREF=" " onMouseOver="parent.frames[0].show();' +
        parent.frames[0].explain(\'' + units[i].support + '\'); ' +
        'return true" onMouseOut="parent.frames[0].explain(\' \');"' +
        'onClick="return false;">' +
        'Die richtige Antwort ist: ' + units[i].answer +
        '</A></FONT></I></B>\n\r<BR><BR><BR>';
      }
    }
```

Bei jeder Antwort hat der Benutzer entweder die richtige oder eine falsche Antwort gewählt. Es daher nicht gerade überraschend, daß das hier durch ein if-else-Statement erledigt wird. Wenn `keeper[i]` gleich `units[i].answer` ist, dann hat der Benutzer die korrekte Antwort gewählt. Daher zeigt der grüne Text an, daß der Benutzer recht hatte, und gibt seine Antwort (`keeper[i]`) aus. Wenn die beiden nicht übereinstimmen, zeigt der rote Text die korrekte Antwort an und bietet die Option, zusätzliche Informationen über die Frage in `parent.frames[1]` einzusehen. Dieses Frame, das bisher für nichts Wichtiges verwendet wurde, erhält jetzt endlich eine Verwendung.

Die vom Benutzer richtig beantworteten Fragen werden einfach als Text dargestellt. Wie Sie sehen können, werden die falsch beantworteten Fragen aber als gelinkter Text dargestellt. Das *onMouseOver*-Event in jedem Link ruft zwei Funktionen auf, bevor es true zurückgibt: `show()` und `explain()`. Die Funktion `show()` ist sehr einfach. Sie gibt einen leeren String an die Statuszeile des Browsers aus, um unnötige, durch das *onMouseOver*-Event verursachte Ablenkungen zu vermeiden. Hier ist der Code in Zeile 110.

```
function show() { parent.status = ''; }
```

Die Funktion `explain()` nimmt einen String als Parameter entgegen und benutzt die `document.write()`-Methode, um den HTML-Code im geduldig wartenden `parent.frames[1]` auszugeben. Sehen Sie sich die Zeilen 111 bis 118 an:

```
function explain(str) {
  with (aFrame.document) {
    open();
    writeln('<HTML><BODY BGCOLOR=WHITE><FONT FACE=Arial>' + str +
      '</FONT></BODY></HTML>');
    close();
    }
  }
```

Obwohl das *onMouseOver*-Event inzwischen versorgt ist, hat `explain()` noch eine andere Aufgabe zu erledigen. Haben Sie gemerkt, daß `explain()` in Zeile 101 noch einmal als Teil des *onMouseOut*-Event-Handlers aufgerufen wird? Dieses Mal wird der Funktion `explain()` aber ein leerer String übergeben, damit es so aussieht, als ob *aFrame* nach dem Auftreten des *onMouseOut*-Events geleert würde. Am Ende des *onMouseOver-Event*-Handlers wird *true* zurückgegeben. Damit wird signalisiert, daß das *onMouseOver-Event* ausreichend behandelt worden ist. Ansonsten kann es passieren, daß Ihr Browser die Statuszeile gleich wieder überschreibt!

Jetzt muß nur noch verhindert werden, daß etwas passiert, wenn der Benutzer auf die Links klickt, die für die Mouse-Over-Funktionen benutzt werden. Zeile 102 enthält `onClick="return false;"`. Das unterbindet das Laden jedweder Dokumenten-URLs, die im `HREF`-Attribut stehen könnten.

Denken Sie daran, daß dies alles noch innerhalb der *for*-Schleife stattfindet. Der obige Prozeß findet für alle Antworten von 0 bis `howMany – 1` statt. Nachdem die *for*-Schleife abgelaufen ist, ist die Variable *results* ein langer String mit der Anzahl der korrekt beantworteten Fragen, der Gesamtzahl der Fragen, den gesamten Fragetexten und den jeweils zugehörigen vier Antwortoptionen sowie den vom Benutzer ausgewählten richtigen Antworten oder den korrekten Antworten. Die Zeilen 107-109 fügen etwas abschließenden HTML-Code hinzu, laden den String in das untere Frame und beenden die Funktion.

```
results += '\n\r</BODY></HTML>';
  qFrame.location.replace("javascript: parent.frames[0].results");
  }
```

iWantOut()

Eine kleine Angelegenheit gibt es noch. Was passiert, wenn der Benutzer den Test vorzeitig beenden will? Diese Funktion ist zwar nicht notwendig, und Sie möchten sie vielleicht aus Ihren Implementationen entfernen. Ich habe sie hier hinzugefügt, um dem Benutzer etwas zusätzliche Funktionalität zu geben. Hier ist der Code aus den Zeilen 60 bis 65:

```
function iWantOut() {
  if(stopOK && confirm('Schon zu schwer? Sind Sie wirklich ' +
    'ein JavaScript-Angsthase?')) {
    gradeTest();
    }
  }
```

Wenn der Benutzer schon aufhören darf und die Bitte um Abbruch bestätigt, wird `gradeTest()` aufgerufen. Wie Sie sich erinnern werden, darf der Benutzer aufhören, nachdem er mindestens eine Frage beantwortet hat. Die Variable *stopOK*, die ursprünglich auf `false` gesetzt war, wird auf `true` gesetzt, wenn *qIdx* größer als 1 ist (siehe Zeile 53).

Der Haken ist, daß `gradeTest()` die Antworten auf alle Fragen vergleicht, selbst wenn der Benutzer sie nicht beantwortet hat. Das verursacht einen enormen Absturz in der Bewertung, aber das ist der Preis, den Sie für das vorzeitige Aufhören zahlen müssen.

Mögliche Erweiterungen

Diese Anwendung läßt sich auf viele Arten modifizieren. Die von meiner Warte aus naheliegende Erweiterung ist das Unterbinden von Schummelei durch Korrektur auf dem Server.

Schummeln unterbinden

Eines der ersten Dinge, die Ihnen beim Spielen mit der Anwendung in den Sinn kommen, ist »Benutzer können die Antworten ja durch Herunterladen und Öffnen der JavaScript-Quelldatei finden.« Es wäre zwar etwas umständlich, alle Fragen zu durchsuchen und den zugehörigen Buchstaben zu finden, aber es ist machbar.

Sie können dieses Loch stopfen, indem Sie die richtigen Antworten einfach nicht mit der Anwendung schicken und der Benutzer seine Antworten an den Server zur Korrektur schicken muß. Wir werden die Korrektur des Tests auf dem Server nicht weiter besprechen, aber es wird auch nicht viel schwieriger sein als `gradeTest()` – vielleicht ein bißchen, aber die Prinzipien sind dieselben.

Um die Auswertungsfunktion zu entfernen und das Abschicken der Antworten an den Server zu implementieren, führen Sie die folgenden Änderungen durch:

- Sie setzen einen Schlüssel in den `question()`-Konstruktor in *questions.js* ein und entfernen dann alle Antwortdaten aus dem Objekt und der Arraylogik.

- Sie fügen zu jedem Schlüssel in jeder `question` im Array `units` in *questions.js* einen Wert hinzu.
- Sie entfernen `gradeTest()` und ersetzen den Aufruf dieser Funktion in `buildQuestion()` durch `printResults()`.
- Sie ändern `printResults()`, so daß der Benutzer seine Antwort einsehen kann und die Antwortdaten in ein HTML-Formular eingebettet werden, das dann an den wartenden Server verschickt wird.

Dem Konstruktor einen Schlüssel hinzufügen

Wenn die Antwort des Benutzers oder der Benutzerin an den Server zurückgeschickt wird, wer weiß dann, welche Frage zu welchen Antworten gehört? Sie müssen auf der Serverseite eine Art Schlüssel hinzufügen, die auf die Frage verweist. Fangen wir also damit an, daß wir einen Schlüssel (eine Objekteigenschaft) in den `question()`-Konstruktor in *question.js* einfügen. Ändern Sie einfach:

```
function question(answer, support, question, a, b, c, d) {
  this.answer = answer;
  this.support = support;
  this.question = question;
  this.a = a;
  this.b = b;
  this.c = c;
  this.d = d;
  return this;
  }
```

zu:

```
function question(key, question, a, b, c, d) {
  this.key = key;
  this.question = question;
  this.a = a;
  this.b = b;
  this.c = c;
  this.d = d;
  return this;
  }
```

Die Variable *key* ist neu, ebenso die Objekteigenschaft *this.key*. Die beiden versetzen uns in die Lage, auf die Frage zu verweisen, wenn die Testergebnisse die Serverseite erreichen. Obwohl die Fragen durcheinandergewürfelt sind, bleibt jeder Schlüssel bei seiner Frage. Beachten Sie, daß *answer, support, this.answers* und *this.support* ebenfalls entfernt worden sind. Da der Test jetzt nicht mehr ausgewertet wird, sind sie nicht mehr notwendig.

Jede question modifizieren

Um uns an die Struktur und die erwarteten Parameter für den neuen Konstruktor anzupassen, müssen wir abändern, was bei jedem Aufruf von `question()` im Array `units` übergeben wird. Mit anderen Worten: Wir müssen einen Schlüssel übergeben und den

Hilfstext und die Antwort entfernen. Für den Schlüssel sollten wir versuchen, es einfach zu halten. Übergeben Sie einfach 1 für die erste Frage, 2 für die zweite usw., Sie verstehen schon. Setzen Sie ihn einfach als ersten Parameter ein, der jedem Aufruf von `question` übergeben wird. Die ersten beiden Aufrufe sehen dann so aus:

```
new question(1, "Benennen Sie die Eigenschaft, die nicht zum Mail Message-Ob-
jekt für Netscape Messenger gehört:",
  "folder", "body", "read", "priority"),
new question(2, "Benennen Sie die Methode, die nicht zum Mail Message-Objekt für
Netscape Messenger gehört:",
  "killThread()", "watchThread()", "filter()", "trash()"),
```

Beachten Sie, daß die Antwort (a, b, c oder d) entfernt worden ist. Das gleiche gilt für den Erklärungstext, der nach der Testauswertung anzuzeigen ist.

Die Antworten aus der Arraylogik entfernen

Entfernen Sie `this.answer` und `this.support` aus dem Konstruktor des *question*-Objekts in *question.js*. Ändern Sie:

```
function question(answer, support, question, a, b, c, d) {
  this.answer = answer;
  this.support = support;
  this.question = question;
  this.a = a;
  this.b = b;
  this.c = c;
  this.d = d;
  return this;
  }
```

zu

```
function question(question, a, b, c, d) {
  this.question = question;
  this.a = a;
  this.b = b;
  this.c = c;
  this.d = d;
  return this;
  }
```

Beachten Sie, daß die Variablen *answer* und *support* auch entfernt worden sind. Jetzt, da Sie sie aus dem Konstruktor entfernt haben, können Sie sie aus jedem Aufruf des *new*-Operators in jedem der Elemente in *units* entfernen. Mit anderen Worten: Entfernen Sie die ersten zwei Parameter in jedem Element in *units*.

Den Schlüssel an die ausgewählte Antwort binden

Jetzt haben wir jeder Frage einen Schlüssel zugeordnet. Wir müssen ihn jetzt nur noch an die vom Benutzer ausgewählte Antwort binden. Das passiert in der Funkion `buildQuestion()` in *administer.html*. Ändern Sie Zeilen 46 bis 49 von

```
makeButton("a", units[qIdx].a) +
makeButton("b", units[qIdx].b) +
makeButton("c", units[qIdx].c) +
makeButton("d", units[qIdx].d) +
```

zu

```
makeButton("a", units[qIdx].key + ":a") +
makeButton("b", units[qIdx].key + ":b") +
makeButton("c", units[qIdx].key + ":c") +
makeButton("d", units[qIdx].key + ":d") +
```

Das erzeugt einen String *schlüssel:antwort*, der an `makeButton()` übergeben wird. Wenn der Benutzer beispielsweise die Antwort a auf die Frage mit dem Schlüssel 1 wählt, dann ist der übergebene Wert *1:a*. Die Auswahl von Antwort b erzeugt *1:b* und so weiter.

gradeTest() entfernen und buildQuestion() abändern

Da die Antworten und Erklärungen nicht mehr existieren, gibt es keinen Grund mehr, den Test zu korrigieren oder irgendwelche Ergebnisse darzustellen. Das bedeutet, daß Sie die Funktion `gradeTest()` nicht mehr benötigen. Löschen Sie einfach die Zeilen 66 bis 76 in *administer.html*. Das bedeutet auch, daß Sie den Aufruf von `gradeTest()` in Zeile 40 von `buildQuestion()` loswerden können. Besser gesagt sollten Sie ihn durch einen Aufruf von `printResults()` ersetzen, damit die Benutzer ihre Antworten sehen können. Diese können dann in ein HTML-Formular eingebettet werden.

Die Zeilen 39 bis 42 werden von

```
if (qIdx == howMany) {
  gradeTest();
  return;
  }
```

zu

```
if (qIdx == howMany) {
  printResults();
  return;
  }
```

geändert.

printResults() ändern

In `printResults()` findet der größte Teil der neuen Aktivität statt. Zeile 84 in *administer.html* sieht im Moment so aus:

```
'<BR><BR><FONT SIZE=4>Ihre Antworten im Detail: </FONT><BR><BR>';
```

Ändern Sie sie wie folgt

```
'<BR><BR><FONT SIZE=4>Ihre Antworten im Detail: </FONT><BR><BR>' +
'<FORM ACTION="your_server_script_URL" METHOD=POST>';
```

und ersetzen Sie die Zeilen 92 bis 105 durch die folgenden:

```
var qSplit = keeper[i].split(":");
results += '<INPUT TYPE=HIDDEN NAME="q' + qSplit[0] + '" VALUE="' +
  qSplit[1] + '"><B><I><FONT>COLOR=GREEN>Ihre Auswahl: ' + qSplit[1] +
  '</I></B></FONT><BR><BR><BR>';
```

Wenn `printResults()` das Array `keeper` durchläuft, muß es den *schlüssel:antwort*-String zerlegen, der erzeugt wird, wenn der Benutzer die entsprechende Frage beantwortet. Der Grund dafür ist folgender: Jedes versteckte Formularfeld hat ein `NAME`- und ein `VALUE`-Attribut. `NAME` wird der Wert des Frageschlüssels zugewiesen, `VALUE` ist die vom Benutzer gewählte Antwort. Das bereitet die Auswertung durch das Server-Skript vor.

Der Variable `qSplit` wird ein Array zugewiesen, das mit der `split()`-Methode erzeugt wird. Jedes Element von `keeper` ist durch einen Doppelpunkt unterteilt. `qSplit[0]` stellt also den Schlüssel dar; `qSplit[1]` die Antwort. Diese werden entsprechend den Attributen `NAME` und `VALUE` für jedes versteckte Formularfeld zugewiesen. Wenn ein Benutzer beispielsweise jeweils »d« auf die Fragen mit Schlüsseln von 1 bis 3 geantwortet hat, dann sehen die zugehörigen versteckten Felder so aus:

```
<INPUT TYPE=HIDDEN NAME="q1" VALUE="d">

<INPUT TYPE=HIDDEN NAME="q2" VALUE="d">

<INPUT TYPE=HIDDEN NAME="q3" VALUE="d">
```

Um das Formular abzuschließen, ändern Sie Zeile 107 zu:

```
results += '<INPUT TYPE=SUBMIT VALUE="Test auswerten"> </FORM></BODY></HTML>';
```

Trotz der Änderungen zeigt `printResults()` nach wie vor die Fragen, vier Antwortoptionen und die Benutzerantworten an. Der Test wird aber nicht ausgewertet. Der Benutzer braucht jetzt nur »Test auswerten« zu wählen, und die Antworten werden zur Auswertung abgeschickt.

3

Die interaktive Diaschau

> *Projektmerkmale*
>
> - Wechselnde Dias mit Grafik und Bildbeschreibung
> - Kontextsensitive animierte Diasteuerung
> - Autopilot-Modus
> - Einfache Diaverwaltung und Skalierbarkeit
>
> *JavaScript-Techniken*
>
> - Der erste Schritt zu browserunabhängigem DHTML
> - Der Vorteil sinnvoller Namenskonventionen
> - Die Power von eval()
> - setInterval() und clearInterval() benutzen

Diese Anwendung ermöglicht es Benutzern, Dias in beliebiger Reihenfolge oder nacheinander in von Ihnen gewählten Zeitintervallen im Autopilot-Modus zu betrachten. Jedes Dia ist ein DHTML-Layer, der ein Bild und beschreibenden Text enthält. Ihre Dias können praktisch jede Kombination von Text, Grafik, DHTML usw. enthalten. Die hier gezeigten Dias führen den Benutzer auf eine fiktive Tour durch das Königreich der wilden Tiere. Abbildung 3-1 zeigt den Eröffnungsbildschirm.

Beachten Sie die Dias in der Mitte des Bildschirms und die zwei Grafiken »Automate« und »<Guide>« oben links auf dem Schirm. Die Pfeile der »<Guide>«-Grafik (< und >) erlauben es dem Benutzer, sich Dia für Dia vorwärts oder rückwärts durch die Diaschau zu bewegen.

Benutzer können auch zu einem beliebigen Dia in der Schau gehen, indem sie auf »Guide« klicken. Das blendet ein Seitenmenü auf, das den Benutzer automatisch zum gewünschten Dia führt, wenn der Cursor über den Namen des entsprechenden Dias bewegt wird. Wenn »Guide« nochmals angeklickt wird, verschwindet das Seitenmenü wieder. Abbildung 3-2 zeigt das Diamenü.

In den zwei vorangegangenen Kapiteln sind unsere Anwendungen jeweils einem Prozeß gefolgt, der einen Anfang und ein Ende hatte. Das heißt, der Benutzer startet immer am gleichen Punkt (beispielsweise beim Eingeben eines Suchbegriffs oder beim Beantworten der ersten Testfrage) und hört immer am gleichen Punkt auf (zum Beispiel auf einer Seite mit Suchergebnissen oder bei der Testauswertung, nachdem die letzte Frage beantwortet wurde). Die Diaschau ist in dieser Hinsicht anders. Benutzer können praktisch überall anfangen und sämtliche Merkmale der Anwendung benutzen. Es ist deshalb besser, den Code der Anwendung unter dem Gesichtspunkt seiner Funktionen zu beschreiben, anstatt den Code von oben bis unten durchzugehen. In diesem Kapitel werden wir auf diese Weise vorgehen.

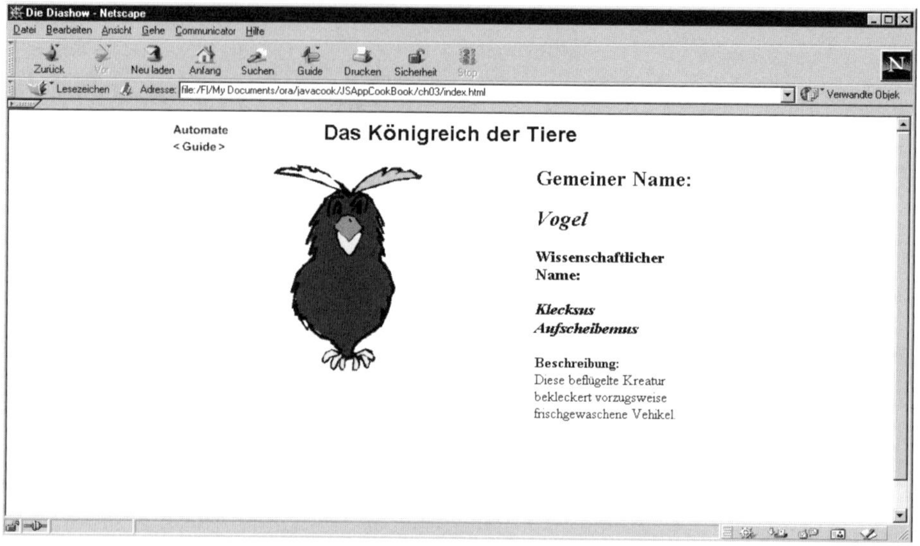

Abbildung 3-1: Das Fenster mit dem ersten Dia

Abbildung 3-2: Der hervorgehobene Name bezeichnet das gerade sichtbare Dia

Einsatzvorraussetzungen

Sobald Sie das »D« in »DHTML« aussprechen, können Sie darauf wetten, daß Sie über MSIE 4.x und Navigator 4.x oder höhere Versionen reden. Das ist hier nicht anders. Alle Dias sind Objekte auf DHTML-Basis. Was die Skalierbarkeit betrifft, gibt es keinen Grund, warum Sie nicht Hunderte von Dias in Ihrer Online-Präsentation unterbringen können. Die Anwendung lädt jedoch *alle* Bilder (bis auf zwei kleine) im voraus, und ich bezweifle, daß Sie Ihre Zeit mit dem Laden von Hunderten von Bildern verbringen wollen.

Die Syntax unter die Lupe genommen

Das Skript steckt in einer einzigen Datei, *index.html*. Sie finden sie in Ihrer zip-Datei unter *ch03/index.html*. Beispiel 3-1 zeigt den Code.

Beispiel 3-1: index.html

```
<HTML>
<HEAD>
<TITLE>Die Diaschau</TITLE>

<STYLE TYPE="text/css">
#menuConstraint { height: 800; }
</STYLE>

<SCRIPT LANGUAGE="JavaScript1.2">
<!--
var dWidLyr  = 450;
var dHgtLyr   = 450;
var curSlide  = 0;
var zIdx          = -1;
var isVis         = false;

var NN       = (document.all ? false : true);
var sWidPos  = ((NN ? innerWidth  : screen.availWidth)  / 2) -
   (dWidLyr / 2);
var sHgtPos  = ((NN ? innerHeight : screen.availHeight) / 2) -
   (dHgtLyr / 2);
var hideName = (NN ? 'hide'  : 'hidden');
var showName = (NN ? 'show'  : 'visible');

var img = new Array();
var imgOut = new Array();
var imgOver = new Array();
var imgPath = 'images/';

var showSpeed = 3500;
var tourOn = false;

function genLayer(sName, sLeft, sTop, sWdh, sHgt, sVis, copy) {
```

Beispiel 3-1: index.html (Fortsetzung)

```
  if (NN) {
    document.writeln('<LAYER NAME="' + sName + '" LEFT=' + sLeft +
      ' TOP=' + sTop + ' WIDTH=' + sWdh + ' HEIGHT=' + sHgt +
      ' VISIBILITY="' + sVis + '"' + ' Z-INDEX=' + (++zIdx)  + '>' +
      copy + '</LAYER>');
    }
  else {
    document.writeln('<DIV ID="' + sName +
      '" STYLE="position:absolute; overflow:none;left:' + sLeft +
      'px; top:' + sTop + 'px; width:' + sWdh + 'px; height:' + sHgt +
      'px;' + ' visibility:' + sVis + '; z-Index=' + (++zIdx) + '">' +
      copy + '</DIV>');
    }
  }

function slide(imgStr, scientific, copy) {
  this.name     = imgStr;
  imagePreLoad(imgStr);
  this.copy     = copy;
  this.structure =
    '<TABLE WIDTH=500 CELLPADDING=10><TR><TD WIDTH=60% VALIGN=TOP>' +
    '<IMG SRC=' + imgPath + imgStr + '.gif></TD>' +
    '<TD WIDTH=40% VALIGN=TOP><H2>Gemeiner  Name:</H2><H2><I>' +
    camelCap(imgStr) + '</I></H2><H3>Wissenschaftlicher Name: </H3><H3><I>' +
    scientific + '</I></H3>' + '<B>Beschreibung:</B><BR>' + copy +
    '</TD></TR></TABLE>';

  return this;
  }

function imagePreLoad(imgStr) {
  img[img.length]  = new Image();
  img[img.length - 1].src = imgPath + imgStr + '.gif';

  imgOut[imgOut.length] = new Image();
  imgOut[imgOut.length - 1].src = imgPath + imgStr + 'out.gif';

  imgOver[imgOver.length] = new Image();
  imgOver[imgOver.length - 1].src = imgPath + imgStr + 'over.gif';
  }

var slideShow  = new Array(
  new slide('vogel', 'Klecksus Aufscheibemus', 'Diese befl&uuml;gelte Kreatur
     bekleckert vorzugsweise frischgewaschene Vehikel.'),
  new slide('walross', 'Dentus Magnus', 'Diese gro&szlig;en Kerle sind zwar gute
     Fischer, aber Z&auml;hneputzen ist ein Problem.'),
  new slide('alligator', 'Handtaschus Luxuriosus', 'Diese Reptilien sind
     h&auml;fig als Maskottchen bei Sportveranstaltungen anzutreffen.'),
  new slide('hund', 'Wurstus Tretminus', 'Der beste Freund des Menschen? Nicht
     nur Postboten hassen ihn.'),
  new slide('schwein', 'Grunzus Saustallus', 'Menschen mit fragw&uuml;rdigen
```

Beispiel 3-1: index.html (Fortsetzung)

```
    E&szlig;gewohnheiten werden oft mit diesen Landbewohnern verglichen.'),
  new slide('schlange', 'Zungus Gabelus', 'Oft in zwiesp&auml;ltige
    Angelegenheiten verwickelt.'),
  new slide('elch', 'Nemesis Aklassus', 'Wegen ihm sind schon einige ins
    Schleudern gekommen. L&ouml;st heftige &Uuml;berraschung aus, wenn er
    K&uuml;sse verteilt.'),
  new slide('huhn', 'Adlerus Gummi ', 'Im verhungerten Zustand oft als
    Mensaessen anzutreffen.'),
  new slide('kuh', 'Klecksus Magnus', 'Produziert nicht nur Milch, sondern auch
    unfl&auml;tige Fladen. Sorgt daf&uuml;r, da&szlig; der Milchsee nicht
    austrocknet. Wenn bei ihr nicht alles in Butter ist, ist es meist
    K&auml;se.'),
  new slide('kranich', 'Beinus Langus', 'Wird heute oft in Warteschleifen an
     Flugh&auml;lfen beobachtet. Fliegt meistens selbst, damit er seine Beine
    nicht in enge Flugzeugsitze klemmen mu&szlig;.')
  );

function camelCap(str) {
  return str.substring(0, 1).toUpperCase() + str.substring(1);
  }

function genScreen() {
  var menuStr = '';
  for (var i = 0; i < slideShow.length; i++) {
    genLayer('slide' + i, sWidPos, sHgtPos, dWidLyr, dHgtLyr,
      (i == 0 ? true : false), slideShow[i].structure);
    menuStr += '<A HREF="" onMouseOver="hideStatus(); if(!tourOn)
      { setSlide(' + i + ');' +
      ' imageSwap(\'' + slideShow[i].name + '\', ' + i + ', true)};
           return true;"' +
      ' onMouseOut="if(!tourOn) { setSlide(' + i + ');' +
      ' imageSwap(\'' + slideShow[i].name + '\', ' + i + ', false)};
           return true;"' +
      ' onClick="return false;"><IMG NAME="' + slideShow[i].name +
      '" SRC="' + imgPath + slideShow[i].name +
           'out.gif" BORDER=0></A><BR>';
    }

  genLayer('automation', sWidPos - 100, 11, 100, 200, true,
    '<A HREF="javascript: autoPilot();"  onMouseOver="hideStatus();
         return true;">' +
    '<IMG SRC="' + imgPath + 'automate.gif" BORDER=0></A>'
    );

  genLayer('guide', sWidPos - 100, 30, 100, 200, true,
    '<A HREF="javascript: if(!tourOn) { changeSlide(-1); }"
         onMouseOver="hideStatus(); return true;">' +
    '<IMG SRC="' + imgPath + 'leftout.gif" BORDER=0></A>' +
    '<A HREF="javascript: if(!tourOn) { menuManager(); }"
         onMouseOver="hideStatus(); return true;">' +
    '<IMG SRC="' + imgPath + 'guideout.gif" BORDER=0></A>' +
```

Beispiel 3-1: index.html (Fortsetzung)

```
    '<A HREF="javascript: if(!tourOn) { changeSlide(1); }"
        onMouseOver="hideStatus(); return true;">' +
    '<IMG SRC="' + imgPath + 'rightout.gif" BORDER=0></A>'
    );

  genLayer('menu', sWidPos - 104, 43, 100, 200, false,
    '<DIV ID="menuConstraint"><TABLE><TD>' +
        menuStr + '</TD></TABLE></DIV>'
    );
  }

function refSlide(name) {
  if (NN) { return document.layers[name]; }
  else { return eval('document.all.' + name + '.style'); }
  }

function hideSlide(name) {
  refSlide(name).visibility = hideName;
  }

function showSlide(name) {
  refSlide(name).visibility = showName;
  }

function menuManager() {
  if (isVis) { hideSlide('menu'); }
  else { showSlide('menu'); }
  isVis = !isVis;
  }

function changeSlide(offset) {
  hideSlide('slide' + curSlide);
  curSlide = (curSlide + offset < 0 ? slideShow.length - 1 :
    (curSlide + offset == slideShow.length ? 0 : curSlide + offset));
  showSlide('slide' + curSlide);
  }

function setSlide(ref) {
  if (tourOn) { return; }
  hideSlide('slide' + curSlide);
  curSlide = ref;
  showSlide('slide' + curSlide);
  }

function imageSwap(imagePrefix, imageIndex, isOver) {
  if (isOver) { document[imagePrefix].src = imgOver[imageIndex].src; }
  else { document[imagePrefix].src = imgOut[imageIndex].src; }
  }

function hideStatus() { window.status = ''; }
```

Beispiel 3-1: index.html (Fortsetzung)

```
186 function autoPilot() {
187   if (tourOn) {
188     clearInterval(auto);
189     imageSwap(slideShow[curSlide].name, curSlide, false);
190     }
191   else {
192     auto = setInterval('automate()', showSpeed);
193     imageSwap(slideShow[curSlide].name, curSlide, true);
194     showSlide('menu');
195     visible = true;
196     }
197   tourOn = !tourOn;
198   }
199
200 function automate() {
201   imageSwap(slideShow[curSlide].name, curSlide, false);
202   changeSlide(1);
203   imageSwap(slideShow[curSlide].name, curSlide, true);
204   }
205
206 //-->
207 </SCRIPT>
208 </HEAD>
209 <BODY BGCOLOR=WHITE>
210 <CENTER>
211 <FONT FACE=Arial>
212 <H2>Diashow: Das Reich der Tiere</H2>
213 </FONT>
214 </CENTER>
215 <SCRIPT LANGUAGE="JavaScript1.2">
216 <!--
217 genScreen();
218 //-->
219 </SCRIPT>
220 </FONT>
221 </BODY>
222 </HTML>
```

Die Variablen in unserer Anwendung

Sehen wir uns erst einmal die Variablen und die anderen Details an, bevor wir zu den Funktionen übergehen. Hier sind die Zeilen 5 bis 7:

```
<STYLE TYPE="text/css">
#menuConstraint { height: 800; }
</STYLE>
```

Sie definieren ein Cascading Style Sheet mit dem Namen *menuConstraint* und einer einzigen Eigenschaft, einer Höhe von 800 Pixeln. Dieses wird auf jedes Dia angewandt, um sicherzustellen, daß Benutzer genügend Platz haben, um sich die Dias anzuschauen. Mit anderen Worten: Wenn die vertikale Monitorauflösung des Benutzers weniger als 800 Pixel beträgt, erzwingt das Sheet vertikale Bildlaufleisten. Das ist besonders dann nützlich, wenn Ihre Bilder sehr lang oder Ihre Erklärungen sehr umfangreich sind. Es ermöglicht Benutzern wenigstens, die Seite zu verschieben, um sich den Rest anzusehen. Die Zeilen 11 bis 31 zeigen die Variablen:

```
var dWidLyr    = 450;
var dHgtLyr    = 450;
var curSlide   = 0;
var zIdx       = -1;
var isVis      = false;

var NN         = (document.all ? false : true);
var sWidPos    = ((NN ? innerWidth  : screen.availWidth)  / 2) -
  (dWidLyr / 2);
var sHgtPos    = ((NN ? innerHeight : screen.availHeight) / 2) -
  (dHgtLyr / 2);
var hideName   = (NN ? 'hide' : 'hidden');
var showName   = (NN ? 'show' : 'visible');

var img      = new Array();
var imgOut   = new Array();
var imgOver  = new Array();
var imgPath  = 'images/';

var showSpeed = 3500;
var tourOn    = false;
```

Die Variablen unterteilen sich in vier Gruppen:

- Voreinstellungen für den DHTML-Layer
- Variablen, die vom Browser gesetzt werden
- Variablen, die mit den Bildern zusammenhängen
- Variablen für die Autopilot-Funktion

Voreinstellungen für den DHTML-Layer

Die Variablen *dWidLyr* und *dHgtLyr* deklarieren einfach die voreingestellte Breite und Höhe der Dias. Die Variable *curSlide* enthält immer den Arrayindex des derzeit dargestellten Dias. Variable *zIdx* weist jedem erzeugten Layer einen z-Index-Wert zu, und *isVis* enthält einen Booleschen Wert, der anzeigt, ob der Layer gerade sichtbar ist.

> Ich bezeichne die Dias generell als DHTML-Layer oder einfach als Layer. Verwechseln Sie sie nicht mit dem `LAYER`-Tag von Netscape, das in Navigator zur Erzeugung dieser Layer verwendet wird. Mit anderen Worten: Ein Layer ist ein `LAYER` in Netscape, aber nicht in MSIE.

Variablen, die vom Browser gesetzt werden

Die nächsten fünf Variablen, *NN*, *sWidPos*, *sHgtPos*, *showName* und *hideName*, hängen vom Typ des Browsers ab, in den die Anwendung geladen wird. Die Variable *NN* in Zeile 17 wird auf true gesetzt, wenn die *all*-Eigenschaft des *document*-Objekts nicht existiert. Mit anderen Worten: Bei dem Browser muß es sich um Netscape Navigator handeln. Netscape's derzeitige Implementation des Document Object Model (DOM) unterstützt kein *all*-Objekt:

```
var NN  = (document.all ? false : true);
```

Existiert das *all*-Objekt nicht, dann geht das Skript davon aus, daß der Benutzer MSIE 4.x verwendet, und setzt *NN* auf false. Das Object Model von Microsoft referenziert *layers* im *styles*-Objekt von *document.all*. Die Variablen *sWidPos* und *sHgtPos* enthalten die Werte der x- und y-Koordinaten, an denen die obere linke Ecke des Layers positioniert werden soll, so daß er in der Mitte des Browserfensters (nicht des Bildschirms) zu liegen kommt. Diese Werte werden nicht nur vom Wert von *NN* bestimmt, sondern auch von den Werten der Variablen *dWidLyr* und *dHgtLyr*, die in den Zeilen 18 bis 21 aufgeführt sind:

```
var sWidPos    = ((NN ? innerWidth  : screen.availWidth)  / 2) -
  (dWidLyr / 2);
var sHgtPos    = ((NN ? innerHeight : screen.availHeight) / 2) -
  (dHgtLyr / 2);
```

Wie würden Sie die Werte der x- und y-Koordinaten finden? Sie können die Koordinaten der Mitte des Browserfensters einfach berechnen, indem Sie die Breite des Fensters durch 2 teilen, um die x-Koordinate zu erhalten, und die Höhe des Fensters durch 2 teilen, um die y-Koordinate zu erhalten. Mit anderen Worten: Die Mitte des Fensters hat die Koordinaten (Fensterbreite in Pixeln / 2, Fensterhöhe in Pixeln / 2).

Jetzt kennen Sie die Koordinaten für die Fenstermitte. Da diese Koordinaten auch die Mitte der jeweiligen Layer sein werden, können Sie die x- und y-Koordinaten der linken oberen Layer-Ecke erhalten, indem Sie die Hälfte von *dWidLyr* von der x-Koordinate der Mitte, und die Hälfte von *dHgtLyr* von der y-Koordinate der Mitte abziehen.

Die verbleibenden zwei browserabhängigen Variablen sind Strings, die die korrekten Namen für die Werte der Sichtbarkeitseigenschaft von Layern je nach benutztem DOM enthalten (siehe Zeile 22 und 23):

```
var hideName  = (NN ? 'hide'  : 'hidden');
var showName  = (NN ? 'show'  : 'visible');
```

Im Netscape-DOM wird bei unsichtbaren Layern die *visibility*-Eigenschaft auf `hide` gesetzt, während das Microsoft-DOM die *visibility* auf `hidden` setzt. Umgekehrt wird die Eigenschaft *visibility* von sichtbaren Netscape-Layern auf `show` gesetzt und bei Microsoft auf `visible`.

Nach dem Netscape-DOM stehen auch die Fensterbreite und -höhe in den *window*-Objekteigenschaften *innerWidth* und *innerHeight*, während Microsoft diese Werte in den *screen*-Objekteigenschaften *availWidth* und *availHeight* speichert. Da die Variable *NN* genau für diesen Zweck gesetzt worden ist, weiß JavaScript, welche Eigenschaften zu referenzieren sind.

Variablen, die mit den Bildern zusammenhängen

Die nächste Gruppe von Variablen besteht aus Arrays, die die Bilder verwalten. Sehen Sie sich die Zeilen 25 bis 28 an:

```
var img = new Array();
var imgOut = new Array();
var imgOver = new Array();
var imgPath = 'images/';
```

Sie sind ziemlich unkompliziert. Die im Array *img* gespeicherten Bilder sind die Dias. Die Bilder im Array *imgOut* werden für das Dia-Menü benutzt. Die Bilder im Array *imgOver* werden für die Rolloverbilder des Menüs verwendet. Wir werden uns noch mehr mit Rolloverbildern beschäftigen, wenn wir in Kürze die `swapImage()`-Funktion besprechen.

Die letzte Variable, *imgPath*, enthält den Pfadnamen, unter dem alle Bilder auf Ihrem Webserver zu finden sind. Sie können diesen Pfad absolut oder relativ machen, obwohl ich Ihnen empfehlen möchte, ihn relativ zu machen, wenn es möglich ist. (Ich verwende absolute Pfade nur dann, wenn ich auf Dokumente verweisen muß, die sich auf einem anderen Webserver befinden.) Zur Unterteilung von Verzeichnissen im Pfad sollten Sie immer Vorwärtsstriche (/) verwenden, auch auf Windows-Systemen. Das stellt sicher, daß Sie Ihre Anwendung später einfacher portieren können. Hier sind zwei Beispiele.

```
var imgPath = '../theotherdirectory/images';
var imgPath = '/hotsyte/javascript/cool_pictures';
```

Variablen für die automatisierte Diaschau

Die letzten beiden Variablen, *showSpeed* und *tourOn*, speichern die Geschwindigkeit, mit der die Dias abwechseln, sowie den Status (ein/aus) des Autopiloten. Sie finden sie in den Zeilen 30 und 31:

```
var showSpeed = 3500;
var tourOn = false;
```

Die Variable *showSpeed* enthält einen Wert in Millisekunden. Für Dias mit mehr Informationen können Sie die Zeit zwischen den Wechseln erhöhen, sagen wir auf zehn Sekunden, indem Sie den Wert auf `10000` setzen. Wenn die Seite geladen wird, ist der Autopilot abgeschaltet. Es ist daher nicht überraschend, daß *tourOn* auf `false` gesetzt ist.

Die Funktionen der Anwendung

Die Funktionen der Diaschau fallen in drei Kategorien: Erzeugung der Layer, Bildverwaltung und Steuerung/Darstellung. Tabelle 3-1 beschreibt jede dieser Funktionen und ihre Kategorien.

Tabelle 3-1: Funktionen der Diaschau und ihre Beschreibung

Name der Funktion	Kategorie	Beschreibung
`genLayer()`	Layer	Erzeugt die Dias.
`slide()`	Layer	Der Objektkonstruktor für die Dias.
`imagePreLoad()`	Bild	Lädt die Bilder für die Dias und die Steuerelemente auf Vorrat.
`camelCap()`	Layer	Sorgt dafür, daß der erste Buchstabe des Dia-Namens großgeschrieben ist.
`genScreen()`	Layer	Ruft `genLayer()` auf und positioniert alle Layer.
`hideSlide()`	Layer	Macht Layer unsichtbar.
`showSlide()`	Layer	Macht Layer sichtbar.
`refSlide()`	Layer	Liefert eine browserabhängige Referenz auf die Layer.
`menuManager()`	Layer	Macht das Dia-Menü (un)sichtbar.
`changeSlide()`	Layer	Wechselt das angezeigte Dia über die Guide-Pfeile oder den Autopiloten.
`setSlide()`	Layer	Wechselt das angezeigte Dia über Maus-Events.
`imageSwap()`	Bild	Führt einen Bildrollover für das Dia-Menü durch.
`hideStatus()`	Steuerung	Setzt den Inhalt der Statuszeile des Fensters auf "".
`autoPilot()`	Steuerung	Verwaltet den Autopilot-Modus.
`automate()`	Steuerung	Führt die automatische Weiterschaltung der Dias aus.

Layerbezogene Funktionen

Da der größte Teil der Diaschau von layerbezogenen Funktionen abhängt, macht es Sinn, mit ihnen anzufangen.

genLayer()

Diese Funktion ist die browserunabhängige DHTML-Zentrale. Was immer Sie in der Diaschau darstellen möchten, es muß durch diese Funktion, egal wie groß, klein, farbig oder bildintensiv es ist. Schauen Sie sich die Zeilen 33 bis 47 gut an:

```
function genLayer(sName, sLeft, sTop, sWdh, sHgt, sVis, copy) {
  if (NN) {
    document.writeln('<LAYER NAME="' + sName + '" LEFT=' + sLeft +
      ' TOP=' + sTop + ' WIDTH=' + sWdh + ' HEIGHT=' + sHgt +
      ' VISIBILITY="' + sVis + '"' + ' z-Index=' + (++zIdx) + '>' +
```

```
      copy + '</LAYER>');
    }
  else {
    document.writeln('<DIV ID="' + sName +
      '" STYLE="position:absolute; overflow:none; left:' + sLeft +
      'px; top:' + sTop + 'px; width:' + sWdh + 'px; height:' + sHgt +
      'px;' + ' visibility:' + sVis + '; z-Index=' + (++zIdx) + '">' +
      copy + '</DIV>');
    }
  }
```

Diese Funktion enthält ein einsames if-else-Statement. In der Tat führt `genLayer()` dieselbe grundlegende Operation in beiden Codeblöcken durch. Einer funktioniert für Netscape, der andere für MSIE. Bis das Document Object Model vollständig ausgehandelt ist, müssen wir das so machen.

Zeile 34 verwendet die Variable *NN*, um zu entscheiden, ob der Browser des Benutzers ein Netscape Navigator oder (vermutlich) ein Microsoft Internet Explorer ist. Wenn *NN* `true` ist, dann ist der Browser ein Navigator. Wenn nicht, dann wird angenommen, daß der Benutzer einen MSIE hat.

Beachten Sie die Parameter, die in Zeile 33 erwartet werden: *sName*, *sLeft*, *sTop*, *sWdh*, *sHgt*, *sVis* und *copy*. Unabängig vom Browser machen sie alle so ziemlich dasselbe. `sName` gibt einen Namen an, den Sie mit dem Layer verbinden möchten. *sLeft* gibt die Anzahl der Pixel vom rechten Fensterrand zur Positionierung des Layers an, *sTop* die vom oberen Rand des Browserfensters. *sWdh* und *sHgt* enthalten, wie Sie vielleicht erraten haben, die Pixelwerte für die Abmessungen des Layers. *sVis* enthält entweder `true` oder `false`, je nachdem, ob der Layer sichtbar (true) sein soll oder nicht. *copy* enthält den String, den Sie als Inhalt des Layers darstellen wollen. Der Inhalt wird wahrscheinlich HTML-Code sein, reiner Text tut aber auch niemandem weh.

Die Funktion `genLayer()` ruft die `document.writeln()`-Methode auf, egal um welchen Browser es sich handelt, und konstruiert ein `LAYER`-Tag für Navigator oder ein `DIV`-Tag für IE.

slide()

`slide()` ist ein Objektkonstruktor. Die Instanzen von `slide()` enthalten wichtige Details zum Dia, beispielsweise den Namen des Tiers, die Beschreibung und den HTML-Inhalt. Sehen Sie sich die Zeilen 49 bis 62 an:

```
function slide(imgStr, scientific, copy) {
  this.name      = imgStr;
  imagePreLoad(imgStr);
  this.copy      = copy;
  this.structure =
    '<TABLE WIDTH=500 CELLPADDING=10><TR><TD WIDTH=60% VALIGN=TOP>' +
    '<IMG SRC=' + imgPath + imgStr + '.gif></TD>' +
    '<TD WIDTH=40% VALIGN=TOP><H2>Gemeiner Name:</H2><H2><I>' +
    camelCap(imgStr) + '</I></H2><H3>Wissenschaftlicher Name: </H3><H3><I>' +
```

```
    scientific + '</I></H3>' + '<B>Beschreibung:</B><BR>' + copy +
    '</TD></TR></TABLE>';

  return this;
  }
```

JavaScript-Technik: Der erste Schritt zu browserunabhängigem DHTML

Bevor 4.x-Browser und DHTML verbreitet waren, mußten sich Webentwickler damit abfinden, über die Inkompatibilität von MSIE 3.x und JavaScript 1.1 zu mosern. Unter anderem bedeutete das: es gab keine Bildrollover, kaum Unterstützung für JavaScript-Quelldateien und die Notwendigkeit, sich Auswege einfallen lassen zu müssen.

Jetzt kann aber Frieden herrschen – wir müssen unsere Seiten einfach nur mit beiden Browsern kompatibel machen. Eine Ihrer wichtigsten Waffen ist *document.all.*

Für einfachere Anwendungen reicht ein einfaches if-else-Statement:

```
if (document.all) {  // wir haben es mit MSIE zu tun
                     // Jscript-Äquivalente benutzen
                     // z.B. document.all.styles, etc.

  }
else {               // es ist Netscape Navigator
                     // bei JavaScript bleiben
                     // z.B. document.layers, etc.

  }
```

Die Funktion `slide()` erwartet drei Parameter – *imgStr*, *scientific* und *copy*. *imgStr* enthält den Namen des »wilden« Tiers auf dem Dia. *imgStr* ist in mehrfacher Hinsicht das Rückgrat jedes Dias. Das bietet eine gute Gelegenheit, sich die Namenskonvention der Anwendung anzuschauen. Der Name, der mit jedem *slide*-Objekt verbunden ist, wird in Zeile 50 gesetzt.

```
this.name  = imgStr;
```

imgStr taucht aber noch öfter auf. Sehen Sie sich einmal die Zeilen 53 bis 59 an. Dort wird die Eigenschaft *structure* des *slide*-Objekts gesetzt:

```
this.structure =
  '<TABLE WIDTH=500 CELLPADDING=10><TR><TD WIDTH=60% VALIGN=TOP>' +
  '<IMG SRC=' + imgPath + imgStr + '.gif></TD>' +
  '<TD WIDTH=40% VALIGN=TOP><H2>Gemeiner Name:</H2><H2><I>' +
  camelCap(imgStr) + '</I></H2><H3>Wissenschaftlicher Name: </H3><H3><I>' +
  scientific + '</I></H3>' + '<B>Beschreibung:</B><BR>' + copy +
  '</TD></TR></TABLE>';
```

JavaScript-Technik: Sinnvolle Namenskonventionen verwenden

Das Thema Namenskonventionen taucht überall in diesem Buch auf. Überlegen Sie sich einmal, wieviel Ordnung die Diaschau-Anwendung mit einfachen Worten wie *kuh*, *vogel* und *hund* ins Referenzieren bringt. Natürlich ist keine dieser Anwendungen für ein Riesenunternehmen mit komplexem Datawarehousing gedacht, aber Sie können mit sehr wenig sehr viel erreichen. Eigentlich ist es keine spezielle JavaScript-Technik; Sie können sie mit fast jeder Programmiersprache verwenden. Denken Sie einmal über die Einfachheit der hier mit dem Parameter *imgStr* verwendeten Namenskonvention nach.

imgStr ist der Name eines Tiers, sagen wir, der eines Schweins. Dann hat *imgStr* den Wert *schwein*. Das hört sich vielleicht noch unschuldig genug an, aber dieser String definiert nicht nur den Namen des Tiers, sondern auch den Basisnamen des Diabilds und die zwei Bilder, die für die Rollover benutzt werden (wird noch besprochen). So bekommen Sie vier JavaScript-Verwendungen und einen Tiernamen aus einem einzigen String. Da kriegen Sie etwas für Ihr Geld. Die folgende Tabelle illustriert, wie *schwein* und andere *imgStrs* in ihren jeweiligen Dias eine zentrale Rolle spielen.

imgStr	Tiername	Diabild	Menübild	Menü-Rolloverbild
schwein	schwein	*schwein.gif*	*schweinout.gif*	*schweinover.gif*
kuh	kuh	*kuh.gif*	*kuhout.gif*	*kuhover.gif*
schlange	schlange	*schlange.gif*	*schlangeout.gif*	*schlangeover.gif*

Um das Diabild dynamisch zu erzeugen, setzt `slide()` den benötigten HTML-Code für ein `<IMG>`-Tag aus den Variablen *imgPath* und *imgStr*, gefolgt von `'.gif'`, zusammen. Wenn *imgStr* auf *pig* gesetzt worden wäre, würde der HTML-Code für das Diabild wie folgt aussehen:

```
<IMG SRC='images/pig.gif'>
```

Die Eigenschaft *structure* definiert den Inhalt des Dias als eine HTML-Tabelle, mit einer Zeile und zwei Datenzellen. Die linke Datenzelle enthält das Diabild, die rechte Zelle den Text mit der Beschreibung. Zeile 57 benutzt *imgStr* noch einmal, um dem Tier einen umgangssprachlichen Namen zuzuweisen.

```
camelCap(imgStr)
```

Die Funktion `camelCap()` in den Zeilen 101 bis 103 gibt einfach den übergebenen String wieder zurück, mit dem ersten Zeichen in Großschreibung. Das ist lediglich eine Formatierungsangelegenheit, die das Aussehen etwas verbessert. Beachten Sie auch, daß der Parameter *scientific* auf den wissenschaftlichen Namen des Tiers gesetzt wird. Wenn Sie sich natürlich einige der hier benutzten »wissenschaftlichen« Namen zu Gemüte führen, können Sie glatt den Eindruck bekommen, daß Forschung Spaß macht. Erzählen Sie das bloß nicht weiter, sonst werden noch alle Menschen Zoologen, und niemand kauft mehr JavaScript-Bücher.

Gerade wenn es so aussieht, als ob wir *imgStr* bis auf die Knochen abgelutscht hätten, wird es von `slide()` zur weiteren Behandlung an die Funktion `preLoadImages()` übergeben (siehe Zeile 51). Diese Funktion lädt alle Diabilder. Wir werden uns das in Kürze ansehen.

genScreen()

Die Funktion `genScreen()` benutzt die Fähigkeit der Anwendung, Layer erzeugen zu können, um Dinge auf dem Schirm darzustellen. Sie ist mit Abstand die Funktion mit dem meisten Code. `genScreen()` kümmert sich nicht nur um die Erzeugung und Positionierung der Dias, sondern definiert auch die Steuerungsmerkmale der Anwendung mit dynamischen JavaScript, wie Sie in den Zeilen 105 bis 144 sehen können.

```
function genScreen() {
  var menuStr = '';
  for (var i = 0; i < slideShow.length; i++) {
    genLayer('slide' + i, sWidPos, sHgtPos, dWidLyr, dHgtLyr,
      (i == 0 ? true : false), slideShow[i].structure);
    menuStr += '<A HREF="" onMouseOver="hideStatus();' if(!tourOn)
      { setSlide(' + i + '); +
      ' imageSwap(\'' + slideShow[i].name + '\', ' + i + ', true)};
          return true;"' +
      ' onMouseOut="if(!tourOn) { setSlide(' + i + ');' +
      ' imageSwap(\'' + slideShow[i].name + '\', ' + i + ', false)};
          return true;"  +
      ' onClick="return false;"><IMG NAME="' + slideShow[i].name +
      '" SRC="' + imgPath + slideShow[i].name +
      'out.gif" BORDER=0></A><BR>';
    }

  genLayer('automation', sWidPos - 100, 11, 100, 200, true,
    '<A HREF="javascript: autoPilot();"  onMouseOver="hideStatus();' +
     return true;">'  +
    '<IMG SRC="' + imgPath + 'automate.gif" BORDER=0></A>'
    );

  genLayer('guide', sWidPos - 100, 30, 100, 200, true,
    '<DIV ID="menuConstraint">' +
    '<A HREF="javascript: if(!tourOn) { changeSlide(-1); }" ' +
    'onMouseOver="hideStatus(); return true;">' +
    '<IMG SRC="' + imgPath + 'leftout.gif" BORDER=0></A>' +
    '<A HREF="javascript: if(!tourOn) { menuManager(); }" ' +
    'onMouseOver="hideStatus(); return true;">' +
    '<IMG SRC="' + imgPath + 'guideout.gif" BORDER=0></A>' +
    '<A HREF="javascript: if(!tourOn) { changeSlide(1); }" ' +
```

```
    'onMouseOver="hideStatus(); return true;">' +
    '<IMG SRC="' + imgPath + 'rightout.gif" BORDER=0></A></DIV>'
    );

  genLayer('menu', sWidPos - 104, 43, 100, 200, false,
    '<DIV ID="menuConstraint"><TABLE><TD>' +
    menuStr + '</TD></TABLE></DIV>'
    );
  }
```

Die Funktion ist für die Erzeugung aller Dia-Layers sowie dreier Links für die Steuerung (einen für das Dia-Menü, einen für die »<Guide>«-Bilder und einen für das »Automate«-Bild) verantwortlich. Die *for*-Schleife in den Zeilen 106 bis 120 kümmert sich um die Layer und erzeugt den Inhalt des Dia-Menü-Layers:

```
var menuStr = '';
for (var i = 0; i < slideShow.length; i++) {
  genLayer('slide' + i, sWidPos, sHgtPos, dWidLyr, dHgtLyr,
    (i == 0 ? true : false), slideShow[i].structure);
  menuStr += '<A HREF="" onMouseOver="hideStatus();' +
  'if(!tourOn) { setSlide(' + i + '); imageSwap(\'' +
  slideShow[i].name + '\', ' + i + ', true)}; return true;"' +
  ' onMouseOut="if(!tourOn) { setSlide(' + i + ');' +
  ' imageSwap(\'' + slideShow[i].name + '\', ' + i + ', false)}; ' +
  'return true;" onClick="return false;"><IMG NAME="' +
  slideShow[i].name + '" SRC="' + imgPath + slideShow[i].name +
  'out.gif" BORDER=0></A><BR>';
  }
```

Die Erzeugung der Dia-Layer ist recht einfach: Jedes Element des *slideShow*-Arrays wird durchlaufen, und dabei wird jedesmal `genLayer()` aufgerufen. Sehen wir uns das näher an:

```
genLayer('slide' + i, sWidPos, sHgtPos, dWidLyr, dHgtLyr,
     (i == 0 ? true : false), slideShow[i].structure);
```

Das ist eine ziemliche Ladung an Variablen, die da als Parameter übergeben werden. Tabelle 3-2 führt sie auf und beschreibt sie im einzelnen.

Tabelle 3-2: Parameter für genLayer()

Wert	**Beschreibung**
`'slide' + i`	Erzeugt einen unverwechselbaren, indizierten Namen für jedes Dia, wie z.B. *slide0*, *slide1* usw.
`sWidPos`	Die Pixeldistanz vom linken Fensterrand zum Dia.
`sHgtPos`	Die Pixeldistanz vom oberen Fensterrand zum Dia.
`dWidLyr`	Die voreingestellte Diabreite, in diesem Fall 450.
`dHgtLyr`	Die voreingestellte Diahöhe, in diesem Fall 450.

Tabelle 3-2: Parameter für genLayer() (Fortsetzung)

Wert	Beschreibung
`(i == 0 ? true : false)`	Entscheidet, ob das Dia sichtbar (`true`) oder versteckt (`false`) sein soll. Alle Dias außer dem ersten (*i* = 0) sind zunächst unsichtbar.
`slideShow[i].structure`	Der Inhalt des Dias, einschließlich Text und Grafik, in einer Tabelle eingebettet. Wird vom slide-Konstruktor bereitgestellt (siehe Zeile 54 bis 59).

Die Funktion `genLayer()` wird insgesamt `slideShow.length`-mal aufgerufen, um einen Layer für jedes Dia zu erzeugen. Es macht keinen Unterschied, ob Sie sechs oder 106 Dias haben: Diese eine Zeile wird mit allen fertig. Überraschenderweise ist der Rest des Codes in `genScreen()` der Aufgabe gewidmet, drei Steuerungslayer auf den Schirm zu bekommen. Aber zunächst wollen wir noch ein wenig mehr aus der *for*-Schleife herausschinden. Sehen Sie sich den Rest an:

```
menuStr += '<A HREF="" onMouseOver="hideStatus();' +
  'if(!tourOn) { setSlide(' + i + '); imageSwap(\'' +
  slideShow[i].name + '\', ' + i + ', true)}; return true;"' +
  ' onMouseOut="if(!tourOn) { setSlide(' + i + '); imageSwap(\'' +
  slideShow[i].name + '\', ' + i + ', false)}; return true;"' +
  ' onClick="return false;"><IMG NAME="' + slideShow[i].name +
  '" SRC="' + imgPath + slideShow[i].name +
  'out.gif" BORDER=0></A><BR>';
```

Ich habe das in Zeile 110 hineingeschmuggelt. Die Variable *menuStr*, anfänglich zu einem leeren String initialisiert, wird mit einem HTML-String geladen, der den Code für ein Rolloverbildpaar für jedes Dia enthält. Abbildung 3-2 zeigt, wie dieser Rollovereffekt aussieht.

Für jedes Dia wird zu *menuStr* ein zum Dia gehörendes, gelinktes Bild hinzugefügt. Bevor Sie jetzt versuchen, die einzelnen und doppelten Anführungszeichen miteinander in Einklang zu bringen, überlegen Sie einmal, was wir für jedes gelinkte Rolloverbildpaar brauchen:

1. Ein eröffnendes `<A HREF>`-Tag
2. Code für den *onMouseOver*-Event-Handler, wenn der Benutzer den Mauszeiger über das gelinkte Bild bewegt
3. Code für den *onMouseOut*-Event-Handler, wenn der Benutzer den Mauszeiger aus dem gelinkten Bild bewegt
4. Code für den *onClick*-Event-Handler, um zu verhindern, daß etwas passiert, wenn der Benutzer auf das gelinkte Bild klickt (das können Sie aber einfach ändern)
5. Ein `<IMG>`-Tag mit unverwechselbaren `NAME`- und `SRC`-Attributen
6. Ein abschließendes `</A>`-Tag

Element 1 ist einfach, Sie müssen es nur eingeben.

Element 2 ist ein bißchen komplizierter. Um störende Statusmeldungen auszuschalten, setzt der *onMouseOver*-Event-Handler als erstes den Wert der Statuszeile mit einem Aufruf von `hideStatus()` auf einem leeren String. Sie finden diese einzeilige Funktion in Zeile 184.

Wenn der Benutzer die Schau nicht im Autopilot-Modus ablaufen läßt, muß das *onMouseOver*-Event als nächstes die Funktion `setSlide()` aufrufen, die wir in Kürze besprechen werden. Für den Augenblick sollten Sie sich nur merken, daß der Wert von *i* übergeben wird.

Und als ob *onMouseOver* nicht schon genug zu tun hätte, müssen wir zum Schluß auch noch Code für die Funktion `imageSwap()` hinzufügen. Diese Funktion führt die Bildrollover aus und wird ebenfalls in Kürze besprochen. In der Zwischenzeit dürfen Sie sich merken, daß dem entsprechenden JavaScript-Code dort drei Werte übergeben werden: `slideShow[i].name`, der Wert von *i* und der Boolesche Wert `true`.

Element 3 hat dieselben Anforderungen an den *onMouseOut*-Event-Handler, außer daß `hideStatus()` nicht aufgerufen wird, weil die Statuszeile bereits leer und der an *imageSwap* übergebene Wert statt `true` ein Boolesches `false` ist.

Element 4 ist simpel: setzen Sie einfach `onClick="false"` ein. Das bricht jedewede vom Benutzer durch Klicken ausgelöste Aktion ab.

Die Anforderungen von Element 5 erfüllen Sie wie folgt:

```
'<IMG NAME="' + slideShow[i].name + '" SRC="' + imgPath +
  slideShow[i].name + 'out.gif" BORDER=0>'
```

Das `<IMG>`-Tag bekommt durch `slideShow[i].name` einen unverwechselbaren Namen. `slideShow[i].name` wird auch benutzt, um zusammen mit der Variablen *imgPath* und dem String `"out.gif"` das korrekte SRC-Attribut für das `<IMG>`-Tag zu erzeugen.

Element 6 ist wieder einfach. Fügen Sie am Ende ein `<BR>`-Tag hinzu – fertig.

Der Variablen *menuStr* wird bei jedem Durchlauf der *for*-Schleife ein String angehängt, der aich aus dem eben erwähnten Code ergibt.

Was passiert dann mit *menuStr?* Da *menuStr* die HTML- und JavaScript-Inhalte des Dia-Menüs enthält, wird es als Parameter im Aufruf von `genLayer()` in den Zeilen 140 bis 143 übergeben:

```
genLayer('menu', sWidPos - 104, 43, 100, 200, false,
  '<DIV ID="menuConstraint"><TABLE><TD>' +
  menuStr + '</TD></TABLE></DIV>'
  );
```

Ich habe diesen Aufruf in der Funktion bis zuletzt aufbewahrt, einfach weil die anderen beiden erzeugten Steuerungslayer über dem Dia-Menü positioniert werden und ich es für sinnvoller hielt, sie auch im Code in dieser Reihenfolge zu generieren. Beachten Sie die Verwendung des `<DIV>`-Tags, dessen `ID`-Attribut auf `menuConstraint` gesetzt wird. Das sorgt für garantiert 800 Pixel Höhe in der Diaschau.

Um das Layout der Diaschau abzuschließen, müssen wir `genLayer()` noch zweimal aufrufen. Der eine Aufruf zeigt ein gelinktes Bild an, das den Autopilot-Modus ein- und ausschaltet, der andere zeigt ein gelinktes Bild an, das das Dia-Menü hervorbringt und wieder verschwinden läßt und über Pfeile verfügt, mit denen sich der Benutzer vorwärts und rückwärts schrittweise durch die Dias bewegen kann. Es ist nicht schwierig, den Layer für das gelinkte Bild des Autopiloten zu erzeugen (siehe die Zeilen 122 bis 126):

```
genLayer('automation', sWidPos - 100, 11, 100, 200, true,
  '<A HREF="javascript: autoPilot();"  onMouseOver="hideStatus();' +
  'return true;"><IMG SRC="images/automate.gif" BORDER=0></A>'
  );
```

Das ist schon fast alles, was es hier zu sehen gibt. Das `javascript:`-Protokoll wird im `HREF`-Attribut verwendet, um die `autoPilot()`-Funktion aufzurufen, und der *onMouseOver*-Event-Handler ruft `hideStatus()` auf. Da Sie sich jetzt bestimmt nach etwas mehr Herausforderung sehnen, schauen Sie sich doch am besten den Code des letzten Layers an. Dieser wird mit einem Aufruf von `genLayer()` in den Zeilen 128 bis 138 erzeugt. Er enthält drei Bilder: zwei Pfeile und das Wort »Guide«. Der Layer sieht so aus: `<Guide>`.

```
genLayer('guide', sWidPos - 100, 30, 100, 200, true,
  '<A HREF="javascript: if(!tourOn) { changeSlide(-1); }" ' +
  'onMouseOver="hideStatus(); return true;">' +
  '<IMG SRC="' + imgPath + 'leftout.gif" BORDER=0></A>' +
  '<A HREF="javascript: if(!tourOn) { menuManager(); }" ' +
  'onMouseOver="hideStatus(); return true;">' +
  '<IMG SRC="' + imgPath + 'guideout.gif" BORDER=0></A>' +
  '<A HREF="javascript: if(!tourOn) { changeSlide(1); }" ' +
  'onMouseOver="hideStatus(); return true;">' +
  '<IMG SRC="' + imgPath + 'rightout.gif" BORDER=0></A>'
  );
```

Der Code für die drei Bilder sieht nahezu gleich aus. Ein Großteil des Codes in den gelinkten Bildern sollte Ihnen bekannt vorkommen. Die gelinkten Bilder mit den Pfeilen nach links und rechts rufen `changeSlide()` über das `javascript:`-Protokoll im `HREF`-Attribut auf, wenn der Autopilot abgeschaltet ist. Die übergebene –1 veranlaßt die Diaschau, ein Dia zurückzugehen. Die `1` veranlaßt die Diaschau, zum nächsten Dia weiterzuschalten. Wir werden `changeSlide()` in Kürze besprechen. Das gelinkte `<Guide>`-Bild macht, gesteuert von der Funktion `menuManager()`, nur das Dia-Menü sichtbar oder unsichtbar.

Bevor wir `genScreen()` in Ruhe lassen, beachten Sie, daß es innerhalb der `<BODY>`-Tags aufgerufen wird, bevor die Seite geladen wird. MSIE kann keine Layer erzeugen, nachdem das Dokument geladen worden ist, also müssen wir die Funktion vorher starten (siehe die Zeilen 215 bis 219):

```
<SCRIPT LANGUAGE="JavaScript1.2">
<!--
genScreen();
//-->
</SCRIPT>
```

Die Elemente von slideShow

Sie haben vielleicht schon die Arrayvariable *slideShow* bemerkt. Jedes Element enthält die Bausteine (Eigenschaften) eines einzelnen *slide*-Objekts. Im folgenden sehen Sie das Array *slideShow* aus den Zeilen 75 bis 98. Es gibt zehn Elemente und damit zehn Tier-Dias:

```
var slideShow  = new Array(
  new slide('vogel', 'Klecksus Aufscheibemus', 'Diese befl&uuml;gelte Kreatur
      bekleckert  vorzugsweise frischgewaschene Vehikel.'),
  new slide('walross', 'Dentus Magnus', 'Diese gro&szlig;en Kerle sind zwar
    gute Fischer, aber Z&auml;hneputzen ist ein Problem.'),
  new slide('alligator', 'Handtaschus Luxuriosus', 'Diese Reptilien sind
     h&auml;fig als Maskottchen bei Sportveranstaltungen anzutreffen.'),
  new slide('hund', 'Wurstus Tretminus', 'Der beste Freund des Menschen? Nicht
     nur Postboten hassen ihn.'),
  new slide('schwein', 'Grunzus Saustallus', 'Menschen mit fragw&uuml;rdigen
     E&szlig;gewohnheiten werden oft mit diesen Landbewohnern verglichen.'),
  new slide('schlange', 'Zungus Gabelus', 'Oft in zwiesp&auml;ltige Angelegen-
      heiten verwickelt.'),
  new slide('elch', 'Nemesis Aklassus', 'Wegen ihm sind schon einige ins
     Schleudern gekommen. L&ouml;st heftige &Uuml;berraschung aus, wenn er
      K&uuml;sse verteilt.'),
  new slide('huhn', 'Adlerus Gummi ', 'Im verhungerten Zustand oft als
      Mensaessen anzutreffen.'),
  new slide('kuh', 'Klecksus Magnus', 'Produziert nicht nur Milch, sondern auch
     unfl&auml;tige Fladen. Sorgt daf&uuml;r, da&szlig; der Milchsee nicht
     austrocknet. Wenn bei ihr nicht alles in Butter ist, ist es meist
     K&auml;se.'),
  new slide('kranich', 'Beinus Langus', 'Wird heute oft in Warteschleifen an
     Flugh&auml;lfen beobachtet. Fliegt meistens selbst, damit er seine Beine
     nicht in enge Flugzeugsitze klemmen mu&szlig;.')
  );
```

Vergleichen Sie die mit jedem Aufruf des *slide*-Konstruktors übergebenen Werte mit den erwarteten Parametern. Der erste ist der Name des Tiers und des zugehörigen Bilds, der nächste ist der »zoologische« Name, und der letzte Parameter ist ein Text mit einer Beschreibung. Beachten Sie, daß die Zeile 76 und andere etwas HTML-Code im Text enthalten. Es gibt keinen Grund, warum Sie nicht auf dieses Konzept aufbauen könnten, bis hin zur Definition von Layern innerhalb der Dias. Weitere Möglichkeiten finden Sie im Abschnitt »Mögliche Erweiterungen« am Ende dieses Kapitels.

Wenn Ihre Liste zu lang wird, sollten Sie sich überlegen, das Array in eine JavaScript-Quelldatei zu stecken, um den Code sauberzuhalten. Weil es hier nur zehn Dias sind, habe ich sie in der Hauptdatei belassen.

Bildbezogene Funktionen

Da wir die Dia-Funktionen nun im Kasten haben, können wir uns ansehen, wie mit den Bildern umgegangen wird.

preLoadImages()

Diese Funktion macht, was ihr Name andeutet. Sie lädt Bilder im Voraus (siehe die Zeilen 64 bis 73):

```
function imagePreLoad(imgStr) {
  img[img.length]  = new Image();
  img[img.length - 1].src = imgPath + imgStr + '.gif';

  imgOut[imgOut.length] = new Image();
  imgOut[imgOut.length - 1].src = imgPath + imgStr + 'out.gif';

  imgOver[imgOver.length] = new Image();
  imgOver[imgOver.length - 1].src = imgPath + imgStr + 'over.gif';
  }
```

Diese Funktion erzeugt neue *Image*-Objekte und lädt ihre Quellen, jeweils drei auf einmal. Auch wenn das Ihre anfängliche Ladezeit für die Anwendung etwas verlängert, erspart es den Benutzern das Warten auf Bild-Downloads, wenn sie sich durch die Diaschau bewegen.

Die Variablen *imgPath* und *imgStr* werden mit *.gif*, *out.gif* und *over.gif* zusammengefügt, um die jeweils nötigen Bilder für jedes Dia zu produzieren. Das Dia mit dem Namen *kuh* benötigt beispielsweise die Bilder *cow.gif*, *cowout.gif* und *cowover.gif*.

imageSwap()

Diese Funktion führt die Bildrollover aus, egal ob sie vom Benutzer durch Bewegen des Mauszeigers über die Bilder »manuell« hervorgerufen werden oder im Autopilot-Modus stattfinden. Dazu braucht man nicht viel Code, alles findet in den Zeilen 179 bis 182 statt:

```
function imageSwap(imagePrefix, imageIndex, isOver) {
  if (isOver) { document[imagePrefix].src = imgOver[imageIndex].src; }
  else { document[imagePrefix].src = imgOut[imageIndex].src; }
  }
```

Viele Rollover-Skripte, einschließlich der auf meiner Site, führen das Rollover mit zwei getrennten Funktionen aus: eine für *onMouseOver* und die andere für *onMouseOut*. Sie können die beiden Funktionen aber zu einer einzigen zusammenfassen, indem Sie ein paar nützliche Parameter übergeben.

Die Parameter namens *imagePrefix*, *imageIndex* und *isOver* sind der Basisstring zur Benennung des Bilds (einmal mehr *imgStr*), der Index des gewünschten Bilds (der Wert von *i* aus der *for*-Schleife in `genScreen()`) und ein Boolescher Wert, der anzeigt, ob die Bilder des Arrays *imgOver* oder *imgOut* verwendet werden sollen.

Um diesen Teil klarer zu machen, sollten Sie sich noch einmal die Zeilen 105 bis 120 in der Funktion `genScreen()` anschauen. Beachten Sie das in Zeile 112 generierte dynamische JavaScript:

```
imageSwap(\'' + slideShow[i].name + '\', ' + i + ', true)};
```

Wenn diese Anweisung in das Dokument geschrieben wird und *i* gleich 0 ist, sieht das so aus:

```
imageSwap('vogel', 0, true);
```

Wenn die Funktion aufgerufen wird, können Sie sehen, in welche Richtung der Hase läuft. Da *isOver* `true` ist, erhalten wir:

```
document[vogel].src = imgOver[0].src;
```

Außerdem ist `imgOver[0].src` *images/vogelover.gif*. Wenn *isOver* `false` ist, wird das Bild auf `imgOut[0].src` gesetzt, das den Wert *images/birdout.gif* hat.

Steuerungsfunktionen

Die *slide*-Funktion erzeugt die Dias und die Steuerelemente zu ihrer Betrachtung. Die Bildfunktionen ermöglichen die Rollover und das Laden im voraus. Sehen wir uns jetzt an, was die Diaschau zur Diaschau macht: die Steuerungsfunktionen.

refSlide(), hideSlide(), showSlide() und menuManager()

Die Dias haben wir erzeugt und die Bilder geladen. Jetzt wollen wir etwas damit anfangen, und zwar die gewünschten Dias anzeigen und die anderen verstecken. Bevor wir mit den Dias arbeiten können, müssen wir sie referenzieren können. Es sollte doch normalerweise nicht allzu schwierig sein, einfach den Namen des Layers zu referenzieren, oder? Hm, ja und nein. Den Namen des Layers müssen Sie zwar benutzen, bedenken Sie aber, daß Navigator und MSIE Layer in ihren jeweiligen Document Object Models unterschiedlich referenzieren. Die Funktion `refSlide()` in den Zeilen 146 bis 149 kümmert sich um diese Aufgabe:

```
function refSlide(name) {
  if (NN) { return document.layers[name]; }
  else { return eval('document.all.' + name + '.style'); }
  }
```

Wenn der Benutzer Navigator verwendet, gibt `refSlide()` eine Referenz auf `document.layers[name]` zurück. Wenn der Benutzer MSIE hat, gibt `refSlide()` mittels `eval('document.all.' + name + '.style')` eine Referenz zurück. Das erlaubt es uns, unabhängig vom Browser die Sichtbarkeit des Layers zu ändern. Es überrascht daher nicht, diese beiden Funktionen in den Zeilen 151 bis 157 zu sehen. Sie sind ziemlich einfach:

```
function hideSlide(name) {
  refSlide(name).visibility = hideName;
  }

function showSlide(name) {
  refSlide(name).visibility = showName;
  }
```

JavaScript-Technik: Die Power von eval()

Netscape sagt, `eval()` »wertet einen String mit JavaScript-Code ohne Referenz auf ein besonderes Objekt aus.« Das hört sich nicht nach etwas Besonderem an; diese Funktion ist aber für alle Objekte verfügbar, und das ist eine gute Nachricht für Programmierknechte wie uns. Nehmen wir an, Sie müssen ein Objekt referenzieren, sind sich aber nicht sicher, welche Indexnummer es bekommt (wenn es sich um ein Array handelt), oder Sie müssen einen String dereferenzieren, um richtig auf das Objekt zugreifen zu können. Letzteres ist in dieser Anwendung der Fall:

```
eval("document.all.styles." + name + ".visibility");
```

Hier ist ein weiteres Beispiel:

```
eval("document.forms[0]." + elementName + ".value");
```

Das erweist sich in vielen Situationen als nützlich, beispielsweise in der Konstruktion von *FORM*-Objekten und Bildrollovern und bei der Ausführung mathematischer Operationen mit Strings als Eingabe. Sie sollten `eval()` auf jeden Fall zu Ihrem Arsenal hinzufügen. Besuchen Sie doch einmal Netscape's DevEdge für mehr Informationen über `eval()`: *http://developer.netscape.com/docs/manuals/communicator/jsref/glob8.htm.*

Beide Funktionen rufen `refSlide()` auf und übergeben den *name*-Parameter, den sie selbst übergeben bekommen haben. Wie kann `refSlide()` eine Eigenschaft namens *visibility* haben? `refSlide()` hat sie in der Tat nicht. Erinnern Sie sich aber, daß `refSlide()` eine *Referenz* auf einen Layer zurückgibt, der über die *visibility*-Eigenschaft verfügt. Wenn wir ein bestimmtes Dia unsichtbar machen wollen, verweisen wir mittels `refSlide()` darauf und setzen die *visibility*-Eigenschaft auf *hideName*, eine Variablen, die, wie Sie sich erinnern, in Zeile 22 entweder auf *hide* oder *hidden* gesetzt wurde, je nach Browser. Dasselbe gilt für das Sichtbarmachen eines Dias, mit dem Unterschied, daß hier die *visibility*-Eigenschaft des zurückgegebenen Layers auf den Wert von *showName* gesetzt wird, der in Zeile 23 auch browserabhängig gesetzt wird.

`hideSlide()` und `showSlide()` werden nicht nur zum Anzeigen und Verstecken der Dias selbst benutzt, sondern auch für das Dia-Menü. Die Funktionen werden dabei nicht direkt aufgerufen, sondern von der hier gezeigten Funktion `menuManager()`:

```
function menuManager() {
  if (isVis) { hideSlide('menu'); }
  else { showSlide('menu'); }
  isVis = !isVis;
  }
```

Immer, wenn das Dia-Menü sichtbar ist, wird die Variable *isVis* auf `true` gesetzt, ansonsten ist sie `false`. Also zeigt `menuManager()` das Dia-Menü, wenn *isVis* `false` ist, und versteckt es, wenn die Variable im Moment `true` ist. Für den nächsten Aufruf setzt `menuManager()` die Variable *isVis* auf den jeweils gegenteiligen Wert.

changeSlide()

Jetzt, da wir Dias browserunabhängig korrekt referenzieren können und Funktionen zum Sichtbar- und Unsichtbarmachen der Dias (und des Dia-Menüs) haben, brauchen wir eine Funktion, um von einem Dia zum nächsten wechseln zu können. Hier haben wir sogar zwei Funktionen: `changeSlide()` und `setSlide()`.

Ich hoffe, ich habe Sie jetzt nicht mit der ganzen Sichtbar- und Unsichtbarmacherei in die Irre geführt. Um von einem Dia zum nächsten zu wechseln, sind sogar drei Schritte nötig:

1. Sie müssen das gerade angezeigte Dia unsichtbar machen.
2. Sie müssen bestimmen, welches Dia als nächstes zu zeigen ist.
3. Sie müssen dieses Dia anzeigen.

Die Schritte 1 und 3 sollten eigentlich inzwischen ziemlich klar sein, aber Schritt 2 ist etwas komplizierter, als Sie vielleicht vermuten. Diawechsel finden in zwei verschiedenen Situationen statt. Die erste Situation betrifft den Fall, in dem Sie die Dias Schritt für Schritt vorwärts oder rückwärts in der vorgegebenen Reihenfolge wechseln wollen. Diese Situation tritt auf, wenn Sie die Pfeile (< und >) benutzen, um sich durch die Diaschau zu bewegen. Die zweite Situation tritt auf, wenn der Autopilot durch die Dias wandert. Die Funktion `changeSlide()` wurde entwickelt, um mit beiden Fällen fertigzuwerden (siehe Zeilen 165 bis 170):

```
function changeSlide(offset) {
  hideSlide('slide' + curSlide);
  curSlide = (curSlide + offset < 0 ? slideShow.length - 1 :
    (curSlide + offset == slideShow.length ? 0 : curSlide + offset));
  showSlide('slide' + curSlide);
  }
```

Als erstes wird `hideSlide()` mit dem Wert des Ausdrucks `'slide' + curSlide` aufgerufen. Die Variable *curSlide* wurde ursprünglich in Zeile 13 auf 0 gesetzt. Da dies das momentan sichtbare Dia ist, versteckt die Funktion `hideSlide()` den Layer *slide0*, in unserem Fall das Dia mit dem Vogel. So weit, so gut. Welches Dia soll jetzt angezeigt werden?

Sie wissen bereits, daß `changeSlide()` einen Parameter namens *offset* erwartet. *offset* ist entweder `1` oder `-1`. Die `1` sorgt dafür, daß das nächsthöhere Dia im Array `slideShow` angezeigt wird. Da *curSlide* die Ganzzahl ist, die den Index des momentan angezeigten Dias darstellt, ändert sich ihr Wert durch Addieren von 1 zu 1, dann 2, dann 3 usw. Die `-1` sorgt dafür, daß das vorhergehende Dia im Array *slideShow* angezeigt wird. Nehmen wir an, *curSlide* wäre auf 3 gesetzt, dann führt das Addieren von -1 zu einem Wert von 2, dann zu 1 und dann 0.

Das alles scheint ganz gut zu klappen – bis Sie versuchen, ein Dia namens `'slide' + -1` oder `'slide'+slideShow.length` unsichtbar zu machen. Diese Dias existieren nicht, und Sie bekommen Syntaxfehler. Wie also verhindern Sie, daß *curSlide* unter 0 fällt, beziehungsweise über `slideShow.length - 1` kriecht?

Die Antwort finden Sie in den Zeilen 167 bis 168:

```
curSlide = (curSlide + offset < 0 ? slideShow.length - 1 :
  (curSlide + offset == slideShow.length ? 0 : curSlide + offset));
```

Der Wert von *curSlide* wird durch zwei verschachtelte ternäre Operatoren festgelegt. In Pseudocode übersetzt sieht das so aus:

```
WENN curSlide + offset kleiner als 0 ist, DANN curSlide auf slideShow.length -1
setzen
 SONST
   WENN curSlide + offset gleich slideShow.length ist, DANN curSlide auf 0
   setzen
  SONST curSlide auf curSlide + offset setzen
```

Wenn die Addition von *offset* zu *curSlide* dazu führt, daß *curSlide* zu niedrig ist, wird *curSlide* auf `slideShow.length - 1` gesetzt. Wenn die Addition von *offset* zu *curSlide* zu einem zu hohen Wert für *curSlide* führt, dann wird *curSlide* einfach auf `0` gesetzt. Ansonsten kann *curSlide* sicher auf sich selbst plus *offset* gesetzt werden.

Sobald *curSlide* berechnet worden ist, kann `showSlide()` in Zeile 169 gefahrlos aufgerufen werden.

setSlide()

`changeSlide()` ist eine der beiden Funktionen, die zum Diawechsel verwendet werden. Während `changeSlide()` jeweils das nächste oder vorhergehende Dia anzeigt, macht `setSlide()` das derzeitige Dia unsichtbar und zeigt dann das Dia, das der an die Funktion übergebenen Indexnummer entspricht (siehe Zeilen 172 bis 177):

```
function setSlide(ref) {
  if (tourOn) { return; }
  hideSlide('slide' + curSlide);
  curSlide = ref;
  showSlide('slide' + curSlide);
  }
```

Die erste Zeile überprüft *tourOn*, um herauszufinden, ob der Autopilot-Modus aktiv ist. Wenn das der Fall ist, übergibt die Funktion die Kontrolle sofort wieder an die aufrufende Funktion. Wenn der Autopilot läuft, dann gibt es keinen Grund, Diawechsel vorzunehmen, da Ihnen das von der Automatik abgenommen wird.

So wie `changeSlide()` macht `setSlide()` das derzeit sichtbare Dia unsichtbar. Anders als `changeSlide()` ist es `setSlide()` aber egal, was der momentane Wert von *curSlide* ist. `setSlide()` weist *curSlide* sowieso den Wert des Parameters *ref* zu und zeigt dann das Dia mit dieser Nummer an.

autoPilot()

Wie Sie sich wahrscheinlich denken können, kontrolliert `autoPilot()` den Autopilot-Modus der Diaschau. `autoPilot()` wird über denselben Link auf dem Diaschauschirm an- und abgeschaltet. Sehen Sie sich dazu die Zeilen 186 bis 198 an:

```
function autoPilot() {
  if (tourOn) {
    clearInterval(auto);
    imageSwap(slideShow[curSlide].name, curSlide, false);
    }
  else {
    auto = setInterval('automate()', showSpeed);
    imageSwap(slideShow[curSlide].name, curSlide, true);
    showSlide('menu');
    visible = true;
    }
  tourOn = !tourOn;
  }
```

`autoPilot()` »weiß« durch den Wert der Variable *tourOn*, ob der Autopilot läuft oder nicht. Wenn *tourOn* auf `false` gesetzt ist, dann ist der Autopilot-Modus zur Zeit abgeschaltet. Daher verwendet die Funktion die `setInterval()`-Methode des *window*-Objekts, um die im Anschluß besprochene Funktion `automate()` in Abständen von *showSpeed* Millisekunden aufzurufen.

Es wäre nett, das Dia-Menü mit den Dias vorrücken zu sehen, so daß jeweils das aktuelle Dia herausgehoben wird. Da der Benutzer den »Automate«-Bild-Link anklicken mußte, um `autoPilot()` aufzurufen, kümmert sich `autoPilot()` sowohl um das Anzeigen des Dia-Menüs (wenn es nicht schon angezeigt wird) als auch um das Hervorheben des aktuellen Dias im Dia-Menü. Die Funktion `automate()` kümmert sich um den Rest, so daß der Benutzer nur einmal klicken muß.

Wenn der Autopilot jedoch im Moment in Betrieb ist (d.h., *tourOn* `false` ist), dann verwendet `autoPilot()` die `clearInterval()`-Methode (ebenfalls eine Methode des *window*-Objekts), um den mit der Variable *auto* verbundenen Aufruf von `setInterval()` abzubrechen. Um die Dinge ordentlich zu halten, wird `imageSwap()` noch ein letztes Mal aufgerufen, damit das aktuell hervorgehobene Bild im Dia-Menü auf die nicht hervorgehobene Version zurückgerollt wird.

Als letzte Aktion invertiert `autoPilot()` den momentanen Wert von *tourOn*. Das ist auch logisch: Wenn Sie klicken, um den Autopiloten anzuschalten, dann wollen Sie, daß er beim nächsten Klick abgeschaltet wird, usw.

automate()

`automate()` ist eine kleine Funktion, die die Diaschau mit den folgenden drei Operationen steuert:

1. Sie simuliert ein *onMouseOut*-Event, um das derzeit hervorgehobene Bild im Dia-Menü auf das nicht hervorgehobene Bild zurückzurollen. Das wird mit einem Aufruf von `imageSwap()` erreicht.
2. Sie rückt mit einem Aufruf von `changeSlide()` zum nächsten Dia vor.

3. Sie simuliert ein *onMouseOver*-Event, um das nächste nicht hervorgehobene Bild im Dia-Menü per Rollover hervorzuheben. Das erfolgt durch einen Aufruf von `imageSwap()`.

JavaScript-Technik: setInterval() und clearInterval()

Die Window-Methoden `setInterval()` und `clearInterval()` sind eine Verbesserung ihrer Verwandten `setTimeout()` und `clearTimeout()` in JavaScript 1.0. Während die `setTimeout()`-Methode den Code in ihrem ersten Parameter genau einmal ausführt, wiederholt `setInterval()` ihren Code immer wieder, unendlich oft. Um denselben Effekt zu bekommen, mußten Sie `setTimeout()` und die Funktion, in der es enthalten war, rekursiv aufrufen:

```
y = 50;

function immerWieder() {
  // mach was
  y = Math.log(y);

  // tu's noch einmal, Sam
  setTimeout("immerWieder()", 250);
  }
```

Die Funktion `immerWieder()` kann wie folgt aufgerufen werden:

```
<BODY onLoad="immerWieder()";>
```

`setInterval()` kümmert sich implizit um den Wiederaufruf und kann alles in einem Aufruf erledigen.

```
y = 50;

function immerWieder() {
  // mach was
  y = Math.log(y);
  }
```

Der *onLoad*-Event-Handler kann diesen Code auch aufrufen. Stellen Sie nur sicher, daß Sie die gestarteten Operationen mit `clearInterval()` wieder »abstellen«.

Sie finden die Funktion in den Zeilen 200 bis 204. Und das ist auch schon so ziemlich alles.

```
function automate() {
  imageSwap(slideShow[curSlide].name, curSlide, false);
  changeSlide(1);
  imageSwap(slideShow[curSlide].name, curSlide, true);
  }
```

Eine abschließende Bemerkung: Beide Aufrufe von `imageSwap()` übergeben den Wert von *curSlide*, was den Eindruck erwecken könnte, daß da dasselbe Bild im Dia-Menü erst zurückgerollt und dann wieder mit einem Rollover versehen wird. Sie müssen aber bedenken, daß der Aufruf von `changeSlide()` den Wert von *curSlide* ändert. Der zweite Aufruf von `imageSwap()` führt also das Rollover für das korrekte Dia-Menü-Bild aus.

Mögliche Erweiterungen

Wie bei fast jeder Anwendung mit DHTML können Sie auch hier Dutzende Dinge hinzufügen, die die Diaschau attraktiver machen. Ich werde versuchen, die Liste kurz zu halten.

Zufällige Reihenfolge der Dias im Autopiloten

Warum mischen wir die Dinge nicht ein bißchen? Erzeugen Sie eine ganze Zufallszahl zwischen 0 und `slideShow.length-1`. Dann rufen Sie `setSlide()` auf. Die Funktion könnte so aussehen:

```
function randomSlide() {
  var randIdx = Math.floor(Math.rand() * slideShow.length);
  setSlide(randIdx);
  }
```

Anstatt `changeSlide()` aus `automate()` heraus aufzurufen, rufen Sie `randomSlide()` auf:

```
function automate() {
  imageSwap(slideShow[curSlide].name, curSlide, false);
  randomSlide();
  imageSwap(slideShow[curSlide].name, curSlide, true);
  }
```

Animierte GIFs oder Rollover in den Dias

Diese Verbesserungen mögen auf der Hand liegen und sind mit Sicherheit hilfreich. Benutzer schätzen die zusätzliche Interaktivität; jede coole Bewegung und Farbe auf einer Webpage (mit Ausnahme des erbärmlichen `BLINK`-Tags) können Würze in das Aussehen einer Seite bringen.

Animieren Sie die eigentlichen Dias

Jedes Dia, das in dieser Anwendung erzeugt wird, bleibt an seinem Platz. Von Zeit zu Zeit haben sie zwar das Versteckspiel mit den Dias. Die Layer bleiben aber während der ganzen Show immer am selben Platz. Warum lassen Sie sie nicht von links erscheinen oder nach rechts verschwinden? Oder von oben und unten?

Das öffnet die Tür zu einer ganz neuen Anwendung innerhalb der Anwendung. Deswegen will ich mit dem Code gar nicht erst anfangen. Ich kann Ihnen aber erzählen, wo Sie ein JavaScript-Toolkit bekommen können, das jede Menge Layereffekte ausführt: Netscape hat eine Bibliotheksdatei, die auf Ihren Download wartet.

Sie können sie unter *http://developer.netscape.com/docs/technote/dynhtml/csspapi/xbdhtml.txt* finden.

Beachten Sie, daß der URL auf *.txt* endet. Wenn Sie das Dokument als lokale Datei abspeichern, sollten Sie die Erweiterung zu *.js* ändern.

Unter der Oberfläche

Dieses Buch soll keine DHTML-Referenz sein. Dafür gibt es jede Menge anderer Quellen, wenn Sie mögliche Erweiterungen für die Diaschau auskundschaften wollen. Hier sind einige meiner Favoriten:

Netscape's »Dynamic HTML In Netscape Communicator«:

> *http://developer.netscape.com/docs/manuals/communicator/dynhtml/index.htm*

Microsoft's DHTML-Referenzen:

> *http://msdn.microsoft.com/developer/sdk/inetsdk/help/dhtml/references/dhtml/refs.htm*

Die HTML-4.0-Spezifikation des World Wide Web Consortium:

> *http://www.w3.org/TR/REC-html40/*

Die DHTMLZone von Macromedia:

> *http://www.dhtmlzone.com/*

Dynamic Drive:

> *http://dynamicdrive.com/*

4

Das Interface für mehrere Suchmaschinen

Projektmerkmale

- Mehrere Suchmaschinen auf Frame-Basis
- Suchen mit einem einzigen Mausklick
- Einfache Verwaltung der Suchmaschinen

JavaScript-Techniken

- Code-Recycling
- Auf OO verzichten
- Mathe gegen Memory
- escape() benutzen

JavaScript-Anwendungen, die mehrere Suchmaschinen nutzen, gibt es im Netz wie Sand am Meer. Diese Art Anwendung ist eine der coolsten und potentiell einfachsten Dinge, die sich in JavaScript entwickeln lassen. Warum auch nicht? Sie können von DAL (Daten Anderer Leute) profitieren, um Ihre Website zum Portal eines Netzwerkuniversums zu machen. Dies ist meine Version. Es gibt mit Sicherheit robustere Anwendungen draußen im Web, aber diese hier bietet handfeste Vorteile auf ziemlich einfache Weise. Abbildung 4-1 zeigt den Anblick, der Sie beim Öffnen von *ch04/index.html* in Ihrem Browser erwartet.

Die Benutzung dieser Anwendung ist nicht schwer. Der Benutzer trägt den Suchtext in der linken unteren Ecke ein und benutzt dann die Pfeile, um durch ein Layer-Menü von zur Verfügung stehenden Suchmaschinen zu navigieren. Der Benutzer muß dann nur den Button der Suchmaschinen betätigen, an die er den Suchtext senden will. Die Ergebnisse sind dann im zentralen Frame zu sehen. Ich habe beispielsweise die Datenbank von Image Surfer nach dem Begriff »andromeda« durchsucht und die in Abbildung 4-2 gezeigten Ergebnisse bekommen.

Das ist es auch schon. Beachten Sie, daß das Ergebnisframe von einem schwarzen Rahmen umgeben ist. Das ist mein preisgekrönter Versuch in Sachen Webpage-Design. Eigentlich ist es eine persönliche Einstellung, die einfach zu einem etwas simpleren Layout mit zwei Frames (oben und unten) geändert werden kann.

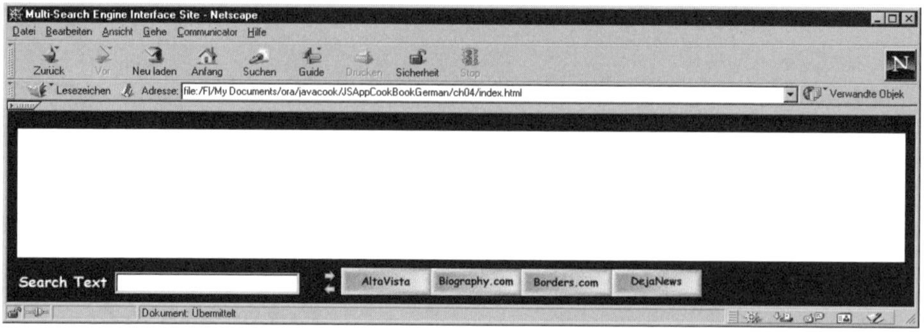

Abbildung 4-1: Das Interface für mehrere Suchmaschinen

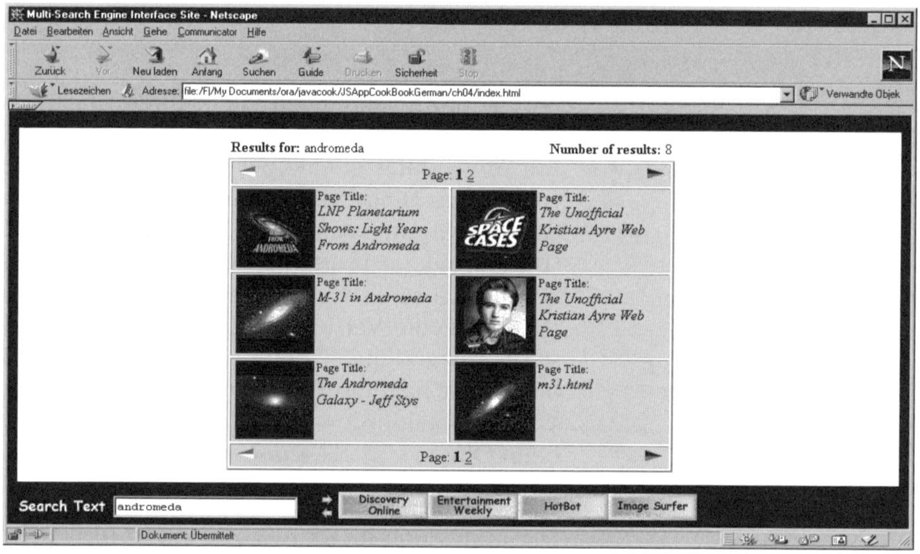

Abbildung 4-2: Image Surfer liefert Bilder aus seiner Datenbank, die mit dem Begriff »andromeda« verbunden sind

Übrigens – wenn Sie den Kapiteln bisher der Reihenfolge nach gefolgt sind, werden Sie bald merken, daß dieses Kapitel sich von den anderen dahingehend unterscheidet, daß nicht aller Code neu ist. Um nicht zu sagen, ich zeige Ihnen, wie Sie aus dem in Kapitel 3, *Die interaktive Diaschau*, behandelten Code noch etwas mehr herausschlagen können. Das ist ein gutes Beispiel dafür, wie Sie zwecks Zeitersparnis Code, den Sie schon haben, wiederverwenden können.

Einsatzvoraussetzungen

Diese Anwendung benutzt DHTML, also werden Sie NN oder MSIE 4.x brauchen, um sie einzusetzen. Ich habe zwanzig Suchmaschinen mit eingebunden. Die Anzahl der Suchmaschinen, die Sie benutzen können, kann ohne weiteres in die Hunderte gehen. Das ist aber wahrscheinlich mehr, als der durchschnittliche Benutzer jemals brauchen wird. Bedenken Sie auch, daß diese Anwendung vielleicht ganz toll auf Ihrem lokalen Rechner läuft, daß aber, wie bei der Diashow auch, größere Mengen an Grafik die Ladezeit für Internetbenutzer vergrößern.

Die Syntax unter die Lupe genommen

Diese Anwendung umfaßt zwei Teile: *index.html* und *multi.html*. *index.html,* in Beispiel 4-1 gezeigt, benutzt verschachtelte Framesets, um den Rahmeneffekt zu erreichen.

Beispiel 4-1: index.html

```
 1 <HTML>
 2 <HEAD>
 3 <TITLE>Interface zu mehreren Suchmaschinen</TITLE>
 4 <SCRIPT LANGUAGE="JavaScript1.2">
 5 <!--
 6 var black = '<BODY BGCOLOR=BLACK></BODY>';
 7 var white = '<BODY BGCOLOR=WHITE></BODY>';
 8 //-->
 9 </SCRIPT>
10 </HEAD>
11 <FRAMESET ROWS="15,*,50" FRAMEBORDER=0 BORDER=0>
12 <FRAME SRC="javascript: parent.black;" SCROLLING=NO>
13 <FRAMESET COLS="15,*,15"  FRAMEBORDER=0 BORDER=0>
14   <FRAME SRC="javascript: parent.black;"SCROLLING=NO>
15   <FRAME SRC="javascript: parent.white;">
16   <FRAME SRC="javascript: parent.black;"
17     SCROLLING=NO>
18   </FRAMESET>
19 <FRAME SRC="multi.html" SCROLLING=NO>
20 </FRAMESET>
21 </HTML>
```

Die beiden JavaScript-Variablen *black* und *white* in den Zeilen 6 und 7 werden als HTML-Strings im `SRC`-Attribut der Frames in den Zeilen 12 und 14 bis 16 ausgewertet. Wir haben uns das schon im Kasten »JavaScript-Technik: Das SRC-Attribut überlisten« in Kapitel 2, *Der Online-Test,* angesehen. Wenn Sie alles der Reihenfolge nach verfolgt haben, sollte das nicht gerade höhere Mathematik für Sie sein. Die einzigen Frames, in denen wirklich etwas passiert, sind `frames[2]`, das die Suchergebnisse anzeigt und `frames[4]`, in dem das eigentliche Suchmaschinen-Interface untergebracht ist. Der Rest ist reine Kosmetik. Schauen wir uns nun *multi.html* in Beispiel 4-2 an.

Beispiel 4-2: multi.html

```
<HTML>
<HEAD>
<TITLE>Multi-Engine Menu</TITLE>
<SCRIPT LANGUAGE="JavaScript1.2">
<!--

parent.frames[2].location.href  = 'javascript: parent.white';

var NN     = (document.all ? false : true);
var curSlide   = 0;
var hideName   = (NN ? 'hide' : 'hidden');
var showName   = (NN ? 'show' : 'visible');
var perLyr    = 4;
var engWdh    = 100;
var engHgt    = 20;
var left      = 375;
var top      = 10;
var zIdx      = -1;
var imgPath    = 'images/';
var arrayHandles = new Array('out', 'over');

for (var i = 0; i < arrayHandles.length; i++) {
  eval('var ' + arrayHandles[i] + ' = new Array()');
  }

var engines = new Array(
  new Array('HotBot',
    'http://www.hotbot.com/?MT=',
    'http://www.hotbot.com/'),
  new Array('InfoSeek',
    'http://www.infoseek.com/Titles?col=WW&sv=IS&lk=noframes&qt=',
    'http://www.infoseek.com/'),
  new Array('Yahoo',
    'http://search.yahoo.com/bin/search?p=',
    'http://www.yahoo.com/'),
  new Array('AltaVista',
    'http://www.altavista.com/cgi-bin/query?pg=q&kl=XX&q=',
    'http://www.altavista.digital.com/'),
  new Array('Lycos',
    'http://www.lycos.com/cgi-bin/pursuit?matchmode=and&cat=lycos' +
      '&query=',
    'http://www.lycos.com/'),
  new Array('Money.com',
    'http://jcgi.pathfinder.com/money/plus/news/searchResults.oft?' +
      'vcssortby=DATE&search=',
    'http://www.money.com/'),
  new Array('DejaNews',
    'http://www.dejanews.com/dnquery.xp?QRY=',
    'http://www.dejanews.com/'),
  new Array('Insight',
    'http://www.insight.com/cgi-bin/bp/870762397/web/result.html?' +
      'a=s&f=p&t=A&d=',
```

Beispiel 4-2: multi.html (Fortsetzung)

```
    'http://www.insight.com/'),
  new Array('Scientific American',
    'http://www.sciam.com/cgi-bin/search.cgi?' +
    'searchby=strict&groupby=confidence&docs=100&query=',
    'http://www.sciam.com/cgi-bin/search.cgi'),
  new Array('Image Surfer',
    'http://isurf.interpix.com/cgi-bin/isurf/keyword_search.cgi?q=',
    'http://www.interpix.com/'),
  new Array('MovieFinder.com',
    'http://www.moviefinder.com/search/results/1,10,,00.html?' +
      'simple=true&type=movie&mpos=begin&spat=',
    'http://www.moviefinder.com/'),
  new Array('Monster Board',
    'http://www.monsterboard.com/pf/search/USresult.htm? ' +
      'loc=&EmploymentType=F&KEYWORDS=',
    'http://www.monsterboard.com/'),
  new Array('MusicSearch.com',
    'http://www.musicsearch.com/global/search/search.cgi?QUERY=',
    'http://www.musicsearch.com/'),
  new Array('ZD Net',
    'http://xlink.zdnet.com/cgi-bin/texis/xlink/xlink/search.html?' +
      'Utext=',
    'http://www.zdnet.com/'),
  new Array('Biography.com',
    'http://www.biography.com/cgi-bin/biomain.cgi?search=FIND&field=',
    'http://www.biography.com/'),
  new Array('Entertainment Weekly',
    'http://cgi.pathfinder.com/cgi-bin/ew/cg/pshell?venue=pathfinder&q=',
    'http://www.entertainmentweekly.com/'),
  new Array('SavvySearch',
    'http://numan.cs.colostate.edu:1969/nph-search?' +
      'classic=on&Boolean=OR&Hits=10&Mode=MakePlan&df=normal' +
      '&AutoStep=on&KW=',
    'http://www.savvysearch.com/'),
  new Array('Discovery Online',
    'http://www.discovery.com/cgi-bin/searcher/-?' +
      'output=title&exclude=/search&search=',
    'http://www.discovery.com/'),
  new Array('Borders.com',
    'http://www.borders.com:8080/fcgi-bin/db2www/search/' +
      'search.d2w/QResults?doingQuickSearch=1&srchPage=QResults' +
      '&mediaType=Book&keyword=',
      'http://www.borders.com/'),
  new Array('Life Magazine',
    'http://cgi.pathfinder.com/cgi-bin/life/cg/pshell?' +
      'venue=life&pg=q&date=all&x=15&y=16&q=',
    'http://www.life.com/')
      );

engines = engines.sort();

function imagePreLoad(imgName, idx) {
```

Beispiel 4-2: multi.html (Fortsetzung)

```
  for(var j = 0; j < arrayHandles.length; j++) {
    eval(arrayHandles[j] + "[" + idx + "] = new Image()");
    eval(arrayHandles[j] + "[" + idx + "].src = '" + imgPath +
    imgName + arrayHandles[j] + ".jpg'");
    }
  }

function engineLinks() {
    genLayer('sliderule', left - 20, top + 2, 25, engHgt, true,
      '<A HREF="javascript: changeSlide(1);" ' +
      'onMouseOver="hideStatus(); return true;">' +
      '<IMG SRC="' + imgPath + 'ahead.gif" BORDER=0></A><BR>' +
      '<A HREF="javascript: changeSlide(-1);" ' +
      'onMouseOver="hideStatus(); return true;">' +
      '<IMG SRC="' + imgPath + 'back.gif" BORDER=0></A>');
    lyrCount = Math.ceil(engines.length / perLyr);
    for (var i = 0; i < lyrCount; i++) {
    var engLinkStr = '<TABLE BORDER=0 CELLPADDING=0 CELLSPACING=0><TR>';
    for (var j = 0; j < perLyr; j++) {
      var imgIdx   = (i * perLyr) + j;
      if (imgIdx == engines.length) { break; }
      var imgName  = nameFormat(engines[imgIdx][0]);
      imagePreLoad(imgName, imgIdx);
      engLinkStr += '<TD><A HREF="javascript: ' +
        'callSearch(document.forms[0].elements[0].value, ' +
        imgIdx + ');" onMouseOver="hideStatus(); imageSwap(\'' +
        imgName + '\', ' + imgIdx + ', 1); return true" ' +
        'onMouseOut="imageSwap(\'' + imgName + '\', ' + imgIdx +
        ', 0);"><IMG NAME="' + imgName + '" SRC="' + imgPath + imgName +
        'out.jpg' + '" BORDER=0></A></TD>';
      }
    engLinkStr += '</TR></TABLE>';
    genLayer('slide' + i, left, top, engWdh, engHgt, false, engLinkStr);
    }
  }

function genLayer(sName, sLeft, sTop, sWdh, sHgt, sVis, copy) {
  if (NN) {
    document.writeln('<LAYER NAME="' + sName + '" LEFT=' + sLeft +
      ' TOP=' + sTop + ' WIDTH=' + sWdh + ' HEIGHT=' + sHgt +
      ' VISIBILITY=' + sVis + ' z-Index=' + (++zIdx) + '>' +
      copy + '</LAYER>');
    }
  else {
    document.writeln('<DIV ID="' + sName +
      '" STYLE="position:absolute; overflow:none;left: ' +
      sLeft + 'px; top:' + sTop + 'px; width:' + sWdh + 'px; height:' +
      sHgt + 'px; visibility:' + sVis + ' z-Index=' + (++zIdx) +
      '">' + copy + '</DIV>');
    }
  }
```

Beispiel 4-2: multi.html (Fortsetzung)

```
function nameFormat(str) {
  var tempArray = str.split(' ');
  return tempArray.join('').toLowerCase();
  }

function hideSlide(name) { refSlide(name).visibility = hideName; }

function showSlide(name) { refSlide(name).visibility = showName; }

function refSlide(name) {
  if (NN) { return document.layers[name]; }
  else { return eval('document.all.' + name + '.style');
  }

function changeSlide(offset) {
  hideSlide('slide' + curSlide);
  curSlide = (curSlide + offset < 0 ? slideShow.length - 1 :
    (curSlide + offset == slideShow.length ? 0 : curSlide + offset));
  showSlide('slide' + curSlide);
  }

function imageSwap(imagePrefix, imageIndex, arrayIdx) {
  document[imagePrefix].src = eval(arrayHandles[arrayIdx] +
    "[" + imageIndex + "].src");
  }

function callSearch(searchTxt, idx) {
  if (searchTxt == "") {
    parent.frames[2].location.href = engines[idx][2] +
      escape(searchTxt);
    }
  else {
    parent.frames[2].location.href = engines[idx][1] +
      escape(searchTxt);
    }
  }

function hideStatus() { window.status = ''; }

//-->
</SCRIPT>

</HEAD>
<BODY BGCOLOR="BLACK" onLoad="showSlide('slide0');">
<SCRIPT LANGUAGE="JavaScript1.2">
<!--
engineLinks();
//-->
</SCRIPT>
<FORM onSubmit="return false;">
<TABLE CELLPADDING=0>
  <TR>
```

Beispiel 4-2: multi.html (Fortsetzung)

```
209      <TD>
210      <FONT FACE=Arial>
211      <IMG SRC="images/searchtext.jpg">
212      </TD>
213      <TD>
214      <INPUT TYPE=TEXT SIZE=25>
215      </TD>
216    </TR>
217 </TABLE>
218 </FORM>
219 </BODY>
220 </HTML>
```

Das sind über 200 Zeilen Code, von dem Sie allerdings die meisten schon gesehen haben. Das sollte also nicht zu übel sein. Fangen wir doch in Zeile 7 an:

```
parent.frames[2].location.href ='javascript: parent.white';
```

Wenn Sie die Frames in *index.html* durchzählen, werden Sie sehen, daß `frames[2]` dasjenige Frame ist, in dem die Suchergebnisse auftauchen. Das Setzen der Eigenschaft `location.href` in diesem Frame glättet die Dinge etwas, falls Sie sich entscheiden sollten, die Anwendung neu zu laden. Das setzt das Ergebnisdokument automatisch auf »lokales« HTML, damit Sie nicht warten müssen, bis eventuell vorhandene vorherige Suchanfragen neu geladen werden.

Übrigens – auch wenn Sie ein sauberes Display der Suchergebnisse in `frames[2]` bekommen – sobald Sie dem Link zu den Suchergebnissen folgen, sind Sie den Designern der Suchmaschinen ausgeliefert. Einige erlauben es Ihnen, dem Link zu folgen, während Sie im selben Frame verbleiben. Andere, wie zum Beispiel InfoSeek, zwingen das Dokument in das Hauptfenster des Browsers.

Im Speicher stöbern

Lassen Sie uns doch einmal den Speicher (das RAM, falls Sie sich das gefragt haben) durchstöbern. Wenn Sie die Variablen unten durchsuchen, werden Sie einige Neuankömmlinge treffen, aber einige werden eine ziemliche Ähnlichkeit mit denen aufweisen, mit denen Sie schon in Kapitel 3 gearbeitet haben. Sieh' da, *NN* und *curSlide*! Und *hideName* und *showName* sind auch wieder mit dabei – von *imagePath* und *zIdx* mal ganz zu schweigen:

```
var NN          = (document.all ? false : true);
var curSlide    = 0;
var hideName    = (NN ? 'hide' : 'hidden');
var showName    = (NN ? 'show' : 'visible');
var perLyr      = 4;
var engWdh      = 100;
var engHgt      = 20;
var left        = 375;
var top         = 10;
```

```
var zIdx        = -1;
var imgPath     = 'images/';
var arrayHandles = new Array('out', 'over');
```

Diese Variablen haben alle dieselbe Funktion, die sie auch in Kapitel 3 schon hatten. Sie machen nur da weiter, wo sie aufgehört haben. Was die neuen betrifft, definiert *perLyr* die Anzahl der Suchmaschinen, die Sie pro Layer anzeigen wollen. Die Variablen *engWdh* und *engHgt* definieren die Defaultwerte für Breite und Höhe jedes Layers. Die Variablen *left* und *top* enthalten die Werte zur Positionierung der Layer. Die Variable *arrayHandles* enthält ein Array, das zum dynamischen Vorausladen von Bildern verwendet wird. Merken Sie sich das für einen Moment, wir schauen uns das gleich näher an.

Wo wir schon von Familientreffen reden: Die Variablen sind nicht der einzige vertraute Code. Sehen Sie sich die Funktionen von anno dazumal an.

Zeilen 141 bis 155:

```
function genLayer(sName, sLeft, sTop, sWdh, sHgt, sVis, copy) {
  if (NN) {
    document.writeln('<LAYER NAME="' + sName + '" LEFT=' + sLeft +
      ' TOP=' + sTop + ' WIDTH=' + sWdh + ' HEIGHT=' + sHgt +
      ' VISIBILITY=' + sVis + ' z-Index=' + (++zIdx) + '>' +
      copy + '</LAYER>');
    }
  else {
    document.writeln('<DIV ID="' + sName +
      '" STYLE="position:absolute; overflow:none;left: ' +
      sLeft + 'px; top:' + sTop + 'px; width:' + sWdh + 'px; height:' +
      sHgt + 'px; visibility:' + sVis + ' z-Index=' + (++zIdx) +
      '">' + copy + '</DIV>');
    }
  }
```

Zeilen 162 bis 176:

```
function hideSlide(name) { refSlide(name).visibility = hideName; }

function showSlide(name) { refSlide(name).visibility = showName; }

function refSlide(name) {
  if (NN) { return document.layers[name]; }
  else { return eval('document.all.' + name + '.style'); }
  }

function changeSlide(offset) {
  hideSlide('slide' + curSlide);
  curSlide = (curSlide + offset < 0 ? slideShow.length - 1 :
    (curSlide + offset == slideShow.length ? 0 : curSlide + offset));
  showSlide('slide' + curSlide);
  }
```

Wir haben hier fünf Funktionen: `genSlide()`, `refSlide()`, `hideSlide()`, `showSlide()` und `changeSlide()`. Alle arbeiten genauso wie in Kapitel 3. Wenn Ihnen unklar ist, wie die eine oder andere funktioniert, blättern Sie ein Kapitel zurück, und schauen Sie nach. Wir haben sogar noch zwei weitere Funktionen, `imagePreLoad()` und `imageSwap()`, die ebenfalls die gleichen Operationen ausführen. Sie sind allerdings so weit modifiziert worden, daß sie eine erneute Behandlung verdienen.

Bilder dynamisch im voraus laden

Einer der großen Grundsätze des Webs ist es, konventionell statische Operationen dynamisch auszuführen. Warum sollten Sie auch etwas statisch machen, wenn Sie es einfacher im Vorübergehen erledigen können? Genau das macht der folgende Code mit dem Vorausladen der Bilder. Wie gehen Sie denn typischerweise vor, wenn Sie Bilder im voraus für ein Rollover laden wollen? Das könnte ungefähr so aussehen:

```
var myImage1On = new Image();
myImage1On.src = 'images/myImgOn1.gif';
var myImage1Off = new Image();
myImage1Off.src = 'images/myImgOff1.gif';
```

Einfach genug. Aber das sind vier Codezeilen für ein Rollover-Bildpaar. Was ist, wenn Sie fünf oder zehn Paare haben? Dann sind das schon 20 oder 40 Zeilen. Wenn Sie jemals Änderungen durchführen müssen, gibt das sofort ein Durcheinander. Im Interface für mehrere Suchmaschinen wird hier ein Weg eingeführt, mit dem dasselbe Vorausladen durchgeführt werden kann, unabhängig davon, wie viele Bildpaare Sie (theoretisch) haben. Dazu brauchen wir drei Dinge:

1. Ein Array mit *Image*-Objekten für jeden Bildsatz, den Sie brauchen: Diese Anwendung benutzt ein Array für die Bilder, die verwendet werden, wenn der Mauszeiger über dem Link steht, und ein Array für die Bilder, auf die zurückgerollt wird, wenn der Mauszeiger aus dem Link herausbewegt wird.
2. Eine einfache Namenskonvention für die Bilder: Die *myImg1On.gif/myImgOff1.gif*-Konvention funktioniert hier prima. Im Kasten »JavaScript-Technik: Sinvolle Namenskonventionen verwenden« in Kapitel 3 finden Sie weitere Informationen. Die Namenskonvention muß die Namen der Arrays in Schritt 1 mit einschließen.
3. Die `eval()`-Methode.

Für Schritt 1 benutzt diese Anwendung zwei Arrays. Eins wird *out* genannt und wird *Image*-Objekte der Bilder enthalten, die angezeigt werden, wenn sich der Mauszeiger außerhalb des gelinkten Bilds befindet. Das andere wird *over* genannt und wird *Image*-Objekte der Bilder enthalten, die angezeigt werden, wenn sich der Mauszeiger über dem gelinkten Bild befindet. Diese Variablen werden für den Augenblick in einem Array von Strings namens *arrayHandles* in Zeile 20 repräsentiert:

```
var arrayHandles = new Array('out', 'over')
```

Für Schritt 2 werden wir eine sehr einfache Namenskonvention verwenden. Alle Bildpaare werden dasselbe Präfix haben, auf das je nach Bild entweder *out.jpg* oder *over.jpg* folgt. Die Rollover-Bilder für InfoSeek heißen beispielsweise *infoseekout.jpg* und *infoseekover.jpg*.

Für Schritt 3 durchlaufen wir zunächst jedes Element von *arrayHandles* und benutzen `eval()`, um die Arrays zu erzeugen, die bald die *Image*-Objekte enthalten werden. Bringen wir die Zeilen 22 bis 24 ins Spiel:

```
for (var i = 0; i < arrayHandles.length; i++) {
  eval('var ' + arrayHandles[i] + ' = new Array()');
  }
```

Das Ausführen der obigen *for*-Schleife ist äquivalent zum hardcodierten:

```
var out    = new Array();
var over   = new Array();
```

Um das Vorausladen zu beenden, verwenden wir wieder `eval()` in der Funktion `preLoadImages()`, um dynamisch *Image*-Objekte zu erzeugen und die SRC-Eigenschaft eines jeden Objekts zu setzen. Hier ist die Funktion aus den Zeilen 104 bis 110:

```
function imagePreLoad(imgName, idx) {
  for(var j = 0; j < arrayHandles.length; j++) {
    eval(arrayHandles[j] + "[" + idx + "] = new Image()");
    eval(arrayHandles[j] + "[" + idx + "].src = '" + imgPath +
      imgName + arrayHandles[j] + ".jpg'");
    }
  }
```

`imagePreLoad()` nimmt zwei Parameter entgegen, ein Namenspräfix (z.B. *Infoseek*) und eine Ganzzahl, mit der das entsprechende Arrayelement einem neuen *Image*-Objekt zugewiesen wird. Wiederum durchläuft eine *for*-Schleife die Elemente von *arrayHandles* und benutzt dabei den String jedes Elements zum Zugriff auf eines der gerade erst erzeugten Arrays und weist diesem eine unverwechselbare Referenz zu. Der Aufruf `imagePreLoad('infoseek', 0)` ist beispielsweise äquivalent zu den folgenden hardcodierten Zeilen:

```
out[0]      = new Image();
out[0].src  = 'images/infoseekout.jpg';
over[0]     = new Image();
over[0].src = 'images/infoseekover.jpg';
```

Das sind aber vier Zeilen Code, also genau das, was ich nicht immer wieder machen will. Jedesmal, wenn ich jetzt ein neues Rollover-Bildpaar will, kann ich `preLoadImages()` aufrufen. Auf diese Weise kann ich effektiver arbeiten, nicht härter.

JavaScript-Technik: Ihren Code wiederverwenden

Das ist eigentlich keine ausgesprochene JavaScript-Technik. Sie können sie bei fast jeder Programmiersprache anwenden. Wenn Sie Ihren Code auf einer höheren Ebene betrachten (insbesondere, wenn Sie Objekte und Funktionen erzeugen), dann werden Sie bemerken, daß Sie denselben Code in mehreren Situationen einsetzen können. Nehmen wir die Funktionen `genSlide()`, `refSlide()`, `hideSlide()` und `showSlide()`. Sie führen sehr einfache, aber notwendige Operationen aus. Die folgende Aufzählung erklärt das.

- Um browserabhängige DHTML-Layer zu erzeugen, verwenden Sie `genSlide()`.
- Um browserabhängige DHTML-Layer zu referenzieren, verwenden Sie `refSlide()`.
- Um browserabhängige DHTML-Layer unsichtbar zu machen, verwenden Sie `hideSlide()`.
- Um browserabhängige DHTML-Layer sichtbar zu machen, verwenden Sie `showSlide()`.

Denken Sie daran, wie sehr Ihnen diese beiden Funktionen schon im letzten Kapitel geholfen haben. Wir werden sie auch später in diesem Buch noch wiedersehen. Wenn Sie es noch nicht getan haben, sollten Sie vielleicht eine JavaScript-Quelldatei mit einer Bibliothek Ihres wiederverwendbaren Codes anlegen. In Kapitel 6, *Das Anlegen von JavaScript-Quelldateien*, erfahren Sie alles darüber. Wenn Sie eine großartige Funktion oder ein Objekt entwickeln, von dem Sie sich sicher sind, daß Sie es wieder verwenden werden, sollten Sie es in einer entsprechend sinnvoll benannten *.js*-JavaScript-Quellcodedatei ablegen, um später einfach darauf zugreifen zu können.

Starten Sie Ihre Maschinen

Die Variable *engines* in den Zeilen 26 bis 100 ist ein Array, in dem jedes Element ein anderes Array enthält, dessen Elemente Informationen zu einer bestimmten Suchmaschine enthalten. Die Variable *engines* hat zwanzig ziemlich lange Elemente, sehen wir uns also nur das erste in den Zeilen 27 bis 29 an:

```
new Array('HotBot',
          'http://www.hotbot.com/?MT=',
          'http://www.hotbot.com/'),
```

Das Element 0 gibt den Namen der Suchmaschine an, in diesem Fall HotBot. Das Element 1 identifiziert den URL mit dem Abfragestring, der zusammen mit dem Abfragetext die Suchmaschine aufruft und die Ergebnisse liefert. Das Element 2 repräsentiert den URL der Homepage der Suchmaschine. Dieser wird anstelle von Element 1 verwendet, wenn der Benutzer eine leere Suche startet (Suche mit einem leeren Suchstring).

JavaScript-Technik: Auf OO verzichten

Wenn Sie sich das Array *engines* genau ansehen, werden Sie sich vielleicht fragen, warum wir keinen *searchEngine*-Konstruktor haben. Wäre das nicht ein großartiger Platz für einen *searchEngine*-Konstruktor? Sie wissen schon, ungefähr so etwas:

```
function searchEngine(name, searchURL, homePage) {
  this.name = name;
  this.searchURL = searchURL;
  this.homePage = homePage;
  return this;
  }
```

Dann würde *engines* so aussehen:

```
var engines = new Array(
    new searchEngine('HotBot',
      'http://www.hotbot.com/?MT=',
      'http://www.hotbot.com/')
// etc., etc.
```

Das wäre auch die Route, die ich einschlagen würde, von einer kleinen technischen Angelegenheit in Zeile 102 abgesehen:

```
engines = engines.sort();
```

Ich will die Suchmaschinen einfach in alphabetischer Reihenfolge aufführen. Die Benutzer werden es zu schätzen wissen, wenn sie ihre bevorzugte Suchmaschine schneller finden können. Wenn Sie die OO-Route (objektorientierte) einschlagen, wird die `sort()`-Methode die Reihenfolge der Elemente nicht ändern. Das Array von Arrays in den Zeilen 26 bis 100 wird jedoch nach dem ersten Element jedes Arrays sortiert. Aus diesem Grund steht auch der Name der Suchmaschine als erstes Element in jedem neuen Array. So, wie die Dinge im Moment stehen, sortiert JavaScript nach dem ersten Element. Objekte haben per se kein erstes Element. Das gleiche war auch schon in Kapitel 1, *Die client-seitige Suchmaschine*, der Fall. Die Suchergebnisse werden in alphabetischer Reihenfolge angezeigt, also werden alle Einträge auf dieselbe Weise codiert. Vestehen Sie mich nicht falsch. Ich bin nach wie vor ein Fan der Objektorientierung. Dieses ist aber eine Anwendung, wo wir sie nicht brauchen.

engineLinks()

Die Funktion `engineLinks()` ähnelt der Funktion `genScreen()` in Kapitel 3, weil sie für die Verwaltung der Layer-Erzeugung verantwortlich ist. Es gibt jedoch Unterschiede: Sehen Sie sich dazu die Zeilen 112 bis 139 an.

Layer-Management

Das erste, worum sich diese Funktion kümmert, ist die Erzeugung des Layers, der die Steuerungslinks enthält:

```
genLayer('sliderule', left - 20, top + 2, 25, engHgt, true,
  '<A HREF="javascript: changeSlide(1);" '+
  'onMouseOver="hideStatus(); return true;"><IMG SRC="' +
  imgPath + 'ahead.gif" BORDER=0></A><BR><A HREF="javascript: ' +
  'changeSlide(-1);" onMouseOver="hideStatus(); return true;">' +
  '<IMG SRC="' + imgPath + 'back.gif" BORDER=0></A>');
```

Das passiert mit einem einfachen Aufruf von `genLayer()`. Hier gibt es keine echten Überraschungen. Der Layer enthält zwei gelinkte Bilder: einen Vorwärts- und einen Rückwärtspfeil. Beachten Sie, daß die übergebenen Pixelwerte für links und oben relativ zu den Positionen der linken oberen Ecke der gleich noch zu erzeugenden Link-layer für die Suchmaschinen sind; nämlich `left - 20` und `top + 2`.

Als nächstes bestimmt die Variable *lyrCount* die Anzahl der zu erzeugenden Buttons für die Suchmaschinen. Diese hängt von der Zahl der Buttons ab, die Sie pro Layer haben möchten, und von der Anzahl der Suchmaschinen, die Sie im Array *engines* angegeben haben. Es ist wirklich ziemlich einfach. Teilen Sie die Anzahl der Suchmaschinen (`engines.length`) durch die Zahl der pro Layer anzuzeigenden Suchmaschinen (*perLyr*). Wenn der Rest nicht 0 ist, brauchen Sie einen zusätzlichen Layer.

Nehmen wir die Werte aus der Anwendung. `engines.length` ist 20 und *perLyr* ist 4. Also ist *lyrCount* 5. Hätte ich 21 Suchmaschinen angegeben, dann hätten wir 21 / 4 = 5,25. Der Rest von 0,25 bedeutet, daß wir einen zusätzlichen Layer brauchen, also würde *lyrCount* auf 6 gesetzt. Hier ist noch einmal der Code:

```
lyrCount = Math.ceil(engines.length / perLyr);
```

Wir setzen *lyrCount* zu `Math.ceil(engines.length/perLyr)`. Sobald das passiert ist, erzeugt `engineLinks()` insgesamt *lyrCount* Layer in den Zeilen 121 bis 135:

```
for (var i = 0; i < lyrCount; i++) {
  var engLinkStr = '<TABLE BORDER=0 CELLPADDING=0 CELLSPACING=0><TR>';
  for (var j = 0; j < perLyr; j++) {
    var imgIdx   = (i * perLyr) + j;
    if (imgIdx >= engines.length) { break; }
    var imgName  = nameFormat(engines[imgIdx][0]);
    imagePreLoad(imgName, imgIdx);
    engLinkStr += '<TD><A HREF="javascript: ' +
      callSearch(document.forms[0].elements[0].value, ' + imgIdx +
      ');" onMouseOver="hideStatus(); imageSwap(\'' + imgName + '\', ' +
      imgIdx + ', 1); return true" onMouseOut="imageSwap(\'' + imgName +
      '\', ' + imgIdx + ', 0);"><IMG NAME="' + imgName + '" SRC="' +
      imgPath + imgName + 'out.jpg' + '" BORDER=0></A></TD>';
    }
```

Für jeden Layer deklariert `engineLinks()` die lokale Variable *engLinkStr*, die den Code für den Layer enthält. Nachdem *engLinkStr* in Zeile 122 erzeugt worden ist und, wie Sie sehen können, den Anfang der Tabelle für die Bilder enthält, wird eine verschachtelte *for*-Schleife *perLyr*-mal durchlaufen, um die Tabellenzellen zu erzeugen, die die Bilder enthalten.

Für jeden der *perLyr* Schleifendurchläufe wird der lokalen Variable *imgIdx* der Wert `(i * perLyr) + j` zugewiesen. Dieser Ausdruck ist einfach eine ganze Zahl, die bei 0 beginnt und am Anfang jedes Durchlaufs um 1 erhöht wird. *imgIdx* wird zur Indentifikation des Bildpräfixes (der Name der Suchmaschine in Element 0 jedes Arrays in *engines*) und dann zum bereits besprochenen Vorausladen der Bilder benutzt. Tabelle 4-1 zeigt die Multiplikation für *perLyr* = 4.

Tabelle 4-1: Anzuzeigende Layer bestimmen (perLayer ist 4)

i ist . . .	**. . .und j ist . . .**	**(i * perLyr) + j erhöht sich jeweils um 1. . .**
0	0, 1, 2, 3	0, 1, 2, 3
1	0, 1, 2, 3	4, 5, 6, 7
2	0, 1, 2, 3	8, 9, 10, 11
3	0, 1, 2, 3	12, 13, 14, 15
4	0, 1, 2, 3	16, 17, 18, 19

Insgesamt haben wir 20 Zahlen: 0 bis 19.

JavaScript-Technik: Mathe gegen Memory

Könnten wir statt eines unnötigen Ausdrucks wie `(i * perLyr) + j` könnten wir auch eine Variable – namens, sagen wir mal, *count* – verwenden, sie auf 0 setzen und bei jedem Durchlauf um 1 erhöhen, wie `++count`? Klar, können wir. Es gibt aber Umstände, unter denen Sie das nicht tun sollten.

Die Deklaration von zusätzlichen Variablen benötigt zusätzlichen Speicher. Das ist häufig kein Thema. Wenn Sie aber eine große Anzahl von Variablen deklarieren, die Sie auch berechnen könnten, dann ist eine Berechnung oft die bessere Alternative. Wenn allerdings häufig auf die Werte zugegriffen wird, dann kann es trotzdem besser sein, die Berechnung einmal durchzuführen und in einer Variablen zu speichern, weil das die CPU-Belastung verringert.

JavaScript hat hier bereits die nötigen Werte in *i, perLyr* und *j*, um die notwendige Berechnung ausführen zu können. Das scheint hier eine unwichtige Angelegenheit zu sein. Bei der Programmierung größerer Anwendungen kann es aber wertvollen Speicher sparen.

Nun, da wir den Wert von *imgIdx* kennen, müssen wir sicherstellen, daß wir nicht zu weit gegangen sind. Zeile 125 erledigt das:

```
if (imgIdx == engines.length) { break; }
```

Da der Wert von *imgIdx* bei jedem Durchlauf bedingungslos um 1 erhöht wird, gibt es keine Suchmaschinen mehr anzuzeigen, wenn er `engines.length` erreicht; die Funktion »bricht« dann aus der *for*-Schleife aus.

Bilder im voraus laden

Jetzt ist es an der Zeit, die Bildpaare für alle Suchmaschinen zu laden. Bevor das passieren kann, müssen wir die Präfixe der Bilder kennen. Nichts einfacher als das: Das Präfix ist die kleingeschriebene Version des Namens der Suchmaschine. Das heißt, das Präfix für die »InfoSeek«-Bilder lautet *infoseek*; das Präfix für die HotBot-Bilder ist *hotbot* und so weiter. Die Variable *imgIdx* bekommt in Zeile 126 das korrekte Bildpräfix zugewiesen:

```
var imgName = nameFormat(engines[imgIdx][0]);
```

Das Element 0 in jedem der Arrays in *engines* enthält den Namen der Suchmaschine. Die Variable *imgIdx* gibt den korrekten Index des Elements in *engines* an, so daß der Name der entsprechenden Suchmaschine zurückgegeben wird. Jetzt müssen nur noch alle Buchstaben in Kleinbuchstaben konvertiert werden. Die Funktion `nameFormat()` führt diese Umwandlung in den Zeilen 157 bis 160 durch:

```
function nameFormat(str) {
  var tempArray = str.split(' ');
  return tempArray.join('').toLowerCase();
  }
```

Alle Leerzeichen werden entfernt, indem der übergebene String an den Leerzeichen erst in Arrayelemente aufgespalten und dann wieder ohne Leerzeichen zusammengesetzt wird. Jetzt enthält *imgName* ein kleingeschriebenes Bildpräfix ohne Leerzeichen. Dieses kann jetzt zusammen mit *imgIdx* an `imagePreload()` in Zeile 127 übergeben werden.

Den Link zusammensetzen

Nun müssen wir für jede Suchmaschine das gelinkte Bild mit dem Rollover-Code zusammenstellen. Das geschieht in den Zeilen 128 bis 134:

```
engLinkStr += '<TD><A HREF="javascript: ' +
  'callSearch(document.forms[0].elements[0].value, ' + imgIdx + ');" ' +
  'onMouseOver="hideStatus(); imageSwap(\'' + imgName + '\', ' + imgIdx +
  ', 1); return true" onMouseOut="imageSwap(\'' + imgName + '\', ' +
  imgIdx + ', 0);"><IMG NAME="' + imgName + '" SRC="' + imgPath +
  imgName + 'out.jpg' + '" BORDER=0></A></TD>';
```

Schauen wir uns das an. Jeder Link zu einer Suchmaschine braucht dieselben vier Teile:

1. Code, der die entsprechende Suchmaschine aufruft, wenn der Benutzer auf das Bild klickt.
2. Code für den *onMouseOver*-Event-Handler, der das Rolloverbild anzeigt.
3. Code für den *onMouseOut*-Event-Handler, der das Rolloverbild zurücksetzt.
4. Ein `IMG`-Tag mit einem unverwechselbaren `NAME` und einem auf den entsprechenden Bildpfad gesetzten `SRC`-Attribut.

Wenn wir den String sezieren, auf den *engLinkStr* gesetzt wird, stellt sich heraus, wie diese Anforderungen erfüllt werden.

Die erste Anforderung wird mit dem folgenden Code erfüllt:

```
HREF="javascript: callSearch(document.forms[0].elements[0].value, ' +
  imgIdx + ');"
```

Sie können sehen, daß der erzeugte Code beim Anklicken die Funktion `callSearch()` aufruft, der `document.forms[0].elements[0].value` zusammen mit dem zugehörigen Wert von *imgIdx* übergeben wird. Über `callSearch()` erfahren Sie gleich mehr. Im Augenblick können wir aber mit Sicherheit behaupten, daß Anforderung 1 im Kasten ist.

Die zweite Anforderung wird mit dem folgenden Code erfüllt:

```
'onMouseOver="hideStatus(); imageSwap(\'' + imgName + '\', ' + imgIdx +
  ', 1); return true" ' +
```

Dieser Code erzeugt den Aufruf von `hideStatus()`, was störende URLs in der Statuszeile verhindert. Danach erzeugt er den Aufruf von `imageSwap()`, wobei die drei notwendigen Parameter übergeben werden: *imgName*, *imgIdx* und eine Ganzzahl (1), die sich auf das Element in *arrayHandles* bezieht.

Mit der dritten Anforderung werden wir so fertig:

```
'onMouseOut="imageSwap(\'' + imgName + '\', ' + imgIdx + ', 0);">' +
```

Kein großer Unterschied, außer daß 0 statt 1 übergeben wird.

Die vierte Anforderung wird wie folgt erfüllt:

```
'<IMG NAME="' + imgName + '" SRC="' + imgPath + imgName + 'out.jpg' +
  '" BORDER=0></A></TD>';
```

Der Name jedes Bilds wird auf den Wert von *imgName* gesetzt. So wird es auch in der Funktion `imageSwap()` referenziert. Das `SRC`-Attribut wird auf den String gesetzt, der sich aus *imgPath*, *imgName* und *out.jpg* zusammensetzt. Da zunächst die Bilder gezeigt werden, die einer *out*-Position des Mauszeigers entsprechen, wird das `SRC`-Attribut auf das Bild gesetzt, dessen Dateiname mit *out.jpg* endet. Zum Beispiel steht das Anfangsbild für HotBot unter *images/hotbotout.jpg*.

Die Zeilen 136 bis 137 fügen den Rest hinzu:

```
engLinkStr += '</TR></TABLE>';
genLayer('slide' + i, left, top, engWdh, engHgt, false, engLinkStr);
```

Das heißt, *engLinkStr* bekommt den HTML-Code zum Abschluß der Tabelle angehängt. Jetzt muß nur noch der Layer mit `genLayer()` erzeugt werden. Beachten Sie, daß alle Aufrufe von `genLayer()` hier false übergeben. Sie werden sich erinnern, daß `false` die Layer unsichtbar bleiben läßt. Alle Layer bleiben unsichtbar, bis die Seite geladen ist. Dann wird *slide0* im *onLoad*-Event-Handler in Zeile 200 sichtbar gemacht.

imageSwap()

Diese Funktion kennen Sie schon aus Kapitel 3, aber diese Version ist etwas anders. Sehen Sie sich die Zeilen 178 bis 181 an:

```
function imageSwap(imagePrefix, imageIndex, arrayIdx) {
  document[imagePrefix].src = eval(arrayHandles[arrayIdx] + "[" +
  imageIndex + "].src");
  }
```

Diese Funktion führt die Bildrollover aus. Der Parameter *imagePrefix* identifiziert die Quelle des Bilder, die angezeigt werden sollen. Die Parameter *imageIndex* und *arrayIdx* sind ganze Zahlen, die zum Zugriff auf das richtige *Image*-Objekt in *arrayHandles* dienen.

callSearch()

Wenn das HTML-Formular und die Layer an ihrem Platz sind, braucht der Benutzer nur einen Suchtext einzugeben und die gewünschte Suchmaschine anzuklicken. Wenn der Benutzer auf das Bild einer Suchmaschine klickt, wird die Funktion `callSearch()` aufgerufen. Sie finden Sie in den Zeilen 183 bis 192:

```
function callSearch(searchTxt, idx) {
  if (searchTxt == "") {
    parent.frames[2].location.href = engines[idx][2] +
      escape(searchTxt);
    }
  else {
    parent.frames[2].location.href = engines[idx][1] +
      escape(searchTxt);
    }
  }
```

`callSearch()` erwartet zwei Parameter. *searchTxt* enthält den Text aus dem Eingabefeld, und *idx* enthält eine ganze Zahl, die der Suchmaschineninformation im Array *engines* entspricht. Die Anwendung lädt eines von zwei Dokumenten nach `frames[2]`. Wenn der Benutzer keinen Suchtext eingegeben hat, wird die Default-Homepage der Suchmaschine nach `frames[2]` geladen. Dieser URL ist in Element 2 jedes Arrays in *engines* enthalten. Wenn der Benutzer jedoch einen Suchtext eingegeben hat, lädt die Anwendung den URL mit dem Abfragestring der Suchmaschine sowie dem escape-codierten Text, den der Benutzer eingegeben hat, nach `frames[2]`.

Sie werden sich vielleicht fragen, wo ich die langen Abfragestrings in Element 1 der Arrays in *engines* herbekommen habe. Wie komme ich nur auf diese Werte?

Also, ich habe mir einfach den Quellcode jeder Suchmaschinenseite angesehen und den Abfragestring auf der Basis des dort zum Abschicken des Suchtexts verwendeten HTML-Formulars konstruiert. Fangen wir mit einem einfachen Beispiel an. MusicSearch.com hat ein einziges Textfeld für Suchzwecke. Das `ACTION`-Attribut des Formulars ist *http://www.musicsearch.com/global/search/search.cgi*. Der Name des Felds ist *QUERY*. Daher sollte der Abfrage-URL so aussehen:

```
http://www.musicsearch.com/global/search/search.cgi?QUERY= +
  escape(searchTxt);
```

JavaScript-Technik: escape() und unescape()

`escape()` ist eine eingebaute JavaScript-Funktion, die nichtalphanumerische Zeichen in einem String in ihre hexadezimalen Escape-Sequenzen umwandelt. Das stellt sicher, daß reservierte oder verbotene Zeichen bei der Verarbeitung des Strings keine Probleme verursachen. Das &-Zeichen (Ampersand/Kaufmanns-Und) wird beispielsweise bereits benutzt, um Name-Wert-Paare von Formularfeldern voneinander zu trennen. Daher wird jedes vom Benutzer eingegebene &-Zeichen durch %26 ersetzt. `escape()` wird häufig zur Formatierung von Strings benutzt, die Sie als Teil eines URL-Abfragestrings abschicken wollen. Ihr Browser macht das automatisch, wann immer Sie ein Formular abschicken. Da diese Anwendung keine Formulare abschickt, müssen wir eine Zeichenkonvertierung hinzufügen.

Die `unescape()`-Funktion ist beim Schreiben von Cookies nützlich. Das Pluszeichen (+) und das Gleichheitszeichen (=) sind für die Zuweisung von Werten an Cookie-Attribute reserviert, wie z.B. *name, domain* und *expires*. Die `unescape()`-Funktion konvertiert, wie Sie vielleicht erraten haben, die hexadezimalen Darstellungen wieder in ihre ASCII-Äquivalente zurück.

Das ist ziemlich einfach: ein einziges Name-Wert-Paar. Suchmaschinen können jedoch jede Menge Optionen haben. Nehmen Sie die Meta-Suchmaschine SavvySearch (eine Suchmaschine, die die Datenbanken anderer Organisationen statt einer eigenen durchsucht). Bei SavvySearch geben Sie einen Suchtext ein, und dann benutzen Sie Checkboxen, um zu bestimmen, welche Medien (z.B. Suchmaschinen, Newsgruppen etc.) durchsucht werden sollten. Sie können auch Boolesche Suchregeln einsetzen, die Anzahl der von jeder Datenbank zu liefernden Ergebnisse festlegen und den Umfang der Information bestimmen, die für jedes Ergebnis angezeigt werden sollen.

Das ACTION-Attribut des SavvySearch-Formulars ist *http://numan.cs.colostate.edu:1969/nph-search*. Die folgenden Formularelemente müssen vorhanden sein:

- Der Name der SELECT-Auswahlliste für Boolesche Suche ist *Boolean*.
- Der Name der SELECT-Auswahlliste für die Anzahl der Ergebnisse ist *Hits*.
- Der Name der Radiobuttons für den Umfang der anzuzeigenden Ergebnisse ist *df*.
- Der Name des Textfelds ist *KW*.

Ich habe den Wert der SELECT-Auswahlliste *Boolean* auf OR gesetzt, den Wert der Auswahlliste *Hits* auf 10, den Wert der Buttons *df* für die Ergebnisdarstellung auf `normal` und das Suchtext-Feld *KW* auf `escape(searchTxt)`. Die Werte OR, 10 und `normal` sind nicht von mir erfunden. Es handelt sich entweder um Optionswerte in den SELECT-Listen oder um Werte von Radiobuttons, die sich alle im HTML-Quellcode befinden.

Das Formular enthält außerdem zwei versteckte Felder, eins mit dem Namen *Mode*, das andere heißt *AutoStep*. Das `HIDDEN`-Feld *Mode* hat den Wert `MakePlan`, das `HIDDEN`-Feld *AutoStep* den Wert `on`. Ich bin mir nicht ganz sicher, welchem Zweck sie dienen, aber das ist hier auch nicht wichtig. Sie müssen sie nur zum Abfragestring hinzufügen. Das Senden einer Anfrage an SavvySearch benötigt dann den folgenden URL:

```
http://numan.cs.colostate.edu:1969/nph-search? ' +
  classic=on&Boolean=OR&Hits=10&Mode=MakePlan&df=normal&AutoStep=on&KW= +
  escape(searchTxt)
```

Ein anderer hübscher Aspekt dieser »Entschlüsselung« der Abfragestrings ist, daß die Reihenfolge der Name-Wert-Paare nicht wichtig ist. Solange die Paare im Abfragestring sind, klappt alles prima.

Mögliche Erweiterung: Zusätzliche Benutzeroptionen

Wie bereits erwähnt, liefert diese Anwendung ihre Benutzer der Gnade der Suchmaschinendefaults aus. Das heißt, Benutzer haben keine oder nur wenig Kontrolle über ihre Sucheinstellungen. Der Benutzer kann nur den Suchstring eingeben. Sie können die Anwendung aber so programmieren, daß die Benutzer auch Merkmale wie die Anzahl der pro Seite auszugebenden Ergebnisse, den Umfang der für jedes Ergebnis darzustellenden Informationen oder Boolesche Suchregeln wie AND, OR, LIKE und NOT LIKE beeinflussen können. In diesem Abschnitt werde ich die HotBot-Suchmaschine als Beispiel verwenden.

Der einfachste Weg, die Funktionalität zu erweitern, könnte die Erhöhung der Ergebnisanzahl pro Seite sein. Dazu brauchen Sie für jede Suchmaschine das Name-Wert-Paar, das mit der Anzahl der pro Seite angezeigten Ergebnisse zusammenhängt. Tabelle 4-2 zählt die Namen und mögliche Werte für einige Suchmaschinen auf.

Tabelle 4-2: Suchmaschinen und Variablen zur Einstellung der Ergebnisanzahl

Suchmaschine	Feldname	Mögliche Werte	Beispiel
HotBot	`DC`	10, 25, 50, 100	`DC=10`
InfoSeek Advanced Search	`Numberresults`	10, 20, 25, 50	`Numberresults=10`
Scientific American	`Docs`	10, 25, 50, 100	`Docs=10`
Yahoo!	`N`	10, 20, 50, 100	`n=10`

Ich habe diese Feldnamen dem Quellcode der jeweiligen Suchseiten entnommen. Einige der Felder kommen aus den »Advanced Search«-Seiten der Suchmaschinen, es könnte also sein, daß die URLs im Array *engines* nicht funktionieren. Bedenken Sie auch, daß die Anzahl der angezeigten Ergebnisse nicht verstellbar sein könnte. Die Programmierer der Suchmaschine haben sie vielleicht auf eine feste Zahl gesetzt. Wenn Sie keine Auswahlliste auf der Suchseite sehen, die Ihnen das Verstellen der Ergebnisanzahl erlaubt, könnten Sie sich auch mit der jeweiligen Organisation in Verbindung setzen und jemanden fragen, ob sich die Ergebnisse (und andere Merkmale, wenn Sie schon einmal dabei sind) ändern lassen. Ansonsten müssen Sie eine Art Voreinstellung hinzufügen, die bei bestimmten Suchmaschinen kein solches Feld übergibt.

Beachten Sie auch, daß die möglichen Werte von Suchmaschine zu Suchmaschine verschieden sind. Sie werden Code hinzufügen müssen, um das auszugleichen. Das ist aber nicht schwer. Benutzen Sie die folgende Prozedur, um eine SELECT-Auswahlliste für Suchergebnisse zu Ihrer Anwendung hinzuzufügen. Verwenden Sie sie als eine generelle Anleitung für das Hinzufügen von Steuerelementen für andere Merkmale.

1. Fügen Sie dem Frame mit dem Textfeld eine SELECT-Auswahlliste hinzu.
2. Fügen Sie zu jedem neuen Array ein zusätzliches Element hinzu, in dem der Name des Felds für die Ergebnisanzahl der jeweiligen Suchmaschine im Suchmaschinen-Array eingetragen ist.
3. Fügen Sie zu jedem neuen Array in *engines* ein zusätzliches `new Array()` hinzu, das mögliche Werte für die entsprechende Suchmaschine enthält.
4. Entfernen Sie das vordefinierte Name-Wert-Paar aus dem Abfragestring (wenn das Name-Wert-Paar dort vorkommt).
5. Passen Sie den Code in der Funktion `callSearch()` an, um den Abfragestring für jede Suchmaschine korrekt zusammenzufügen.

Bleiben wir beim HotBot-Beispiel:

Schritt 1

Das Hinzufügen der SELECT-Auswahlliste sollte kein Problem sein. Es könnte ratsam sein, Werte zu wählen, die bei den Suchmaschinen in Ihrer Anwendung am häufigsten vorkommen. Hier ist der Code mit den Werten 10, 25, 50 und 100:

```
<SELECT NAME="docs">
<OPTION VALUE="10">10
<OPTION VALUE="25">25
<OPTION VALUE="50">50
<OPTION VALUE="100">100
</SELECT>
```

Schritt 2

Zur Zeit definiert jede Instanz von `new Array()` im *engines*-Array eine Suchmaschine mit drei Elementen: Element 0 ist der Name der Suchmaschine, Element 1 ist der Abfragestring der Suchmaschine, und Element 2 ist die Homepage der Suchmaschine. Hier sehen Sie noch einmal der HotBot-Eintrag:

```
new Array('HotBot',
  'http://www.hotbot.com/?MT=',
  'http://www.hotbot.com/')
```

Setzen Sie das Element 3 auf den Namen des Felds in HotBot. Wenn wir uns die letzte Tabelle in Erinnerung rufen, ist der Name des Felds *DC*. Jetzt sieht der HotBot-Eintrag so aus:

```
new Array('HotBot',
  'http://www.hotbot.com/?MT=',
  'http://www.hotbot.com/',
  'DC')
```

Wenn eine oder mehrere Ihrer Suchmaschinen keine Ergebnisanzahl haben (und demnach auch kein Name-Wert-Paar, das Sie setzen können), dann sollten Sie das Schlüsselwort *null* für das Element 3 eintragen.

Schritt 3

Nachdem Sie jetzt den entsprechenden Namen angegeben haben, fügen Sie ein weiteres Array mit allen zulässigen Werten ein. Das machen Sie, indem Sie das neue Array im Element 4 definieren. Wenn wir die Werte aus Tabelle 4-2 verwenden, würde der HotBot-Eintrag so aussehen:

```
new Array('HotBot',
  'http://www.hotbot.com/?MT=',
  'http://www.hotbot.com/',
  'DC',
  new Array(10, 25, 50, 100))
```

Schritt 4

Dieser Schritt ist nur notwendig, wenn der voreingestellte Abfragestring in Element 2 das Name-Wert-Paar für die Ergebnisanzahl enthält. Hier ist der Abfragestring für HotBot in Element 2:

```
http://www.hotbot.com/?MT=
```

Da sich dort kein *DC* befindet, können wir Schritt 4 übergehen. Nur als Beispiel: Die Suchmaschine für *Scientific American* enthält das Name-Wert-Paar, und zwar `docs=100`. Das sieht so aus:

```
http://www.sciam.com/cgi-bin/search.cgi?' +
  'searchby=strict&groupby=confidence&docs=100&query=
```

Sie würden es dann entfernen müssen, so daß der Abfragestring wie folgt aussieht:

```
http://www.sciam.com/cgi-bin/search.cgi?' +
  'searchby=strict&groupby=confidence&query=
```

Wenn eine oder mehrere Ihrer Suchmaschinen keine Ergebnisanzahl haben (und demnach auch kein Name-Wert-Paar), das Sie setzen können, dann sollten Sie keinen Wert für Element 4 eintragen.

Schritt 5

Der letzte Schritt ist der Entscheidungscode, der den Abfragestring konstruiert, bevor er ihn der wartenden Suchmaschine übergibt. Sie können das alles in der Funktion `callSearch()` erledigen. Hier ist der ursprüngliche Code:

```
function callSearch(searchTxt, idx) {
  if (searchTxt == "") {
    parent.frames[2].location.href = engines[idx][2] +
      escape(searchTxt);
    }
  else {
    parent.frames[2].location.href = engines[idx][1] +
      escape(searchTxt);
    }
  }
```

Wenn der Benutzer nichts in das Suchtext-Feld einträgt, sollte die Anwendung den Benutzer nach wie vor auf die Homepage der Suchmaschine umleiten. Also kann der *if*-Block unverändert bleiben. Unsere Aufmerksamkeit gilt dem *else*-Block:

```
else {
  if(engines[idx][3] != null) {
    for (var i = 0; i < engines[idx][4].length; i++) {
      var selRef = parent.frames[4].document.forms[0].docs;
      if (selRef.options[selRef.selectedIndex].value =
        engines[idx][4][i].toString()) {
        parent.frames[2].location.href = engines[idx][1] +
          escape(searchTxt) + '&' + engines[idx][3] + '=' +
          engines[idx][4][i];
        return;
        }
      }
  parent.frames[2].location.href = engines[idx][1] +
    escape(searchTxt);
  }
```

Die folgende Zeile fügt das entsprechende Name-Wert-Paar in den Abfragestring ein:

```
parent.frames[2].location.href = engines[idx][1] +
  escape(searchTxt) + '&' + engines[idx][3] + '=' +
  engines[idx][4][i];
```

Was Sie hier haben, ist der URL der Suchmaschine mit dem escape-codierten *searchTxt* und dem Namen (`engines[idx][3]`) und Wert, den der Benutzer gewählt hat. Das passiert allerdings nur, wenn zwei Bedingungen erfüllt sind. Wenn nicht, wird die Suche mit dem im Element `engines[idx][1]` voreingestellten Abfragestring durchgeführt. Erstens muß die Suchmaschine die Möglichkeit bieten, daß Sie die Ergebnisanzahl ändern können. Wenn dem so ist, dann ist das Feld durch den String in `engines[idx][3]` definiert. Ansonsten wird dieses Element auf *null* gesetzt, wie in Schritt 3 geschehen. Das folgende *if*-Statement überprüft, daß `engines[idx][3]` nicht null ist:

```
if(engines[idx][3] != null) {
```

Wenn der Wert dem Schlüsselwort *null* entspricht, ist die erste Bedingung nicht erfüllt. Daher wird der voreingestellte Abfragestring verwendet. Wenn `engines[idx][3]` ungleich null ist, durchläuft JavaScript die im Array `engines[idx][4]` befindlichen zulässigen Werte. Wenn die gewünschte Zahl aus der SELECT-Auswahlliste, die durch `selRef.options[selRef.selectedIndex].value` repräsentiert wird, einem der zulässigen Werte entspricht, dann verbindet JavaScript den URL für die Suchmaschine des Benutzers und den Abfragetext mit dem Name-Wert-Paar, lädt das resultierende Dokument in `frames[2]` und beendet die Ausführung.

Wenn die Schleife alle zulässigen Werte durchläuft und keinen passenden Wert findet, dann ist die zweite Bedingung nicht erfüllt, und der voreingestellte Abfragestring wird verwendet.

5

Die Rollover-Maschine

Projektmerkmale

- Codegenerator und Codebetrachter für dynamische Bildrollover
- Code funktioniert auch auf alten JavaScript-Browsern
- Flexible und erweiterbare HTML-Attributeinstellungen
- Unterstützt Bildrollover für MouseDown-Events

JavaScript-Technik

- Defensive JavaSkript-Programmierung
- Suchen und Ersetzen in JavaScript 1.1 und 1.2

Wo immer Sie in diesen Kapiteln auch hinblicken, die Anwendungen werden für eine Person enwikkelt: den Benutzer oder die Benutzerin. Sie wissen schon, für jene Wesen, die wir wie die Lemminge auf unsere Webseiten locken wollen, damit sie unsere Hitzahlen erhöhen, unseren Ramsch kaufen und unsere Software herunterzuladen. Diese Anwendung fällt da etwas aus dem Rahmen. Sie ist für Sie, die Entwickler, Webmaster oder Designer, gedacht.

Obwohl DHTML uns mehr Möglichkeiten gibt, beim Bewegen des Mauszeigers über ein Frame, einen Button, ein Style Sheet oder ein sonstiges Widget etwas passieren zu lassen, ist das Bildrollover immer noch eine der beliebtesten und am häufigsten benutzten Techniken im Internet.

JavaScript für Rollover zu generieren ist zwar keine nobelpreisverdächtige Wissenschaft, es würde das Leben aber sicherlich etwas einfacher machen, wenn wir eine Anwendung hätten, die hübsch formatierten Bildrollovercode ausspuckt. Auf diese Weise könnten wir Programmierer ihn einfach in unsere Seiten einsetzen. Dazu steht Ihnen jetzt die Rollover-Maschine. Abbildung 5-1 zeigt die Anfangsansicht, die sich Ihnen bietet, wenn Sie *ch05/index.html* öffnen.

Die Anwendung ist ziemlich einfach zu bedienen. Sie müssen nur ein paar Entscheidungen in bezug auf Ihre Bilder treffen. Wie in Abbildung 5-1 zu erkennen ist, müssen Sie:

1. auswählen, wie viele Bildpaare Sie haben möchten
2. Defaultbreite, -höhe und -rahmen für alle Bilder festlegen (individuelle Anpassungen können Sie später vornehmen)

3. die »MouseDown«-Option markieren, wenn Sie ein drittes Bild für den *onMouseDown*-Status angeben wollen (ansonsten sollten Sie sie unmarkiert lassen)
4. »Weiter« anklicken, um fortzufahren, oder »Reset«, um noch einmal von vorn anzufangen

Sobald Sie an diesem Punkt angelangt sind, generiert die Rollover-Maschine eine Maske, wie in Abbildung 5-2 gezeigt.

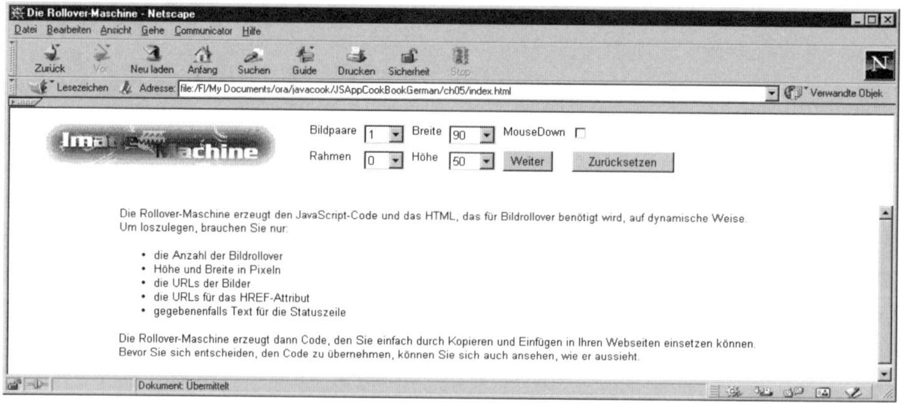

Abbildung 5-1: Die startbereite Rollover-Maschine

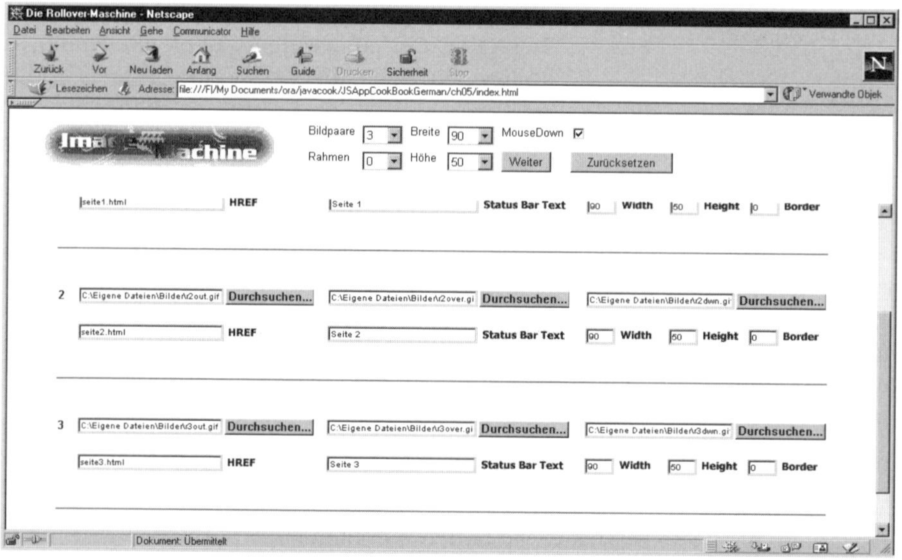

Abbildung 5-2: Die Rollover-Maschine erzeugt eine Maske aus den von Ihnen gewählten Optionen

Wenn Sie nicht die »MouseDown«-Option gewählt haben, bekommen Sie zwei HTML-Dateifelder für jedes Bildpaar gezeigt: eins für das Ausgangsbild und eins für das Rollover. Wenn Sie die »MouseDown«-Option gewählt haben, kommt ein zusätzliches Dateifeld dazu. Für jedes Bild bekommen Sie auch Felder, mit denen Sie das `HREF`-Attribut für den Link und einen Text eintragen können, der in der Statuszeile gezeigt werden soll, wenn Benutzer den Mauszeiger über den Link bewegen. Zum Schluß bekommen Sie noch drei kleine Textfelder, in denen die Defaultwerte für die Breite, Höhe und den Rahmen für die Bildgruppe stehen. Ändern Sie sie, wenn Sie möchten. Jetzt müssen Sie nur noch die folgenden Schritte durchführen, um den benötigten Code zu erhalten:

1. Geben Sie den Pfad jedes primären Bilds (das Bild, das gezeigt wird, wenn sich der Mauszeiger anderswo befindet) in die Dateifelder ein. Bei diesen Feldern handelt es sich um *FILE*-Felder statt um Textfelder, da sich die Bilder auf Ihrem lokalen Rechner befinden könnten. Sie können die URL-Info ändern, sobald Sie mit dem Code zufrieden sind. Dasselbe trifft auf die Rollover-Bilder und, falls Sie welche brauchen, die MouseDown-Bilder zu.
2. Geben Sie einen relativen oder absoluten URL in das Textfeld für das HREF-Attribut jeder Bildgruppe ein.
3. Geben Sie den Text, den Sie in der Statuszeile anzeigen wollen, wenn der Benutzer den Mauszeiger über den Link bewegt, in das Textfeld »Statuszeile« ein.
4. Ändern Sie, falls erforderlich, die individuellen Breiten-, Höhen- und Rahmenattribute in ihren entsprechenden Textfeldern.
5. Wählen Sie »Code erzeugen«, um den Code zu sehen, oder »Vorschau«, um zu sehen, wie der Code in Ihrem Browser funktioniert.

Abbildung 5-3 zeigt die Rollover-Maschine, nachdem »Code erzeugen« gewählt wurde. Sehen Sie sich den gut kommentierten JavaScript- und HTML-Code an. Beachten Sie, daß die Rollover-Maschine den Code für das Vorausladen und Konfigurieren des Rollovers für jede Bildgruppe erzeugt. Der resultierende HTML-Code enthält die zugehörigen `A-`, `HREF-` und `IMG` -Tags mit den vollständigen Event-Handlern und Bildattributen.

Am unteren Rand der Seite werden Sie zwei weitere Buttons bemerken. »Vorschau« läßt Sie den Code in Aktion sehen. »Ändern« läßt Sie zur Maske zurückgehen, wo Sie Änderungen eingeben können. Abbildung 5-4 zeigt den interpretierten Code, der die Bilder und ihre im voraus geladenen Rollover darstellt.

Eines der leistungsfähigsten Merkmale des erzeugten Codes ist, daß er seine Leistungen je nach den JavaScript-Fähigkeiten des Browsers reduziert, mit dem der Code ausgeführt wird. Mit anderen Worten: Browser, die JavaScript 1.2 und höher unterstützen, führen sowohl *onMouseOver-* und *onMouseOut-* als auch *onMouseDown*-bezogene Rollover aus. JavaScript-1.1-fähige Browser feuern nur die Rollover ab, die sich auf *onMouseOut* und *onMouseOver* beziehen. JavaScript-1.0-fähige Browser führen nur den Code zum Setzen der Statuszeile aus.

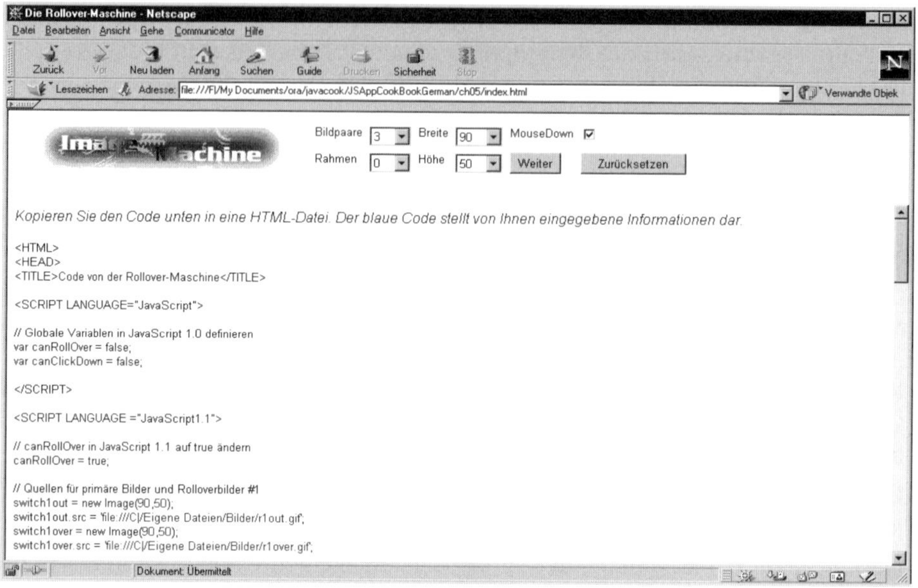

Abbildung 5-3: Diesen Code haben Sie gerade erzeugt

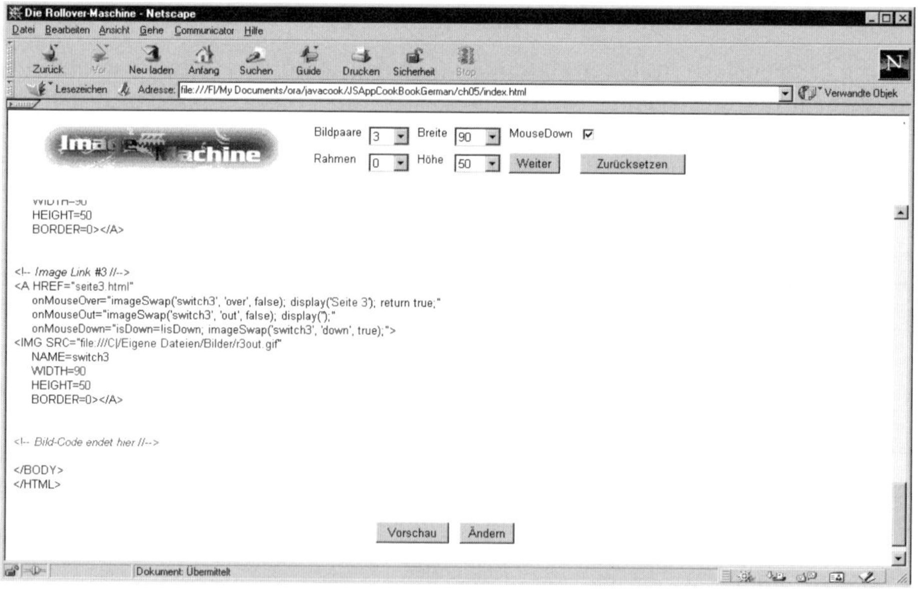

Abbildung 5-4: Wählen Sie »Vorschau« oder »Ändern« für weitere Optionen

Außerdem sparen wir Bandbreite: es werden nur die Bilder geladen, die auch tatsächlich gebraucht werden. Was der Browser nicht gebrauchen kann, muß er auch nicht laden. Browser mit JavaScript 1.1 laden keine Bilder, die mit dem *onMouseDown*-Event zusammenhängen. JavaScript 1.0-Browser laden keines der Bilder!

Einsatzvoraussetzungen

Obwohl der erzeugte Code in beliebigen JavaScript-fähigen Browsern läuft, müssen Sie, der Entwickler, einen JavaScript-1.2-fähigen Browser haben. Einige der Stringaustauschfunktionen und anderer Code machen die Version 1.2 erforderlich. Was die Skalierbarkeit betrifft, so können Sie Code für so viele Rollover erzeugen, wie Ihre Systemressourcen hergeben. Das Maximum liegt im Augenblick bei 50 Gruppen, was mehr ist, als ich jemals auf eine Seite setzen werde. Aber hier kann jeder machen, was er will.

Ach ja – das Interface ist für die Betrachtung mit einer Bildschirmauflösung von mindestens 1024 × 768 konzipiert. Sowohl die Bildmaske als auch der Code benötigen die extra Seitenbreite.

Die Syntax unter die Lupe genommen

Bevor wir uns den Code anschauen, sollten wir einen visuellen Eindruck vom Programmablauf bekommen. Abbildung 5-5 illustriert den grundlegenden Ablauf von Anfang bis Ende. Im Prinzip fangen Sie damit an, daß Sie Ihre Bildmaske erzeugen und die Spezifikationen für jedes Rollover festlegen. Danach können Sie zwischen Vorschau, Änderungen und Codeerzeugung hin- und herschalten. Wenn Ihnen das Ergebnis gefällt, können Sie den erzeugten Code kopieren und einfügen.

Die Rollover-Maschine hat drei Dateien: eine Seite mit einem Frameset und zwei Seiten mit Inhalt. Das Frameset heißt *index.html* und enthält die Dateien *nav.html* und *base.html*. *index.html* enthält weder JavaScript-Code noch sonstige Überraschungen. Halten Sie sich fest, hier sind die gesamten neun überwältigenden Zeilen in Beispiel 5-1.

Beispiel 5-1: index.html

```
<HTML>
<HEAD>
<TITLE>Die Rollover-Maschine</TITLE>
</HEAD>
<FRAMESET ROWS="105, *" FRAMEBORDER="0" BORDER="0">
  <FRAME SRC="nav.html" NAME="nav" SCROLLING=NO>
  <FRAME SRC="base.html" NAME="base">
  </FRAMESET>
</HTML>
```

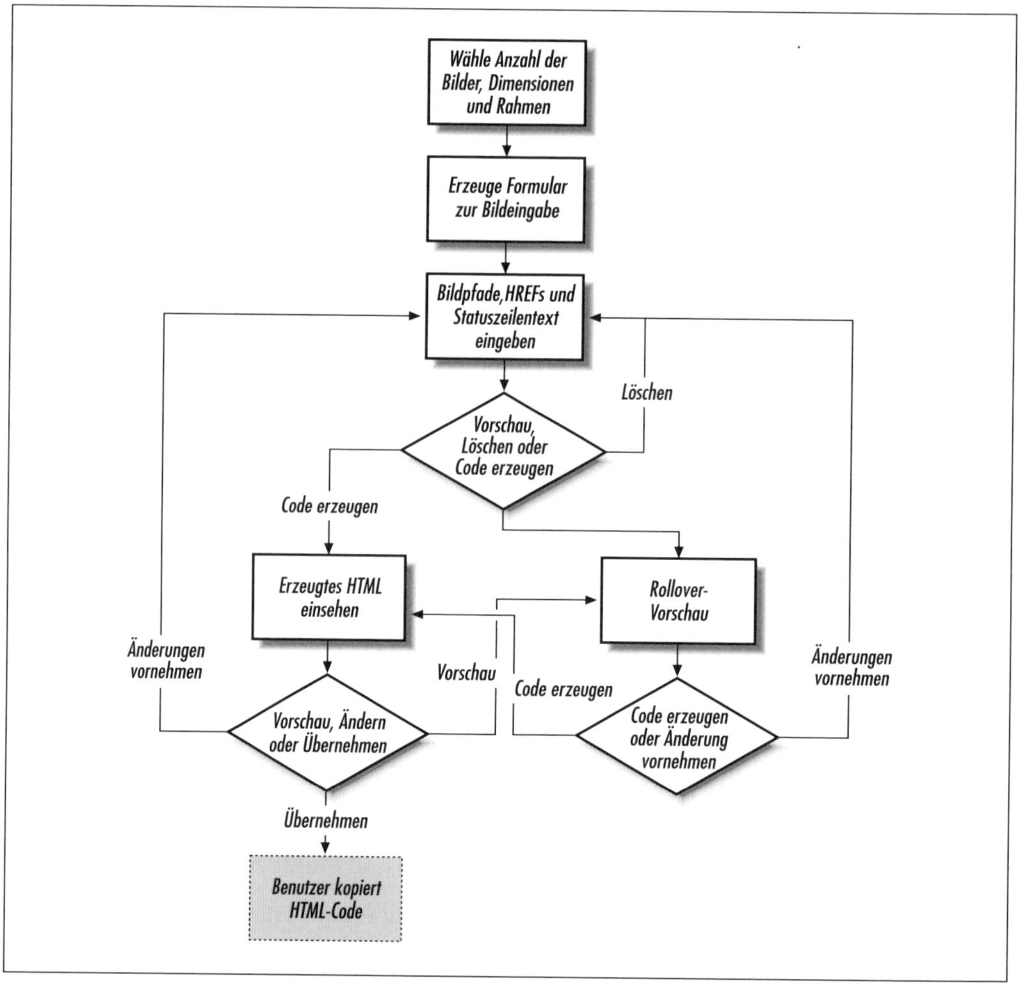

Abbildung 5-5: Die Logik der Rollover-Maschine

Wenn Sie sich *base.html* ansehen, finden Sie noch mehr statischen HTML-Code. Bevor wir uns zu *nav.html* in Beispiel 5-2 begeben, ist es aber wichtig, daß wir ein paar Dinge über den Code wissen, den wir dort zu sehen bekommen. Er ist lang (über 400 Zeilen) und etwas schwer zu lesen, aber eigentlich gar nicht so kompliziert.

Beispiel 5-2: nav.html

```
<HTML>
<HEAD>
<TITLE>Die Rollover-Maschine</TITLE>
<SCRIPT LANGUAGE="JavaScript1.2">

var platform = navigator.platform;
var lb = (platform.indexOf("Win" != -1) ? "\n\r" :
```

Beispiel 5-2: nav.html (Fortsetzung)

```
  (platform.indexOf("Mac" != -1) ? "\r" : "\n"));
var fontOpen = '<FONT COLOR=BLUE>';
var fontClose = '</FONT>';

function genSelect(name, count, start, select) {
  var optStr = "";
  for (var h = start; h <= count; h++) {
    optStr += "<OPTION VALUE=" + h +
      (h == select ? " SELECTED" : "") + ">" + h;
    }
  document.write("<SELECT NAME=" + name + ">" + optStr + "</SELECT>");
  }

function captureDefaultProfile(formObj) {
  setArrays();
  imgDefaults    = formObj;
  var imgQty      = (imgDefaults.imgnumber.selectedIndex + 1);
  var imgHeight   = (imgDefaults.pxlheight.selectedIndex);
  var imgWidth    = (imgDefaults.pxlwidth.selectedIndex);
  var imgBorder   = (imgDefaults.defbdr.selectedIndex);
  for (var i = 0; i < imgQty; i++) {
    imgPrim[i] = "";
    imgRoll[i] = "";
    imgDown[i] = "";
    imgLink[i] = "";
    imgText[i] = "";
    imgWdh[i]  = imgWidth;
    imgHgt[i]  = imgHeight;
    imgBdr[i]  = imgBorder;
    }
  generateEntryForm();
  }

function setArrays() {
  imgPrim = new Array();
  imgRoll = new Array();
  imgDown = new Array();
  imgLink = new Array();
  imgText = new Array();
  imgWdh  = new Array();
  imgHgt  = new Array();
  imgBdr  = new Array();
  }


function generateEntryForm() {
  with(parent.frames[1].document) {
  open();
    writeln("<HTML><BODY BGCOLOR=FFFFEE><FONT FACE=Arial SIZE=2>" +
      "<BLOCKQUOTE>Tragen Sie die Pfade f&uuml;r alle Bilder in die Spalten " +
      "unten ein. F&uuml;gen Sie den Linkpfad (z.B. <FONT FACE=Courier>" +
      "web_seite.html</FONT>) oder Skripttext (z.B., <FONT FACE=Courier>" +
```

Beispiel 5-2: nav.html (Fortsetzung)

```
      "javascript:</FONT>) f&uuml;r jedes der HREF-Attribute hinzu, und geben Sie etwaigen " +
      "Text zur Anzeige in der Statuszeile w&auml;hrend des " +
      "<FONT FACE=Courier>MouseOver</FONT>-Events ein. W&auml;hlen Sie dann " +
      "<B>Code erzeugen</B>, um Ihren Code zu sehen, oder <B>Vorschau</B>, um den " +
      "Code in Aktion zu sehen.</BLOCKQUOTE><FORM NAME='imgProfile' " +
      "onSubmit='return false;'><CENTER><TABLE BORDER=0 ALIGN=CENTER " +
      "CELLSPACING=5 CELLPADDING=5><TH ALIGN=LEFT><FONT FACE=Arial>#" +
      "<TH ALIGN=LEFT><FONT FACE=Arial>Pfad des Prim&auml;rbilds" +
      "<TH ALIGN=LEFT><FONT FACE=Arial>Pfad des Rolloverbilds" +
      (imgDefaults.mousedown.checked ? "<TH ALIGN=LEFT>" +
      "<FONT FACE=Arial>MouseDown-Pfad" : "") +
      "<TR><TD><BR></TD></TR>");
    }

  for (i = 0; i < imgPrim.length; i++) {
    with(parent.frames[1].document) {
      writeln("<TR>" +
      "<TD><FONT FACE=Arial SIZE=2><CENTER><B>" + (i + 1) +
      "</B></CENTER><TD VALIGN=BOTTOM><FONT FACE=Arial SIZE=2>" +
      "<INPUT TYPE=FILE NAME='prim" + i + "' VALUE='" + imgPrim[i] +
      "'><TD VALIGN=BOTTOM><FONT FACE=Arial SIZE=2><INPUT TYPE=FILE " +
      "NAME='seci" + i + "' VALUE='" + imgRoll[i] + "'>" +
      (imgDefaults.mousedown.checked ? "<TD VALIGN=BOTTOM><FONT " +
      "FACE=Arial SIZE=2><INPUT TYPE=FILE NAME='down" + i + "' VALUE='" +
      imgDown[i] + "'>" : "") + "<TR><TD VALIGN=BOTTOM><FONT " +
      "FACE=Arial SIZE=2>   </TD>" +
      "<TD VALIGN=BOTTOM><FONT FACE=Arial SIZE=2><INPUT TYPE=TEXT " +
      "NAME='href" + i + "' VALUE='" + imgLink[i] + "'> " +
      "<IMG SRC='images/href.jpg'><TD VALIGN=BOTTOM><FONT FACE=Arial " +
      "SIZE=2><INPUT TYPE=TEXT NAME='stat" + i + "' VALUE='" +
      imgText[i] + "'><IMG SRC='images/statusbar.jpg'> " +
      (!imgDefaults.mousedown.checked ?"<TR>" : "") +
      "<TD VALIGN=BOTTOM><FONT FACE=Arial SIZE=2>" +
      (!imgDefaults.mousedown.checked ?
      "</TD><TD VALIGN=BOTTOM><FONT FACE=Arial SIZE=2>" : "") +
      "<INPUT TYPE=TEXT NAME='wdh" + i + "' VALUE='" +
      imgWdh[i] + "' SIZE=3> <IMG SRC='images/wdh.jpg'> " +
      "   <INPUT TYPE=TEXT NAME='hgt" + i + "' VALUE='" +
      imgHgt[i] + "' SIZE=3><IMG SRC='images/hgt.jpg'>  " +
      (!imgDefaults.mousedown.checked ?
      "<TD VALIGN=BOTTOM><FONT FACE=Arial SIZE=2>" : "") +
      "<INPUT TYPE=TEXT NAME='bdr" + i + "' VALUE='" + imgBdr[i] +
      "' SIZE=3> <IMG SRC='images/bdr.jpg'>" +
      "<TR><TD VALIGN=BOTTOM COLSPAN=" +
      (!imgDefaults.mousedown.checked ? "3" : "4") +
      "><BR><HR NOSHADE><BR></TD></TR>");
      }
    }

  with(parent.frames[1].document) {
```

Beispiel 5-2: nav.html (Fortsetzung)

```
    writeln("</TABLE><CENTER><INPUT TYPE=BUTTON " +
      "onClick='parent.frames[0].imgValid8(this.form, true);' " +
      "VALUE='Generate'><INPUT TYPE=BUTTON " +
      "onClick='parent.frames[0].imgValid8(this.form, false);' " +
      "VALUE='Vorschau'> <INPUT TYPE=RESET VALUE='   L&ouml;schen   '>" +
      "</FORM></BODY></HTML>");
    close();
    }
  }

function imgValid8(imgTemplate, mimeType) {
  for (var  i = 0; i < imgPrim.length; i++) {
    if (imgTemplate['prim' + i].value == "" ||
      imgTemplate['seci' + i].value == "" ||
      imgTemplate['href' + i].value == "") {
      alert("Alle Bilder und HREF-Attribute brauchen URLs.");
      return;
      }
    if (imgDefaults.mousedown.checked) {
      if(imgTemplate['down' + i].value == "") {
        alert("Alle Bilder und HREF-Attribute brauchen URLs.");
        return;
        }
      }
    }
  genJavaScript(imgTemplate, mimeType);
  }

function genJavaScript(imgTemplate, mimeType) {
  imageLinks = '';

  if (mimeType) {
    lt      = "&lt;";
    gt      = "&gt;";
    br      = "<BR>";
    HTML    = true;
    nbsp    = "     ";
    }
  else {
    lt      = "<";
    gt      = ">";
    br      = lb;
    HTML    = false;
    nbsp    = "     ";
    }

  if(imgTemplate != null) {
    setArrays();
    for (var i = 0; i < (imgDefaults.imgnumber.selectedIndex + 1); i++) {
      imgPrim[i] = purify(imgTemplate['prim' + i].value);
      imgRoll[i] = purify(imgTemplate['seci' + i].value);
      if (imgDefaults.mousedown.checked) {
```

Beispiel 5-2: nav.html (Fortsetzung)

```
        imgDown[i] = purify(imgTemplate['down' + i].value);
        }
      imgLink[i] = purify(imgTemplate['href' + i].value);
      imgText[i] = purify(imgTemplate['stat' + i].value);
      imgWdh[i]  = purify(imgTemplate['wdh' + i].value);
      imgHgt[i]  = purify(imgTemplate['hgt' + i].value);
      imgBdr[i]  = purify(imgTemplate['bdr' + i].value);
      }
    }

  if (HTML) {
   primJavaScript = "<HTML><HEAD><TITLE>Code von der Rollover-Maschine</TITLE>" +
     "</HEAD><BODY BGCOLOR=FFFFEE><FONT FACE=Arial>" +
     "<I>Kopieren Sie den Code unten in eine HTML-Datei. Der  blaue " +
     "Code stellt von Ihnen eingegebene Informationen dar.</I>" +
     "<BR><BR></FONT><FONT SIZE=2 FACE=Arial>" +
     lt + "HTML" + gt + "<BR>" + lt + "HEAD" + gt + "<BR>" +
     lt + "TITLE" + gt + "Code von der Rollover-Maschine" + lt + "/TITLE" + gt;
    }
  else {
    primJavaScript = "<HTML><HEAD><TITLE>Code von der Rollover-
    Maschine</TITLE>";
    }

  primJavaScript += br + br + lt + "SCRIPT LANGUAGE=\"JavaScript\"" +
    gt + br + br + "// Globale Variablen in JavaScript 1.0 definieren" + br +
    "var canRollOver = false;" + br + "var canClickDown = false;" + br +
    br + lt + "/SCR" + "IPT" + gt + br + br + lt +
    "SCRIPT LANGUAGE =\"JavaScript1.1\"" + gt + br + br +
    "// canRollOver in JavaScript 1.1 auf true ändern" + br +
    "canRollOver = true;" + br + br;

  secJavaScript = lt + "SCRIPT LANGUAGE=\"JavaScript1.2\"" + gt + br +
    br + "// canClickDown in JavaScript 1.2 auf true ändern" + br +
    "canClickDown = true;" + br + br;

  for (var j = 0; j < imgPrim.length; j++) {
    primJavaScript += "// Quellen für primäre Bilder und Rolloverbilder #" +
      (j + 1) + br +"switch" + (j + 1) + "out = new Image(" +
      (HTML ? fontOpen : "") + imgWdh[j] +
      (HTML ? "</FONT>," : ", ") +
      (HTML ? fontOpen : "") + imgHgt[j]  +
      (HTML ? fontClose : "") + "); " + br + "switch" + (j + 1) +
      "out.src = '" +
      (HTML ? fontOpen : "") +
      (imgPrim[j].indexOf(":\\") != -1 ? pathPrep(imgPrim[j]) :
        imgPrim[j]) +
      (HTML ? fontClose : "") + "';" + br + "switch" + (j + 1) +
      "over = new Image(" +
      (HTML ? fontOpen : "") + imgWdh[j]  +
      (HTML ? "</FONT>," : ", ") +
      (HTML ? fontOpen : "") + imgHgt[j] +
```

Beispiel 5-2: nav.html (Fortsetzung)

```
      (HTML ? fontClose : "") + "); " + br + "switch" + (j + 1) +
      "over.src = '" +
      (HTML ? fontOpen : "") +
      (imgRoll[j].indexOf(":\\") != -1 ? pathPrep(imgRoll[j]) :
        imgRoll[j]) +
      (HTML ? fontClose : "") + "';" + br + br;

    if (imgDefaults.mousedown.checked) {
      secJavaScript += "// Bildquelle für MouseDown #" + (j + 1) + br +
        "switch" + (j + 1) + "down = new Image(" +
        (HTML ? fontOpen : "") + imgWdh[j] +
        (HTML ? "</FONT>," : ", ") +
        (HTML ? fontOpen : "") + imgHgt[j]  +
        (HTML ? fontClose : "") + "); " + br + "switch" +
        (j + 1) + "down.src = '" +
        (HTML ? fontOpen : "") +
        (imgPrim[j].indexOf(":\\") != -1 ? pathPrep(imgDown[j]) :
          imgDown[j]) +
        (HTML ? fontClose : "") + "';" + br + br;
      }

    imageLinks += lt + "!-- <I> Image Link #" + (j + 1) +
      " </I>//--" + gt + br + lt + "A HREF=\"" +
      (HTML ? fontOpen : "") + imgLink[j] +
      (HTML ? fontClose : "") + "\" " + br + nbsp +
      "onMouseOver=\"imageSwap('switch" + (j + 1) +
      "', 'over', false); display('" +
      (HTML ? fontOpen : "") + imgText[j] +
      (HTML ? fontClose : "") + "'); return true;\"" + br +
      nbsp + "onMouseOut=\"imageSwap('switch" +
      (j + 1) + "', 'out', false); display('');\"" +
      (imgDefaults.mousedown.checked ?
        br + nbsp + "onMouseDown=\"isDown=!isDown; imageSwap('switch" +
        (j + 1) + "', 'down', true);\"" : "") +
      gt + br + lt + "IMG SRC=\"" +
      (HTML ? fontOpen : "") + pathPrep(imgPrim[j]) +
      (HTML ? fontClose : "") + "\"" + br + nbsp +
      "NAME=switch" + (j + 1) + br + nbsp + "WIDTH=" +
      (HTML ? fontOpen : "") + imgWdh[j] +
      (HTML ? fontClose : "") + br + nbsp + "HEIGHT=" +
      (HTML ? fontOpen : "") + imgHgt[j] +
      (HTML ? fontClose : "") + br + nbsp + "BORDER=" +
      (HTML ? fontOpen : "") + imgBdr[j] +
      (HTML ? fontClose : "") +
      gt + "" + lt + "/A" + gt + br + br + br;
    }

  scriptClose = br + lt + "/SCR" + "IPT" + gt + br + br;

  swapCode = br + lt + "/SCR" + "IPT" + gt + br + br +
    lt + "SCRIPT LANGUAGE =\"JavaScript\"" + gt + br + br +
    (imgDefaults.mousedown.checked ?
```

Beispiel 5-2: nav.html (Fortsetzung)

```
        "var isDown = false;" + br + br : "") +
      "// Rollover in JavaScript 1.0 bedingt durchführen" + br +
      "function imageSwap(imageName, imageSuffix) {" + br +
      nbsp + "if (!canRollOver) { return; }" + br + nbsp +
      (imgDefaults.mousedown.checked ?
        "if (!isDown) { " + br + nbsp + nbsp : "") +
      "document[imageName].src = " +
      "eval(imageName + imageSuffix + \".src\");" + br + nbsp +
      (imgDefaults.mousedown.checked ? nbsp + "}" + br + nbsp +
      "else if (canClickDown) {" + br +
      nbsp + nbsp + "document[imageName].src = " +
      eval(imageName + imageSuffix + \".src\");" + br +
      nbsp + nbsp + "}" + br + nbsp : "") + "}" + br + br +
      "function display(stuff) { window.status = stuff; }" +
      br + br + lt + "/SCR" + "IPT" + gt + br;

    primHTML = br + lt + "/HEAD" + gt + br +
      lt + "BODY BGCOLOR=FFFFEE" +
      gt + br + br + (HTML ? "<FONT COLOR=RED>" : "") + lt +
      "!-- <I> Bild-Code beginnt hier </I> //--" + gt + br +
      (HTML ? fontClose : "") + br + br;

    secHTML = (HTML ? "<FONT COLOR=RED>" : "") +
      lt + "!-- <I> Bild-Code endet hier </I> //--" + gt +
      (HTML ? fontClose : "") + br + br +
      (HTML ? lt + "/BODY" + gt + br + lt + "/HTML" + gt : "") +
      br + br + "<CENTER><FORM>" + br +
      "<INPUT TYPE=BUTTON onClick='parent.frames[0].genJavaScript(null, " +
      (HTML ? "false" : "true") + ");' VALUE='" +
      (HTML ? 'Vorschau' : 'Code erzeugen') + "'>   " +
      "<INPUT TYPE=BUTTON " +
      "onClick='parent.frames[0].generateEntryForm();' " +
      "VALUE='Change Info'>" + br + "</FORM></CENTER>" + br + br +
      "</BODY></HTML>";

    aggregate = primJavaScript +
      (imgDefaults.mousedown.checked ? scriptClose + secJavaScript : "") +
      swapCode + primHTML + imageLinks + secHTML;

    parent.frames[1].location.href =
      "javascript: parent.frames[0].aggregate";
    }

function purify(txt) { return txt.replace(/\'|\"/g, ""); }

function pathPrep(path) {
  if (path.indexOf(":\\") != -1) {
    path = path.replace(/\\/g, "/");
    path = path.replace(/:\//, "|/");
    return "file:///" + path;
    }
  else { return path; }
```

Beispiel 5-2: nav.html (Fortsetzung)

```
  }

</SCRIPT>
</HEAD>
<BODY BGCOLOR=FFFFEE>
<FORM>
<TABLE BORDER="0">
  <TR>
    <TD VALIGN=MIDDLE>
    <IMG SRC="images/image_machine.gif" WIDTH=275 HEIGHT=56 HSPACE=25>
    </TD>
    <TD>
    <!-- Default-Maske erzeugen //-->
    <TABLE BORDER="0" ALIGN="CENTER">
      <TR>
        <TD VALIGN="TOP">
        <FONT FACE="Arial" SIZE=2>
        Bildpaare
        </TD>
        <TD VALIGN="TOP">
        <FONT FACE="Arial" SIZE=2>
        <SCRIPT LANGUAGE="JavaScript1.2">
        <!--
        genSelect("imgnumber", 50, 1, 1);
        //-->
        </SCRIPT>
        </TD>
        <TD VALIGN="TOP">
        <FONT FACE="Arial" SIZE=2>
        Breite
        </TD>
        <TD VALIGN="TOP">
        <FONT FACE="Arial" SIZE=2>
        <SCRIPT LANGUAGE="JavaScript1.2">
        <!--
        genSelect("pxlwidth", 250, 0, 90);
        //-->
        </SCRIPT>
        </TD>
        <TD VALIGN="TOP">
        <FONT FACE="Arial" SIZE=2>
        MouseDown
        </TD>
        <TD VALIGN="TOP">
        <FONT FACE="Arial" SIZE=2>
        <INPUT TYPE=CHECKBOX NAME="mousedown">
        </TD>
    </TR>
    <TR>
        <TD VALIGN="TOP">
        <FONT FACE="Arial" SIZE=2>
        Rahmen
```

Beispiel 5-2: nav.html (Fortsetzung)

```
        </TD>
        <TD VALIGN="TOP">
        <FONT FACE="Arial" SIZE=2>
        <SCRIPT LANGUAGE="JavaScript1.2">
        <!--
        genSelect("defbdr", 10, 0, 0);
        //-->
        </SCRIPT>
        </TD>
        <TD VALIGN="TOP">
        <FONT FACE="Arial" SIZE=2>
        H&ouml;he
        </TD>
        <TD VALIGN="TOP">
        <FONT FACE="Arial" SIZE=2>
        <SCRIPT LANGUAGE="JavaScript1.2">
        <!--
        genSelect("pxlheight", 250, 0, 50);
        //-->
        </SCRIPT>
        </TD>
        <TD VALIGN="TOP">
        <FONT FACE="Arial" SIZE=2>
        <INPUT TYPE=BUTTON VALUE="Proceed"
          onClick="captureDefaultProfile(this.form);">
        </TD>
        <TD VALIGN="TOP">
        <FONT FACE="Arial" SIZE=2>
        <INPUT TYPE=RESET VALUE="  Reset  ">
        </TD>
      </TR>
    </TABLE>
    </TD>
  </TR>
</TABLE>
</CENTER>
</FORM>
</BODY>
</HTML>
```

Soviel Code hatten wir bisher noch in keiner Anwendung. Ein Teil des Codes mag verwirrend aussehen, aber so schlimm ist er dann auch wieder nicht. Um die Rollover-Maschine zu verstehen, schauen wir uns die Anwendung aus der Sicht eines typischen Benutzers an. Zum Beispiel in diesem Fünf-Schritte-Szenario:

1. Die Seiten werden geladen.
2. Der Benutzer gibt die Anzahl der Bildpaare und die Voreinstellungen ein und wählt dann »Weiter«.
3. Der Benutzer füllt die Bildpfade, HREF-Attribute usw. aus und wählt dann »Erzeugen«, um den Code zu sehen.

4. Der Benutzer wählt »Vorschau«, um den Code in Aktion zu sehen.
5. Der Benutzer wählt »Ändern«, um Änderungen vorzunehmen.

Schritt 1: Die Seiten werden geladen

Alles scheint ziemlich normal zu sein. Es gibt ein Frameset namens *index.html* und zwei Dummy-Frame-Inhaltsseiten namens *nav.html* und *base.html*. JavaScript erledigt aber schon einige Arbeiten, bevor der Benutzer überhaupt die Chance bekommt, etwas zu tun. Dazu möchte ich Ihre Aufmerksamkeit auf die Zeilen 323 bis 403 lenken. Hier sehen Sie den Code für eine Tabelle mit diversen JavaScript-Funktionsaufrufen in den Datenzellen; zum Beispiel:

```
<TD VALIGN="TOP">
<FONT FACE="Arial" SIZE=2>
Bildpaare
</TD>
<TD VALIGN="TOP">
<FONT FACE="Arial" SIZE=2>
<SCRIPT LANGUAGE="JavaScript1.2">
<!--
genSelect("imgnumber", 50, 1, 1);
//-->
</SCRIPT>
</TD>
<TD VALIGN="TOP">
<FONT FACE="Arial" SIZE=2>
Breite
</TD>
<TD VALIGN="TOP">
<FONT FACE="Arial" SIZE=2>
<SCRIPT LANGUAGE="JavaScript1.2">
<!--
genSelect("pxlwidth", 250, 0, 90);
//-->
</SCRIPT>
</TD>
```

Die Aufrufe der Funktion `genSelect()` benutzen JavaScript, um auf dynamische Weise SELECT-Auswahllisten zu erzeugen. Jede der Auswahllisten ermöglicht es Ihnen, Defaultwerte für die Bildattribute zu setzen. Auswahllisten funktionieren hier besser als Textfelder, weil Sie sich dann nicht so sehr um die Überprüfung des Formulars kümmern müssen. Der Benutzer kann keinen inkorrekten Wert (wie zum Beispiel einen nichtnumerischen Wert) für eine Rahmen- oder Bildbreite eingeben, weil er aus den in der Liste vorgegebenen Werten auswählen muß. Aber wer möchte schon eine SELECT-Auswahlliste mit 250 oder 300 unterschiedlichen Optionen eingeben, eine für jede Zahl? Nehmen wir einmal an, Sie müßten die Anzahl der Optionen ändern. JavaScript kann mit einem Aufruf von `genSelect()` für jede von uns gewünschte SELECT-Auswahlliste helfen. Sehen Sie sich die Zeilen 12 bis 19 an:

```
function genSelect(name, count, start, select) {
  var optStr = "";
  for (var h = start; h <= count; h++) {
    optStr += "<OPTION VALUE=" + h +
      (h == select ? " SELECTED" : "") + ">" + h;
    }
  document.write("<SELECT NAME=" + name + ">" + optStr + "</SELECT>");
  }
```

`genSelect()` erwartet vier Parameter: einen String mit einem Namen für die Auswahlliste, die Nummer der höchstwertigen Option, die Zahl, mit der angefangen werden soll (in Einserschritten), und eine Zahl, die das ausgewählte Element angibt. `genSelect()` läuft einfach von *start* bis *count* und erzeugt dabei eine Kette von `<OPTION>`-Tags. Wenn diese fertig ist, schreibt JavaScript den String zwischen die `<SELECT>`-Tags in das Dokument. Jetzt sind die Seiten geladen und fertig zum Loslegen. Sehen wir uns an, was passiert, wenn der Benutzer die Voreinstellungen eingibt.

Schritt 2: Die Anzahl der Bildpaare und der Voreinstellungen eingeben

In Abbildung 5-1 sehen Sie, daß der Benutzer die Defaults mit vier Auswahllisten und einer Checkbox setzt. Die wichtigste Einstellung ist die Anzahl der Bildpaare. Die Rollover-Maschine erlaubt es Ihnen, von einem bis zu 50 Paaren zu wählen. Ich bezweifle, daß Sie jemals 50 Paare brauchen werden, aber ein bißchen Overkill hat noch niemandem geschadet.

Der Benutzer kann dann die Defaultbreite und -höhe in Pixeln für alle Bildpaare wählen. Jede dieser Auswahllisten bietet zwischen 1 und 250 Pixeln an. Sie möchten das vielleicht später ändern, aber für den Augenblick reicht es. Die Defaultbreite und -höhe sind 90 beziehungsweise 50 Pixel. Das entspricht einer netten Rechteckform für einen Button.

Die letzte der Auswahllisten wird benutzt, um den Rahmen zu setzen, der zwischen 0 und 10 Pixeln breit sein kann. Die meisten Leute setzen ihn immer auf 0, ich habe aber auch schon Rollover mit Bildrändern gesehen.

Das Markieren der Checkbox ermöglicht es dem Benutzer, ein Bildrollover-Feature für den *onMouseDown*-Event-Handler miteinzubeziehen, der von JavaScript 1.2 und den neueren DOMs in NN und MSIE unterstützt wird. Der Benutzer muß nur »Weiter« wählen, um aus der gerade eingegebenen Information eine Bildmaske zu erzeugen.

Schritt 3: Eingeben der Bildpfade, HREF-Attribute usw.

Sobald der Benutzer »Weiter« anklickt, erzeugt die Rollover-Maschine eine Bildmaske, so wie in Abbildung 5-2 gezeigt. Die Rollover-Maschine verwendet drei Funktionen, um diese Bildmaske zu erzeugen: `captureDefaultProfile()`, `setArrays()` und `generateEntryForm()`.

captureDefaultProfile()

Die Funktion `captureDefaultProfile()` wird als erste aufgerufen, wenn der Benutzer »Weiter« wählt. Sie finden diese Funktion in den Zeilen 21 bis 39:

```
function captureDefaultProfile(formObj) {
  setArrays();
  imgDefaults    = formObj;
  var imgQty      = (imgDefaults.imgnumber.selectedIndex + 1);
  var imgHeight   = (imgDefaults.pxlheight.selectedIndex);
  var imgWidth    = (imgDefaults.pxlwidth.selectedIndex);
  var imgBorder   = (imgDefaults.defbdr.selectedIndex);
  for (var i = 0; i < imgQty; i++) {
    imgPrim[i] = "";
    imgRoll[i] = "";
    imgDown[i] = "";
    imgLink[i] = "";
    imgText[i] = "";
    imgWdh[i]  = imgWidth;
    imgHgt[i]  = imgHeight;
    imgBdr[i]  = imgBorder;
    }
  generateEntryForm();
  }
```

Die erste Amtshandlung von `captureDefaultProfile()` besteht darin, die Funktion `setArrays()` aufzurufen. Wie unten in den Zeilen 41 bis 50 gezeigt wird, deklariert und initialisiert `setArrays()` acht Arrays. Jedes Array enthält die entsprechenden Attributwerte für jede Bildgruppe. So enthält zum Beispiel *imgPrim* die Bildpfade für alle primären Bilder. *imgRoll* enthält alle Bildpfade für die Rolloverbilder (für den *onMouseOver*-Event-Handler) usw. Wenn die Arrays nicht schon deklariert worden sind, erledigt `setArrays()` das gleich mit. Wenn die Arrays bereits deklariert worden sind (das heißt, der Benutzer bereits Bildcode erzeugt hat), werden sie auf null Elemente zurückgesetzt.

```
function setArrays() {
  imgPrim = new Array();
  imgRoll = new Array();
  imgDown = new Array();
  imgLink = new Array();
  imgText = new Array();
  imgWdh  = new Array();
  imgHgt  = new Array();
  imgBdr  = new Array();
  }
```

Nachdem `setArrays()` fertig ist, macht `captureDefaultProfile()` mit dem Kopieren des Formularobjekts *formObj* zur Variable *imgDefaults* weiter. Das ist wichtig: *imgDefaults* ist global. Anders als viele der lokalen Variablen in dieser Anwendung »stirbt« sie nicht, behält also eine Kopie der Voreinstellungen der Benutzer in dieser Anwendung für den Fall, daß der Benutzer oder die Benutzerin zwischen Codeansicht, Codeerzeugung oder Attributänderungen hin- und herschalten will. Dies ist der einzige Punkt in der Anwendung, an dem *imgDefaults* gesetzt wird. Das bedeutet, daß der Benutzer oder die Benutzerin die Voreinstellungen nur durch nochmaliges Anklicken von »Weiter« ändern können.

Sobald die Rollover-Maschine eine Kopie der Benutzervoreinstellungen hat, deklariert `captureDefaultProfile()` vier lokale Variablen:

```
var imgQty      = (imgDefaults.imgnumber.selectedIndex + 1);
var imgHeight   = (imgDefaults.pxlheight.selectedIndex);
var imgWidth    = (imgDefaults.pxlwidth.selectedIndex);
var imgBorder   = (imgDefaults.defbdr.selectedIndex);
```

imgQty ist die Anzahl der vom Benutzer gewünschten Rollover. *imgHeight*, *imgWidth* und *imgBorder* sind die Defaultbreite, -höhe und die Rahmeneinstellungen. Diese Variablen ermöglichen es der Funktion, den in `setArrays()` deklarierten Arrays Werte zuzuweisen (siehe die Zeilen 28 bis 37):

```
for (var i = 0; i < imgQty; i++) {
  imgPrim[i] = "";
  imgRoll[i] = "";
  imgDown[i] = "";
  imgLink[i] = "";
  imgText[i] = "";
  imgWdh[i]  = imgWidth;
  imgHgt[i]  = imgHeight;
  imgBdr[i]  = imgBorder;
  }
```

Die *for*-Schleife wird für jedes der vom Benutzer gewünschten Rollover einmal durchlaufen, wobei jedem der deklarierten Arrays Attribute zugewiesen werden. *imgPrim* enthält den Pfad für das *MouseOut*-Event. *imgRoll* enthält die Werte für die *MouseOver*-Events und *imgDown* den Pfad für die *MouseDown*-Events. *imgLink* und *imgText* enthalten die Werte der `HREF`-Attribute bzw. den Text für die Statuszeile. Da der Benutzer die Werte der ersten fünf Elemente einzeln in der Bildmaske eingibt, bekommt jedes Element in diesen fünf Arrays anfangs einen leeren String zugewiesen.

Alle Elemente in den verbleibenden drei Arrays werden auf dieselben Werte gesetzt. Die Defaultbreite ist dieselbe für alle Bilder, ebenso die Defaulthöhe und der Defaultrahmen. Der Benutzer kann diese später ändern, aber fürs erste werden alle auf den jeweils gleichen Wert gesetzt.

generateEntryForm()

Als letztes ruft die Funktion `generateEntryForm()` auf. Hier fängt der Spaß erst richtig an. Diese Funktion trägt die alleinige Verantwortung für die Erstellung einer maßgeschneiderten Bildmaske in HTML, in die der Benutzer spezifische Daten für jede Bildgruppe eintragen kann. Sehen Sie sich die Zeilen 53 bis 118 an.

Sechsundsechzig Codezeilen für eine Funktion. Das verletzt für die meisten Programmierer wohl die Grenzwerte für Funktionsgrößen. `generateEntryForm()` führt aber trotzdem nur eine Operation durch: die Erstellung der Bildmaske. Sie ist eigentlich ziemlich einfach, wenn Sie die Funktion in drei HTML-Blöcke aufteilen – die Tabellenkopfzellen (TH), die Textfelder des Formulars und die Buttons. Die gesamte Funktion ist eigentlich eine Serie von Aufrufen von `document.writeln()`. Das ist alles. Der Code, der die Kopfzellen schreibt, folgt hier in den Zeilen 54 bis 72:

```
with(parent.frames[1].document) {
  open();
  writeln("<HTML><BODY BGCOLOR=FFFFEE><FONT FACE=Arial SIZE=2>" +
    "<BLOCKQUOTE>Tragen Sie die Pfade f&uuml;r alle Bilder in die Spalten " +
    "unten ein. F&uuml;gen Sie den Linkpfad (z.B. <FONT FACE=Courier>" +
    "web_seite.html</FONT>) oder Skripttext (z.B., <FONT FACE=Courier>" +
    "javascript:</FONT>) f&uuml;r jedes der HREF-Attribute hinzu, und geben" +
    "Sie etwaigen Text zur Anzeige in der Statuszeile w&auml;hrend des " +
    "<FONT FACE=Courier>MouseOver</FONT>-Events ein. W&auml;hlen Sie dann " +
    "<B>Code erzeugen</B>, um Ihren Code zu sehen, oder <B>Vorschau</B>, um" +
    "den Code in Aktion zu sehen.</BLOCKQUOTE><FORM NAME='imgProfile' " +
    "onSubmit='return false;'><CENTER><TABLE BORDER=0 ALIGN=CENTER " +
    "CELLSPACING=5 CELLPADDING=5><TH ALIGN=LEFT><FONT FACE=Arial>#" +
    "<TH ALIGN=LEFT><FONT FACE=Arial>Pfad des Prim&auml;rbilds" +
    "<TH ALIGN=LEFT><FONT FACE=Arial>Pfad des Rolloverbilds" +
    (imgDefaults.mousedown.checked ? "<TH ALIGN=LEFT>" +
    "<FONT FACE=Arial>MouseDown-Pfad" : "") +
    "<TR><TD><BR></TD></TR>");
  }
```

Beachten Sie, daß die Bildmaske in eine Tabelle eingebettet ist. In diesem Block ist alles statisch, bis auf den Code in den Zeilen 69 bis 70. Wenn der Benutzer die »MouseDown«-Checkbox markiert hat, fügt JavaScript mit dem ternären Operator einen zusätzlichen Tabellenkopf hinzu. Wenn nicht, wird nichts hinzugefügt. Sehen Sie sich die folgende Anweisung näher an:

```
(imgDefaults.mousedown.checked ? "<TH ALIGN=LEFT><FONT FACE=Arial>" +
  "MouseDown Path" : "")
```

Hier ist der Grund: Wenn Sie das verstanden haben, können Sie den Rest der Funktion geradezu überfliegen, weil `generateEntryForm()` *alle* Programmierentscheidungen danach trifft, ob der Benutzer die »MouseDown«-Checkbox aktiviert hat. Sehen Sie sich den Abschnitt mit dem Textfeld in den Zeilen 74 bis 107 an.

Für jedes der Elemente in *imgPrim* (und damit für jedes Rollover) fügt die Rollover-Maschine ein neues TR mit TDs für zwei (oder drei) FILE-Felder, Textfelder für das HREF-Attribut, den Statuszeilentext und die Einstellungen für Breite, Höhe und Rahmenpixel hinzu. Wenn Sie genau hinsehen, werden Sie feststellen, daß jedes Element mit dem Index *i* in den in `setArrays()` deklarierten Arrays einem Wert in einem zugehörigen Textfeld zugewiesen wird.

Erinnern Sie sich, daß *imgPrim*, *imgRoll*, *imgDown*, *imgLink* und *imgText* ursprünglich auf leere Strings gesetzt wurden? Bisher hatte der Benutzer auch noch keine Chance, irgendwelche Werte für sie einzugeben. Daher macht es Sinn, daß die Werte dieser Textfelder auf einen leeren String gesetzt werden. Die Defaultwerte für Breite, Höhe und Rahmen sind aber bereits gesetzt worden. Deswegen ist sinnvoll, daß die entsprechenden Elemente mit dem Index *i* der Arrays *imgWidth*, *imgHeight* und *imgBorder* ihren entsprechenden Textfeldwerten zugewiesen werden.

Beachten Sie den wiederkehrenden Code:

```
(imgDefaults.mousedown.checked ?
```

Er taucht jedesmal dann wieder auf, wenn bestimmt werden muß, ob der Benutzer die »MouseDown«-Checkbox markiert hat und damit der zusätzliche Code für das Bild in das Fomular eingefügt werden soll.

Die Tabellenköpfe und Textfelder des Formulars sind soweit in guten Händen. Jetzt müssen nur noch die Buttons »Code erzeugen«, »Vorschau« und »Löschen« erzeugt werden.

```
with(parent.frames[1].document) {
  writeln("</TABLE><CENTER><INPUT TYPE=BUTTON " +
    "onClick='parent.frames[0].imgValid8(this.form, true);' " +
    "VALUE='Code erzeugen'><INPUT TYPE=BUTTON " +
    "onClick='parent.frames[0].imgValid8(this.form, false);' " +
    "VALUE='Vorschau'> <INPUT TYPE=RESET VALUE='L&ouml;schen '>" +
    "</FORM></BODY></HTML>");
  close();
  }
```

Der »Löschen«-Button ist Ihr gewöhnlicher `RESET`-Button. Befassen wir uns also mit den anderen beiden. Beachten Sie, daß beide Buttons die Funktion `imgValid8()` aufrufen, wenn sie angeklickt werden. Beide übergeben eine Kopie des Formulars an die Funktion; der eine übergibt aber `true` und der andere `false`. Das macht einen großen Unterschied, weil es entscheidet, ob die Rollover-Maschine den gedruckten oder den interpretierten Code erzeugt. Dazu kommen wir gleich.

Übrigens sollten Sie sich `generateEntryForm()` Zeile für Zeile ansehen, um zu sehen, wie der HTML-Code für das Formular zustandekommt. Sie werden sehen, wie ein langer String ein Formular erzeugt, das den Benutzer zum nächsten Schritt führt. Die Funktion `generateEntryForm()` erzeugt das Formular, das der Benutzer ausfüllen soll. Nach unserer Vier-Schritte-Prozedur am Anfang dieses Kapitels wählt der Benutzer dann »Code erzeugen«. Wie dem Code oben zu entnehmen ist, wird dabei `imgValid8()` aufgerufen. Sie finden die Funktion in den Zeilen 120 bis 136:

```
function imgValid8(imgTemplate, mimeType) {
  for (var  i = 0; i < imgPrim.length; i++) {
    if (imgTemplate['prim' + i].value == "" ||
      imgTemplate['seci' + i].value == "" ||
      imgTemplate['href' + i].value == "") {
      alert("Alle Bilder und HREF-Attribute brauchen URLs.");
      return;
      }
    if (imgDefaults.mousedown.checked) {
      if(imgTemplate['down' + i].value == "") {
        alert("Alle Bilder und HREF-Attribute brauchen URLs.");
```

```
            return;
          }
        }
      }
    genJavaScript(imgTemplate, mimeType);
    }
```

Diese Funktion stellt sicher, daß der Benutzer Werte für alle Bildpfade eingegeben hat. Das ist mit Sicherheit nicht unbedingt notwendig, ist aber eine hübsche Formularprüfung. Wie oben erwähnt, übergibt der »Code erzeugen«-Button eine Kopie des Formulars mit der gesamten Bildinformation. Diese Kopie wird *imgTemplate* zugewiesen. Die Rollover-Maschine durchläuft nochmals mit Hilfe der Länge von *imgPrim* die Textfelder, die die Bildpfade enthalten. Die Felder, die die primären Bildpfade enthalten, heißen `prim + i`, wobei `i` eine Zahl zwischen 0 und `imgPrim.length - 1` ist. Die Felder mit den Rollover-Bildpfaden heißen ähnlich, außer daß *seci* und nicht *prim* verwendet wird. Wenn der Benutzer Bilder für das *MouseDown*-Event eingegeben hat, werden diese Textfelder mit *down* benannt.

genJavaScript()

Wenn eines der inspizierten Felder leer ist, wird der Benutzer durch eine Warnung darauf aufmerksam gemacht, und die Funktion kehrt zurück. Wenn in jedem Feld mindestens etwas Text steht, ruft die Rollover-Maschine die Funktion `genJavaScript()` auf und übergibt `imgTemplate` und den bis jetzt unbeachteten Booleschen Wert in `mimeType`. Wie Sie erraten können, ist `genJavaScript()` für die Erzeugung des JavaScript-Codes als Webseite oder zur Bildschirmausgabe zuständig. Die Funktion ist sehr lang, erfüllt aber eine ähnliche Aufgabe wie `generateEntryForm()` (siehe Zeilen 138 bis 306).

Und Sie dachten, `generateEntryForm()` wäre lang! Es geht jedoch nach wie vor um dieselbe Sache. `genJavaScript()` führt eine einzige Aufgabe aus: Sie erzeugt den Rollovercode, der größtenteils aus JavaScript besteht.

Als erstes setzt `genJavaScript()` die globale Variable *imageLinks* zurück. Über diese Variablen mit Code-Inhalt erfahren Sie in Kürze mehr. Als nächstes setzt `genJavaScript()`, dem Wert von *mimeType* entsprechend, eine Handvoll »Spezifikationsvariablen« (siehe die Zeilen 141 bis 154):

```
if (mimeType) {
  lt      = "&lt;";
  gt      = "&gt;";
  br      = "<BR>";
  HTML    = true;
  nbsp    = "     ";
  }
else {
  lt      = "<";
  gt      = ">";
  br      = lb;
  HTML    = false;
  nbsp    = "     ";
  }
```

JavaScript-Technik: Defensives JavaSkripten

Daß die SCRIPT-Tags im erzeugten Code mit mehreren verschiedenen LANGUAGE-Attributeinstellungen generiert werden, ist kein Zufall. Sie werden Code innerhalb der <SCRIPT LANGUAGE="JavaScript"> </SCRIPT>-Tags in der Zeile 185 sehen. Weiterer Code findet sich in den <SCRIPT LANGUAGE="JavaScript1.1"> </SCRIPT>-Tags in Zeile 189 und noch mehr Code zwischen den <SCRIPT LANGUAGE= "JavaScript1.2"> </SCRIPT>-Tags in Zeile 193.

Das hält Browser mit unterschiedlicher JavaScript-Fähigkeit davon ab, Code auszuführen, den sie nicht unterstützen, und vermeidet damit Fehler, die die Anwendung anhalten könnten. Das `Image()`-Objekt wird beispielsweise in JavaScript 1.0 nicht unterstützt. Deswegen werden Sie keinen `Image()`-Objektcode sehen, es sei denn, innerhalb eines <SCRIPT>-Tags mit »JavaScript 1.1« (oder höher) als LANGUAGE-Attribut.

So können Sie defensiv programmieren, indem Sie die Werte von Laufvariablen entsprechend der <SCRIPT>-Tags setzen, innerhalb derer sie sich befinden. Wenn es an der Zeit ist, eine Funktion auszuführen, bei der nicht der gesamte Code unterstützt wird, führen Sie den Code nur aus, wenn die Laufvariablen die Bedingungen erfüllen. Sie können das an den Variablen *canRollOver* für den *Image*-Objektcode und *canClickDown* für den *onMouseDown*-Event-Handler-Code sehen.

Beachten Sie, daß diese Art der Programmierung auch die Ladezeiten verringern kann. Browser, die kein JavaScript 1.2 unterstützen, führen beispielsweise keinen Code innerhalb der <SCRIPT LANGUAGE="JavaScript1.2"> </SCRIPT>-Tags aus. Das ist eine gute Nachricht, weil der Browser dann keine Bilder anfordern muß, die mit den Rollovern für das *onMouseDown*-Event zusammenhängen.

Wenn *mimeType* `true` ist, werden die Variablen auf Stringwerte gesetzt, die dafür sorgen, daß der Code ausgedruckt wird. Die Variablen *lt* und *gt* werden jeweils auf < und > gesetzt. Der Variable *br* wird der Stringwert <BR> zugewiesen. *HTML* ist eine Boolesche Variable, die anzeigt, daß der Benutzer den Code ausgedruckt haben möchte. Sie kommt gleich ins Spiel, wenn wir den Code erzeugen. Die Variablen *nbsp* wird auf einen String mit HTML-Leerzeichen gesetzt, die an dieser Stelle einen Zeilenumbruch verbieten. *nbsp* wird zur Emulation des Tabulators in HTML verwendet.

Wenn *mimeType* sich als `false` erweist, werden die Variablen so gesetzt, daß der Code als JavaScript-Programm ausgeführt wird. Die Variablen *lt* und *gt* werden jeweils auf < und > gesetzt. Der Variable *br* wird dann der Stringwert von *lb* zugewiesen. Der Wert von *lb* wurde ganz oben in den Zeilen 6 bis 8 gesetzt:

```
var platform = navigator.platform;
var lb = (platform.indexOf("Win" != -1) ? "\n\r" :
  (platform.indexOf("Mac" != -1) ? "\r" : "\n"));
```

Wie Sie sehen können, arbeiten die Variablen *platform* und *lb* zusammen. *platform* enthält einen String, dessen Wert das Betriebssystem ist, für das der Browser kompiliert wurde. Die Variable *lb* wird dem Wert von *platform* entsprechend gesetzt. Windows (DOS) stellt Zeilenumbrüche (äquivalent zum Betätigen der Eingabe-/Enter-/Return-Taste) durch `\n\r` dar. Beim Macintosh wird `\r` benutzt und Unix-Betriebssysteme verwenden `\n`. Diese Benutzung von Zeilenumbruch-Sequenzen verhindert, daß der erzeugte Code in zwei oder drei kilometerlange Zeilen gequetscht wird. Das ist zwar nicht lebensnotwending, macht das Einsehen des Quellcodes aber erheblich einfacher, wenn die Rollover-Maschine den HTML- und JavaScript-Code zur Vorschau ausgibt.

Des weiteren wird die Boolesche Variable *HTML* auf `false` gesetzt, was anzeigt, daß der Benutzer den Code ausgeführt haben möchte. Das kommt gleich ins Spiel, wenn wir den Code erzeugen. Die Variable *nbsp* wird auf einen String von Leerzeichen gesetzt.

Jetzt hat die Rollover-Maschine die Informationen aus den Textfeldern in der Bildmaske und weiß, ob der Benutzer die Ausgabe oder die Ausführung des Codes gewählt hat. Die eigentliche Erzeugung von JavaScript fängt in Zeile 185 an und reicht bis zum Ende der Funktion.

Wenn Sie den Code durchgehen, werden Sie mehrere Aufrufe der Funktion `pathPrep()` sehen. Diese Funktion formatiert den Bildpfad um, wenn der Pfad ein absoluter, lokaler Pfad auf einem Windows-Rechner zu sein scheint. Warum die ganze Aufregung? Windows verwendet die Backslash-Notation (\), um Verzeichnisse voneinander zu trennen. Browser verwenden dagegen den vorwärtsgerichteten Slash (/) wie bei Unix-Rechnern. Deshalb ist es nötig, die Backslash-Zeichen in vorwärtsgerichtete Slashes umzuwandeln. Manche Browser machen das übrigens sowieso.

Das Problem ist, daß JavaScript das Backslash-Zeichen als Teil einer Escape-Sequenz auffaßt. Deshalb würde JavaScript *C:\Mein_Verzeichnis\Meine.Datei* als *C:Mein_VerzeichnisMeine.Datei* interpretieren. Die `pathPrep()`-Funktion kümmert sich um die Konvertierung. Sie finden sie in den Zeilen 310 bis 317:

```
function pathPrep(path) {
  if (path.indexOf(":\\") != -1) {
    path = path.replace(/\\/g, "/");
    path = path.replace(/:\//, "|/");
    return "file:///" + path;
    }
  else { return path; }
  }
```

Browser öffnen lokale Dokumente auch mit dem *file*-Protokoll, was bedeutet, daß wir *file:///* an den Anfang des URL stellen und ein Pipeline-Zeichen (|) statt des Doppelpunkts (:) einsetzen müssen, um die Spezifikation zu erfüllen.

Zeit für die Entscheidung

Die Vorbereitungen zur Erzeugung von ausgedrucktem oder interpretiertem Code sind jetzt getroffen. Bevor die Rollover-Maschine den Code zusammensetzt, muß sie »wissen«, ob der Code auf der Basis neuer Daten aus der Bildmaske oder auf Basis der bereits in den Arrays gespeicherten Informationen erzeugt werden soll. Nach unserem bereits beschriebenen Ablauf hat der Benutzer gerade die Informationseingabe in der Bildmaske abgeschlossen. Die andere Situation ergibt sich, wenn der Benutzer bereits Code generiert hat und zwischen »Code erzeugen« und »Vorschau« hin- und herschaltet. Wir werden diese Situation in Kürze behandeln.

Wenn die Informationen (wie im unserem Fall) aus der Bildmaske kommen, setzt `genJavaScript()` alle *img*-Arrays mit einem Aufruf von `setArrays()` zurück, so daß die neuen Informationen aus der Bildmaske zugewiesen werden können. Die Rollover-Maschine entscheidet, ob `setArrays()` aufzurufen ist und die Werte aus *imgTemplate* neu zuzuweisen sind. `genJavaScript()` kann auf vier Weisen aufgerufen werden: über die Buttons »Code erzeugen« und »Vorschau« in der Bildmaske, den Button »Code erzeugen« in der Vorschau und den Button »Vorschau« auf der Seite mit dem Code-Ausdruck. Die letzten beiden Buttonaufrufe übergeben einen Null-Wert an `imgTemplate`. Wenn *imgTemplate* also nicht gleich null ist, weiß `genJavaScript()`, daß die Arrays zu löschen und für neue Informationen freizumachen sind. Wenn nicht, bleiben die Elemente in den *img*-Arrays unverändert. Sehen Sie sich die Zeilen 156 bis 170 sorgfältig an, und machen Sie sich klar, wie das hier funktioniert:

```
if(imgTemplate != null) {
  setArrays();
  for (var i = 0; i < (imgDefaults.imgnumber.selectedIndex + 1); i++) {
    imgPrim[i] = purify(imgTemplate['prim' + i].value);
    imgRoll[i] = purify(imgTemplate['seci' + i].value);
    if (imgDefaults.mousedown.checked) {
      imgDown[i] = purify(imgTemplate['down' + i].value);
      }
    imgLink[i] = purify(imgTemplate['href' + i].value);
    imgText[i] = purify(imgTemplate['stat' + i].value);
    imgWdh[i]  = purify(imgTemplate['wdh' + i].value);
    imgHgt[i]  = purify(imgTemplate['hgt' + i].value);
    imgBdr[i]  = purify(imgTemplate['bdr' + i].value);
    }
  }
```

Wenn die Arrayelemente geändert worden sind, werden die ihnen zugewiesenen Stringwerte einem schnellen Prozeß zur Entfernung gefährlicher Zeichen unterworfen, und zwar durch die Funktion `purify()` in Zeile 308:

```
function purify(txt) { return txt.replace(/\'|\"/g, ""); }
```

Damit werden alle einzelnen und doppelten Anführungsstriche aus Ihren Werten entfernt. Diese sind zwar mit Sicherheit nicht verboten, JavaScript muß aber sowohl einzelne als auch doppelte Anführungsstriche zur Erzeugung von Code verwenden. Das kann in Ihrem erzeugten Code einigen Ärger verursachen. Die Funktion `purify()` entfernt sie aus dem String, der ihr übergeben wird, und gibt den gereinigten String zurück.

Den Code erzeugen

Sobald das erledigt ist, ist es an der Zeit, den lange erwarteten Code zu generieren. Das findet in den Zeilen 185 bis 305 statt, indem der erzeugte Code mehreren »Codevariablen« zugewiesen wird. Es gibt die folgenden Variablen:

PrimJavaScript
: Enthält die HTML-Tags wie `HTML`, `HEAD` und `TITLE` sowie den vorläufigen JavaScript- und Rollovercode für die *MouseOver*- und *MouseOut*-Events.

secJavaScript
: Enthält den Rollovercode, der mit dem JavaScript-1.2-*MouseDown*-Event in Verbindung steht.

imageLinks
: Enthält den HTML-Code für die Darstellung der Links.

scriptClose
: Enthält ein abschließendes `SCRIPT`-Tag.

swapCode
: Enthält die JavaScript-Funktionen, die die Bildrollover durchführen.

primHTML
: Enthält das `BODY`-Tag und einige HTML-Kommentare.

secHTML
: Enthält abschließende HTML-Tags sowie die »Formularbuttons«, die nach dem erzeugten Code angezeigt werden (entweder »Code erzeugen« und »Ändern« oder »Vorschau« und »Ändern«).

aggregate
: Diese Variable ist die Zusammenfassung aller anderen eben erwähnten Variablen.

Die *for*-Schleife in Zeile 197 wird wieder `imgPrim.length`-mal durchlaufen. Bei jedem Durchlauf wird der Code für die jeweilige Bildgruppe des Durchlaufs zu den Variablen *primJavaScript, secJavaScript* (wenn der Benutzer die *MouseDown*-Option gewählt hat) und *imageLinks* hinzugefügt.

Die Variablen *scriptClose, swapCode, primHTML* und *secHTML* sind nicht Teil der *for*-Schleife. Ihr Inhalt wird auf einmal unter Verwendung des ternären Operators zusammen mit der Variablen *HTML* und *imgDefaults.mousedown.checked* gesetzt.

Nachdem die *for*-Schleife beendet ist und die anderen Variablen entsprechend gesetzt worden sind, ist als letztes nur noch der Inhalt auf die Seite zu bringen. Das passiert in den Zeilen 300 bis 305:

```
aggregate = primJavaScript +
  (imgDefaults.mousedown.checked ? scriptClose + secJavaScript : "") +
  swapCode + primHTML + imageLinks + secHTML;

parent.frames[1].location.href =
  "javascript: parent.frames[0].aggregate";
```

Schritt 4: »Vorschau« wählen, um den Code bei der Arbeit zu sehen

Wenn Sie inzwischen mental ausgelaugt sind, kann ich Ihnen das nicht übelnehmen. Zum Glück sind die letzten zwei Schritte ziemlich schnell und schmerzlos zu erledigen. Nehmen wir an, daß der Benutzer den erzeugten Code gesehen hat und ihn nun in Aktion erleben möchte. Ein kurzer Klick auf »Vorschau« genügt. Bedenken Sie, daß »Vorschau« `genJavaScript()` aufruft, *mimeType* aber `false` statt `true` (wie beim »Code erzeugen«-Button) ist. Das ist der einzige Unterschied. Die »Spezifikationsvariablen« in den Zeilen 141 bis 154 werden einfach so gesetzt, daß sie interpretiertem statt, wie vorher, ausgedrucktem Code entsprechen. Alles andere geschieht genauso wie beim »Code erzeugen«-Button.

Schritt 5: »Ändern« wählen, um die Einstellungen zu ändern

Sie haben den erzeugten Code und den Code in Aktion gesehen. Nehmen Sie einmal an, daß der Benutzer etwas ändern will. Wählen Sie »Ändern«, und die Bildmaske mit den Informationen erscheint wieder. Breiten, Höhen, Statustext ... alles, was Sie eingegeben haben, *außer* den Bild-URLs. Moment mal ... warum nicht?

Der Effekt ergibt sich daraus, daß die Bildpfad-URLs in einem *FileUpload*-Objekt (d.h., `<INPUT TYPE=FILE>`) gespeichert werden. Aus Sicherheitsgründen ist das *FileUpload*-Objekt schreibgeschützt. Mit anderen Worten: Sie müssen die Felder manuell wieder eintragen, entweder indem Sie einen Wert über die Tastatur eingeben oder eine Datei in der Dialogbox mit der Maus auswählen. Die gute Nachricht ist, daß Sie das sehr einfach ändern können. Ersetzen Sie in `generateEntryForm()` einfach `TYPE=FILE` durch `TYPE=TEXT`. Es kommt dort insgesamt dreimal vor. Das einzige Problem ist, daß Sie dann keine lokalen Dateien mehr per Maus und Dialogbox auswählen können. Verwenden Sie die Version, die Ihnen am besten paßt. Sobald Sie Ihre Änderungen vorgenommen haben, können Sie »Code erzeugen« oder »Vorschau« wählen, um den neuen Code in Augenschein zu nehmen.

Potentielle Erweiterung: Attribute zur Bildmaske hinzufügen

Große Anwendungen lassen sich immer vergrößern. Dieser Abschnitt zeigt Ihnen, wie Sie der Bildmaske Attribute hinzufügen können, um eine bessere Kontrolle über den erzeugten Code zu erhalten. Aus Gründen der Einfachheit zeige ich Ihnen, wie Sie die `IMG`-Attribute `HSPACE` und `VSPACE` hinzufügen können. Sie müssen

1. neue Felder zur Defaultmaske hinzufügen
2. in `setArrays()` ein Array für die Werte hinzufügen
3. die neuen Defaultwerte übernehmen
4. Textfelder zur Bildmaske in `generateEntryForm()` hinzufügen

5. die neuen Attributwerte in `genJavaScript()` referenzieren und zuweisen
6. den HTML-Code zur Anzeige der Attribute in `genJavaScript()` erzeugen

JavaScript-Technik: Strings mit JavaScript 1.1 und 1.2 ersetzen

JavaScript 1.2 verfügt über viele coole neue Fähigkeiten. Eine davon ist die Möglichkeit, reguläre Ausdrücke zum Stringvergleich und -austausch verwenden zu können. Die Funktionen `pathPrep()` und `purify()` führen mit JavaScript 1.2 eine einfache, aber wirkungsvolle Ersetzungsmethode durch. Das ist großartig, wenn der Browser JavaScript 1.2 kann, aber Netscape 3.x wird immer noch in nennenswerter Anzahl verwendet. Hier sehen Sie eine Funktion, die JavaScript 1.1 einen Stringaustausch in mit Methoden des *Array*-Objekts durchführt:

```
function replacev11(str, oldSubStr, newSubStr) {
  var newStr = str.split(oldSubStr).join(newSubStr);
  return newStr;
  }
```

Diese Funktion nimmt einen String und erzeugt ein Array von Elementen durch Aufspalten mit `split()` an dem Substring, den Sie entfernen möchten (*oldSubStr*). Dann wird ein neuer String zurückgegeben, der aus dem Array durch `join()` mit dem Austausch-Substring (*newSubStr*) als »Kleber« erstellt wird. Das ist zwar nicht gerade hübsch, aber es funktioniert.

Schritt 1: Die Felder hinzufügen

```
<TD VALIGN="TOP">
<FONT FACE="Arial" SIZE=2>
HSpace
</TD>
<TD VALIGN="TOP">
<FONT FACE="Arial" SIZE=2>
<SCRIPT LANGUAGE="JavaScript1.2">
<!--
genSelect("hspace", 25, 0, 0);
//-->
</SCRIPT>
</TD>
<TD VALIGN="TOP">
<FONT FACE="Arial" SIZE=2>
VSpace
</TD>
<TD VALIGN="TOP">
<FONT FACE="Arial" SIZE=2>
<SCRIPT LANGUAGE="JavaScript1.2">
<!--
```

```
genSelect("vspace", 25, 0, 0);
//-->
</SCRIPT>
</TD>
```

Schritt 2: Arrays in setArrays() erzeugen

```
function setArrays() {
  imgPrim = new Array();
  imgRoll = new Array();
  imgDown = new Array();
  imgLink = new Array();
  imgText = new Array();
  imgWdh  = new Array();
  imgHgt  = new Array();
  imgBdr  = new Array();
  imgHSpace  = new Array();  // Für HSPACE
  imgVSpace  = new Array();  // Für VSPACE
  }
```

Das schafft Platz für die Speicherung der neuen Defaultwerte. Damit kommen wir zum nächsten Schritt – diese neuen Arrays zu füllen.

Schritt 3: Die neuen Defaultwerte übernehmen

In `captureDefaultProfile()` werden wir zwei lokale Variablen namens *imgHspace* und *imgVspace* hinzufügen und ihnen dann die in der Defaultmaske gewählten Werte zuweisen. `captureDefaultProfile()` sieht jetzt so aus:

```
function captureDefaultProfile(formObj) {
  setArrays();
  imgDefaults    = formObj;
  var imgQty      = (imgDefaults.imgnumber.selectedIndex + 1);
  var imgHeight   = (imgDefaults.pxlheight.selectedIndex);
  var imgWidth    = (imgDefaults.pxlwidth.selectedIndex);
  var imgBorder   = (imgDefaults.defbdr.selectedIndex);
  var imgHspace   = (imgDefaults.hspace.selectedIndex);
  var imgVspace   = (imgDefaults.vspace.selectedIndex);
  for (var i = 0; i < imgQty; i++) {
    imgPrim[i] = "";
    imgRoll[i] = "";
    imgDown[i] = "";
    imgLink[i] = "";
    imgText[i] = "";
    imgWdh[i]  = imgWidth;
    imgHgt[i]  = imgHeight;
    imgBdr[i]  = imgBorder;
    imgHSpace[i] = imgHspace;  // Für HSPACE
    imgVSpace[i] = imgVspace;  // Für VSPACE
    }
  generateEntryForm();
  }
```

Die Rollover-Maschine ist jetzt in der Lage, die Defaultwerte für `HSPACE` und `VSPACE` in der Bildmaske zu übernehmen.

Schritt 4: Textfelder in generateEntryForm() hinzufügen

Jetzt können Sie die HTML-Strings in `generateEntryForm()` hinzufügen, um die zwei neuen Textfelder unterzubringen. Setzen wir sie in ihre eigene `TR` unter all die anderen Felder. Sie können das anschließend noch ändern, damit es besser aussieht. Die Zeilen 103 bis 106 sehen im Moment so aus:

```
"<TR><TD VALIGN=BOTTOM COLSPAN=" +
(!imgDefaults.mousedown.checked ? "3" : "4") +
"><BR><HR NOSHADE><BR></TD></TR>");
```

Mit den zwei Textfeldern am Ende sieht unser Code so aus:

```
"<TR><TD VALIGN=BOTTOM><INPUT TYPE=TEXT NAME='hsp " + i +
"' VALUE='" + imgHspace[i] + "' SIZE=3> HSPACE </TD>" +
"<TR><TD VALIGN=BOTTOM><INPUT TYPE=TEXT NAME='vsp" + i +
"' VALUE='" + imgVspace[i] + "' SIZE=3> VSPACE </TD></TR>" +
"<TR><TD VALIGN=BOTTOM COLSPAN=" +
(!imgDefaults.mousedown.checked ? "3" : "4") + ">" +
"<BR><HR NOSHADE><BR></TD></TR>");
```

Dieser Code fügt zwei zusätzliche Textfelder in jede Bildgruppe ein und zeigt in jedem den entsprechenden Defaultwert an. Der Benutzer kann diesen später ändern, genau wie bei den anderen Werten auch.

Schritt 5: Die neuen Werte in genJavaScript() referenzieren und zuweisen

Sobald der Benutzer beschließt, den Code zu erzeugen, muß die Rollover-Maschine die Informationen aus den neuen Textfeldern in der Bildmaske entnehmen. Fügen Sie den Code einfach zu den Zeilen 158 bis 169 hinzu, die jetzt wie folgt aussehen:

```
for (var i = 0; i < (imgDefaults.imgnumber.selectedIndex + 1); i++) {
  imgPrim[i] = purify(imgTemplate['prim' + i].value);
  imgRoll[i] = purify(imgTemplate['seci' + i].value);
  if (imgDefaults.mousedown.checked) {
    imgDown[i] = purify(imgTemplate['down' + i].value);
    }
  imgLink[i] = purify(imgTemplate['href' + i].value);
  imgText[i] = purify(imgTemplate['stat' + i].value);
  imgWdh[i]  = purify(imgTemplate['wdh' + i].value);
  imgHgt[i]  = purify(imgTemplate['hgt' + i].value);
  imgBdr[i]  = purify(imgTemplate['bdr' + i].value);
  imgHSpace[i]  = purify(imgTemplate['hsp' + i].value);
  imgVSpace[i]  = purify(imgTemplate['vsp' + i].value);
  }
```

Die letzten zwei Zeilen in diesem Block zeigen, wie die Rollover-Maschine den Elementen in *imgHSpace* und *imgVSpace* die Formularwerte aus der Bildmaske zuweist. Damit wären wir fast am Ziel. Jetzt müssen wir nur noch sicherstellen, daß die neuen Attribute in die Codeerzeugung eingebaut werden, um entweder ausgedruckt oder ausgeführt zu werden.

Schritt 6: Zusätzlichen HTML-Code in genJavaScript() erzeugen

Der neue Code wird zur Variable *imageLinks* hinzugefügt. Die letzten paar Zeilen des Strings setzen sich wie folgt zusammen:

```
(HTML ? fontClose : "") + br + nbsp + "HEIGHT=" +
(HTML ? fontOpen : "") + imgHgt[j] +
(HTML ? fontClose : "") + br + nbsp + "BORDER=" +
(HTML ? fontOpen : "") + imgBdr[j] +
(HTML ? fontClose : "") +
gt + "" + lt + "/A" + gt + br + br + br;
```

Sie müssen lediglich ein paar Zeilen kopieren und `HEIGHT` zu `HSPACE`, `imgHgt` zu `imgHSpace`, `BORDER` zu `VSPACE` und `imgBdr` zu `imgVSpace` abändern. Die neue Version sieht so aus:

```
(HTML ? fontClose : "") + br + nbsp + "HEIGHT=" +
(HTML ? fontOpen : "") + imgHgt[j] +
(HTML ? fontClose : "") + br + nbsp + "BORDER=" +
(HTML ? fontOpen : "") + imgBdr[j] +
(HTML ? fontClose : "") + br + nbsp + "HSPACE=" +
(HTML ? fontOpen : "") + imgHSpace[j] +
(HTML ? fontClose : "") + br + nbsp + "VSPACE=" +
(HTML ? fontOpen : "") + imgVSpace[j] +
(HTML ? fontClose : "") +
gt + "" + lt + "/A" + gt + br + br + br;
```

Das fügt zu Ihren Bildern zwei neue Attribute hinzu. Vielleicht möchten Sie Ihre Bilder auch mit einem `ALT`-Attribut zur Inhaltsbeschreibung versehen. Dieser Art Modifikation des `<IMG>`-Tags brauchen keine Grenzen gesetzt zu werden. Im `<A>`-Tag gibt es auch einiges zu tun; Sie können es für Imagemaps modifizieren und so weiter.

6

Das Anlegen von JavaScript-Quelldateien

Bibliotheksfunktionen

- Arbeiten mit Arrays
- Cookie-Management
- DHTML-Operationen
- Maus- und Tastaturevents
- Beziehungen in Framesets
- Erzeugen von Navigationsleisten
- Formatierung und Korrektur von Zahlen
- Objekterzeugung und Objektinspektion
- Arbeiten mit Strings

Wenn Sie alles von Anfang an (der Reihenfolge nach) verfolgt haben, sind Sie durch Code gewatet, um zu verstehen, wie die Funktionen und Variablen zusammenarbeiten, so daß die Anwendungen tatsächlich etwas zustande bringen. Ich denke, wir könnten uns zur Abwechslung einmal etwas anschauen, das das Leben für alle Ihre Anwendungen ein bißchen einfacher machen könnte.

Dieses Kapitel enthält keine Anwendungen. Statt dessen dokumentiert es ein paar Dutzend Funktionen, die in JavaScript-Quelldateien abgelegt sind. Obwohl Sie vielleicht nicht alle nützlich finden werden, ist vermutlich eine Handvoll darunter, die Sie sofort einsetzen können, und viele andere, die Sie an Ihre Bedürfnisse anpassen können, um sie nutzbar zu machen.

Ich habe diese Dateien nicht deswegen mit einbezogen, um anzudeuten, daß ich Ihnen ein Bündel Funktionen mit den Worten »OK, liebe Programmierer, hier ist alles, was Ihr jemals brauchen werdet« übergeben kann. Das wäre lächerlich. Dieses Kapitel wurde geschrieben, um Sie zu ermutigen, Ihre eigene JavaScript-Bibliothek mit wiederverwendbarem Code zu füllen. Dann brauchen Sie nicht jedesmal das Rad neu zu erfinden, wenn Sie eine neue Anwendung programmieren. Die folgende Liste zeigt die *.js*-Dateien (in alphabetischer Reihenfolge) und ihren jeweiligen Zweck.

arrays.js
: Enthält Funktionen zum Umgang mit Arrays. Einige der Funktionen ermöglichen es Ihnen, in älteren Browsern ähnliche Operationen wie unter JavaScript 1.2 durchzuführen.

cookies.js
: Diese beeindruckende Bibliothek, zum größten Teil von JavaScript-Veteran Bill Dortch geschrieben, macht den Einsatz von Cookies zum Kinderspiel.

dhtml.js
: Sie haben diese Funktionen schon alle in Kapitel 3, *Die interaktive Diaschau,* und Kapitel 4, *Das Interface für mehrere Suchmaschinen*, gesehen. Ein hübsches Paket zum browserunabhängigen Erzeugen, Anzeigen und Verstecken von DHTML-Layern.

events.js
: Diese Quelldatei enthält Code, der es Ihnen erlaubt, das Abfangen der *mousemove-* und *keypress*-Events in NN und MSIE an- und abzuschalten.

frames.js
: Diese Funktionen helfen, Ihre Webseiten in anderen Framesets zu halten (oder sie aus Framesets herauszuhalten, je nachdem, was Sie vorziehen).

images.js
: Rollovercode, den Sie vermutlich schon in früheren Kapiteln gesehen haben, ergibt hier ein nettes Paket.

navbar.js
: Enthält Code, der eine dynamische Navigationsleiste auf der Basis des momentan geladenen Dokuments erzeugt. Eindrucksvoll.

numbers.js
: Enthält Code, der Rundungsfehler unter JavaScript korrigiert und eine Zahlenformatierung zur Verfügung stellt.

objects.js
: Enthält Code zur Erzeugung und Inspektion von eigenen Objekten.

strings.js
: Diese Datei enthält ein paar Funktionen zum Umgang mit Strings.

Bis auf *navbar.js* hat jede *.js*-Datei ein entsprechend benanntes HTML-Dokument (z.B. *arrays.html* für *arrays.js*). Die Funktionen werden hier nicht im selben Detail besprochen wie bei den Anwendungen. In den meisten Fällen ist das einfach nicht notwendig, obwohl es Ausnahmen gibt. Auf Ihrem Weg durch das Kapitel sollten Sie bei jeder Funktion darüber nachdenken, ob sie vielleicht eines der Probleme lösen kann, mit denen Sie häufig konfrontiert werden. Wenn sie Ihnen im gegenwärtigen Zustand nichts nützt, überlegen Sie, wie Sie sie ändern könnten, um sie nutzbar zu machen.

Jeder Abschnitt, der eine *.js*-Datei beschreibt, fängt mit dem Dateinamen, dem praktischen Verwendungszweck, der benötigten JavaScript-Version und einer Liste der Funktionen in der Datei an.

arrays.js

Verwendungszweck
: Arrayoperationen

Benötigte Version
: JavaScript 1.2

Funktionen
: `avg()`, `high()`, `low()`, `jsGrep()`, `truncate()`, `shrink()`, `integrate()`, `reorganize()`

Diese Funktionen nehmen Ihre Arrays, bearbeiten sie und geben andere nützliche Informationen zurück, einschließlich anderer Arrays. Abbildung 6-1 zeigt *arrays.html*. Nichts Interessantes für's Auge, aber jede Funktion wird vorgeführt.

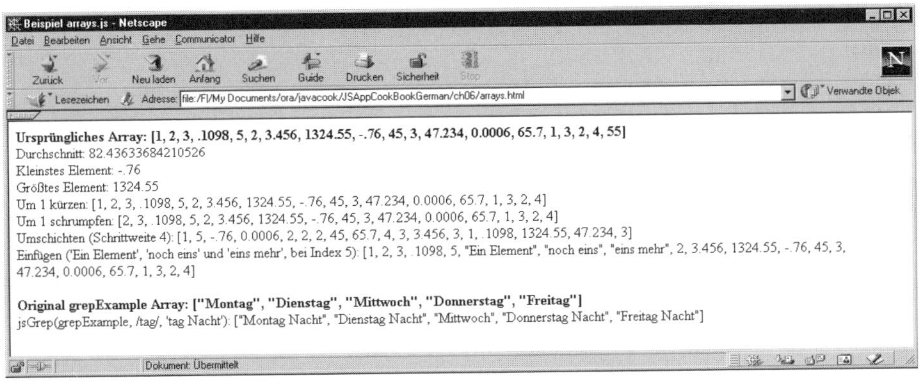

Abbildung 6-1: Die arrays.js-Funktionen in Aktion

Zu *arrays.js* gehören folgende Funktionen:

`avg()`
: Liefert den Durchschnittswert aller Zahlen im Array.

`high()`
: Liefert die größte Zahl im Array.

`low()`
: Liefert die kleinste Zahl im Array.

`jsGrep()`
: Vergleicht und ersetzt Strings in allen Arrayelementen.

`truncate()`
: Gibt eine Kopie des Arrays ohne das letzte Element zurück.

`shrink()`
: Gibt eine Kopie des Arrays ohne das erste Element zurück.

`integrate()`
: Kombiniert die Elemente aus zwei Arrays, beginnend mit einem von Ihnen definierten Index.

`reorganize()`
: Ändert die Reihenfolge der Arrayelemente, indem sie in vorgegebenen Schritten neu zusammengestellt werden.

Sehen Sie sich den Code für *arrays.html* an, der in Beispiel 6-1 gezeigt wird. Hier gibt es nicht viel zu sehen – lediglich einen Aufruf von `document.write()`. Der angezeigte String enthält die Resultate aller Funktionsaufrufe mit Beispielarrays: `someArray()` und `grepExample()`.

Beispiel 6-1: arrays.html

```
<HTML>
<HEAD>
<TITLE>arrays.js-Beispiel</TITLE>
<SCRIPT LANGUAGE="JavaScript1.2" SRC="arrays.js"></SCRIPT>
</HEAD>
<BODY>
<SCRIPT LANGUAGE="JavaScript1.2">
<!--

var someArray = new Array(1,2,3,.1098,5,2,3.456,1324.55,-
0.76,45,3,47.234,.00060,65.7,1,3,2,4,55);
var grepExample = new Array('Montag', 'Dienstag', 'Mittwoch',
  'Donnerstag', 'Freitag');
document.write("<B>Urspr&uuml;ngliches Array: " + someArray + "</B><BR>" +
  "Durchschnitt: " + avg(someArray) + "<BR>" +
  "Kleinstes Element: " + low(someArray) + "<BR>" +
  "Gr&ouml;&szlig;tes Element: " + high(someArray) + "<BR>" +
  "Am Ende um 1 k&uuml;rzen: " + truncate(someArray) + "<BR>" +
  "Am Anfang um 1 k&uuml;rzen: " + shrink(someArray) + "<BR>" +
  "Umordnen (Schrittweite 4): " + reorganize(someArray, 4) + "<BR>" +
  "Zusammenf&uuml;gen ('Ein Element', 'Ein anderes Element' und 'Ein weiteres
  Element', " +
  "bei Index 5): integrate(someArray, new Array('Ein Element', " +
  "'Ein anderes Element', 'Ein weiteres Element'), 5) + "<BR><BR><B>urspr&uuml;
  ngliches grepExample " +
  "Array: " + grepExample + "</B><BR> " +
  "jsGrep(grepExample, /day/, \'day Night\'): " +
  jsGrep(grepExample, /day/, ' abend') + "<BR>");

//-->
</SCRIPT>
</BODY>
</HTML>
```

Sie haben vielleicht gemerkt, daß beide SCRIPT-Tags JavaScript 1.2 benötigen. Der einzige Grund dafür ist die Funktion `jsGrep()`, die die Fähigkeiten für den Stringvergleich und -austausch in JavaScript 1.2 verwendet. Mehr zu `jsGrep()` erfahren Sie in Kürze. Sie können Browser für JavaScript 1.1 mit einbeziehen, indem Sie `jsGrep()` entfernen oder neu schreiben. Da Sie jetzt gesehen haben, wie die Funktionen aufgerufen werden, können Sie sich die Funktionen in Beispiel 6-2, *arrays.js,* selbst ansehen.

Beispiel 6-2: arrays.js

```
  var sum = 0;
  for (var i = 0; i < arrObj.length; i++) {
    sum += arrObj[i];
    }
  return (sum / i);
  }

function high(arrObj) {
  var highest = arrObj[0];
  for (var i = 1; i < arrObj.length; i++) {
    highest = (arrObj[i] > highest ? arrObj[i] : highest);
    }
  return (highest);
  }

function low(arrObj) {
  var lowest = arrObj[0];
  for (var i = 1; i < arrObj.length; i++) {
    lowest = (arrObj[i] < lowest ? arrObj[i] : lowest);
    }
  return (lowest);
  }

function jsGrep(arrObj, regexp, subStr) {
  for (var i = 0; i < arrObj.length; i++) {
    arrObj[i] = arrObj[i].replace(regexp, subStr);
    }
  return arrObj;
  }

function truncate(arrObj) {
  arrObj.length = arrObj.length - 1;
  return arrObj;
  }


function shrink(arrObj) {
  var tempArray = new Array();
  for(var p = 1; p < arrObj.length; p++) {
    tempArray[p - 1] = arrObj[p];
    }
  return tempArray;
  }

```

Beispiel 6-2: arrays.js (Fortsetzung)

```

function integrate(arrObj, elemArray, startIndex) {
  startIndex = (parseInt(Math.abs(startIndex)) < arrObj.length ?
    parseInt(Math.abs(startIndex)) : arrObj.length);
  var tempArray = new Array();
  for( var p = 0; p < startIndex; p++) {
    tempArray[p] = arrObj[p];
    }
  for( var q = startIndex; q < startIndex + elemArray.length; q++) {
    tempArray[q] = elemArray[q - startIndex];
    }
  for( var r = startIndex + elemArray.length; r < (arrObj.length +
    elemArray.length); r++) {
    tempArray[r] = arrObj[r - elemArray.length];
    }
  return tempArray;
  }

function reorganize(formObj, stepUp) {
  stepUp = (Math.abs(parseInt(stepUp)) > 0 ?
    Math.abs(parseInt(stepUp)) : 1);
  var nextRound = 1;
  var idx = 0;
  var tempArray = new Array();
  for (var i = 0; i < formObj.length; i++) {
    tempArray[i] = formObj[idx];
    if (idx + stepUp >= formObj.length) {
      idx = nextRound;
      nextRound++;
      }
    else {
      idx += stepUp;
      }
    }
  return tempArray;
  }
```

Die Funktionen `avg()`, `high()` und `low()` sehen eigentlich nicht besonders schockierend aus. `avg()` summiert alle Werte auf, teilt die Summe dann durch `arrObj.length` und gibt den Quotienten zurück. Die anderen beiden Funktionen durchlaufen das übergebene Array und vergleichen jedes Element mit dem bisherigen höchsten oder niedrigsten Wert, bis schließlich der insgesamt höchste oder niedrigste Wert gefunden wird.

Die Funktion `jsGrep()` durchläuft die Elemente des Arrays und führt Stringvergleiche oder einen Stringaustausch durch. Wenn Sie sich mit Perl auskennen, haben Sie die Funktion `grep()` vermutlich schon oft verwendet. Die `grep()`-Funktion in Perl ist erheblich leistungsfähiger, funktioniert aber fast auf dieselbe Weise.

Die Funktionen `truncate()` und `shrink()` sind einfache Äquivalente der Arrayfunktionen `pop()` und `shift()` in JavaScript 1.2 zur Benutzung mit JavaScript 1.1. Übrigens sind `pop()` und `shift()` auch nach ihren Namensvettern in Perl benannt, die ähnliche Funktionen ausführen.

Die Funktion `integrate()` ist ebenfalls ein JavaScript-1.1-Äquivalent für die Arraymethode `slice()` in JavaScript 1.2.

`slice()` ist ebenfalls nach der Perl-Subroutine benannt. Diese Funktion ist ziemlich einfach. Obwohl sie drei *for*-Schleifen besitzt, ist die Gesamtzahl der Iterationen immer `arrObj.length + elemArray.length`.

Die Funktion `reorganize()` ordnet die Arrayelemente in einer von Ihnen gewählten Schrittweite um. Mit anderen Worten: Wenn Sie ein Array mit zehn Elementen (das, sagen wir mal, als 0, 1, 2, 3, 4, 5, 6, 7, 8, 9 anfängt) mit einer Schrittweite von 3 umordnen, dann ist die neue Reihenfolge 0, 3, 6, 9, 1, 4, 7, 2, 5, 8.

cookies.js

Verwendungszweck
: Persönliche Zähler, Vorausfüllen von Formularen, individuelle Benutzereinstellungen

Benötigte Version
: JavaScript 1.1

Funktionen
: `getCookieVal()`, `GetCookie()`, `DeleteCookie()`, `SetCookie()`

Sie möchten den Status eines Clients verwalten? Sie wollen coole Grüße auf der Webseite für wiederkehrende Besucher parat haben? Brauchen Sie ein Interface, das die Sprache oder andere benutzerspezifische Parameter umschaltet? Dieser Code macht das Setzen und Abrufen von Cookie-Informationen wirklich einfach. Die Abbildungen 6-2, 6-3 und 6-4 zeigen *cookies.html* in Aktion. Beachten Sie in Abbildung 6-2, daß der Benutzer beim ersten Laden der Seite aufgefordert wird, einen Namen einzugeben. Abbildung 6-3 zeigt die Grüße, die den Erstbesucher erwarten. Abbildung 6-4 zeigt, wie Wiederholungsbesucher mit einem persönlichen Zähler herzlich wilkommen geheißen werden.

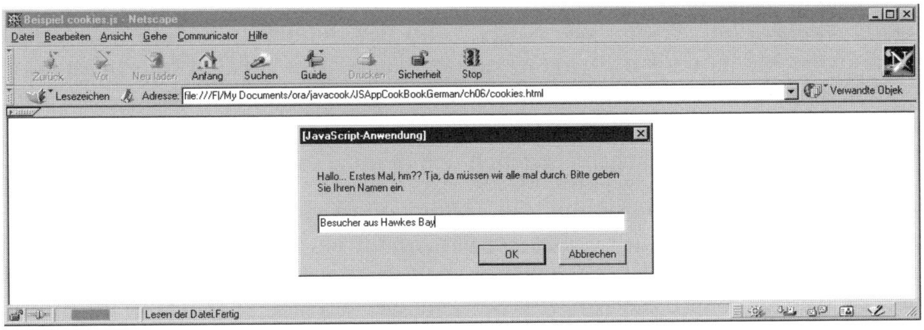

Abbildung 6-2: Erstbesucher tragen ihren Namen einmal ein …

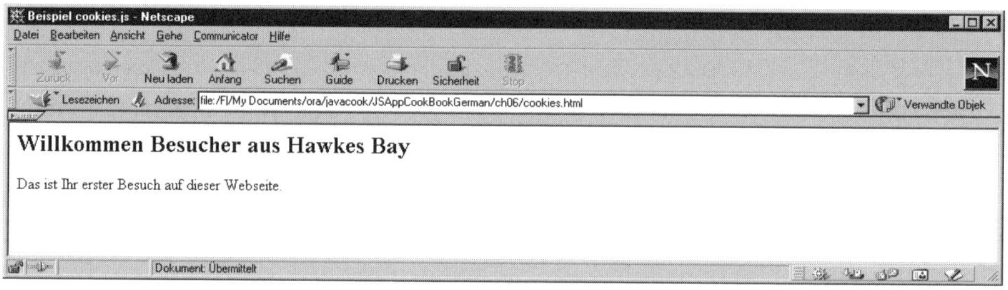

Abbildung 6-3: ...und werden dann als Erstbesucher begrüßt ...

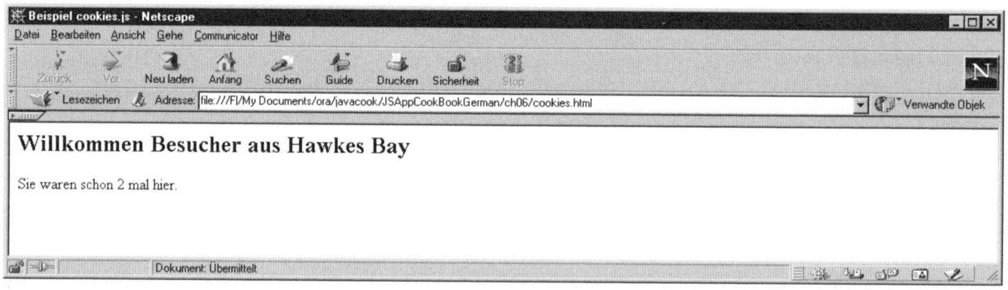

Abbildung 6-4: ...und bei Wiederkehr als alter Hase

Dies ist definitiv ein einfaches Beispiel dafür, was Sie mit Cookies machen können. Kapitel 7, *Benutzereinstellungen mit Cookies speichern,* wendet denselben Code an, um Benutzereinstellungen zu »speichern«. Falls Sie übrigens das Cookie-Konzept noch nicht völlig verstanden haben, sollten Sie sich einmal die Unofficial Cookie FAQ unter *http://www.cookiecentral.com/unofficial_cookie_faq.htm* ansehen. Weil sie so inoffiziell sind, erfahren Sie auch wirklich *alles,* was Sie schon immer über Cookies wissen wollten, sich aber nicht zu fragen trauten. In Kapitel 7 werden wir uns diesen Themenkomplex auch noch einmal im Detail ansehen.

Die Datei *cookies.html* arbeitet wie folgt: Wenn der Benutzer die Seite lädt, sucht sie nach einem Cookie namens *user_id*. Wenn der Name nicht existiert (das heißt, null ist), wird der Benutzer oder die Benutzerin nach dem Namen gefragt. Dann wird der Wert des Cookies *user_id* auf den Namen des Benutzers gesetzt und Cookie *hit_count* auf 2 (die Anzahl der Hits beim nächsten Besuch des Benutzers).

Wenn *user_id* existiert, übernimmt die Datei den Wert des Cookies und den von *hit_count*. Wenn das *user_id*-Cookie existiert, dann hat der Benutzer die Site bereits besucht. Dann können Sie davon ausgehen, daß das Cookie *hit_count* ebenfalls gesetzt worden ist. Der Name und die Zahl der Besuche werden angezeigt. Dann wird der Wert von *hit_count* auf einen String gesetzt, der `hit_count+1` entspricht. Sehen Sie sich *cookies.js* in Beispiel 6-3 an, um zu sehen, worum es geht.

Beispiel 6-3: cookies.js

```
var today = new Date();
var expiry = new Date(today.getTime() + 365 * 24 * 60 * 60 * 1000);

function getCookieVal (offset) {
  var endstr = document.cookie.indexOf (";", offset);
  if (endstr == -1) { endstr = document.cookie.length; }
  return unescape(document.cookie.substring(offset, endstr));
  }

function GetCookie (name) {
  var arg = name + "=";
  var alen = arg.length;
  var clen = document.cookie.length;
  var i = 0;
  while (i < clen) {
    var j = i + alen;
    if (document.cookie.substring(i, j) == arg) {
      return getCookieVal (j);
      }
    i = document.cookie.indexOf(" ", i) + 1;
    if (i == 0) break;
    }
  return null;
  }

function DeleteCookie (name,path,domain) {
  if (GetCookie(name)) {
    document.cookie = name + "=" +
    ((path) ? "; path=" + path : "") +
    ((domain) ? "; domain=" + domain : "") +
    "; expires=Thu, 01-Jan-70 00:00:01 GMT";
    }
  }

function SetCookie (name,value,expires,path,domain,secure) {
  document.cookie = name + "=" + escape (value) +
    ((expires) ? "; expires=" + expires.toGMTString() : "") +
    ((path) ? "; path=" + path : "") +
    ((domain) ? "; domain=" + domain : "") +
    ((secure) ? "; secure" : "");
  }
```

Hier haben wir vier Funktionen, Sie brauchen aber nur drei aufzurufen: `SetCookie()`, `GetCookie()` und `DeleteCookie()`. `getCookieVal()` ist eine interne Funktion, die Sie nie direkt aufrufen müssen.

Das Erzeugen von Cookies mit `SetCookie()` ist einfach. Sie brauchen nur einen Namen für das Cookie (unter dem es später mit `GetCookie()` abgerufen wird), die Informationen, die Sie speichern wollen (wie z.B. einen Benutzernamen oder einen Zählerstand) sowie ein Verfallsdatum zu übergeben (in dieser Reihenfolge). Die ersten beiden Parameter sind zwingend erforderlich. Das Verfallsdatum wird durch die Variablen *today* und *expiry* angegeben. Die Variable *expiry* wird auf ein Datum ein Jahr nach dem Tag gesetzt, an dem der Benutzer die Seite geladen hat. Dazu wird die Variable *today* zur Instanz eines neuen *Date*-Objekts gemacht und die `getTime()`-Methode benutzt:

Die Variable *today* ist ein *Date*-Objekt. `today.getTime()` liefert die aktuelle Zeit als Millisekundenwert (seit dem 1.1.1970 um 00:00:00, Greenwich Mean Time). Das gibt uns die aktuelle Zeit in Millisekunden, wir wollen aber ein Verfallsdatum in einem Jahr. Ein Jahr hat 365 Tage, 24 Stunden pro Tag, 60 Minuten pro Stunde, 60 Sekunden pro Minute und 1000 Millisekunden pro Sekunde. Das macht 31.536.000.000 (3,1536e10) Millisekunden pro Jahr, die wir zum Rückgabewert von `getTime()` hinzuaddieren.

Die Syntax für `GetCookie()` und `DeleteCookie()` ist sogar noch einfacher. Sie müssen nur den Namen des Cookies übergeben. `GetCookie()` gibt den Wert des Cookies zurück. Wenn es nicht existiert, wird null zurückgegeben. `DeleteCookie()` löscht das Cookie mit dem angegebenen Namen. Löschen heißt einfach, dem Cookie ein Verfallsdatum in der Vergangenheit zuzuweisen.

dhtml.js

Verwendungszweck
: Erzeugung, Sichtbar- und Unsichtbarmachen von DHTML-Layern

Benötigte Version
: JavaScript 1.2

Funktionen
: `genLayer()`, `hideSlide()`, `showSlide()`, `refSlide()`

Wenn Sie das Buch der Reihenfolge nach gelesen haben, sind Sie diesem Code schon in zwei früheren Anwendungen begegnet (in der Diashow und dem Interface für mehrere Suchmaschinen). Die Abbildungen 6-5 und 6-6 zeigen den Code, der einen Layer erzeugt hat, den Sie nach Belieben sichtbar und unsichtbar machen können.

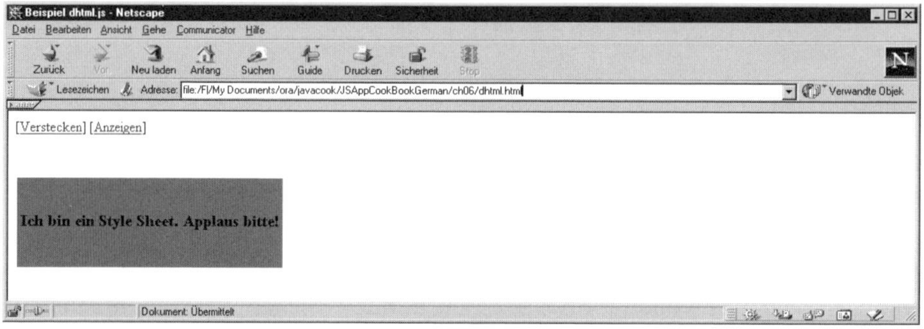

Abbildung 6-5: »Magisches« DHTML – mal sichtbar...

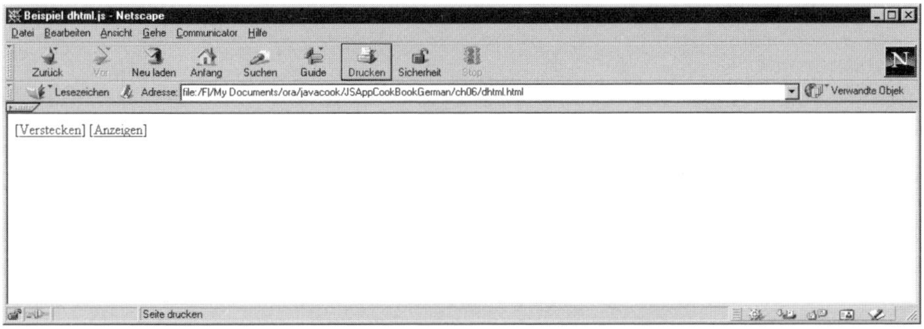

Abbildung 6-6: ...und mal nicht

Beispiel 6-4 zeigt die Inhalte von *dhtml.js*. Ich habe nichts daran geändert. In den Kapiteln 3 und 5 erfahren Sie mehr über die Codedetails.

Beispiel 6-4: dhtml.js

```
var NN       = (document.all ? false : true);
var hideName = (NN ? 'hide' : 'hidden');
var showName = (NN ? 'show' : 'visible');
var zIdx     = -1;
function genLayer(sName, sLeft, sTop, sWdh, sHgt, sVis, copy) {
  if (NN) {
    document.writeln('<LAYER NAME="' + sName + '" LEFT=' + sLeft +
      ' TOP=' + sTop +
      ' WIDTH=' + sWdh + ' HEIGHT=' + sHgt + ' VISIBILITY="' + sVis +
      '" z-Index=' + zIdx + '>' + copy + '</LAYER>');
    }
  else {
    document.writeln('<DIV ID="' + sName +
      '" STYLE="position:absolute; overflow:none;left:' + sLeft +
      'px; top:' + sTop + 'px; width:' + sWdh + 'px; height:' + sHgt +
      'px; visibility:' + sVis + ' z-Index=' + (++zIdx) + '">' + copy +
      '</DIV>');
    }
  }

function hideSlide(name) {
  refSlide(name).visibility = hideName;
  }

function showSlide(name) {
  refSlide(name).visibility = showName;
  }

function refSlide(name) {
  if (NN) { return document.layers[name]; }
  else { return eval('document.all.' + name + '.style'); }
  }
```

events.js

Verwendungszweck
: Browserunabhängige Zuweisung von Event-Handlern, Verfolgen der Mausbewegung

Benötigte Version
: JavaScript 1.2

Funktionen
: `enableEffects(), showXY(), keepKeys(), showKeys()`

Wenn Sie noch nicht mit browserunabhängigen Event-Handler-Skripten experimentiert haben, dann könnte dies die passende Einführung für Sie sein. Dieses Beispiel verwendet drei Event-Handler: *onclick, onmousemove* und *onkeypress*. Wenn Sie zum erstenmal irgendwo innerhalb der Dokumentflächen klicken, erfaßt JavaScript die ursprünglichen x- und y-Koordinaten des Mauszeigers innerhalb des Browserfensters. Danach zeigt die Statuszeile die x- und y-Koordinaten an, wenn der Benutzer den Mauszeiger bewegt. Ein weiterer Klick schaltet die Mausverfolgung wieder ab und berechnet die Pixeldistanz zwischen der derzeitigen Position und dem Punkt, der zuerst angeklickt wurde. Sie können das in Abbildung 6-7 und Abbildung 6-8 sehen.

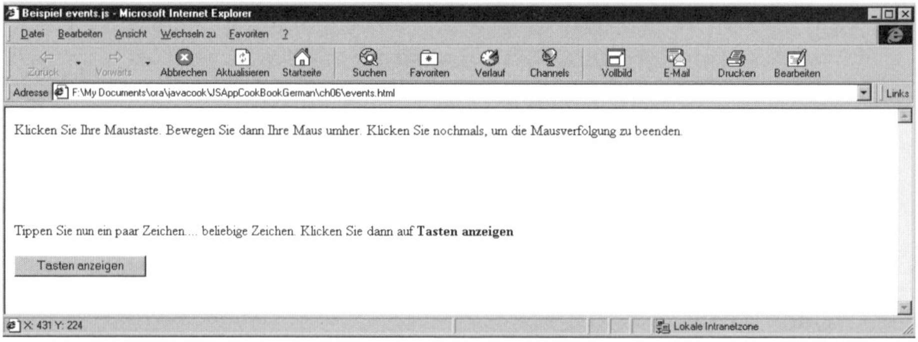

Abbildung 6-7: Die x- und y-Koordinaten der Maus in der Statuszeile

Unabhängig von der Mausaktion können Sie auch eine beliebige Reihenfolge von Tasten auf Ihrer Tastatur drücken. Die Statuszeile wird dann jede gedrückte Taste darstellen. Wenn Sie fertig sind, klicken Sie den Button »Tasten zeigen« an, und Sie bekommen eine JavaScript-Dialogbox angezeigt, die die Folge der von Ihnen bis dahin betätigten Tasten anzeigt. Das ist in Abbildung 6-9 zu sehen. Wählen Sie »OK« und fangen Sie wieder von vorn an.

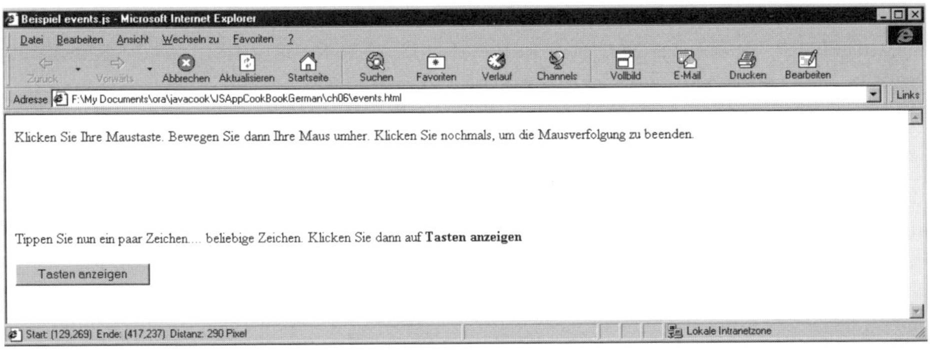

Abbildung 6-8: Die Pixeldistanz zwischen den zwei Punkten

Abbildung 6-9: Die vom Benutzer betätigten Tasten werden angezeigt

Mittlerweile kennen Sie sich ja mit den Feinheiten der Programmierung browserunabhängiger Style Sheets aus. Sie wissen schon: LAYER-Tags in einem Browser, DIV-Tags im anderen.[1] Die Dinge bessern sich auch nicht ungemein, wenn wir uns die Event Models anschauen. Wenn Sie sich den Quellcode in *events.html* ansehen, werden Sie die folgenden zwei JavaScript-Zeilen finden:

```
document.onclick = enableEffects;
document.onkeypress = keepKeys;
```

1 Übrigens können Sie sehr wohl DIV-Tags zur Positionierung in Netscape Navigator 4.x verwenden, solange Sie einen Wert für »position« im STYLE-Attribut angeben. Ebenso können Sie den DIV's eine ID zuordnen, und die Position dann innerhalb der CSS-<STYLE>-Tags setzen. Bis jedoch Netscape in Sachen Document Object Model an Bord kommt, gibt Ihnen das LAYER-Tag Zugang zu allen Eigenschaften des *Layer*-Objekts.

Der *onclick*-Event-Handler ist mit der Funktion `enableEffects()` und der *onkeypress*-Event-Handler mit der Funktion `keepKeys()` verbunden. Die beiden Funktionen sind unten aufgelistet. Beachten Sie, daß keine der beiden Funktionen runde Klammern in der Syntax hat. Das heißt, der Code sieht nicht so aus:

```
document.onclick = enableEffects();
document.onkeypress = keepKeys();
```

Die Benutzung von runden Klammern würde dazu führen, daß die Funktionen in dem Moment aufgerufen würden, in dem die jeweilige Codezeile interpretiert wird. Das wollen Sie aber nicht: Die Event-Handler werden statt dessen über eine *Referenz* auf die Funktionen mit diesen verbunden. Sehen Sie sich dazu den Code in Beispiel 6-5 an.

Beispiel 6-5: events.js

```
var keys = '';
var change = true;
var x1, x2, y1, y2;

function enableEffects(ev) {
  if(change) {
    if(document.all) {
     ;x1 = event.screenX;
      y1 = event.screenY;
      }
     else {
      x1 = ev.screenX;
      y1 = ev.screenY;
      document.captureEvents(Event.MOUSEMOVE);
      }
    document.onmousemove = showXY;
    }
  else {
    if (document.all) {
      x2 = event.screenX;
      y2 = event.screenY;
      document.onmousemove = null;
      }
    else {
      x2 = ev.screenX;
      y2 = ev.screenY;
      document.releaseEvents(Event.MOUSEMOVE);
      }
    window.status = 'Start: (' + x1 + ',' + y1 +
      ')  Ende: (' + x2 + ',' + y2 + ')  Distanz: ' +
      (Math.round(Math.sqrt(Math.pow(x2 - x1,2) + Math.pow(y2 - y1,2)))) + '
      Pixel';
    }
  change = !change;
  }

function showKeys() {
  if (keys != '') {
```

Beispiel 6-5: events.js (Fortsetzung)

```
38      alert('Sie haben  ' + keys + ' getippt');
39      window.status = keys = '';
40      }
41    else { alert('Sie müssen erst ein paar Tasten drücken.'); }
42    }
43
44  function showXY(ev) {
45    if (document.all) { ev = event; }
46    window.status = 'X: ' + ev.screenX + ' Y: ' + ev.screenY;
47    }
48
49  function keepKeys(ev) {
50    if (document.all) {
51      keys += String.fromCharCode(event.keyCode);
52      window.status = 'Gedrückte Taste: ' + String.fromCharCode(event.keyCode);
53      }
54    else {
55      keys += String.fromCharCode(ev.which);
56      window.status = 'Gedrückte Taste: ' + String.fromCharCode(ev.which);
57      }
58    }
```

Die Funktion `enableEffects()` ist das Epizentrum der *click*- und *mouseover*-Events. Ich darf Ihre Aufmerksamkeit hier auf die Zeilen 6, 18 und 33 lenken:

```
if (change) { ....

else { ....

change = !change;
```

Die Variable *change* fängt als `true` an und wird dann bei jedem Aufruf in ihr Gegenteil verkehrt (d.h. zu `false`, zurück zu `true` und so weiter). Da das Klicken `enableEffects()` aufruft und *change* beim ersten Mal `true` ist, bringt das die hier gezeigten Zeilen 7 bis 15 zur Wirkung:

```
if(document.all) {
  x1 = event.screenX;
  y1 = event.screenY;
  }
else {
  x1 = ev.screenX;
  y1 = ev.screenY;
  document.captureEvents(Event.MOUSEMOVE);
  }
```

Diese Zeilen erfassen die x- und y-Koordinaten und geben den *onmousemove*-Event-Handler frei. Wenn `document.all` nicht existiert, dann hat der Benutzer einen Navigator[2].

2 Zumindest einige Versionen von Navigator 4.x scheinen nicht immer auf die Mausklicks anzusprechen. Das heißt, manchmal müssen Sie mehrfach klicken, um die Verfolgung ein- oder auszuschalten. Ich habe aber keine Dokumentation über einen solchen Bug gefunden.

Das beim Auftreten des Events generierte Event-Objekt findet sich in dem der Funktion übergebenen Parameter wieder, der in diesem Fall *ev* heißt. Die globalen Variablen *x1* und *y1* werden auf die jeweiligen x- und y-Koordinaten des ersten Benutzerklicks gesetzt (sie sind in *screenX* und *screenY* enthalten). Der Aufruf der *document*-Methode `captureEvents()` führt zum Abfangen des *mousemove*-Events.

Wenn `document.all` existiert, geht das Skript davon aus, daß der Benutzer einen Internet Explorer hat, und unternimmt die entsprechenden Schritte, um dasselbe wie oben zu erreichen. In Microsofts Event Model ist ein Event-Objekt jedoch unter dem Namen *event* definiert. Dort erwarten uns dann die Eigenschaften *screenX* und *screenY*. Zusätzliche Aufrufe von Methoden zum Abfangen des Events sind in MSIE nicht notwendig, was uns zu Zeile 16 bringt:

```
document.onmousemove = showXY;
```

Der *onmousemove*-Event-Handler wird per Referenz in beiden Browsern der Funktion `showXY()` zugewiesen. Sehen wir uns `showXY()` doch kurz an:

```
function showXY(ev) {
  if (document.all) { ev = event; }
  window.status = 'X: ' + ev.screenX + ' Y: ' + ev.screenY;
  }
```

Der Aufruf von `showXY()` bei jeder Mausbewegung zeigt die x- und y-Koordinaten des Mauszeigers. Die x- und y-Werte werden auf dieselbe browserunabhängige Weise referenziert, wie bereits gehabt. `showXY()` wird wiederholt aufgerufen, während der Benutzer die Maus bewegt. Das geht so weiter, bis der Benutzer sich entschließt, wieder zu klicken, was einen weiteren Aufruf von `enableEffects()` zur Folge hat. Diesmal ist die Variable *change* allerdings `false`, also kommen die Zeilen 19 bis 31 zum Zuge:

```
if (document.all) {
  x2 = event.screenX;
  y2 = event.screenY;
  document.onmousemove = null;
  }
else {
  x2 = ev.screenX;
  y2 = ev.screenY;
  document.releaseEvents(Event.MOUSEMOVE);
  }
window.status = 'Start: (' + x1 + ',' + y1 +
  ') Ende: (' + x2 + ',' + y2 + ') Distanz: ' +
  (Math.round(Math.sqrt(Math.pow(x2 - x1,2) + Math.pow(y2 - y1,2)))) + ' Pixel';
```

Die Variablen *x1* und *y1* enthalten die Werte der anfänglichen Klick-Position. Jetzt werden die Variablen *x2* und *y2* auf die Werte der Endklick-Position gesetzt. Der *onmousemove*-Event-Handler muß jetzt nicht mehr bearbeitet werden. Beim Navigator wird also die `releaseEvents()`-Methode aufgerufen, damit das *mousemove*-Event nicht mehr abgefangen wird. Dasselbe Ergebnis wird in MSIE erreicht, indem `document.onmousemove` auf null gesetzt wird.

Jetzt muß nur noch der Abstand zwischen dem Start- und dem Endpunkt angezeigt werden. Können Sie sich noch an den Satz von Pythagoras erinnern? Sie haben ihn vermutlich einmal im Geometrieunterricht gelernt. Dieselbe Formel wird hier in den Zeilen 29 bis 31 verwendet.

Ein paar Worte zu den konkurrierenden Event Models

Die Event Models von Navigator 4 und MSIE 4 haben zum Glück ein paar Dinge gemeinsam. Als dieses Buch geschrieben wurde, gab es allerdings noch bedeutende Unterschiede, die Sie sich ansehen sollten. Der größte Unterschied ist vermutlich, daß sich Events in Navigator in der Objekthierarchie abwärts bewegen (z.B. von *window* zu *frame* zu *document* zu *form* und zu *field*). Events in MSIE steigen auf (d.h. von *field* zu *form* zu *document* zu *frame* zu *window*). Unter den unten angegebenen URLs können Sie mehr über die beiden Event Models erfahren. Wenn Sie komplexes, browserunabhängiges Event-Handling planen, sind diese Informationen lebenswichtig.

Für Navigator besuchen Sie:

http://developer.netscape.com/docs/manuals/communicator/jsguide4/evnt.htm

Für MSIE sehen Sie sich die folgende Seite an:

http://msdn.microsoft.com/developer/sdk/inetsdk/help/dhtml/doc_object/event_model.htm#dom_event

Damit wären die *onclick*- und *onmouseover*-Event-Handler besprochen, und wir müssen uns nur noch um *onkeypress* kümmern. Sie erinnern sich, daß `document.onkeypress` beim Laden von *events.html* so gesetzt wurde, daß die Funktion `keepKeys()` aufgerufen wird. Die Funktion `keepKeys()` finden Sie in den Zeilen 49 bis 58:

```
function keepKeys(ev) {
  if (document.all) {
    keys += String.fromCharCode(event.keyCode);
    window.status = 'Ger&uuml;ckte Taste: ' + String.fromCharCode(event.
    keyCode);
    }
  else {
    keys += String.fromCharCode(ev.which);
    window.status = 'Ger&uuml;ckte Taste: ' + String.fromCharCode(ev.which);
    }
  }
```

Unter Benutzung desselben Tricks zur Browsererkennung wird die leere Stringvariable *keys* auf sich selbst gesetzt und das Stringäquivalent der gedrückten Taste hinzugefügt. Das erfolgt durch `String.fromCharCode()`, unabhängig vom verwendeten Browser. JavaScript 1.2 stellt die gedrückten Tasten jedoch als Zeichen in ISO Latin-1 dar, während

JScript eine Unicode-Darstellung verwendet. In JavaScript wird die Zahl in der Eigenschaft *which* des *event*-Objekts gespeichert. In JScript steht die Zahl in der Eigenschaft *event.keyCode*. Der Benutzer betätigt also eine Anzahl von Tasten und wählt dann den »Tasten anzeigen«-Button. Diese Funktion zeigt ein Dialogfenster mit dem Wert von *keys* und weist der Variable dann einen leeren String zu.

frames.js

Verwendungszweck
: Erzwungenes Laden von Frames

Benötigte Version
: JavaScript 1.1

Funktionen
: `keepIn(), keepOut()`

Diese Quelldatei enthält nur zwei Funktionen. Die eine zwingt Ihre Dokumente in ein bestimmtes Frameset. Die andere hält Ihre Dokumente aus Framesets heraus. *frames.js* benötigt mehrere HTML-Seiten für die Beispiele. Versuchen Sie beispielsweise, *ch06\frameset.html* in Ihrem Browser zu laden. Diese Datei ist ein Frameset mit zwei Frames. Eines der Frames hat die Datei *frames.html* als Quelle. *frames.html* benutzt *frames.js*, um sicherzustellen, daß *frames.html* immer im obersten Fenster des Browsers geladen wird.

Anderseits können Sie ebenfalls *frames.js* verwenden, wenn Sie sicherstellen wollen, daß Ihre Dateien nur dann geladen werden, wenn sie Teil eines bestimmten Framesets sind. Sehen Sie sich Abbildung 6-10 an. Sie zeigt, was passiert, wenn Sie versuchen, *ch06\frames2.html* zu laden. Sie bekommen eine Warnung, die die Verletzung des Framesets anzeigt, bevor der Browser das zu *frames2.html* gehörende Frameset lädt. Sie können das in Abbildung 6-11 sehen.

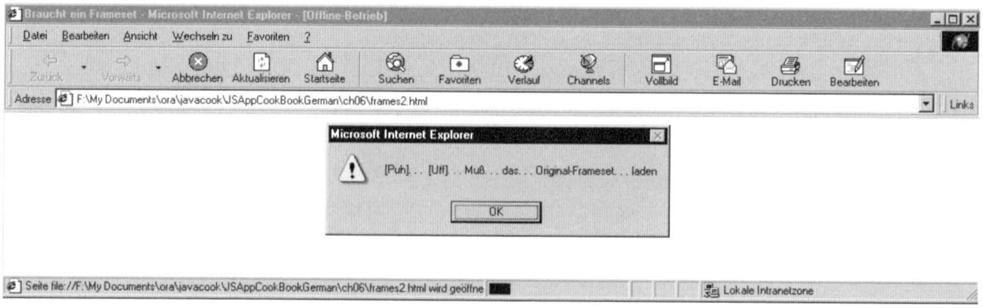

Abbildung 6-10: Von der Frameset-Polizei ertappt

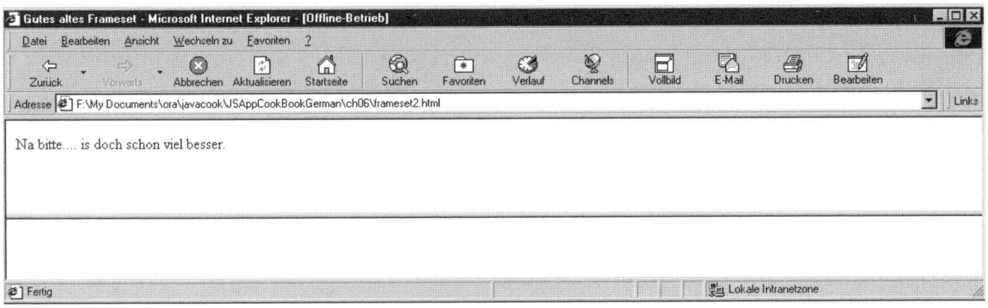

Abbildung 6-11: So ist es besser

Der Code zur Implementierung dieser Funktionalität ist kurz und einfach. Die Funktion `keepOut()` vergleicht den URL des Dokuments im obersten Fenster mit dem *document*-URL der Datei, die die Funktion aufruft. Wenn die `location.href`-Eigenschaften nicht gleich sind, protestiert `keepOut()` mit einer Warnungs-Dialogbox und lädt das Dokument in das oberste Fenster. Die Funktion `keepIn()` führt den genau gegenteiligen Vergleich durch und lädt den als Parameter übergebenen URL wenn der Vergleich fehlschlägt. Beispiel 6-6 zeigt den Code für *frames.js*.

Beispiel 6-6: frames.js

```
function keepOut() {
  if (top.location.href != self.location.href) {
    alert('Dieses Dokument läßt sich in kein Frameset zwingen.');
    top.location.href = self.location.href;
    }
  }

function keepIn(parentHREF) {
  if (top.location.href == self.location.href) {
    alert('[Stöhn]. . .  [Schluck]. . . Muß. . . das. . . ' +
      'echte. . . Frameset. . . laden.');
    top.location.href = parentHREF;
    }
  }
```

images.js

Verwendungszweck
: Bildrollover

Benötigte Version
: JavaScript 1.1

Funktionen
: `imagePreLoad()`, `imageSwap()`, `display()`

Genau wie die Funktionen in *dhtml.js* habe ich den Code in *images.js* bereits in vorhergehenden Kapiteln vorgestellt. Kapitel 3, 4 und 5 enthalten verschiedene Versionen des in Beispiel 6-7 aufgelisteten Codes. Sie können damit Bilder im voraus laden und sie für Mausrollover verwenden.

Beispiel 6-7: images.js

```
var imgPath    = 'images/';
var arrayHandles = new Array('out', 'over');

for (var i = 0; i < arrayHandles.length; i++) {
  eval('var ' + arrayHandles[i] + ' = new Array()');
  }

for (var i = 0; i < imgNames.length; i++) {
  imagePreLoad(imgNames[i], i);
  }

function imagePreLoad(imgName, idx) {
  for(var j = 0; j < arrayHandles.length; j++) {
    eval(arrayHandles[j] + "[" + idx + "] = new Image()");
    eval(arrayHandles[j] + "[" + idx + "].src = '" + imgPath + imgName +
      arrayHandles[j] + ".gif'");
    }
  }

function imageSwap(imagePrefix, imageIndex, arrayIdx) {
  document[imagePrefix].src = eval(arrayHandles[arrayIdx] + "[" +
    imageIndex + "].src");
  }
function display(stuff) { window.status = stuff; }
```

Da Sie die Prozedur für Bildrollover bereits kennen, habe ich hier keine Grafiken zur Veranschaulichung eingefügt.

navbar.js

Verwendungszweck
: Dynamische Navigation durch Webseiten

Benötigte Version
: JavaScript 1.1

Funktion
: `navbar()`

Diese Quelldatei enthält nur eine einzige Funktion, aber eine gute. Nehmen wir an, daß Sie eine Website mit mehreren Seiten haben, von denen jede eine Navigationsleiste mit Links auf alle anderen Seiten hat. Wäre es nicht großartig, wenn JavaScript eine Navigationsleiste produzieren könnte, die Links zu allen anderen Seiten der Website außer der gerade angezeigten Seite hat? Abbildung 6-12 zeigt *ch06\astronomy.html*. Die Navigationsleiste enthält Links zu allen anderen Seiten auf der Website: *Andere Wissenschaften, Sport, Musicians' Corner* und *Coole Leute*. Abbildung 6-13 zeigt das Dokument, das geladen wird, wenn Sie dem Link zu den coolen Leuten folgen. Sehen Sie sich jetzt die Navigationsleiste an: *Astronomie, Andere Wissenschaften, Sport* und *Musicians' Corner*. Ein Link zu *Coole Leute* ist nicht vorhanden, weil diese Seite bereits geladen ist. Sie können das für beliebig viele Seiten so einrichten. Wenn sich die Dokumente ändern, müssen Sie die Änderungen nur in *navbar.js* durchführen. Das spart jede Menge Zeit.

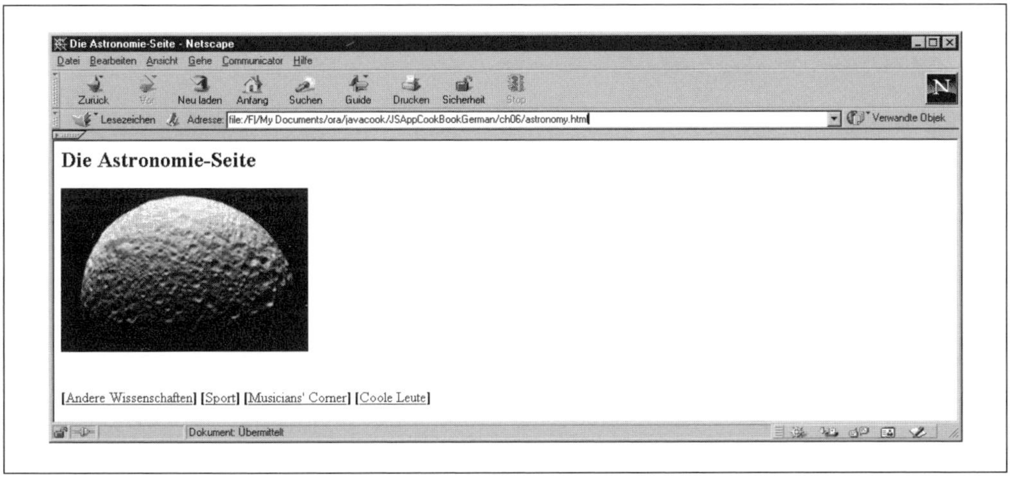

Abbildung 6-12: Die Astronomieseite ohne Link zur Astronomie

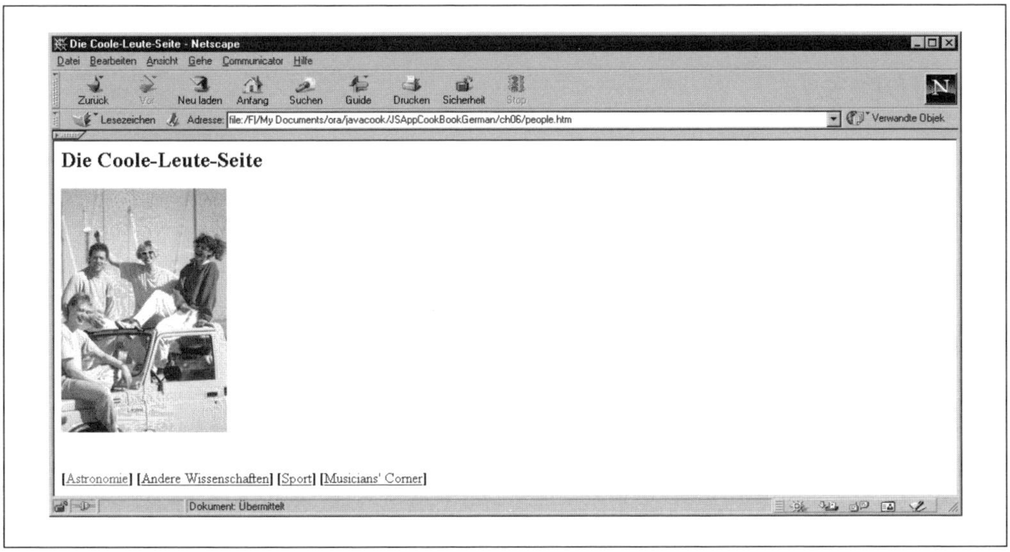

Abbildung 6-13: Die Coole-Leute-Seite ohne den Link zu coolen Leuten

Der Code dafür ist überraschend einfach. In das Array *navURLs* tragen Sie einfach die Dateinamen Ihrer Webseiten ein. Im Array *linkText* tragen Sie den Text ein, den Sie in Ihren Links anzeigen wollen. Die Funktion `navbar()` durchläuft alle Dateinamen und erzeugt jeweils einen Link mit dem dazugehörigen Text für alle Dateinamen, die nicht in der *location.href*-Eigenschaft des aktuellen Dokuments auftauchen. So einfach ist das. Sie sehen den Code in Beispiel 6-8.

Beispiel 6-8: navbar.js

```
var navURLs  = new Array('astronomy.html', 'science.html', 'sports.html',
  'music.htm', 'people.htm');
var linkText = new Array('Astronomie', 'Andere Wissenschaften', 'Sport',
  'Musicians\' Corner', 'Coole Leute');

function navbar() {
  var navStr= '';
  for (var i = 0; i < navURLs.length; i++) {
    if (location.href.indexOf(navURLs[i]) == -1) {
      navStr += ' <B>[</B><A HREF="' + navURLs[i] + '">' + linkText[i] +
        '</A><B>]</B> ';
      }
    }
  document.writeln('<BR><BR>' + navStr);
  }
```

Sie können diese Funktionalität dramatisch erweitern. Es gibt keinen Grund, warum Sie nicht Bilder (mit Rollovern) statt der Textlinks benutzen können. Wenn Sie eine Menge Links haben und Sie nicht Ihre ganze Seite damit verschwenden wollen, können Sie sie auch in einer SELECT-Auswahlliste unterbringen. Dann können Sie die Links wirklich aufhäufen und gleichzeitig wertvollen Platz sparen.

numbers.js

Verwendunsgzweck

Korrektur von Rundungsfehlern und Zahlenformatierung für Einkaufskorb-Programme

Benötigte Version

JavaScript 1.1

Funktionen

`twoPlaces(), round(), totals()`

JavaScript führt Fließkomma-Arithmetik etwas anders aus, als Sie das vielleicht vermuten würden. Als Resultat sind die Ergebnisse von vielen Rechnungen auch etwas anders, als Sie es erwarten würden. Die DevEdge-Newsgruppe-FAQ unter *http://developer1.netscape.com:80/support/faqs/champions/javascript.html#2-2* benutzt das Beispiel 0,119 * 100 = 11,899999. Oft möchte man Zahlen auch in Euro und Cent darstellen. Die Funktionen in *numbers.js* sind dafür ausgelegt, in beiden Situationen zu helfen. Die zwei Funktionen hier basieren auf den Funktionen von Martin Webb, die Sie unter *http://www.irt.org/script/number.htm* finden können. Abbildung 6-14 zeigt *ch06\numbers.html.*

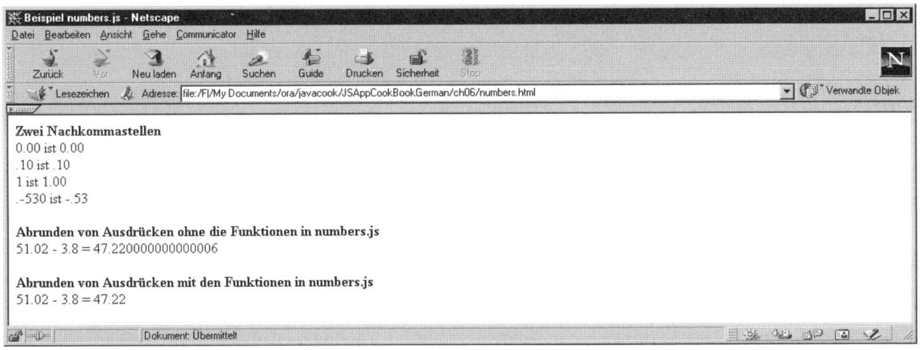

Abbildung 6-14: Schönere Zahlen dank JavaScript

Die unter der Überschrift »Zwei Nachkommastellen« dargestellten Zahlen zeigen, wie die Funktion `twoPlaces()` Zahlen in Euro und Cent formatiert. Die anderen beiden Überschriften zeigen den Unterschied im Ausdruck 51,02 - 3,8 mit und ohne die Funktionen `round()` und `totals()`, wobei die letztere den gewünschten Effekt ergibt. Beispiel 6-9 zeigt *numbers.js.*

Beispiel 6-9: number.js

```
function twoPlaces(amount) {
  return (amount == Math.floor(amount)) ? amount + '.00' :
    ((amount*10 == Math.floor(amount*10)) ? amount + '0' : amount);
  }

function round(number,X) {
  X = (!X ? 2 : X);
  return Math.round(number * Math.pow(10,X)) / Math.pow(10,X);
  }
```

Die Funktion `twoPlaces()` gibt einen String mit dem Wert der übergebenen Zahl zurück, an den entweder `0` oder `.00` oder nichts angehängt wird, je nachdem ob die Zahl bereits korrekt formatiert ist. Der lange Ausdruck mit dem ternären Operator besagt auf deutsch:

- Wenn die Zahl gleich Ihrem Ganzzahlanteil (`Math.floor(amount)`) ist, gib sie als String mit angehängtem `.00` zurück.
- Wenn das nicht der Fall ist, und die mit 10 multiplizierte Zahl gleich Ihrem Ganzzahlanteil (`Math.floor(amount * 10)`) ist, gib sie als String mit angehängtem 0 zurück.
- Ansonsten gib die Zahl als String zurück, sie ist schon korrekt formatiert.

Was die Rundungsfehler unter der »Zwei Nachkommastellen«-Liste angeht, liefert die Funktion `round()` die übergebene Zahl auf eine Genauigkeit von `x` Nachkommastellen. Die Voreinstellung für `x` ist 2. Per Default wird also auf zwei Nachkommastellen gerundet, wenn Sie keinen Wert für `x` übergeben.

objects.js

Verwendungszweck
: Erzeugung generischer Objekte, Objektinspektion

Benötigte Version
: JavaScript 1.1

Funktionen
: `makeObj()`, `parseObj()`, `objProfile()`

Kommen wir nun zu den JavaScript-Objekten – so viele Möglichkeiten und so wenig Zeit zum Ausprobieren. *objects.js* stellt zwei Utilities zur Verfügung. Die eine ist ein Konstruktor für generische Objekte, die andere ein einfacher Objektinspektor. Öffnen Sie *ch06\objects.html* in Ihrem Browser. Abbildung 6-15 zeigt Ihnen, was Sie bekommen.

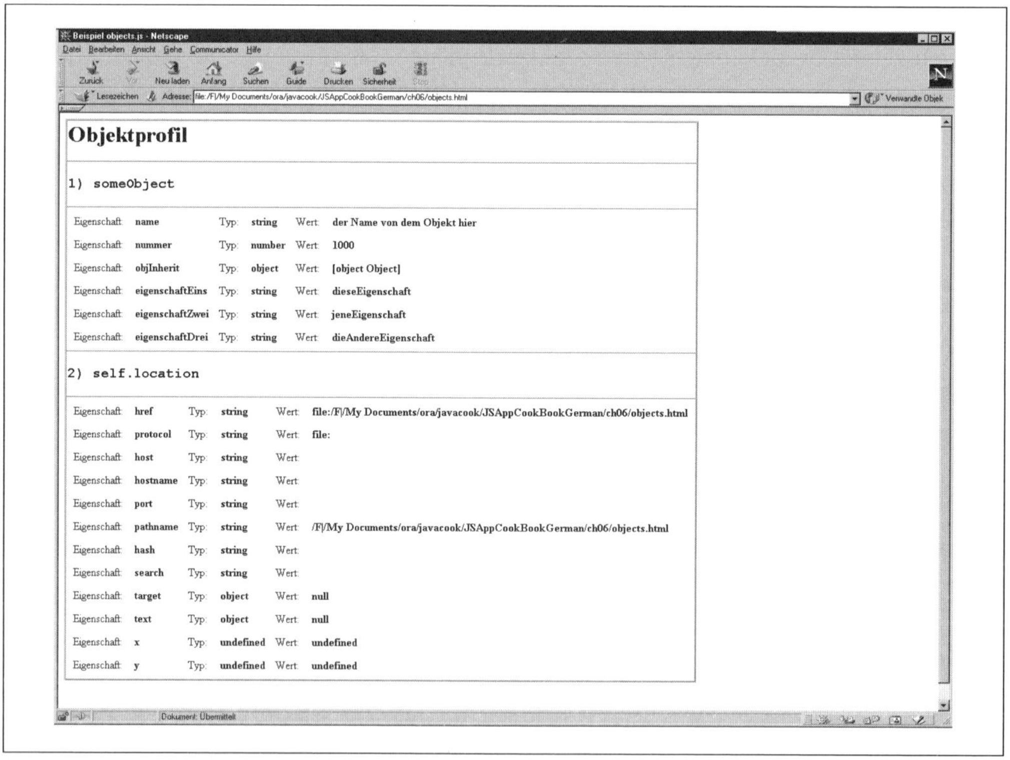

Abbildung 6-15: Die Ergebnisse von objects.html

Die Objektinspektor-Funktionen `parseObj()` und `objProfile()` verraten die Eigenschaften zweier Objekte: Eines wird durch die Variable *someObject* repräsentiert, das andere ist das *location*-Objekt des Fensters. Sehen Sie sich *objects.html in* Beispiel 6-10 an, um zu verstehen, wie das abläuft.

Beispiel 6-10: objects.html

```
 1 <HTML>
 2 <HEAD>
 3 <TITLE>Beispiel: objects.js</TITLE>
 4 <STYLE type="text/css">
 5 <!--
 6 td { font-family: courier new; font-size: 14}
 7 -->
 8 </STYLE>
 9 <SCRIPT LANGUAGE="JavaScript1.1" SRC="objects.js"></SCRIPT>
10 </HEAD>
11 <BODY>
12 <SCRIPT LANGUAGE="JavaScript1.1">
13 <!--
14
15 function plainOldObject() {
16   this.name = 'ein name';
17   this.nummer = 1000;
18   this.objInherit = new makeObj('eigenschaftEins', 'dieseEigenschaft',
19     'eigenschaftZwei', 'jeneEigenschaft', 'eigenschaftDrei',
     'dieAndereEigenschaft');
20   return this;
21   }
22
23 var someObject = new plainOldObject();
24
25 document.write(objProfile('someObject', 'self.location'));
26 //-->
27 </SCRIPT>
28
29 </BODY>
30 </HTML>
```

Beachten Sie, daß Zeile 23 der Variable *someObject* ein neues `plainOldObject()` zuweist. Der `plainOldObject()`-Konstruktor hat mehrere Eigenschaften, einschließlich *name, nummer* und *objInherit*. *objInherit* stellt ein mit dem generischen Objektkonstruktor `makeObj()` aus *objects.js* erzeugtes Objekt dar. Sehen Sie sich dazu die Quelldatei in Beispiel 6-11 an.

Beispiel 6-11: objects.js

```
function makeObj() {
  if (arguments.length % 2 != 0) {
    arguments[arguments.length] = "";
    }
  for ( var i = 0; i < arguments.length; i += 2 ) {
```

Beispiel 6-11: objects.js (Fortsetzung)

```
    this[arguments[i]] = arguments[i + 1] ;
     }
  return this;
  }

function parseObj(obj) {
  var objStr = '';
    for (prop in obj) {
      objStr += '<TR><TD>Property: </TD><TD><B>' + prop +
        '</B></TD><TD>Type: </TD><TD><B>' + typeof(obj[prop]) +
        '</B></TD><TD>Value: </TD><TD><B>'  + obj[prop] +
        '</B></TD></TR>';
      if (typeof(obj[prop]) == "object") {
        objStr += parseObj(obj[prop]);
        }
      }
  return objStr;
  }

function objProfile() {
  var objTable = '<TABLE BORDER=2 CELLSPACING=0><TR><TD><H1>' +
    'Objektprofil</H1></TD></TR>';
  for (var i = 0; i < arguments.length; i++) {
    objTable += '<TR><TD><BR><BR><H2><TT>' + (i + 1) + ') ' +
      arguments[i] +  '</H2></TD></TR>';
    objTable += '<TR><TD><TT><TABLE CELLPADDING=5>' +
      parseObj(eval(arguments[i])) + '</TABLE></TD></TR>';
    }
  objTable += '</TABLE><BR><BR><BR>';
  return objTable;
  }
```

Nehmen wir uns als erstes `makeObj()` vor. Hier sind die Zeilen der Quelldatei:

```
function makeObj() {
  if (arguments.length % 2 != 0) {
    arguments[arguments.length] = "";
    }
  for ( var i = 0; i < arguments.length; i += 2 ) {
    this[arguments[i]] = arguments[i + 1] ;
     }
  return this;
  }
```

Dieser Konstruktor erzeugt Eigenschaften, indem er übergebene Parameterpaare einander zuweist, wobei der erste, dritte, fünfte Parameter usw. die Namen der Eigenschaften sind, während der zweite, vierte, sechste Parameter usw. die jeweiligen Werte darstellen. Wenn die Anzahl der übergebenen Parameter ungerade ist (d.h., ein unvollständiges Paar vorliegt) fügt `makeObj()` ein zusätzliches Element mit dem Wert eines leeren Strings zum Array *arguments* hinzu. Damit hat jeder Parameter einen Partner. Dann durchläuft `makeObj()` die Parameterelemente in Doppelschritten, wobei das erste Element jedes Paars als Name einer Objekteigenschaft interpretiert wird und das zweite Element als Wert der eben benannten Eigenschaft. Wenn Sie also `makeObj('name', 'Madonna', 'beruf', 'Saengerin')` aufrufen, bekommen Sie eine Referenz auf ein Objekt mit den folgenden Eigenschaften:

```
this.name = 'Madonna';
this.beruf = 'Saengerin';
```

Die Variable *objInherit* verweist deswegen jetzt auf ein Objekt und hat die folgenden Eigenschaften:

```
objInherit.eigenschaftEins    = 'dieseEigenschaft';
objInherit.eigenschaftZwei    = 'jeneEigenschaft';
objInherit.eigenschaftDrei  = 'dieAndereEigenschaft';
```

Beachten Sie, daß alle Eigenschaften hier String-Werte haben. Sie können selbstverständlich auch Zahlen, Objekte usw. übergeben. Die Funktion `makeObj()` ist ideal für die Erzeugung mehrerer Objekte mit jeweils verschiedenen Eigenschaften, *ohne* daß Sie gleich einen Konstruktor für jedes der Objekte definieren müssen.

Das andere inspizierte Objekt ist das *location*-Objekt. Das scheint ziemlich einleuchtend zu sein, aber wie funktioniert die Inspektion? Die Funktionen `objProfile()` und `parseObj()` arbeiten hier rekursiv zusammen, um die Objekteigenschaften auszuleuchten und eine Tabelle mit den Ergebnissen zu erzeugen. Jede Tabellenzeile identifiziert den Namen der Objekteigenschaft, den Typ des Eigenschaft-Objekts und den ihm zugewiesenen Wert. Fangen wir doch mit `objProfile()` an:

```
function objProfile() {
  var objTable = '<TABLE BORDER=2 CELLSPACING=0><TR><TD><H1>' +
    'Objektprofil</H1></TD></TR>';
  for (var i = 0; i < arguments.length; i++) {
    objTable += '<TR><TD><BR><BR><H2><TT>' + (i + 1) + ') ' +
      arguments[i] +  '</H2></TD></TR>';
    objTable += '<TR><TD><TT><TABLE CELLPADDING=5>' +
      parseObj(eval(arguments[i])) + '</TABLE></TD></TR>';
    }
  objTable += '</TABLE><BR><BR><BR>';
  return objTable;
  }
```

`objProfile()` ist die Funktion, die Sie aufrufen und der Sie die Parameter übergeben (siehe Zeile 25 in *objects.html*):

```
document.write(objProfile('someObject', 'self.location'));
```

Die übergebenen Parameter sind keine Objekte. Es sind Strings. Sie werden gleich benutzt, um Objekte darzustellen. Die Übergabe der Stringäquivalente ermöglicht es JavaScript, die Objekte auf der Seite mit ihrem Namen darzustellen. Sobald die nötigen `TRs` und `TDs` für die Tabelle erzeugt worden sind, werden diese `objProfile()` übergebenen String-Parameter nacheinander mit der `eval()`-Methode in Zeile 32 dereferenziert und `parseObj()` übergeben. Sehen Sie sich an, was dann passiert:

```
function parseObj(obj) {
  var objStr = '';
    for (prop in obj) {
      objStr += '<TR><TD>Property: </TD><TD><B>' + prop +
        '</B></TD><TD>Type: </TD><TD><B>' + typeof(obj[prop]) +
        '</B></TD><TD>Value: </TD><TD><B>'  + obj[prop] +
        '</B></TD></TR>';
      if (typeof(obj[prop]) == "object") {
        objStr += parseObj(obj[prop]);
        }
      }
  return objStr;
  }
```

Jeder dereferenzierte String kommt als ein Objekt namens *obj* an. Unter Benutzung der *for ... if*-Schleife durchläuft `parseObj()` alle Eigenschaften in *obj* und stellt dabei einen String mit den Eigenschaften, Typen und Werten sowie den nötigen Tabellen-Tags zusammen. `parseObj()` greift mit dem `typeof()`-Operator auf die Typen der Eigenschaften zu. Wenn Eigenschaft, Typ und Wert zu dem String hinzugefügt worden sind, überprüft `parseObj()`, ob der Typ der betreffenden Eigenschaft ein »object« ist. Wenn ja, dann ruft `parseObj()` sich selbst auf und übergibt die Eigenschaft (als *obj*-Objekt). Diese Rekursion ermöglicht das »Ausleuchten«, um die gesamte interne Hierarchie eines Objekts offenzulegen.

Wenn `parseObj()` keine weiteren Objekte zu analysieren hat, wird der gesamte String mit den Eigenschaften, Typen, Werten und Tabellen-Tags in der Variable *objStr* an die Funktion `objProfile()` zurückgegeben. `objProfile()` hängt diesen String an die anderen Tabellenzeilen und -zellen an, die erzeugt wurden. Dieser String, der in der Variable *objTable* enthalten ist, wird schließlich in Zeile 25 von *objects.html* auf die Seite geschrieben.

Diese Funktionen zur Objektinspektion sind für relativ kleine Objekte ausgelegt, wie zum Beispiel benutzerdefinierte Objekte. Sowohl Navigator als auch IE ersticken an diesem Skript, wenn zuviel Rekursion stattfindet. Versuchen Sie beispielsweise, Zeile 25 in *objects.html* von

```
document.write(objProfile('someObject', 'self.location'));
```

in

```
document.write(objProfile('document'));
```

zu ändern. Laden Sie das Dokument dann in MSIE. Sie werden mit Sicherheit eine Stack-Overflow-Meldung bekommen. Versuchen Sie das in Zeile 25 mit Navigator:

```
document.write(objProfile('window'));
```

Sie bekommen in der JavaScript-Konsole: `JavaScript Error: too much recursion`

strings.js

Verwendungszweck
: Stringbearbeitung, alphabetisches Sortieren, Häufigkeitsstatistik

Benötigte Version
: JavaScript 1.2

Funktionen
: `camelCaps()`, `prepStr()`, `wordCount()`, `reorder()`

Die Funktionen geben Ihnen einen Vorgeschmack darauf, was Sie mit Strings machen können, die Sie beispielsweise als Benutzereingabe bekommen. Öffnen Sie *ch06\string.html* in Ihrem Browser, und Sie sollten Abbildung 6-16 sehen.

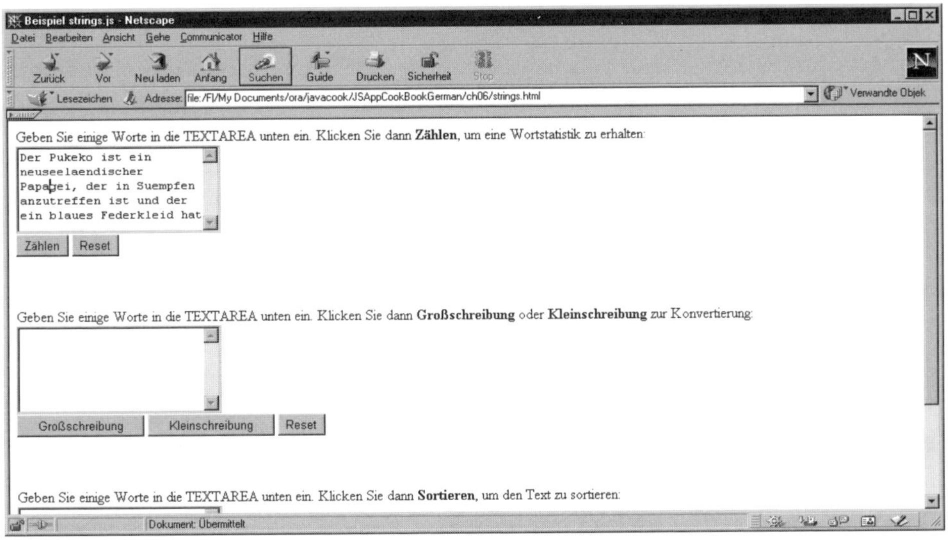

Abbildung 6-16: Drei Formulare zur Verarbeitung von Stringdaten. Das erste Formular zählt Wörter.

Hier haben Sie drei Formulare, die drei Funktionen vorführen. Das erste Formular enthält ein `TEXTAREA`-Feld zur Texteingabe. Nachdem der Benutzer oder die Benutzerin Text eingegeben und den »Zählen«-Button angeklickt hat, generiert die Funktion `wordCount()` eine neue Seite mit einer Tabelle. Die Tabelle listet der im `TEXTAREA`-Feld eingegebenen »Wörter« auf und gibt an, wie oft das Wort vorhanden war. Sie können die Ergebnisse in Abbildung 6-17 sehen.

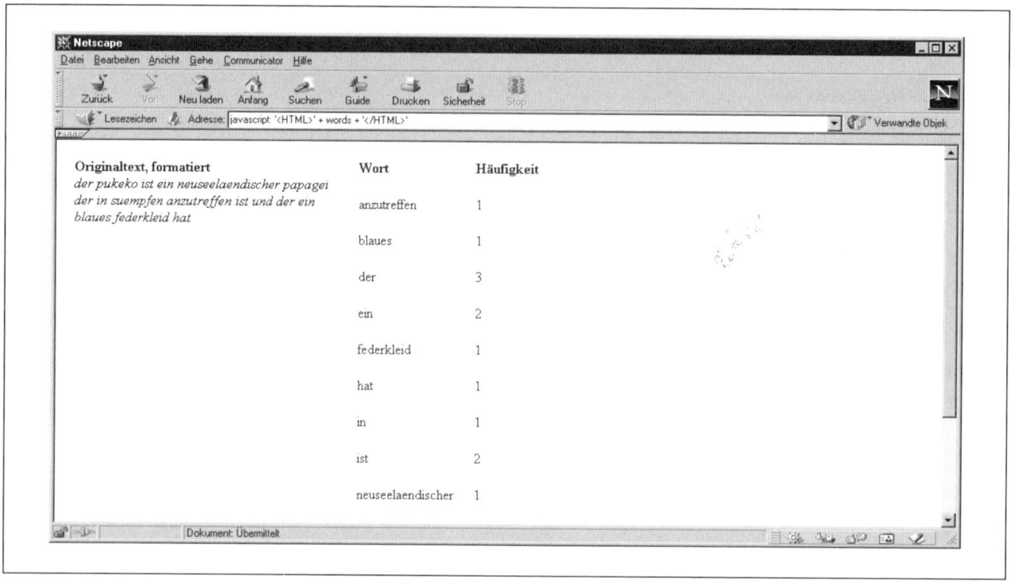

Abbildung 6-17: Die Tabelle mit den Wörtern und deren entsprechender Häufigkeit

Das zweite Formular enthält ebenfalls ein TEXTAREA-Feld zur Texteingabe. Der Benutzer kann dann »Großschreibung« oder »Kleinschreibung« wählen, um das erste Zeichen in jedem Wort zu Groß- oder Kleinschreibung zu konvertieren. Die Funktion `camelCaps()` kümmert sich darum. Sie können diese Funktion beispielsweise bei der Formularüberprüfung einsetzen, wenn Benutzer etwa Namen und Adressen eingeben müssen. Sehen Sie sich die Konvertierung in Abbildung 6-18 an.

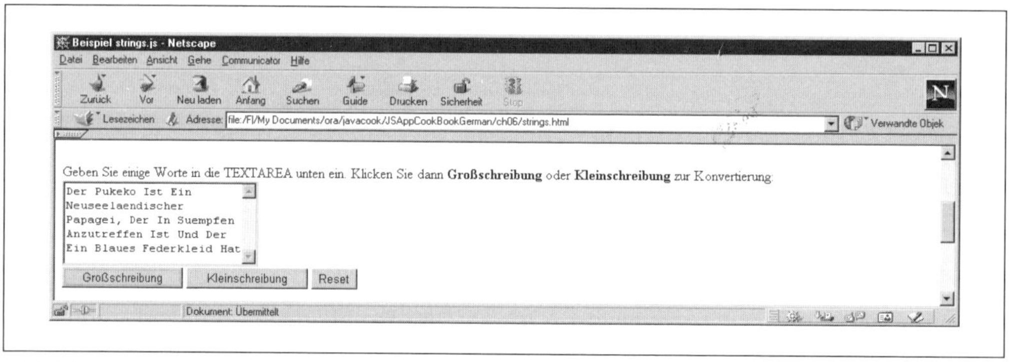

Abbildung 6-18: Das erste Zeichen in jedem Wort wird in einen Großbuchstaben konvertiert

Das letzte Formular kann auch ein TEXTAREA-Feld vorweisen, das jedes vorkommende Wort sortiert, nachdem der Benutzer oder die Benutzerin den Text eingegeben hat. Das ist ein gutes Skript zur alphabetischen Sortierung. Werfen Sie einen Blick auf Abbildung 6-19, um die Ergebnisse zu sehen. Wenn Sie »Sortieren« mehrfach aufrufen, wird der sortierte Text abwechselnd in auf- und absteigender Reihenfolge dargestellt. Das Puppentheater haben Sie jetzt gesehen. Es ist an der Zeit, daß wir uns ansehen, wer an den Fäden zieht.

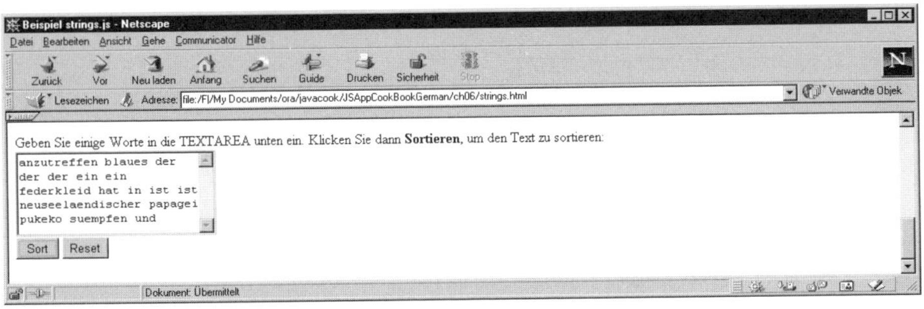

Abbildung 6-19: Die Wörter, alphabetisch sortiert

Beispiel 6-12 enthält den Code für *strings.js*.

Beispiel 6-12: strings.js

```
function wordCount(str, output) {
  var wordArray = new Array();
  str = prepStr(str);
  var tempArray = str.split(' ').sort();
  var count = 1;
  for (var i = 0; i < tempArray.length; i++) {
    if (wordArray[tempArray[i]]) {
      wordArray[tempArray[i]]++;
      }
    else { wordArray[tempArray[i]] = 1; }
    }
  if (output) { return wordArray; }
  else {
    var arrStr = '';
    for (word in wordArray) {
      if (word != "") {
        arrStr += '<TR><TD>' + word + '</TD><TD>' + wordArray[word] +
          '</TD></TR>';
        count++;
        }
      }
    return '<TABLE BORDER=0><TR><TD WIDTH=300 VALIGN=TOP ROWSPAN=' +
      count + '><B>Formatierter Originaltext</B><BR><I>' + str +
      '</I><TD><B>Wort</B><TD><B>H&auml;ufigkeit</B></TR>' + arrStr +
      '</TABLE>';
    }
  }

function prepStr(str) {
```

Beispiel 6-12: strings.js (Fortsetzung)

```
30   str = str.replace(/['"-]/g, "");
31   str = str.replace(/\W/g, " ");
32   str = str.replace(/\s+/g, " ");
33   return str;
34   }
35
36 function camelCaps(str, theCase) {
37   var tempArray = str.split(' ');
38   for (var i = 0; i < tempArray.length; i++) {
39     if (theCase) {
40       tempArray[i] = tempArray[i].charAt(0).toUpperCase() +
41         tempArray[i].substring(1);
42       }
43     else {
44       tempArray[i] = tempArray[i].charAt(0).toLowerCase() +
45         tempArray[i].substring(1);
46       }
47     }
48   return tempArray.join(' ');
49   }
50
51 var order = true;
52
53 function reorder(str) {
54   str = prepStr(str);
55   str = str.replace(/\d/g, "");
56   order = !order;
57   if(!order) { str = str.split(' ').sort().join(' '); }
58   else { str = str.split(' ').sort().reverse().join(' '); }
59   return str.replace(/^\s+/, "");
60   }
```

Um eine Wortzählung mit dem ersten Formular zu erzeugen, führt `wordCount()` die folgenden Schritte durch:

1. Alle Zeichen, die weder Buchstaben noch Ziffern noch Unterstriche noch einzelne Leerzeichen sind, werden entfernt.
2. Ein Array mit allen Wörtern aus dem Text wird generiert.
3. Die Häufigkeit der einzelnen Wörter wird gezählt.
4. Die Ergebnisse werden in Tabellenform angezeigt.

Schritt 1 wird durch eine andere Funktion, `prepStr()`, ausgeführt. Sie befindet sich in den Zeilen 29 bis 35:

```
function prepStr(str) {
  str = str.replace(/['"-]/g, "");
  str = str.replace(/\W/g, " ");
  str = str.replace(/\s+/g, " ");
  return str;
  }
```

Dann führt die Funktion eine Reihe von Stringersetzungsoperationen durch. Zeile 30 eliminiert Anführungszeichen, Apostrophe und Bindestriche. Zeichen, die keine Buchstaben, Ziffern oder Unterstriche sind, werden in Zeile 31 zu einzelnen Leerzeichen konvertiert. Zum Schluß werden benachbarte Leerzeichen in einzelne Leerzeichen konvertiert. Das säubert den Text etwas und hält den folgenden Code davon ab, Dinge wie ? oder »boink« (mit Anführungszeichen) als Wörter zu zählen.

Zurück zu `wordCount()`: `prepStr()` gibt einen durch Leerzeichen getrennten String von Wörtern zurück. Damit läßt sich Schritt 2 von oben durch ein einfaches `split()` erledigen. Schritt 3 findet in den Zeilen 6 bis 11 statt:

```
for (var i = 0; i < tempArray.length; i++) {
  if (wordArray[tempArray[i]]) {
    wordArray[tempArray[i]]++;
    }
  else { wordArray[tempArray[i]] = 1; }
  }
```

Im zweiten Formular wird der vom Benutzer eingegebene Text als String an die Funktion `camelCaps()` übergeben. `camelCaps()` akzeptiert auch einen zweiten Parameter, einen Boolschen Wert, der anzeigt, ob in Groß- oder Kleinbuchstaben konvertiert werden soll. Sehen wir uns die Funktion noch einmal an (siehe die Zeilen 36 bis 49):

```
function camelCaps(str, theCase) {
  var tempArray = str.split(' ');
  for (var i = 0; i < tempArray.length; i++) {
    if (theCase) {
      tempArray[i] = tempArray[i].charAt(0).toUpperCase() +
        tempArray[i].substring(1);
      }
    else {
      tempArray[i] = tempArray[i].charAt(0).toLowerCase() +
        tempArray[i].substring(1);
      }
    }
  return tempArray.join(' ');
  }
```

Der lokalen Variable *tempArray* wird ein Array mit allen Wörtern des Texts zugewiesen. Ein »Wort« bezeichnet in diesem Fall beliebigen Text zwischen Leerzeichen. Jetzt müssen nur noch alle Wörter durchlaufen und ihre jeweils ersten Zeichen durch ihre groß- bzw. kleingeschriebenen Versionen ersetzt werden. Wenn alle ersten Zeichen ausgetauscht worden sind, gibt die Funktion einen String dieser neuen Wörter zurück, der mit Leerzeichen zusammengefügt worden ist. Die Funktion `camelCaps()` setzt damit praktisch die Leerzeichen wieder ein, die während der `split()`-Operation entfernt worden sind.

Für das letzte Formular führt die Funktion `reorder()` entweder ein `sort()` oder ein umgekehrtes `sort()` aus (siehe die Zeilen 51 bis 60):

```
var order = true;

function reorder(str) {
  str = prepStr(str);
  str = str.replace(/\d/g, "");
  order = !order;
  if(!order) { str = str.split(' ').sort().join(' '); }
  else { str = str.split(' ').sort().reverse().join(' '); }
  return str.replace(/^\s+/, "");
  }
```

Wie in `wordCount()` formatiert `prepStr()` den übergebenen String. In dieser Funktion habe ich allerdings auch die Ziffern mit einem Aufruf von `str.replace(/\d/g, "")` entfernt. Auf diese Weise werden nur Wöter erfaßt, aber keine Zahlen. Die Ordnung der Variablen wird umgekehrt, was die Sortierreihenfolge festlegt und den nächsten Klick des »Sortieren«-Buttons vorbereitet. Überlegen Sie sich, was passieren muß, um die Wörter traditionell oder in umgekehrter Reihenfolge zu sortieren. Das herkömmliche Sortieren läuft so ab:

1. Der Text wird in ein Array aufgeteilt.
2. Diese Arrayelemente werden sortiert.
3. Das Array wird zu einem String zusammengefügt.

Beim umgekehrten Sortieren gibt es einen zusätzlichen Schritt:

1. Der Text wird in ein Array aufgeteilt.
2. Diese Arrayelemente werden sortiert.
3. Die Reihenfolge der Elemente wird umgekehrt.
4. Das Array wird zu einem String zusammengefügt.

In den Zeilen 57 und 58 von *strings.js* wird der Wert von *order* verwendet, um herauszufinden, welche der beiden Routen eingeschlagen werden soll. Anschließend wird der String zurückgegeben (ohne gegebenenfalls durch `join()` am Anfang hinzugefügte Leerzeichen).

Mögliche Erweiterungen

Hier gibt es wirklich keine Grenzen. Sie können natürlich coole Funktionen zu den Dateien hinzufügen oder die existierenden Funktionen noch verbessern. Ehrlich gesagt bezweifle ich es aber, daß Sie Ihre Funktionen in denselben Quelldateien haben möchten. Vielleicht entwickeln Sie eine Handvoll von Websites und möchten die *.js*-Dateien nach dem Namen der Site benennen. Prima. Fügen Sie die Funktionen ein, die Sie benötigen, und Sie haben sich ein Toolkit geschrieben (Sie könnten es ja *toolkit.js* nennen). Wichtig dabei ist, daß Sie ein System finden, das für Sie gut funktioniert. Lassen Sie sich nicht von Ihren *.js*-Dateien managen. Machen Sie es andersherum. Ich bin wirklich gespannt, was bei Ihnen dabei herauskommt.

7

Benutzereinstellungen mit Cookies speichern

Projektmerkmale

- Modifizierbare Links, Hintergrundbilder und Font-Einstellungen
- Anwendung mit flexiblen Benutzereinstellungen
- Dutzende möglicher Layout-Kombinationen
- Einfach auf Sprachwahl, Farben, Bilder und DHTML anzupassen

JavaScript-Techniken

- Namenskonventionen machen sich wieder bezahlt
- Dynamisches DHTML

Dieses Kapitel enthält eine nutzlose Anwendung, aber blättern Sie nicht gleich zum nächsten Kapitel weiter. Habe ich schon erwähnt, daß Ihnen der Code in dieser Anwendung dabei helfen kann, Ihre Website mit beeindruckender Funktionalität auszustatten? Ich rede hier über das Setzen von individuellen Benutzereinstellungen. Denken Sie nach: Welches Wort hat jeder Benutzer und jede Benutzerin im Sinn, wenn sie im Web surfen?

»Ich«.

Ja, Benutzer sind schon eine ziemlich egoistische Truppe, denken immer nur an die eigenen Probleme und die eigenen Interessen statt an Ihre. Was immer die Leute auch machen, sie suchen immer etwas, das sie an sich selbst erinnert. Deswegen lungern DHTML-Jünger in der Dynamic HTML Zone (*http://www.dhtmlzone.com/*) herum, Shopper gehen zu Shopping.com (*http://www.shopping.com/ibuy/*) und Astronomie-Fans (da bin ich dabei. Sehen Sie? Ich tue das auch) besuchen die »Sky & Telescope«-Website (*http://www.skypub.com/*). Marketingstrategen, Werbeleute und Verkäufer nützen dieses Verhalten schon seit Jahrhunderten aus. Das Web ist da nicht anders. Anhand einer fiktiven Anwendung zeigt Ihnen dieses Kapitel, wie Sie die Funktionalität Ihrer Site mit persönlichen Einstellungen versehen können, auch wenn es nur eine einfache Speicherung des Benutzernamens ist. Mit JavaScript-Cookies können Besucher Ihrer Site die Erfahrung individuell gestalten.

Nehmen wir an, Sie haben eine Site für Internet-Investoren entwickelt, die etwas Taschengeld übrig haben. Besucher können kostenlos Mitglied in diesem fiktiven Wall-Street-Cybercenter namens »Take-A-Dive Brokerage $ervices« werden. Sie können hier zwar nicht handeln, aber wenigstens ihre eigene persönliche Seite mit einer Auswahl ihrer Lieblingslinks zu anderen Finanz-Webseiten und elektronischen Nachrichten bekommen. Abbildung 7-1 zeigt, was den Benutzer oder die Benutzerin beim ersten Besuch der bald zu personalisierenden Seite erwartet (*\ch07\dive.html*). Da dies das erste Mal ist, wird er oder sie auf die Personalisierungsseite umgeleitet.

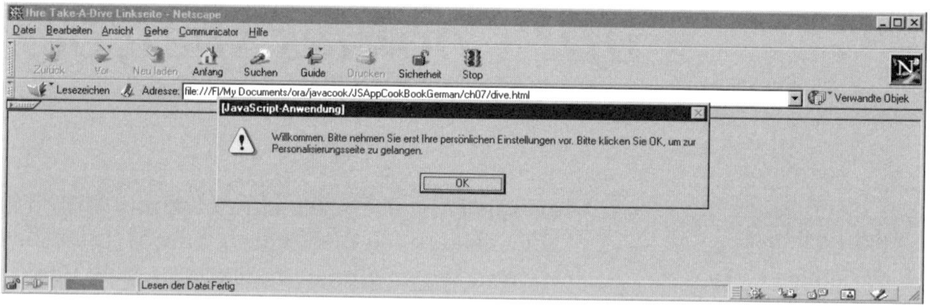

Abbildung 7-1: Erstbesucher werden direkt zur Personalisierungsseite geleitet

Abbildung 7-2 zeigt die Personalisierungsseite (*\ch07\prefs.html*). Dabei handelt es sich um eine langes Formular, in das die Benutzer Namen, Alter, Beruf und Art der Investmentstrategie eingeben können. Eine Anzahl von Checkboxen läßt den Benutzer auswählen, ob und wenn ja, welche der zur Verfügung stehenden Finanz-Links auf die personalisierte Homepage gesetzt werden sollen.

Das Formular endet mit einer Reihe von SELECT-Auswahllisten, mit denen der Benutzer ein Hintergrundbild sowie die Schriftgröße und -art aus den vorgegebenen Thumbnail-Bildern wählen kann. Wenn alles ausgefüllt ist, schreibt »Speichern« die Auswahl in die browsereigene Cookie-Datei. Der Benutzer wird dann gebeten, die Änderungen zu bestätigen, wie in Abbildung 7-3 gezeigt. Wird »OK« gewählt, dann wird der Benutzer zu *dive.html* geleitet, eine Seite, die alle vom Benutzer gewählten Einstellungen reflektiert – die persönliche Information, den Hintergrund und sogar die Schrift.

Schön und gut, aber was passiert, wenn der Benutzer Änderungen vornehmen will? Wählen Sie einfach den Link »Einstellungen«, und Sie kehren zu *prefs.html* zurück. Beachten Sie, daß die Benutzereinstellungen auch hier berücksichtigt werden. Die gesamten persönlichen Informationen bleiben intakt. Die beim letzten Mal markierten Checkboxen sind immer noch angekreuzt. Sogar die Hintergrundbilder und Schriftdetails sind vorhanden. Der Benutzer kann jetzt mit den Hintergrundbildern und Schriftvorgaben experimentieren, um zu sehen, welche am besten passen. Abbildung 7-4 zeigt eine der vielen möglichen Kombinationen.

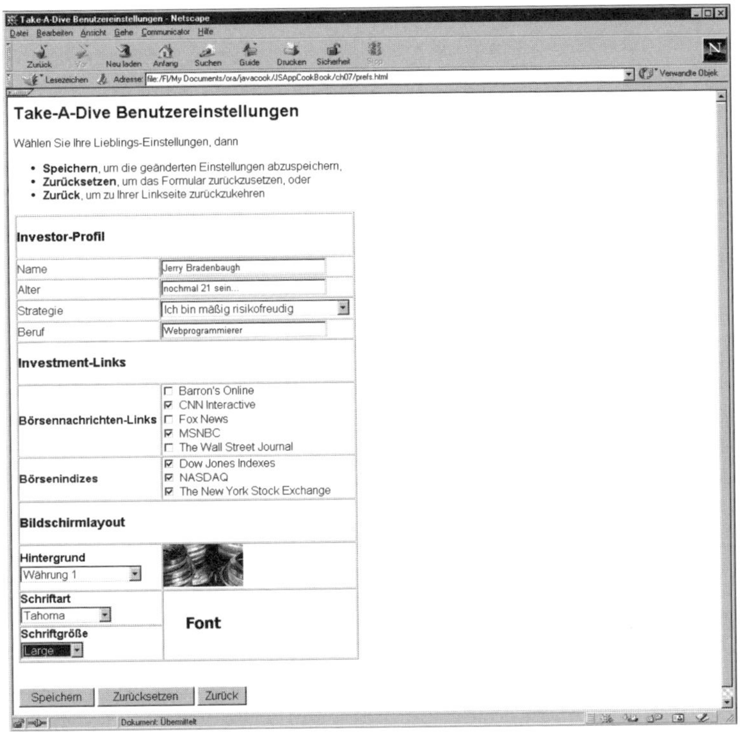

Abbildung 7-2: Persönliche Einstellungen vornehmen

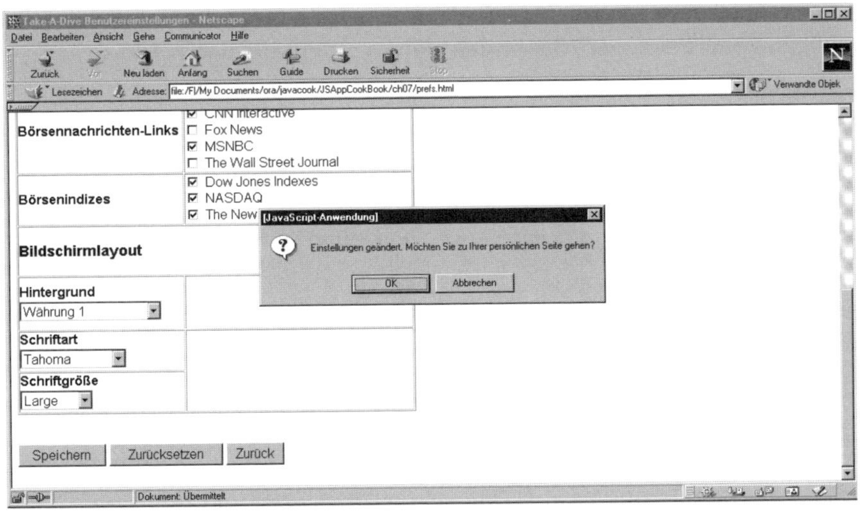

Abbildung 7-3: Nachdem er auf »Speichern« geklickt hat, wird der Benutzer gefragt, ob die personalisierte Seite angezeigt werden soll

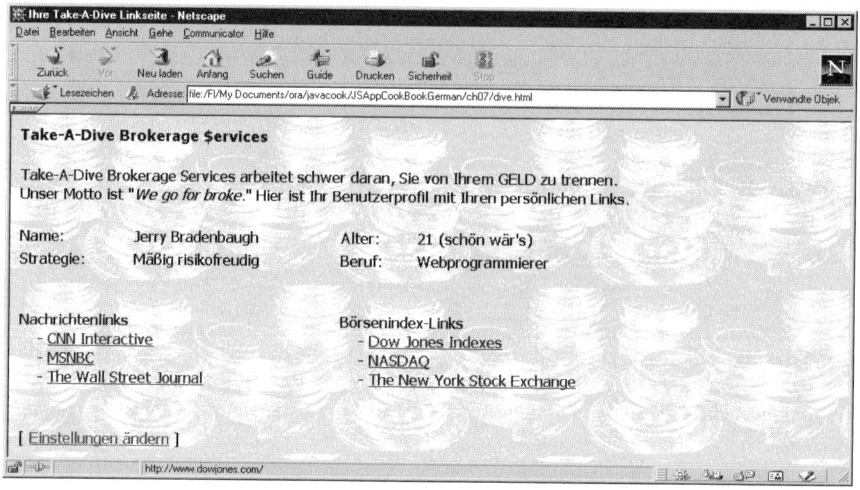

Abbildung 7-4: Die personalisierte Seite mit Schrift und Hintergrundbild

Einsatzvoraussetzungen

Diese Anwendung erfordert unbedingt JavaScript 1.2. Das liegt an den Style Sheets und am String-Austausch. Benutzer brauchen mindestens die Version 4 von Navigator oder Internet Explorer. Die Anwendung kann erheblich erweitert werden; sie benutzt ein sehr einfaches Style Sheet. Grenzen sind nur durch Ihre Fähigkeit zur DHTML-Benutzung gesetzt (es gibt also nicht viele).

Da die Anwendung auf Cookies basiert, müssen Sie sich den Cookie-Spezifikationen des jeweiligen Browsers fügen. Sie finden sie unter den folgenden URLs:

Netscape Navigator:

> *http://developer1.netscape.com:80/docs/manuals/communicator/jsguide4/cookies.htm*

MSIE:

> *http://msdn.microsoft.com/msdn-online/workshop/author/dhtml/reference/properties/cookie.asp*

Sie brauchen sich aber keine Sorgen zu machen. Diese Anwendung bleibt schön brav innerhalb der von Cookies in NN- und MSIE 4.x-Browsern gesetzten Grenzen.

Die Syntax unter die Lupe genommen

Die Anwendung besteht aus zwei HTML-Seiten (*prefs.html* und *dive.html*) sowie einer JavaScript-Quelldatei, *cookies.js*. Die folgende Aufzählung beschreibt die einzelnen Dateien:

prefs.html
: Diese Seite wird benutzt, um die Einstellungen für *dive.html* vorzunehmen. Die Seite wird ebenfalls von den Informationen in den Cookies beeinflußt, da die Cookie-Informationen verwendet werden, um herauszufinden, welche Einstellungen der Benutzer bereits ausgewählt hat, und um das Formular entsprechend vorauszufüllen.

dive.html
: Diese Seite wird nach den Cookie-Informationen individuell gestaltet.

cookies.js
: Diese Datei enthält die Funktionen, die dazu verwendet werden, die Einstellungen in das Cookie zu schreiben bzw. sie aus ihm zu lesen. *cookies.js* wird von beiden HTML-Dateien einbezogen. Die Funktionen `GetCookie()` und `SetCookie()`, die Sie in den anderen beiden Dateien sehen werden, kommen von hier.

Die Dateien *prefs.html* und *dive.html* sind beide neu, aber *cookies.js* ist eine Quelldatei, die schon in Kapitel 6, *Das Anlegen von JavaScript-Quelldateien*, vorgestellt wurde. Sie können dort eine Erklärung ihrer Funktionen finden.

prefs.html

Obwohl die Abfolge der Bildschirmausschnitte Sie durch den wirklichen Ablauf der Ereignisse führt (d.h., der Benutzer fängt ohne Voreinstellungen an), nehmen wir einmal an, daß der Benutzer bereits Einstellungen vorgenommen hat und wieder zu *prefs.html* zurückkehrt, um Änderungen vorzunehmen. Ich denke, Sie werden dem Beispiel auf diese Weise viel einfacher folgen können. Beispiel 7-1 zeigt *prefs.html*.

Beispiel 7-1: prefs.html

```
<HTML>
<HEAD>
<TITLE>Take-A-Dive Benutzereinstellungen</TITLE>
<STYLE type="text/css">
  BODY, TD { font-family: Arial; }
</STYLE>
<SCRIPT LANGAUGE="JavaScript1.2" SRC="cookies.js"></SCRIPT>
<SCRIPT LANGUAGE="JavaScript1.2">

var imagePath = 'images/';
var newsNames = new Array(
  new Array('The Wall Street Journal','http://www.wsj.com/'),
  new Array('Barron\'s Online','http://www.barrons.com/'),
  new Array('CNN Interactive','http://www.cnn.com/'),
  new Array('MSNBC','http://www.msnbc.com/'),
  new Array('Fox News','http://www.foxnews.com/')
  );

var indexNames = new Array(
```

Beispiel 7-1: prefs.html (Fortsetzung)

```
  new Array('The New York Stock Exchange','http://www.nyse.com/'),
  new Array('NASDAQ','http://www.nasdaq.com/'),
  new Array('Dow Jones Indexes','http://www.dowjones.com/')
  );

var strategy = new Array(
  new Array('Cheap', 'Nur Billig-Investments'),
  new Array('Stingy', 'Ich bin ziemlich &auml;ngstlich'),
  new Array('Conservative', 'Ich bin konservativ'),
  new Array('Moderate', 'Ich bin m&auml;&szlig;ig risikofreudig'),
  new Array('Agressive', 'Ich bin aggressiv'),
  new Array('Willing to sell mother', 'Ich w&uuml;rde meine Mutter verkaufen!')
  );

var background = new Array(
  new Array(imagePath + 'goldthumb.gif', 'Goldbarren'),
  new Array(imagePath + 'billsthumb.gif', 'Dollarnoten'),
  new Array(imagePath + 'fistthumb.gif', 'Eine Handvoll Dollar'),
  new Array(imagePath + 'currency1thumb.gif', 'W&auml;hrung 1'),
  new Array(imagePath + 'currency2thumb.gif', 'W&auml;hrung 2')
  );

var face = new Array(
  new Array('times', 'Times Roman'),
  new Array('arial', 'Arial'),
  new Array('courier', 'Courier New'),
  new Array('tahoma', 'Tahoma')
  );

var size = new Array(
  new Array('10', 'Small'),
  new Array('12', 'Medium'),
  new Array('14', 'Large'),
  new Array('16', 'X-Large')
  );

indexNames = indexNames.sort();
newsNames = newsNames.sort();

var allImages = new Array();

var imageNames = new Array(
  'courier10', 'courier12', 'courier14', 'courier16',
  'arial10', 'arial12', 'arial14', 'arial16',
  'times10', 'times12', 'times14', 'times16',
  'tahoma10', 'tahoma12', 'tahoma14', 'tahoma16',
  'goldthumb','billsthumb','fistthumb','currency1thumb','currency2thumb',
  'blank'
  );

for (var i = 0; i < imageNames.length; i++) {
  allImages[i] = new Image();
```

Beispiel 7-1: prefs.html (Fortsetzung)

```
  allImages[i].src = imagePath + imageNames[i] + '.gif';
  }

function makePath(formObj) {
  var fontName = imagePath +
    formObj.face.options[formObj.face.selectedIndex].value +
    formObj.size.options[formObj.size.selectedIndex].value + '.gif';
  swapImage("fontImage", fontName);
  }

function swapImage(imageName, imageBase) {
  document[imageName].src = imageBase;
  }

function genSelect(name, select, onChangeStr) {
  var optStr = "";
  var arrObj = eval(name);
  for (var i = 0; i < arrObj.length; i++) {
    optStr += '<OPTION VALUE="' + arrObj[i][0] +
     (i == select ? '" SELECTED' : '"') + '>' + arrObj[i][1];
    }
  return '<SELECT NAME="' + name + '"' + (onChangeStr ? ' onChange="' +
    onChangeStr + ';"' : '') + '>' + optStr + '</SELECT>';
  }

function genBoxes(handle) {
  var boxStr = '';
  var arrObj = eval(name);
  for (var i = 0; i < arrObj.length; i++) {
    boxStr += '<INPUT TYPE=CHECKBOX NAME="' + handle + i + '" VALUE="' +
      arrObj[i][0] + ',' + arrObj[i][1] + '"> ' + arrObj[i][0] + '<BR>';
    }
  return boxStr;
  }

function getPrefs(formObj) {
  var prefStr = GetCookie('userPrefs');
  if (prefStr == null) { return false; }
  var prefArray = prefStr.split('-->');
  for (var i = 0; i < prefArray.length; i++) {
    var currPref = prefArray[i].split('::');
    if (currPref[1] == "select") {
      formObj[currPref[0]].selectedIndex = currPref[2];
      }
    else if (currPref[1] == "text") {
      formObj[currPref[0]].value = currPref[2];
      }
    else if (currPref[1] == "checkbox") {
      formObj[currPref[0]].checked = true;
      }
    }
  return true;
```

Beispiel 7-1: prefs.html (Fortsetzung)

```
  }

function setPrefs(formObj) {
  var prefStr = '';
  var htmlStr = '';
  for (var i = 0; i < formObj.length; i++) {
    if (formObj[i].type == "select-one") {
      prefStr += formObj[i].name + '::select::' +
      formObj[i].selectedIndex + '-->';
      htmlStr += formObj[i].name + '=' +
        formObj[i].options[formObj[i].selectedIndex].value + '-->';
      }
    else if (formObj[i].type == "text") {
      if (formObj[i].value == '') { formObj[i].value = "Not Provided"; }
        prefStr += formObj[i].name + '::text::' +
        safeChars(formObj[i].value) + '-->';
        htmlStr += formObj[i].name + '=' + formObj[i].value + '-->';
      }
    else if (formObj[i].type == "checkbox" && formObj[i].checked) {
      prefStr += formObj[i].name + '::checkbox::' + '-->';
      htmlStr += formObj[i].name + '=' + formObj[i].value + '-->';
      }
    }
  SetCookie('userPrefs', prefStr, expiry);
  SetCookie('htmlPrefs', htmlStr, expiry);
  if (confirm('Einstellungen geändert. Möchten Sie zu Ihrer persönlichen Seite
  gehen?')) {
    self.location.href = "dive.html";
    }
  }

function safeChars(str) {
  return str.replace(/::|=|-->/g, ':;');
  }

function populateForm(formObj) {
  if (getPrefs(formObj)) {
    makePath(formObj);
    swapImage('bkgImage',
     formObj.background.options[formObj.background.selectedIndex].value);
    }
  else { resetImage(document.forms[0]); }
  }

function resetImage(formObj) {
  swapImage('bkgImage', formObj.background.options[0].value);
  swapImage('fontImage', imagePath + formObj.face.options[0].value +
    formObj.size.options[0].value + '.gif');
  }

</SCRIPT>
</HEAD>
```

Beispiel 7-1: prefs.html (Fortsetzung)

```

<BODY BGCOLOR=FFFFFF onLoad="populateForm(document.forms[0]);">
<DIV ID="setting">
<H2>Take-A-Dive Benutzereinstellungen</H2>
W&auml;hlen Sie Ihre Lieblingseinstellungen, dann<BR>
<UL>
  <LI><B>Speichern</B>, um die ge&auml;nderten Einstellungen abzuspeichern,
  <LI><B>Zur&uuml;cksetzen</B>, um das Formular zur&uuml;ckzusetzen, oder
  <LI> <B>Zur&uuml;ck</B>, um zu Ihrer Linkseite zur&uuml;ckzukehren.
</UL>

<FORM>
<TABLE BORDER=1 CELLBORDER=0 CELLPADDING=0 CELLSPACING=1>
  <TR>
    <TD COLSPAN=2>
    <BR>
    <H3>Investor-Profil</H3>
    </TD>
  </TR>
  <TR>
    <TD>Name</TD>
    <TD><INPUT TYPE=TEXT NAME="investor"></TD>
  </TR>
  <TR>
    <TD>Alter</TD>
    <TD><INPUT TYPE=TEXT NAME="age"></TD>
  </TR>
  <TR>
    <TD>Strategie</TD>
    <TD>
      <SCRIPT LANGUAGE="JavaScript1.2">
      document.write(genSelect('strategy', 3));
      </SCRIPT>
    </TD>
  </TR>
  <TR>
    <TD>Beruf</TD>
    <TD>
      <INPUT TYPE=TEXT NAME="occupation">
    </TD>
      <TR>
        <TD COLSPAN=2>
          <BR>
          <H3>Investment-Links</H3>
        </TD>
      </TR>
      <TR>
        <TD><B>B&ouml;rsennachrichten-Links<B></TD>
        <TD>
          <SCRIPT LANUAGE="JavaScript1.2">
          document.write(genBoxes('newsNames'));
          </SCRIPT>
```

Beispiel 7-1: prefs.html (Fortsetzung)

```
          </TD>
        </TR>
        <TR>
          <TD><B>B&ouml;rsenindizes</B></TD>
          <TD>
            <SCRIPT LANUAGE="JavaScript1.2">
            document.write(genBoxes('indexNames'));
            </SCRIPT>
          </TD>
        </TR>
        <TR>
         <TD COLSPAN=2>
         <BR>
         <H3>Bildschirmlayout</H3>
         </TD>
        </TR>
        <TR>
          <TD>
           <B>Hintergrund</B>
           <BR>
           <SCRIPT LANGUAGE="JavaScript1.2">
            document.write(genSelect('background', 0,
              "swapImage('bkgImage',
              this.options[this.selectedIndex].value)"));
            </SCRIPT>
            </TD>
            <TD>
            <IMG SRC="images/blank.gif"
              NAME="bkgImage" WIDTH=112 HEIGHT=60>
            </TD>
       </TR>
        <TR>
          <TD>
            <B>Schriftart</B>
            <BR>
            <SCRIPT LANGUAGE="JavaScript1.2">
            document.write(genSelect('face', 0, "makePath(this.form)"));
            </SCRIPT>
            </TD>
            <TD ROWSPAN=2>
              <IMG SRC="images/blank.gif" NAME="fontImage"
                WIDTH=112 HEIGHT=60>
            </TD>

       </TR>
       <TR>
          <TD>
            <B>Schriftgr&ouml;&szlig;e</B>
            <BR>
            <SCRIPT LANGUAGE="JavaScript1.2">
            document.write(genSelect('size', 0, "makePath(this.form)"));
            </SCRIPT>
```

Beispiel 7-1: prefs.html (Fortsetzung)

```
279         </TD>
280       </TR>
281 </TABLE>
282 <BR><BR>
283 <INPUT TYPE=BUTTON VALUE="Speichern" onClick="setPrefs(this.form);">
284 <INPUT TYPE=RESET VALUE="Zur&uuml;cksetzen" onClick="resetImage(this.form);">
285 <INPUT TYPE=BUTTON VALUE="Zur&uuml;ck" onClick="location.href='dive.html';">
286 <!--
287 <INPUT TYPE=BUTTON VALUE="Anzeigen"
288   onClick="alert(GetCookie('userPrefs'));alert(GetCookie('htmlPrefs'));">
289 <INPUT TYPE=BUTTON VALUE="Cookie l&ouml;schen"
290   onClick="DeleteCookie('userPrefs'); DeleteCookie('htmlPrefs');">
291 //-->
292 </FORM>
293 </DIV>
294 </BODY>
295 </HTML>
```

Die Zeilen 10 bis 68 sind ziemlich uninteressant. Außer einem Pfad zu den Bilddateien (Zeile 10) dienen die Variablen hier zur Konfigurierung des Layouts von *dive.html*. Jede der Variablen bekommt als Wert ein »mehrdimensionales« Array zugewiesen. Ein mehrdimensionales Array ist im Prinzip ein Array von Arrays. Die folgende Codezeile ist ein Beispiel für ein eindimensionales Array:

```
var eineDimension = new Array("Dies", "Das", "Etwas Anderes");
```

Sie können ein Element einfach dadurch referenzieren, daß Sie Klammern und den zugehörigen Index verwenden, zum Beispiel `eineDimension[0]`. In einem »mehrdimensionalen« Array ist jedes Element ein Array mit weiteren Elementen, z.B. so:

```
var zweiDimensionen =
  new Array(
    new Array(1,2,3),
    new Array(4,5,6),
    new Array(7,8,9)
    );
```

Jetzt bezieht sich `zweiDimensionen[0]` auf `new Array(1,2,3)` statt auf einen String wie *Dies*. Um auf die Werte 1, 2 oder 3 zuzugreifen, müssen Sie einen zweiten Satz Klammern verwenden, z.B. so:

```
zweiDimensionen[0][0]   // bezieht sich auf 1
zweiDimensionen[0][1]   // bezieht sich auf 2
zweiDimensionen[0][2]   // bezieht sich auf 3
zweiDimensionen[1][0]   // bezieht sich auf 4
zweiDimensionen[2][1]   // bezieht sich auf 5
zweiDimensionen[3][2]   // bezieht sich auf 6
```

Ich benutze den Begriff »mehrdimensional« in Anführungszeichen, weil JavaScript technisch gesehen keine mehrdimensionalen Arrays erzeugt. Es emuliert sie nur. Zurück zum Skript: Jede der Variablen in den Zeilen 11 bis 68 wird auf ein Array mit Informationen gesetzt, wie in Tabelle 7-1 beschrieben.

Tabelle 7-1: Variablen mit Informationen über die Benutzerseite

Name des Arrays	Enthält...
newsNames	die Namen und URLs mehrerer Quellen für Online-Finanznachrichten
indexNames	die Namen und URLs mehrerer Online-Aktienindizes
strategy	die Namen und Typen der Investmentstrategien, unter denen die Benutzer sich einordnen können
background	die Namen und URLs verfügbarer Hintergrundbilder
face	das Bildhandle (mehr dazu in Kürze) und die Namen der verfügbaren Font-Familien
size	das Bildhandle und die Namen der verfügbaren Font-Größen
allImages	Ein zunächst leeres Array, in dem später die vorausgeladenen Bilder gespeichert werden, um dann einfach auf sie zugreifen zu können
imageNames	Ein Array mit Bildhandles; diese Strings helfen beim Vorausladen der Bilder

Wie der Begriff *mehrdimensionales Array* andeutet, ist jedes Element des Arrays selbst ein Array mit zwei Elementen. Im Prinzip enthält eines der Elemente einen String für die Darstellung, das andere einen String für die Arbeit im Hintergrund. `size[0][0]` zum Beispiel ist 10. Dieser Wert wird benutzt, um die Pixelgröße der Schrift zu setzen. `size[0][1]` ist aber gleich *Small* (klein), was der auf der Seite ausgegebenen Beschreibung entspricht. Benutzern fällt es leichter, sich unter »kleinen« Buchstaben etwas vorzustellen als unter 10-Punkt-Zeichen. Die anderen Arrays arbeiten im Prinzip genauso.

Die Zeilen 56 und 57 rufen die `sort()`-Methode des *Array*-Objekts auf, um die Links auf die Nachrichten und die Aktienindizes hübsch darzustellen. Das ist zwar nicht unbedingt notwendig, aber die zwei extra Zeilen tun auch niemandem weh. *prefs.html* verwendet eine Menge Bilder. Es ist also eine gute Idee, sie im voraus zu laden. Die Zeilen 70 bis 73 übernehmen das:

```
for (var i = 0; i < imageNames.length; i++) {
     allImages[i] = new Image();
     allImages[i].src = imagePath + imageNames[i] + '.gif';
     }
```

Alle Elements in *imageNames* sind Strings. Wenn diese Bildhandles an die Variable *imagePath* angehängt werden und den String *.gif* angehängt bekommen, wird es möglich, die Elemente von *imageNames* zu durchlaufen und alles Notwendige im voraus zu laden. Übrigens: Behlaten Sie im Hinterkopf, daß die Bildhandles (wie zum Beispiel *courier10*) nicht zufällig benannt worden sind. Diese Namenskonvention hat einen Zweck, der weiter unten erläutert wird.

Wenn Sie sich den Rest des Codes in den SCRIPT-Tags ansehen, werden Sie bemerken, daß alles andere in Funktionen definiert ist. Das heißt, daß der ausführende Code anderswo aufgerufen wird. Das passiert an zwei Stellen:

- Beim Laden des HTML-Inhalts
- Im *onLoad*-Event-Handler des BODY-Tags

Schauen wir uns dann doch einmal den HTML-Code an, der dem JavaScript-Code folgt. Sie sehen ihn in den Zeilen 175 bis 295. Den Code finden Sie in Beispiel 7-1.

Das Personalisierungsformular

Die Benutzerschnittstelle besteht aus einem Formular mit Textfeld-, Checkbox- und SELECT-Auswahllisten-Elementen, mit denen Benutzer ihre Vorlieben eingeben können. Die Textfelder werden (jedenfalls hier) jeweils durch konventionellen Code mit den entsprechenden Namen erzeugt. Das passiert in den Zeilen 196, 200 und 213 für Namen, Alter und Beruf.

Als nächstes muß sich der Benutzer oder die Benutzerin für die Art der Investmentstrategie entscheiden, die er oder sie anwendet. Die Kategorien reichen von extrem konservativ (»Ängstlich«) bis sehr aggressiv (»Bereit, die eigene Mutter zu verkaufen«). Anders als bisher füllt der Benutzer kein Textfeld aus, sondern wählt aus einer Optionsliste. Anstatt jedes `OPTION`-Tag von Hand zu codieren, können wir die Listen mit einer JavaScript-Funktion auf der Stelle erzeugen. Die Funktion `genSelect()` macht sich dabei in den Zeilen 206, 248 bis 250, 263 und 277 nützlich. Zeile 206 übernimmt die Liste für die Investmentstrategie, während andere Aufrufe die Listen für den Hintergrund, die Schriftart und die Schriftgröße erstellen. Sehen Sie sich `genSelect()` in den Zeilen 86 bis 95 an:

```
function genSelect(name, select, onChangeStr) {
  var optStr = "";
  var arrObj = eval(name);
  for (var i = 0; i < arrObj.length; i++) {
    optStr += '<OPTION VALUE="' + arrObj[i][0] +
    (i == select ? '" SELECTED' : '"') + '>' + arrObj[i][1];
    }
  return '<SELECT NAME="' + name + '"' + (onChangeStr ? ' onChange="' +
    onChangeStr + ';"' : '') + '>' + optStr + '</SELECT>';
  }
```

In Kapitel 5, *Die Rollover-Maschine*, haben Sie vielleicht schon ein ähnliches `genSelect()` gesehen. Diese Funktion erzeugte Auswahllisten strikt auf der Basis von Zahlen als Stringwerte. Die Version hier erzeugt keine `OPTION`-Tags auf Zahlenbasis, sondern auf der Basis eines Arrays mit Elementen. Sehen wir uns den Aufruf von `genSelect()` in Zeile 206 an:

```
document.write(genSelect('strategy', 3));
```

Diese Funktion hat zwei Parameter, den String *strategy* und die Zahl 3. Jetzt denken Sie vielleicht »Moment mal, da gab's doch ein Array namens *strategy*. Warum übergeben wir hier einen String mit demselben Namen?«

In der Tat, es gibt ein Array namens *strategy*. Es würde auch Sinn machen, eine Kopie des *strategy*-Arrays zu übergeben, außer daß jede Auswahlliste einen Namen braucht, mit der sie beim Einstellen der Benutzerdefaults referenziert werden kann. Um die Dinge einfach zu halten, nimmt jede Auswahlliste den Namen des zugehörigen Arrays an. Deswegen wird das Stringäquivalent übergeben.

Dann wird der Variablen *arrObj* der dereferenzierte Wert des Strings zugewiesen. Das heißt, `eval(name)` ist gleich `eval('strategy')` und daher eine Referenz auf das Array *strategy*. Jetzt hat `genSelect()` sowohl ein Array (*arrObj*) als Referenz für die `OPTION`en als auch einen Namen (*name*) für die Auswahlliste.

Der zweite übergebene Parameter ist eine ganze Zahl, die *select* zugewiesen wird. Dieser Wert bestimmt, welche Option per Voreinstellung ausgewählt ist. Wenn der Wert von *i* gleich *select* ist, wird das `SELECTED`-Attribut in das zu *select* gehörende `OPTION`-Tag geschrieben. Wenn *select* gleich 0 ist, dann ist die erste Option voreingestellt; wenn *select* gleich 1 ist, wird die zweite Option als Default gewählt, und so weiter. Sie können das in Zeile 91 in dem Ausdruck mit dem ternären Operator sehen:

```
(i == select ? '" SELECTED' : '"')
```

Nachdem alle Elemente in *strategy* durchlaufen und *optStr* mit allen `OPTION`-Tags konstruiert worden ist, werden die `OPTION`-Tags in den Zeilen 93 und 94 ganz einfach mit SELECT-Tags umgeben.

Und was ist mit dem dritten Parameter, der da in `genSelect()` definiert wird? Er heißt *onChangeStr* und wird in diesem speziellen Aufruf nicht verwendet. Sie können ihn aber anderswo sehen. Werfen Sie beispielsweise einen Blick auf die Zeilen 248 bis 250:

```
document.write(genSelect('background', 0,
  "swapImage('bkgImage',
  this.options[this.selectedIndex].value)"));
```

In diesem Aufruf bekommt der Parameter *name* den String *background* zugewiesen; dem Parameter *select* wird der Wert 0 zugewiesen, und der Parameter *onChangeStr* bekommt den Wert `swapImage('bkgImage',this.options[this.selectedIndex].value)`. Wenn `genSelect()` einen Parameter für *onChangeStr* bekommt, wird der String dem *onChange*-Event-Handler der entstehenden Auswahlliste zugewiesen. Wenn das nicht der Fall ist, wird kein *onChange*-Event-Handler hinzugefügt. Die Auswahllisten in den Zeilen 248 bis 250, 263 und 277 verwenden den *onChange*-Event-Handler für Bildrollover, die der gerade ausgewählten Option entsprechen. Wenn Sie sich zwischen »Small«, »Medium«, »Large« und »X-Large« in der Schriftgrößenkategorie entscheiden, werden zunehmend größere Bilder gezeigt, die den Schriftgrößen entsprechen.

SELECT-Auswahllisten sind aber nicht die einzigen dynamisch erzeugten Elemente, die mit JavaScript in diesem Formular erzeugt werden. Die Funktion `genBoxes()` erzeugt zwei Checkbox-Gruppen – eine für die Nachrichtenlinks, die andere für Links zu Aktienindizes – mit Aufrufen in den Zeilen 225 und 233.

In den Zeilen 97 bis 105 sehen Sie die Funktion `genBoxes()`:

```
function genBoxes(name) {
var boxStr = '';
var arrObj = eval(name);
for (var i = 0; i < arrObj.length; i++) {
    boxStr += '<INPUT TYPE=CHECKBOX NAME="' + name + i + '" VALUE="' +
    arrObj[i][0] + ',' + arrObj[i][1] + '"> ' + arrObj[i][0] + '<BR>'
    }
return boxStr;
}
```

Hier geht es ähnlich zu wie in `genSelect()`. Das Stringäquivalent des gewünschten Arrays wird übergeben und dereferenziert, um das Array zu erhalten. Die Elemente werden durchlaufen, und ein String mit Checkboxen wird erstellt, der zurückgegeben und schließlich in das Dokument geschrieben wird.

Gespeicherte Einstellungen laden

Sobald der gesamte HTML-Code geladen ist, kann das leere Formular mit den bestehenden Benutzereinstellungen ausgefüllt werden, falls diese schon existieren. Der *onLoad*-Event-Handler im `BODY`-Tag ruft die Funktion `populateForm()` auf und übergibt eine Kopie des leeren Formulars zur Bearbeitung. `populateForm()` ist in den Zeilen 158 bis 165 enthalten:

```
function populateForm(formObj) {
  if (getPrefs(formObj)) {
    makePath(formObj);
    swapImage('bkgImage', formObj.background.options
    [formObj.background.selectedIndex].value);
          }
     else { resetImage(document.forms[0]); }
     }
```

`populateForm()` ist lediglich ein Funktionsmanager, der andere Funktionen zur Erledigung der Arbeit aufruft. Das funktioniert wie folgt: Wenn bereits Einstellungen getätigt wurden, werden die entsprechenden Formularfelder mit den vom Cookie gewonnenen Informationen gefüllt. Dann werden die Bilder für Hintergrund und Schrift so gesetzt, daß sie den gewählten `OPTION`-Tags im Abschnitt über das Bildschirmlayout entsprechen. Wenn keine Einstellungen vorliegen, passiert nichts. `populateForm()` prüft mit der Funktion `getPrefs()`, ob Benutzereinstellungen im Cookie vorhanden sind. Sie finden diese Funktion in den Zeilen 107 bis 124:

```
function getPrefs(formObj) {
  var prefStr = GetCookie('userPrefs');
  if (prefStr == null) { return false; }
  var prefArray = prefStr.split('-->');
  for (var i = 0; i < prefArray.length; i++) {
    var currPref = prefArray[i].split('::');
    if (currPref[1] == "select") {
      formObj[currPref[0]].selectedIndex = currPref[2];
      }
    else if (currPref[1] == "text") {
      formObj[currPref[0]].value = currPref[2];
      }
    else if (currPref[1] == "checkbox") {
      formObj[currPref[0]].checked = true;
      }
    }
  return true;
  }
```

getPrefs() muß auch ein paar Entscheidungen treffen. Dazu holt die Funktion die Cookie-Informationen, die unter dem Namen *userPrefs* gespeichert sind. Wenn dabei ein Null-Wert herauskommt, wird *false* zurückgegeben. Das bedeutet, daß die document.cookie-Eigenschaft *userPrefs* nicht gesetzt wurde. Wenn *userPrefs* jedoch nicht gleich null ist, zeigt das an, daß bestehende Benutzereinstellungen vorliegen. In unserem Beispiel ist *userPrefs* zwar gleich null, aber trotzdem ist jetzt eine gute Zeit, um zu sehen, was passiert, wenn *userPrefs* brauchbare Informationen enthält.

Wenn *userPrefs* die gewünschten Schätze enthält, dann erzeugt getPrefs() ein Array. Die Elemente dieses Arrays werden aus *prefStr* gewonnen, indem *prefStr* an dem Trennzeichen aufgeteilt wird, das auch zum Zusammenfügen der Einstellungen in setPrefs() verwendet wird. Dieser String ist -->. Jetzt enthalten die Elemente in *prefsArray* Strings, die durch :: unterteilt sind und den Typ des Formularelements mit zugehörigem Wert anzeigen. Die Zuteilung der zugehörigen Werte zu den Formularelementen erfolgt, indem die Elemente von *prefsArray* durchlaufen werden, wobei jeder dem Typ des Formularelements entprechend zugewiesen wird. Die Zeilen 111 bis 122 erklären das etwas besser:

```
for (var i = 0; i < prefArray.length; i++) {
  var currPref = prefArray[i].split('::');
  if (currPref[1] == "select") {
    formObj[currPref[0]].selectedIndex = currPref[2];
    }
  else if (currPref[1] == "text") {
    formObj[currPref[0]].value = currPref[2];
    }
  else if (currPref[1] == "checkbox") {
    formObj[currPref[0]].checked = true;
    }
  }
```

Erinnern Sie sich, daß der Benutzer Einstellungen auf drei Arten vornimmt:

- Auswählen einer Option aus einer SELECT-Auswahlliste
- Texteingabe in einem Textfeld
- Markieren einer Checkbox

Jeder Wert in *prefsArray* enthält daher einen Identifikator für den Typ des Formularelements (*text, checkbox* oder *select-one*) und einen weiteren String, der den Wert des Formularelements darstellt. Beide sind durch :: als Trennzeichen getrennt. Das wird bald klarer werden. Die folgende Liste gibt ein paar Beispiele für *prefsArray*-Elemente.

strategy::select::0
: Zeigt an, daß das Formularelement namens *strategy* eine SELECT-Auswahlliste ist, in der OPTION 0 ausgewählt ist.

newsNames0::checkbox::
: Zeigt an, daß das Formularelement namens newsNames0 eine Checkbox ist und den Wert Barron's Online, http://www.barrons.com/ hat.

`investor::text::Jerry Bradenbaugh`
  Zeigt an, daß das Formularelement namens *investor* ein Textfeld mit dem Wert `Jerry Bradenbaugh` ist.

Da die *for*-Schleife in Zeile 111 die Elemente von *prefsArray* durchläuft, wird der lokalen Variable *currPref* ein Array zugewiesen, indem `prefsArray[i]` an jedem vorkommenden `::` aufgespalten wird. Das bedeutet, daß *currPref* drei Elemente hat (zwei bei Checkbox-Elementen). Da `currPref[1]` den Identifikator für den Formulartyp enthält, entscheidet die Überprüfung dieses Elements, was `getPrefs()` mit `curPref[0]` und `currPref[2]` macht.

Wenn `currPref[1]` gleich *select* ist, verwendet `getPrefs()` die Zeile 114, um die SELECT-Auswahlliste mit dem Namen in `currPref[0]` auf die Option zu setzen, auf die sich `selectedIndex` in `currPref[2]` bezieht. Strenggenommen sollte das `parseInt(currPref[2])` sein, JavaScript weiß aber, daß der String in eine Zahl zu konvertieren ist.

Wenn `currPref[1]` gleich *text* ist, verwendet `getPrefs()` Zeile 117, um dem Textfeld mit dem Namen in `currPref[0]` den Wert in `currPref[2]` zuzuweisen.

Schließlich, wenn `currPref[1]` gleich *checkbox* ist, wendet `getPrefs()` Zeile 120 an, um die Eigenschaft `checked` der Checkbox mit dem Namen in `currPref[0]` auf `true` zu setzen. Dafür gibt es kein `currPref[2]`. Um markiert zu werden reicht es, daß die Checkbox in der Cookie-Information auftaucht.

Das passiert für jedes Element in *prefsArray*. Sobald dieser Prozeß abgeschlossen ist, hat der Benutzer ein Formular, in dem die zuletzt gespeicherten Informationen bereits eingetragen sind. Damit hat die Funktion `getPrefs()` ihren Job erledigt und gibt `true` zurück, um `populateForm()` anzuzeigen, daß alles glattgegangen ist.

Bilder anordnen

Damit bleibt nur noch eine Herausforderung – die Hintergrund- und Fontbilder mit den im Formular gewählten Optionen zu synchronisieren. Beachten Sie, daß die `SRC`-Attribute beider Bilder im HTML-Code auf *images/blank.gif* gesetzt werden. Das ist lediglich ein transparenter Platzhalter, bis die Bilder sich je nach den Cookie-Informationen ändern. Die Funktion `populateForm()` setzt in den Zeilen 160 bis 162 fort:

```
makePath(formObj);
swapImage('bkgImage',
  formObj.background.options[formObj.background.selectedIndex].value);
```

`populateForm()` wird ihrem Ruf als Funktionsmanager gerecht und ruft `makePath()` und `swapImage()` auf, um die Bildrollover durchzuführen. `swapImage()` ist dabei die einzige Funktion, die Rollover ausführt; `makePath()` bearbeitet lediglich ein paar Strings, um einen Pfad zu erhalten, der an `swapImage()` geschickt werden kann. Sehen wir uns den einfacheren der beiden an, den Aufruf von `swapImage()`. Sie sehen, daß `swapImage()` zwei Parameter erwartet, die in den Zeilen 161 und 162 übergeben werden. Werfen Sie einen Blick auf den Code in den Zeilen 82 bis 84:

```
function swapImage(imageName, imageBase) {
     document[imageName].src = imageBase;
     }
```

Der Parameter *imageName* stellt den Namen des *Image*-Objekts dar, dessen SRC-Eigenschaft (Quelle – »source« – der Bilddaten) beim Rollover geändert wird. Der Parameter *imageBase* ist ein URL eines Bilds, das wir zum Rollover verwenden wollen. Sehen Sie sich den übergebenen Parameter an:

```
formObj.background.options[formObj.background.selectedIndex].value
```

Das ist ein ziemlich langer Parameter, es handelt sich aber um nichts anderes als den Wert des ausgewählten OPTION-Tags. Da `getPrefs()` gerade alle SELECT-Auswahllisten auf die bereits vom Benutzer gewählten Optionen gesetzt hat, paßt das Bild garantiert. Um einen besseren Überblick zu bekommen, sollten Sie sich Tabelle 7-2 ansehen. Sie enthält den Wert des OPTION-Tags, den Text der OPTION, den der Benutzer sieht, und den an `swapImage()` übergebenen Parameter.

Tabelle 7-2: OPTIONen für den Hintergrund

Wert der OPTION	Text der OPTION	Parameter für swapImage( )
images/goldthumb.gif	Goldbarren	*images/goldthumb.gif*
images/billsthumb.gif	Dollarnoten	*images/billsthumb.gif*
images/fistthumb.gif	Eine Handvoll Dollar	*images/fistthumb.gif*
images/currency1thumb.gif	Währung 1	*images/currency1thumb.gif*
images/currency2thumb.gif	Währung 2	*images/currency2thumb.gif*

Das scheint ziemlich einfach zu sein. `swapImage()` empfängt den Wert der gerade gewählten OPTION. Da dieser Wert bereits ein URL ist, läuft das Rollover im Handumdrehen ab. Übrigens ist dies derselbe Code, der verwendet wird, wenn der Benutzer die Optionen in der Hintergrund-SELECT-Auswahlliste ändert. Die Rollover dort funktionieren ganz genauso. Hier sehen Sie den beim Laden der Seite erzeugten HTML-Code, und siehe da – die beiden Parameter, die da an `swapImage()` übergeben werden, sehen denen in Zeile 162 doch verblüffend ähnlich:

```
<SELECT NAME="background" onChange="swapImage('bkgImage', this.options[this.
selectedIndex].value);">
```

Das Hintergrundbild ist jetzt gesetzt. Aber was ist mit den Schriftbild-Grafiken? Das ist etwas schwieriger. Beim Hintergrundbild haben wir ein Bildrollover mit einer SELECT-Auswahlliste. Beim Schriftart-Bild haben wir nach wie vor nur ein Bildrollover, aber das Rolloverbild hängt von den ausgewählten OPTION-Tags zweier SELECT-Listen ab. Sehen Sie selbst, wie die Bild-URLs aufgebaut sind. Tabelle 7-3 zeigt die OPTION-Werte und den zugehörigen Text für die zwei SELECT-Listen.

Tabelle 7-3: OPTIONen für die Fontfamilie und -größe

OPTION-Wert Schriftart	OPTION-Wert Schriftgröße	OPTION-Text Schriftart	OPTION-Text Schriftgröße
`Timesroman`	`10`	Times Roman	Small
`Arial`	`12`	Arial	Medium
`Courier`	`14`	Courier	Large
`Tahoma`	`16`	Tahoma	X-Large

Nun schauen Sie zu, was passiert, wenn die `OPTION`-Werte der beiden SELECT-Auswahllisten kombiniert werden. Sehen Sie sich alle möglichen Kombinationen von Schriftart und -größe an.

timesroman10	*arial10*	*courier10*	*tahoma10*
timesroman12	*arial12*	*courier12*	*tahoma12*
timesroman14	*arial14*	*courier14*	*tahoma14*
timesroman16	*arial16*	*courier16*	*tahoma16*

Nun, sehen diese nicht rein zufällig so aus wie die Elemente, die zum Vorausladen der Bilder im Array *imageNames* in Zeile 61 benutzt werden? Jawoll. Das wird noch eine ziemlich coole Anwendung. Jetzt wissen wir, daß wir einen aus mehreren Strings zusammengesetzten URL konstruieren müssen. Wir müssen dann immer noch `swapImage()` aufrufen, aber erstmal müssen wir den URL basteln, und zwar von Grund auf mit den Kombinationen aus der obigen Tabelle. Dabei kommt die Funktion `makePath()` ins Spiel. `populateForm()` ruft sie in Zeile 160 auf. Die Funktion an sich sehen Sie in den Zeilen 75 bis 80:

```
function makePath(formObj) {
     var fontName = imagePath +
       formObj.face.options[formObj.face.selectedIndex].value +
       formObj.size.options[formObj.size.selectedIndex].value + '.gif';
     swapImage("fontImage", fontName);
     }
```

`makePath()` nimmt eine Kopie des Formularobjekts als Parameter. Von diesem *formObj* referenzieren wir die Werte der beiden ausgewählten `OPTION`-Tags und fügen dann *.gif* hinzu. Die lokale Variable *fontName* ist ein String, der auf ein zulässiges Bild zeigt. Der Aufruf von `swapImage()` in Zeile 79 macht das Geschäft perfekt. Das setzt natürlich alles voraus, daß der Benutzer zuvor bereits Einstellungen vorgenommen hat. Wenn `getPrefs()` `false` ergibt, ruft `populateForm()` die Funktion `resetImage()` in Zeile 164 auf, um die Hintergrund- und Font-Bilder mit den Bildrollovern zu versehen, die zum `OPTION`-Tag 0 für die Hintergrund- und Font-SELECT-Listen gehören. Einzelheiten können Sie auch dem weiter unten folgenden Abschnitt »Zurücksetzen des Formulars« entnehmen.

Halten wir einmal an, und machen wir Inventur:

- Die Formularelemente wurden in das Dokument geschrieben, einige davon mit Aufrufen von `genSelect()` und `genBoxes()`.
- Die Informationen aus dem Cookie wurden verwendet, um jedem Formularelement durch `getPrefs()` einen Wert zuzuweisen.
- Die Hintergrund- und Schriftbilder wurden durch die Funktionen `swapImage()` und `makePath()` mit den ausgewählten `OPTION`-Tags synchronisiert.

Die Einstellungen ändern

Der Benutzer sieht jetzt eine Personalisierungsseite, die sich an die letzten Einstellungen »erinnert«. Sehen wir uns an, was passiert, wenn der Benutzer etwas ändern will.

Für den Benutzer oder die Benutzerin sind Änderungen einfach: Er oder sie muß neuen Text in die Textfelder eingeben, andere Optionen aus den SELECT-Auswahllisten wählen und eine neue Kombination durch Aktivieren und Deaktivieren von Checkboxen erzeugen. Er oder sie kann dann »Speichern« wählen – fertig! Jetzt, da die Arbeit des Benutzers beendet ist, fängt Ihre Arbeit erst an. Sehen Sie sich den Code für den »Speichern«-Button in Zeile 283 an:

```
<INPUT TYPE=BUTTON VALUE="Speichern" onClick="setPrefs(this.form);">
```

Sieht ziemlich typisch aus. Der Code ruft die Funktion `setPrefs()` auf und übergibt eine Kopie des Formulars als Parameter. Der Spaß fängt erst so richtig in den Zeilen 126 bis 152 an:

```
function setPrefs(formObj) {
  var prefStr = '';
  var htmlStr = '';
  for (var i = 0; i < formObj.length; i++) {
    if (formObj[i].type == "select-one") {
      prefStr += formObj[i].name + '::select::' + formObj[i].
      selectedIndex + '-->';
      htmlStr += formObj[i].name + '=' + formObj[i].options[formObj[i].
      selectedIndex].value + '-->';
    }
    else if (formObj[i].type == "text") {
      if (formObj[i].value == '') { formObj[i].value = "Not Provided"; }
      prefStr += formObj[i].name + '::text::' +
      safeChars(formObj[i].value) + '-->';
      htmlStr += formObj[i].name + '=' + formObj[i].value + '-->';
    }
    else if (formObj[i].type == "checkbox" && formObj[i].checked) {
      prefStr += formObj[i].name + '::checkbox::' + '-->';
      htmlStr += formObj[i].name + '=' + formObj[i].value + '-->';
    }
  }
  SetCookie('userPrefs', prefStr, expiry);
  SetCookie('htmlPrefs', htmlStr, expiry);
```

```
    if (confirm('Einstellungen geändert. Möchten Sie zu Ihrer persönlichen
    Seite gehen?')) {
      self.location.href = "dive.html";
    }
}
```

`setPrefs()` erzeugt zwei Strings. Einer wird auf die lokale Variable *prefStr* gesetzt, der andere auf die lokale Variable *htmlStr*. Wir brauchen wirklich zwei Cookies – eins für diese Seite, um das Personalisierungsformular auszufüllen, und das andere, um das Layout und die Links für *dive.html*, die benutzerdefinierte Linkseite, zu generieren. Die gespeicherten Informationen sind fast identisch, außer, daß jedes Cookie die Daten auf seine eigene Weise speichert. Sie werden das gleich sehen. `setPrefs()` funktioniert wie folgt:

1. *formObj* wird durchlaufen und es werden zwei Cookie-Strings aus den Werten der FORM-Elemente konstruiert.
2. Beide Cookies werde in die Cookie-Datei(en) des Benutzers geschrieben.
3. Dem Benutzer bzw. der Benutzerin wird die Option zur sofortigen Weiterleitung zu *dive.html* angeboten, damit er oder sie die neuen Änderungen sehen kann.

Schritt 1: Durchlaufen von formObj

Das sollte kein Problem sein. Seit Anfang des Buchs haben wir schon Unmengen von *formObj*-Durchläufen gehabt. Hier ist es genauso, außer daß `setPrefs()` wissen muß, wonach es Ausschau halten soll.

Sehen Sie sich das Personalisierungsformular noch einmal an. Beachten Sie, daß jedes Feld (außer den Buttons am Ende) ein Textfeld, eine SELECT-Auswahlliste oder eine Checkbox ist. `setPrefs()` braucht deswegen nur zu wissen, was zu tun ist, wenn `formObj[i]` einer dieser Elementtypen ist. Der Code in den Zeilen 130 bis 145 setzt die Maßstäbe.

```
if (formObj[i].type == "select-one") {
     prefStr += formObj[i].name + '::select::' +
      formObj[i].selectedIndex + '-->';
     htmlStr += formObj[i].name + '=' +
      formObj[i].options[formObj[i].selectedIndex].value + '-->';
     }
else if (formObj[i].type == "text") {
     if (formObj[i].value == '') { formObj[i].value = "Not Provided"; }
     prefStr += formObj[i].name + '::text::' +
      safeChars(formObj[i].value) + '-->';
     htmlStr += formObj[i].name + '=' + formObj[i].value + '-->';
     }
else if (formObj[i].type == "checkbox" && formObj[i].checked) {
     prefStr += formObj[i].name + '::checkbox::' + '-->';
     htmlStr += formObj[i].name + '=' + formObj[i].value + '-->';
     }
```

Eine der coolen und viel zu selten benutzten Eigenschaften der Formularelemente ist die *type*-Eigenschaft, die einen String enthält, der den Typ des Formularelements angibt. `setPrefs()` braucht nur nach drei verschiedenen Typen Ausschau zu halten: *select-one, text* und *checkbox*. Das *if*-Statement im obigen Code agiert für jeden Typ etwas anders. Unabhängig vom Typ macht `setPrefs()` aber, auf die eine oder andere Weise, das folgende:

- Der Name des Formularelements, das Stringäquivalent des Formularelementtyps und gegebenenfalls der Wert des Formularelements oder der Index der Auswahl werden durch Trennzeichen zusammengefügt.
- Der String wird an den existierenden Wert von *prefStr* und *htmlStr* angehängt.

Wenn der Elementtyp eine SELECT-Auswahlliste ist, wird der ausgewählte Index an den String angehängt. Wenn das Element eine Checkbox ist, wird der Name der Checkbox dem String hinzugefügt. Wenn das Element ein Textfeld ist, werden der Name und Wert des Felds an den String angehängt. Beachten Sie, daß die Funktion `safeChars()` auf die Werte aller Textfelder angewandt wird. Das geschieht, weil der Benutzer in Textfeldern beliebige Eingaben machen kann, die im Gegensatz zu den Werten von SELECT-Auswahllisten und Checkboxen nicht vorbestimmt sind. Daher ist es möglich, einen der als Trennzeichen verwendeten Strings einzugeben (in diesem Fall `::`, `-->` oder `=`). Das würde zu Unmengen unerwünschter Ergebnisse führen, wenn die Anwendung im nächsten Durchgang versucht, Cookie-Informationen zu erhalten und zu analysieren. Hierzu wird die Funktion aus den Zeilen 154 bis 156 verwendet:

```
function safeChars(str) {
     return str.replace(/::|=|-->/g, ':;');
     }
```

Die Funktion `safeChars()` entfernt die reservierten Strings einfach von der Benutzereingabe und gibt den gereinigten String zurück. Jeder String mit Namen/Typ, Wert oder ausgewähltem Index wird durch `-->` unterteilt. Jeder Abschnitt im String in der Variable *prefStr* ist durch `::` abgeteilt. *htmlStr* benutzt `=`. Sie müssen zwar nicht unbedingt diese Trennzeichen verwenden, sie sind aber einfach und erfüllen hier ihren Zweck. Hier ist ein Beispiel dafür, wie die beiden aussehen Strings könnten, wenn sie mit demselben Formular konstruiert werden.

prefStr könnte so aussehen:

```
investor::text::Not Provided-->age::text::Not Provided-->strategy::
select::3-->occupation::text::Not Provided-->newsNames0::checkbox::-->
newsNames1::checkbox::-->newsNames2::checkbox::-->newsNames4::checkbox::
-->indexNames0::checkbox::-->indexNames2::checkbox::-->background::select
::2-->face::select::3-->size::select::2-->
```

und *htmlStr* könnte so aussehen:

```
investor=Not Provided-->age=Not
Provided-->strategy=Moderate-->occupation
=Not Provided-->newsNames0=Barron's Online,http://www.barrons.com/-->
newsNames1=CNN Interactive,http://www.cnn.com/-->newsNames2=Fox News,
```

```
http://www.foxnews.com/-->newsNames4=The Wall Street Journal,
http://www.wsj.com/-->indexNames0=Dow Jones Indexes,
http://www.dowjones.com/-->indexNames2=The New York Stock Exchange,
http://www.nyse.com/-->background=images/fistthumb.gif-->face=tahoma-->
size=14-->
```

Denken Sie daran, daß --> die Einträge für die Formularelemente in *prefStr* und *htmlStr* voneinander trennt, während :: und = jeweils die einzelnen Teile der Formularelemente in den zwei Variablen trennen. Falls Sie es genau wissen wollen: Ich habe die obigen Informationen erhalten, indem ich die Kommentarzeichen in den Zeilen 287 bis 290 entfernt habe. Diese zusätzlichen Buttons ermöglichen es Ihnen, die Variablenwerte mit »Anzeigen« anzuzeigen und die Cookie-Informationen mit »Cookie löschen« zu löschen. Ihre Benutzer werden die Buttons zwar nicht brauchen, sie könnten Ihnen aber beim Debugging helfen.

Wenn der obige Code nach einer etwas häßlichen Variablen aussieht – keine Panik. Wir kommen zur Zerlegung von *htmlStr,* wenn wir uns den Code in *dive.html* vornehmen. Zum Glück haben wir uns auch schon durch die »Decodierung« des Werts von *prefStr* mit der Funktion `getPrefs()` gearbeitet. Sie sollten sich diesen Abschnitt noch einmal ansehen. Wenn Sie vergleichen, wie `setPrefs()` die Cookie-Information zusammenstellt und wie `getPrefs()` diese Cookiedaten analysiert, vertieft das mit Sicherheit Ihr Verständnis dafür, wie die ganze Sache funktioniert.

Schritt 2: Die Informationen in die Cookie-Dateien schreiben

Sobald *prefStr* und *htmlStr* mit den tollen Benutzereinstellungen geladen worden sind, speichern die Aufrufe von `SetCookie()` in den Zeile 147 und 148 die Informationen in einer Cookie-Datei ab.

Netscape Navigator speichert cookie-bezogene Informationen in einer Datei namens *cookies.txt*. Hier ist ein Auszug aus meiner *cookies.txt*-Datei:

```
.hotwired.com   TRUE   /   FALSE   2145917529   p_uniqid
   2sfurM4NNMfDKAqQ8A
.hotbot.com   TRUE   /   FALSE   946739221   p_uniqid
   3MarneJsXGwNqxWbFA
www.allaire.com   FALSE   /   FALSE   2137622729   CFTOKEN   97611446
```

MSIE 4.x und 5.x behalten dagegen Cookie-Informationen in getrennten Dateien. Cookie-Dateien werden nach der Domain benannt, aus der das Cookie kam, und nach dem Namen des Benutzers, der beim Setzen des Cookies eingeloggt war. Hier folgt eine unvollständige Auflistung der augenblicklichen MSIE-Cookie-Dateien auf meinem WinNT-Rechner. Ich bin als Administrator eingeloggt.

```
Cookie:administrator@altavista.com
Cookie:administrator@amazon.com
Cookie:administrator@builder.com
Cookie:administrator@cnn.com
Cookie:administrator@dejanews.com
Cookie:administrator@hotbot.com
Cookie:administrator@infoseek.com
```

Schritt 3: Benutzern eine Vorschau auf die neuen Einstellungen anbieten

Die letzte Aufgabe von `setPrefs()` ist es, den Benutzer bzw. die Benutzerin zu *dive.html* weiterzuleiten, damit er oder sie die Auswirkungen der Änderungen auf das Layout sehen kann. Der Code dafür befindet sich in den Zeilen 149 bis 151.

```
if (confirm('Einstellungen geändert. Möchten Sie zu Ihrer persönlichen Seite
gehen?')) {
  self.location.href = "dive.html";
  }
```

Das schließt die Funktionalität in *prefs.html* ab – bis auf eine Kleinigkeit, die wir in den meisten Fällen übersehen können: das Zurücksetzen des Formulars.

Zurücksetzen des Formulars

Kann das nicht mit einem einfachen `<INPUT TYPE=RESET>`-Button erledigt werden? Ja, ein Reset-Button würde die Textfelder leeren, die Markierungen der Checkboxen aufheben und sämtliche ausgewählten Optionen der SELECT-Auswahllisten auf `OPTION 0` setzen. Das ist prima, aber die Hintergrund- und Schriftbilder werden dabei nicht geändert. In beiden Fällen müssen sie auf die zu `OPTION 0` gehörenden Bilder gerollt werden. Deswegen sieht Zeile 284 so aus:

```
<INPUT TYPE=RESET VALUE="Zur&uuml;cksetzen" onClick="resetImage(this.form);">
```

Die Auswahl von »Zurücksetzen« setzt nicht nur das Formular zurück, sondern ruft auch die Funktion `resetImage()` auf (siehe die Zeilen 167 bis 171).

```
function resetImage(formObj) {
  swapImage('bkgImage', formObj.background.options[0].value);
  swapImage('fontImage', imagePath + formObj.face.options[0].value +
    formObj.size.options[0].value + '.gif');
  }
```

Dabei handelt es sich um eine weitere funktionsaufrufende Funktion, die zweimal `swapImage()` aufruft. Der erste Aufruf von `swapImage()` zeigt das zu `OPTION 0` gehörende Hintergrundbild an, das wir hier auch `formObj.background.options[0].value` nennen. Der nächste Aufruf macht dasselbe, erzeugt aber den Pfad für das zu `OPTION 0` in den beiden Auswahllisten gehörende Bild. Wie in der Logik von `makePath()` setzt `resetImages()` den Bild-URL aus der Variable *imagePath* und den `OPTION`-Werten der beiden Schrift-SELECT-Auswahllisten zusammen (obwohl dieses Mal 0 statt `selectedIndex` eingesetzt wird). Dann folgt unser treubraver String *.gif*. Diese zwei Aufrufe setzen die Bilder, wie sie gesetzt werden müssen.

Damit sind alle Funktionen in *prefs.html* erläutert. Gehen wir also zu *dive.html* weiter.

dive.html

Die Benutzereinstellungen haben sich geändert. Jetzt ist es an der Zeit, diese gespeicherten Änderungen in eine visuelle Realität umzusetzen. Der Prozeß ist nicht lang, aber bei den Details kann es etwas schwierig werden. Inzwischen sollte es eigentlich klar sein, daß die Informationen aus einem Cookie kommen. Die entnommene Information wird auf drei Weisen benutzt:

- Als ein URL für ein Hintergrundbild
- Als URLs und Anzeigetext für Links
- Als Teil einer Style-Sheet-Deklaration für Schriftart und Schriftgröße

Wir werden allen drei Möglichkeiten noch in unserer Abhandlung begegnen. Zunächst sollten Sie sich aber in Beispiel 7-2. mit dem Code für *dive.html* vertraut machen.

Beispiel 7-2: dive.html

```
<HTML>
<HEAD>
<TITLE>
Ihre Take-A-Dive Linkseite
</TITLE>
<SCRIPT LANGAUGE="JavaScript1.2" SRC="cookies.js"></SCRIPT>
<SCRIPT LANGUAGE="JavaScript1.2">
<!--

var newsNames = new Array();
var indexNames = new Array();

function getAttributes() {
  var htmlStr = GetCookie('htmlPrefs');
  if (htmlStr == null) {
    alert('Willkommen. Bitte nehmen Sie erst Ihre persönlichen Einstellungen
    vor.' +
    'Wählen Sie OK, um die Personalisierungsseite zu laden.');
    self.location.href = 'prefs.html';
  }
  var htmlArray = htmlStr.split('-->');
  for (var i = 0; i < htmlArray.length; i++) {
    var tagInfo = htmlArray[i].split('=');
    if (tagInfo[0] != "") {
      if (tagInfo[0].indexOf('newsNames') == 0) {
        newsNames[newsNames.length] = tagInfo[1];
        }
      else if (tagInfo[0].indexOf('indexNames') == 0) {
        indexNames[indexNames.length] = tagInfo[1];
        }
      else { eval(tagInfo[0] + ' = "' + tagInfo[1] + '"'); }
      }
    }
  }
```

Beispiel 7-2: dive.html (Fortsetzung)

```

getAttributes();

function genLinks(linkArr) {
  var linkStr = '';
  for (var i = 0; i < linkArr.length; i++) {
    var linkParts = linkArr[i].split(',')
    linkStr += '    - <A HREF="' + linkParts[1] + '"> ' +
      linkParts[0] + '</A><BR>'
    }
  return linkStr;
  }

//-->
</SCRIPT>
<SCRIPT LANGUAGE="JavaScript1.2">
  document.write('<STYLE type="text/css"> TD ' +
    { font-family: ' + face + '; font-size: ' + size + 'pt; } </STYLE>');
</SCRIPT>
</HEAD>
<SCRIPT LANGUAGE="JavaScript">
  document.write('<BODY BACKGROUND="' +
    background.replace(/thumb/, "") + '">');
</SCRIPT>
<TABLE BORDER=0>
  <TR>
    <TD VALIGN=TOP COLSPAN=4>
    <H2>Take-A-Dive Brokerage $ervices</H2>
    </TD>
  </TR>
  <TR>
    <TD VALIGN=TOP COLSPAN=4>
    Take-A-Dive Brokerage Services arbeitet schwer daran, Sie von Ihrem GELD
    zu trennen. <BR>Unser Motto ist "<I>We go for broke.</I>"
    Hier ist Ihr Benutzerprofil
    mit Ihren pers&ouml;nlichen Links.
    <BR><BR>
    </TD>
  </TR>
  <TR>
    <TD VALIGN=TOP>
    Name:</TD>
    <TD VALIGN=TOP>
      <SCRIPT LANGUAGE="JavaScript1.2">document.write(investor);</SCRIPT>
          <TD VALIGN=TOP>
          </TD>
          Alter:
          <TD VALIGN=TOP>
          <SCRIPT LANGUAGE="JavaScript1.2">document.write(age);</SCRIPT>
          </TD>
     </TR>
     <TR>
```

Beispiel 7-2: dive.html (Fortsetzung)

```
 86              <TD VALIGN=TOP>
 87              Strategie:
 88              </TD>
 89              <TD VALIGN=TOP>
 90              <SCRIPT LANGUAGE="JavaScript1.2">
 91                document.write(strategy);
 92              </SCRIPT>
 93              </TD>
 94              <TD VALIGN=TOP>
 95              Beruf:
 96              </TD>
 97              <TD VALIGN=TOP>
 98              <SCRIPT LANGUAGE="JavaScript1.2">
 99                document.write(occupation);
100              </SCRIPT>
101              </TD>
102      </TR>
103      <TR>
104         <TD VALIGN=TOP COLSPAN=2>
105         <BR><BR>
106         Nachrichtenlinks<BR>
107         <SCRIPT LANGUAGE="JavaScript1.2">
108           document.write(genLinks(news));
109         </SCRIPT>
110         <TD VALIGN=TOP COLSPAN=2>
111         <BR><BR>
112         B&ouml;rsenindex-Links <BR>
113         <SCRIPT LANGUAGE="JavaScript1.2">
114           document.write(genLinks(indexes));
115         </SCRIPT>
116         </TD>
117      </TR>
118      <TR>
119         <TD VALIGN=TOP COLSPAN=2>
120         <BR><BR>
121         [ <A HREF="prefs.html">Einstellungen &auml;ndern</A> ]
122         </TD>
123      </TR>
124 </TABLE>
125 </BODY>
126 </HTML>
```

Analyse des Cookies

Sehen Sie sich die ganzen `SCRIPT`-Tags an. Allein vom Aussehen her können Sie schon sagen, daß diese Seite eigentlich nur ein Gerüst ist und der eigentliche Inhalt dynamisch erzeugt wird. Der erste Schritt besteht darin, das Cookie zu analysieren. Dazu wird die Funktion `getAttributes()` aufgerufen. Um das Layout dynamisch erzeugen zu können, brauchen wir diese Informationen schnell (bevor die Seite geladen worden ist). Deswegen wird `getAttributes()` in Zeile 35 aufgerufen, nur zwei Zeilen, nachdem sie definiert worden ist. Die komplette Funktion sehen Sie in den Zeilen 13 bis 33:

```
function getAttributes() {
  var htmlStr = GetCookie('htmlPrefs');
  if (htmlStr == null) {
    alert('Willkommen. Bitte nehmen Sie erst Ihre persönlichen Einstellungen
    vor.' +
    'Wählen Sie OK, um die Personalisierungsseite zu laden.');
    self.location.href = 'prefs.html';
  }
  var htmlArray = htmlStr.split('-->');
  for (var i = 0; i < htmlArray.length; i++) {
    var tagInfo = htmlArray[i].split('=');
    if (tagInfo[0] != "") {
      if (tagInfo[0].indexOf('newsNames') == 0) {
        newsNames[newsNames.length] = tagInfo[1];
      }
      else if (tagInfo[0].indexOf('indexNames') == 0) {
        indexNames[indexNames.length] = tagInfo[1];
      }
    else { eval(tagInfo[0] + ' = "' + tagInfo[1] + '"'); }
    }
  }
}
```

Der lokalen Variable *htmlStr* wird der Rückgabewert der Funktion `GetCookie()` zugewiesen. In *prefs.html* hatte das Cookie namens *prefStr* die benötigten Formularinformationen, *dive.html* braucht aber das Cookie mit dem Namen *htmlStr*. Wenn sich herausstellt, daß *htmlStr* gleich null ist, dann bedeutet das, daß der Benutzer noch keine Einstellungen vorgenommen hat. Also wird er davon unterrichtet und dann prompt zu *prefs.html* weitergereicht, um die Einstellungen vorzunehmen.

Wenn die Variable *htmlStr* nicht gleich null ist, wird sie durch `split()` bei jedem Vorkommen von --> in ein Array aufgespalten und der lokalen Variable *htmlArray* zugewiesen. Eine *for*-Schleife wird benutzt, um alle Elemente zu durchlaufen und dabei den Wert jedes Elements zuzuweisen. Das ist übrigens fast identisch zur Logik in der Funktion `getPrefs()` in *prefs.html* (siehe die Zeilen 111 bis 121) im Listing von *prefs.html*. Vergleichen Sie sie mit den Zeilen 20 bis 32:

```
var htmlArray = htmlStr.split('-->');
for (var i = 0; i < htmlArray.length; i++) {
  var tagInfo = htmlArray[i].split('=');
  if (tagInfo[0] != "") {
    if (tagInfo[0].indexOf('news') == 0) {
      newsNames[newsNames.length] = tagInfo[1];
    }
    else if (tagInfo[0].indexOf('indexes') == 0) {
      indexes[indexNames.length] = tagInfo[1];
    }
  else { eval(tagInfo[0] + ' = "' + tagInfo[1] + '"'); }
  }
}
```

Mit dem Unbekannten umgehen

Sehr interessant: `getPrefs()` in *prefs.html* weiß, daß es mit dem durch *formObj* vertretenen Formular arbeiten muß. Entsprechend weist es Werte zu, markiert Checkboxen und wählt Optionen aus. `getAttributes()` hat diesen Luxus aber nicht. Es ist notwendig, zumindest eine grobe Vorstellung davon zu haben, was von dem Cookie zu erwarten ist. Wir wissen beispielsweise, daß wir Linkinformationen zu Online-Nachrichten bekommen werden. Dasselbe trifft auf Online-Aktienindizes zu. Aber wer weiß, wie viele dieser Links wir bekommen werden: 0, 10, vielleicht 50? Da das unbekannt ist, können wir die beiden Linkinformationen in getrennten Arrays speichern (siehe die Zeilen 10 und 11):

```
var newsNames = new Array();
var indexNames = new Array();
```

Die Variable *newsNames* wird dann die Linkinformationen für Nachrichtenressourcen enthalten und *indexNames* dieselben Linkinformationen für die Börsenindizes. Sehen Sie sich das Beispiel-Cookie aus dem letzten Abschnitt an. Beachten Sie den fettgedruckten Text:

```
investor=Not Provided-->age=Not Provided-->strategy=Moderate-->
occupation=Not Provided-->newsNames0=Barron's Online,
http://www.barrons.com/-->newsNames1=CNN Interactive,
http://www.cnn.com/-->newsNames2=Fox News,
http://www.foxnews.com/-->newsNames4=The Wall Street Journal,
http://www.wsj.com/-->indexNames0=Dow Jones Indexes,
http://www.dowjones.com/-->indexNames2=The New York Stock Exchange,
http://www.nyse.com/-->background=images/fistthumb.gif-->
face=tahoma-->size=14-->
```

Die fettgedruckten Namen sind Bezeichner für die Linkinformationen, die für die neuen Array-Variablen bestimmt sind, die wir oben deklariert haben. Nun wissen wir zwar auch, daß wir einige Variablen bekommen werden, aber wie benennen wir sie? Wie viele werden wir bekommen? Der Code in *dive.html* verrät da mit Sicherheit keine Geheimnisse. Die Wahrheit ist aber, daß es darauf auch gar nicht ankommt. Solange *Sie* wissen, was die Variablennamen sind, braucht die Logik in *dive.html* keine expliziten hardcodierten Definitionen zu enthalten. Am folgenden Beispiel können Sie sehen, was ich meine. Sehen Sie sich den Beispielwert von `GetCookies('htmlPrefs')` noch einmal an. Beachten Sie wiederum den fettgedruckten Text:

```
investor=Not Provided-->age=Not Provided-->strategy=Moderate-->
occupation=Not Provided-->newsNames0=Barron's Online,
http://www.barrons.com/-->newsNames1=CNN Interactive,
http://www.cnn.com/-->newsNames2=Fox News,http://www.foxnews.com/-->
newsNames4=The Wall Street Journal,http://www.wsj.com/-->
indexNames0=Dow Jones Indexes,http://www.dowjones.com/-->
indexNames2=The New York Stock Exchange,http://www.nyse.com/-->
background=images/fistthumb.gif-->face=tahoma-->size=14-->
```

Der fettgedruckte Text in diesem Beispiel stellt die Namen von Variablen dar, die wir in Kürze definieren werden. Die *for*-Schleife in `getAttributes()` enthält sowohl die Zuweisung der Arrayelemente als auch die Deklaration der »unbekannten« Variablen. Wir finden sie in den Zeilen 22 bis 31:

```
var tagInfo = htmlArray[i].split('=');
  if (tagInfo[0] != "") {
    if (tagInfo[0].indexOf('newsNames') == 0) {
      newsNames[newsNames.length] = tagInfo[1];
    }
    else if (tagInfo[0].indexOf('indexNames') == 0) {
      indexNames[indexNames.length] = tagInfo[1];
    }
  else { eval(tagInfo[0] + ' = "' + tagInfo[1] + '"'); }
}
```

Jedes Element von *htmlArray* enthält ein Gleichheitszeichen (=), das den Bezeichner von dem Wert trennt, den wir eigentlich haben wollen. Für jeden Durchlauf der *for*-Schleife wird `htmlArray[i]` mit `split()` an jedem = zerlegt. Dieses Zwei-Elemente-Subarray wird der lokalen Variable *tagInfo* zugewiesen. Wenn `tagInfo[0]` kein leerer String ist, haben wir ein gültiges Paar aus Bezeichner und Wert. Der Grund für die Überprüfung auf den leeren String liegt in der Weise, in der die `split()`-Methode in JScript das Array zurückgibt.

Jedes gültige Bezeichner-Wert-Paar fällt in eine von zwei Kategorien: Arrayelement oder reguläre Variable. Wenn das Paar ein Arrayelement ist, muß es entweder einen Nachrichten-Link oder einen Link auf einen Börsenindex enthalten. Das folgende *if-else*-Statement bestimmt jeweils, was zu tun ist:

```
if (tagInfo[0].indexOf('newsNames') == 0) {
  newsNames[newsNames.length] = tagInfo[1];
}
else if (tagInfo[0].indexOf('indexNames') == 0) {
  indexNames[indexNames.length] = tagInfo[1];
}
else { eval(tagInfo[0] + ' = "' + tagInfo[1] + '"'); }
```

Aufgrund der in *prefs.html* verwendeten Namenskonvention muß `tagInfo[0]` mit einem Nachrichten-Link zu tun haben, wenn es den String *newNames* enthält. Der Wert `tagInfo[1]` wird deswegen dem nächsten zur Verfügung stehenden Element in `newsNames` zugewiesen. Wenn `tagInfo[0]` den String *indexNames* enthält, muß es mit Aktienindizes zu tun haben. Deswegen geht `tagInfo[1]` an das nächste Element in `indexNames`. Wenn `tagInfo[0]` keinen der beiden Strings enthält, dann müssen `tagInfo[0]` und `tagInfo[1]` den Namen einer zu deklarierenden Variable und den ihr zuzuweisenden Wert enthalten. Der Code in Zeile 30 weiß genau, was zu tun ist:

```
eval(tagInfo[0] + ' = "' + tagInfo[1] + '"');
```

Wenn diese *for*-Schleife beendet ist, ist der folgende äquivalente Code ausgeführt worden. Hier sind die Nachrichten-Links:

```
newsNames[0] = 'Barron's Online,http://www.barrons.com/';
newsNames[1] = 'CNN Interactive,http://www.cnn.com/';
newsNames[2] = 'Fox News,http://www.foxnews.com/';
newsNames[3] = 'The Wall Street Journal,http://www.wsj.com/';
```

die Aktienindex-Links:

```
indexNames[0] = 'Dow Jones Indexes,http://www.dowjones.com/';
indexNames[1] = 'The New York Stock Exchange,http://www.nyse.com/';
```

und die anderen Variablen:

```
var investor = 'Not Provided';
var age = 'Not Provided';
var strategy = 'Moderate';
var occupation = 'Not Provided';
var background = 'images/fistthumb.gif';
var face = 'tahoma';
var size = '14';
```

JavaScript-Technik: Namenskonventionen machen sich wieder bezahlt

Über sinnvolle Namenskonventionen habe ich schon einmal gepredigt. Hier gibt es keine weitere Abhandlung, aber überlegen Sie sich einmal, wie diese Nachrichten- und Aktienindex-Linkelemente und Layout-Variablen ins Spiel kamen. Das war lange bevor irgendwelcher Code in *dive.html* interpretiert wurde. Es begann, bevor irgendwelche Cookies in *prefs.html* gesetzt wurden. Es begann sogar bevor der Benutzer oder die Benutzerin seine oder ihre erste Änderung im Formular in *prefs.html* vornahm. Es fing alles mit der Namensgebung der Formularfelder an.

Jede der Nachrichten- und Aktienindex-Linkvariablen hat einen Bezeichner (z.B. *newsNames0* oder *indexNames3*), der den Namen einer SELECT-Auswahlliste in *prefs.html* enthält. Jede der Layout-Variablen hat den Namen eines der Formularelemente, wie z.B. *background* oder *size*. Dieser Name wurde in den Cookie-String eingebaut, herausgefiltert und entsprechend definiert. Sorgfältig geplante Namenskonventionen machen die Dinge nicht nur einfacher, sondern manchmal auch erst möglich. Achten Sie darauf, wo in Ihrem Code Sie sie anwenden können.

Denken Sie daran: Nirgendwo in der Datei ist der Code tatsächlich aufgelistet. Sie können die Elemente von *newsNames* und *indexNames* durchlaufen, um auf die Werte zuzugreifen, für den Zugriff auf die anderen Variablen müssen Sie jedoch deren Namen kennen.

Wir haben jetzt alle Informationen, die wir brauchen, um die Seite den Benutzerwünschen entsprechend aufzubauen. Sobald wir die Informationen in die Seite geschrieben haben, sind wir fertig. Wir benutzen `document.write()`, um alles Nötige auf die Seite zu bekommen. Insgesamt haben wir acht Aufrufe von `document.write()`. Tabelle 7-4 zählt sie auf und beschreibt sie.

Tabelle 7-4: document.write() wird benutzt, um das HTML zu erzeugen

Zeilen	Code	Beschreibung
50-51	`document.write('<STYLE type="text/css"> TD { font-family: ' + face + '; font-size: ' + size + 'pt; } </STYLE>');`	Erzeugt bei der Ausführung ein Style Sheet.
55-56	`document.write('<BODY BACKGROUND="' + background.replace(/thumb/, "") + '">');`	Definiert einen URL für das Hintergrundbild.
77	`document.write(investor);`	Fügt den Namen des Investors ein.
82	`document.write(age);`	Fügt das Alter des Investors ein.
91	`document.write(strategy);`	Fügt die Strategie des Investors ein.
99	`document.write(occupation);`	Fügt den Beruf des Investors ein.
108	`document.write(genLinks(news));`	Fügt die Nachrichten-Links ein.
114	`document.write(genLinks(indexes));`	Fügt die Aktienindex-Links ein.

Während die Aufrufe drei bis sechs weitgehend selbsterklärend sind, sind die ersten und letzten beiden etwas verwickelter. Fangen wir doch mit den Zeilen 50 und 51 an:

```
document.write('<STYLE type="text/css"> TD { font-family: ' + face +
  '; font-size: ' + size + 'pt; } </STYLE>');
```

Dieser Aufruf schreibt ein Style Sheet in die Seite, und wir fügen die Layoutvariablen *face* und *size* ein, um den Schrifttyp und die Schriftgröße festzulegen.

Da wir jetzt das dynamisch erzeugte Style Sheet haben, können wir uns darum kümmern, das richtige Hintergrundbild zu bekommen. Das geschieht in den Zeilen 55 und 56:

```
document.write('<BODY BACKGROUND="' +
  background.replace(/thumb/, "") + '">');
```

Wie Sie sich erinnern werden, hat die Variable *background* den Wert *images/fistthumb.gif*. Das ist prima, außer daß es die Thumbnail-Version des Hintergrundbilds ist und wir das Original wollen. Null Problemo: Jedes Thumbnail-Bild heißt nämlich genauso wie die Vollversion, nur der String »thumb« ist noch eingefügt. An das Hintergrundbild kommen wir, indem wir »thumb« aus *background* entfernen, in diesem Fall also *images/fist.gif* schreiben. Der schnelle Wechsel wird mit der `replace()`-Methode erreicht.

JavaScript-Technik: Dynamisches DHTML

»Dynamisches DHTML« ist meine aus der Hüfte geschossene Definition dafür, wenn JavaScript DHTML während der Ausführung schreibt. Bedenken Sie, daß Sie `document.write()` verwenden können, um HTML- und sogar weiteren JavaScript-Code zu schreiben. Wenn Sie diese Funktionalität mit den zusätzlichen Vorteilen von Style Sheets kombinieren, haben Sie jede Menge Layout-Möglichkeiten in sehr wenig Code. In dieser Anwendung wird es wie folgt benutzt:

```
document.write('<STYLE TYPE="text/css"> TD { font-family: ' + face +
  '; font-size: ' + size + 'pt; } </STYLE>');
```

Hier habe ich lediglich die Variablen *face* und *size* eingeschleust. Jetzt lassen sich die Schriftart und -größe bestimmen, indem die Werte von zwei Variablen geändert werden. Nicht schlecht für ein Einzeiler-Style-Sheet. Denken Sie aber an die Möglichkeiten, die Ihnen ein langes Style Sheet bietet, das Stile für viele weitere Elemente kontrolliert, wie z.B. Überschriften, Formularelemente und mehr. Style Sheets geben Ihnen die detaillierte Kontrolle über Dokumentelemente. Die Erzeugung von Style Sheets mit JavaScript macht dieselbe großartige Kontrolle dynamisch.

Die letzten beiden Aufrufe von `document.write()` verwenden die einzige verbleibende Funktion, die in der Seite definiert ist: `genLinks()`. Diese Funktion ähnelt insofern den Funktionen `genBoxes()` und `genSelect()` in *prefs.html,* als daß sie die Elemente eines Arrays durchläuft, um einen HTML-String zu erstellen. Der einzige Unterschied besteht darin, daß diese Funktion einen String von Links zurückgibt und nicht Checkboxen oder `OPTION`-Tags. Die vollständige Funktion finden Sie in den Zeilen 37 bis 45:

```
function genLinks(linkArr) {
  var linkStr = '';
  for (var i = 0; i < linkArr.length; i++) {
    var linkParts = linkArr[i].split(',')
    linkStr += '    - <A HREF="' + linkParts[1] + '"> ' +
      linkParts[0] + '</A><BR>'
    }
  return linkStr;
  }
```

`genLinks()` nimmt ein Array mit Doppelelementen als einzigen Parameter entgegen. Der erste Teil jedes Doppelelements ist ein String, der als Linktext darzustellen ist. Der zweite Teil ist der URL für das HREF-Attribut. Die Teile sind durch ein Komma getrennt. Damit kann die `split()`-Methode auf das Komma angewendet und das Ergebnisarray der lokalen Variable *linkParts* zugewiesen werden, womit wir auf die Teile zugreifen können. Die *for*-Schleife durchläuft wie üblich alle Einträge und erzeugt einen String mit Links, der am Ende zurückgegeben wird.

Mögliche Erweiterungen

Sogar mit wenig Kreativität kommen Sie mit dieser Anwendung ziemlich weit. Wie wäre es mit den folgenden Möglichkeiten?

- Fügen Sie Felder zum Ändern von Hintergrundfarben für Tabellenzellen und Schriftfarben oder andere Elemente für das Aussehen des Layouts hinzu.
- Erlauben Sie den Benutzern, ganze Seitenthemen zu wählen.
- Fügen Sie ein paar zusätzliche Textfelder hinzu, so daß der Benutzer seine eigenen Webseiten-Links (mit Namen) hinzufügen kann.
- Zeigen Sie Bannerwerbung in Abhängigkeit von den Benutzereinstellungen im Cookie an.

Mehr Auswahl für das Aussehen des Layouts

Benutzer lieben die Auswahl. Alles, was Sie an der Benutzerseite verstellen können, kann auch bearbeitet werden. Das schließt Inhalte und Grafiken in Layern ein, ebenso andere Frames und zusätzliche Fenster.

Themen hinzufügen

Diese Idee stammt von den Arbeitsplatz-Themen in Windows 95. Anstatt Benutzer individuelle Parameter wie Schriftart, -größe und -farbe auswählen zu lassen, warum nicht gleich ein paar Themen anbieten, die alle Einstellungen auf einmal vornehmen? Nehmen wir an, Sie haben eine Website, die sich um Musik dreht. Sehen Sie sich die folgende SELECT-Auswahlliste an:

```
<SELECT NAME="themes"onChange="swapImage('theImage',
  this.options[this.selectedIndex].value);">
<OPTION VALUE="none">Kein Thema
<OPTION VALUE="bigband">Big Band
<OPTION VALUE="rocknroll">Rock 'n Roll
<OPTION VALUE="rap">Rap
<OPTION VALUE="country">Country
<OPTION VALUE="reggae">Reggae
<OPTION VALUE="grunge">Grunge
<OPTION VALUE="jazz">Jazz
<OPTION VALUE="club">Club Music
</SELECT>
```

Jeder dieser `OPTION`-Werte könnte mit einem Thumbnail-Bild des potentiellen Themas in Verbindung stehen. Sie können sogar `genSelect()` und `swapImage()` in *prefs.html* verwenden, um die Liste zu erzeugen und die Rollover durchzuführen. Denken Sie aber daran, daß Sie bei der Wahl eines dieser Themen die einzelnen Layout-Merkmale wie Hintergrundbild und Schriftangaben auf irgendeine Weise abschalten müssen. Beachten Sie, daß das erste `OPTION`-Tag »Kein Thema« ist. Sie werden wahrscheinlich ein solches `OPTION`-Tag vorsehen wollen, damit der Benutzer individuelle Layout-Einstellungen vornehmen kann, wenn er das so wünscht.

Benutzereigene Links

Das *Take-A-Dive*-Personalisierungsformular läßt die Benutzer aus voreingestellten Links auswählen. Sie könnten aber ein paar Textfelder hinzufügen, die es dem Benutzer oder der Benutzerin erlauben, seine oder ihre eigenen Links einzugeben. Die folgende Tabelle sollte Ihnen dabei helfen:

```
<TABLE>
  <TR>
    <TD><B>Zus&auml;tzliche Links</B></TD>
    <TD>
      <INPUT TYPE=BUTTON VALUE="Hinzuf&uuml;gen" onClick="addOpt(this.form);">
      <INPUT TYPE=BUTTON VALUE="L&ouml;schen" onClick="deleteOpt(this.form);">
    </TD>
  </TR>
  <TR>
    <TD>Name des Links</TD>
    <TD><INPUT TYPE=TEXT NAME="linkname" SIZE=20></TD>
  </TR>
  <TR>
    <TD>URL des Links</TD>
    <TD><INPUT TYPE=TEXT NAME="linkURL" SIZE=20></TD>
  </TR>
</TABLE>
```

Benutzer können Links hinzufügen oder entfernen, indem sie den Linknamen und URL eingeben und »Hinzufügen« oder »Löschen« wählen. Sie könnten diese Variablen dann in einem Array speichern und die Elemente mit Funktionen wie den im obigen Code erwähnten `addOpt()` und `delOpt()` hinzufügen oder entfernen. Wenn Sie ehrgeizig sind, können Sie einen SELECT-Auswahlliste erzeugen, die die Links anzeigt, so wie Sie sie hinzugefügt oder entfernt haben.

Direkt-Marketing mit Bannerwerbung

Warum schneidern Sie Ihre Werbekampagne nicht auf die Interessen des Benutzers zu? Was diese Pseudo-Investment-Website betrifft, so könnte ich sie so programmieren, daß Benutzer, die sich für konservative Investoren halten, Bannerwerbung für stabile Investments mit niedriger Rendite bekommen, wie zum Beispiel Bonds. Auf der anderen Seite könnten Investoren, die bereit sind, »ihre eigene Mutter zu verkaufen«, Banner für instabile Junkbonds und Auslandsanlagen bekommen, die eine höhere Rendite haben.

8

Der JavaScript-Online-Shop mit Einkaufskorb

Projektmerkmale

- Online-Shop mit Einkaufskorb für die Client-Seite
- Einfaches Einkaufen durch benutzerfreundliche Bedienung
- Bis zur Kasse keine server-seitige Bearbeitung
- Programm registriert jede Auswahl und stellt eine Zwischensumme zur Verfügung
- Gezielte Produktsuche per Datenbank

JavaScript-Techniken

- Verwalten von mehreren Fenster- und Dokumentinhalten
- Client-Status in Objekten speichern
- Objekteigenschaften hinzufügen
- Eine JavaScript-Datenbank wiederverwenden
- Rundung und Stringkonvertierung

Wenn es in diesem Buch eine herausragend abwechslungsreiche und robuste JavaScript-Anwendung gibt, dann ist es die hier beschriebene. Mit dem Online-Shop brauchen Sie nur die Grafiken und die Bilder, um Ihrer Site schnell und einfach einen Online-Verkauf hinzuzufügen. Sie müssen keine zusätzlichen Dateien erstellen, um Ihre Produkte auszustellen. Das wird vom Online-Shop nebenbei erledigt. Der Server braucht sich auch nicht um die Mehrwertsteuer und Gesamtbeträge zu kümmern – der Einkaufskorb berechnet sie ebenfalls während der Ausführung. Das Hinzufügen und Entfernen von Produkten aus dem Einkaufskorb eines Benutzers oder einer Benutzerin benötigt nur einen Klick oder zwei. Anders als bei server-seitigen Einkaufskörben gibt es hier keine Warterei.

Eine Tour durch den Online-Shop

Um etwas für den Online-Kunden wirklich einfach und intuitiv zu gestalten, braucht ein Programmierer meist etwas mehr Gehirnschmalz. Damit Sie nicht enttäuscht sind, ist das hier auch der Fall. Der Spaß und die Funktionalität, die Sie als Ergebnis bekommen, sind den Aufwand aber auch wert. Die Beschreibung der Funktionalität des Online-Shops und seines Codes beruhen auf dem folgenden Beispiel.

Hier sind die vier Ablaufschritte:

1. Die Anwendung wird geladen.
2. Ein Kunde bzw. eine Kundin sieht sich die Produkte nach Kategorie und durch gezielte Produktsuche an. Dabei wählt er oder sie einige Produkte aus.
3. Der Kunde oder die Kundin, anscheinend zufrieden, sieht sich die aktuelle Auswahl an und nimmt Änderungen hinsichtlich Menge und Inhalt vor.
4. Wenn er oder sie endgültig zufrieden ist, entscheidet der Kunde oder die Kundin sich, zur Kasse zu gehen und zu zahlen.

Diese Anwendung hat außerdem ein paar einfache Regeln, an die Benutzer sich halten müssen, wenn sie den Einkaufswagen benutzen. Sie werden diese Regeln in den jeweiligen Abschnitten erwähnt sehen. Helfen wir doch einer Benutzerin – nennen wir sie Daisy Tiefe-Tasche – ihr schwer verdientes Geld wieder loszuwerden.

Schritt 1: Laden der Anwendung

Wenn *ch08\index.html* geöffnet wird, wird der Eröffnungsbildschirm in Abbildung 8-1 angezeigt. Wenn Daisy auf den »Start«-Link klickt, sieht sie den in Abbildung 8-2 gezeigten Schirm.

Abbildung 8-1: Ein herzliches Willkommen von Ihrem Online-Shop

Was Sie hier sehen, sind der Eröffnungs- und Hilfe-Schirm, der zusammen mit den Navigationslinks in einem Frame darunter geladen wird. Sehen Sie sich den Schirm gut an, bevor Sie weitergehen.

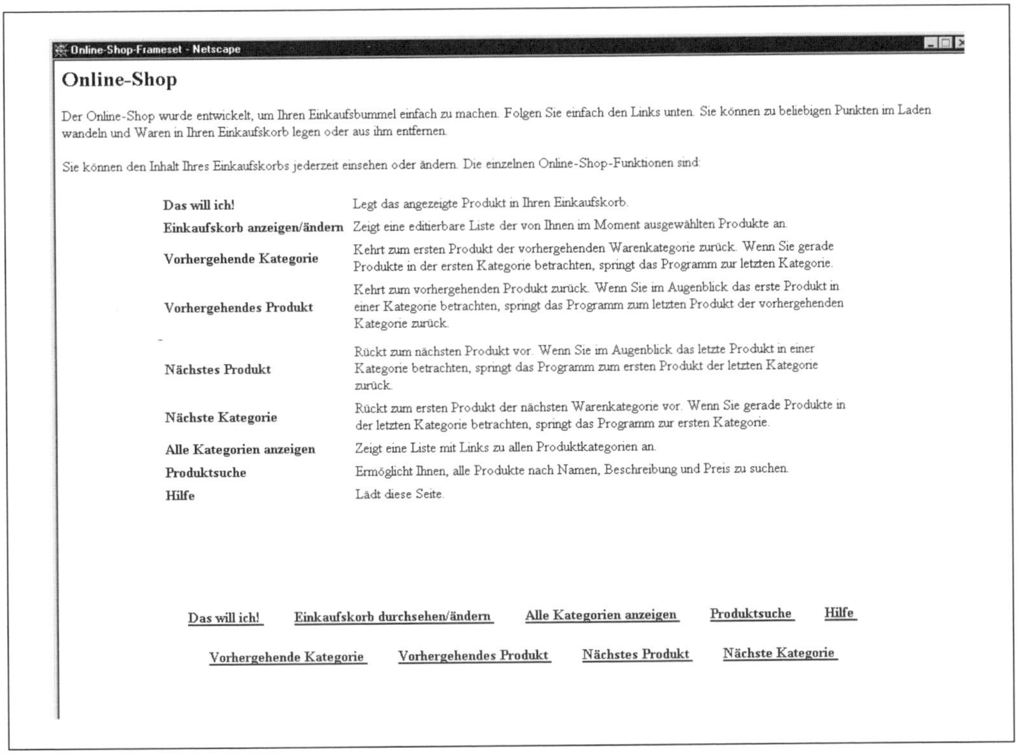

Abbildung 8-2: Die Benutzerschnittstelle des Einkaufswagens

Warum haben wir zwei Browserfenster? Eigentlich gibt es keinen Grund dafür, daß Sie es nicht auch mit einem Fenster durchziehen könnten. Diese Methode gibt Ihnen aber den meisten Platz zum Anpreisen Ihrer Waren. Außerdem werden Benutzer nicht von Browser-Buttons wie »Lesezeichen« oder »Suchen« abgelenkt. Das bedeutet, daß Ihren Produkten vermutlich mehr Aufmerksamkeit gewidmet wird. Und wenn Sie schon gerade dabei sind, könnten Sie das Hauptfenster auch gleich als Login-Seite verwenden, die zwischen Mitgliedern und Gastkunden unterscheidet.

Schritt 2: Produkte anschauen und auswählen

OK, Daisy ist drin. Zeit zum Umsehen. Sie wählt »Alle Kategorien anzeigen« und erzeugt so eine Liste mit Links zu den Produktkategorien.

Regel 1: Wenn der Online-Shop zum erstenmal geladen wird, muß der Benutzer explizit »Alle Kategorien anzeigen« oder »Produktsuche« auswählen und einen Link aus diesen Bereichen anklicken, um Produkte sehen zu können. Anschließend reicht es auch, einen der »Produkt«- oder »Kategorie«-Buttons der Navigationsleiste anzuklicken.

Das zeigt eine beeindruckende Palette mit wirklich tollen Produktkategorien an. Schaun' wir mal: Gebäude, Lebensmittel, Eisenwaren – alles, was das Online-Herz begehrt. Nachdem sie sich von dem überwältigenden Angebot erholt hat, entscheidet Frau Tiefe-Tasche, daß es ihrer Sammlung gerade an Bauwerken fehlt, und sie beschließt sich anzusehen, was der Online-Shop so zu bieten hat.

Sie folgt dem »Gebäude«-Link und ist wiederum ganz hingerissen, als sie die Schlußverkaufspreise für solche Prunkstücke wie die Scheune, das Schloß und den Turm sieht. Ganz überwältigt entscheidet sie sich für einen Iglu, wie in Abbildung 8-3 gezeigt. Der Iglu wird in ihren Einkaufskorb gelegt, indem sie »Das will ich!« anklickt, was durch die sich daraufhin öffnende Dialogmeldung angezeigt wird.

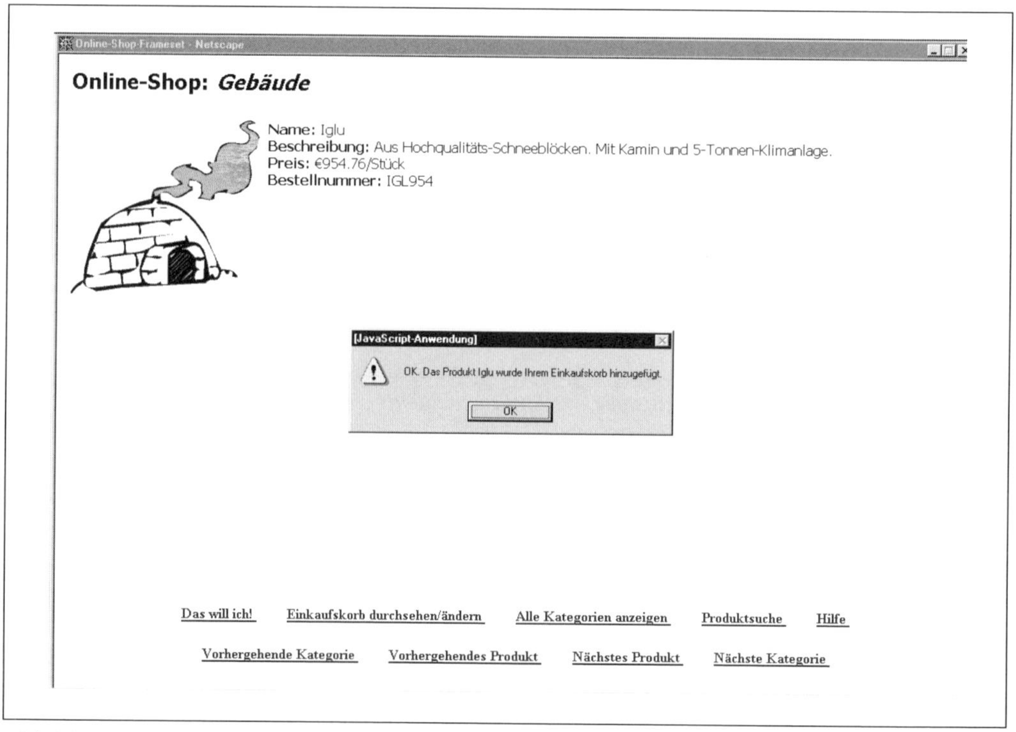

Abbildung 8-3: Den Iglu in den Einkaufskorb legen

Regel 2: Benutzer können immer nur einen Gegenstand in den Einkaufskorb legen, indem sie »Das will ich!« drücken. Sie können dann die Mengen und Inhalte ändern, indem sie »Einkaufswagen anzeigen/aufräumen« betätigen.

Immer noch auf Schnäppchenjagd, beschließt unsere unermüdliche Shopperin, die Sucheinrichtung zu verwenden, um zu sehen, ob es noch irgendwelche Sonderangebote aufzustöbern gibt. Sie wählt »Produktsuche«, und ein einfaches Suchinterface erscheint. Sie können es in Abbildung 8-4 sehen. Auf der Suche nach einem spottbilligen Preis gibt sie »1.15« ein, um Produkte mit diesem Preis zu finden. Sie hat Glück, und die Sache geht auf. Fünf Produkte mit einem Preis von 1.15 werden aufgeführt, wie in Abbildung 8-5 zu sehen ist. Ein Fön, eine Krawatte und eine Portion Pommes sind alle für jeweils €1.15 zu haben. Sie folgt den Pommes, sieht sich die Details an und fügt die Fritten in aller Eile dem Einkaufskorb hinzu.

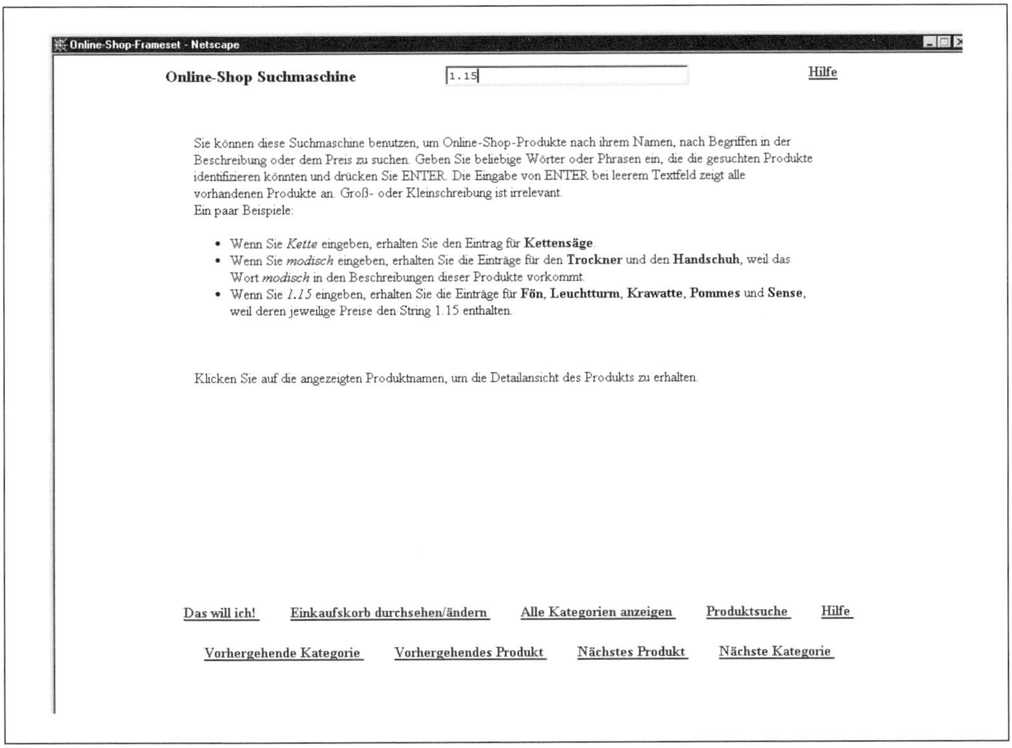

Abbildung 8-4: Die Suche nach großartigen Produkten beginnt hier

Daisy begibt sich zur Kategorieliste zurück, indem sie noch einmal »Alle Kategorien anzeigen« wählt. Diesmal weckt die Kategorie Kleidung ihr Interesse. Dem Link folgend stolpert sie über die Krawatte – die für unglaubliche €1.15 aus der Liste. Sie hat sie zwar vorher ignoriert, hält sie jetzt aber für OK, also rein damit in den Einkaufskorb.

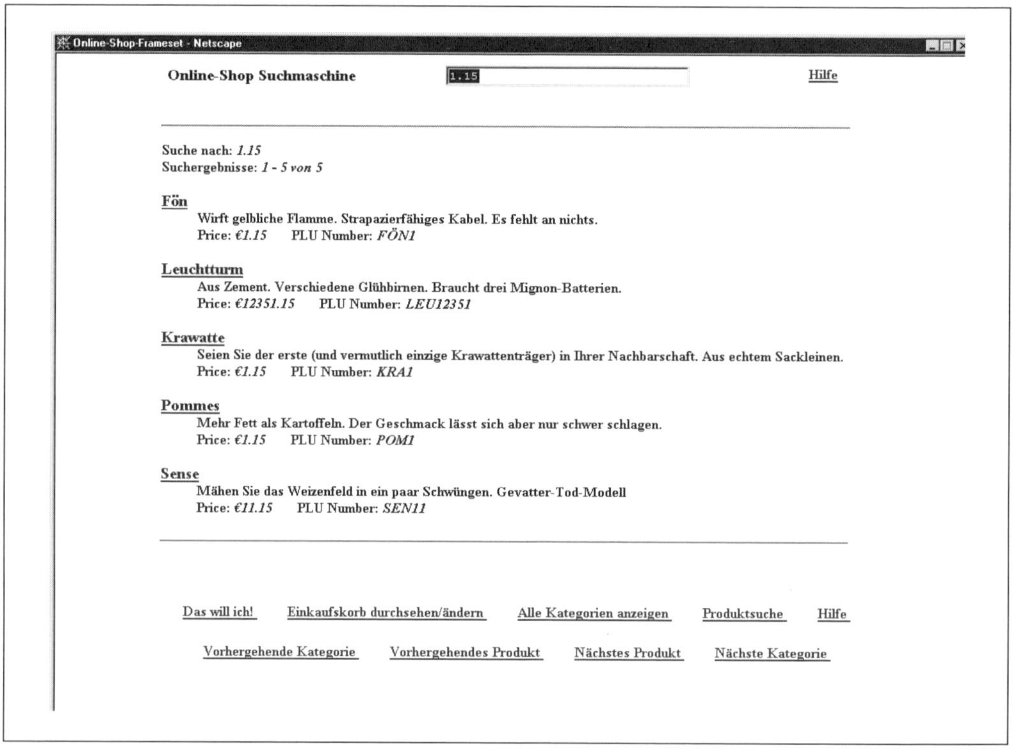

Abbildung 8-5: Eine Suche, viele Schnäppchen

Schritt 3: Den Einkaufskorb durchsehen und die Bestellung ändern

Daisy beschließt, daß sie für heute genug hat, und wählt »Einkaufskorb durchsehen/ändern«. Der Einkaufskorb gibt ihre Einkaufsliste aus, wie in Abbildung 8-6 gezeigt. Beachten Sie, daß der Einkaufskorb über alle von ihr hinzugefügten Gegenstände Buch geführt hat, bis hin zu Mehrwertsteuer, Versandkosten und Gesamtbetrag.

Immer noch von den Iglus beeindruckt, ändert Daisy die Anzahl ihrer bestellten Iglus auf 6. Sie lebt in einer warmen Gegend und die Dinger halten eben nicht so lange. Da ist es besser, ein paar auf Vorrat zu haben. Die Pommes sahen im Bild recht gut aus, also erhöht sie die Anzahl der Portionen auf 2. Leider sind ihre Taschen weniger tief als gedacht, so daß sie die Krawatte weglassen muß. Es gibt ja immer ein nächstes Mal.

Regel 3: Shopper müssen »Einkaufskorb ändern« anklicken, um Änderungen des Einkaufskorbs zu bestätigen. Mit anderen Worten: Die Änderungen finden nicht allein durch Ändern der SELECT-Auswahllisten für die Menge oder der »Entfernen«-Checkboxen und das Weitergehen zu einem anderen Bildschirm statt.

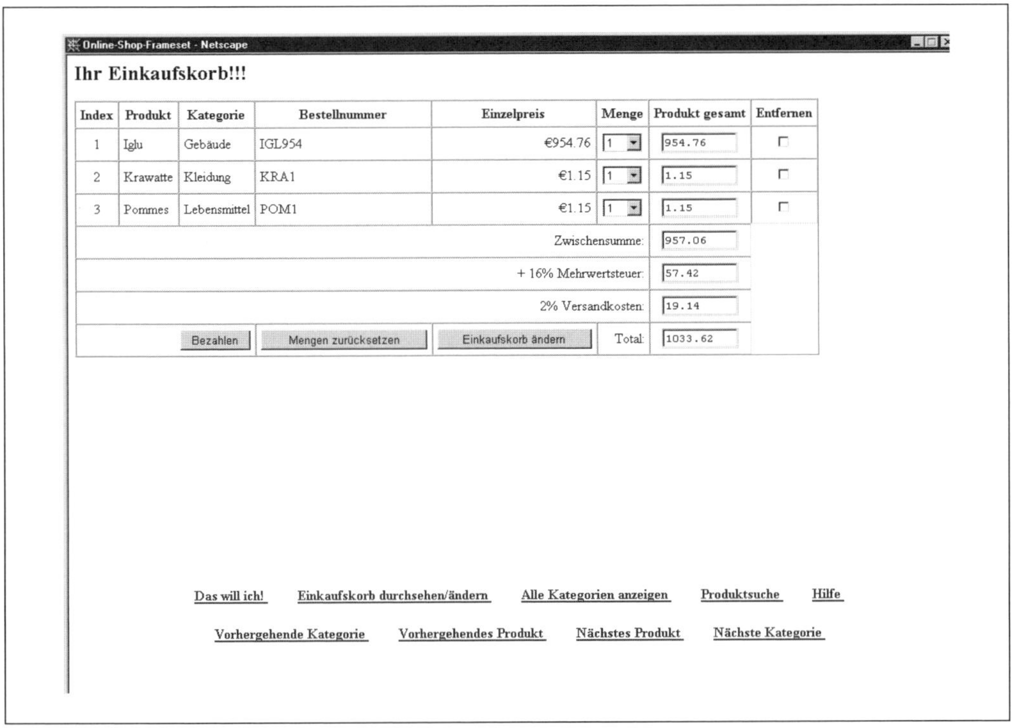

Abbildung 8-6: Der Inhalt von Daisys Einkaufskorb mit Preisen

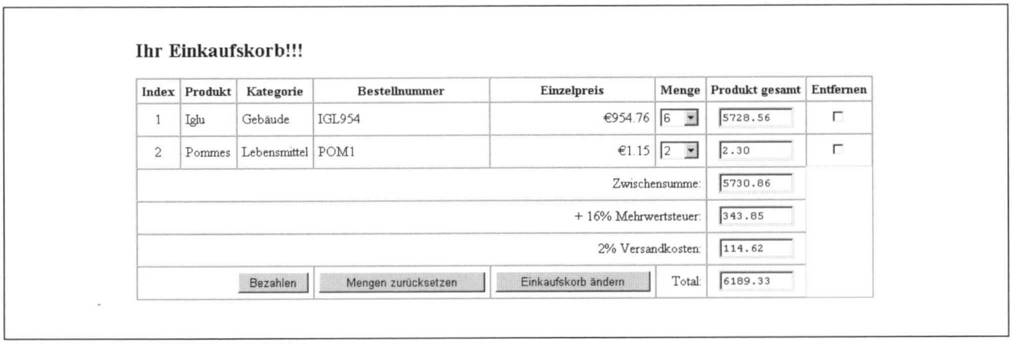

Abbildung 8-7: Daisys überarbeiteter Einkaufskorb

Es ist einfach nachzuvollziehen, wie Daisy ihre Bestellung ändern kann. Sie ändert Mengen über die »Menge«-Auswahllisten und entfernt Produkte mit den »Entfernen«-Checkboxen. Jeder Produkteintrag hat eine SELECT-Auswahlliste, um die Menge zu ändern, und eine Checkbox, um das Produkt aus der Bestellung zu entfernen. Nachdem sie ihre Bestellung geändert hat, wählt Daisy »Einkaufskorb ändern«, was den neuen Inhalt ihres Einkaufskorbs anzeigt, der alle ihre Mengenänderungen und Produktstreichungen reflektiert (siehe Abbildung 8-7). Daisys Einkaufskorb enthält nun sechs Iglus, zwei Portionen Pommes und keine Krawatte. Steuern und Versandkosten führen zu einem Gesamtbetrag von €6189.33.

Regel 4: Wenn Sie das Formular für die Online-Shop-Bestellung abschikken, wird Ihr Einkaufskorb geleert. Wenn Sie noch mehr Sachen brauchen, müssen Sie einen neuen, leeren Einkaufskorb füllen.

Schritt 4: Zur Kasse, bitte

Mit ihrer Feinabstimmung zufrieden wählt Daisy nun »Bezahlen«, was das in Abbildung 8-8 gezeigte Formular öffnet. Daisy kann ihre Bestellinformationen eingeben, sie abschicken und dann ihrer Bestellung in der Post entgegensehen.

Tja, so geht's ... schon wieder ein zufriedener Kunde. Gehen wir zum nächsten Abschnitt weiter, und sehen wir uns an, wie der Online-Shop-Code das schafft.

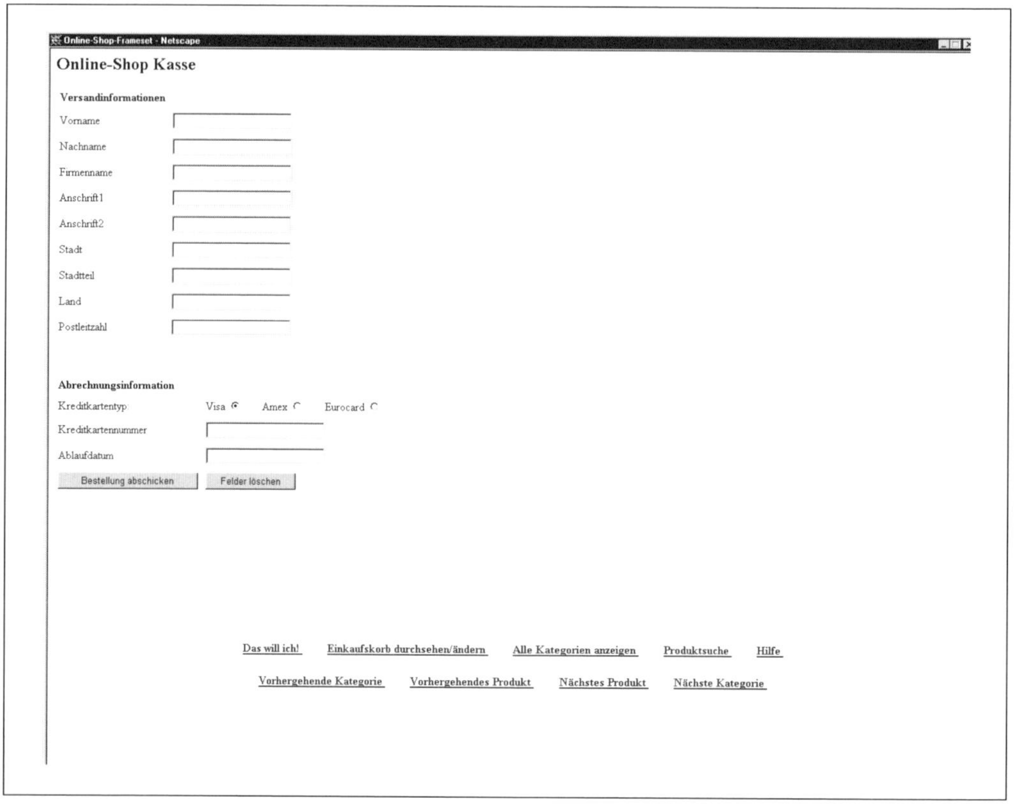

Abbildung 8-8: Das Bestellformular

Einsatzvoraussetzungen

Der Online-Shop mit Einkaufskorb verwendet JavaScript 1.2 und etwas CSS. Browser der Generation 3.x brauchen sich deswegen gar nicht erst zu bewerben. Bedenken Sie aber, daß eine beträchtliche Anzahl Benutzer einkaufen gehen, aber nicht immer auf dem letzten Browser-Stand sind. Sie können einfach das CSS entfernen, um den Online-Shop mit MSIE und NN 3.x kompatibel zu machen.

Was die Skalierbarkeit betrifft, so sollten Sie mindestens 500 Produkte im Online-Shop unterbringen können. Letzten Endes bedarf es nur einer Codezeile, um ein einzelnes Produkt hinzuzufügen. Ich selbst habe mit dem Probieren aufgehört, als ich fast 700 Produkte auf meinem 120 MHz PC mit 128 MB RAM hatte. Wenn Sie also nicht gerade Neckermann Konkurrenz machen wollen, sollte der Einkaufskorb es schon möglich machen.

Die Syntax unter die Lupe genommen

Sehen wir uns das Flußdiagramm des Online-Shops an. Abbildung 8-9 zeigt, wie der Benutzer mit dem Einkauf anfängt, Produkte durchsieht und auswählt, am Ende Änderungen anbringt, sich zur Kasse begibt, Versand- und Zahlungsinformationen ausfüllt und zum Schluß die gesamte Bestellung an den Server schickt.

Die Anwendung besteht aus acht Dateien. Die folgende Auflistung beschreibt den Zweck jeder Datei:

index.html
: Diese Eröffnungsseite des Online-Shops übernimmt die Verwaltung der Fenster.

shopset.html
: Das Frameset für das zweite bildschirmfüllende Fenster. Es enthält sowohl *intro.html* als auch *manager.html.*

intro.html
: Die Defaultseite für das größte der Frames und das Hilfedokument, das die Funktion jedes Links in der Navigationsleiste erklärt.

manager.html
: Das Epizentrum des Online-Shops. Alle grundlegenden Funktionen kommen von dem Code in dieser Datei, der die besondere Aufmerksamkeit in diesem Kapitel gilt.

inventory.js
: Enthält Funktionen, Konstruktoren und Arrays zum Aufbau des Online-Shop-Inventars. Ein Großteil der Arbeit wird hier während des Ladens erledigt.

search/index.html
Das Frameset, das die Produktsuchanwendung lädt. Wenn Sie auch nur einen Blick auf Kapitel 1 geworfen haben, werden Sie erkennen, daß es sich um eine modifizierte Version der dort besprochenen Suchmaschine handelt.

search/main.html
Die Hilfe-Seite für die Suchmaschine, komplett mit Beispielen.

search/nav.html
Das Gehirn der Suchmaschinen-Anwendung.

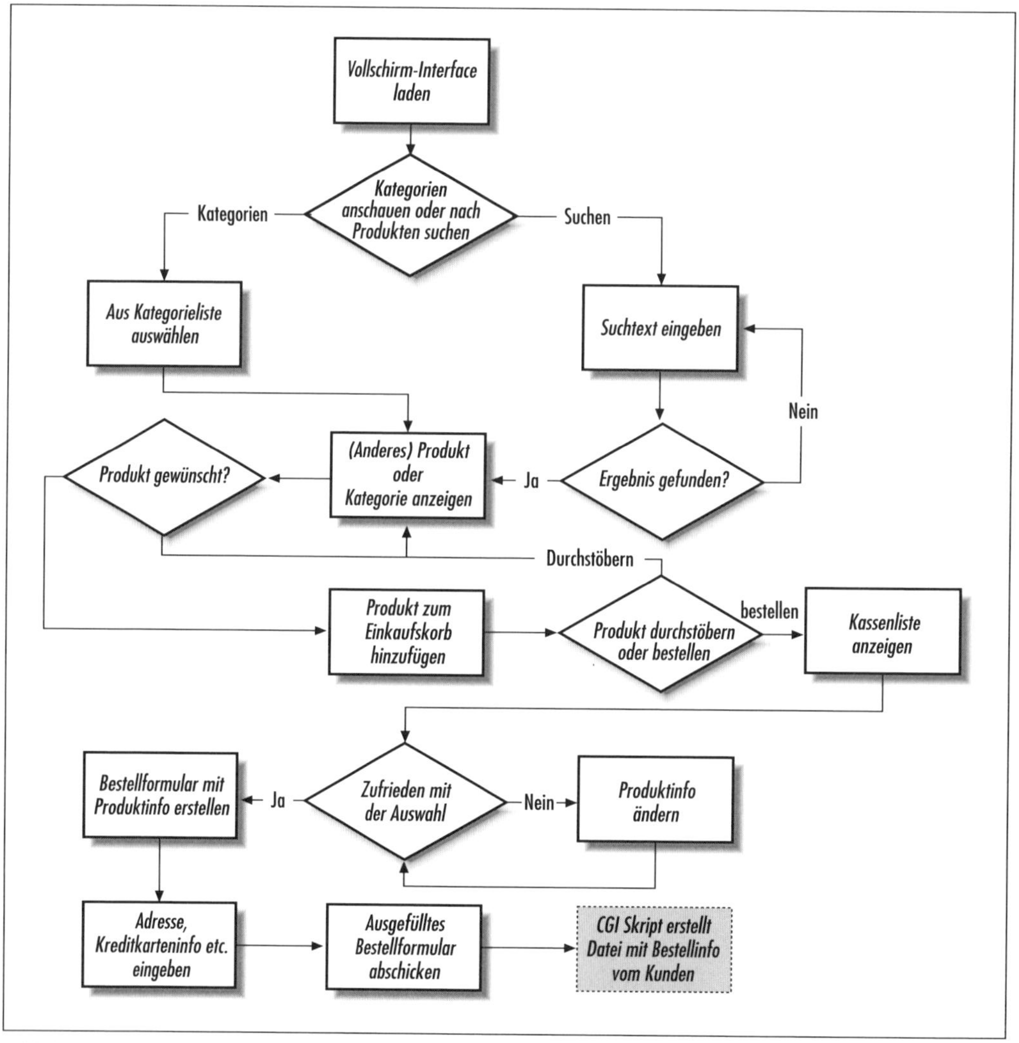

Abbildung 8-9: Online-Shop – Übersicht

Wegen der Größe der Anwendung und der Tatsache, daß Sie einen Teil des JavaScript-Codes zur Layer-Bearbeitung schon in anderen Kapiteln (3, 4, 6, 9, 10 und 11) gesehen haben bzw. sehen werden, macht es Sinn, den Online-Shop etwas anders zu besprechen.

Anstatt die Dateien der Reihe nach durchzugehen, lassen Sie uns die Anwendung nach ihren fünf grundlegenden Operationen behandeln:

1. Das Laden des Online-Shops: Aufbau des Inventars und Laden der Anzeigefenster
2. Anzeigen der Produkte: Bewegen von Kategorie zu Kategorie und von Produkt zu Produkt
3. Das Hinzufügen von Produkten in den Einkaufskorb und die Verwaltung des Einkaufskorbinhalts
4. Produktsuche: Textsuche unter den vorrätigen Produkten
5. Änderung des Einkaufskorbinhalts und Bestellung: Änderungen vornehmen und bezahlen

Wenn Sie die vorherigen Dateibeschreibungen mit dieser Beschreibung vergleichen, können Sie schon fast ableiten, welche Dateien an welchen Operationen beteiligt sind. Es ist zwar nicht alles scharf abgegrenzt, aber die Operation 1 verwendet Code aus *index.html*, *shopset.html*, *inventory.js*; die Operationen 2, 3 und 5 decken Code in *manager.html* ab, und die Operation 4 wird ausschließlich von Dateien im *search*-Verzeichnis bestritten.

Sie werden den Code nach wie vor Datei für Datei vorgesetzt bekommen, wir werden aber etwas umherspringen, um die JavaScript-Funktionen der Operationen zu behandeln. Jeder dieser fünf Abschnitte wird hauptsächlich aus der Benutzerperspektive beschrieben, wie z.B. Suchen, Produktmengen ändern, Hilfe anfordern und so weiter. Wir werden dabei auch die relevanten Techniken besprechen. Fangen wir mit dem Laden des Online-Shops an.

Schritt 1: Laden des Online-Shops

JavaScript und der lokale Browser übernehmen hier die meiste Arbeit, obwohl der Benutzer auch eine kleine Rolle spielt. Nehmen Sie sich die erste Seite vor – *index.html*. In Beispiel 8-1 können Sie sehen, wie sie aussieht.

Beispiel 8-1: index.html

```
<HTML>
<HEAD>
<TITLE>Online-Shop</TITLE>
<STYLE TYPE="text/css">
<!--
#welcome { text-align: center; margin-top: 150}
//-->
```

Beispiel 8-1: index.html (Fortsetzung)

```
</STYLE>
<SCRIPT LANGUAGE="JavaScript">
<!--
var shopWin = null;
var positionStr = '';
function whichBrowser() {
  if(navigator.appVersion < 4) {
    alert("Um im Online-Shop einzukaufen, brauchen Sie MSIE 4.x " +
      "oder Netscape Navigator 4.x.")
    return false;
    }
  return true;
  }

function launch() {
  if(!whichBrowser()) { return; }
  if(navigator.appName == "Netscape")
    { positionStr = ",screenX=0,screenY=0"; }
  else { positionStr = ",fullscreen=yes"; }
  if(shopWin == null) {
    shopWin = open("shopset.html", "", "width=" + screen.width +
      ",height=" + screen.height + positionStr);
    }
  }
function closeUpShop() {
  if (shopWin != null) {
    if (typeof(shopWin) == "object") {
      shopWin.close();
      }
    }
  }
window.onunload = closeUpShop;
//-->
</SCRIPT>
</HEAD>
<BODY>
<DIV ID="welcome">
  <H1>Willkommen im Online-Shop!!!</H1>
  <A HREF="javascript: launch();">Start</A>
</DIV>
</BODY>
</HTML>
```

Für eine Seite, die nur fünf Wörter auf dem Bildschirm ausgibt, sieht das nach einer Menge JavaScript aus; der zusätzliche Code führt aber zu einer erheblich besseren Anwendung. JavaScript definiert und initialisiert das zweite Hauptfenster und identifiziert den Browsertyp, um für das Öffnen des zweiten Fensters plattformunabhängig Code zur Verfügung stellen zu können.

Die Elemente im obersten Fenster der Hierarchie

Die Variablen und die Funktion in den Zeilen 11 und 32 bis 38 dienen lediglich dazu, das zweite Fenster zu schließen, wenn das Hauptfenster geschlossen wird. Wenn nicht, könnte der Online-Shop einen gewaltsamen Tod durch JavaScript-Fehler sterben, beispielsweise, wenn der Benutzer versucht, das zweite Fenster mit STRG+R neu zu laden.

Zeile 11 sieht wie folgt aus:

```
var shopWin = null;
```

Die Zeilen 32 bis 38 enthalten die nötige Funktion:

```
function closeUpShop() {
  if (shopWin != null) {
    if (typeof(shopWin) == "object") {
      shopWin.close();
      }
    }
  }
window.onunload = closeUpShop;
```

Der Variable *shopWin*, ursprünglich auf *null* gesetzt, wird später das zweite Fensterobjekt zugewiesen (hier presche ich etwas voraus, siehe Zeile 27). Die Funktion `closeUpShop()` wird aufgerufen, wenn das erste Fenster geschlossen wird. Diese Funktion stellt fest, ob der Benutzer das zweite Fenster noch offen hat. Wenn dem so ist, schließt sie es. Wenn *shopWin* nicht gleich null ist und den Typ *object* hat, muß das zweite Fenster offen sein. `closeUpShop()` schließt das zweite Fenster direkt vor dem Verlassen der ersten Seite.

Die einzige Sache, die mit dem Benutzer zu tun hat, ist das Anklicken des »Start«-Links, um das zweite Fenster zu öffnen. Das öffnet *shopset.html*, ein Frameset. Sie finden den Code in Beispiel 8-2.

Beispiel 8-2: shopset.html

```
<HTML>
<HEAD>
<TITLE>Online-Shop-Frameset</TITLE>
<SCRIPT LANGUAGE="JavaScript1.2">
<!--
function resetOpener() {
  opener.shopWin = null;
  }
//-->
</SCRIPT>
</HEAD>
<FRAMESET ROWS="80%,20%" FRAMEBORDER=0 BORDER=0 onLoad="self.focus();"
  onUnLoad="resetOpener();">
<FRAME SRC="intro.html" NORESIZE>
<FRAME SRC="manager.html" NORESIZE>
</FRAMESET>
</HTML>
```

Das ist Ihr grundlegendes Frameset mit zwei Zeilen. Einer wird *intro.html* als SRC-Attribut zugewiesen; die andere bekommt *manager.html*. Hier gibt es nicht viel JavaScript-Code, aber sehen wir uns das an, was vorhanden ist:

```
function resetOpener() {
  opener.shopWin = null;
  }
```

Die Zeilen 6 bis 8 enthalten eine Funktion namens `resetOpener()`, die immer dann aufgerufen wird, wenn der Browser das Dokument im übergeordneten Fenster (in diesem Fall, dem Frameset) verläßt. Indem `opener.shopWin` auf null gesetzt wird, ermöglicht `resetOpener()` dem Benutzer, das zweite Online-Shop-Fenster zu schließen und mit demselben »Start«-Link wieder zu öffnen.

Das mag trivial oder sogar unnötig erscheinen. Beachten Sie jedoch, daß in *index.html* (Zeile 27), das zusätzliche Fenster nur dann geöffnet wird, wenn *shopWin* gleich null ist. Das Schließen des Fensters setzt *shopWin* nicht auf null, weswegen `resetOpener()` nachhilft. Beachten Sie auch, daß der *onLoad*-Event-Handler im FRAMESET-Tag auf `self.focus()` gesetzt wird. Das stellt sicher, daß das zweite Fenster nicht hinter dem Hauptfenster geöffnet und geladen wird und den Benutzer rätseln läßt, was wohl passiert ist.

JavaScript-Technik: Verwaltung mehrerer Fenster und Dokumente

Solange Sie mit einer Anwendung arbeiten, die nur das Hauptfenster des Browsers verwendet, brauchen Sie sich in Sachen Fenster nicht sonderlich zu sorgen. Sobald Sie jedoch ein weiteres Fenster in die Welt setzen, brauchen Sie einen JavaScript-Fenster-Babysitter. Soll das Fenster immer obenauf oder immer im Hintergrund bleiben? Ist das übergeordnete Fenster noch offen? Was passiert mit der Anwendung, wenn das übergeordnete Fenster oder das untergeordnete Fenster geschlossen wird?

Sie müssen sich vermutlich nicht in jeder Multi-Fenster-Anwendung mit allen diesen Angelegenheiten auseinandersetzen, aber diese Fragen tauchen auf. Sie können am Ball bleiben, indem Sie Variablen auf Werte setzen, die immer den Zustand der Fenster reflektieren. Beispielsweise ist die Variable *shopWin* gleich dem Objekt des zweiten Fensters, wenn das zweite Fenster des Online-Shops offen ist. Wenn nicht, ist die Variable auf *null* gesetzt. Der Online-Shop agiert dem Wert von *shopWin* entsprechend. Für Frames und Framesets können Sie eine ähnliche Strategie verwenden.

Die Variablen *gimmeControl* und *browseControl* haben eine ähnliche Funktion: sie dienen zur Überwachung des Dokumentinhalts. Mit anderen Worten: Sie können das Verhalten Ihrer Anwendung an den momentanen Inhalt eines Dokuments anpassen.

Damit ist das Laden des Framesets im Prinzip abgeschlossen. Noch sind drei weitere Seiten zu laden: *intro.html, manager.html* und *inventory.js. intro.html* ist eine statische Hilfe-Datei. Wenn *manager.html* geladen wird, wird die eingebettete Quelldatei *inventory.js* gleich mitgeladen. *manager.html* wird etwas später in diesem Abschnitt besprochen, aber erst sollten wir den Code in *inventory.js* untersuchen. Er ist ziemlich lang, Sie bekommen aber einen guten Einblick in die Struktur, die zum Aufbau des Inventars verwendet wird.

inventory.js

inventory.js enthält vier Funktionen. Die ersten beiden sind Konstruktorfunktionen: Die eine definiert ein Produkt, die andere eine Produktkategorie. Die dritte Funktion erzeugt Arrays mit Objekten, die durch diese Konstruktoren generiert werden. Die vierte Funktion konvertiert Umlaute und entfernt andere Zeichen, die unter JavaScript nicht als Variablennamen zulässig sind. Sehen Sie sich das in Beispiel 8-3 selbst an.

Beispiel 8-3: inventory.js

```
function product(name, description, price, unit) {
  this.name = name;
  this.description = description;
  this.price = price;
  this.unit = unit;
  this.plu = name.substring(0, 3).toUpperCase() +
    parseInt(price).toString();
  this.icon = new Image();
  return this;
  }
function category(name, description) {
  this.name = name;
  this.description = description;
  this.prodLine = eval(cleanName(name));
  var imgDir = "images/" + cleanName(name).toLowerCase() + "/";
  for (var i = 0; i < this.prodLine.length; i++) {
    this.prodLine[i].icon.src = imgDir +
      cleanName(this.prodLine[i].name).toLowerCase() + ".gif";
    }
  return this;
  }
function makeProducts() {
  Hausgeraete = new Array(
    new product("Trockner",
      "Modisches Pastelldesign, zeitgemäßes Zwei-Knopf-Engineering.",
      263.37  ,
      "Stück"),
    new product("Fön",
      "Wirft gelbliche Flamme. Strapazierfähiges Kabel. Es fehlt an nichts.",
      1.15,
      "Paar"),
    new product("Herd",
```

Beispiel 8-3: inventory.js (Fortsetzung)

```
      "Dieses gute Stück von 1850 mit Kohlefeuerung verkocht jedes Lieblingsgericht " +
        "im Nu zu Kohle.",
      865.78,
      "Stück"),
    new product("Radio",
      "Revolutionäres Einkanal-Design. Weißes Rauschen und statische Entladungen " +
        "eingeschlossen.",
        15.43,
        "Stück"),
    new product("Toaster",
      "Toaster im Grillstil. Nur mäßige Elektroschockgefahr.",
      25.78,
      "Stück"),
    new product("Waschmaschine",
      "Wäscht so ziemlich alles grau.",
      345.61,
      "Stück")
     );

  Gebaeude = new Array(
    new product("Scheune",
      "Komplett mit rostigem Silo und verrottenden Türen. Schweinestall " +
      "getrennt erhältlich.",
      6350.57,
      "Stück"),
    new product("Leuchtturm",
      "Aus Zement. Verschiedene Glühbirnen. Braucht drei Mignon-" +
      "Batterien.",
      12351.15,
      "Stück"),
    new product("Iglu",
      "Aus Hochqualitäts-Schneeblöcken. Mit Kamin und " +
        "5-Tonnen-Klimanlage.",
      954.76,
      "Stück"),
    new product("Stadt",
      "Gebäude, Straßen, Lichter, Skyline. Ausgezeichneter Wert als Vorratspackung.",
      334165.95,
      "Stück"),
    new product("Schloß",
      "Widerstandsfähiges mittelalterliches Design, komplett mit Krokodilen im Wassergraben und " +
        "ferngesteuerter Zugbrücke.",
      93245.59,
      "Stück"),
    new product("Turm",
      "Wirklich hoch. Ideal, um Freunde zu finden und Waldbrände zu" +
        "entdecken.",
        24345.87,
```

Beispiel 8-3: inventory.js (Fortsetzung)

```
      "Paar")
    );

Kleidung = new Array(
  new product("Fliege",
    "Eleganter roter Stoff. Auch für Adventskränze oder Geburtstagsgeschenke " +
      "verwendbar.",
    5.41,
    "fünf Stück"),
  new product("Krawatte",
    "Seien Sie der erste (und vermutlich einzige Krawattenträger) in Ihrer Nachbarschaft. " +
      "Aus echtem Sackleinen.",
    1.15,
    "Stück"),
  new product("Handtasche",
    "Attraktives grünes Material. Verscheucht die meisten Säugetiere.",
    18.97,
    "Stück"),
  new product("Jacke",
    "Plüschfellimitat mit Fiberglasauskleidung. Waschmaschinenfest.",
    180.72,
    "Stück"),
  new product("Handschuh",
    "Bedeckt alle vier Finger und den Daumen. Modisches Latexdesign.",
    6.59,
    "drei Stück"),
  new product("Kleid",
    "Auf dem Trödelmarkt erstanden. Auch als Tischtuch für Picknicktische verwendbar.",
    7.99,
    "Stück"),
  new product("Armbanduhr",
    "Echte Kopie. Geht nach wie vor.",
    6.19,
    "Stück")
  );

Elektronik = new Array(
  new product("Camcorder",
    "Solarantrieb. Kostenloses Mikrofon. Speziell zur Erpressung naher Verwandter " +
      "gebaut.",
    60.45,
    "Stück"),
  new product("Stereoanlage",
    "Quadrophonie. Nachbarliche Ruhestörungen durch Klopfen mit Besenstiel " +
      "werden mühelos übertönt",
    54.91,
    "Stück"),
  new product("Lautsprecher",
```

Beispiel 8-3: inventory.js (Fortsetzung)

```
    "Zusätzliches Stück Hi-Fi-Müll. Kommt am besten in der Mülltonne zur Geltung.",
    1.90,
    "Stück"),
  new product("Fernsteuerung",
    "Dutzende von Knöpfen. Kontrolliert alles - TV, Video, Stereoanlage, " +
      "Haustiere, hohe Tiere.",
    465.51,
    "Stück"),
  new product("Handy",
    "Ultraleicht - Sie können es ohne Probleme aus dem 10m-Ortsbereich werfen. Spießer" +
      "lavendel-Plastik.",
    64.33,
    "Stück"),
  new product("Kamera",
    "Für brilliante Einfarbbilder. Müllkippensicher.",
    2.95,
    "Stück"),
  new product("Fernseher",
    "Für rauschendes Fernsehvergnügen. Wow!",
    22.57,
    "Stück")
  );

Lebensmittel = new Array(
  new product("Käse",
    "Warten Sie, bis Sie ihn riechen... Haut Sie glatt um!",
    3.05,
    "Schnitz"),
  new product("Pommes",
    "Mehr Fett als Kartoffeln. Der Geschmack läßt sich aber nur schwer " +
      "schlagen.",
    1.15,
    "Schälchen"),
  new product("Eier",
    "Das Muß zum Frühstück.",
    1.07,
    "Dutzend"),
  new product("Hühnerschlegel",
    "Das Beste vom Gummiadler.",
    100.00,
    "halbe Tonne"),
  new product("Kartoffelchips",
    "Mit Offene-Tüte-Geschmack. Garantiert schal oder Geld zurück.",
    1.59,
    "Tüte"),
  new product("Shrimp",
    "Am besten roh und knapü über Raumtemperatur genossen.",
    2.95,
    "Stück")
  );
```

Beispiel 8-3: inventory.js (Fortsetzung)

```

Eisenwaren = new Array(
  new product("Kettensäge",
    "Mit dieser baumfällenden Maschine können Sie so richtig losbibern.",
    226.41,
    "Stück"),
  new product("Sense",
    "Mähen Sie das Weizenfeld in ein paar Schwüngen. Gevatter-Tod-" +
      "Modell",
    11.15,
    "Stück"),
  new product("Hammer",
    "Temperierter Stahlkopf, Fiberglasgriff. Schlagen Sie " +
      "zu.",
    9.87,
    "Stück"),
  new product("Rasenmäher",
    "Eigenantrieb (Sie treiben ihn aus eigener Kraft an).",
    165.95,
    "Stück"),
  new product("Zange",
    "Perfekt für Augenbrauen und Nasenhaare.",
    6.59,
    "Stück"),
  new product("Pflock",
    "Dieses Wunderwerk der Technik sichert Zelte und wird die Vampire los.",
    3.95,
    "Paar")
  );

Musik = new Array(
  new product("Bongos",
    "Tolle kleine Lärmmacher für die elegantesten " +
      "Gelegenheiten.",
    35.50,
    "Bongo"),
  new product("Klavier",
    "Nicht wohltemperiert, aber gut genug für üble " +
      "Spelunken.",
    1001.40,
    "Stück"),
  new product("Note",
    "Eine Auswahl von A, B, C, D, E, F oder G. Läßt sich in beliebigen Liedern
    wiederverwenden.",
    2.97,
    "Note"),
  new product("Gitarre",
    "Modell El Wish. Ihr Schlüssel zu Ruhm und Reichtum.",
    241.11,
    "Stück"),
  new product("Trompete",
    "Solider Kupferkörper, wenig Schrammen. Extra Spuckventil " +
```

Beispiel 8-3: inventory.js (Fortsetzung)

```
          "liegt bei.",
         683.59,
        "Stück")
      );

    categorySet = new Array(
      new category("Hausgeräte", "Küchenmaschinen, die das Leben einfacher
        machen"),
      new category("Gebäude", "Architektonische Strukturen, denen Sie nicht
        wider" +
        "stehen können"),
      new category("Kleidung", "Modisch fragwürdige Ausstattung für das " +
        "21ste Jahrhundert"),
      new category("Elektronik", "Geldbeutelplündernde Wunderkisten"),
      new category("Lebensmittel", "Das beste Essen im Internet"),
      new category("Eisenwaren", "Alle möglichen Werkzeuge für Ihren " +
        "Bedarf"),
      new category("Musik", "Die heißesten Instrumente aus Gegenden, von denen
        Sie " +
        "noch nix gehört haben")
        );
    }
function cleanName(name) {
  name = name.replace(/Ä/g,  "Ae");
  name = name.replace(/ä/g,  "ae");
  name = name.replace(/Ö/g,  "Oe");
  name = name.replace(/ö/g,  "oe");
  name = name.replace(/Ü/g,  "Ue");
  name = name.replace(/ü/g,  "ue");
  name = name.replace(/ß/g,  "ss");
  name = name.replace(/\W/g,  "");
  return name;
  }
```

Produkteigenschaften

Erinnern Sie sich noch an die JavaScript-Objekte, die wir in vorhergehenden Kapiteln verwendet haben? Hier sind sie wieder, und zwar mit Schmackes. Jedes Produkt ist ein Objekt mit den folgenden Eigenschaften:

name
: Der Name des Produkts

description
: Eine einfache Beschreibung des Produkts

price
: Der Preis des Produkts

unit
: Die Einheit, in der das Produkt verkauft wird, z.B. im Dutzend, als Paar, pro Stück

plu

Die Bestellnummer: eine beliebige Produktnummer für Inventur- und Bestellbearbeitungszwecke

icon

Ein Bild des Produkts

Um das gewünschte Ergebnis zu erreichen, ist die *product*-Konstruktorfunktion in den Zeilen 1 bis 10 wie folgt definiert:

```
function product(name, description, price, unit) {
  this.name = name;
  this.description = description;
  this.price = price;
  this.unit = unit;
  this.plu = name.substring(0, 3).toUpperCase() +
    parseInt(price).toString();
  this.icon = new Image();
  return this;
  }
```

Beachten Sie, daß sechs Eigenschaften erzeugt, aber nur vier Parameter erwartet werden. Die Anzahl der Eigenschaften und der erwarteten Parameter sind nicht korreliert. Beachten Sie aber auch, wie jede Eigenschaft ihren Wert zugewiesen bekommt. Die ersten vier sind einleuchtend. Den Eigenschaften *name, description, price* und *unit* werden die Werte der passenden Parameternamen zugewiesen.

Bei *plu* sieht das anders aus. Dabei handelt es sich um eine Kombination aus den Eigenschaften *name* und *price*. Die Bestellnummer wird aus den großgeschriebenen ersten drei Buchstaben von *name* sowie dem Ganzzahlteil von *price* zusammengesetzt. Ein Boot, das €5501,00 kostet, hat die *plu*-Eigenschaft `BOO5501`. Denken Sie daran, daß das willkürlich ist. Die Produkte, die Sie verkaufen wollen, haben vermutlich ihre eigenen Bestellnummern. Ich habe es hier nur der Einfachheit halber so gemacht. Die letzte Eigenschaft ist *icon*, der für den Augenblick ein neues *Image*-Objekt zugewiesen wird. Dazu ist kein Parameter nötig.

Eigenschaften der Produktkategorie

Wir wissen, daß jedes Produkt eigentlich ein *product*-Objekt ist. Genauso ist jede Produktkategorie in Wirklichkeit ein *category*-Objekt. So wie Produkte Eigenschaften haben, haben auch Kategorien Eigenschaften. Sehen Sie sich die Eigenschaften des *category*-Objekts an:

name

Der Name der Kategorie

description

Eine einfache Beschreibung der Kategorie

prodLine

Alle *product*-Objekte in dieser Kategorie

Ein *category*-Konstruktor übernimmt das in den Zeilen 11 bis 21:

```
function category(name, description) {
  this.name = name;
  this.description = description;
  this.prodLine = eval(cleanName(name));
  var imgDir = "images/" + cleanName(name).toLowerCase() + "/";
  for (var i = 0; i < this.prodLine.length; i++) {
    this.prodLine[i].icon.src = imgDir +
      cleanName(this.prodLine[i].name).toLowerCase() + ".gif";
    }
  return this;
  }
```

Jede Kategorie hat drei Eigenschaften: einen String namens *name*, einen weiteren String namens *description* und ein Array namens *prodLine*. Die Eigenschaften *name* und *description* scheinen klar zu sein, aber wo kommt das Array her, und wie können Sie mit `eval()` darauf zugreifen? Die Antwort auf die beiden Fragen wird gleich klarer werden. Die grundlegende Strategie ist die folgende: Wie immer Sie die Kategorie auch nennen, das Array für die Produktpalette bekommt denselben Namen. Wenn Sie eine Kategorie beispielsweise *Stereoanlagen* nennen, dann wird das Array mit allen Stereoanlagen ebenfalls *Stereoanlagen* genannt. Das heißt, *prodLine* wäre dann eine Kopie der Variable *Stereoanlagen*, die ein Array mit unterschiedlichen Stereoanlagenprodukten ist.

Eine Ausnahme von der Regel gibt es dann, wenn Ihr Kategoriename Umlaute oder andere »Nichtwortzeichen« enthält. Diese Zeichen würden in unserem Arraynamen Schwierigkeiten bereiten, da sie dort unzulässig sind und einen fatalen JavaScript-Fehler hervorrufen würden. Der Name wird deswegen durch die Funktion `cleanName()` in den Zeilen 249 bis 259 gesäubert, wobei die Umlaute sowie ß aufgelöst und andere Zeichen als A-Z und a-z schlicht und einfach entfernt werden:

```
function cleanName(name) {
  name = name.replace(/Ä/g,  "Ae");
  name = name.replace(/ä/g,  "ae");
  name = name.replace(/Ö/g,  "Oe");
  name = name.replace(/ö/g,  "oe");
  name = name.replace(/Ü/g,  "Ue");
  name = name.replace(/ü/g,  "ue");
  name = name.replace(/ß/g,  "ss");
  name = name.replace(/\W/g,  "");
  return name;
 }
```

Eine Kategorie »Bierfaß-Kühlanlagen« würde somit durch ein Array namens *Bierfasskuehlanlagen* beschrieben. Beim Benennen Ihrer eigenen Arrays müssen Sie das natürlich entsprechend berücksichtigen.

Erinnern Sie sich daran, daß jedes Produkt eine Eigenschaft namens *icon* hat, ein Image-Objekt, dem noch keine Datenquelle zugeteilt worden ist. Nutzen wir den (durch `cleanName()` gereinigten) Kategorienamen also noch einmal. Die Kategorien speichern nicht nur ihre Produktpalette in einem Array mit demselben Namen ab, sämtliche Produktbilder befinden sich ebenfalls in einem nach der Kategorie benannten Verzeichnis.

Alle Produktbilder der Kategorie Musik werden im Verzeichnis *musik/* gespeichert. Die Kategorie Eisenwaren hat ihre Bilder im Verzeichnis *eisenwaren/* usw. Das hört sich logisch an. Wenn diese Art von Verzeichnisstruktur implementiert ist, können wir bei der Erzeugung einer Kategorie alle Bilder im voraus laden. Die Zeilen 16 bis 19 übernehmen diese Aufgabe:

```
var imgDir = "images/" + cleanName(name).toLowerCase() + "/";
for (var i = 0; i < this.prodLine.length; i++) {
  this.prodLine[i].icon.src = imgDir +
    cleanName(this.prodLine[i].name).toLowerCase() + ".gif";
  }
```

Wenn Sie sich die Verzeichnisstruktur in *\ch08* ansehen, sehen Sie folgendes:

images/
hausgeraete/
gebaeude/
kleidung/
elektronik/
lebensmittel/
eisenwaren/
musik/

Zeile 17 setzt die SRC-Eigenschaft jedes *icon*-Bilds auf *images/* + dem kleingeschriebenen Namen der Kategorie + / + dem kleingeschriebenen gereinigten Namen des Produkts + ».*gif*«. Das geht alles auf die Namenskonventionen zurück, über die ich mich schon in einigen früheren Kapiteln ausgelassen habe. Jedes Produkt hat ein Bild mit demselben Namen, das in einem Verzeichnis mit dem Namen der Kategorie liegt, der das Produkt angehört. Hier ist die Formel:

```
Jeder Produktbild-URL = images/kategorie/produkt_name.gif
```

Wenn Sie viele große Bilder haben, sollten Sie sich überlegen, ob Sie die Bilder wirklich alle im voraus laden wollen. Es ist zwar ganz angenehm, die Bilder schon auf dem Clientrechner zu haben, um den Einkaufsbummel ohne Verzögerung stattfinden zu lassen. Wenn Sie aber jede Menge hochqualitativer, großer Bilder haben, will der Benutzer vielleicht nicht warten, bis 500 kB an Bildern geladen werden. Die Entscheidung liegt bei Ihnen.

Vielleicht helfen Ihnen die folgenden Tips, den Umfang Ihrer Webgrafiken klein zu halten:

1) Wenn Sie Ihre Bilder abspeichern, sollten Sie keine Auflösungen höher als 72 dpi verwenden.
2) Für Fotos sollten Sie das JPEG-Dateiformat verwenden, während GIF das beste Format für Zeichnungen, Comics etc. ist.
3) Speichern Sie Ihre Bilder so ab, daß Sie sie nicht mit den WIDTH- und HEIGHT-Attributen des <IMG>-Tags verkleinern müssen.

Wenn Sie *ch08\images* durchstöbern, werden Sie bemerken, daß jeder Bildname zu einem Produkt des Online-Shops gehört und in einem Verzeichnis liegt, das der Warenkategorie entspricht. Das hält die Dinge einfach und ermöglicht es Ihnen, Produkte problemlos hinzuzufügen, zu entfernen und zu verwalten.

Produkte und Kategorien erzeugen

Die Konstruktorfunktionen haben Sie jetzt gesehen, also nehmen wir sie in Betrieb. Als erstes erzeugen wir die Produkte, dann die Kategorien. Die Funktion `makeProducts()` macht beides. Sie ist in den Zeilen 22 bis 248 enthalten. Da die Zeilen zum großen Teil aus wiederholten Aufrufen desselben Produktkonstruktors bestehen, folgt hier eine abgekürzte Version:

```
function makeProducts() {
  Hausgeraete = new Array(
    new product("Trockner",
      "Modisches Pastelldesign, zeitgemäßes Zwei-Knopf-Engineering.",
      263.37  ,
      "Stück"),
    new product("Fön",
      "Wirft gelbliche Flamme. Strapazierfähiges Kabel. Es fehlt an nichts.",
      1.15,
      "Paar"),
    new product("Herd",
      "Dieses gute Stück von 1850 mit Kohlefeuerung verkocht jedes Lieblings-
      gericht " +
        "im Nu zu Kohle.",
      865.78,
      "Stück"),
    new product("Radio",
      "Revolutionäres Einkanal-Design. Weißes Rauschen und statische Entladun-
      gen " +
        "eingeschlossen.",
        15.43,
        "each"),
    new product("Toaster",
      "Toaster im Grillstil. Nur mäßige Elektroschockgefahr.",
      25.78,
      "Stück"),
    new product("Waschmaschine",
      "Wäscht so ziemlich alles grau.",
      345.61,
      "Stück")
     );
...
...  und so weiter ...
...
  categorySet = new Array(
    new category("Hausgeräte", "Küchenmaschinen, die das Leben einfacher
      machen"),
    new category("Gebäude", "Architektonische Strukturen, denen Sie nicht
      wider" +
```

```
        "stehen können"),
      new category("Kleidung", "Modisch fragwürdige Ausstattung für das " +
        "21ste Jahrhundert"),
      new category("Elektronik", "Geldbeutelplündernde Wunderkisten"),
      new category("Lebensmittel", "Das beste Essen im Internet"),
      new category("Eisenwaren", "Alle möglichen Werkzeuge für Ihren " +
        "Bedarf"),
      new category("Musik", "Die heißesten Instrumente aus Gegenden, von denen
        Sie " +
        "noch nix gehört haben")
        );
  }
```

Zuerst kommen die Produkte. Der Variablen *Hausgeraete* wird ein Array zugewiesen. Jedes Element des Arrays ist ein *product*-Objekt. Jeder Aufruf von *product* enthält die erwarteten Parameter zur Konstruktion eines Produkts: den Namen, die Beschreibung, den Preis und die Packungsgröße. Das gilt gleichermaßen für *Gebäude, Kleidung, Elektronik, Lebensmittel, Eisenwaren* und *Musik.*

Jetzt brauchen wir nur noch die Kategorien. Die Kategorienamen haben wir übrigens schon (Hausgeräte, Gebäude, Kleidung usw.), wir müssen es dem Online-Shop nur mitteilen. Das erfolgt in den Zeilen 235 bis 248:

```
categorySet = new Array(
   new category("Hausgeräte", "Küchenmaschinen, die das Leben einfacher
     machen"),
   new category("Gebäude", "Architektonische Strukturen, denen Sie nicht
     wider" +
     "stehen können"),
   new category("Kleidung", "Modisch fragwürdige Ausstattung für das " +
     "21ste Jahrhundert"),
   new category("Elektronik", "Geldbeutelplündernde Wunderkisten"),
   new category("Lebensmittel", "Das beste Essen im Internet"),
   new category("Eisenwaren", "Alle möglichen Werkzeuge für Ihren " +
     "Bedarf"),
   new category("Musik", "Die heißesten Instrumente aus Gegenden, von denen Sie
     " +
     "noch nix gehört haben")
     );
```

Der Variablen *categorySet* wird auch ein Array zugewiesen. Jedes Element des Arrays wird mit zwei Parametern konstruiert, einem Namen und einer Beschreibung. Der erste Parameter wird der *name*-Eigenschaft, der zweite der *description*-Eigenschaft zugewiesen. Werfen Sie noch einmal einen Blick auf die Zeile 14 des *category*-Konstruktors:

```
this.prodLine = eval(cleanName(name));
```

prodLine wird der Wert von `eval(cleanName(name))` zugewiesen. Der Aufruf von `category()` in Zeile 236 bedeutet also, daß *prodLine* gleich `eval(cleanName("Hausgeräte"))` ist, was wiederum gleich `eval("Hausgeraete")` und damit gleich *Hausgeraete* ist. Die Kategorie namens *Hausgeraete* weiß jetzt über alle ihre Produkte Bescheid (im *prodLine*-Array). Jedes Element in *categorySet* stellt eine eigene Kategorie im Online-Shop dar. Damit können Sie Kategorien im Nu hinzufügen und entfernen.

Den Einkaufskorb erzeugen

Alle Produkte sind jetzt erzeugt. Das einzige, was während der Ladephase noch erzeugt werden muß, ist der Einkaufskorb. Der Einkaufskorb benötigt nur ein paar Eigenschaften zur Abwicklung der Bezahlung sowie ein Array zum Speichern der vom Benutzer ausgewählten Produkte. Der `Basket()`-Konstruktor in *manager.html* definiert den einzig wahren Einkaufskorb. Die Funktion finden Sie in den Zeilen 21 bis 31 von *manager.html*, dessen Listing in Beispiel 8-4 weiter hinten in diesem Kapitel gezeigt wird:

```
function Basket() {
  this.taxRate    = .16;
  this.taxTotal   = 0;
  this.shipRate   = .02;
  this.shipTotal  = 0;
  this.subTotal   = 0;
  this.bagTotal   = 0;
  this.things    = new Array();
  }
shoppingBasket = new Basket();
```

Zwei Variablen sind zum Speichern beliebiger Prozentsätze vorgesehen: *taxRate* und *shipRate*. Die eine Variable, *taxRate*, wird zur Berechnung der Mehrwertsteuer verwendet. Die andere wird benutzt, um prozentuale Versandkosten zu berechnen. Ihre Steuerstruktur sieht vielleicht anders aus, aber Sie können hier zumindest sehen, in welche Richtung der Hase läuft. Die drei anderen Variablen, *taxTotal, subTotal* und *shipTotal*, stellen die Steuersumme, die Summe aller gewählten Produkte und ihrer jeweiligen Anzahlen sowie die vom Benutzer zu zahlende Gesamtsumme dar. Die letzte Variable ist ein Array. *things* enthält alle vom Benützer ausgewählten Produkte einschließlich der jeweiligen Anzahl. Die Variable *shoppingBasket* bekommt dann den Wert eines neuen `Basket()` zugewiesen. Gehen wir also einkaufen.

JavaScript-Technik: Client-Status mit JavaScript-Objekten überwachen

Haben Sie bemerkt, daß alle vom Benutzer ausgewählten Produkte und Gesamtbeträge in den Eigenschaften von `shoppingBasket()` enthalten sind? Das kann ein effektiver Weg sein, um Informationen zu speichern, die während der Lebensdauer einer Anwendung wachsen und sich ändern. Grob gesagt, der Benutzer kann beliebige Änderungen an der Menge und der Produktauswahl vornehmen, und die Eigenschaften von `shoppingBasket` passen sich an. Halten Sie diese Technik griffbereit.

Schritt 2: Produkte darstellen

Nachdem die Anwendung geladen ist, wird der Benutzer oder die Benutzerin sich wohl erst einmal im Laden umsehen wollen. Die Benutzer können dabei mit den Links »Vorhergehende Kategorie« und »Nächste Kategorie« von Kategorie zu Kategorie springen und mit »Vorhergehendes Produkt« und »Nächstes Produkt« von Produkt zu Produkt. Und so funktioniert es: Rufen Sie sich die Zeilen 235 bis 247 von *inventory.js* in Erinnerung:

```
categorySet = new Array(
  new category("Hausgeräte", "Küchenmaschinen, die das Leben einfacher
    machen"),
  new category("Gebäude", "Architektonische Strukturen, denen Sie nicht
    wider" +
    "stehen können"),
  new category("Kleidung", "Modisch fragwürdige Ausstattung für das " +
    "21ste Jahrhundert"),
  new category("Elektronik", "Geldbeutelplündernde Wunderkisten"),
  new category("Lebensmittel", "Das beste Essen im Internet"),
  new category("Eisenwaren", "Alle möglichen Werkzeuge für Ihren " +
    "Bedarf"),
  new category("Musik", "Die heißesten Instrumente aus Gegenden, von denen
    Sie " +
    "noch nix gehört haben")
    );
```

categorySet hat sieben *category*-Objekte. Das erste wird als `categorySet[0]` angesprochen, das nächste als `categorySet[1]` und so weiter. Egal, welches Produkt sich ein Benutzer ansieht, der Online-Shop kennt die Nummer (in diesem Fall 0-6) der Kategorie, zu der es gehört. Wenn der Benutzer sich entschließt, zur vorhergehenden Kategorie zu wechseln, zieht der Online-Shop 1 von der momentanen Kategorienummer ab und zeigt das erste Produkt der Kategorie an. Wenn sich der Online-Shop in Kategorie 0 befindet und der Benutzer zur vorhergehenden Kategorie will, fängt der Online-Shop mit der obersten Kategorienummer (in diesem Fall 6) an.

Wenn der Benutzer die nächste Kategorie sehen will, addiert der Online-Shop einfach 1 zur momentanen Kategorienummer. Wenn der Benutzer sich bereits in der letzten Kategorie befindet, fängt der Online-Shop wieder in Kategorie 0 an.

Dasselbe gilt für die Produkte. Jede Kategorie hat eine gewisse Anzahl von Produkten. Der Online-Shop kennt die Nummer, unter der das gerade angezeigte Produkt angesprochen wird. Wenn »Vorhergehendes Produkt« oder »Nächstes Produkt« gewählt wird, wird das nächste oder vorhergehende Produkt dadurch angezeigt, daß einfach 1 dazugezählt oder abgezogen wird.

Wenn der Benutzer beim letzten Produkt in einer Kategorie angekommen ist und vorwärts weiter will, dann merkt der Online-Shop das und fängt mit dem Produkt 0 der nächsten Kategorie an. Wenn der Benutzer das erste Produkt einer Kategorie erreicht und sich rückwärts bewegen will, merkt der Online-Shop das ebenfalls und fängt mit dem letzten Produkt der vorhergehenden Kategorie an.

Wenn ich Sie mit dieser letzten Erklärung verwirrt habe, sollte das nächste Diagramm helfen. Abbildung 8-10 zeigt, wie der Online-Shop den Benutzer durch die Kategorien leitet. Die Bewegung durch die Produkte funktioniert genauso. Wenn Sie das letzte Produkt in einer Kategorie erreichen, gelangen Sie zum ersten Produkt in der folgenden Kategorie.

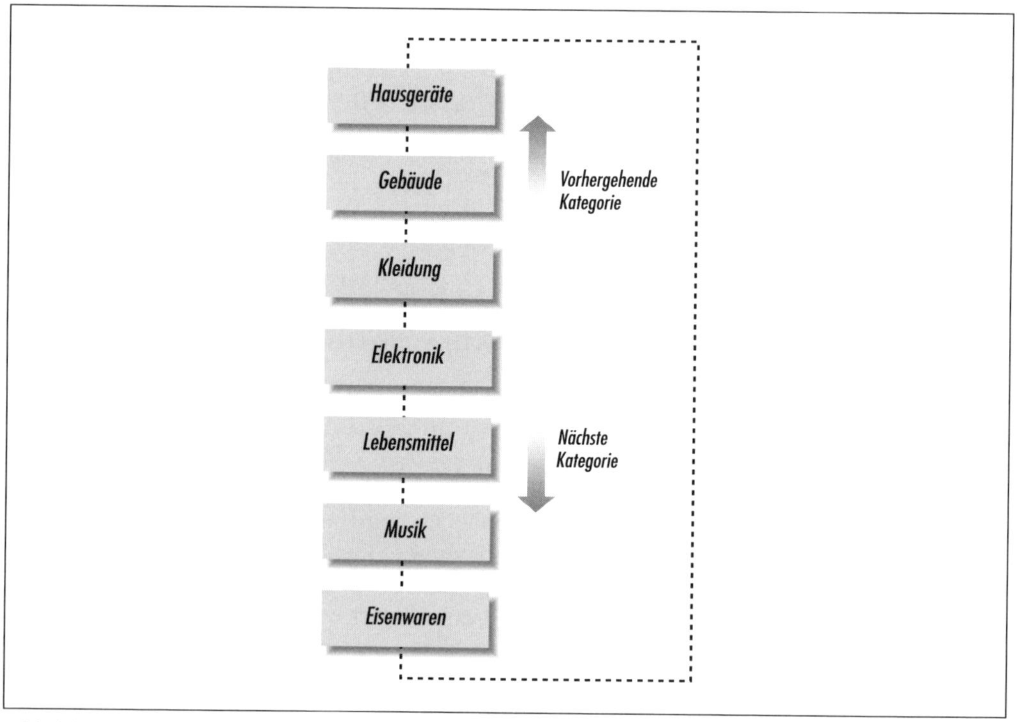

Abbildung 8-10: Der Weg durch die Kategorien

manager.html

Diese Funktionalität stammt aus der Datei *manager.html*. Beispiel 8-4 zeigt den Code.

Beispiel 8-4: manager.html

```
<HTML>
<HEAD>
<TITLE>Online-Shop-Manager</TITLE>
<STYLE TYPE="text/css">
<!--
TD {font-weight: bold; margin-left: 20; margin-right: 20; padding: 10}
//-->
</STYLE>
</HEAD>
<BODY onLoad="freshStart(); makeProducts();"
  LINK=BLUE ALINK=BLUE VLINK=BLUE>
```

Beispiel 8-4: manager.html (Fortsetzung)

```
<SCRIPT LANGUAGE="JavaScript1.2" SRC="inventory.js"></SCRIPT>
<SCRIPT LANGUAGE="JavaScript1.2">
<!--
var gimmeControl = false;
var browseControl = false;
var curCLoc = -1;
var curPLoc = -1;
var infoStr = '';
var shoppingBasket;
function Basket() {
  this.taxRate   = .06;
  this.taxTotal   = 0;
  this.shipRate   = .02;
  this.shipTotal  = 0;
  this.subTotal   = 0;
  this.bagTotal   = 0;
  this.things    = new Array();
  }

shoppingBasket = new Basket();

function showStore() {
  gimmeControl = false;
  var header = '<HTML><TITLE>Kategorie</TITLE><BODY BGCOLOR=FFFFFF>';
  var intro = '<H2>Online-Shop-Produktkategorien</H2><B>';
  var footer = '</DL></BLOCKQUOTE></BODY></HTML>';
  var storeStr = '<BLOCKQUOTE><DL>';
  for (var i = 0; i < categorySet.length; i++) {
    storeStr += '<DT><A HREF="javascript: parent.frames[1].reCall(' +
      i + ', 0);">' + categorySet[i].name + '</A><DD>' +
      categorySet[i].description + '<BR><BR>';
    }
  infoStr = header + intro + storeStr + footer;
  parent.frames[0].location.replace('javascript:
parent.frames[1].infoStr');
  }

function portal() {
  gimmeControl = false;
  parent.frames[0].location.href = "search/index.html";
  }
function display(cOffset, pOffset) {
  if(!browseControl) {
    alert("Beginnen Sie Ihren Einkaufsbummel mit " +
      "'Alle Kategorien anzeigen' oder einer Produktsuche.");
    return;
    }
  gimmeControl = true;
  if (curPLoc + pOffset < 0 || curPLoc + pOffset ==
    categorySet[curCLoc].prodLine.length) {
    if (curPLoc + pOffset < 0) {
      if (curCLoc - 1 < 0) { curCLoc = categorySet.length - 1; }
```

Beispiel 8-4: manager.html (Fortsetzung)

```
      else { curCLoc--; }
      curPLoc = categorySet[curCLoc].prodLine.length - 1;
      }
    else if (curPLoc + pOffset == categorySet[curCLoc].prodLine.length) {
      if (curCLoc + 1 == categorySet.length) { curCLoc = 0; }
      else { curCLoc++; }
      curPLoc = 0;
      }
    }
  else {
    if (curCLoc + cOffset < 0 || curCLoc + cOffset ==
      categorySet.length) {
      curCLoc = (curCLoc + cOffset < 0 ? categorySet.length - 1 : 0);
      }
    else { curCLoc += cOffset; }
    if (cOffset == -1 || cOffset == 1) { curPLoc = 0; }
    else if (pOffset == 0) {
      curPLoc = (curPLoc >= categorySet[curCLoc].prodLine.length ? 0 :
        curPLoc)
      }
    else { curPLoc = curPLoc + pOffset; }
    }
  infoStr = '<HTML><HEAD><TITLE>Produktname</TITLE></HEAD>' +
    '<BODY><TABLE CELLPADDING=3><TR><TD VALIGN=TOP COLSPAN=2>' +
    '<FONT FACE=Tahoma><H2>Online-Shop: <I>' +
    categorySet[curCLoc].name + '</I></H2><TR>' +
    '<TD VALIGN=TOP><IMG SRC="' +
    categorySet[curCLoc].prodLine[curPLoc].icon.src +
    '"></TD><TD VALIGN=TOP><FONT FACE=Tahoma>' +
    '<B>Name: </B>' +  categorySet[curCLoc].prodLine[curPLoc].name +
    '<BR><B>Beschreibung: </B>' +
    categorySet[curCLoc].prodLine[curPLoc].description + '<BR>' +
    '<B>Preis: </B> $' +
    numberFormat(categorySet[curCLoc].prodLine[curPLoc].price) + '/' +
    categorySet[curCLoc].prodLine[curPLoc].unit + '<BR>' +
    '<B>Bestellnummer: </B>' + categorySet[curCLoc].prodLine[curPLoc].plu +
    '</TD></TR></TABLE></BODY></HTML>';
  parent.frames[0].location.href = 'javascript:parent.frames[1].infoStr';
  }

function reCall(cReset, pReset) {
  browseControl = true;
  curCLoc = cReset;
  curPLoc = pReset;
  display(0, 0);
  }

function gimmeOne() {
  if (!gimmeControl) {
    alert("Aus diesem Fenster gibt es nichts zu kaufen.");
    return;
    }
```

Beispiel 8-4: manager.html (Fortsetzung)

```
  for (var i = 0; i < shoppingBasket.things.length; i++) {
    if (categorySet[curCLoc].prodLine[curPLoc].plu ==
      shoppingBasket.things[i].plu) {
      alert("Das haben Sie bereits in Ihrem Einkaufskorb. Sie können mit " +
        "Einkaufskorb durchsehen/ändern die Anzahl ändern.");
      return;
      }
    }
  shoppingBasket.things[shoppingBasket.things.length] =
    categorySet[curCLoc].prodLine[curPLoc];
  shoppingBasket.things[shoppingBasket.things.length - 1].itemQty = 1;
  shoppingBasket.things[shoppingBasket.things.length - 1].category =
    categorySet[curCLoc].name;
  alert("OK. Das Produkt " +
     shoppingBasket.things[shoppingBasket.things.length - 1].name +
    " wurde Ihrem Einkaufskorb hinzugefügt.");
  }

function showBasket() {
  if (shoppingBasket.things.length == 0) {
    alert("Ihr Einkaufskorb ist leer. Legen Sie etwas hinein.");
    return;
    }
  gimmeControl = false;
  var header = '<HTML><HEAD><TITLE>Ihr Einkaufskorb</TITLE>' +
    '</HEAD><BODY BGCOLOR=FFFFFF ' +
    'onLoad="parent.frames[1].runningTab(document.forms[0]);">';
  var intro = '<H2>Ihr Einkaufskorb!!!</H2>' +
    '<FORM onReset="' +
    'setTimeout(\'parent.frames[1].runningTab(document.forms[0])\', ' +
    '25);">';
  var tableTop = '<TABLE BORDER=1 CELLSPACING=0 CELLPADDING=5>' +
    '<TR><TH><B>Index' +
    '<TH><B>Produkt<TH><B>Kategorie' +
    '<TH><B>Bestellnummer<TH><B>Einzelpreis' +
    '<TH><B>Menge<TH><B>Produkt gesamt' +
    '<TH><B>Entfernen' +
    '</TR>';
  var itemStr = '';
  for (var i = 0; i < shoppingBasket.things.length; i++) {
    itemStr += '<TR>' +
      '<TD ALIGN=CENTER>' + (i + 1) + '</TD>' +
      '<TD>' + shoppingBasket.things[i].name + '</TD>' +
      '<TD>' + shoppingBasket.things[i].category + '</TD>' +
      '<TD>' + shoppingBasket.things[i].plu + '</TD>' +
      '<TD ALIGN=RIGHT>$' +
        parent.frames[1].numberFormat(shoppingBasket.things[i].price) +
      '</TD>' +
      '<TD ALIGN=CENTER>' +
      parent.frames[1].genSelect(shoppingBasket.things[i].price,
        shoppingBasket.things[i].itemQty, i) + '</TD>' +
      '<TD ALIGN=CENTER><INPUT TYPE=TEXT SIZE=10 VALUE="' +
```

Beispiel 8-4: manager.html (Fortsetzung)

```
      parent.frames[1].numberFormat(shoppingBasket.things[i].price *
        shoppingBasket.things[i].itemQty) +
      '" onFocus="this.blur();"></TD>' +
      '<TD ALIGN=CENTER><INPUT TYPE=CHECKBOX></TD>' +
      '</TR>';
    }
  var tableBottom = '<TR>' +
    '<TD ALIGN=RIGHT COLSPAN=6>Zwischensumme:</TD>' +
    '<TD ALIGN=CENTER><INPUT TYPE=TEXT SIZE=10 NAME="subtotal" ' +
    onFocus="this.blur();"></TD></TR>' +
    '<TR><TD ALIGN=RIGHT COLSPAN=6> + 16% Mehrwertsteuer:</TD>' +
    '<TD ALIGN=CENTER><INPUT TYPE=TEXT SIZE=10 NAME="tax" ' +
    'onFocus="this.blur();"></TD></TR><TR><TD ALIGN=RIGHT COLSPAN=6>' +
    '2% Versandkosten:</TD><TD ALIGN=CENTER><INPUT TYPE=TEXT ' +
    'SIZE=10 NAME="ship" onFocus="this.blur();"></TD></TR>' +
    '<TR>' +
    '<TD ALIGN=RIGHT COLSPAN=3><INPUT TYPE=BUTTON VALUE="Bezahlen" ' +
    'onClick="parent.frames[1].checkOut(this.form);"></TD>' +
    '<TD ALIGN=RIGHT><INPUT TYPE=RESET VALUE="Mengen zur&uuml;cksetzen"></TD>' +
    '<TD ALIGN=RIGHT><INPUT TYPE=BUTTON VALUE="Einkaufskorb &auml;ndern" ' +
    'onClick="parent.frames[1].changeBasket(this.form, true);"></TD>' +
    '<TD ALIGN=RIGHT>Total:</TD><TD ALIGN=CENTER>' +
    '<INPUT TYPE=TEXT NAME="total" SIZE=10 onFocus="this.blur();">' +
    '</TD></TR>';

  var footer = '</TABLE></FORM></BODY></HTML>';
  infoStr = header + intro + tableTop + itemStr + tableBottom + footer;
  parent.frames[0].location.replace('javascript:
     parent.frames[1].infoStr');
  }

function genSelect(priceAgr, qty, idx) {
  var selStr = '<SELECT onChange="this.form.elements[' + (idx * 3 + 1) +
      '].value = this.options[this.selectedIndex].value;
  parent.frames[1].runningTab(this.form);">';
  for (var i = 1; i <= 10; i++) {
    selStr += '<OPTION VALUE="' + numberFormat(i * priceAgr) + '"' +
      (i == qty ? ' SELECTED' : '') + '>' + i;
    }
  selStr += '</SELECT>';
  return selStr;
  }

function runningTab(formObj) {
  var subTotal = 0;
  for (var i = 0; i < shoppingBasket.things.length; i++) {
    subTotal += parseFloat(formObj.elements[(i * 3) + 1].value);
    }
  formObj.subtotal.value = numberFormat(subTotal);
  formObj.tax.value = numberFormat(subTotal * shoppingBasket.taxRate);
  formObj.ship.value = numberFormat(subTotal * shoppingBasket.shipRate);
  formObj.total.value = numberFormat(subTotal +
```

Beispiel 8-4: manager.html (Fortsetzung)

```
      round(subTotal * shoppingBasket.taxRate) +
      round(subTotal * shoppingBasket.shipRate));
  shoppingBasket.subTotal = formObj.subtotal.value;
  shoppingBasket.taxTotal = formObj.tax.value;
  shoppingBasket.shipTotal = formObj.ship.value;
  shoppingBasket.bagTotal = formObj.total.value;
  }

function numberFormat(amount) {
  var rawNumStr = round(amount) + '';
  rawNumStr = (rawNumStr.charAt(0) == '.' ? '0' + rawNumStr : rawNumStr);
  if (rawNumStr.charAt(rawNumStr.length - 3) == '.') {
    return rawNumStr
    }
  else if (rawNumStr.charAt(rawNumStr.length - 2) == '.') {
    return rawNumStr + '0';
    }
  else { return rawNumStr + '.00'; }
  }
function round(number,decPlace) {
  decPlace = (!decPlace ? 2 : decPlace);
  return Math.round(number * Math.pow(10,decPlace)) /
    Math.pow(10,decPlace);
  }

function changeBasket(formObj, showAgain) {
  var tempBasketArray = new Array();
  for (var i = 0; i < shoppingBasket.things.length; i++) {
    if (!formObj.elements[(i * 3) + 2].checked) {
      tempBasketArray[tempBasketArray.length] = shoppingBasket.things[i];
      tempBasketArray[tempBasketArray.length - 1].itemQty =
        formObj.elements[i * 3].selectedIndex + 1;
      }
    }
  shoppingBasket.things = tempBasketArray;
  if(shoppingBasket.things.length == 0) {
    alert("Sie haben Ihren Einkaufskorb geleert. Tun Sie etwas hinein.");
    parent.frames[1].showStore();
    }
  else { showBasket(); }
  }

function checkOut(formObj) {
  gimmeControl = false;
  if(!confirm("Haben Sie alle Produkte in der richtigen Menge? " +
    "Bedenken Sie, daß Sie  'Einkaufskorb durchsuchen/ändern' wählen müssen, " +
    "um Produkte zu entfernen oder Mengen zu ändern. Wenn ja, wählen Sie OK " +
    "um zu bezahlen.")) {
    return;
    }
  if(shoppingBasket.things.length == 0) {
    showStore();
```

Beispiel 8-4: manager.html (Fortsetzung)

```
    return;
    }
  var header = '<HTML><TITLE>Online-Shop Kasse</TITLE>' +
    '<BODY BGCOLOR=FFFFFF>';

  var intro = '<H2>Online-Shop Kasse</H2><FORM METHOD=POST ' +
    'ACTION="http://your.webserver.com/cgi-bin/shop.cgi" ' +
    'onSubmit="return parent.frames[1].cheapCheck(this);">';

  var shipInfo = '<TABLE BORDER=0 CELLSPACING=0 CELLPADDING=5>' +
    '<TR><TD><B>Versandinformationen</TD></TR>'+
    '<TR><TD>Vorname</TD><TD><INPUT TYPE=TEXT NAME="fname"></TD>' +
    '</TR><TR><TD>Nachname</TD><TD>' +
    '<INPUT TYPE=TEXT NAME="lname"></TD></TR><TR><TD>Firmenname</TD>' +
    '<TD><INPUT TYPE=TEXT NAME="cname"></TD></TR><TR>' +
    '<TD>Anschrift1</TD><TD><INPUT TYPE=TEXT NAME="saddress1">' +
    '</TD></TR><TR><TD>Anschrift2</TD>' +
    '<TD><INPUT TYPE=TEXT NAME="saddress2"></TD></TR><TR>' +
    '<TD>Stadt</TD><TD><INPUT TYPE=TEXT NAME="city"></TD></TR>' +
    '<TR><TD>Stadtteil</TD>' +
    '<TD><INPUT TYPE=TEXT NAME="stpro"></TD></TR><TR>' +
    '<TD>Land</TD><TD><INPUT TYPE=TEXT NAME="country"></TD></TR>' +
    '<TR><TD>Postleitzahl</TD><TD><INPUT TYPE=TEXT NAME="zip"></TD>' +
    '</TR><TR><TD><BR><BR></TD></TR></TABLE>';

  var payInfo = '<TABLE BORDER=0 CELLSPACING=0 CELLPADDING=5>' +
    '<TR><TD><B>Abrechnungsinformation</TD></TR>'+
    '<TR><TD>Kreditkartentyp:       </TD>' +
    '<TD>Visa <INPUT TYPE=RADIO NAME="ctype" VALUE="visa" CHECKED> ' +
    '      ' +
    'Amex <INPUT TYPE=RADIO NAME="ctype" VALUE="amex"> ' +
    '      ' +
    'Eurocard <INPUT TYPE=RADIO NAME="ctype" VALUE="euro"> ' +
    '      </TD></TR>' +
    '<TR><TD>Kreditkartennummer</TD>' +
    '<TD><INPUT TYPE=TEXT NAME="cnumb"></TD></TR><TR>' +
    '<TD>Ablaufdatum</TD><TD><INPUT TYPE=TEXT NAME="edate"></TD>' +
    '</TR><TR><TD><INPUT TYPE=SUBMIT VALUE="Bestellung abschicken"></TD>' +
    '<TD><INPUT TYPE=RESET VALUE="Felder l&ouml;schen"></TD></TR>' +
    '</TABLE>';

  var itemInfo = '';
  for (var i = 0; i < shoppingBasket.things.length; i++) {
    itemInfo += '<INPUT TYPE=HIDDEN NAME="prod' + i +
      '" VALUE="' + shoppingBasket.things[i].plu + '-' +
      shoppingBasket.things[i].itemQty + '">';
    }
  var totalInfo = '<INPUT TYPE=HIDDEN NAME="subtotal" VALUE="' +
    shoppingBasket.subTotal + '">' +
    '<INPUT TYPE=HIDDEN NAME="taxtotal" VALUE="' +
    shoppingBasket.taxTotal + '">' +
    '<INPUT TYPE=HIDDEN NAME="shiptotal" VALUE="' +
```

Beispiel 8-4: manager.html (Fortsetzung)

```
      shoppingBasket.shipTotal + '">' +
      '<INPUT TYPE=HIDDEN NAME="bagtotal" VALUE="' +
      shoppingBasket.bagTotal + '">';

    var footer = '</FORM></BODY></HTML>';

    infoStr = header + intro + shipInfo + payInfo + itemInfo +
      totalInfo + footer;
      parent.frames[0].location.replace('javascript:
         parent.frames[1].infoStr');
    }

function cheapCheck(formObj) {
  for (var i = 0; i < formObj.length; i++) {
    if (formObj[i].type == "text" && formObj.elements[i].value == "") {
      alert ("Sie müssen alle Felder ausfüllen");
      return false;
      }
    }
  if(!confirm("Wenn alle Informationen korrekt sind, können Sie " +
    "Ihre Bestellung mit OK abschicken oder mit Cancel ändern.")) {
    return false;
    }
  alert("Danke. Wir machen uns mit Ihrem hartverdienten Geld bald einen
  schönen Lenz.");
  shoppingBasket = new Basket();
  showStore();
  return true;
  }

function help() {
  gimmeControl = false;
  parent.frames[0].location.href = "intro.html";
  }

function freshStart() {
  if(parent.frames[0].location.href != "intro.html") { help(); }
  }

//-->
</SCRIPT>
<TABLE ALIGN=CENTER BORDER=0>
  <TR>
    <TD>
    <A HREF="javascript: gimmeOne();">Das will ich!<A>
    </TD>
    <TD>
    <A HREF="javascript: showBasket();"> Einkaufskorb durchsehen/&auml;ndern<A>
    </TD>
    <TD>
    <A HREF="javascript: showStore();">Alle Kategorien anzeigen<A>
    </TD>
```

Beispiel 8-4: manager.html (Fortsetzung)

```
375       <TD>
376       <A HREF="javascript: portal();">Produktsuche<A>
377       </TD>
378       <TD>
379       <A HREF="javascript: help();">Hilfe<A>
380       </TD>
381     </TR>
382 </TABLE>
383 <TABLE ALIGN=CENTER BORDER=0>
384     <TR>
385       <TD>
386       <A HREF="javascript: display(-1,0);">Vorhergehende Kategorie<A>
387       </TD>
388       <TD>
389       <A HREF="javascript: display(0,-1);">Vorhergehendes Produkt<A>
390       </TD>
391       <TD>
392       <A HREF="javascript: display(0,1);">N&auml;chstes Produkt<A>
393       </TD>
394       <TD>
395       <A HREF="javascript: display(1,0);">N&auml;chste Kategorie<A>
396       </TD>
397     </TR>
398 </TABLE>
399 </BODY>
400 </HTML>
```

Eine kleine Anmerkung: Ist Ihnen aufgefallen, daß der ganze JavaScript-Code nach dem BODY-Tag steht? Da am Anfang jede Menge Bilder vorausgeladen werden müssen, würde Netscape Navigator den langweiligen grauen Hintergrund des Fensters (oder in diesem Fall des Frames) anzeigen, bis die ganze Arbeit erledigt ist. Erst dann würde der Rest des Inhalts analysiert. So wie es jetzt arrangiert ist, wird der Browser erst das BODY-Tag und damit das BGCOLOR-Attribut auswerten. *Erst dann* fängt die ganze Arbeit an.

Variablen

Es folgt der Code, der für die Produktauslage verantwortlich ist. Die Zeilen 15 bis 18 initialisieren vier Variablen, und die Zeilen 53 bis 103 definieren die Funktion `display()`. Die Variable *gimmeControl* zeigt dem Einkaufskorb an, ob sich ein Produkt auf der Seite befindet, das zum Einkaufskorb hinzugefügt werden kann. Die Variable *browseControl* sorgt für die Einhaltung der Regel, daß Benutzer den Einkaufsbummel durch Klicken auf »Alle Kategorien anzeigen« oder »Produktsuche« beginnen (siehe Regel 1). Sie werden diese beiden Variablen überall in der Anwendung wiederfinden, aber `display()` beschäftigt sich zuerst mit ihnen, also stellen wir sie hier vor:

```
var gimmeControl = false;
var browseControl = false;
var curCLoc = -1;
var curPLoc = -1;
```

Die Variablen *curCLoc* und *curPLoc* enthalten die jeweiligen Indizes der sichtbaren Kategorien und Produkte. Dabei handelt es sich um die Nummern, die ich oben in diesem Abschnitt schon erwähnt habe. Obwohl beide willkürlich auf –1 gesetzt sind, ändern sie sich in dem Moment, in dem der Benutzer eine Kategorie oder ein Produkt anwählt. Sie erfahren gleich mehr über diese beiden Variablen. Sehen wir uns an, wie das Ganze passiert (siehe die Zeilen 53 bis 102):

```
function display(cOffset, pOffset) {
  if(!browseControl) {
    alert("Beginnen Sie Ihren Einkaufsbummel mit " +
      "'Alle Kategorien anzeigen' oder einer Produktsuche.");
    return;
    }
  gimmeControl = true;
  if (curPLoc + pOffset < 0 || curPLoc + pOffset ==
    categorySet[curCLoc].prodLine.length) {
    if (curPLoc + pOffset < 0) {
      if (curCLoc - 1 < 0) { curCLoc = categorySet.length - 1; }
      else { curCLoc--; }
      curPLoc = categorySet[curCLoc].prodLine.length - 1;
      }
    else if (curPLoc + pOffset == categorySet[curCLoc].prodLine.length) {
      if (curCLoc + 1 == categorySet.length) { curCLoc = 0; }
      else { curCLoc++; }
      curPLoc = 0;
      }
    }
  else {
    if (curCLoc + cOffset < 0 || curCLoc + cOffset ==
      categorySet.length) {
      curCLoc = (curCLoc + cOffset < 0 ? categorySet.length - 1 : 0);
      }
    else { curCLoc += cOffset; }
    if (cOffset == -1 || cOffset == 1) { curPLoc = 0; }
    else if (pOffset == 0) {
      curPLoc = (curPLoc >= categorySet[curCLoc].prodLine.length ? 0 :
        curPLoc)
      }
    else { curPLoc = curPLoc + pOffset; }
    }
  infoStr = '<HTML><HEAD><TITLE>Produktname</TITLE></HEAD>' +
    '<BODY><TABLE CELLPADDING=3><TR><TD VALIGN=TOP COLSPAN=2>' +
    '<FONT FACE=Tahoma><H2>Online-Shop: <I>' +
      categorySet[curCLoc].name + '</I></H2><TR>' +
    '<TD VALIGN=TOP><IMG SRC="' +
    categorySet[curCLoc].prodLine[curPLoc].icon.src +
    '"></TD><TD VALIGN=TOP><FONT FACE=Tahoma>' +
    '<B>Name: </B>' +  categorySet[curCLoc].prodLine[curPLoc].name +
    '<BR><B>Beschreibung: </B>' +
    categorySet[curCLoc].prodLine[curPLoc].description + '<BR>' +
    '<B>Preis: </B> $' +
```

```
    numberFormat(categorySet[curCLoc].prodLine[curPLoc].price) + '/' +
    categorySet[curCLoc].prodLine[curPLoc].unit + '<BR>' +
    '<B>Bestellnummer: </B>' + categorySet[curCLoc].prodLine[curPLoc].plu +
    '</TD></TR></TABLE></BODY></HTML>';

  parent.frames[0].location.href = 'javascript:parent.frames[1].infoStr';
  }
```

display()

Die Funktion `display()` hat drei Aufgaben:

1. Sie bestimmt, ob ein Produkt angezeigt werden darf.
2. Sie bestimmt, welche Kategorie bzw. welches Produkt der Benutzer sehen will.
3. Sie zeigt das Produkt an.

Aufgabe 1 ist ziemlich einfach. Wenn *browseControl* `true` ist, dann ist die Antwort »ja«. *browseControl* wird ursprünglich auf `false` gesetzt. Sobald der Benutzer ein Produkt aus der »Produktsuche« oder eine Kategorie aus »Alle Kategorien anzeigen« wählt, wird *browseControl* auf `true` gesetzt. Dann kann `display()` die Aufgaben 2 und 3 ausführen. Da ein Produkt anzuzeigen ist, wird *gimmeControl* dann auf `true` gesetzt.

Beachten Sie, daß `display()` zwei Parameter erwartet, *cOffset* und *pOffset*. Der eine enthält eine Zahl, die angibt, wie weit die anzuzeigende Kategorie von der derzeitigen Kategorienummer entfernt ist. Der andere Parameter macht dasselbe für die Produktnummer. *cOffset* und *pOffset* können positiv, negativ oder null sein. Um die Dinge einfacher zu machen, nehmen wir an, daß unsere Einkäuferin Daisy Tiefe-Tasche bereits Regel 1 erfüllt hat und nun die Links »Nächste ...« und »Vorhergehende ...« benutzt, um sich durch das Warenangebot zu bewegen. Sehen Sie sich den Code für diese Links in Zeilen 385 bis 396 an:

```
<TD>
<A HREF="javascript: display(-1,0);">Vorhergehende Kategorie<A>
</TD>
<TD>
<A HREF="javascript: display(0,-1);">Vorhergehendes Produkt<A>
</TD>
<TD>
<A HREF="javascript: display(0,1);">N&auml;chstes Produkt<A>
</TD>
<TD>
<A HREF="javascript: display(1,0);">N&auml;chste Kategorie<A>
</TD>
```

Jeder dieser Links ruft `display()` auf und übergibt zwei Zahlen. Tabelle 8-1 erklärt, für was die jeweiligen Funktionsaufrufe stehen. Denken Sie daran, daß *curCLoc* die Kategorienummer und *curPLoc* die Produktnummer ist.

Tabelle 8-1: Bestimmung der Werte von curCLoc und curCPloc

Link	übergebene Parameter	Erklärung
Vorhergehende Kategorie	-1, 0	-1 zu *curCLoc* addieren; 0 zu *curPLoc* addieren.
Vorhergehendes Produkt	0, -1	0 zu *curCLoc* addieren; -1 zu *curPLoc* addieren.
Nächstes Produkt	0, 1	0 zu *curCLoc* addieren; 1 zu *curPLoc* addieren.
Nächste Kategorie	1, 0	1 zu *curCLoc* addieren; 0 zu *curPLoc* addieren.

Ausnahmefälle behandeln

Wenn Sie eine Kategorie zurückgehen wollen, ziehen Sie 1 von der Kategorienummer ab. Wenn Sie das nächste Produkt ansehen wollen, zählen Sie 1 zur Kategorienummer hinzu. Es gibt aber drei Ausnahmefälle, die eine zusätzliche Programmlogik benötigen:

1. Es gibt keine Kategorie bzw. kein Produkt mit der Nummer -1. Wenn entweder die Kategorienummer oder die Produktnummer 0 ist und der Benutzer »Vorhergehende Kategorie« oder »Vorhergehendes Produkt« wählt, gäbe das sofort einen Fehler im Online-Shop.
2. Es gibt keine Kategorie mit der Nummer `categorySet[categorySet.length]`. Das es nur `categorySet.length` Kategorien gibt, kann die Kategorienummer nie größer als `categorySet.length -1` sein. Wenn die Kategorienummer `categorySet.length -1` ist und der Benutzer »Nächstes Produkt« oder »Nächste Kategorie« wählt, bekommen wir einen JavaScript-Fehler. Dasselbe gilt für die Produkte.
3. Beim Springen zu einer anderen Kategorie wird immer das erste Produkt dieser Kategorie dargestellt, unabhängig davon, welche Produktnummer der Benutzer als letztes angesehen hat.

Die Zeilen 60 bis 85 stellen die gewünschte Funktionalität zur Verfügung und bringen diese drei Ausnahmen unter. Das ist eine ziemlich extensive Anwendung von verschachtelten *if-else*-Statements, die Sie sich vielleicht etwas ausführlicher ansehen sollten.

```
if (curPLoc + pOffset < 0 || curPLoc + pOffset ==
  categorySet[curCLoc].prodLine.length) {
  if (curPLoc + pOffset < 0) {
    if (curCLoc - 1 < 0) { curCLoc = categorySet.length - 1; }
    else { curCLoc--; }
    curPLoc = categorySet[curCLoc].prodLine.length - 1;
    }
  else if (curPLoc + pOffset == categorySet[curCLoc].prodLine.length) {
    if (curCLoc + 1 == categorySet.length) { curCLoc = 0; }
    else { curCLoc++; }
    curPLoc = 0;
    }
  }
```

```
else {
  if (curCLoc + cOffset < 0 || curCLoc + cOffset == categorySet.length) {
    curCLoc = (curCLoc + cOffset < 0 ? categorySet.length - 1 : 0);
    }
  else { curCLoc += cOffset; }
  if (cOffset == -1 || cOffset == 1) { curPLoc = 0; }
  else if (pOffset == 0) {
    curPLoc = (curPLoc >= categorySet[curCLoc].prodLine.length ? 0 :
      curPLoc)
    }
  else { curPLoc = curPLoc + pOffset; }
  }
```

Die folgende Transkription in Pseudocode sollte klarstellen, wie dieser Block funktioniert. Die Zeilennummern des eigentlichen Codes stehen am Ende jeder Zeile in unserer Übersetzung:

```
 1 WENN die Produktnummer zu klein oder zu groß wird, DANN (73)
 2     WENN die Produktnummer zu klein wird, DANN (74)
 3         WENN die Kategorienummer zu klein wird, DANN  wird die Kategorie-
               nummer auf die Anzahl der Kategorien minus 1 gesetzt (75)
 4         SONST wird die Kategorienummer zu sich selbst minus 1 gesetzt (76)
 5         Die Produktnummer wird auf die Anzahl der Produkte in der
               Kategorienummer minus 1 gesetzt (77)
 6 SONST:WENN die Produktnummer zu groß wird, DANN (79)
 7         WENN die Kategorienummer zu groß wird, DANN wird die Kategorienummer
              auf 0 gesetzt (80)
 8         SONST wird die Kategorienummer zu sich selbst plus 1 gesetzt (81)
 9         die Produktnummer auf 0 (82)
10 SONST (85)
11     WENN die Kategorienummer zu klein ODER zu groß wird, DANN (86)
12         WENN die Kategorienummer zu klein wird, DANN wird die Kategorie-
           nummer auf die Anzahl der Kategorien minus 1 gesetzt (87)
13         SONST wird  die Kategorienummer auf 0 gesetzt (88)
14     SONST wird die Kategorienummer auf sich selbst plus dem Kategorieoffset
       gesetzt (89)
15     WENN der Kategorieoffset gleich -1 ODER 1 ist, DANN wird die
            Produktnummer auf 0 gesetzt (90)
16     SONST:WENN der Produktoffset gleich 0 ist, DANN (91)
17         WENN die Produktnummer größer oder gleich der Anzahl der
               Produkte in der Kategorienummer ist, DANN wird die Produktnummer
               gleich 0 gesetzt (92)
18     SONST wird die Produktnummer auf sich selbst plus dem Produktoffset
       gesetzt (94)
```

Aufbau der Schaufensterseite

Da der Online-Shop nun die Kategorie- und Produktnummern kennt, kann das Programm jetzt den HTML-Code zum Anzeigen des korrekten Produkts konstruieren. Fast der gesamte übrige Code in `display()` ist dazu gedacht, das Produkt auf den Bildschirm zu bringen. Sehen Sie sich die Zeilen 86 bis 101 an:

```
infoStr = '<HTML><HEAD><TITLE>Produktname</TITLE></HEAD>' +
  '<BODY><TABLE CELLPADDING=3><TR><TD VALIGN=TOP COLSPAN=2>' +
  '<FONT FACE=Tahoma><H2>Online-Shop: <I>' + categorySet[curCLoc].name +
  '</I></H2><TR><TD VALIGN=TOP><IMG SRC="' +
  categorySet[curCLoc].prodLine[curPLoc].icon.src +
  '"></TD><TD VALIGN=TOP><FONT FACE=Tahoma><B>Name: </B>' +
  categorySet[curCLoc].prodLine[curPLoc].name + '<BR>' +
  '<B>Beschreibung: </B>' +
  categorySet[curCLoc].prodLine[curPLoc].description + '<BR>' +
  '<B>Preis: </B> $' +
  numberFormat(categorySet[curCLoc].prodLine[curPLoc].price) + '/' +
  categorySet[curCLoc].prodLine[curPLoc].unit + '<BR>' +
  '<B>Bestellnummer: </B>' + categorySet[curCLoc].prodLine[curPLoc].plu +
  '</TD></TR></TABLE></BODY></HTML>';
parent.frames[0].location.href = 'javascript: parent.frames[1].infoStr';
```

Wie Sie sehen können, basiert alles auf einer langen Aneinanderreihung von HTML-Code an den anfänglichen leeren Stringwert der Variable *infoStr*. Beachten Sie, daß die Werte von *curPLoc* und *curCLoc* zum Referenzieren aller richtigen Produktinformationen unbedingt notwending sind. `categorySet[curCLoc]` bezieht sich auf die korrekte Kategorie, während `categorySet[curCLoc].prodLine[curPLoc]` sich auf das korrekte Produkt bezieht. Sobald die Werte von *curCLoc* and *curPLoc* festgelegt sind, können Sie die Produktinformationen nach Belieben darstellen.

Sobald *infoStr* den ganzen zur Produktdarstellung benötigten HTML-Code enthält, wird das obere Frame über seine *href*-Eigenschaft und das `javascript:`-Protokoll mit diesem Inhalt geladen. Denken Sie daran, daß der Geltungsbereich dieses Protokolls es erforderlich macht, daß Sie eine absolute Referenz auf die Variable angeben (d.h., `parent.frames[1].infoStr` anstatt nur `infoStr`). Genauere Angaben finden Sie in der JavaScript-Technik »Das javascript:-Protokoll« in Kapitel 2, *Der Online-Test*.

Schritt 3: Alle Kategorien anzeigen

Die Auswahl von »Alle Kategorien anzeigen« ist eine andere Möglichkeit, sich durch die Produkte zu bewegen. Die Funktion `showStore()` ist auf diese Aufgabe vorbereitet, wie in den Zeilen 33 bis 47 zu sehen ist:

```
function showStore() {
  gimmeControl = false;
  var header = '<HTML><TITLE>Kategorie</TITLE><BODY BGCOLOR=FFFFFF>';
  var intro = '<H2>Online-Shop-Produktkategorien</H2><B>';
  var footer = '</DL></BLOCKQUOTE></BODY></HTML>';
  var storeStr = '<BLOCKQUOTE><DL>';
  for (var i = 0; i < categorySet.length; i++) {
    storeStr += '<DT><A HREF="javascript: parent.frames[1].reCall(' + i +
      ', 0);">' + categorySet[i].name + '</A><DD>' +
      categorySet[i].description + '<BR><BR>';
    }
  infoStr = header + intro + storeStr + footer;
```

```
parent.frames[0].location.replace('javascript:
  parent.frames[1].infoStr');
}
```

Das erste Produkt anzeigen

Regel 1 verlangt, daß die Darstellung des ersten (und nur des ersten) Produkts für den Benutzer entweder über »Alle Kategorien anzeigen« oder »Produktsuche« erfolgen muß. Die »Produktsuche« wird in Kürze besprochen. Sehen wir uns jetzt »Alle Kategorien anzeigen« an. Es ist ziemlich einfach, alle Kategorien anzuzeigen. `showStore()` durchläuft einfach alle Elemente in *categorySet* und erzeugt eine Liste mit Links und Beschreibungen. Nach der letzten Kategorie wird dieser String mit der Linkliste (d.h., *infoStr*) über die *href*-Eigenschaft in das obere Frame geladen. Beachten Sie, daß der in jedem `HREF`-Tag angegebene Code

```
javascript: parent.frames[1].reCall(' + i + ', 0)
```

lautet. Das Anklicken eines beliebigen Kategorielinks ruft die Funktion `reCall()` in *manager.html* auf (siehe die Zeilen 104 bis 109):

```
function reCall(cReset, pReset) {
  browseControl = true;
  curCLoc = cReset;
  curPLoc = pReset;
  display(0, 0);
  }
```

`reCall()` erwartet zwei Parameter: die durch den Wert von *i* in Zeile 42 angegebene Kategorienummer und die Zahl 0. Der Wert von *i* wird *curCLoc* zugewiesen. Das bestimmt natürlich, welche Kategorie der Benutzer sehen möchte. Die 0 wird *curPLoc* zugewiesen. Erinnern Sie sich an den Ausnahmefall Nummer 3? Das kategorieweise Durchsehen beginnt für den Benutzer immer beim ersten Produkt in der Kategorie, nämlich `prodLine[0]`.

Anschließend verwendet `reCall()` die Funktion `display()` und übergibt ihr zwei Nullen als Parameter. Als wir uns die *if*-Statements in den Zeilen 60 bis 85 zum ersten Mal angesehen haben, sind wir davon ausgegangen, daß der Benutzer immer gerade ein Produkt oder eine Kategorie mit einem niedrigeren oder höheren Wert als *curCLoc* oder *curPLoc* sieht. Da die Funktion `reCall()` die Werte dieser Variablen aber bereits gesetzt hat, gibt es keinen Grund dafür, sich irgendwohin »zu bewegen«. Der Benutzer will das zu den derzeitigen Werten von *curCLoc* und *curPLoc* gehörende Produkt sehen. Das ist es, was die zwei übergebenen Nullen anzeigen, und der Code in den Zeilen 60 bis 85 erfüllt diese Aufgabe.

Wo ist das DHTML?

Beachten Sie, daß in den Produktseiten kein DHTML vorkommt. Es gibt keine Layer. Warum nicht? Die meisten Browser unterstützen JavaScript 1.2. Ich habe sogar ein paar Kapitel damit verbracht, browserunabhängiges DHTML mit einzuschließen. Warum jetzt kneifen? Wenn der Online-Shop am Anfang geladen wird, könnte man da nicht einfach einen Layer für jedes Produkt erzeugen und ihn dann nach Belieben anzeigen und unsichtbar machen? Klar, das können Sie, aber ...

Das übermäßige Vorausladen von Bildern kann Ihnen Ärger bereiten. Wie bereits erwähnt wurde, kann das Vorausladen zur Geduldsprobe für Ihren Kunden werden, wenn Sie eine Menge Grafik haben. Die Erzeugung eines Layers für jedes der Produkte lädt diese Bilder. Die Benutzung von reinem HTML-Code erledigt die Sache mit oder ohne Vorausladen von Bildern.

Jetzt kann der Benutzer oder die Benutzerin nach Belieben zwischen verschiedenen Produkten und Kategorien hin- und herwechseln. Es ist jetzt an der Zeit zu sehen, was passiert, wenn er oder sie etwas Kaufenswertes sieht und beschließt, es in den Einkaufskorb zu legen.

Schritt 4: Produkte in den Einkaufskorb legen

Den Einkaufskorb zu füllen ist einfach. Benutzer müssen einfach nur auf den »Das will ich!«-Link klicken. Das ruft die Funktion `gimmeOne()` auf. Die Zeilen 111 bis 132 enthalten die Details:

```
function gimmeOne() {
  if (!gimmeControl) {
    alert("Aus diesem Fenster gibt es nichts zu kaufen.");
    return;
    }
  for (var i = 0; i < shoppingBasket.things.length; i++) {
    if (categorySet[curCLoc].prodLine[curPLoc].plu ==
      shoppingBasket.things[i].plu) {
      alert("Das haben Sie bereits in Ihrem Einkaufskorb. Sie können mit " +
        "Einkaufskorb durchsehen/ändern die Anzahl ändern.");
      return;
      }
    }
  shoppingBasket.things[shoppingBasket.things.length] =
    categorySet[curCLoc].prodLine[curPLoc];
  shoppingBasket.things[shoppingBasket.things.length - 1].itemQty = 1;
  shoppingBasket.things[shoppingBasket.things.length - 1].category =
    categorySet[curCLoc].name;
  alert("OK. Das Produkt " +
    shoppingBasket.things[shoppingBasket.things.length - 1].name +
    " wurde Ihrem Einkaufskorb hinzugefügt.");
  }
```

Die erste Amtshandlung von `gimmeOne()` besteht darin sicherzustellen, daß da tatsächlich etwas auf dem Bildschirm vorhanden ist, was sich in den Einkaufskorb legen läßt. Die Variable *gimmeControl* wird unmittelbar vor der Anzeige des Produkts auf true gesetzt. Alle anderen Funktionen, die Informationen auf dem Bildschirm darstellen, setzen *gimmeControl* auf `false`. Wenn *gimmeControl* `false` ist, befindet sich demnach kein Produkt auf der Seite. Der Benutzer wird mit einer Warnung darauf aufmerksam gemacht, und `gimmeOne()` wird beendet. Wenn nicht, durchläuft `gimmeOne()` die Elemente des *things*-Arrays (eine Eigenschaft des *shoppingBasket*-Objekts), um zu prüfen, ob das gerade angezeigte Produkt nicht schon im Einkaufskorb des Benutzers liegt.

`gimmeOne()` erwartet keine Parameter. Statt dessen verläßt sich die Funktion auf die derzeitigen Werte von *curCLoc* und *curPLoc*. Vorausgesetzt, daß jedes Produkt eine unverwechselbare Bestellnummer hat, sucht `gimmeOne()` nach einer Übereinstimmung mit einer der Bestellnummern der bereits im Korb befindlichen Produkte. Wenn eine Übereinstimmung gefunden wird, wird der Benutzer gewarnt, daß sich das Produkt bereits im Einkaufskorb befindet.

Wenn sich das Produkt noch nicht im Einkaufskorb befindet, legt `gimmeOne()` es dazu. Das ergibt jedoch eine interessante Situation. Beantworten Sie mir die folgende Frage: ein Produkt im Einkaufskorb ist immer noch ein *product*-Objekt – wahr oder falsch? Wenn Sie mit »wahr« geantwortet haben, haben Sie recht. Jedes Produkt im Einkaufskorb des Benutzers muß aber ein erweitertes, komplexeres *product* sein. Jedes Produkt im Korb hat nach wie vor einen Namen, eine Beschreibung, eine Bestellnummer und einen Preis, benötigt aber auch eine Eigenschaft, die die bestellte Menge speichert. Es muß auch »wissen«, welcher Kategorie es angehört.

JavaScript-Technik: Objekteigenschaften hinzufügen

Es gibt mehrere Möglichkeiten, um benutzerdefinierten Objekten zusätzliche Eigenschaften zu geben. Am einfachsten ist es, sich einfach einen Namen und Wert für die Eigenschaft auszudenken und sie dem Objekt hinzuzufügen. Jedes Element in *things* ist ein *product*, dem zwei neue Werte, `itemQty` und `category`, zugewiesen werden. Das findet in den folgenden Zeilen statt:

```
shoppingBasket.things[shoppingBasket.things.length - 1].itemQty = 1;
shoppingBasket.things[shoppingBasket.things.length - 1].category =
  categorySet[curCLoc].name;
```

Da diese Objekte aber bereits konstruiert worden sind, müssen Eigenschaften jedesmal explizit hinzugefügt werden. Wenn Sie Eigenschaften zu allen in Zukunft zu konstruierenden Objekten hinzufügen wollen, sollten Sie die *prototype*-Eigenschaft verwenden. Nehmen wir an, Sie wollen allen weiteren Produkten einen Sonderangebotspreis geben:

```
product.prototype.specialPrice = 0.00;
```

Alle Objekte, die ab jetzt konstruiert werden, haben eine Eigenschaft *specialPrice* mit dem Defaultwert `0.00`.

Jedem Element in *things* müssen daher dynamisch Eigenschaften hinzugefügt werden. Die Zeilen 124 bis 128 zeigen, wie die Funktion `gimmeOne()` diese spezialisierten Produkte zu *things* hinzufügt und jedem Objekt die zusätzlichen Eigenschaften gibt:

```
shoppingBasket.things[shoppingBasket.things.length] =
  categorySet[curCLoc].prodLine[curPLoc];
shoppingBasket.things[shoppingBasket.things.length - 1].itemQty = 1;
shoppingBasket.things[shoppingBasket.things.length - 1].category =
  categorySet[curCLoc].name;
```

`shoppingBasket.things[shoppingBasket.things.length]` erzeugt eine Referenz auf das *product*-Objekt, das sich gerade unter `categorySet[curCLoc].prodLine[curPLoc]` befindet. Das fügt dem Einkaufskorb ein »normales« *product* hinzu. Die nächsten zwei Zeilen fügen die entsprechenden Eigenschaften *itemQty*, zunächst auf 1 gesetzt, und *category* hinzu, die auf den Namen der Kategorie gesetzt wird, zu der das *product*-Objekt gehört.

Als letztes informiert `gimmeOne()` den Benutzer, daß das Produkt erfolgreich im Einkaufskorb abgelegt wurde. Dieser Vorgang wiederholt sich für jedes Produkt, das der Benutzer in den Einkaufskorb legt, bis zum Gang zur Kasse.

Produktsuche

Sie haben vermutlich inzwischen gemerkt, daß die »Produktsuche« aus Kapitel 1 stammt. Die client-seitige Suchmaschine wurde modifiziert, um den Bedürfnissen der Online-Shopper gerecht zu werden. Ansonsten ist alles weitgehend dasselbe. Die Suchmöglichkeiten sind allerdings auf die Boolesche OR-Suche beschränkt. Mit anderen Worten: Wenn ein beliebiger Teil des vom Benutzer eingegebenen Texts gefunden wird, dann gilt das entsprechende Produkt als passend. Es gibt keine Boolesche AND-Suche und keine Suche nach dem URL. Die Suchmöglichkeiten sollten für unseren Zweck dennoch mehr als ausreichen. Eine zusätzliche Einrichtung gibt es, die die Suchmaschine in Kapitel 1 nicht hat: Benutzer können durch Drücken der Eingabetaste (Enter bzw. Return) einen leeren String eingeben. Das führt eine Suche nach null aus, die alle Produkte in der Datenbank liefert.

Wir werden hier nicht alles so detailliert besprechen wie in Kapitel 1. Sie sollten die nächsten Absätze aber lesen, um zu sehen, wie einfach es sein kann, gut organisierte JavaScript-Anwendungen zu erweitern. Schließlich will der Benutzer ja nur Text eingeben, um eine Liste mit Links zu Suchergebnissen zu erzeugen, so wie bei jeder anderen Suchmaschine auch. Um diese Funktionalität in den Online-Shop einzubauen ohne daß es größere Codeänderungen in einer der beiden Anwendungen erfordert, muß die Suchmaschine die folgenden Dinge unterbringen:

- Gelinkte Ergebnisse müssen so dargestellt werden, daß sie das in Schritt 2 erklärte Produkt/Kategorie-Navigationssytem unterstützen.
- Die existierende Produktdatenbank muß durchsucht werden können.
- Sie muß Links auf alle Produkte in der Datenbank liefern können.

Zum Glück lassen sich alle diese Änderungen in einer einzigen Datei durchführen, nämlich in *search/nav.html*. Damit Sie sich nicht noch ein paar hundert Zeilen Code ansehen müssen, zeige ich Ihnen nur den relevanten Code in *search/nav.html*.

Die Produkte und Kategorien einbinden

Wir brauchen nur wenige Änderungen vorzunehmen, damit alles glattläuft. Diese Änderungen bestehen aus zwei neuen Variablen und einer neuen Funktion:

```
var ref = top.frames[1];
var prodProfiles = new Array();
function genProfile() {
  for (var i = 0; i < ref.categorySet.length; i++) {
       for (var j = 0; j < ref.categorySet[i].prodLine.length; j++) {
        prodProfiles[prodProfiles.length] = new Array(i, j);
         }
    }
  }
```

Die Variable *ref* wird als ein Alias für `top.frames[1]` benutzt. Da die meisten in dieser Suchmaschinenanwendung referenzierten Objekte und Variablen in *manager.html* untergebracht sind, würden die in Objekten vergrabenen Objekte für ziemlich lange Referenzen und viel Punktnotation sorgen. Die Benutzung von *ref* anstelle von `top.frames[1]` kürzt diese Schreibweise etwas ab. *prodProfiles* fängt als leeres Array an, wird aber ziemlich schnell durch einen Aufruf der Funktion `genProfile()` gefüllt.

`genProfile()` hat nur eine einzige Aufgabe: ein System zu Referenzierung beliebiger *product*-Objekte in beliebigen Kategorien mittels Kategorie- und Produktnummer aufzubauen. Dabei wird die Kategorienummer mit der Produktnummer verbunden.

Nehmen Sie beispielsweise an, daß *i*, die Kategorienummer, 1 ist und *j*, die Produktnummer, 2 ist. Wenn Sie sich *inventory.js* ansehen, werden Sie feststellen, daß sich `categorySet[i].prodLine[j]` in diesem Fall auf den »Iglu« in der »Gebäude«-Kategorie bezieht. Das ist so, als ob Sie Koordinaten auf eine Karte setzen.

Die verschachtelten *for*-Schleifen in `genProfile()` durchlaufen jede `category` (i) und jedes `product` (j). Die Funktion `genProfile()` merkt sich sozusagen, wo jedes Produkt in der zugehörigen Kategorie liegt, indem sie das Zahlenpaar *i,j* in einem eigenen Array abspeichert. Wenn das alles fertig ist, dann steht jedes Element in *prodProfiles* für ein Kategorie-Produkt-Nummernpaar, das sich auf ein ganz bestimmtes Produkt in einer Kategorie bezieht.

Sie werden jetzt vielleicht fragen, ob die Produkte nicht sowieso schon so referenziert werden? Die Antwort ist ja. Die Suchmaschinenfunktion kennt jetzt aber alle möglichen Kombinationen. Jedes Paar wird als Element in *prodProfiles* gespeichert. Das macht es sehr einfach, sich auf Informationen zu jedem Produkt in der Datenbank zu beziehen und sie zu durchsuchen und darzustellen.

Die existierende Datenbank durchsuchen

Die Originalversion durchsuchte den Namen, die Beschreibung und den URL einer Webseite. Der Einkaufskorb muß ähnliche Daten durchsuchen. Das Problem besteht darin, daß das nach den Regeln der existierenden Datenbank zu geschehen hat. Zum Glück können Sie ein paar Änderungen an der Funktion `allowAny()` durchführen. Hier ist sie in *search/nav.html*:

```
function allowAny(t) {
  var findings = new Array();
  for (var i = 0; i < prodProfiles.length; i++) {
    var compareElement  = ref.categorySet[prodProfiles[i][0]].
prodLine[prodProfiles[i][1]].name + ' ' +
      ref.categorySet[prodProfiles[i][0]].prodLine[prodProfiles[i][1]].
        description + ' ' +
      ref.categorySet[prodProfiles[i][0]].prodLine[prodProfiles[i][1]].
        price.toString() + ' ' +
      ref.categorySet[prodProfiles[i][0]].prodLine[prodProfiles[i][1]].
        plu;
      compareElement = compareElement.toUpperCase();
    for (var j = 0; j < t.length; j++) {
      var compareString = t[j].toUpperCase();
      if (compareElement.indexOf(compareString) != -1) {
        findings[findings.length] = new Array(prodProfiles[i][0],
          prodProfiles[i][1]);
        break;
        }
      }
    }
  verifyManage(findings);
  }
```

Viel hat sich nicht geändert. Das einzige, was wir uns überlegen müssen, ist, was wir eigentlich durchsuchen wollen. Der Benutzer kann hier den Produktnamen, die Beschreibung, den Preis und die Bestellnummer durchsuchen. `allowAny()` hängt diese vier Möglichkeiten für jedes Produkt in der Datenbank aneinander. Das ergibt einen langen String, der nach jedem der vom Benutzer eingegebenen Worte durchsucht werden muß. Wenn eine Übereinstimmung gefunden wird, wird dem nächsten zur Verfügung stehenden Element in *findings* ein neues Array mit den Elementen `prodProfiles[i][0]` und `prodProfiles[i][1]` zugewiesen. Denken Sie daran, daß diese beiden Elemente ganze Zahlen sind, die wir gleich verwenden werden, um die Ergebnisse auszugeben.

Produkt-Kategorie-Navigation unterstützen

Nehmen wir einmal an, daß Sie eine Suche durchführen, die einen Satz mit Ergebnissen zurückliefert. Als nächstes müssen Sie ihn auf der Seite ausgeben. Sie müßten schon unter schwerem Karpaltunnelsyndrom leiden, wenn Sie die Seite so programmieren würden, daß sie die Produkte darstellt und dabei das gegenwärtige Produkt-KategorieSystem ignoriert. Das bedeutet, daß die Benutzer unabhängig von den auf der Ergebnisseite dargestellten Produktlinks in der Lage sein müssen, die Produkte wie üblich darzustellen und dann frei mit den »Nächste...«- und »Vorhergehende...«-Buttons zu navigieren. Ändern wir doch einfach die Funktion `formatResults()`:

```
function formatResults(results, reference, offset) {
  docObj.open();
  docObj.writeln('<HTML>\n<HEAD>\n<TITLE>Suchergebnisse</TITLE></HEAD>' +
    '<BODY BGCOLOR=WHITE TEXT=BLACK>' +
    '<TABLE WIDTH=780 BORDER=0 ALIGN=CENTER CELLPADDING=3><TR><TD>' +
    '<HR NOSHADE WIDTH=100%></TD></TR><TR><TD VALIGN=TOP><B>' +
    'Suche nach: <I>' +
    parent.frames[0].document.forms[0].query.value + '</I><BR>\n' +
    'Suchergebnisse: <I>' + (reference + 1) + ' - ' +
    (reference + offset > results.length ? results.length :
      reference + offset) +
    ' von ' + results.length + '</I><BR><BR>' + '<B>' +
    '\n\n<!- Anfang Ergebnissatz //-->\n\n\t<DL>');
  var currentRecord = (results.length < reference + offset ?
    results.length : reference + offset);
  for (var i = reference; i < currentRecord; i++) {
    docObj.writeln('\n\n\t<DT>' + '<FONT SIZE=4>' +
      '<A HREF="javascript: top.frames[1].reCall(' + results[i][0] +
      ', ' + results[i][1] + ')">' +
      ref.categorySet[results[i][0]].prodLine[results[i][1]].name +
      '</A></FONT>\t<DD>' +
     ref.categorySet[results[i][0]].prodLine[results[i][1]].description +
      '\t<DD>' + 'Preis: <I>$' +
     ref.numberFormat(ref.categorySet[results[i][0]].
       prodLine[results[i][1]].price) +
      '</I>       ' + 'Bestellnummer: <I>' +
      ref.categorySet[results[i][0]].prodLine[results[i][1]].plu +
      '</I><P>');
    }
  docObj.writeln('\n\t</DL>\n\n<!- Ende Ergebnissatz //-->\n\n');
  prevNextResults(results.length, reference, offset);
  docObj.writeln('<HR NOSHADE WIDTH=100%>' +
    '</TD>\n</TR>\n</TABLE>\n</BODY>\n</HTML>');
  docObj.close();
  document.forms[0].query.select();
  }
```

Für jedes Ergebnis werden der Produktname, die Beschreibung, der Preis und die Bestellnummer angezeigt. Die Funktion durchläuft die Elemente von *results* und greift auf die entsprechenden Informationen in *prodLine* über die Zahlen in `results[i][0]` und `results[i][1]` zu. Mit anderen Worten, wenn *results* so aussieht:

```
results = new Array(
  new Array(0, 1),   // Denken Sie daran, daß das Element 0 die
  new Array(2, 2),   // Kategorienummer darstellt und Element 1 die
  new Array(4, 1)    // Produktnummer
  );
```

dann enthalten die Suchergebnisse den Fön (Kategorie 0, Produkt 1), die Handtasche (Kategorie 2, Produkt 2) und die Pommes (Kategorie 4, Produkt 1). Die Verwendung der Nummern macht es einfach, eine kleine Menge Informationen zu speichern und sie später zu referenzieren.

JavaScript-Technik: Eine JavaScript-Datenbank wiederverwenden

Glücklich ist der Programmierer, der einen Haufen Daten als JavaScript-Objekte und Arrays speichern kann. Noch glücklicher ist der Programmierer, der auf diese Informationen aus verschiedenen Anwendungen zugreifen kann, ohne jedesmal das Rad neu zu erfinden. Das passiert hier mit dem Online-Shop und der Produktsuche. Wegen des relativ einfachen Designs muß die Datenbank nicht geändert werden, damit die Suchmaschinen auf sie zugreifen kann.

Ein paar Zeilen Code in der Suchmaschine müssen geändert werden, und schon summt sie wieder wie ehedem. Wenn Sie vorhersehen können, daß von mehr als einer Anwendung auf Ihre JavaScript-Datenbank zugegriffen werden könnte, sollten Sie diese unkompliziert genug halten, damit alle Anwendungen auch ohne extra Programmieraufwand an die Daten kommen können.

Sie müssen nur die Zahlenpaare verwenden, um die Produktinformationen auf den Bildschirm zu bekommen. Die *for*-Schleife in `formatResults()` druckt den Namen, die Beschreibung, den Preis und die Bestellnummer aus, indem die Zahlenpaare in die folgenden Variablen eingesetzt werden:

```
ref.categorySet[results[i][0]].prodLine[results[i][1]].name
ref.categorySet[results[i][0]].prodLine[results[i][1]].description
ref.numberFormat(ref.categorySet[results[i][0]].prodLine[results[i][1]]
  price)
ref.categorySet[results[i][0]].prodLine[results[i][1]].plu
```

Jedes Ergebnis wird mit den obigen Werten im String angezeigt. Ein Beispielergebnis wäre:

Fön

> Wirft gelbliche Flamme. Mit strapazierfähigem Kabel. Es fehlt an nichts.
> Preis: €1.15 Bestellnummer: FÖN1

Der Code im Link

Die Ergebnisse werden jetzt angezeigt, aber wie programmieren wir es, daß der Link das von mir angepriesene Navigationssystem verwendet?

`formatResults()` bietet die folgende Lösung:

```
'<A HREF="javascript: top.frames[1].reCall(' + results[i][0]+ ', ' +
  results[i][1] + ')">'
```

Jeder Link verwendet das `javascript:`-Protokoll, um die Funktion `reCall()` aufzurufen, dieselbe Funktion, die wir schon zum Darstellen von Produkten aus der »Alle Kategorien anzeigen«-Liste verwendet haben. `reCall()` erwartet zwei Parameter: eine Kategorienummer und eine Produktnummer. Das haben wir schon in der Suchmaschine verwendet. Wir müssen nur jedes Element des Nummernpaars in den Aufruf einbinden, und wir haben es geschafft. Damit hat beispielsweise der Fön den folgenden Link:

```
<A HREF="javascript: top.frames[1].reCall(0, 1)">Fön</A>
```

Sehen Sie sich an, was mit der 0 und der 1 passiert, wenn sie an `reCall()` übergeben werden:

```
function reCall(cReset, pReset) {
  browseControl = true;
  curCLoc = cReset;
  curPLoc = pReset;
  display(0, 0);
  }
```

Die Variable *curCLoc* wird auf den Wert der Kategorienummer in *cReset* gesetzt; Ähnliches passiert mit *curPLoc* und *pReset*. Die Suchmaschine koexistiert mit dem Rest des Einkaufskorbs, und nur wenige Änderungen waren notwendig.

Schritt 5: Die Bestellung ändern/bezahlen

Wenn dem Benutzer entweder das Geld ausgeht oder er oder sie nichts Wünschenswertes mehr findet, wird es Zeit, dem Ausgang entgegenzustreben. Wenn der Link »Einkaufskorb durchsehen/ändern« angeklickt wird, wird der entsprechende Bildschirm geöffnet, ähnlich dem in Abbildung 8-8. Der Einkaufskorb des Benutzers muß mehr tun, als nur die Auswahl des Benutzers und der Benutzerin anzuzeigen. Überlegen Sie sich, welche Anforderungen zu erfüllen sind:

- Jedes Produkt muß mit Kategorie, Bestellnummer und Preis pro Einheit angezeigt werden.
- Ein interaktives Formular zum Ändern von Produktmengen, zum Löschen von ausgewählten Produkten und zur Neuberechnung der laufenden Summen muß zur Verfügung stehen.
- Die laufenden Summen für jedes Produkt und die Produktmenge sowie die Zwischensumme und etwaige Steuern müssen dargestellt werden.

Da überrascht es Sie wahrscheinlich nicht, daß einige Funktionen nur darauf warten, diese Bedürfnisse des Einkaufskorbs zu befriedigen. Diese Funktionen sind folgende:

`showBasket()`
: Zeigt den Inhalt des Einkaufskorbs an.

`genSelect()`
: Erzeugt dynamische SELECT-Listen zum Ändern von Produktmengen.

`runningTab()`
: Verwaltet die Berechnung und Darstellung aller Preise und Kosten.

`numberFormat()`
: Sorgt für akkurate Berechnungen und konsistente Anzeige im 0.00-Format.

`round()`
: Sorgt für akkurate Berechnungen.

`changeBasket()`
: Entfernt ausgewählte Produkte aus dem Einkaufskorb des Benutzers und ändert Produktmengen.

Die Funktion `showBasket()` wird aufgerufen, sobald der Benutzer dem Link folgt. Sehen Sie sich die Zeilen 134 bis 197 an:

```
function showBasket() {
  if (shoppingBasket.things.length == 0) {
    alert("Ihr Einkaufskorb ist leer. Legen Sie etwas hinein.");
    return;
    }
  gimmeControl = false;

  var header = '<HTML><HEAD><TITLE>Ihr Einkaufskorb</TITLE>' +
    '</HEAD><BODY BGCOLOR=FFFFFF ' +
      'onLoad="parent.frames[1].runningTab(document.forms[0]);">';

  var intro = '<H2>Ihr Einkaufskorb!!!</H2><FORM onReset="' +
    'setTimeout(\'parent.frames[1].runningTab(document.forms[0])\', ' +
    '25);">';

  var tableTop = '<TABLE BORDER=1 CELLSPACING=0 CELLPADDING=5>' +
    '<TR><TH><B>Index' +
    '<TH><B>Produkt<TH><B>Kategorie' +
    '<TH><B>Bestellnummer<TH><B>Einzelpreis' +
    '<TH><B>Menge<TH><B>Produkt gesamt' +
    '<TH><B>Entfernen' +
    '</TR>';

  var itemStr = '';
  for (var i = 0; i < shoppingBasket.things.length; i++) {
    itemStr += '<TR>' +
      '<TD ALIGN=CENTER>' + (i + 1) + '</TD>' +
      '<TD>' + shoppingBasket.things[i].name + '</TD>' +
      '<TD>' + shoppingBasket.things[i].category + '</TD>' +
      '<TD>' + shoppingBasket.things[i].plu + '</TD>' +
      '<TD ALIGN=RIGHT>$' +
      parent.frames[1].round(shoppingBasket.things[i].price) + '</TD>' +
      '<TD ALIGN=CENTER>' +
```

```
        parent.frames[1].genSelect(shoppingBasket.things[i].price,
        shoppingBasket.things[i].itemQty, i) + '</TD>' +
        '<TD ALIGN=CENTER><INPUT TYPE=TEXT SIZE=10 VALUE="' +
        parent.frames[1].numberFormat(shoppingBasket.things[i].price *
        shoppingBasket.things[i].itemQty) + '" onFocus="this.blur();"></TD>' +
        '<TD ALIGN=CENTER><INPUT TYPE=CHECKBOX></TD></TR>';
      }

    var tableBottom = '<TR>' +
      '<TD ALIGN=RIGHT COLSPAN=6>Zwischensumme:</TD>' +
      '<TD ALIGN=CENTER><INPUT TYPE=TEXT SIZE=10 NAME="subtotal" ' +
      'onFocus="this.blur();"></TD></TR><TR>' +
      '<TD ALIGN=RIGHT COLSPAN=6> + 16% Mehrwertsteuer:</TD>' +
      '<TD ALIGN=CENTER><INPUT TYPE=TEXT SIZE=10 NAME="tax" ' +
      'onFocus="this.blur();"></TD></TR><TR>' +
      '<TD ALIGN=RIGHT COLSPAN=6> + 2% Versandkosten:</TD>' +
      '<TD ALIGN=CENTER><INPUT TYPE=TEXT SIZE=10 NAME="ship" ' +
      'onFocus="this.blur();"></TD></TR>' +
      '<TR><TD ALIGN=RIGHT COLSPAN=3>' +
      '<INPUT TYPE=BUTTON VALUE="Bezahlen" ' +
      'onClick="parent.frames[1].checkOut(this.form);"></TD>' +
      '<TD ALIGN=RIGHT><INPUT TYPE=RESET VALUE="Mengen zur&uuml;cksetzen"></TD>' +
      '<TD ALIGN=RIGHT><INPUT TYPE=BUTTON VALUE="Einkaufskorb &auml;ndern" ' +
      'onClick="parent.frames[1].changeBasket(this.form, true);"></TD>' +
      '<TD ALIGN=RIGHT>Total:</TD><TD ALIGN=CENTER>' +
      '<INPUT TYPE=TEXT NAME="total" SIZE=10 onFocus="this.blur();">' +
      '</TD></TR>';

    var footer = '</TABLE></FORM></BODY></HTML>';
    infoStr = header + intro + tableTop + itemStr + tableBottom + footer;
    parent.frames[0].location.replace('javascript:
       parent.frames[1].infoStr');
    }
```

Sie werden sehen, daß `showBasket()` nichts anderes macht, als die Tabelle und das Formular zu erzeugen, die Sie in Abbildung 8-8 sehen können. Vorher muß `showBasket()` aber erst noch überprüfen, ob überhaupt etwas im Einkaufskorb liegt, das angezeigt werden kann:

```
if (shoppingBasket.things.length == 0) {
  alert("Ihr Einkaufskorb ist leer. Legen Sie etwas hinein.");
  return;
  }
```

Wenn `things.length` gleich 0 ist, dann hat der Benutzer nichts im Einkaufskorb. Weitermachen hat keinen Zweck. Wenn sich mindestens ein Produkt im Einkaufskorb befindet, läuft der Prozeß weiter. Die Zeilen 139 bis 153 setzen die Variablen *header*, *intro* und *tableTop* auf den Tabellenkopf mit den Überschriften und den notwendigen Spalten. Sie können sehen, daß `showBasket()` einige andere Funktionen aufruft:

```
gimmeControl = false;
var header = '<HTML><HEAD><TITLE>Ihr Einkaufskorb</TITLE>' +
  '</HEAD><BODY BGCOLOR=FFFFFF ' +
```

```
    'onLoad="parent.frames[1].runningTab(document.forms[0]);">';

  var intro = '<H2>Ihr Einkaufskorb!!!</H2><FORM onReset=' +
    '"setTimeout(\'parent.frames[1].runningTab(document.forms[0])\', ' +
    '25);">';

  var tableTop = '<TABLE BORDER=1 CELLSPACING=0 CELLPADDING=5>' +
      '<TR><TH><B>Index' +
      '<TH><B>Produkt<TH><B>Kategorie' +
      '<TH><B>Bestellnummer<TH><B>Einzelpreis' +
      '<TH><B>Menge<TH><B>Produkt gesamt' +
      '<TH><B>Entfernen' +
      '</TR>';
```

Alles, was hier erzeugt wird, ist ziemlich statisch, mit Ausnahme des *onLoad*-Event-Handler-Aufrufs von `parent.frames[1].runningTab()`. Wir werden gleich sehen, wie das funktioniert. Wenn die Informationen im Tabellenkopf vervollständigt worden sind, ist es Zeit, alle Produkte im Einkaufskorb des Benutzers zu durchlaufen. Wie Sie vielleicht erraten haben, durchläuft `showBasket()` die Schleife `things.length`-mal und konstruiert bei jedem Durchlauf eine mit den entprechenden Daten gefüllte Tabellenzeile. Dies wurde durch den Code in den Zeilen 154 bis 173 festgelegt:

```
  var itemStr = '';
  for (var i = 0; i < shoppingBasket.things.length; i++) {
    itemStr += '<TR>' +
      '<TD ALIGN=CENTER>' + (i + 1) + '</TD>' +
      '<TD>' + shoppingBasket.things[i].name + '</TD>' +
      '<TD>' + shoppingBasket.things[i].category + '</TD>' +
      '<TD>' + shoppingBasket.things[i].plu + '</TD>' +
      '<TD ALIGN=RIGHT>$' +
      parent.frames[1].round(shoppingBasket.things[i].price) + '</TD>' +
      '<TD ALIGN=CENTER>' +
      parent.frames[1].genSelect(shoppingBasket.things[i].price,
      shoppingBasket.things[i].itemQty, i) + '</TD>' +
      '<TD ALIGN=CENTER><INPUT TYPE=TEXT SIZE=10 VALUE="' +
      parent.frames[1].numberFormat(shoppingBasket.things[i].price *
      shoppingBasket.things[i].itemQty) + '" onFocus="this.blur();"></TD>' +
      '<TD ALIGN=CENTER><INPUT TYPE=CHECKBOX></TD>' +
      '</TR>';
    }
```

SELECT-Auswahllisten anlegen

Im Einklang mit den gerade erzeugten Tabellenköpfen erzeugt die *for*-Schleife Spalten für den Produktindex (damit Sie sehen können, wie viele verschiedene Produkte Sie haben), den Namen, die Kategorie, die Bestellnummer, den Einzelpreis, eine SELECT-Auswahlliste für die Menge und die Gesamtkosten für die angegebene Menge sowie eine Spalte mit einer Checkbox, die das Entfernen des Produkts ermöglicht. Jedes dieser Elemente steht in seinem eigenen `TD`-Tag. Die Erzeugung der Mengen-SELECT-Liste ist etwas komplizierter als üblich und ist es wert, daß wir sie uns näher ansehen. Die Liste wird von der Funktion `genSelect()` erzeugt. Es gibt noch andere Versionen in diesem Buch, mit denen Sie vermutlich vertraut sind. Hier ist ein weiterer Versuch in den Zeilen 199 bis 209:

```
function genSelect(priceAgr, qty, idx) {
 var selStr = '<SELECT onChange="this.form.elements[' + (idx * 3 + 1) +
     '].value = this.options[this.selectedIndex].value; ' +
     'parent.frames[1].runningTab(this.form);">';
 for (var i = 1; i <= 10; i++) {
   selStr += '<OPTION VALUE="' + numberFormat(i * priceAgr) + '"' +
     (i == qty ? ' SELECTED' : '') + '>' + i;
   }
 selStr += '</SELECT>';
 return selStr;
 }
```

Diese Funktion erwartet drei Parameter: den Preis des Produkts, die derzeitige Menge und einen Index (den Wert von *i* in der *for*-Schleife von `showBasket()`) zum Zugriff auf das Textfeld, das neben der SELECT-Liste ausgegeben wird. Ich habe die maximale Menge der Produkte, die der Benutzer bestellen kann, auf 10 gesetzt. Sie können diese Zahl beliebig erhöhen. Um diese Liste zu erzeugen, durchläuft `genSelect()` die Zahlen von 1 bis einschließlich 10 und erzeugt ein `OPTION`-Tag aus der folgenden Syntax, das jeweils an *selStr* angehängt wird:

```
selStr += '<OPTION VALUE="' + numberFormat(i * priceAgr) + '"' +
  (i == qty ? ' SELECTED' : '') + '>' + i;
```

Die erzeugten `OPTION`-Tags sind ziemlich einfach. Ihre `VALUE`-Attribute werden auf die Einzelpreise mal der Menge *i* gesetzt, die mit der jeweiligen Option verbunden ist. Ein Produkt mit einem Einzelpreis von €1.00 würde beispielsweise die folgenden `OPTION`-Tags erzeugen:

```
<OPTION VALUE="1.00" SELECTED>1
<OPTION VALUE="2.00">2
<OPTION VALUE="3.00">3
<OPTION VALUE="4.00">4
<OPTION VALUE="5.00">5
<OPTION VALUE="6.00">6
<OPTION VALUE="7.00">7
<OPTION VALUE="8.00">8
<OPTION VALUE="9.00">9
<OPTION VALUE="10.00">10
```

Noch etwas: Wenn *i* gleich der momentanen Produktmenge (*qty*) ist, wird das `OPTION`-Tag derselben Menge als `SELECTED` markiert. Da der Defaultwert jedes Produkts, das zum erstenmal in den Einkaufskorb gelegt wird, 1 ist, wird immer das `OPTION`-Tag mit dem Text 1 ausgewählt. Das erweist sich als ziemlich nützlich, wenn der Benutzer Mengenänderungen vornehmen möchte. Wir kommen gleich dazu.

Den Anfangswert für *selStr* habe ich übergangen. Verzeihen Sie mir, wenn ich mich noch einmal dorthin zurückbegebe:

```
var selStr = '<SELECT onChange="this.form.elements[" + (idx * 3 + 1) +
  '].value = this.options[this.selectedIndex].value; ' +
  'parent.frames[1].runningTab(this.form);">';
```

Jede SELECT-Auswahlliste hat einen dazugehörigen *onChange*-Event-Handler, der den Wert von `elements[(idx * 3 )+ 1]` auf den Wert der gerade ausgewählten Option ändert. Denken Sie daran, daß jeder `OPTION`-Wert das Produkt des Einzelpreises mit 1-10 ist. Wenn wir das €1.00-Beispiel von oben nehmen und der Benutzer 4 aus der Auswahlliste wählt, dann ändert sich der Wert von `elements[(idx * 3) + 1]` auf 4.00. Das ist ein bißchen kompliziert. Welches Formularelement ist das? Um die Frage zu beantworten, sehen Sie sich noch einmal den Code von `showBasket()` in den Zeilen 165 und 166 an:

```
parent.frames[1].genSelect(shoppingBasket.things[i].price,
  shoppingBasket.things[i].itemQty, i)
```

Sehen Sie sich jetzt die Parameter an, die `genSelect()` in Zeile 199 erwartet:

```
function genSelect(priceAgr, qty, idx) {
```

Aus diesen beiden können Sie erkennen, daß der Wert von *idx* immer gleich dem momentanen Wert von *i* ist, der in Zeile 155 initialisiert und um 1 erhöht wird. Wenn der Benutzer zehn Produkte im Einkaufskorb hat, wird *idx* zwischen 1 und 10 liegen. Die von `showBasket()` erzeugten SELECT-Auswahllisten werden deswegen so aussehen:

```
<!-- Für das erste Produkt //-->
<SELECT onChange='this.form.elements[1].value =
  this.options[this.selectedIndex].value;
  parent.frames[1].runningTab(this.form);'>
<!--Für das zweite Produkt //-->
<SELECT onChange='this.form.elements[4].value =
  this.options[this.selectedIndex].value;
  parent.frames[1].runningTab(this.form);'>
<!--Für das dritte Produkt //-->
<SELECT onChange='this.form.elements[7].value =
  this.options[this.selectedIndex].value;
  parent.frames[1].runningTab(this.form);'>
```

...und so weiter. Denken Sie darüber nach. `form.elements[1]` ist das Textfeld, das unmittelbar auf die erste SELECT-Liste folgt – oder es wird es zumindest werden: Zu dem Zeitpunkt, an dem der *onChange*-Event-Handler erzeugt wird, gibt es das Feld noch nicht. `form.elements[4]` bezieht sich auf das Textfeld, das unmittelbar auf die SELECT-Liste in der nächsten Zeile folgt. Das Referenzieren des Textfelds läuft darauf hinaus, den Elementindex zu berechnen, den es nach der Erstellung des Formulars hat.

Auf diese Weise komme ich zu `(idx * 3) + 1`: Jedes ausgewählte Produkt wird in einer Tabellenzeile dargestellt. Jede Tabellenzeile hat drei Formularelemente, jeweils in derselben Reihenfolge:

- Eine SELECT-Auswahlliste für die Menge
- Ein Textfeld zur Anzeige des Gesamtbetrags für das Produkt
- Eine Checkbox zur Entfernung des Produkts

Das bedeutet, daß das erste Textfeld `elements[1]` ist; das nächste ist `elements[4]`. Das Textfeld ist deswegen das zweite Element in jeder Dreiergruppe. `genSelect()` erzeugt den korrekten Code, indem immer mit 3 multipliziert und 1 dazuaddiert wird.

Die Rechnung auf dem aktuellen Stand halten

Was ist mit dem übrigen Code im `onChange`-Event-Handler? Dieser Event-Handler setzt nicht nur den korrekten Gesamtbetrag in das entsprechende Feld für das Produkt, sondern ruft auch `runningTab()` auf, um die Gesamtkosten des Einkaufs neu zu berechnen. Die Funktion `runningTab()` finden Sie in den Zeile 211–226:

```
function runningTab(formObj) {
  var subTotal = 0;
  for (var i = 0; i < shoppingBasket.things.length; i++) {
    subTotal += parseFloat(formObj.elements[(i * 3) + 1].value);
    }
  formObj.subtotal.value = numberFormat(subTotal);
  formObj.tax.value = numberFormat(subTotal * shoppingBasket.taxRate);
  formObj.ship.value = numberFormat(subTotal * shoppingBasket.shipRate);
  formObj.total.value = numberFormat(subTotal +
    round(subTotal * shoppingBasket.taxRate) + round(subTotal *
    shoppingBasket.shipRate));
  shoppingBasket.subTotal = formObj.subtotal.value;
  shoppingBasket.taxTotal = formObj.tax.value;
  shoppingBasket.shipTotal = formObj.ship.value;
  shoppingBasket.bagTotal = formObj.total.value;
  }
```

Diese Funktion ist ziemlich simpel. Sie führt drei einfache Operationen durch:

1. Berechnung und Anzeige der Zwischensumme sowie der Summe der Gesamtbeträge aller Produkte (Zeilen 212 bis 216)
2. Berechnung und Anzeige der Mehrwertsteuer, Versandkosten und des Gesamtbetrags (Zeilen 217 bis 221)
3. Speichern dieser Gesamtbeträge in den Objekteigenschaften des *shoppingBasket* (Zeilen 222 bis 225)

Die Funktionen `numberFormat()` und `round()` stellen sicher, daß alle Berechnungen korrekt ausgeführt werden und das Ergebnis im 0.00 oder .00-Format dargestellt wird (siehe Zeilen 228 bis 238):

```
function numberFormat(amount) {
  var rawNumStr = round(amount) + '';
  rawNumStr = (rawNumStr.charAt(0) == '.' ? '0' + rawNumStr : rawNumStr);
  if (rawNumStr.charAt(rawNumStr.length - 3) == '.') {
    return rawNumStr
    }
  else if (rawNumStr.charAt(rawNumStr.length - 2) == '.') {
    return rawNumStr + '0';
    }
  else { return rawNumStr + '.00'; }
  }
```

`numberFormat()` gibt einfach eine gerundete Version des Betrages `amount` im 0.00-Format zurück. Das wird durch einen Aufruf von `round()` mit `amount` als Parameter erreicht. Die Funktion `round()` rundet die Zahl auf die zwei standardmäßigen Dezimalstellen ab, wie hier gezeigt:

```
function round(number,decPlace) {
  decPlace = (!decPlace ? 2 : decPlace);
  return Math.round(number *
    Math.pow(10,decPlace)) / Math.pow(10,decPlace);
  }
```

JavaScript-Technik: Zahlen runden und Stringkonvertierung

Sie denken vielleicht, daß es nichts Besonderes ist, JavaScript dazu zu bringen, Ihnen mit `alert()` das Produkt von 1.15 * 3, den Preis für drei Portionen Pommes auszugeben, oder? Dann probieren Sie das doch mal. Sie erhalten 3.4499999999999997. Wo kommt das denn plötzlich her? JavaScript speichert Gleitkommazahlen als 64-Bit IEEE-754 Gleitkommawerte mit Vorzeichen. Die Präzisionsbits der Gleitkommawerte können solche Ergebnisse verursachen. Wenn Sie mehr wissen möchten, sehen Sie sich eines der folgenden Webdokumente an:

http://help.netscape.com/kb/client/970930-1.html
http://www.psc.edu/general/software/packages/ieee/ieee.html

Egal woran es liegt, wir brauchen einen Ausweg. Wie wäre es, JavaScript nach dem Produkt von 115 * 3 zu fragen? Beachten Sie, daß das Hundertfache der vorherigen Multiplikation ist und 345 ergibt. Das ist dieselbe Antwort, die Ihnen auch JavaScript gibt. Berechnungen mit ganzen Zahlen funktionieren hervorragend. Der Ausweg besteht hier darin, die Berechnung mit ganzen Zahlen auszuführen, die JavaScript-*Zahl* dann in einen JavaScript-*String* umzuwandeln und den Dezimalpunkt einzusetzen, wo er hingehört. Das ist genau das, was die Funktionen `numberFormat()` und `round()` zusammen bewerkstelligen. Wenn Sie noch mehr Berechnungen ausführen müssen, können Sie den *String* wieder in eine Zahl konvertieren und den Dezimalpunkt entfernen. Damit kommen Sie wieder ins Geschäft.

Wenn der Parameter namens *amount*, eine Zahl, gleich sich selbst mit `Math.round()` gerundet ist, dann ist *amount* eine ganze Zahl, also müssen wir .00 anhängen, um das korrekte Format zu bekommen. Wenn `amount * 10` gleich `Math.round(amount *10)` ist, dann heißt das, daß *amount* im 0.0-Format vorliegt und 0 angehängt werden muß, um dem Format zu genügen. Wenn nicht, hat der Betrag einen Wert, der mindestens auf ein Hundertstel reicht (.00). Eine Stringmanipulation ist nicht erforderlich.

Der Rest von showBasket(): Die Gesamtbeträge und andere Angelegenheiten

Jetzt hat jedes ausgewählte Produkt seine eigene Tabellenzeile mit Widgets zur Berechnung von Mengen und zu seiner Entfernung aus dem Einkaufskorb. Damit ist es an der Zeit, die letzten paar Zeilen hinzuzufügen. Diese Zeilen (174 bis 193) enthalten Formularfelder für die Anzeige der Zwischensumme, der Mehrwertsteuer und des Gesamtbetrages. Sie enthalten auch die Buttons »Bezahlen«, »Mengen zurücksetzen« und »Einkaufskorb ändern« für den Benutzer:

```
var tableBottom = '<TR>' +
  '<TD ALIGN=RIGHT COLSPAN=6>Zwischensumme:</TD>' +
  '<TD ALIGN=CENTER><INPUT TYPE=TEXT SIZE=10 NAME="subtotal" ' +
  'onFocus="this.blur();"></TD></TR><TR>' +
  '<TD ALIGN=RIGHT COLSPAN=6> + 16% Mehrwertsteuer:</TD><TD ALIGN=CENTER>' +
  '<INPUT TYPE=TEXT SIZE=10 NAME="tax" onFocus="this.blur();">' +
  '</TD></TR><TR><TD ALIGN=RIGHT COLSPAN=6> + 2% Versandkosten:</TD>' +
  '<TD ALIGN=CENTER><INPUT TYPE=TEXT SIZE=10 NAME="ship" ' +
  'onFocus="this.blur();"></TD></TR><TR>' +
  '<TD ALIGN=RIGHT COLSPAN=3><INPUT TYPE=BUTTON VALUE="Bezahlen" ' +
  'onClick="parent.frames[1].checkOut(this.form);"></TD>' +
  '<TD ALIGN=RIGHT><INPUT TYPE=RESET VALUE="Mengen zur&uuml;cksetzen"></TD>' +
  '<TD ALIGN=RIGHT><INPUT TYPE=BUTTON VALUE="Einkaufskorb &auml;ndern" ' +
  'onClick="parent.frames[1].changeBasket(this.form, true);"></TD>' +
  '<TD ALIGN=RIGHT>Total:</TD><TD ALIGN=CENTER>' +
  '<INPUT TYPE=TEXT NAME="total" SIZE=10 onFocus="this.blur();">' +
  '</TD></TR>';
var footer = '</TABLE></FORM></BODY></HTML>';
```

Wenn Sie diesen HTML-Code durchgehen, können Sie sehen, daß die Felder für die Anzeige der Gesamtbeträge zunächst leer sind. Der Aufruf von `runningTab()` im *onLoad*-Event dieses Dokuments füllt diese Felder in Kürze. Beachten Sie auch, daß jedes Feld den folgenden Code hat:

```
onFocus='this.blur();'
```

Da der Benutzer diese Felder nicht zu ändern braucht, deaktiviert ein Mausklick das Feld sofort. Dieser Code hält die Leute davon ab, den Text zu ändern, und befindet sich auch in den Feldern für die Produkt-Gesamtbeträge.

Es gibt drei Buttons: »Bezahlen«, »Mengen zurücksetzen« und »Einkaufskorb ändern«. Wir sehen sie uns im einzelnen an.

Der »Bezahlen«-Button

Wenn der Benutzer genug hat, braucht er nur die Bestellinformationen einzutragen und die Bestellung abzuschicken. Das Anklicken dieses Buttons ruft die Funktion `checkOut()` auf. Diese Funktion macht zwei Dinge:

- Sie erzeugt ein Bestellformular zum Eintragen der Bestellinformationen.
- Sie erzeugt zusätzliche versteckte `HIDDEN`-Felder, die alle ausgewählten Produkte darstellen.

Die Funktion ist lang, nehmen wir sie uns also in zwei Teilen vor. Wir beginnen mit den Zeilen 262 bis 311:

```
function checkOut(formObj) {
  gimmeControl = false;
  if(!confirm("Haben Sie alle Produkte in der richtigen Menge? " +
    "Bedenken Sie, daß Sie  'Einkaufskorb durchsuchen/ändern' wählen müssen, " +
    "um Produkte zu entfernen oder Mengen zu ändern. Wenn ja, wählen Sie OK " +
    "um zu bezahlen.")) {
    return;
    }
  if(shoppingBasket.things.length == 0) {
    showStore();
    return;
    }
  var header = '<HTML><TITLE>Online-Shop Kasse</TITLE>' +
    '<BODY BGCOLOR=FFFFFF>';
  var intro = '<H2>Online-Shop Kasse</H2><FORM METHOD=POST ' +
    'ACTION="http://your.webserver.com/cgi-bin/shop.cgi" ' +
    'onSubmit="return parent.frames[1].cheapCheck(this);">';

  var shipInfo = '<TABLE BORDER=0 CELLSPACING=0 CELLPADDING=5>' +
    '<TR><TD><B>Versandinformationen</TD></TR>'+
    '<TR><TD>Vorname</TD><TD><INPUT TYPE=TEXT NAME="fname"></TD>' +
    '</TR><TR><TD>Nachname</TD><TD>' +
    '<INPUT TYPE=TEXT NAME="lname"></TD></TR><TR><TD>Firmenname</TD>' +
    '<TD><INPUT TYPE=TEXT NAME="cname"></TD></TR><TR>' +
    '<TD>Anschrift1</TD><TD><INPUT TYPE=TEXT NAME="saddress1">' +
    '</TD></TR><TR><TD>Anschrift2</TD>' +
    '<TD><INPUT TYPE=TEXT NAME="saddress2"></TD></TR><TR>' +
    '<TD>Stadt</TD><TD><INPUT TYPE=TEXT NAME="city"></TD></TR>' +
    '<TR><TD>Stadtteil</TD>' +
    '<TD><INPUT TYPE=TEXT NAME="stpro"></TD></TR><TR>' +
    '<TD>Land</TD><TD><INPUT TYPE=TEXT NAME="country"></TD></TR>' +
    '<TR><TD>Postleitzahl</TD><TD><INPUT TYPE=TEXT NAME="zip"></TD>' +
    '</TR><TR><TD><BR><BR></TD></TR></TABLE>';

  var payInfo = '<TABLE BORDER=0 CELLSPACING=0 CELLPADDING=5>' +
    '<TR><TD><B>Abrechnungsinformation</TD></TR>'+
    '<TR><TD>Kreditkartentyp:       </TD>' +
    '<TD>Visa <INPUT TYPE=RADIO NAME="ctype" VALUE="visa" CHECKED> ' +
    '      ' +
    'Amex <INPUT TYPE=RADIO NAME="ctype" VALUE="amex"> ' +
    '      ' +
    'Eurocard <INPUT TYPE=RADIO NAME="ctype" VALUE="euro"> ' +
    '      </TD></TR>' +
    '<TR><TD>Kreditkartennummer</TD>' +
    '<TD><INPUT TYPE=TEXT NAME="cnumb"></TD></TR><TR>' +
    '<TD>Ablaufdatum</TD><TD><INPUT TYPE=TEXT NAME="edate"></TD>' +
    '</TR><TR><TD><INPUT TYPE=SUBMIT VALUE="Bestellung abschicken"></TD>' +
    '<TD><INPUT TYPE=RESET VALUE="Felder l&ouml:schen"></TD></TR>' +
    '</TABLE>';
```

Das ist ziemlich lang, ist aber zu 100% statisch. Der Code hier steuert das in Abbildung 8-8 gezeigte Bestellformular bei. Das Formular enthält Felder, über die der Benutzer grundlegende Zahlungsinformationen eingeben kann. Jedes Feld ist eindeutig benannt, so daß das server-seitige Verarbeitungsskript jeden Teil der Information identifizieren kann.

Der letzte Teil der Funktion `checkOut()` bereitet die `HIDDEN`-Felder vor, die die vom Benutzer getroffene Produktauswahl abspeichern (siehe Zeilen 313 bis 318):

```
var itemInfo = '';
for (var i = 0; i < shoppingBasket.things.length; i++) {
  itemInfo += '<INPUT TYPE=HIDDEN NAME="prod' + i +
    '" VALUE="' + shoppingBasket.things[i].plu + '-' +
    shoppingBasket.things[i].itemQty + '">';
  }
```

Das erzeugt ein `HIDDEN`-Feld namens *prod* + dem Wert von *i*. Der Wert wird auf die Syntax *Bestellnummer-Menge* gesetzt. Wenn der Benutzer also zwei Portionen Pommes bestellt, dann wäre das `VALUE`-Attribut für das `HIDDEN`-Feld `VALUE="POM1-2"`. Nachdem ein `HIDDEN`-Feld für jedes der ausgewählten Produkte und die Mengen erzeugt worden ist, kombiniert `checkOut()` alle Gesamtbeträge als Werte von `HIDDEN`-Feldern.

In den Zeilen 319 bis 326 sehen Sie, wie das geht:

```
var totalInfo = '<INPUT TYPE=HIDDEN NAME="subtotal" VALUE="' +
  shoppingBasket.subTotal + '">' +
  '<INPUT TYPE=HIDDEN NAME="taxtotal" VALUE="' +
  shoppingBasket.taxTotal + '">' +
  '<INPUT TYPE=HIDDEN NAME="shiptotal" VALUE="' +
  shoppingBasket.shipTotal + '">' +
  '<INPUT TYPE=HIDDEN NAME="bagtotal" VALUE="' +
  shoppingBasket.bagTotal + '">';
```

Fügen Sie einen »Bestellung abschicken«-Button zum Abschicken des Formulars und einen »Felder löschen«-Button zum Löschen der Formularinhalte hinzu, und das gesamte Kassen-Formular ist fertig. Beachten Sie, daß der *onSubmit*-Event-Handler dieses dynamisch erzeugten Formulars die Funktion `cheapCheck()` aufruft. Diese Funktion (siehe Zeilen 336 bis 351) hat keine andere Aufgabe als sicherzustellen, daß im abgeschickten Formular keines der vom Benutzer auszufüllenden Felder leer bleibt:

```
function cheapCheck(formObj) {
  for (var i = 0; i < formObj.length; i++) {
    if (formObj[i].type == "text" && formObj.elements[i].value == "") {
      alert ("Sie müssen alle Felder ausfüllen");
      return false;
      }
    }
  if(!confirm("Wenn alle Informationen korrekt sind, können Sie " +
    "Ihre Bestellung mit OK abschicken oder mit Cancel ändern.")) {
    return false;
    }
  alert("Danke. Wir machen uns mit Ihrem hartverdienten Geld bald einen schönen
  Lenz.");
```

```
shoppingBasket = new Basket();
showStore();
return true;
}
```

Wenn eines der Felder leer ist, warnt `cheapCheck()` den Benutzer und gibt false zurück, um zu verhindern, daß das Formular abgeschickt wird. Sie werden für Ihre eigenen Zwecke wahrscheinlich eine maßgeschneiderte Formularüberprüfungsfunktion haben wollen, aber die hier gezeigte gibt Ihnen wenigstens einen Ausgangspunkt. Beachten Sie auch, daß der Variable *shoppingBasket* ein frischer neuer `Basket()` zugewiesen wird, wenn der Benutzer das Formular korrekt ausgefüllt hat, und der Benutzer dann zur Anzeige aller Online-Shop-Kategorien weitergeleitet wird, was von `showStore()` erledigt wird.

Die Darstellung durchführen

Nachdem `showBasket()` den Variablen *header*, *intro*, *tableTop*, *itemStr*, *totalInfo*, *tableBottom* und *footer* die für eine zusammenhängende Darstellung nötigen Werte zugewiesen hat, gibt die Funktion diese Werte zum Bildschirm aus. Sehen Sie sich die Zeilen 194 bis 196 an:

```
infoStr = header + intro + tableTop + itemStr + tableBottom + footer;
parent.frames[0].location.replace('javascript:parent.frames[1].infoStr');
```

Was passiert auf der Server-Seite?

Die Einkaufserfahrung auf der Client-Seite ist jetzt zu Ende. Aber wie zahlt der Benutzer für die Waren, und wie bekommt er sie? Letzten Endes brauchen Sie eine server-seitige Bearbeitung, um die Bestellungen z.B. in eine Datenbank zur Abwicklung einzutragen. Ich habe ein grobes, in Perl geschriebenes CGI-Skript beigelegt, das für jede auftretende Transaktion eine unverwechselbare ASCII-Datei auf dem Server anlegt und alle Produkt- und Bestellinformationen in diese Datei schreibt. Sie können es unter *\ch08\shop.cgi* finden. Die folgende Anleitung zeigt Ihnen, wie Sie es für den Online-Shop konfigurieren können. Es setzt voraus, daß Perl auf Ihrem Webserver installiert ist und daß er so konfiguriert ist, daß er die Ausführung von CGI-Skripten erlaubt. Die Ausführung von unsachgemäß konfigurierten CGI-Skripten kann ernsthafte Sicherheitsprobleme verursachen, die Ihren Server verwundbar machen. Wenn Sie nicht über genügend Erfahrung verfügen, sollten Sie Ihren Systemadministrator oder CGI-Guru um Rat fragen, bevor Sie *shop.cgi* installieren und konfigurieren.

1. Kopieren Sie *shop.cgi* in ein Verzeichnis (sagen wir mal, *cgi-bin*), in dem Sie CGI-Skripte ausführen können.
2. Wenn nötig, ändern Sie die Dateierweiterung der auf die für CGI-Skripte auf Ihrem Webserver vorgeschriebene Erweiterung. Wenn Ihr Webserver z.B. vorschreibt, daß die Namen von CGI-Skripten mit *.pl* enden müssen, dann sollten Sie *shop.cgi* zu *shop.pl* ändern. Fragen Sie Ihren Systemadministrator.

3. Editieren Sie die erste Zeile in *shop.cgi* so, daß sie den Pfad zu Perl auf Ihrem System angibt. Wenn Perl auf Ihrem System unter */usr/local/bin/perl* gespeichert ist, sollte die erste Zeile wie folgt lauten:

   #!/usr/local/bin/perl

   Beachten Sie, daß auf einigen Systemen (z.B. Windows) die Dateierweiterung mit Perl verknüpft werden muß. Unter diesen Umständen können Sie sich die erste Zeile oft sparen.
4. Erzeugen Sie ein Verzeichnis zum Speichern der ASCII-Dateien mit den Bestellungen, vorzugsweise außerhalb der Web-Verzeichnisse. Setzen Sie seine Berechtigungen so, daß der Webserver-User (z.B. »nobody«) in das Verzeichnis schreiben kann. Editieren Sie das Skript so, daß die Variable *orders* diesen Verzeichnispfad enthält (verwenden Sie Vorwärtsstriche »/« zum Trennen der Verzeichnisnamen im Pfad, auch wenn Sie ein Windows-System haben).
5. Die Bibliotheksdatei *cgi-lib.pl* muß sich im selben Verzeichnis befinden wie das Skript. Wenn das nicht der Fall ist, müssen Sie das Skript editieren, um dem ungewöhnlichen Pfad Rechnung zu tragen. Beachten Sie, daß der Name der Bibliotheksdatei immer mit *.pl* endet. Das sollten Sie nicht ändern.
6. Stellen Sie sicher, daß die Schreib-, Lese- und Ausführungsrechte des *cgi-bin*-Verzeichnisses, der Bibliotheksdatei und des Skripts selbst so gesetzt werden, daß eine sichere und erfolgreiche Ausführung möglich ist. Diese hängen zum Teil von Ihrer Webserverkonfiguration ab. Fragen Sie Ihren Systemadministrator.
7. In Zeile 278 ändern Sie das `ACTION`-Attribut in den URL, der auf *shop.cgi* auf Ihrem Webserver zeigt.

Wenn die Kunden »Bestellung abschicken« wählen, wird *shop.cgi* aufgerufen, um die Informationen zu verarbeiten und eine einfache Empfangsbestätigung auszustellen. Für sichere Transaktionen sollten Sie übrigens entweder einen SSL-Server (Secure Socket Layer) oder eine Form der Verschlüsselung wählen, um vertrauliche Kreditkarten- und Bestellinformationen zwischen dem Server und dem Client auszutauschen.

»Mengen zurücksetzen«

In dieser Anzeige befinden sich noch zwei weitere Buttons. Der erste heißt »Mengen zurücksetzen«. Er ist einfach ein »Reset«-Button, der sämtliche Änderungen im Formular rückgängig macht. Wenn Sie aber »Einkaufskorb ändern« wählen, ändern Sie die Inhalte und Mengen des Einkaufskorbs unwiderruflich.

»Einkaufskorb ändern«

Nehmen wir an, daß der Benutzer mehrere Änderungen an den Produktmengen vorgenommen hat und bei ein paar anderen Produkten auch die »Entfernen«-Checkbox markiert hat. Wenn »Einkaufskorb ändern« gewählt wird, werden diese Änderungen registriert, und der Einkaufskorb wird mit neuem Inhalt und neuen Mengen angezeigt. Die Funktion `changeBasket()` ist in den Zeilen 245 bis 260 enthalten:

```
function changeBasket(formObj, showAgain) {
  var tempBasketArray = new Array();
  for (var i = 0; i < shoppingBasket.things.length; i++) {
    if (!formObj.elements[(i * 3) + 2].checked) {
      tempBasketArray[tempBasketArray.length] = shoppingBasket.things[i];
      tempBasketArray[tempBasketArray.length - 1].itemQty =
        formObj.elements[i * 3].selectedIndex + 1;
      }
    }
  shoppingBasket.things = tempBasketArray;
  if(shoppingBasket.things.length == 0) {
    alert("Sie haben Ihren Einkaufskorb geleert. Tun Sie etwas hinein.");
    parent.frames[1].showStore();
    }
  else { showBasket(); }
  }
```

Die Technik ist ziemlich einfach:

1. Es wird ein leeres Array namens *tempBasketArray* erzeugt.
2. Jedes Element (*product*) des *things*-Arrays wird durchlaufen.
3. Wenn die zugehörige Checkbox nicht markiert ist, wird es als nächstes Element zu *tempBasketArray* hinzugefügt.
4. Die Menge des zuletzt zu *tempBasketArray* hinzugefügten Produkts wird auf die vom Benutzer über die zugehörige SELECT-Auswahlliste gewählte Menge gesetzt.
5. *things* wird auf *tempBasketArray* gesetzt, und der Inhalt des Einkaufskorbs wird wieder angezeigt.

Die jeweilige Checkbox wird genauso referenziert, wie die Funktion `runningTab()` den Wert jedes Produkt-Gesamtbetrages ermittelt. Auf jede folgende Checkbox kann durch das Element mit dem Index `(i * 3) + 2` zugegriffen werden. Wenn nach allen Durchläufen keine Elemente in *tempBasketArray* sind, dann hat der Benutzer alle Produkte aus dem Einkaufskorb entfernt. Er wird darauf aufmerksam gemacht und gebeten, den Korb wieder zu füllen.

Die vergessenen Funktionen

Wir sind jetzt fast alles durchgegangen, mit Ausnahme von drei Funktionen, die wir bisher nicht besprochen haben. Sie spielen eine ziemlich kleine Rolle, sind aber erwähnenswert. Es handelt sich um `portal()`, `help()` und `freshStart()`. `portal()` finden Sie in den Zeilen 49 bis 52:

```
function portal() {
  gimmeControl = false;
  parent.frames[0].location.href = "search/index.html";
  }
```

Da die Darstellung der Produktsuchmaschine selbst keine Produkte darstellt, wird die Variable *gimmeControl* auf `false` gesetzt, bevor *search/index.html* geladen wird. Bei `help()` in den Zeilen 353 bis 356 ist es dasselbe:

```
function help() {
  gimmeControl = false;
  parent.frames[0].location.href = "intro.html";
  }
```

Der einzige Unterschied besteht darin, daß `parent.frames[0]` diesmal *intro.html* lädt (siehe Zeilen 358 bis 360):

```
function freshStart() {
  if(parent.frames[0].location.href != "intro.html") { help(); }
  }
```

Die Funktion `freshStart()` stellt sicher, daß jedesmal, wenn der Benutzer *shopset.html* lädt (oder besser gesagt, neu lädt), `parent.frames[0]` mit *intro.html* anfängt. Sie können das im *onLoad*-Event-Handler in Zeile 10 finden.

Mögliche Erweiterungen

Jedes bißchen Kreativität kann Sie in dieser Anwendung weit bringen. Hier sind ein paar der Möglichkeiten, die mir einfallen:

- Sie könnten »intelligentere« Produkte anbieten.
- Sie könnten bessere Suchmöglichkeiten hinzufügen.
- Sie könnten ein Cookie-Feature für Stammkunden hinzufügen.

Produkte intelligenter machen

Das heißt jetzt nicht, daß jedes Produkt einen eigenen IQ hat. Nehmen Sie aber einmal an, Sie würden eine Eigenschaft, und zwar ein Array, zum *product*-Konstruktor hinzufügen. Das Array würde die Namen und Kategorie/Produktnummernpaare derjenigen Produkte enthalten, die mit dem gerade sichtbaren Produkt verwandt sind. Der *product*-Konstruktor könnte dann so aussehen:

```
function product(name, description, price, unit, related) {
  this.name = name;
  this.description = description;
  this.price = price;
  this.unit = unit;
  this.related = related;
  this.plu = name.substring(0, 3).toUpperCase() +
    parseInt(price).toString();
  this.icon = new Image();
  return this;
  }
```

Der Parameter *related* ist ein Array, das Sie der Eigenschaft *related* zuweisen können. Immer, wenn der Benutzer sich ein Produkt ansieht, könnten Sie durch die Elemente in *related* gehen und Links auf sie erzeugen. Auf diese Art können Sie Ihre Produkte besser vermarkten.

Wenn sich das für Sie neu anhört, besuchen Sie doch einmal amazon.de. Suchen Sie nach einem Buch mit einem Ihrer Lieblingsthemen. Wenn Sie auf einen der Links auf der Ergebnisliste klicken, enthält die Seite mit Ihrem Buchprofil auch Links zu den anderen Büchern, die von Leuten gekauft worden sind, die das gerade angezeigte Buch gekauft haben.

Bessere Suchmöglichkeiten

Das geht wieder auf die Erweiterung der Suchmaschine zurück. Es gibt aber mehrere Möglichkeiten, sie für den Online-Shop zu modifizieren. Als erstes sollten Sie sich überlegen, ob Sie die Suche mit Booleschem UND hinzufügen wollen. Das wird nicht allzu schwer. Kopieren Sie einfach die Funktion `requireAll()` aus der ursprünglichen Anwendung in Kapitel 1, und modifizieren Sie sie dann, wie bereits für `allowAny()` beschrieben. Sie müssen auch in `validate()` eine Veränderung vornehmen, um anzuzeigen, welche der Suchfunktionen zu benutzen ist.

Anstatt die gesamte Produktdatenbank zu durchsuchen, möchte der Benutzer vielleicht nur eine oder mehrere Kategorien durchsuchen. Überlegen Sie sich, ob Sie nicht eine Mehrfach-SELECT-Auswahlliste zu *nav.html* hinzufügen wollen:

```
<SELECT MULTIPLE SIZE=5>
<OPTION VALUE="Hausgeraete">Hausger&auml;te
<OPTION VALUE="Gebaeude">Geb&auml;ude
<OPTION VALUE="Kleidung">Kleidung
<OPTION VALUE="Elektronik">Elektronik
<OPTION VALUE="Lebensmittel">Lebensmittel
<OPTION VALUE="Eisenwaren">Eisenwaren
<OPTION VALUE="Musik">Musik
</SELECT>
```

Obwohl sie hier hardcodiert ist, könnten Sie eine ähnliche Logik wie in `genSelect()` einsetzen, um ein dynamischeres Ergebnis zu erreichen. Wenn die Suche durchgeführt wird, können Sie sie auf Produkte in den vom Benutzer ausgewählten Kategorien beschränken und dadurch die Suche einengen.

Ein weiteres Feature, das Sie hinzufügen könnten, ist eine Suche in einem Preisbereich. Wenn ein Kunde nach Produkten für unter €50, über €100 oder auch zwischen €50 und €100 sucht, könnten Sie Flags wie >, <, >= und <= erlauben. Dazu müßten Sie Änderungen in `validate()` und `formatResults()` vornehmen.

Cookies hinzufügen

Nehmen wir an, daß sich die Produkte auf Ihrer Site häufig ändern. Vielleicht kommen Ihre Kunden häufig wieder. Es wäre mit Sicherheit bequem, wenn sie dann beim Bezahlen nicht immer ihre Bestellinformationen ausfüllen müßten. Warum fügen Sie nicht die Cookie-Funktionen aus Kapitel 7, *Benutzereinstellungen mit Cookies speichern*, ein? Auf diese Weise wird die Benutzerinformation auf dem Clientbrowser gehalten, und kann zum Vorausfüllen des Bestellformulars verwendet werden. Diese zusätzliche Funktionalität ist eine kleine Herausforderung; Sie werden sich aber wie ein JavaScript-Held fühlen, wenn Sie damit fertig sind. Obwohl die Funktionen `GetCookie()` und `SetCookie()` es Ihnen ermöglichen, in das Cookie zu schreiben und aus ihm zu lesen, werden Sie noch eine Funktion brauchen, die nach dem Lesen der Cookie-Daten die Formulardaten (wahrscheinlich als einen einzigen String) zusammensetzt.

9

Chiffren in JavaScript

Projektmerkmale

- Chiffrieranwendung mit mehreren Chiffren
- Objektorientiertes Design macht das Hinzufügen von Chiffren einfach
- Unterhaltsame Anwendung und Einrichtung für die Besucher Ihrer Website

JavaScript-Techniken

- Ihren Objekten Methoden zuweisen
- Mehr Stringvergleich und Stringaustausch
- Die Vererbung bei JavaScript-Objekten nutzen
- Alternative Syntax verwenden

Wenn Sie gerade das vorhergehende Kapitel abgeschlossen haben, bietet dieses Kapitel Ihrem Gehirn eine Verschnaufpause. Dieses Kapitel ist etwas leichter und beschäftigt sich mit einer Spaßanwendung – Chiffriertechniken mit JavaScript. Die Anwendung würfelt Textbotschaften so durcheinander, daß nur diejenigen, die den Schlüssel zu dem Geheimnis besitzen, noch etwas damit anfangen können.

Die in Abbildung 9-1 gezeigte Benutzerschnittstelle ist ziemlich einfach. Wenn die Cäsar-Chiffrierung gewählt ist, haben wir nur einen kurzen Text, der die Chiffriermethode beschreibt, eine SELECT-Liste zur Auswahl eines Nummernschlüssels und eine TEXTAREA zur Eingabe des zu verschlüsselnden und zu entschlüsselnden Texts.

Der Text »JavaScript ist die bevorzugte Skriptsprache auf diesem Planeten, glauben Sie nicht?« wird in die TEXTAREA eingegeben. Wenn 6 aus der Schlüsselliste gewählt und der »Verschlüsseln«-Button betätigt wird, bekommen Sie den chiffrierten Text, den Sie in Abbildung 9-2 sehen können. Hier ist er noch einmal:

```
pg1gyixovz oyz jok hk1ux50mzk yqxovzyvxgink g01 jokyks vrgtkzkt mrg0hkt yok
toinz
```

Wenn Sie »Entschlüsseln« wählen, kehrt der Text ins Original zurück. Beachten Sie, daß der Text komplett in Kleinschreibung zurückgegeben wird. Die Vigenère-Chiffriermethode funktioniert ungefähr auf dieselbe Weise. Wählen Sie »Vigenère-Chiffre« aus der Chiffren-Liste oben, und Abbildung 9-3 zeigt, was Sie sehen.

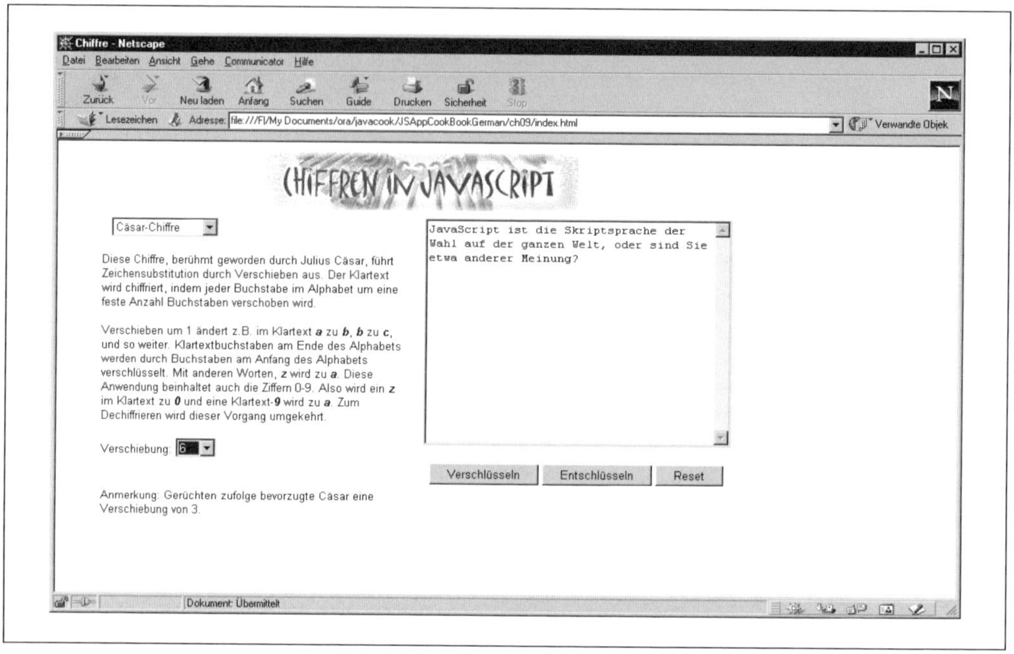

Abbildung 9-1: Die Verschlüsselungsseite

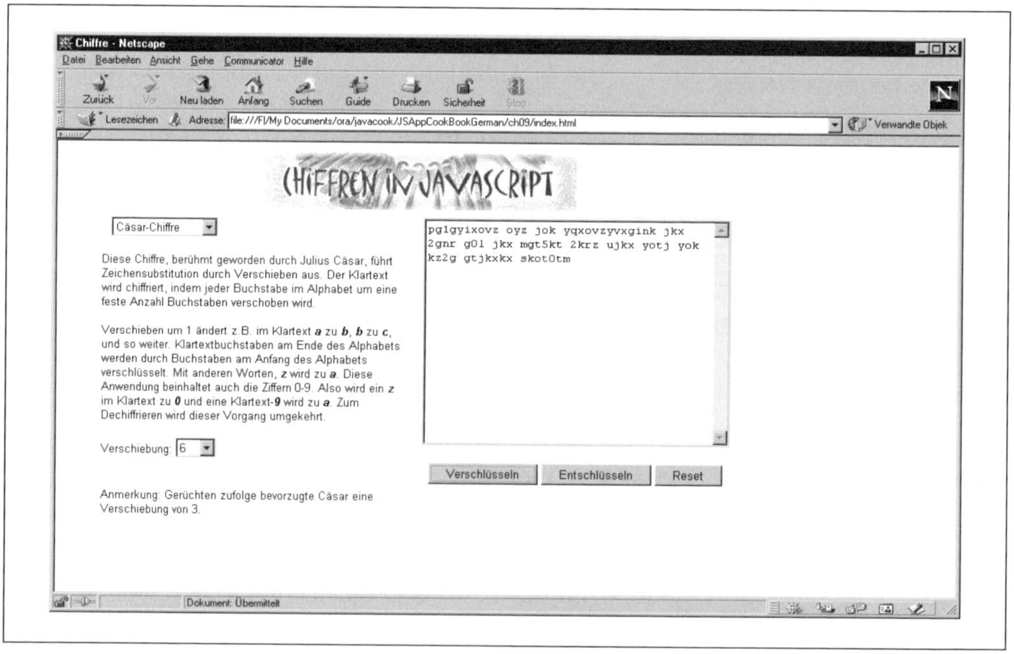

Abbildung 9-2: Die Cäsar'sche Verschlüsselung verwenden

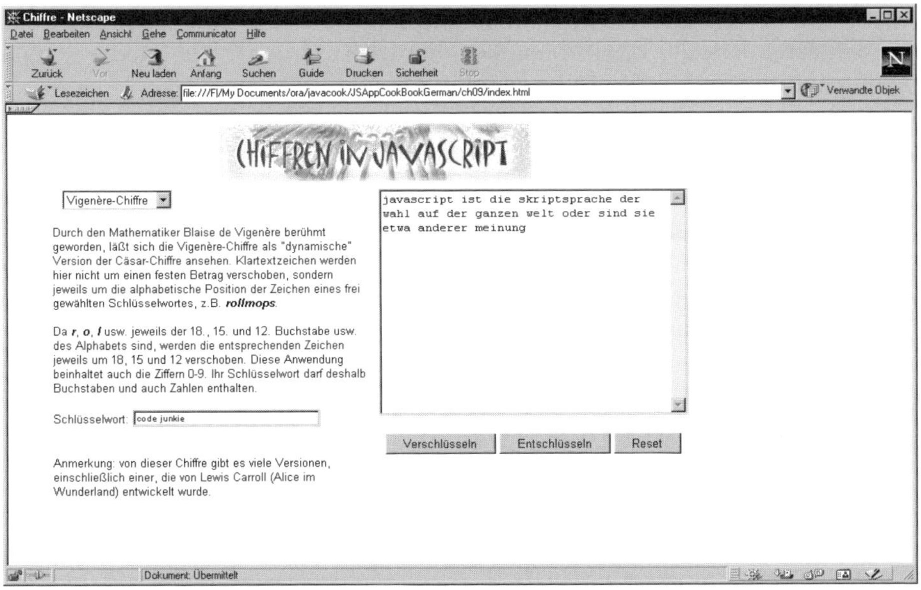

Abbildung 9-3: Die Seite für die Vigenère-Chiffriermethode

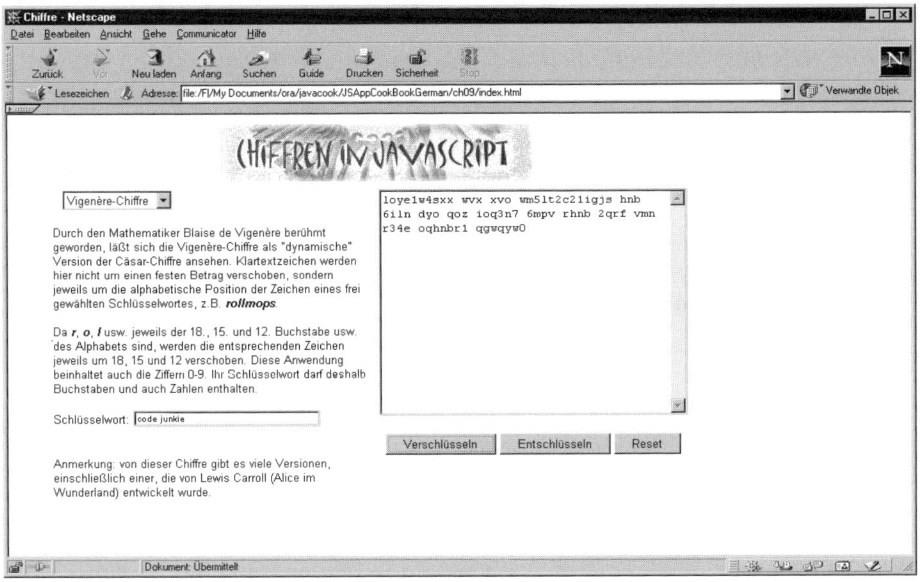

Abbildung 9-4: Die Vigenère-Chiffriermethode in Aktion

Bei dieser Chiffriermethode gibt es keine SELECT-Liste zur Auswahl eines Nummernschlüssels. Statt dessen gibt es ein Textfeld zur Eingabe eines Worts oder eines Satzes, der den Schlüssel darstellt. Überprüfen Sie, wie der Ausdruck »code junkie« den Originaltext durcheinanderwirft. Das ist hier und in Abbildung 9-4 zu sehen:

```
loyelw4sxx wvx xvo fg9rv8et3m uyumyd5zzeevh jes lmg6hq 9ykvivsq p5n4jip vmn
0sklv
```

Wenn »Entschlüsseln« mit »code junkie« gewählt wird, wird der Text natürlich in einer lesbareren Form zurückgegeben. Da das Thema Chiffrieren vielleicht neu für Sie ist, gebe ich Ihnen erst einmal einen Schnellkurs. Er erklärt Grundlagen der Verschlüsselungstechnik und die Details der beiden in der Anwendung benutzten Chiffriermethoden – die Cäsar-Chiffrierung und die Vigenère-Chiffre.

Wie funktionieren Chiffriermechanismen?

Was ist überhaupt ein Chiffriermechanismus? Ein Chiffriermechanismus ist ein Algorithmus oder eine Anzahl von Algorithmen, die systematisch den Klartext der Botschaft eines Absenders oder einer Absenderin in scheinbar bedeutungslosen Text konvertieren, der nur von eingeweihten Empfängern wieder in den ursprünglichen Absendertext umgewandelt werden kann. Die folgenden Begriffe und Definitionen werden Ihnen helfen, die Ver- und Entschlüsselung sowie den Code zu verstehen.

Der Begriff *Klartext* bezieht sich auf die Originalbotschaft des Absenders. Die Bedeutung im Klartext ist das, was der Absender dem/den Empfänger(n) mitteilen möchte.

Der Begriff *Geheimtext* bezieht sich auf Klartext, dessen Erscheinung chiffriert oder algorithmisch geändert worden ist. Der Geheimtext wird zum Klartext, sobald er dechiffriert wird.

Viele Chiffriermechanismen benutzen einen oder mehrere Schlüssel. Ein *Schlüssel* ist ein Text- oder Bitstring, der zum Ver- und Entschlüsseln von Daten verwendet wird. RSA Data Security, Inc. (*http://www.rsa.com/*), ein führendes Unternehmen in der Verschlüsselungstechnik, sagt, daß der Schlüssel die Beziehung zwischen Klartext und Geheimtext definiert. Fast alles kann ein Schlüssel sein, das Wort »auckland« ebenso wie der Ausdruck »gewinner geben nie auf, wer aufgibt, gewinnt nie«, die Binärzahl 10011011 oder auch ein ziemlich wilder String wie %_-.;,(<<*&^.

Chiffriermechanismen, bei denen Sender und Empfänger denselben Schlüssel zum Chiffrieren und Dechiffrieren der Botschaft verwenden, sind Teil eines *Kryptosystems mit symmetrischem Schlüssel*. Chiffriermechanismen, bei denen die Daten mit einem Schlüsselpaar ver- und entschlüsselt werden, von dem ein Schlüssel öffentlich bekannt und der andere nur dem Empfänger bekannt ist, heißen *Public-Key-Kryptosysteme*. Die Verschlüsselungsmechanismen in dieser Anwendung verwenden ein Kryptosystem mit symmetrischem Schlüssel.

Es gibt Hunderte von dokumentierten Chiffriermechanismen. Einige davon sind Tausende von Jahren alt, andere gibt es erst seit letzter Woche, von cleveren Teenagern erfunden, die nach einem persönlichen Rekord in Tomb Raider etwas übermütig geworden sind. Wo sie auch immer herkommen, Chiffren fallen in drei allgemeine Kategorien: Verbergen, Umstellen und Ersetzen.

Chiffriermechanismen, die *verbergen*, verstecken den Klartext im Geheimtext. Der Empfänger muß dann wissen, welche Buchstaben oder Symbole aus dem Geheimtext zu entfernen sind, damit er den Klartext erhält. Hier ist ein Beispiel für einen Verschlüsselungsmechanismus, der nach dem Verbergen-Prinzip arbeitet:

```
i2c87h23m32a5321g34s1245ch456ok12ol234ad567e
```

Wenn Sie alle Zahlen entfernen, erhalten Sie *ich mag schokolade*. Was ist mit dem folgenden Text?

```
Vorher entschuldigte Robert sein chronisches Husten, was ich nicht dringend erwartete.
```

Der erste Buchstabe in jedem Wort ergibt die Botschaft *verschwinde*. Beide sind einfach, aber viele Leute haben bessere Wege zum Verbergen der Botschaft erfunden. Übrigens braucht die Chiffrierung durch Verbergen nicht unbedingt Geheimtext, wie in den Beispielen oben. Denken Sie an die unsichtbare Tinte, die Kinder zum Versenden von Geheimbotschaften verwenden. In einem etwas extremeren Beispiel rasierte ein Mann namens Histiaeus im 5. Jahrhundert v. Chr. den Kopf eines vertrauenswürdigen Sklaven und tätowierte die Botschaft auf dessen kahlen Kopf. Nachdem das Haar des Sklaven wieder gewachsen war, schickte Histiaeus den Sklaven zum Empfänger der Botschaft, Aristagoros, der den Kopf des Sklaven wieder rasierte und die Botschaft las, die ihm den Aufstand befahl.

Die Verschlüsselung durch Umstellen behält ebenfalls die Klartextzeichen im Geheimtext bei. Der Geheimtext wird einfach durch die Umstellung der existierenden Klartextzeichen erreicht. Probieren Sie doch mal:

```
ban en hi novt gne ahe ix al  ag redt ie hr eh ci se id
```

Wenn Sie diese Buchstaben zusammenrücken und dann in umgekehrter Reihenfolge lesen, bekommen Sie die Botschaft »die sicherheit der galaxie haengt von ihnen ab«.

Chiffriermechanismen mit Ersetzung vertauschen jedes Zeichen des Klartexts mit einem anderen Zeichen oder Symbol. Sehen Sie sich das folgende Beispiel an:

```
9-3-8-4-5-14-11-5-14-21-18-9-14-26-1-8-12-5-14
```

Wenn Sie jede Zahl durch den entsprechenden Buchstaben des Alphabets ersetzen, erhalten Sie den Ausdruck »Ich denke nur in Zahlen«. (»I« ist beispielsweise der neunte Buchstabe des Alphabets, »o« ist der 15te usw.) Eine Ersetzungsverschlüsselung kann praktisch jedes Zeichen zum Chiffrieren und Dechiffrieren verwenden. Beide Chiffriermechanismen in dieser Anwendung verwenden eine Ersetzung.

Ein paar Worte über's Codeknacken

Der Geheimtext, der von dieser Anwendung erzeugt wird, mag auf den ersten Blick ziemlich komplex aussehen. In Wirklichkeit kann jeder halbwegs intelligente Kryptoanalytiker den Chiffre innerhalb weniger Minuten mit Papier und Bleistift brechen. Zum Glück gibt es *viel* sicherere Algorithmen wie RSA, IDEA und dreifache DES-Verschlüsselung. Ich kann Ihnen nicht zeigen, wie Sie diese knacken können, kann Ihnen aber einen Hinweis geben, warum die einfache Ersetzung und das Umstellen so einfach zu knacken sind.

Der wunde Punkt bei diesen Chiffretypen ist die Häufigkeitsverteilung der Buchstaben. Das heißt, einige Buchstaben tauchen in der alltäglichen Sprache häufiger auf als andere. Die häufigsten Buchstaben in der englischen Sprache sind beispielsweise (in dieser Reihenfolge) E-T-N-R-O-A-I-S. Die seltensten sind J, K, Q, X und Z.[1]

Eine andere Methode, um einen einfachen Code zu knacken, ist die Analyse von Doppel- und Dreifach-Zeichenkombinationen. Eine *Doppel-Zeichenkombination* ist ein String aus zwei Zeichen, wie *ab* oder *cd*. Eine *Dreifach-Zeichenkombination* ist ein String mit drei Zeichen, zum Beispiel *abc* oder *bcd*. Doppel- und Dreifach-Zeichenkombinationen haben ebenfalls hohe und niedrige Häufigkeiten in natürlichen Sprachen. Die U.S. Army geht davon aus, daß im Englischen die folgenden Zweierkombinationen am häufigsten vorkommen: *en, er, re, nt, th, on* und *in*. Die seltensten sind *df, hu, ia, lt* und *mp*. Bei Dreierkombinationen sind es *ent, ion, and, ing, ive, tho* und *for*. Die seltensten sind *eri, hir, iet, der* und *dre*.

Die häufigsten Buchstaben, Doppel- und Dreifach-Zeichenkombinationen geben nicht nur einen Hinweis darauf, für was viele Zeichen stehen, sondern auch darauf, für was sie und umgebende Buchstaben nicht stehen. Überlegen Sie mal, wie viele Doppel- und Dreifachkombinationen Sie im täglichen Umgang verwenden: *en, er, st, in, zu, der, den, ner, nen*. Die Liste ist lang. Obwohl die Chiffren in dieser Anwendung keine Top-Qualität darstellen, machen sie dennoch viel Spaß und eignen sich auch dazu, neugierige Augen fernzuhalten.

Die Cäsar-Chiffrierung

Diese Methode wurde von Julius Cäsar zur Kommunikation mit seinem Armeegeneral verwendet und ist eine der ersten bekannten Verschlüsselungsmethoden. Der Algorithmus verschiebt die Zeichen des Alphabets einfach zwischen einem und 25 Plätzen (von b-z), so daß eine Verschiebung um 3 das Klartextzeichen *a* in ein *d* im Geheimtext umwandelt und umgekehrt. Zeichen, die über *z* hinaus verschoben werden, fangen wieder am Anfang an. Mit anderen Worten, eine Verschiebung um 3 konvertiert ein *z* im Klartext in ein *c* im Geheimtext. Die Zahl ist der Schlüssel, den sowohl die sendende als auch die empfangende Partei zum Ver- und Entschlüsseln der Botschaft verwenden.

---

1 aus dem *U.S. Army Field Manual* 34-40-2.

Beachten Sie, daß jedes Zeichen immer mit demselben Klartext- oder Geheimtextzeichen verbunden ist. Eine Verschiebung um 3 bedeutet beispielsweise, daß ein *a* im Klartext immer ein *d* im Geheimtext ist. Das heißt, es gibt nur ein Chiffrieralphabet. Die Cäsar-Chiffrierung wird daher als *monoalphabetisch* bezeichnet.

Die Vigenère-Chiffrierung

Diese Verschlüsselungsmethode wurde im 16. Jahrhundert von dem Mathematiker Blaise de Vigenère vorgeschlagen. Sie ist *polyalphabetisch*, da sie mehr als ein Chiffrieralphabet verwendet. Mit anderen Worten, ein *a* im Klartext ist nicht immer ein *d* im Geheimtext, wie bei der Cäsar-Chiffrierung mit einer Verschiebung um 3.

Statt einer Zahl verwendet diese Verschlüsselungsmethode ein Schlüsselwort. Nehmen wir an, Sie wollen den Klartext *treffen um mitternacht* chiffrieren und benutzen das Schlüsselwort *auckland*. Die Buchstaben des Schlüsselwortes werden dann nacheinander über die Buchstaben des Klartexts geschrieben:

aucklan da ucklandauck
treffen um mitternacht

So weit, so gut. *a* ist der erste Buchstabe im Alphabet. *u* ist der 21ste. Die Buchstaben *c, k, l, n* und *d* sind jeweils an dritter, elfter, zwölfter, vierzehnter und vierter Stelle. Der Klartextbuchstabe *t* wird also um einen Buchstaben verschoben, *r* um 21, *e* um 3, das erste *f* um 11, das zweite *f* um 12 und so weiter. Sie bekommen:

umhqrfb yn hlfewffrbxke

Wenn Sie darüber nachdenken, ist diese Chiffre eine Art dynamische Cäsar-Methode. Auf jeden Buchstaben wird eine neue Cäsar-Chiffrierung angewandt.

Wenn Sie mehr über Chiffriermethoden erfahren wollen, können Sie sich eine Anzahl der ehemals geheimen Dokumente der U.S. Army im PDF-Format herunterladen, und zwar von *http://www.und.nodak.edu/org/crypto/crypto/army.field.manual/separate.chaps/*.

Diese Kopie ist auf der Website der Crypto Drop Box gespeichert. Sehen Sie sich die Homepage unter *http://www.und.nodak.edu/org/crypto/crypto/* an. Dort werden Sie genügend Material vorfinden, um Sie tagelang beschäftigt zu halten.

Einsatzvoraussetzungen

Diese Anwendung verwendet JavaScript 1.2 und DHTML, also dürfen nur Browser der Version 4.x und höher mitspielen. Es gibt jede Menge Stringvergleiche und Stringaustausch, so daß JavaScript 1.2 richtig glänzen kann.

Die Syntax unter die Lupe genommen

Zum Glück benötigt diese Anwendung nur zwei Dateien. Noch besser – wir sehen uns nur den Code in einer der beiden an. Die zwei Dateien sind *index.html* und *dhtml.js* (*dhtml.js* wurde schon in Kapitel 6, *Das Anlegen von JavaScript-Quelldateien*, besprochen). Bevor wir uns irgendwelchen Code ansehen, wollen wir ein paar abstrakte Konzepte zum »Aussehen« der Anwendung entwickeln. Diese Anwendung wird aus einer sehr grundlegend objektorientierten Perspektive entwickelt. Der Online-Shop in Kapitel 8, *Der JavaScript-Online-Shop mit Einkaufskorb*, behandelt eine andere Anwendung, die sich die Objektorientierung zunutze macht. Die Chiffrieranwendung nutzt dieses Verfahren allerdings noch etwas weiter aus.

Diese Anwendung verfügt über zwei Chiffriermechanismen. Jeder Chiffre hat Gemeinsamkeiten mit allen anderen Chiffren, egal um was für eine Art Chiffre es sich handelt. Sie erinnern sich, daß es drei grundlegende Chiffretypen gibt: Verbergen, Umstellen und Ersetzen. Diese Anwendung enthält zwei Ersetzungschiffren: die Cäsar-Chiffrierung und die Vigenère-Chiffre. Abbildung 9-5 zeigt eine grundlegende Struktur der gerade beschriebenen Hierarchie.

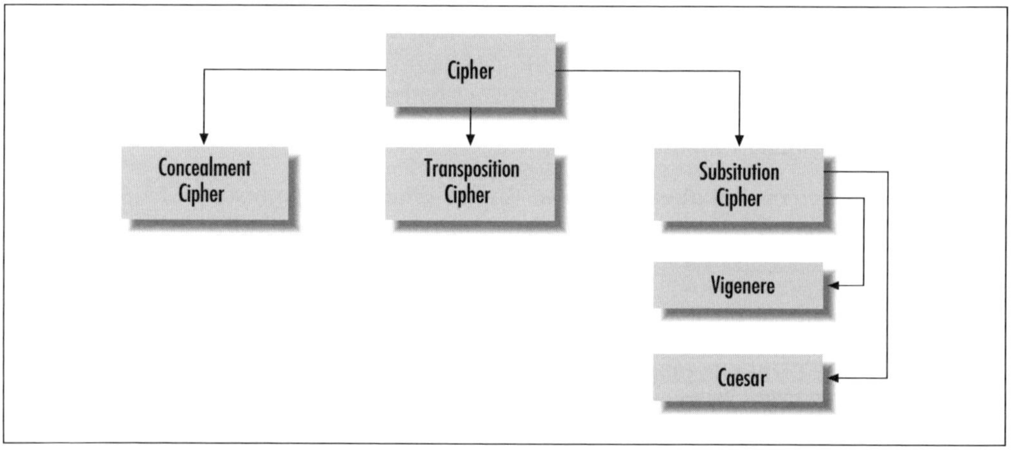

Abbildung 9-5: Die Chiffrenstruktur

Die Abbildung zeigt, daß die Objekte *ConcealmentCipher*, *TranspositionCipher* und *SubstitutionCipher* als eine Art abgeleitete Klasse alles von dem *Cipher*-Objekt erben. Die Vigenère-Chiffre und die Cäsar-Chiffrierung sind daher Instanzen des *SubstitutionCipher*-Objekts und enthalten alle seine Eigenschaften und Methoden.

Aus reiner intellektueller Neugier sollten wir uns einmal ansehen, wie dieses Modell ausgebaut werden kann. Abbildung 9-6 zeigt, wie sich andere Chiffretypen einfach in die Hierarchie einfügen lassen, ohne daß irgend etwas neu entwickelt werden muß. Der fett gedruckte Teil der Struktur markiert den Teil der Hierarchie, der in der Anwendung benutzt wird.

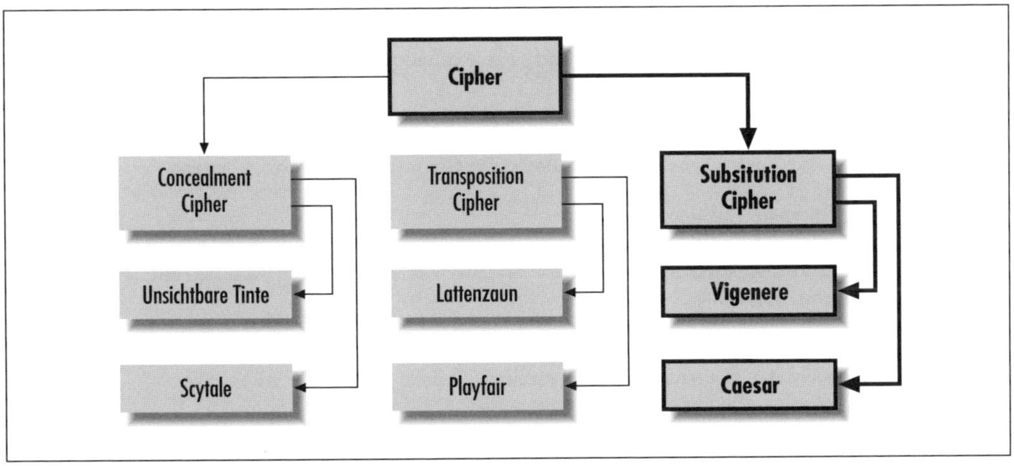

Abbildung 9-6: Die Chiffrenstruktur erweitern

Wie Sie sehen können, lassen sich unendlich viele Chiffretypen und individuelle Chiffren zu dieser Struktur hinzufügen, ohne den existierenden Code der bereits enthaltenen Chiffren zu ändern. Sie können aus den abgeleiteten Klassen auch weitere Klassen ableiten. Das objektorientierte Design erweist sich wieder einmal als nützlich. Behalten Sie das im Hinterkopf, wenn wir auf den nächsten Seiten durch den unterstützenden Code gehen. Sie werden sehen, wie einfach es ist, der Anwendung zusätzliche Chiffren hinzuzufügen, ohne das Werkzeug wechseln zu müssen.

Sehen wir uns *index.html* in Beispiel 9-1 an.

Beispiel 9-1: index.html

```
<HTML>
<HEAD>
  <TITLE>Chiffre</TITLE>
<STYLE TYPE="text/css">
<!--
BODY { margin-left: 50 px; font-family: arial; }
I { font-weight: bold; }
//-->
</STYLE>
<SCRIPT LANGUAGE="JavaScript1.2" SRC="dhtml.js"></SCRIPT>
<SCRIPT LANGUAGE="JavaScript1.2">
<!--

var caesar = '<FONT SIZE=2>Diese Chiffre, ber&uuml;hmt geworden durch Julius C&auml;sar, ' +
  'f&uuml;hrt Zeichensubstitution durch Verschieben aus. Der Klartext wird ' +
  'chiffriert, indem jeder Buchstabe im Alphabet um eine feste Anzahl ' +
  'Buchstaben verschoben wird.<BR><BR>Verschieben um 1 &auml;ndert z.B. ' +
  'im Klartext <I>a</I> zu <I>b</I>, <I>b</I> zu <I>c</I>, ' +
  'und so weiter. Klartextbuchstaben am Ende des Alphabets ' +
```

Beispiel 9-1: index.html (Fortsetzung)

```
  'werden durch Buchstaben am Anfang des Alphabets verschl&uuml;sselt. Mit anderen Worten, ' +
  '<I>z</I> wird zu <I>a</I>. Diese Anwendung beinhaltet auch die Ziffern ' +
  '0-9. Also wird ein <I>z</I> im Klartext zu <I>0</I> und eine Klartext-' +
  '<I>9</I> wird zu <I>a</I>. Zum Dechiffrieren wird dieser Vorgang umgekehrt.' +
  '<BR><FORM>Verschiebung: ' +
  genSelect('Shift', 35, 0, 0) +
  '</FORM><BR>Anmerkung: Ger&uuml;chten zufolge bevorzugte C&auml;sar eine Verschiebung von 3.';

var vigenere = '<FONT SIZE=2>Durch den Mathematiker Blaise de ' +
  'Vigen&egrave;re ber&uuml;hmt geworden, l&auml;&szlig;t sich die Vigen&egrave;re-Chiffre als "dynamische" ' +
  'Version der C&auml;sar-Chiffre ansehen. Klartextzeichen werden hier nicht' +
  'um einen festen Betrag verschoben, sondern jeweils um die alphabetische Position ' +
  'der Zeichen eines frei gew&auml;hlten Schl&uuml;sselwortes, z.B. ' +
  '<I>rollmops</I>.<BR><BR>Da <I>r</I>, <I>o</I>,  <I>l</I> usw. jeweils ' +
  'der 18., 15. und 12. Buchstabe usw. des  Alphabets sind, werden die entsprechenden ' +
  'Zeichen jeweils um 18, 15 und 12 verschoben. Diese Anwendung beinhaltet auch ' +
  'die Ziffern 0-9. Ihr Schl&uuml;sselwort darf deshalb Buchstaben und auch Zahlen ' +
  'enthalten.<BR><BR><FORM>Schl&uuml;sselwort: <INPUT TYPE=TEXT NAME="KeyWord" ' +
  'SIZE=25></FORM><BR>Anmerkung: von dieser Chiffre gibt es viele Versionen, einschlie&szlig;lich ' +
  'einer, die von Lewis Carroll (Alice im Wunderland) entwickelt wurde.';

var curCipher = "caesar";

function Cipher() {
  this.purify = purify;
  this.chars = 'abcdefghijklmnopqrstuvwxyz0123456789';
  }

function purify(rawText) {
  if (!rawText) { return false; }
  var cleanText = rawText.toLowerCase();
  cleanText = cleanText.replace(/\s+/g,' ');
  cleanText = cleanText.replace(/[^a-z0-9\s]/g,'');
  if(cleanText.match(/^\s*$/) != null) {
    return false;
    }
  return cleanText
  }

function SubstitutionCipher(name, description, algorithm) {
  this.name = name;
  this.description = description;
```

Beispiel 9-1: index.html (Fortsetzung)

```
  this.substitute = substitute;
  this.algorithm = algorithm;
  }
SubstitutionCipher.prototype = new Cipher;

function substitute(baseChar, shiftIdx, action) {
  if (baseChar == ' ') { return baseChar; }
    shiftIdx = action ? shiftIdx : -shiftIdx;
    var shiftSum = shiftIdx + this.chars.indexOf(baseChar);
    return (this.chars.charAt(shiftSum % this.chars.length)) ?
}

function caesarAlgorithm (data, action) {
  data = this.purify(data);
  if(!data) {
    alert('Kein gültiger Text zum ' + (action ? 'Chiffrieren.' :
    'Dechiffrieren.'));
    return false;
    }
  var shiftIdx =
    (NN ? refSlide("caesar").document.forms[0].Shift.selectedIndex :
    document.forms[1].Shift.selectedIndex);
  var cipherData = '';
  for (var i = 0; i < data.length; i++) {
    cipherData += this.substitute(data.charAt(i), shiftIdx, action);
    }
  return cipherData;
  }

function vigenereAlgorithm (data, action) {
  data = this.purify(data);
  if(!data) {
    alert('Kein gültiger Text zum ' + (action ? 'Chiffrieren.' :
    'Dechiffrieren.'));
    return false;
    }
  var keyword = this.purify((NN ?
    refSlide("vigenere").document.forms[0].KeyWord.value :
    document.forms[2].KeyWord.value));
  if(!keyword || keyword.match(/\^s+$/) != null) {
    alert('Kein gültiger Schlüssel zum  ' + (action ? 'Chiffrieren.' :
      'Dechiffrieren.'));
    return false;
    }
  keyword = keyword.replace(/\s+/g, '');
  var keywordIdx = 0;
  var cipherData = '';
  for (var i = 0; i < data.length; i++) {
    shiftIdx = this.chars.indexOf(keyword.charAt(keywordIdx));
    cipherData += this.substitute(data.charAt(i), shiftIdx, action);
    keywordIdx = (keywordIdx == keyword.length - 1 ? 0 : keywordIdx + 1);
    }
```

Beispiel 9-1: index.html (Fortsetzung)

```
  return cipherData;
  }

var cipherArray = [
  new SubstitutionCipher("caesar", caesar, caesarAlgorithm),
  new SubstitutionCipher("vigenere", vigenere, vigenereAlgorithm)
  ];

function showCipher(name) {
  hideSlide(curCipher);
  showSlide(name);
  curCipher = name;
  }

function routeCipher(cipherIdx, data, action) {
  var response = cipherArray[cipherIdx].algorithm(data, action);
  if(response) {
    document.forms[0].Data.value = response;
    }
  }

//-->
</SCRIPT>
</HEAD>
<BODY BGCOLOR=#FFFFFF>

<DIV>
  <TABLE BORDER=0>
    <TR>
      <TD ALIGN=CENTER COLSPAN=3>
      <IMG SRC="images/cipher.jpg">
      </TD>
    </TR>
    <TR>
      <TD VALIGN=TOP WIDTH=350>
      <FORM>
      <SELECT NAME="Ciphers"
        onChange="showCipher(this.options[this.selectedIndex].value);">
      <OPTION VALUE="caesar">C&auml;sar-Chiffre
      <OPTION VALUE="vigenere">Vigen&egrave;re-Chiffre
      </SELECT>
      </TD>
      <TD ALIGN=CENTER>
      <TEXTAREA NAME="Data" ROWS="15" COLS="40" WRAP="PHYSICAL"></TEXTAREA>
      <BR><BR>
      <INPUT TYPE=BUTTON VALUE="Verschl&uuml;sseln"
        onClick="routeCipher(this.form.Ciphers.selectedIndex,
          this.form.Data.value, true);">
      <INPUT TYPE=BUTTON VALUE="Entschl&uuml;sseln"
        onClick="routeCipher(this.form.Ciphers.selectedIndex,
          this.form.Data.value, false);">
      <INPUT TYPE=BUTTON VALUE="  Reset  "
```

Beispiel 9-1: index.html (Fortsetzung)

```
163         onClick="this.form.Data.value='';">
164       </FORM>
165       </TD>
166     </TR>
167   </TABLE>
168 </DIV>
169
170 <SCRIPT LANGUAGE="JavaScript1.2">
171 <!--
172 document.forms[0].Ciphers.selectedIndex = 0;
173 genLayer("caesar", 50, 125, 350, 200, showName, caesar);
174 genLayer("vigenere", 50, 125, 350, 200, hideName, vigenere);
175 //-->
176 </SCRIPT>
177 </BODY>
178 </HTML>
```

Die JavaScript-Quelldatei *dhtml.js* ist der erste Code, der interpretiert wird. Der Code in dieser Datei verwendet DHTML, um die Layer vorzubereiten und dynamisch SELECT-Auswahllisten zu erzeugen. Dazu kommen wir gleich. Der nächste Code von Interesse steht in den Zeilen 14 bis 39. Die Variablen *caesar* und *vigenere* werden definiert und bekommen HTML-Strings als Werte zugewiesen. Wie Sie vielleicht schon erraten haben, definiert jeder dieser Strings einen Schnittstellen-Layer für eine Chiffre. Alles im Wert von *caesar* ist statisch, mit Ausnahme des Funktionsaufrufs `genSelect()`:

```
genSelect('Shift', 35, 0, 0)
```

Das erzeugt eine SELECT-Auswahlliste namens *Shift,* die bei 0 anfängt, bei 35 aufhört und die Option 0 ausgewählt hat. Die Attribute `VALUE` und `TEXT` werden auf die zum Zählen verwendete Nummer gesetzt. Dieser Code kommt geradewegs aus Kapitel 5, *Die Rollover-Maschine.* Wenn Sie die JavaScript-Bibliothek angelegt haben, die ich in Kapitel 6 vorgeschlagen hatte, sollten Sie diesen Code auf jeden Fall mit eingebaut haben. Sie finden die Definition dieser Funktion am Ende von *dhtml.js.*

Eine Chiffre definieren

Die nächsten Codezeilen definieren alle existierenden und zukünftigen Chiffren. Die Zeilen 43 bis 46 enthalten den `Cipher()`-Konstruktor:

```
function Cipher() {
  this.purify = purify;
  this.chars = 'abcdefghijklmnopqrstuvwxyz0123456789';
  }
```

Das ist ein ziemlich kleiner Konstruktor. Wenn Sie hier eine riesige komplexe Definition mit allen Arten von Differentialgleichungen und sphärischer Geometrie zum Spalten der vierten Dimension erwartet haben, muß ich Sie leider enttäuschen. `Cipher()` definiert Chiffren auf einer wirklich hohen Ebene. Die einzigen beiden Annahmen, die über alle Chiffren in dieser Anwendung gemacht werden, sind:

- Sie *alle* wissen, wie Benutzerdaten zu formatieren sind (unter Benutzung der einzigen Methode des Objekts), egal ob es sich um Klartext oder Geheimtext handelt.
- Jede Chiffre weiß, welche Zeichen sie chiffriert (unter Benutzung der einzigen Eigenschaft des Objekts).

JavaScript-Technik: Ihren Objekten Methoden zuweisen

Obwohl er sehr klein ist, führt der `Cipher()`-Konstruktor ein neues Konzept ein. Die Objekte, die wir in anderen Kapiteln erzeugt haben, enthielten nur Eigenschaften. Der `Cipher()`-Konstruktor hat eine Eigenschaft namens *chars*, aber er hat auch eine Methode namens `purify()`.

Eigenschaften sind einfach zuzuweisen. Sie weisen einer Variable einfach den gewünschten Wert über die Syntax `this.variablen_name` zu. Methoden zuzuweisen funktioniert etwas anders. Dazu definieren Sie erst eine Funktion und verwenden dann dieselbe Syntax `this.variable_name`, um die Funktion zu *referenzieren*. Genau das passiert im `Cipher()`-Konstruktor. Die Funktion `purify()` ist im Skript definiert. `Cipher()` hat eine Variable namens *this.purify*, die die `purify`-Methode referenziert. Beachten Sie, daß dort keine Klammern stehen. Das zeigt eine Referenz an. Wenn *this.purify* auf `purify()` gesetzt worden wäre, wäre die `purify()`-Funktion aufgerufen worden, und *this.purify* wäre der wie auch immer geartete Rückgabewert der Funktion zugewiesen worden.

Die Referenz auf eine Funktion in einem Konstruktor weist jeder Variable, die auf `new Cipher()` gesetzt wird, eine `purify()`-Methode zu. Das geschieht mit den Elementen im Array `cipherArray`, wie wir gleich sehen werden.

Egal ob die Daten chiffriert oder dechiffriert werden, sie müssen gewissen Regeln gehorchen. Hier sind diese Regeln:

- Jedes Zeichen muß entweder zu a–z oder 0–9 gehören. Alle anderen werden ausgelassen. Groß- und Kleinschreibung sind irrelevant.
- Leerzeichen werden weder chiffriert noch dechiffriert. Mehrfache benachbarte Leerzeichen werden zu einem einzelnen Leerzeichen zusammengefaßt.
- Ein oder mehrere Zeilenumbrüche werden zu einem einzelnen Leerzeichen konvertiert.

Das sind hübsche, einfache Regeln. Jetzt brauchen wir nur noch etwas, das die Regeln auch durchsetzt. Damit kommt die Funktion `purify()` in den Zeilen 48 bis 57 ins Spiel:

```
function purify(rawText) {
  if (!rawText) { return false; }
  var cleanText = rawText.toLowerCase();
```

```
cleanText = cleanText.replace(/\s+/g,' ');
cleanText = cleanText.replace(/[^a-z0-9\s]/g,'');
if(cleanText.match(/^\s*$/) != null) {
  return false;
  }
return cleanText
}
```

JavaScript-Technik: Noch mehr Stringvergleich und Stringaustausch

Die regulären Ausdrücke von JavaScript 1.2 müssen Sie einfach lieben. Diese Anwendung benutzt sie noch häufiger als die vorhergehenden Anwendungen. Sehen wir uns den regulären Ausdruck in Zeile 52 an.

```
/[^a-z0-9\s]/g
```

Obwohl er nicht lang ist, ist die Syntax vielleicht etwas verwirrend. Dieser reguläre Ausdruck wird eine *negierte Zeichenklasse* genannt. Mit anderen Worten, der Vergleich trifft für alles zu, was *nicht* in der Definition enthalten ist. In einem regulären Ausdruck können Sie eckige Klammern verwenden, um einen Zeichenbereich anzugeben (oder, in diesem Fall, auszuschließen).

```
/[a-z]/g
```

Dieser Ausdruck trifft auf alle Kleinbuchstaben des Alphabets zu. Das `g` zeigt an, daß die Suche auf alle Zeichen im Suchbereich anzuwenden ist, nicht nur auf den ersten erfolgreichen Vergleich. Sie können so viele Zeichenbereiche angeben, wie Sie möchten.

```
/[a-z0-9\s]/g
```

Dieser Ausdruck trifft auf alle kleingeschriebenen Buchstaben des Alphabets, auf Ziffern und Leerzeichen zu. Die Chiffrieranwendung hier ist jedoch an all den Zeichen interessiert, die nicht zu dieser Gruppe gehören. Der Zirkumflex (^) innerhalb der eckigen Klammern negiert alle nachfolgenden Zeichen, was zu unserer ursprünglichen Syntax führt.

```
/[^a-z0-9\s]/g
```

Das ist aber nur die Spitze des stringvergleichenden Eisbergs. Sie können diese regulären Ausdrücke verwenden, um alles (von Sozialversicherungsnummern über E-Mail-Adressen, URLs, Telefonnummern, Postleitzahlen, Daten, Zeiten und mehr) zu überprüfen und zu formatieren. Wenn Ihnen reguläre Ausdrücke neu sind, können Sie die vollständige Dokumentation der Definitionen regulärer Ausdrücke und Sonderzeichen in »What's New In JavaScript 1.2« unter *http://developer1.netscape.com:80/docs/manuals/communicator/jsguide/regexp.htm* bekommen.

Diese Funktion gibt einen von zwei Werten zurück: `false` oder formatierten Text, der nun verschlüsselt werden kann. Wenn `false` zurückgegeben wird, wird jedwede Chifrieroperation abgebrochen. Wenn *rawText* etwas enthält, das sich formatieren läßt, konvertiert `purify()` erst einmal alle Zeichen in Kleinbuchstaben. Das geht so:

```
var cleanText = rawText.toLowerCase();
```

Dann werden Leerzeichen und Zeilenumbrüche konvertiert:

```
cleanText = cleanText.replace(/\s+/g,' ');
```

Mit einem regulärem Ausdruck sucht die `replace()`-Methode des *String*-Objekts nach allen Leerzeichen und Zeilenumbrüchen im gesamten String, die jeweils durch ein einzelnes Leerzeichen ersetzt werden, egal wie viele benachbarte Leerzeichen es sind. Danach ersetzt `purify()` alle anderen Zeichen, die nicht a–z, 0–9 oder einzelne Leerzeichen sind, durch einen Leerstring. Das entfernt alle nicht qualifizierten Zeichen. Hier ist wieder die Arbeitspferd-Methode `replace()` zugange:

```
cleanText = cleanText.replace(/[^a-z0-9\s]/g,'');
```

Die Formatierung ist jetzt abgeschlossen. Damit ist es an der Zeit zu prüfen, ob überhaupt etwas übriggeblieben ist, das sich chiffrieren läßt. Solange der formatierte String mindestens ein Zeichen aus a–z oder 0–9 enthält, ist alles OK. Das ist das nicht der Fall, wenn keine Zeichen oder nur noch Leerzeichen übrig sind, nachdem alle nicht qualifizierten Zeichen entfernt worden sind.

In diesem Fall ist es an der Zeit, die Operation abzubrechen und auf bessere Daten zu warten. Die Zeilen 53 bis 55 übernehmen die Prüfung. In beiden Fällen gibt `purify()` dann `false` zurück:

```
if(cleanText.match(/^\s*$/) != null) {
  return false;
  }
```

Um festzustellen, welche Zeichen in Ordnung sind, benutzt `Cipher` den folgenden String:

```
this.chars = 'abcdefghijklmnopqrstuvwxyz0123456789';
```

Eine Ersetzungschiffre definieren

Da wir jetzt die Mutter aller *Cipher*-Objekte – `Cipher()` – definiert haben, lassen Sie uns eine etwas spezifischere Version erzeugen: die Spezifikation für alle Ersetzungschiffren, `SubstitutionCipher()`. Sie finden sie in den Zeilen 59 bis 65:

```
function SubstitutionCipher(name, description, algorithm) {
  this.name = name;
  this.description = description;
  this.substitute = substitute;
  this.algorithm = algorithm;
  }
SubstitutionCipher.prototype = new Cipher;
```

Bei jedem *Cipher*-Objekt wird vorausgesetzt, daß es weiß, wie Benutzerdaten zu formatieren sind. Bei Ersetzungschiffren gibt es weitere Voraussetzungen. Hier sind sie:

1. Jede Ersetzungschiffre hat einen Namen und eine Beschreibung.
2. Jede benutzt eine allgemeine Methode zum Austausch von Zeichen sowohl beim Chiffrieren als auch beim Dechiffrieren.
3. Jede hat eine spezifische Implementation der allgemeinen Austauschmethode. Das ist es, wodurch sich eine Ersetzungschiffre von anderen Ersetzungschiffren unterscheidet.
4. Jedes *SubstitutionCipher*-Objekt ist auch ein *Cipher*-Objekt.

Es ist ziemlich einfach, jedem Objekt einen Namen und eine Beschreibung zuzuweisen. Sie übergeben zwei beliebige Strings, wenn Sie `new SubstitutionCipher()` aufrufen, und es wird prima funktionieren. Als jeweilige Beschreibung werden wir übrigens die vorhin definierten Variablen *caesar* und *vigenere* mit all dem HTML-Code verwenden. Das erledigt die erste Voraussetzung. Wie steht es mit der allgemeinen Austauschmethode? Diese Methode kann ein Zeichen durch ein anderes ersetzen. Das ist es. Jeder Aufruf der Methode liefert ein Zeichen zurück, das ein anderes ersetzt.

Einen einfachen Zeichenaustausch durchführen

Jedes `SubstitutionCipher`-Objekt benutzt dieselbe Methode, um ein Zeichen im *chars*-String durch ein anderes zu ersetzen. Die unten gezeigte `substitute()`-Funktion wird bei jeder Instanz von `SubstitutionCipher` definiert (siehe Zeilen 67 bis 72):

```
function substitute(baseChar, shiftIdx, action) {
  if (baseChar == ' ') { return baseChar; }
  shiftIdx = action ? shiftIdx : -shiftIdx;
  var shiftSum = shiftIdx + this.chars.indexOf(baseChar)+this.chars.length;
 return (this.chars.charAt(shiftSum % this.chars.length));
}
```

Diese Methode erwartet drei Parameter. *baseChar* ist das Zeichen, das durch ein anderes ersetzt wird. *shiftIdx* ist eine ganze Zahl, die festlegt, um »wieviel« verschoben wird, um das korrekte Austauschzeichen zu finden. *action* ist ein Boolescher Wahrheitswert, der angibt, ob *baseChar* als Klartext oder Geheimtext zu behandeln ist. Um Leerzeichen unverändert zu lassen, gibt die erste Zeile *baseChar* unverändert zurück, wenn *baseChar* ein Leerzeichen ist. Ansonsten verwendet die Methode *action*, um die Länge der Verschiebung zu berechnen. Wenn *action* `true` ist, wird der Chiffrieralgorithmus benutzt. Wenn *action* `false` ist, wird der Dechiffrieralgorithmus verwendet.

Erinnern Sie sich daran, daß *chars* einen String mit allen qualifizierten Zeichen enthält. Der Chiffrieralgorithmus bestimmt einfach den Index von *baseChar* in *chars* und wählt dann das Zeichen in *chars* an diesem Index plus dem Wert von *shiftIdx*.

Hier ist ein Beispiel. Nehmen wir an, *baseChar* wäre `d`, *shiftIdx* `8` und `chars.indexOf('d')` wäre 3. Das bringt uns zu Zeile 70:

```
var shiftSum = shiftIdx + this.chars.indexOf(baseChar)+this.chars.length;
```

Die Variable *shiftSum* ist gleich 47 (8 + 3 + 36). `chars.charAt(47)` ist aber nicht definiert, was hier hauptsächlich daran liegt, daß wir scheinbar unmotiviert `this.chars.length` dazuaddiert haben und *chars* nur 36 Zeichen (a–z und 0–9) hat. `substitute()` sollte in diesem Fall `chars.charAt(11)` zurückgeben. Wenn der Algorithmus das letzte Zeichen in *chars* erreicht, muß er wieder von vorn bei 0 anfangen und wieder von dort aus addieren. Sie können den Modulo-Operator verwenden, um den gewünschten Effekt zu erzielen, denn der Modulo-Operator liefert ja bekanntlich den Ganzzahlrest zweier Operanden zurück. Hier sind ein paar Beispiele:

4 % 3 = 1.	4 durch 3 teilen hinterläßt einen Rest von 1.
5 % 3 = 2.	5 durch 3 teilen hinterläßt einen Rest von 2.
6 % 3 = 0.	6 durch 3 teilen hinterläßt keinen Rest.

Sie brauchen also nur den Rückgabewert der Modulo-Operation zu verwenden. Anstatt eine `shiftSum` von 47 zu verwenden, würden Sie also `shiftSum % chars.length` benutzen, was gleich 11 ist. `chars.charAt(11)` ist der Buchstabe `i`. Das erklärt den folgenden Code für den Chiffrieralgorithmus:

```
return (this.chars.charAt(shiftSum % this.chars.length));
```

In diesem Fall gibt `substitute()` also `chars.charAt(shiftSum % this.chars.length)` zurück, und wir sind die ungeliebten extra 36 wieder los. Was ist mit dem Schlüsselwort *this?* Sie werden sich vielleicht fragen, was es hier zu suchen hat. Denken Sie daran, daß `substitute()` keine Funktion ist, sondern eine Methode einer Objektvariable, die als `SubstitutionCipher` instanziiert worden ist. Mit *this* können wir innerhalb dieser Methode jede Eigenschaft der instanziierten Variable referenzieren. Da `SubstitutionCipher` alle Eigenschaften von `Cipher` erbt, »besitzt« die instanziierte Variable eine Eigenschaft namens *chars*.

Das Verfahren für den Dechiffrieralgorithmus ist nicht viel anders. Der einzige Unterschied besteht darin, daß es *shiftIdx* abzieht, um das korrekte Zeichen in *chars* zu erreichen. In diesem Fall sorgt der ternäre Operator dafür, daß die Variable *shiftSum* auf die Differenz zwischen dem Index von *baseChar* und dem Übergabewert von *shiftIdx* gesetzt wird. Dazu kommt die Länge von *chars*, die dafür sorgt, daß *shiftSum* niemals kleiner als 0 wird. Der restliche Code zur Dechiffrierung ist derselbe wie zur Chiffrierung:

```
var shiftSum = shiftIdx + this.chars.indexOf(baseChar)+this.chars.length;
return (this.chars.charAt(shiftSum % this.chars.length));
```

Unterschiedliche Substitutionen für verschiedene Chiffren

Wir haben gerade untersucht, was alle *SubstitutionCiphers*-Chiffren gemeinsam haben – die `substitute()`-Methode. Lassen Sie uns jetzt sehen, worin der Unterschied besteht. Der *SubstitutionCipher*-Konstruktor erwartet einen Parameter namens *algorithm*. Dieser Parameter ist weder ein String noch ein Boolescher Wahrheitswert, noch eine Zahl, noch ein Objekt. Der Parameter ist eine Referenz auf eine Funktion, die die `substitute()`-Methode auf eine spezifische Weise aufruft.

Für die Cäsar-Chiffrierung ist der übergebene Parameter eine Referenz auf die Funktion `caesarAlgorithm()`. Die Vigenère-Chiffrierung bekommt, nicht gerade überraschend, eine Referenz auf die Funktion `vigenereAlgorithm()`. Sehen wir uns die beiden Funktionen an.

Cäsar-Algorithmus

Der Cäsar-Algorithmus ist der einfachere der beiden. Die Zeilen 74 bis 87 enthalten den Code:

```
function caesarAlgorithm (data, action) {
  data = this.purify(data);
  if(!data) {
    alert('Kein gültiger Text zum ' + (action ? 'Chiffrieren.' : 'Dechiffrie-
    ren.'));
    return false;
    }
  var shiftIdx =
  (NN ? refSlide("caesar").document.forms[0].Shift.selectedIndex :
    document.forms[1].Shift.selectedIndex);
  var cipherData = '';
  for (var i = 0; i < data.length; i++) {
    cipherData += this.substitute(data.charAt(i), shiftIdx, action);
    }
  return cipherData;
  }
```

Die ersten Zeilen formatieren die Daten und überprüfen, ob irgendwelche qualifizierenden Zeichen übrig geblieben sind. Der String im Parameter *data* wird durch den Aufruf von `purify()` formatiert, der *data* als Parameter übergeben wird. Solange der Aufruf von `purify()` nicht `false` ergibt, macht die Chiffrierfunktion weiter. Details zum Rückgabewert der Methode finden Sie in dem Abschnitt über die `purify()`-Methode (»Eine Chiffre definieren«) weiter vorn in diesem Kapitel.

Als nächstes müssen wir herausfinden, um wie viele Zeichen der Benutzer den Text verschieben möchte. Das ist relativ einfach. Der Wert kommt aus der SELECT-Auswahlliste in dem Formular im Layer namens *caesar*. Diesen Layer habe ich bisher nicht erwähnt, Sie können aber schon einmal zu den Zeilen 171 bis 174 vorpreschen, wenn Sie den Aufruf sehen wollen, der die beiden Layer erzeugt. Das DOM in Navigator unterscheidet sich aber von dem in Internet Explorer, zumindest was den Zugriff auf Formularelemente in verschiedenen Layern betrifft. Die SELECT-Auswahlliste hat den Namen *Shift*.

In Navigator sieht das so aus:

```
document.layers['caesar'].document.forms[0].Shift.selectedIndex
```

In MSIE aber so:

```
document.forms[1].Shift.selectedIndex
```

Wie Sie gerade gesehen haben, benötigt der Zugriff auf Formulare und Formularelemente in Layern eine unterschiedliche Syntax. Das Document Object Model in NN unterscheidet sich von dem in MSIE. Das ist nicht das erste Mal, daß wir ihm in diesem Buch begegnet sind. In der Tat, der überwiegende Teil des Codes in *dhtml.js* existiert nur zum Erzeugen von und zum Umgang mit Layern in beiden Browsern. Tun Sie sich einen Gefallen: Stellen Sie sicher, daß Sie wissen, wann Sie beide Modelle unterbringen müssen und wann nicht. Bis wir ein gemeinsames DOM zu sehen bekommen, sollten Sie die folgenden Ressourcen zur Hand haben.

Microsofts DHTML-Objekte:

http://www.microsoft.com/workshop/author/dhtml/reference/objects.asp

Die Style-Sheet- und Client-Side-JavaScript-Referenzen von Netscape finden Sie unter:

http://developer1.netscape.com:80/docs/manuals/communicator/dynhtml/jss34.htm und
http://developer.netscape.com/docs/manuals/js/client/jsref/index.htm

Die Variable *shiftIdx* nimmt auf diesen Unterschied Rücksicht, indem die *NN*-Variable benutzt wird, um herauszufinden, auf welche der beiden Object Models zuzugreifen ist. Der Aufruf von `refSlide()` in Zeile 81 ist ein bequemer Weg, sich auf `document.layers["caesar"]` zu beziehen. Nachdem wir jetzt *shiftIdx* einen Wert zugewiesen haben, durchläuft die Funktion `caesarAlgorithm()` `data.length`-mal eine *for*-Schleife, ruft dabei jedesmal `substitute()` auf und hängt ihren Rückgabewert an die anfänglich leere lokale Variable *cipherData* an. Der Parameter `action` wird jedesmal übergeben, um der Funktion `substitute()` anzuzeigen, ob chiffriert oder dechiffriert werden soll. Nach dem letzten Durchlauf gibt `caesarAlgorithm()` die Variable *cipherData,* zurück, die jetzt den richtig verschlüsselten String enthält.

Das ist die Erklärung für den einfacheren der beiden Chiffrieralgorithmen. Sehen wir uns `vigenereAlgorithm()` an.

Vigenère-Algorithmus

Der Hauptunterschied zu `caesarAlgorithm()` besteht hier darin, daß der Parameter *shiftIdx*, der an `substitute()` in `caesarAlgorithm()` übergeben wird, konstant bleibt. In dieser Funktion kann sich (und wird sich üblicherweise) *shiftIdx* bei jedem Aufruf von `substitute()` ändern. Der andere Unterschied besteht darin, daß der Benutzer ein Schlüsselwort statt einer Zahl wählt. Die Funktion `vigenereAlgorithm()` befindet sich in den Zeilen 89 bis 112:

```
function vigenereAlgorithm (data, action) {
  data = this.purify(data);
  if(!data) {
```

```
    alert('Kein gültiger Text zum ' + (action ? 'Chiffrieren.' : 'Dechiffrie-
    ren.'));
    return false;
    }
  var keyword =
    this.purify((NN ?
      refSlide("vigenere").document.forms[0].KeyWord.value :
      document.forms[2].KeyWord.value));
  if(!keyword || keyword.match(/\^s+$/) != null) {
   alert('Kein gültiger Schlüssel zum  ' + (action ? 'Chiffrieren.' :
     'Dechiffrieren.'));
    return false;
    }
  keyword = keyword.replace(/\s+/g, '');
  var keywordIdx = 0;
  var cipherData = '';
  for (var i = 0; i < data.length; i++) {
    shiftIdx = this.chars.indexOf(keyword.charAt(keywordIdx));
    cipherData += this.substitute(data.charAt(i), shiftIdx, action);
    keywordIdx = (keywordIdx == keyword.length - 1 ? 0 : keywordIdx + 1);
    }
  return cipherData;
  }
```

Die ersten fünf Zeilen sind dieselben wie in `caesarAlgorithm()`. Sie führen dieselbe Formatierung und Überprüfung durch. Die nächsten Zeilen erledigen ähnliche Arbeiten für das Schlüsselwort. Das Schlüsselwort kommt aus dem Formularfeld in dem Layer mit Namen *vigenere*. Bedenken Sie, daß wir sowohl das DOM von Navigator als auch das von MSIE berücksichtigen müssen.

In Navigator sieht das so aus:

```
document.layers['vigenere'].document.forms[0].KeyWord.value
```

In MSIE sieht es aber so aus:

```
document.forms[2].KeyWord.value
```

Der Variable *keyword* wird dann wie folgt ein Wert zugewiesen:

```
var keyword = this.purify((NN ?
  refSlide("vigenere").document.forms[0].KeyWord.value :
  document.forms[2].KeyWord.value));
```

Beachten Sie, daß hier wieder die `purify()`-Methode verwendet wird. Sie ist eigentlich für den Klartext und den Geheimtext gedacht, die Anforderungen an das Schlüsselwort sind aber sehr ähnlich. Da die `substitute()`-Methode nur Zeichen in *chars* ersetzen kann, darf das Schlüsselwort ebenfalls nur Zeichen aus `chars` enthalten. Akzeptable Schlüsselworte sind zum Beispiel *menschen*, *maschinen*, *init2wnit* und *1oder2oder3*. Sie können aber trotzdem Zeichen verwenden, die nicht in *chars* enthalten sind. Erinnern Sie sich daran, daß `purify()` alle Zeichen entfernt, die nicht a–z oder 0–9 sind, und alle Zeilenumbrüche und mehrfache Leerzeichen durch einfache Leerzeichen ersetzt.

Während der Benutzer ruhig `1@@#derft` als Schlüsselwort eingeben kann, formatiert `purify()` diesen String und gibt den String *1derft* `zurück`, der nur qualifizierte Zeichen enthält. Was passiert aber mit einem Schlüsselwort, das Leerzeichen enthält, beispielsweise zwischen den Zeichen? Es besteht aus qualifizierten Zeichen, mit Ausnahme der Leerzeichen. Zeile 103 entfernt die Leerzeichen:

```
keyword = keyword.replace(/\s+/g, '');
```

Die Grundregel ist: Solange sich mindestens ein qualifiziertes Zeichen im Schlüsselwort befindet, wird es in `vigenereAlgorithm()` verwendet.

Wie sich shiftIdx ändert

Der Klartext (oder Geheimtext) und das Schlüsselwort sind jetzt formatiert. Jetzt müssen nur noch die einzelnen Zeichen entsprechend ersetzt werden. Nach der Definition der Vigenère-Chiffre wird jedes Zeichen im Text nach dem Index des nächsten Zeichens im Schlüsselwort chiffriert oder dechiffriert. Das bringt uns zu den Zeilen 104 bis 111:

```
var keywordIdx = 0;
var cipherData = '';
for (var i = 0; i < data.length; i++) {
  shiftIdx = this.chars.indexOf(keyword.charAt(keywordIdx));
  cipherData += this.substitute(data.charAt(i), shiftIdx, action);
  keywordIdx = (keywordIdx == keyword.length - 1 ? 0 : keywordIdx + 1);
  }
return cipherData;
```

Mit Hilfe der Variable *keywordIdx*, die bei 0 beginnt, können wir den Index jedes Schlüsselwortzeichens bekommen, und zwar wie folgt:

```
keyword.charAt(keywordIdx)
```

Für jedes Zeichen in *data* (dem Klartext oder Geheimtext) wird *shiftIdx* auf den Index von *chars* bei `keyword.charAt(keywordIdx)` gesetzt. Die Variable *cipherData* wird dann auf sich selbst gesetzt und der Rückgabewert der `substitute()`-Methode wird angehängt, der eine frische Kopie von `data.charAt(i)` und *shiftIdx* zusammen mit `action` übergeben wird. Danach wird *keywordIdx* um 1 erhöht, um den nächsten Durchlauf vorzubereiten.

Jedes SubstitutionCipher-Objekt ist auch ein Cipher-Objekt

Da alle Chiffren, egal welcher Art, dieselben grundlegenden Merkmale haben, muß der *SubstitutionCipher*-Konstruktor alle Eigenschaften von *Cipher* erben. Das findet in einer einzigen Zeile statt:

```
SubstitutionCipher.prototype = new Cipher;
```

Jetzt hat jedes instanziierte *SubstitutionCipher*-Objekt eine Eigenschaft namens *chars* und eine Methode namens `purify()`. Jedes *SubstitutionCipher*-Objekt ist dann eine spezifische Version eines *Cipher*-Objekts.

JavaScript-Technik: Die Vererbung bei JavaScript-Objekten nutzen

Wie bereits im letzten Kapitel erwähnt, verwendet JavaScript eine Vererbung auf Prototypenbasis, nicht auf Klassenbasis, wie das bei Sprachen wie Java üblich ist. Die »JavaScript-Technik: Objekteigenschaften hinzufügen« in Kapitel 8 zeigt Ihnen, wie Sie Eigenschaften, zum Beispiel Strings und Zahlen, zu existierenden Objekten hinzufügen können. Sie können auch die *prototype*-Eigenschaft der Konstruktorfunktionen verwenden, um Vererbungshierarchien zu erzeugen. Das passiert hier in Zeile 65. *SubstitutionCipher* erbt alle Eigenschaften von *Cipher*. Das läßt Sie die wahren Möglichkeiten der objektorientierten Programmierung unter JavaScript ausschöpfen. Mehr Informationen über Vererbung in JavaScript können Sie bei Netscape's DevEdge Online finden, und zwar unter:

http://developer1.netscape.com:80/docs/manuals/communicator/jsobj/contents.htm#1030750

Die Instanzen von SubstitutionCipher erzeugen

Bis zu diesem Punkt haben wir uns damit beschäftigt zu sehen, wie die zwei Chiffren funktionieren. Jetzt ist es an der Zeit, daß wir untersuchen, wie die Objekte erzeugt werden, die diese zwei Chiffren repräsentieren, und wie wir die Schnittstelle für ihre Benutzung konstruieren. Die Erzeugung der Objekte benötigt nur vier Zeilen (siehe Zeilen 114 bis 117):

```
var cipherArray = [
    new SubstitutionCipher("caesar", caesar, caesarAlgorithm),
    new SubstitutionCipher("vigenere", vigenere, vigenereAlgorithm)
    ];
```

Die Variable *cipherArray* wird auf ein Array gesetzt. Jedes der Elemente ist ein *SubstitutionCipher*-Objekt. Warum werden sie in ein Array gesteckt? Der Grund ist, daß die Anwendung weiß, welche Chiffre zu benutzen ist, und zwar aus der ausgewählten `OPTION` der ersten SELECT-Liste auf der Seite. Wir besprechen das gleich.

Im Augenblick sollten Sie beachten, daß bei jedem Aufruf des `SubstitutionCipher()`-Konstruktors die erwarteten Strings (ein Name und eine Beschreibung) sowie eine Referenz auf eine Funktion übergeben werden, die der `algorithm`-Eigenschaft jedes erzeugten *SubstitutionCipher*-Objekts zugewiesen wird. Das erzeugt die Objekte. Sehen wir uns die Benutzerschnittstelle an. Sie finden sie zwischen den `BODY`-Tags (siehe Zeilen 137 bis 168):

```
<DIV>
  <TABLE BORDER=0>
    <TR>
      <TD ALIGN=CENTER COLSPAN=3>
      <IMG SRC="images/cipher.jpg">
      </TD>
    </TR>
```

```
      <TR>
        <TD VALIGN=TOP WIDTH=350>
        <FORM>
        <SELECT NAME="Ciphers"
          onChange="showCipher(this.options[this.selectedIndex].value);">
        <OPTION VALUE="caesar">C&auml;sar-Chiffre
        <OPTION VALUE="vigenere">Vigen&egrave;re-Chiffre
        </SELECT>
        </TD>
        <TD ALIGN=CENTER>
        <TEXTAREA NAME="Data" ROWS="15" COLS="40"
          WRAP="PHYSICAL"></TEXTAREA>
        <BR><BR>
        <INPUT TYPE=BUTTON VALUE="Verschl&uuml;sseln"
          onClick="routeCipher(this.form.Ciphers.selectedIndex,
          this.form.Data.value, true);">
        <INPUT TYPE=BUTTON VALUE="Entschl&uuml;sseln"
          onClick="routeCipher(this.form.Ciphers.selectedIndex,
          this.form.Data.value, false);">
        <INPUT TYPE=BUTTON VALUE="  Reset  "
          onClick="this.form.Data.value='';">
        </FORM>
        </TD>
      </TR>
    </TABLE>
  </DIV>
```

JavaScript-Technik: Alternative Syntax verwenden

Von JavaScript 1.2 an können Sie den Code:

```
var myArray = new Array(1,2,3);
```

wie folgt durch eine abgekürzte Version ersetzen:

```
var myArray = [1,2,3];
```

Sie können auch Objekte dynamisch erzeugen. Probieren Sie statt:

```
function myObj() {
  this.name="Ein neues Objekt";
  this.description = "Ein  Objekt der alten Schule";
  }

var objOne = new myObj();
```

einmal den folgenden Code:

```
var myObj = {name: "Ein neues Objekt", description: "Ein Objekt neuer
Schule"};
```

Beachten Sie, daß die Name-Wert-Paare sowohl für Eigenschaften als auch für Methoden durch Kommata getrennt werden. Die 4.x-Versionen von MSIE und Navigator unterstützen beide Notationen. Sie haben die Wahl.

Dieser Code erzeugt eine Tabelle mit zwei Zeilen. Die obere Zeile bringt die Grafik in einem `TD`-Tag unter, dessen `COLSPAN`-Attribut auf 2 gesetzt ist. Die untere Zeile enthält zwei Datenzellen. Die linke Zelle enthält eine einzelne SELECT-Auswahlliste und sieht so aus:

```
<SELECT NAME="Ciphers"
  onChange="showCipher(this.options[this.selectedIndex].value);">
<OPTION VALUE="caesar">C&auml;sar-Chiffre
<OPTION VALUE="vigenere">Vigen&egrave;re-Chiffre
</SELECT>
```

Diese Liste bestimmt, welche Chiffrenschnittstelle angezeigt wird. Da es nur zwei gibt, muß es eine der beiden sein. Der *onChange*-Event-Handler ruft die `showCipher()`-Funktion auf und übergibt den Wert der gerade ausgewählten Option. Diese Funktion ist ziemlich kurz. Sie finden sie in den Zeilen 119 bis 123:

```
function showCipher(name) {
  hideSlide(curCipher);
  showSlide(name);
  curCipher = name;
  }
```

Der Code in ihr mag vertraut aussehen. Er stammt aus früheren Kapiteln wie Kapitel 3, *Die interaktive Diaschau* oder Kapitel 6. Sie finden die Funktionen `hideSlide()` und `showSlide()` in *dhtml.js*. In Kapitel 3 werden sie im Detail besprochen.

Beachten Sie, daß die Datenzelle auf eine Breite von 350 Pixeln gesetzt wird. Bis auf eine SELECT-Liste ist diese Datenzelle ziemlich leer. Zum Glück werden zwei Layer den Rest des zur Verfügung stehenden Browserareals ausfüllen. Sie können die Aufrufe zu ihrer Erzeugung in den Zeilen 173 und 174 sehen. Die Funktion `genLayer()` erzeugt die Chiffren-Layer und befindet sich ebenfalls in *dhtml.js*. Sie ist ebenfalls eine Funktion aus der Vergangenheit und wird hier nicht näher besprochen:

```
genLayer("caesar", 50, 125, 350, 200, showName, caesar);
genLayer("vigenere", 50, 125, 350, 200, hideName, vigenere);
```

Das erzeugt die Textanzeigen für die jeweiligen Chiffren, sowie die zusätzliche SELECT-Auswahlliste für die Cäsar-Chiffrierung und das Textfeld für die Vigenère-Chiffrierung. Wie soeben erwähnt, haben Sie in der oberen SELECT-Auswahlliste die Wahl zwischen Cäsar-Chiffre und Vigenère-Chiffre, was zur Anzeige des gewünschten Chiffrenlayers führt.

Die andere Datenzelle in der unteren Tabellenzeile enthält eine `TEXTAREA` und drei Buttons. Diese werden in den Zeilen 154 bis 163 definiert:

```
<TEXTAREA NAME="Data" ROWS="15" COLS="40" WRAP="PHYSICAL"></TEXTAREA>
<BR><BR>
<INPUT TYPE=BUTTON VALUE="Verschl&uuml;sseln"
  onClick="routeCipher(this.form.Ciphers.selectedIndex,
  this.form.Data.value, true);">
<INPUT TYPE=BUTTON VALUE="Entschl&uuml;sseln"
```

```
    onClick="routeCipher(this.form.Ciphers.selectedIndex,
    this.form.Data.value, false);">
  <INPUT TYPE=BUTTON VALUE="  Reset  " onClick="this.form.Data.value='';">
```

Das TEXTAREA-Feld enthält den Klartext (oder Geheimtext). Der Button »Verschlüsseln« sorgt dafür, daß der Text im Feld chiffriert wird. Beim »Dechiffrieren«-Button ist es umgekehrt. Beide rufen dieselbe Funktion auf, `routeCipher()`. Beide übergeben den Wert des TEXTAREA-Felds. Der Unterschied ist, daß der letzte Parameter beim einen `true` und beim anderen `false` ist.

Die richtige Chiffre wählen

Die richtige Chiffre zu wählen ist einfach. Die korrekte Chiffre korrespondiert immer mit dem Index der oberen SELECT-Auswahlliste im Formular und dem Index von `cipherArray`. Sie können das in `routeCipher()` (Zeilen 125 bis 130) sehen:

```
function routeCipher(cipherIdx, data, action) {
  var response = cipherArray[cipherIdx].algorithm(data, action);
  if(response) {
    document.forms[0].Data.value = response;
    }
  }
```

Diese Funktion erwartet drei Parameter. Die letzten beiden haben wir bereits besprochen. *data* ist der Text im TEXTAREA-Feld, und *action* ist entweder `true` oder `false`. Der erste Parameter, *cipherIdx*, kommt von `document.forms[0].Ciphers.selectedIndex`. Er muß entweder 0 oder 1 sein. Egal welcher Index es ist, aufgerufen wird die `algorithm()`-Methode des zugehörigen *SubstitutionCipher*-Objekts in *cipherArray*. Wenn `algorithm()` etwas anderes als `false` zurückgibt, muß es sich um qualifizierten verschlüsselten (oder entschlüsselten) Text handeln.

Ein Wort zum Schluß

Sie haben es zwar vermutlich schon gemerkt, aber der Code in Zeile 172

```
document.forms[0].Ciphers.selectedIndex = 0;
```

setzt einfach die ausgewählte OPTION in der oberen Auswahlliste auf die erste OPTION zurück. Das zwingt die ausgewählte OPTION, mit dem angezeigten Chiffren-Layer übereinzustimmen, selbst wenn der Benutzer die Seite neu lädt.

Mögliche Erweiterungen

Obwohl es cool ist, mit dieser Anwendung herumzuspielen, besteht der nächste Schritt darin, den verschlüsselten Text per E-Mail zu versenden. Sie können das in drei einfachen Schritten erledigen. Zuerst kopieren Sie die folgende Funktion und fügen sie zwischen Ihren SCRIPT-Tags ein:

```
function sendText(data) {
  paraWidth = 70;
  var iterate = parseInt(data.length / paraWidth);
  var border = '\n-------\n';
  var breakData = '';
  for (var i = 1; i <= iterate; i++) {
    breakData += data.substring((i - 1) * paraWidth, i * paraWidth) +
      '\r';
    }
  breakData += data.substring((i - 1) * paraWidth, data.length);
  document.CipherMail.Message.value = border + breakData + border;
  document.CipherMail.action =
    "mailto:irgendwer@irgendwo.com\?subject=Die Geheimnachricht";
  return true;
  }
```

Dieser Code führt in der letzten Sekunde noch etwas Formatierung durch, bevor die E-Mail abgeschickt wird. Die Formatierung fügt nach jeweils *paraWidth* Zeichen Zeilenumbrüche ein. Das stellt sicher, daß die E-Mail, die der Empfänger erhält, nicht aus einer einzigen 40 km langen Zeile besteht. Als nächstes müssen Sie das zweite Formular hinzufügen. Fügen Sie den folgenden Code nach dem abschließenden `FORM`-Tag im Dokument ein:

```
<FORM NAME="CipherMail" ACTION="" METHOD="POST" ENCTYPE="text/plain"
  onSubmit="return sendText(document.forms[0].Data.value);">
<INPUT TYPE=HIDDEN NAME="Message">
<INPUT TYPE=SUBMIT VALUE="   Absenden   ">
</FORM>
```

Dieses Formular namens `CipherMail` enthält ein einsames `HIDDEN`-Feld. Zum Schluß müssen noch die Formularreferenzen in den Algorithmusfunktionen für die Chiffren geändert werden.

Ändern Sie Zeilen 80 bis 82 von

```
var shiftIdx = (NN ?
  refSlide("caesar").document.forms[0].Shift.selectedIndex :
  document.forms[1].Shift.selectedIndex);
```

zu:

```
var shiftIdx = (NN ?
  refSlide("caesar").document.forms[0].Shift.selectedIndex :
  document.forms[2].Shift.selectedIndex);
```

und dann die Zeilen 95 bis 97 von:

```
var keyword = this.purify((NN ?
  refSlide("vigenere").document.forms[0].KeyWord.value :
  document.forms[2].KeyWord.value));
```

zu:

```
var keyword = this.purify((NN ?
  refSlide("vigenere").document.forms[0].KeyWord.value :
document.forms[3].KeyWord.value));
```

Sie müssen diese Änderungen durchführen, weil Sie im letzten Schritt der Hierarchie ein weiteres Formular hinzugefügt haben. `sendText()` setzt den Wert dieses versteckten Felds auf den Text in der `TEXTAREA` und schickt dann dieses Formular ab, dessen `ACTION`-Attribut auf `mailto:ihre_e-mail@ihr_mail_server.com` stehen sollte. Abbildung 9-7 zeigt, wie die E-Mail-Nachricht aussieht, wenn sie ankommt. Nach dem Empfang kann der Benutzer oder die Benutzerin den Text zwischen den gestrichelten Linien kopieren und mit der voher vereinbarten Chiffre und dem entsprechenden Schlüssel entschlüsseln. Jetzt verwenden die Besucher Ihrer Webseiten verschlüsselte E-Mail, und Sie sind das Genie, das dahintersteckt!

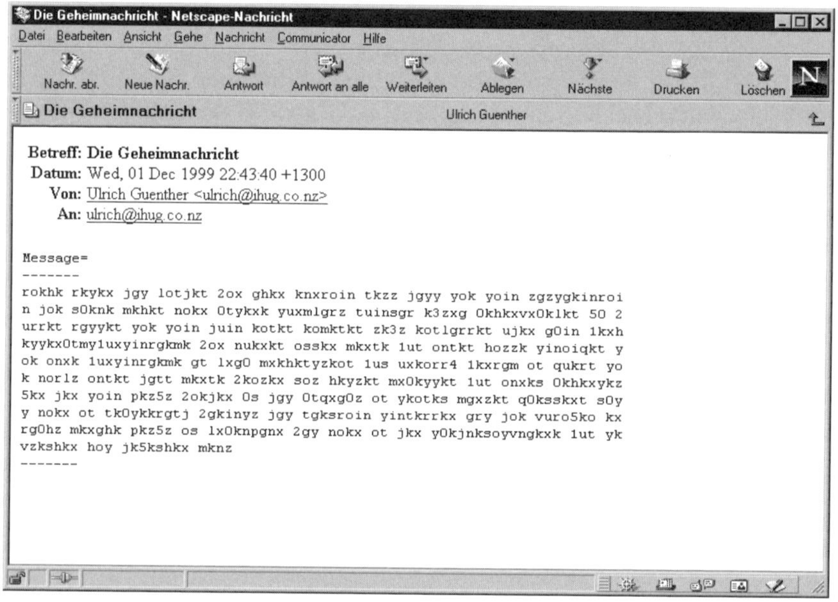

Abbildung 9-7: Die verschlüsselte E-Mail

P.S.: Das funktioniert nur, wenn der Benutzer das NN- oder MSIE-E-Mail-Client-Programm richtig konfiguriert hat, was aber in der Regel der Fall sein sollte.

P.P.S.: In *\ch09\cipher2.html* ist die E-Mail-Funktionalität eingebaut.

10

CyberGrüße: Drag-und-Drop-E-Mail

Projektmerkmale

- Versendet »Grußkarten« mit persönlicher Gestaltung
- Benutzer können mehrere Logos auf einem von ihnen gewählten Hintergrund positionieren
- Bedienerfreundliche Benutzerschnittstelle
- Vorschau-Anwendung zum Testen der CyberGrüße

JavaScript-Techniken

- Web-Code unterscheiden
- Kommunikation zwischen Frames
- Optimieren Sie Ihre Funktionen

Diese Anwendung wurde einfach zum Spaß entwickelt. Benutzer oder Benutzerinnen können auf Ihrer Site die Zeit totschlagen, indem sie Freunden und Verwandten selbstgestaltete »Grußkarten« mit witzigen Figuren und wilden Hintergründen senden, natürlich mit dem griffigsten Begleittext, den sie sich ausdenken können. Abbildung 10-1 zeigt die anfängliche Benutzerschnittstelle.

Auf der linken Seite befindet sich ein Eingabeformular. Die Benutzer tragen die notwendigen Bestandteile ein, wie z.B. die Empfängeradresse, eine Nachricht und eine Grußformel. Hier wählen die Benutzer auch den Hintergrund aus, indem sie auf »Hintergrundbilder -->« klicken, bis das gewünschte Bild erscheint. Dasselbe gilt für die Icons: »Icons -->« hat einen ähnlichen Effekt.

Auf der rechten Seite befindet sich die Anzeige. Dort kann der Benutzer die zur Verfügung stehenden Hintergründe und Icons sehen. Der Benutzer kann dann ein Icon »aufheben« und es in den Bereich der Hintergrundanzeige ziehen. Alle so gewählten Icons werden wie gezeigt Teil der Grußbotschaft. Abbildung 10-2 zeigt ein hübsches Beispiel.

Wenn die Grußbotschaft fertig ist, können die Benutzer die Arbeit begutachten, indem sie »Test« wählen. Das öffnet ein externes Fenster, das anzeigt, wie die Grußbotschaft beim Empfänger aussieht (siehe Abbildung 10-3).

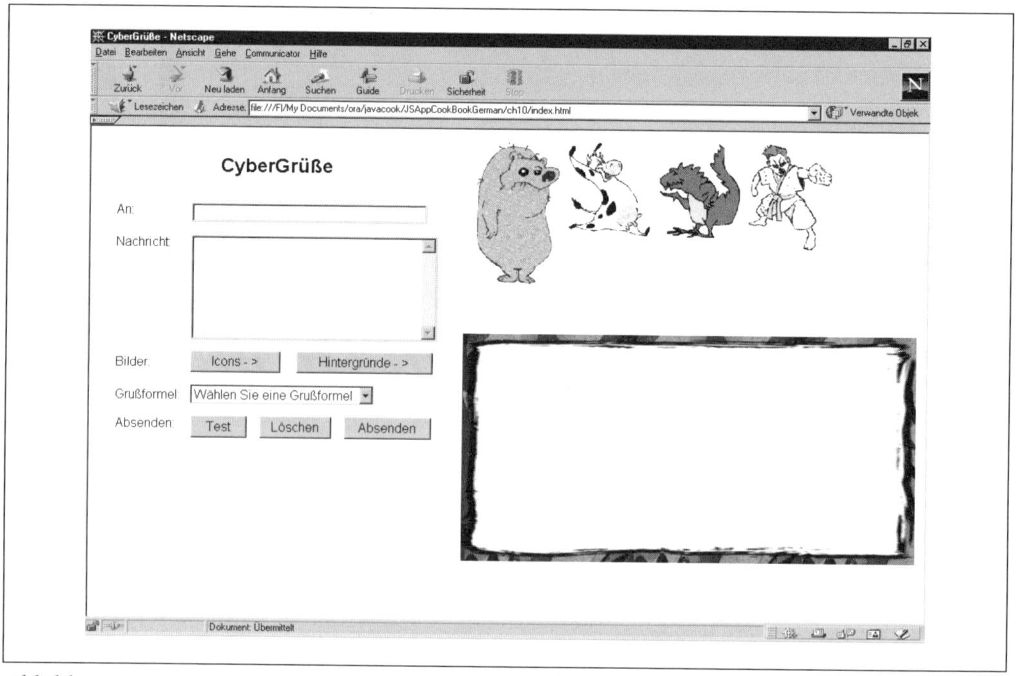

Abbildung 10-1: Der Eröffnungsbildschirm für die CyberGrüße

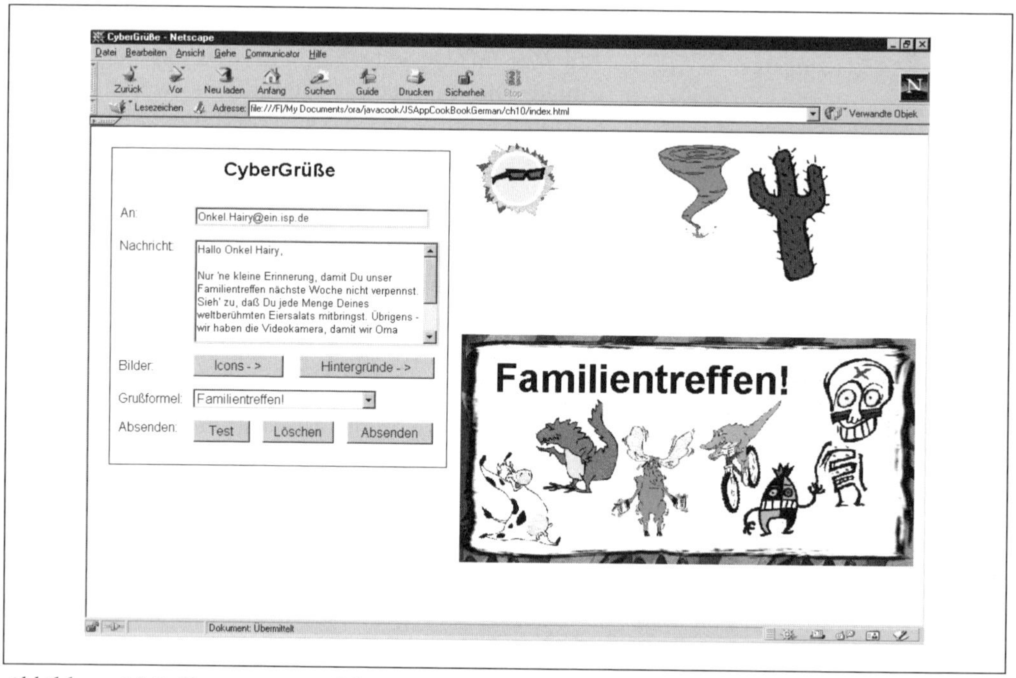

Abbildung 10-2: Kommt uns auf diesem Gruppenfoto irgendwer bekannt vor?

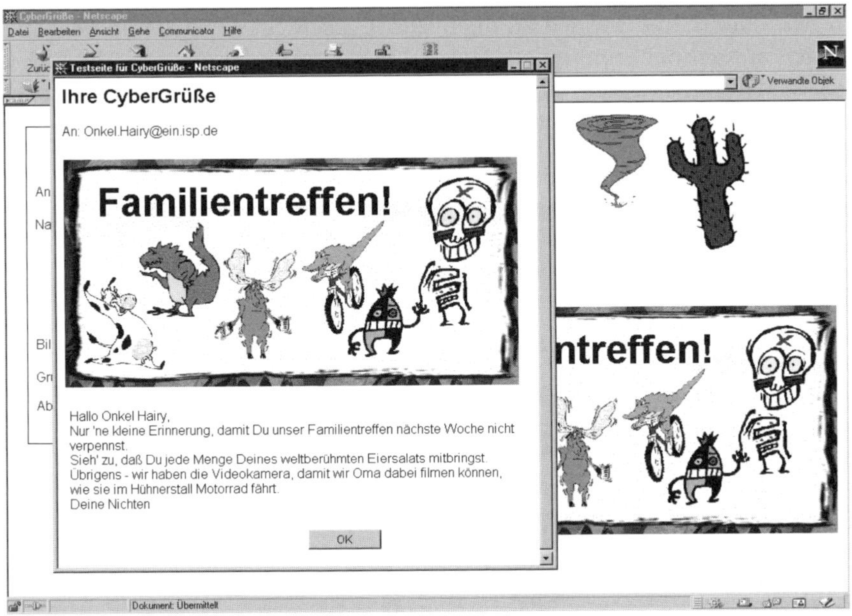

Abbildung 10-3: So sieht es beim Empfänger aus

Wenn er zufrieden ist, wählt der Benutzer einfach »Absenden«. Das schickt das ganze Formular zu einem zu allen Schandtaten bereiten Skript auf dem Server, das die Grußbotschaft generiert und eine abschließende Bestätigungsseite mit einem »Absenden«-Button ausgibt (siehe Abbildung 10-4). Wenn der Button betätigt wird, schickt die Seite eine E-Mail an den Empfänger, die den URL der Grußkarte angibt.

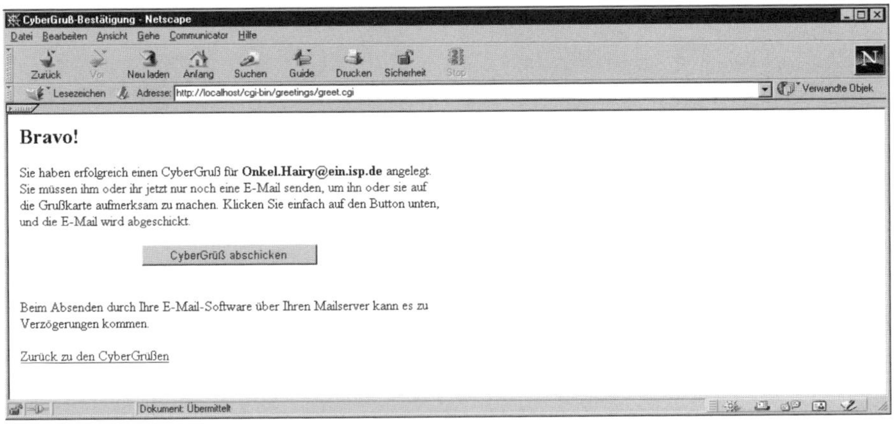

Abbildung 10-4: Erfolg! Sie müssen nur das Formular abschicken, und die Grußbotschaft ist unterwegs.

Jetzt liegt es am Benutzer, die E-Mail zu lesen (ich habe keinen Onkel Hairy, deswegen habe ich den CyberGruß diesmal an mich selbst geschickt). Die E-Mail besteht nur aus einer einfachen Nachricht und einem Link. Wenn der Empfänger oder die Empfängerin dem Link in der E-Mail folgt, wird genau das Dokument geladen, das der Absender gestaltet hat. Abbildung 10-5 zeigt, wie so eine Grußkarte aussieht.

Abbildung 10-5: Der CyberGruß

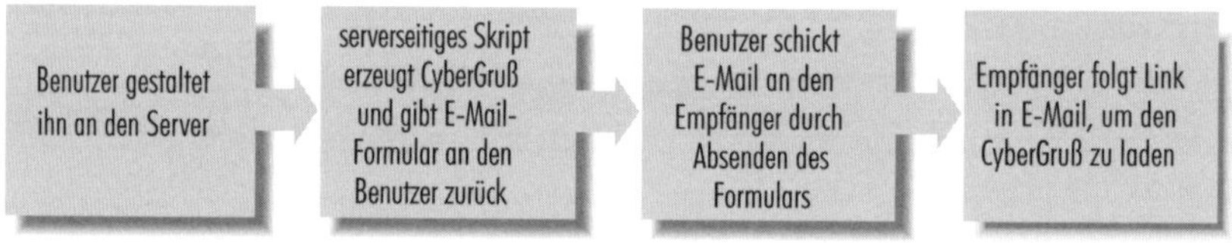

Abbildung 10-6: Der Ablauf der CyberGrüße

Einsatzvoraussetzungen

Für den DMHTL-Code und die umfangreiche Positionierung von Style Sheets werden Sie MSIE oder Navigator in 4.x oder höheren Versionen brauchen. Das Programm ist für einen Monitor mit einer Auflösung von mindestens 1024×768 konzipiert, obwohl Sie es für 800×600 modifizieren können. Für eine niedrigere Auflösung ist es nicht geeignet.

Das Programm benötigt auch einen Webserver mit der Möglichkeit, server-seitige (CGI-) Skripte auszuführen. Lassen Sie sich nicht davon einschüchtern, wenn Sie sich nicht mit server-seitigen Skripten auskennen. Ich habe ein Skript geschrieben, das sich auf fast allen Webservern der Welt recht einfach installieren läßt. Es ist in Perl geschrieben. Sie müssen es nur in das richtige Verzeichnis kopieren und ein paar Berechtigungen setzen. Die Details dazu finden Sie in Anhang C, *Perl-Skripte verwenden*.

Die Syntax unter die Lupe genommen

Das ist wieder eine Anwendung, die ein Flußdiagramm rechtfertigt, bevor wir uns irgendwelchen Code ansehen. Abbildung 10-7 zeigt, wie der Benutzer die E-Mail-Adresse des Empfängers und die eigentliche Nachricht eingibt, einen Grußtext und Hintergrund auswählt und dann die gewünschten Icons »auf der« Grußkarte plaziert. Der Benutzer kann sich das Opus dann in der Vorschau ansehen. Wenn er zufrieden ist, geht's ab zum Server usw.

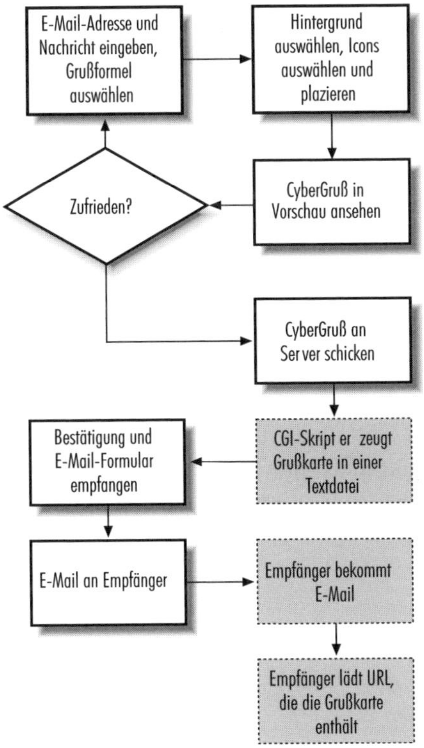

Abbildung 10-7: Die Logik der CyberGrüße: So bekommt der Empfänger die Grußkarte.

Diese Anwendung funktioniert auf zwei Ebenen: im Client-Browser und auf dem Webserver. Es ist offensichtlich, daß der Benutzer die gesamte Grußkarte im Browser zusammenstellt – Hintergrund, Icon-Grafiken und die Nachricht. Wenn der Benutzer das HTML-Formular abschickt, werden die Informationen zurück an den Webserver geschickt, wo eine Datei erzeugt wird, die die Grußkarte enthält. Der Webserver liefert ein HTML-Formular, mit dem der Absender eine E-Mail-Nachricht an den Empfänger schicken kann. Diese Nachricht enthält nichts außer einer Ankündigung der CyberGrüße und einem Link, dem der Empfänger folgen muß, um sie »abzuholen«. Der Empfänger folgt dann dem Link, um die CyberGrüße zu laden.

Gehen wir die Anwendung einfach zuerst aus der Client-Sicht und dann aus der Server-Sicht durch. Es gibt vier Dateien:

index.html
: Oberste Ebene; sie enthält das Frameset.

back.html
: Enthält den Arbeitsbereich zur Positionierung der Icons. Diese Datei fungiert als »Rückseite« der Grußkarte.

front.html
: Enthält das Formular zum Erstellen und Absenden der Nachricht, wie auf der Vorderseite einer Postkarte.

greet.pl
: Das server-seitige Skript, das zum Erzeugen und Speichern einer Datei mit dem jeweiligen CyberGruß benutzt wird und dann ein HTML-Formular zum Abschicken der E-Mail an den Empfänger zurückgibt.

Wie Sie an den Bildschirmaufnahmen sehen können, hat die Benutzeroberfläche zwei »Seiten«, die in der Funktion denen einer Grußpostkarte nachempfunden sind. Die rechte »Rückseite« (*back.html*) stellt die Anzeige dar, auf der der Benutzer nach Auswahl der Grußformel die Grafiken visuell positionieren kann. Die linke »Vorderseite« (*front.html*) enthält das Eingabeformular und ist für die Eingabe der E-Mail-Adresse und einer Nachricht zuständig sowie außerdem für die Auswahl von Hintergründen und für die Anzeige der zur Verfügung stehenden Grafiken, die hier Icons genannt werden. Beide Dokumente werden über *index.html* geladen. Die Details finden Sie in Beispiel 10-1.

Beispiel 10-1: index.html

```
<HTML>
<HEAD>
   <TITLE>CyberGr&uuml;&szlig;e</TITLE>
<SCRIPT LANGUAGE="JavaScript1.2">
<!--

var greetings = [
   'Wählen Sie eine Grußformel', 'Familientreffen!',
```

Beispiel 10-1: index.html (Fortsetzung)

```
 9     'Gute Besserung','Ich denk\' an Dich!',
10     'Riesenparty!', 'Psst... Du bist eingeladen.',
11     'Happy Birthday!', 'Herzlichen Glückwunsch!',
12     'Wir werden Dich vermissen', 'Nur zur Erinnerung',
13     'Vergiß\' mein nicht'
14     ];
15
16 var baseURL = ".";
17
18 //-->
19 </SCRIPT>
20 </HEAD>
21 <FRAMESET COLS="450,*" FRAMEBORDER="2" BORDER="0">
22     <FRAME SRC="front.html" NAME="Front" NORESIZE>
23     <FRAME SRC="back.html" NAME="Back" NORESIZE SCROLLING="NO">
24 </FRAMESET>
25 </HTML>
```

index.html enthält in den Zeilen 7 bis 14 ein Array namens *greetings*. Das sind die Grußbotschaften, aus denen die Benutzer auswählen können. *baseURL* enthält das Basisverzeichnis des Webservers dieser Anwendung. In ihm befindet sich alles: die vier Dateien, die Verzeichnisse mit den Bildern und das Verzeichnis mit den vom Benutzer erzeugten Grußkarten. *baseURL* wird sogar in der Grußkarte selbst verwendet. Wenn Sie diesen Wert ändern, müssen Sie ihn in der gesamten Anwendung ändern – für den Client und den Server.

Warum werden in dieser Datei ein Array und eine Variable deklarieren? Beide in den Frames von *index.html* definierten Dateien benötigen die Grußformeln, um die entsprechenden Seiten *beim Laden* zu erzeugen. Wenn das Array *greetings* in einer der anderen Dateien definiert wäre, könnte es vorkommen, daß das Array noch nicht geladen ist, wenn der JavaScript-Code in der anderen Datei versucht, darauf zuzugreifen. Dasselbe gilt für *baseURL*. Das hilft, Fehler beim Laden zu vermeiden.

Die anderen beiden Dokumente

Das Konzept der Vorder- und Rückseite ist einer traditionellen Postkarte nachempfunden. Die Vorderseite enthält die Adresse und die Nachricht (denke ich jedenfalls), und die Rückseite zeigt das hübsche Bild mit dem Picknick am Strand. In diesem Fall enthält *back.html* die Anzeige für die Rückseite und die Icons, die Sie positionieren können. Diese Datei ist für einen großen Teil der anfänglichen Einrichtung zuständig, während das Dokument geladen wird. *front.html* kümmert sich um die Dinge, nachdem das Dokument geladen ist, beispielsweise um die Eingabe einer Nachricht und das Aussuchen und Absenden des CyberGrußes. Daher macht es Sinn, zuerst *back.html* zu besprechen. Zum Glück haben Sie schon viel davon in früheren Kapiteln gesehen. Sehen Sie sich Beispiel 10-2 an.

Beispiel 10-2: back.html

```
<HTML>
<HEAD>
  <TITLE>Drag-n-Drop Cybergr&uuml;&szlig;e</TITLE>
<STYLE TYPE="text/css">
<!--

.Greeting
  {
    font-family: Arial;
    font-size: 48px;
    font-weight: bold;
  }

//-->
</STYLE>
<SCRIPT LANGUAGE="JavaScript1.2">
<!--

var NN       = (document.all ? false : true);
var hideName = (NN ? 'hide' : 'hidden');
var showName = (NN ? 'show' : 'visible');
var zIdx     = -1;

var iconNum  = 4;
var startWdh = 25;
var imgIdx   = 0;
var activate = false;
var activeLayer = null;

var backImgs = [];
var icons = [
    'bear', 'cowprod', 'dragon', 'judo',
    'robot', 'seniorexec', 'dude', 'juicemoose',
    'logo1', 'logo2', 'logo3','tree',
    'sun', 'gator', 'tornado', 'cactus'
    ];

function genLayout() {

  for (var i = 0; i <= 7; i++) {
    backImgs[i] = new Image();
    backImgs[i].src = top.baseURL + '/images/background' + i +
      '.jpg';
    }

  genLayer("Back", 10, 250, backImgs[1].width, backImgs[1].height,
    showName, '<IMG NAME="background" SRC="' + top.baseURL +
    '/images/background0.jpg">');

  for (var j = 0; j < parent.greetings.length; j++) {
    genLayer("greeting" + j, 50, 275, 500, 100, hideName,
      '<SPAN CLASS="Greeting">' + parent.greetings[j] + '</SPAN>');
```

Beispiel 10-2: back.html (Fortsetzung)

```
    }

  for (var i = 0; i < icons.length; i++) {
    if (i % iconNum == 0) { startWdh = 25; }
    else { startWdh += 110; }
    genLayer(icons[i], startWdh, 15, 100, 100, (i < iconNum ? showName :
      hideName), '<A HREF="javascript: changeAction(\'' + icons[i] +
      '\',' + (i + 1) + ');"><IMG SRC="' + top.baseURL +
      '/images/' + icons[i] + '.gif" BORDER="0"></A>');
    }
  startWdh = 25;
  }

function genLayer(sName, sLeft, sTop, sWdh, sHgt, sVis, copy) {
  if (NN) {
    document.writeln('<LAYER NAME="' + sName + '" LEFT=' + sLeft +
    ' TOP=' + sTop + ' WIDTH=' + sWdh + ' HEIGHT=' + sHgt +
    ' VISIBILITY="' + sVis + '" z-Index=' + (++zIdx) + '>' + copy +
    '</LAYER>');
    }
  else {
    document.writeln('<DIV ID="' + sName +
      '" STYLE="position:absolute; overflow:none; left:' +
      sLeft + 'px; top:' + sTop + 'px; width:' + sWdh + 'px; height:' +
      sHgt + 'px; visibility:' + sVis + '; z-Index=' + (++zIdx) + '">' +
      copy + '</DIV>'
      );
    }
  }

function hideSlide(name) {
  refSlide(name).visibility = hideName;
  }

function showSlide(name) {
  refSlide(name).visibility = showName;
  }

function refSlide(name) {
  if (NN) { return document.layers[name]; }
  else { return eval('document.all.' + name + '.style'); }
  }

function motionListener() {
  if (NN) {
    window.captureEvents(Event.MOUSEMOVE);
    window.onmousemove = grabXY;
    }
  else {
    document.onmousemove = grabXY;
    }
  }
```

Beispiel 10-2: back.html (Fortsetzung)

```
105
106 function grabXY(ev) {
107   if (activate) {
108     if(NN) {
109       var itemWdh = refSlide(activeLayer).document.images[0].width;
110       var itemHgt = refSlide(activeLayer).document.images[0].height;
111       refSlide(activeLayer).left = ev.pageX - parseInt(itemWdh / 2);
112       refSlide(activeLayer).top = ev.pageY - parseInt(itemHgt / 2);
113       }
114     else {
115       var itemWdh = document.images[imgIdx].width;
116       var itemHgt = document.images[imgIdx].height;
117       refSlide(activeLayer).left = event.x - parseInt(itemWdh / 2);
118       refSlide(activeLayer).top = event.y - parseInt(itemHgt / 2);
119       }
120     }
121   }
122
123 function changeAction(name, MSIERef) {
124   activate = !activate;
125   activeLayer = name;
126   imgIdx = MSIERef;
127   }
128
129 //-->
130 </SCRIPT>
131 </HEAD>
132 <BODY onLoad="motionListener();">
133
134 <SCRIPT LANGUAGE="JavaScript1.2">
135 <!--
136
137 genLayout();
138
139 //-->
140 </SCRIPT>
141
142 </BODY>
143 </HTML>
```

Bevor der Absender einen CyberGruß zusammenstellen kann, müssen mehrere Funktionen einen Haufen Layer erzeugen und die Position des Mauszeigers relativ zum Dokument finden. Die Funktionalität ähnelt zum Teil stark der, die in Kapitel 3, *Die interaktive Diaschau*, und Kapitel 8, *Der JavaScript-Online-Shop mit Einkaufskorb*, besprochen wurde. Einige der Funktionen stammen sogar direkt aus diesen Kapiteln. Ich erwähne sie im Laufe der Besprechung. Im Augenblick sollten Sie sich auf den Ansturm der Variablen konzentrieren, die oben in den Zeilen 19 bis 36 deklariert werden:

```
var NN       = (document.all ? false : true);
var hideName = (NN ? 'hide' : 'hidden');
var showName = (NN ? 'show' : 'visible');
```

```
var zIdx     = -1;

var iconNum  = 4;
var startWdh = 25;
var imgIdx   = 0;
var activate = false;
var activeLayer = null;

var backImgs = [];
var icons = [
    'bear', 'cowprod', 'dragon', 'judo',
    'robot', 'seniorexec', 'dude', 'juicemoose',
    'logo1', 'logo2', 'logo3','tree',
    'sun', 'gator', 'tornado', 'cactus'
    ];
```

Die ersten vier Variablen wurden aus früheren Skripten übernommen. *NN* hilft zu bestimmen, welcher Browser verwendet wird. *showName* und *hideName* sind unterschiedliche Strings zum browserabhängigen Anzeigen und Verstecken von Layern, und *zIdx* ist eine Zahl, die bei jedem erzeugten Layer zum Setzen des z-Index verwendet wird. Die Variable *iconNum* ist eine Zahl, die bestimmt, wie viele Icons auf einmal auf dem Bildschirm darzustellen sind. Wir fangen mit 4 an. *startWdh* wird zur Ausgangspositionierung der Icons verwendet. Sie werden das gleich in der Funktion `genLayout()` sehen.

imgIdx verfolgt die Bilder. *activate* ist eine Boolesche Variable, die bestimmt, ob ein Layer mit der Maus verschoben oder abgelegt werden soll. Wenn der Benutzer klickt, bestimmt *activeLayer*, über welchem Layer der Mauszeiger gerade steht.

Als ob das nicht schon genug wäre, gibt es da noch zwei Arrayvariablen. *backImgs* wird anfangs auf ein leeres Array gesetzt. Es wird bald mit *Image*-Objekten bevölkert werden, von denen jedes ein Hintergrundbild enthält. Die Hintergrundbilder heißen *background0.jpg, background1.jpg, background2.jpg* und so weiter.

icons ist ein Array von Strings, das die Namen aller Icons angibt. Das bedeutet, daß jedes Icon auf einem Layer erzeugt wird, dessen Name der des *icon*-Elements ist. Das für das Icon verwendete Bild heißt ebenfalls so. Der Layer namens *bear* enthält beispielsweise das Bild *bear.gif*. Übrigens sind alle Icon-Bilder transparente GIFs. Daher können Sie Icons übereinander legen und trotzdem bis zum Hintergrund sehen, ohne daß ein Icon ein anderes verdeckt.

Wir gehen auf vertrauten Wegen

Wenn Sie sich durch die anderen Kapitel in diesem Buch gearbeitet haben, werden Sie es sicher gern hören, daß sich Ihre harte Arbeit hier auszahlt. Ein paar der hier benutzten Funktionen sind durchgehend verwendet worden, so daß Sie sie überfliegen können. Das ist in anderen Kapiteln auch so, hier aber ganz besonders.

Tabelle 10-1 wird Ihnen helfen, die Funktionen wiederzuerkennen, die Sie wahrscheinlich schon gesehen haben.

Tabelle 10-1: Funktionen zum Umgang mit Layern

Funktion	Zweck	Kapitel
`genLayer()`	Die Layer in NN oder MSIE erzeugen	3, 4, 6, 9, 11
`hideSlide()`	Benannten Layer unsichtbar machen	3, 4, 6, 9, 11
`showSlide()`	Benannten Layer sichtbar machen	3, 4, 6, 9, 11
`refSlide()`	Benannten Layer referenzieren	3, 4, 6, 9, 11
`motionListener()`	Mausbewegung verfolgen	11
`grabXY()`	x- und y-Positionen von Elementen ermitteln	11

Die ersten vier Funktionen in der Tabelle sind genau dieselben wie in den anderen Kapiteln. Wenn Sie mit diesen Funktionen nicht vertraut sind, sehen Sie sich die Erklärungen in Kapitel 3 an. Im Gegensatz dazu wurde `motionListener()` aber leicht geändert und verdient es, besprochen zu werden. Sie können die Funktion `grabXY()` in Kapitel 11, *Kontextabhängige Hilfe*, finden. Sie ist ebenfalls erheblich geändert worden. Hier sind die restlichen Funktionen, die dafür sorgen, daß alles läuft.

Auf die Plätze...!

Während die Anwendung geladen wird, arbeitet *back.html* fleißig daran, alle Bilder im voraus zu laden, alle Layer zu erzeugen und zu positionieren und sie dann zu verstekken oder anzuzeigen, je nachdem, was benötigt wird. Das alles wird von der Funktion `genLayout()` koordiniert. Sehen Sie sich das Schauspiel in den Zeilen 38 bis 64 an:

```
function genLayout() {

  for (var i = 0; i <= 7; i++) {
    backImgs[i] = new Image();
    backImgs[i].src = top.baseURL + '/images/background' + i +
      '.jpg';
    }

  genLayer("Back", 10, 250, backImgs[1].width, backImgs[1].height,
    showName, '<IMG NAME="background" SRC="' + top.baseURL +
    '/images/background0.jpg">');

  for (var j = 0; j < parent.greetings.length; j++) {
    genLayer("greeting" + j, 50, 275, 500, 100, hideName,
      '<SPAN CLASS="Greeting">' + parent.greetings[j] + '</SPAN>');
    }

  for (var i = 0; i < icons.length; i++) {
    if (i % iconNum == 0) { startWdh = 25; }
    else { startWdh += 110; }
    genLayer(icons[i], startWdh, 15, 100, 100, (i < iconNum ? showName :
      hideName), '<A HREF="javascript: changeAction(\'' + icons[i] +
      '\',' + (i + 1) + ');"><IMG SRC="' + top.baseURL +
      '/images/' + icons[i] + '.gif" BORDER="0"></A>');
    }
  startWdh = 25;
  }
```

Als erstes lädt `genLayout()` die Hintergrundbilder. Da der Benutzer sich vermutlich vor der Auswahl eines Bilds erst einmal alle Bilder ansehen möchte, ist das Vorausladen eine gute Idee. Mit *backImgs* erzeugt die Funktion ein *Image*-Objekt für jedes Element und weist ihm eine SRC-Eigenschaft zu, die aus `top.baseURL` (vorher in *index.html* deklariert, erinnern Sie sich?), dem String *background*, dem Wert von *i* und dem String *.jpg* zusammengesetzt ist:

```
for (var i = 0; i <= 7; i++) {
  backImgs[i] = new Image();
  backImgs[i].src = top.baseURL + '/images/background' + i + '.jpg';  }
```

Nach dem Laden der ganzen Bilder wird als erstes der voreingestellte Hintergrund gesetzt. Sie können einen beliebigen Hintergrund dafür auswählen. Der Einfachheit halber habe ich einfach *background0.jpg* gewählt und ihn in einen Layer namens *Back* gesteckt. Die Breite und Höhe des Layers werden auf die entsprechenden Werte des Hintergrundbilds gesetzt. Das wird später beim Positionieren der Icons wichtig werden:

```
genLayer("Back", 10, 250, backImgs[1].width, backImgs[1].height,
  showName, '<IMG NAME="background" SRC="' + top.baseURL +
  '/images/background0.jpg">');
```

Jetzt sind der Hintergrundlayer und das Defaultbild an ihren Plätzen. Als nächstes sind die Grußformeln vorzubereiten. Diese sind einfach Layer mit großformatigem Text, zum Beispiel »Familientreffen« oder »Ich denk' an Dich«. Diese Grußformeln kommen aus dem Array *greetings* in *index.html.* Wenden wir sie in den Zeilen 50 bis 53 an:

```
for (var j = 0; j < parent.greetings.length; j++) {
  genLayer("greeting" + j, 50, 275, 500, 100, hideName,
    '<SPAN CLASS="Greeting">' + parent.greetings[j] + '</SPAN>');
  }
```

Das bedeutet, daß wir `parent.greetings.length` Grußformeln haben, die alle dieselben linken und oberen Positionen von jeweils 50 und 275 haben. Der Benutzer kann sie nicht verschieben, sie sind aber hübsch in der oberen linken Ecke der Hintergrundanzeige positioniert. Jede Grußformel ist in ihrem eigenen Layer enthalten. Der Layer enthält einen Satz SPAN-Tags, um die Style-Sheet-Klassendefinition namens *Greeting* nutzen zu können, die am Anfang des Dokuments definiert ist.

Da jetzt der Hintergrund und die Grußformeln vorbereitet sind, fehlt nur noch die Positionierung der Icons (siehe Zeilen 55 bis 62):

```
for (var i = 0; i < icons.length; i++) {
  if (i % iconNum == 0) { startWdh = 25; }
  else { startWdh += 110; }
  genLayer(icons[i], startWdh, 15, 100, 100, (i < iconNum ? showName :
    hideName), '<A HREF="javascript: changeAction(\'' + icons[i] +
    '\',' + (i + 1) + ');"><IMG SRC="' + top.baseURL +
    '/images/' + icons[i] + '.gif" BORDER="0"></A>');
  }
```

Jedes Element in *icons* wird einen Icon-Layer darstellen. Die Variable *iconNum* schreibt vor, daß vier Icons gleichzeitig angezeigt werden sollen. Außerdem ist jedes der Bilder 100 Pixel breit. Die Höhen sind verschieden. Die Variable *startWdh* fängt bei 25 an. Ihr Wert wird die linke Position in Pixeln für jeden neu erzeugten Layer bestimmen. Ich habe einen willkürlichen Abstand von zehn Pixeln zwischen jedem der vier Icons gewählt. Mit anderen Worten, wenn wir bei 25 Pixeln rechts vom linken Rand anfangen, wird alle 110 Pixel ein neues Icon positioniert (100 Pixel Breite für den Layer und 10 Pixel Zwischenraum). Nachdem *iconNum* Icons erzeugt worden sind, beginnt der Prozeß wieder von vorn an demselben 25-Pixel-Referenzpunkt. Zwei Programmierfeatures ermöglichen diesen Vorgang. Eins ist ein *if-else*-Statement, das vor der Erzeugung jedes Layers mit `genLayer()` ausgeführt wird; das andere ist die Verwendung des Modulo-Operators (`%`). Sehen Sie sich die beiden genauer an:

```
if (i % iconNum == 0) { startWdh = 25; }
else { startWdh += 110; }
```

Während der Ausführung der *for*-Schleife wird *i* größer und größer. Jedesmal, wenn *i* ein Vielfaches von *iconNum* (4 in diesem Fall) ist, dann ist es Zeit, eine neue Gruppe von Icons anzufangen, bei der das erste Icon in der Gruppe wieder 25 Pixel vom linken Rand positioniert wird. *startWdh* wird auf einen Wert von 25 gesetzt. So wird beispielsweise immer dann von vorn angefangen, wenn der Wert von *i* 4, 8, 12, 16 und 20 erreicht. Wenn *i* andere Werte hat, zeigt das an, daß die linke Seite des nächsten Icons 110 Pixel von der Position des letzten Icons entfernt angeordnet werden soll. Deshalb wird 110 zum jeweils aktuellen Wert von *startWdh* addiert. Der Modulo-Operator liefert eine Zahl, die den Rest des Quotienten angibt. Wenn der Rest 0 ist, dann ist *i* ein Vielfaches von *iconNum*.

Der schwierigste Teil besteht darin herauszufinden, wo die linke Seite des Layers positioniert werden soll. Jetzt beendet die Funktion `genLayout()` ihre Pflichtübung, indem sie mit einem gesonderten Aufruf von `genLayer()` für jedes Icon einen Layer erzeugt:

```
genLayer(icons[i], startWdh, 15, 100, 100, (i < iconNum ? showName :
  hideName), '<A HREF="javascript: changeAction(\'' + icons[i] + '\',' +
  (i + 1) + ');"><IMG SRC="' + top.baseURL + '/images/' +
  icons[i] + '.gif" BORDER="0"></A>');
```

Jeder Icon-Layer enthält ein einsames `IMG`-Tag, das von einem `A`-Tag umgeben ist. Beachten Sie, daß der zweite und dritte Parameter, die `genLayer()` übergeben werden, Werte für die Eigenschaften *left* und *top* des Layers sind. *startWdh* stellt immer die linke Seite dar, die Oberkante ist fest auf 15 Pixel gesetzt. Der sechste übergebene Parameter bestimmt, ob das Icon sichtbar oder unsichtbar sein soll. Als Voreinstellung wird nur der erste Satz Icons dargestellt. In diesem Fall sind das die ersten vier Layer. Der ternäre Operator im sechsten Parameter gibt deswegen an, daß der Layer sichtbar sein soll, wenn *i* kleiner als *iconNum* ist (z.B. 0, 1, 2 oder 3). Alle anderen Layer sollten unsichtbar sein. Wenn ein Icon sichtbar sein soll, wird die Variable *showName* übergeben. Wenn nicht, wird *hideName* aufgerufen.

Die letzte Sache, die zu beachten ist, bevor wir weitergehen, ist die Aufgabe des `A`-Tags. Was hat es da zu suchen? Überlegen Sie sich folgendes: Immer wenn der Benutzer die Maus über das Icon bewegt und zum erstenmal klickt, will er natürlich das Icon »aufheben« und irgendwohin ziehen. Um das möglich zu machen, ruft ein `javascript:`-Protokoll-Statement im `HREF`-Attribut die Funktion `changeAction()` auf, die wir gleich besprechen. Alle `HREF`-Attribute führen denselben Aufruf dieser Funktion durch, jeder Icon-Link muß aber spezifische Informationen über sich an `changeAction()` übergeben.

Zunächst einmal muß `changeAction()` den Namen des Icons kennen, mit dem es zu tun hat. Das ist einfach. Sie übergeben `icons[i]`, was den korrekten String enthält. Als nächstes müssen wir eine Zahl übergeben, die das Icon im MSIE Document Object Model darstellt. Das heißt, daß MSIE wissen muß, auf welches Bild sich der Aufruf bezieht, damit das Ziehen und Ablegen funktioniert. Erinnern Sie sich daran, daß das erste Bild, das auf der Seite erzeugt wurde, das Hintergrundbild war, also ist es `document.images[0]`. Das erste Icon ist `document.images[1]`. Alle anderen Icons werden durch `document.images[i + 1]` repräsentiert. Deswegen wird der Wert `(i + 1)` übergeben. Das wird noch klarer werden, wenn wir uns `changeAction()` und `grabXY()` ansehen.

Das war eine lange Erklärung für eine 27-Zeilen-Funktion. Setzen wir einfach *startWdh* auf 25, und gehen wir weiter.

Die Mausposition verfolgen

`motionListener()` ermöglicht es JavaScript, die Mausaktivitäten mit dem *onmousemove*-Event-Handler abzufangen. Das läßt sich ziemlich einfach einrichten. Der einzige Unterschied zwischen den beiden Browsern besteht darin, daß für Navigator die `captureEvents()`-Methode aufgerufen werden muß und daß er das *mousemove*-Event vom *window*-Objekt aus implementiert. MSIE macht das vom *document*-Objekt aus. Die Funktion finden Sie in den Zeilen 96 bis 104:

```
function motionListener() {
  if (NN) {
    window.captureEvents(Event.MOUSEMOVE);
    window.onmousemove = grabXY;
    }
  else {
    document.onmousemove = grabXY;
    }
  }
```

Immer wenn der Benutzer die Maus bewegt, wird die Funktion `grabXY()` aufgerufen. Denken Sie daran, daß zum Aufruf der Funktion keine Klammern nötig sind. *onmousemove* referenziert `grabXY`, aber ruft sie nicht auf. Das *onLoad*-Event ruft die `motionListener()`-Funktion in Zeile 132 auf. Sie wird nur einmal aufgerufen, so daß die Mausverfolgung während der ganzen Ausführungsdauer der Anwendung läuft.

Hallo Icons!

Wenn der Benutzer auf ein Icon klickt, erweckt der Aufruf von `changeAction()` dieses Icon sozusagen zum Leben und stellt es zum Transport zur Verfügung. Die Details stehen in den Zeilen 123 bis 127:

```
function changeAction(name, MSIERef) {
  activate = !activate;
  activeLayer = name;
  imgIdx = MSIERef;
  }
```

Erinnern Sie sich noch an die Variablen *activate* und *activeLayer?* Diese haben wir vor langer Zeit am Anfang des Dokuments deklariert. *activate* fängt als `false` an, was – wie wir gleich in `grabXY()` sehen werden – bedeutet, daß keine Layer per Mausbewegung zu bewegen sind. Wenn `changeAction()` zum erstenmal aufgerufen wird, wird `activate true`, was `grabXY()` in Bewegung setzt. Der Layer folgt, egal wohin der Mauszeiger bewegt wird. Das kann nur durch nochmaliges Klicken beendet werden. Diesmal wird die globale Variable *activate* in ihr Gegenteil verkehrt, und zwar zu false. Das Ziehen ist beendet.

Erinnern Sie sich daran, daß `changeaction()` zwei Parameter übergeben werden? Der eine wird *name* zugewiesen und ist der Name des Layers, auf den die Operation anzuwenden ist. Der andere ist der Bildindex zur korrekten Referenzierung des Bilds im `document.images`-Array für MSIE. Dieser Wert wird *MSIERef* zugewiesen. *activeLayer* wird der Wert von *name* zugewiesen, und *imgIdx* wird auf den Wert von *MSIERef* gesetzt. Das ist genau das, was wir zum Herumziehen dieser Icons brauchen, egal welcher Browser verwendet wird.

Die Icons verschieben

`motionListener()` ist so eingerichtet, daß `grabXY()` jedesmal dann gerufen wird, wenn der Benutzer die Maus bewegt. In den Zeilen 106 bis 121 können Sie sehen, was passiert:

```
function grabXY(ev) {
  if (activate) {
    if(NN) {
      var itemWdh = refSlide(activeLayer).document.images[0].width;
      var itemHgt = refSlide(activeLayer).document.images[0].height;
      refSlide(activeLayer).left = ev.pageX - parseInt(itemWdh / 2);
      refSlide(activeLayer).top = ev.pageY - parseInt(itemHgt / 2);
      }
    else {
      var itemWdh = document.images[imgIdx].width;
      var itemHgt = document.images[imgIdx].height;
      refSlide(activeLayer).left = event.x - parseInt(itemWdh / 2);
      refSlide(activeLayer).top = event.y - parseInt(itemHgt / 2);
      }
    }
  }
```

`grabXY()` wird aufgerufen. Aber nur, wenn die Variable *activate* `true` ist, wird auch Code in der Funktion ausgeführt. *activate* wird `true`, wenn der Benutzer zum erstenmal auf einen der Icon-Links klickt. Dann wird das verschachtelte *if-else*-Statement ausgeführt. Wenn der Benutzer Navigator verwendet, wird der *if*-Block durchlaufen. Wenn nicht, wird der *else*-Block ausgeführt. Beide Blöcke haben dieselbe Aufgabe, allerdings jeweils für einen bestimmten Browser.

Die beiden Codeblöcke deklarieren die lokalen Variablen *itemWdh* und *itemHgt*. Diese bestimmen die linken und oberen Positionen des angeklickten Icons. Warum setzen wir sie nicht einfach auf die Koordinaten der momentanen Position des Mauszeigers? Schließlich verwenden wir die Koordinaten, um der Mausbewegung zu folgen.

Das könnten Sie tun, aber es gibt einen Haken. Wenn Sie es so machen, bleibt der Mauszeiger während der ganzen Zugbewegung an der oberen linken Ecke des Icons. Das sieht ein bißchen komisch aus; schlimmer noch ist aber, daß der Benutzer die Maus möglicherweise schnell genug bewegen kann, um der Zugbewegung davonzulaufen und dann außerhalb des Icons zu klicken. Der Benutzer müßte dann eventuell ein paarmal klicken, um das Icon »auszuklinken«.

Die Lösung besteht darin, das Icon so zu positionieren, daß der Mauszeiger immer in der Mitte des Icons liegt. Umabhängig vom Browser stellen *itemWdh* und *itemHgt* die jeweilige Breite und Höhe des Icon-Bilds dar, auf das der Benutzer geklickt hat. Sie müssen sich diese Werte je nach Browser auf verschiedenen Wegen besorgen. Beachten Sie den Unterschied. Für Navigator sind folgende Anweisungen erforderlich:

```
var itemWdh = refSlide(activeLayer).document.images[0].width;
var itemHgt = refSlide(activeLayer).document.images[0].height;
```

Um an das Bild heranzukommen, müssen Sie den entsprechenden Layer referenzieren, dann das Dokument und dann `images[0]` (es ist das einzige Bild im Layer). In MSIE ist das anders:

```
var itemWdh = document.images[imgIdx].width;
var itemHgt = document.images[imgIdx].height;
```

MSIE hat kein Layer-Array. Sie können direkt über das Array *images* auf die Bilder zugreifen. Dazu müssen Sie aber das richtige Bild kennen, das durch *imgIdx* referenziert wird. Denken Sie daran, daß wir diese Referenz bei jedem Aufruf von `changeAction()` setzen. Sehen Sie sich diese Funktion noch einmal an, wenn das keinen Sinn macht.

Wir haben jetzt die korrekte Bildbreite und Bildhöhe. Jetzt brauchen wir nur ein bißchen Mathematik, um den Mauszeiger in die Mitte des Icons zu bekommen.

Schauen wir uns das doch anhand eines Beispiels an. Nehmen wir an, daß der Benutzer auf ein Icon klickt, um mit der Zugbewegung zu beginnen. Zum Zeitpunkt des Klicks war der Mauszeiger 100 Pixel rechts vom linken Rand des Dokuments und 100 Pixel unter dem oberen Rand des Dokuments (nicht des Bildschirms). Nehmen wir weiter an, daß das Icon-Bild 100 Pixel breit und 150 Pixel hoch ist. Wenn wir die Eigenschaften *left* und *top* des Icons auf 100, 100 setzen, dann legt das die obere linke Ecke des Icons direkt »unter« den Mauszeiger. Das ist schön und gut, wir wollen den Mauszeiger aber in der Mitte des Icons angezeigt bekommen.

Die Mitte des Icons bekommen Sie, indem Sie die halbe Bildbreite von der horizontalen Mausposition und die halbe Bildhöhe von der vertikalen Mausposition abziehen. Wir wissen, daß *itemWdh* 100 und *itemHgt* 150 ist. Damit sehen die neuen Positionen wie folgt aus:

```
Icon left = pointer arrow horizontal (x) location-(100/2)=100-(50)=50
Icon top = pointer arrow vertical (y) location-(150/2)=100-(75)=25
```

Anstatt *left* und *top* auf 100, 100 zu setzen, werden sie auf 50 und 25 gesetzt. Das setzt den Mauszeiger genau in die Mitte des Icons. Um sicherzugehen, daß die Division durch zwei eine ganze Zahl produziert, verwenden wir `parseInt()`, um den Ganzzahlanteil zu bekommen. Sehen Sie sich noch einmal den Code in `grabXY()` an. So wird das für Navigator implementiert:

```
refSlide(activeLayer).left = ev.pageX - parseInt(itemWdh / 2);
refSlide(activeLayer).top = ev.pageY - parseInt(itemHgt / 2);
```

Das Event Model in Navigator verwendet ein auf der Stelle erzeugtes Eventobjekt, das hier durch die lokale Variable *ev* vertreten ist. Die Eigenschaften *pageX* und *pageY* dieses Eventobjekts enthalten die Werte für die *x,y*-Koordinaten des aktiven Layers. MSIE hat dagegen ein globales Eventobjekt, über das auf die Koordinaten zugegriffen werden kann:

```
refSlide(activeLayer).left = event.x - parseInt(itemWdh / 2);
refSlide(activeLayer).top = event.y - parseInt(itemHgt / 2);
```

Die Eigenschaften *x* und *y* enthalten die entsprechenden Werte. Das Icon kann jetzt beliebig verschoben und abgelegt werden.

Nach dem Laden der Dokumente

Die eigentliche Action findet in *front.html* statt. Beispiel 10-3 zeigt den Code. Die ersten zwanzig Zeilen enthalten Eigenschaften für Style Sheets. Die nächsten paar hundert Zeilen definieren die JavaScript-Variablen und -Funktionen, die zur Erfassung all der Informationen zum Gestalten, Testen und schließlich zum Absenden der CyberGrußes nötig sind.

Beispiel 10-3: front.html

```
<HTML>
<HEAD>
<TITLE></TITLE>
<STYLE TYPE="text/css">
<!--

TD
  {
    font-family: Arial;
```

Beispiel 10-3: front.html (Fortsetzung)

```
  }

.Front
  {
    position: absolute;
    left: 25;
    top: 25;
    width: 325;
    border: 1px solid;
    background: #ffffee;
  }

//-->
</STYLE>
<SCRIPT LANGUAGE="JavaScript1.2">
<!--


var curGreet = iconIdx = 0;
var backgroundIdx = 0;
var bRef = parent.Back

function showGreeting(selIdx) {
  if (selIdx > 0) {
    bRef.hideSlide("greeting" + curGreet);
    bRef.showSlide("greeting" + selIdx);
    curGreet = selIdx;
    }
  }

function nextBackground() {
  backgroundIdx = (backgroundIdx == bRef.backImgs.length - 1 ?
    backgroundIdx = 0 : backgroundIdx + 1);
  if(document.all) {
    bRef.document.background.src = bRef.backImgs[backgroundIdx].src;
    }
  else {
    bRef.document.layers["Back"].document.images[0].src =
      bRef.backImgs[backgroundIdx].src;
    }
  }

function nextIcons() {
  for (var i = bRef.iconNum * iconIdx; i < (bRef.iconNum * iconIdx) +
    bRef.iconNum; i++) {
    if (i < bRef.icons.length && !onCard(i)) {
      bRef.hideSlide(bRef.icons[i]);
      }
    }
  iconIdx = (iconIdx >= (bRef.icons.length / bRef.iconNum)  - 1 ? 0 :
    iconIdx + 1);
  for (var i = bRef.iconNum * iconIdx; i < (bRef.iconNum * iconIdx) +
```

Beispiel 10-3: front.html (Fortsetzung)

```
    bRef.iconNum; i++) {
    if (i < bRef.icons.length) {
      bRef.showSlide(bRef.icons[i]);
      }
    else { break; }
    }
  }

function resetForm() {
  if (document.all) {
    bRef.hideSlide("greeting" +
      document.EntryForm.Greetings.selectedIndex);
    document.EntryForm.reset();
    }
  else {
    bRef.hideSlide("greeting" +
    document.layers["SetupForm"].document.EntryForm.Greetings.selectedIndex);
    document.layers["SetupForm"].document.EntryForm.reset();
    }
  }

function onCard(iconRef) {
  var ref   = bRef.refSlide(bRef.icons[iconRef]);
  var ref2 = bRef.refSlide("Back");
  if(document.all) {
    if((parseInt(ref.left) >= parseInt(ref2.left)) &&
      (parseInt(ref.top) >= parseInt(ref2.top)) &&
      (parseInt(ref.left) + parseInt(ref.width) <= parseInt(ref2.left) +
        parseInt(ref2.width)) &&
      (parseInt(ref.top) + parseInt(ref.height) <= parseInt(ref2.top) +
      parseInt(ref2.height))) {
      return true;
      }
    }
  else {
    if((ref.left >= ref2.left) &&
      (ref.top >= ref2.top) &&
      (ref.left + ref.document.images[0].width <=  ref2.left +
      ref2.document.images[0].width) &&
      (ref.top + ref.document.images[0].height <= ref2.top +
      ref2.document.images[0].height)) {
      return true;
      }
    }
  ref.left = ((iconRef % bRef.iconNum) * 110) + bRef.startWdh;
  ref.top = 15;
  return false;
  }

function shipGreeting(fObj) {
if (fObj.Recipient.value == "") {
    alert('Sie müssen eine E-Mail-Adresse in das An:-Feld eintragen');
```

Beispiel 10-3: front.html (Fortsetzung)

```
    return false;
    }
  else if (fObj.Message.value == "") {
    alert("Sie müssen eine Nachricht eingeben.");
    return false;
    }
  else if (fObj.Greetings.selectedIndex == 0) {
    alert('Sie müssen eine Grußformel auswählen');
    return false;
    }

  fObj.EntireMessage.value = genGreeting(fObj);
  fObj.UniqueID.value = Math.round(Math.random() * 1000000);
  fObj.BaseURL.value = top.baseURL;
  return true;
  }

function testGreeting(fObj) {
  var msgStr = '<HTML><TITLE>Testseite f&uuml;r CyberGr&uuml;&szlig;e</TITLE>' +
    genGreeting(fObj) + '<DIV STYLE="position:absolute;left:120;top:550;">' +
    '<TABLE ALIGN="CENTER"><TR><TD><FORM>' +
    '<INPUT TYPE=BUTTON VALUE="     OK     " onClick="self.close();">' +
    '</FORM></TD></TR></TABLE></DIV></HTML>';
  newWin =  open('', '', 'width=' + (
    bRef.backImgs[backgroundIdx].width + 50) +
    ',height=600,scrollbars=yes');
  with(newWin.document) {
    open();
    writeln(msgStr);
    close();
    }
  newWin.focus();
  }

function genGreeting(fObj) {
  var greetingIdx = fObj.Greetings.selectedIndex;
  var msg = fObj.Message.value;
  msg = msg.replace(/\r+/g, "");
  msg = msg.replace(/\n+/g, "<BR><BR>");

  var msgStr = '<TABLE BORDER=0><TR><TD COLSPAN=2><FONT FACE=Arial>' +
    '<H2>Ihre CyberGr&uuml;&szlig;e</H2>An: ' + fObj.Recipient.value +
   '<DIV STYLE="position:absolute;left:10;top:100;z-Index:1;"><IMG SRC="' +
    top.baseURL + '/images/background' + backgroundIdx + '.jpg"></DIV>' +
    '<DIV STYLE="position:absolute;left:50;top:125;font-family:Arial;' +
    'font-size:48px;font-weight:bold;z-Index:2;">' +
    parent.greetings[greetingIdx] +
    '</DIV>';

  var iconStr = '';
  for (var i = 0; i < bRef.icons.length; i++) {
    if(onCard(i)) {
```

Beispiel 10-3: front.html (Fortsetzung)

```
      iconStr += '<DIV STYLE="position:absolute;left:' +
      bRef.refSlide(bRef.icons[i]).left + ';top:' +
      (parseInt(bRef.refSlide(bRef.icons[i]).top) - 150) + ';">
      <IMG SRC="' +
      top.baseURL + '/images/' +  bRef.icons[i] + '.gif"></DIV>';
      }
    }

  msgStr += iconStr + '<DIV STYLE="position:absolute;left:10;top:400;z-
  Index:1;">' +
    '<TABLE><TR><TD WIDTH=' + bRef.backImgs[backgroundIdx].width +
    '><FONT FACE=Arial>' + msg +'</TD></TR></TABLE></DIV>';
  return msgStr;
  }

//-->
</SCRIPT>

</HEAD>
<BODY onLoad="resetForm();">
<DIV ID="SetupForm" CLASS="Front">
<FORM NAME="EntryForm"
  ACTION="http://www.your_domain.com/cgi-bin/greetings/greet.cgi"
  METHOD="POST" TARGET="_top" OnSubmit="return shipGreeting(this);">
<INPUT TYPE=HIDDEN NAME="EntireMessage">
<INPUT TYPE=HIDDEN NAME="BaseURL">
  <TABLE CELLSPACING="0" CELLPADDING="5" WIDTH="375">
    <TR>
      <TD COLSPAN="3"><CENTER><H2>CyberGr&uuml;&szlig;e</H2></CENTER></TD>
    </TR>
    <TR>
      <TD HEIGHT="40" VALIGN="TOP">
     An:
      </TD>
      <TD COLSPAN="2" VALIGN="TOP">
      <INPUT TYPE=TEXT NAME="Recipient" SIZE="25">
      </TD>
    </TR>
    <TR>
      <TD HEIGHT="80" VALIGN="TOP">Nachricht: </TD>
      <TD COLSPAN="2" VALIGN="TOP">
      <TEXTAREA ROWS="7" COLS="25" NAME="Message" WRAP="PHYSICAL">
        </TEXTAREA>
      </TD>
    </TR>
    <TR>
      <TD>Bilder:</TD>
      <TD HEIGHT="40" COLSPAN="2">
      <INPUT TYPE=BUTTON VALUE="  Icons - >  " onClick="nextIcons();">
         
      <INPUT TYPE=BUTTON VALUE="Hintergr&uuml;nde - >"
        onClick="nextBackground();">
```

Beispiel 10-3: front.html (Fortsetzung)

```
216         </TD>
217       </TR>
218       <TR>
219         <TD>Gru&szlig;formel:</TD>
220         <TD HEIGHT="40" COLSPAN="2">
221         <SCRIPT LANGUAGE="JavaScript1.2">
222         <!--
223 
224         var sel = '<SELECT NAME="Greetings"
225           onChange="showGreeting(this.selectedIndex);">';
226         for (var i = 0; i < parent.greetings.length; i++) {
227           sel += '<OPTION>' + parent.greetings[i];
228           }
229         sel += '</SELECT>';
230         document.writeln(sel);
231 
232         //-->
233         </SCRIPT>
234         </TD>
235       </TR>
236       <TR>
237         <TD VALIGN=TOP>Absenden: </TD>
238         <TD HEIGHT="40" ALIGN="CENTER">
239         <INPUT TYPE=BUTTON VALUE="  Test  "
240           onClick="testGreeting(this.form);">
241             
242         <INPUT TYPE=BUTTON VALUE="L&ouml;schen" onClick="resetForm();">
243             
244         <INPUT TYPE=SUBMIT VALUE="Absenden">
245         </FORM>
246         </TD>
247       </TR>
248     </TABLE>
249 </FORM>
250 </DIV>
251 </BODY>
252 </HTML>
```

Lernen Sie die Variablen kennen

Obwohl *front.html* nicht annähernd so viele Variablen enthält wie *back.html* haben wir hier die Hauptakteure in den Zeilen 28 bis 30:

```
var curGreet = iconIdx = 0;
var backgroundIdx = 0;
var bRef = parent.Back;
```

Die Variable *curGreet* stellt den Index der SELECT-Auswahlliste mit den Grußformeln dar. Sie wird anfänglich auf 0 gesetzt. *iconIdx* ist eine Variable, die zum Verfolgen der Icons per Index verwendet wird. Sie wird zu Beginn ebenfalls auf 0 gesetzt. Die letzte Variable in der Liste ist *bRef*, die einfach eine Referenz auf das Skript und *window*-Objekt im Frame *Back* ist. Das macht das Leben erheblich einfacher.

JavaScript-Technik: Web-Code unterscheiden

Die Anwendung in diesem Kapitel hat im Vergleich zu den meisten anderen Kapiteln einen anständigen Anteil an hardcodiertem HTML. Ich schlage vor, daß Sie verschiedene Arten Code verschieden aussehen lassen. Zum Beispiel ist mein HTML-Code in allen client-seitigen Programmen immer in Großbuchstaben geschrieben. In JavaScript verwende ich nicht viele Großbuchstaben. Jeder, der schon einmal einen Blick auf die beiden Sprachen geworfen hat, kann den Unterschied erkennen, aber so wird er noch stärker hervorgehoben.

Das hört sich nach keiner großen Angelegenheit an. Ich habe diese Angewohnheit aber von einem Programmierer übernommen, der häufig Cold Fusion Markup Language (CFML), eine beliebte server-seitige Skriptsprache, verwendet. Sein ganzer Code enthält HTML, CFML, JavaScript und SQL (Structured Query Language) für Datenbankabfragen. Das sind vier Sprachen im selben Skript. Nehmen wir einmal an, Sie verwenden Active Server Pages. Das öffnet die Tür für HTML, VBScript, JavaScript, JScript und SQL. Brauchen Sie noch mehr Abkürzungen?

Ich brauche wohl kaum zu erwähnen, daß ich da schnellstens meine eigene Strategie entwickelt habe.

Die Grußformeln anzeigen

Da jetzt die Liste mit den Grußformeln vorbereitet ist, kann der Benutzer die gewünschte Grußformel darstellen, indem er die zugehörige Option wählt. Der *onChange*-Event-Handler in der SELECT-Auswahlliste ruft `showGreeting()` auf:

```
function showGreeting(selIdx) {
  if (selIdx > 0) {
    bRef.hideSlide("greeting" + curGreet);
    bRef.showSlide("greeting" + selIdx);
    curGreet = selIdx;
    }
  }
```

Der nächste Logikblock, der einer Besprechung würdig ist, erscheint in den Zeilen 225 bis 231. Wenn der Browser den HTML-Code analysiert, erzeugt das hier ausgeführte JavaScript eine SELECT-Auswahlliste unter Verwendung des in *index.html* definierten *greetings*-Arrays. Sehen Sie sich das näher an:

```
var sel = '<SELECT NAME="Greetings" ' +
  'onChange="showGreeting(this.selectedIndex);">';
for (var i = 0; i < parent.greetings.length; i++) {
  sel += '<OPTION>' + parent.greetings[i];
  }
sel += '</SELECT>';
document.writeln(sel);
```

JavaScript-Technik: Kommunikation zwischen Frames

Sie können sich vielleicht noch aus Kapitel 1, *Die client-seitige Suchmaschine*, daran erinnern, daß wir eine Variable namens *docObj* benutzt haben, um uns einfach auf das Dokumentobjekt in (`parent.frames[1]`) beziehen zu können. Hier ist es dasselbe, allerdings beziehen wir uns statt dessen auf das *window*-Objekt *Back*. In *back.html* werden Variablen deklariert, die auch in *front.html* benutzt werden. Wenn Sie eine Variable verwenden, um sich auf `parent.Back` zu beziehen, dann macht das Ihren Code etwas lesbarer (Sie schreiben dann nur *bRef* statt `parent.Back`) und läßt Sie bequem Daten aus anderen Frames referenzieren. Durch die Definition und Verwendung einer solchen Variable in Ihrem Code tun Sie sich einen Gefallen. Sehen Sie sich die folgende, in *front.html* definierte Funktion `onCard()` an. Diese Funktion verwendet nicht nur *bRef*, sondern erzeugt auch noch zwei andere »Aliasvariablen« namens *ref* und *ref2*, um sich auf bestimmte Layer zu beziehen. Die Funktion sieht so aus:

```
function onCard(iconRef) {
  var ref = bRef.refSlide(bRef.icons[iconRef]);
  var ref2 = bRef.refSlide("Back");
  if(document.all) {
    var ref = bRef.refSlide(bRef.icons[iconRef]);
    var ref2 = bRef.refSlide("Back");
    if((parseInt(ref.left) >= parseInt(ref2.left)) &&
      (parseInt(ref.top) >= parseInt(ref2.top)) &&
      (parseInt(ref.left) + parseInt(ref.width) <= parseInt(ref2.left) +
      parseInt(ref2.width)) &&
      (parseInt(ref.top) + parseInt(ref.height) <= parseInt(ref2.top) +
      parseInt(ref2.height))) {
      return true;
      }
    }
  else {
    if((ref.left >= ref2.left) &&
      (ref.top >= ref2.top) &&
      (ref.left + ref.document.images[0].width <=  ref2.left +
      ref2.document.images[0].width) &&
      (ref.top + ref.document.images[0].height <= ref2.top +
      ref2.document.images[0].height)) {
      return true;
      }
    }
  ref.left = ((iconRef % bRef.iconNum) * 110) + bRef.startWdh;
  ref.top = 15;
  return false;
  }
```

– Fortsetzung –

Das ist mit Sicherheit nicht die längste Funktion, die ich je geschrieben habe. Überlegen Sie sich aber, wie dieselbe Funktion ohne *bRef*, *ref* und *ref2* aussieht. Sie ist ein gutes Stück länger und erheblich unhandlicher:

```
function onCard(iconRef) {
  if(document.all) {
  if((parseInt(parent.Back.refSlide(parent.Back.icons[iconRef]).left) >=
    parseInt(parent.Back.refSlide("Back").left)) &&
    (parseInt(parent.Back.refSlide(parent.Back.icons[iconRef]).top) >=
    parseInt(parent.Back.refSlide("Back").top)) &&
    (parseInt(parent.Back.refSlide(parent.Back.icons[iconRef]).left) +
    parseInt(parent.Back.refSlide(parent.Back.icons[iconRef]).width) <=
    parseInt(parent.Back.refSlide("Back").left) +
    parseInt(parent.Back.refSlide("Back").width)) &&
    -parseInt(parent.Back.refSlide(parent.Back.icons[iconRef]).top) +
    parseInt(parent.Back.refSlide(parent.Back.icons[iconRef]).height) <=
    parseInt(parent.Back.refSlide("Back").top) +
    parseInt(parent.Back.refSlide("Back").height))) {
    return true;
      }
    }
  else {
    if((parent.Back.refSlide(parent.Back.icons[iconRef]).left >=
      parent.Back.refSlide("Back").left) &&
      (parent.Back.refSlide(parent.Back.icons[iconRef]).top >=
      parent.Back.refSlide("Back").top) &&
      (parent.Back.refSlide(parent.Back.icons[iconRef]).left +
      parent.Back.refSlide(parent.Back.icons[iconRef]).document.
images[0].width <=
      parent.Back.refSlide("Back").left +
      parent.Back.refSlide("Back").document.images[0].width) &&
      (parent.Back.refSlide(parent.Back.icons[iconRef]).top +
      parent.Back.refSlide(parent.Back.icons[iconRef]).document.
images[0].height <= parent.Back.refSlide("Back").top +
      parent.Back.refSlide("Back").document.images[0].height)) {
      return true;
      }
    }
  parent.Back.refSlide(parent.Back.icons[iconRef]).left =
    ((iconRef % parent.Back.iconNum) * 110) + parent.Back.startWdh;
  parent.Back.refSlide(parent.Back.icons[iconRef]).top = 15;
  return false;
  }
```

`showGreeting()` erwartet einen Parameter: den *selectedIndex* der *Greetings*-SELECT-Liste. Solange *selIdx* nicht gleich 0 ist (dann würde die Grußformel »Wählen Sie eine Grußformel«), versteckt `showGreeting()` die momentan sichtbare Grußformel und zeigt den zu der gewählten Option gehörenden Grußformel-Layer an. Der Wert von *selIdx* wird dann auf den derzeitigen Wert des sichtbaren Layers gesetzt, was den nächsten Wechsel vorbereitet.

Durch die Hintergrundbilder bewegen

Um die verfügbaren Hintergrundbilder durchzusehen, klickt der Benutzer oder die Benutzerin einfach auf den »Backgrounds -->«-Button, bis er oder sie das passende Bild findet. Das Klicken des Buttons ruft die Funktion `nextBackground()` auf, die in den Zeilen 40 bis 50 aufgelistet ist:

```
function nextBackground() {
  backgroundIdx = (backgroundIdx == bRef.backImgs.length - 1 ?
    backgroundIdx = 0 : backgroundIdx + 1);
  if(document.all) {
    bRef.document.background.src = bRef.backImgs[backgroundIdx].src;
    }
  else {
    bRef.document.layers["Back"].document.images[0].src =
      bRef.backImgs[backgroundIdx].src;
    }
  }
```

Die Hintergrundbilder werden in den Zeilen 40 bis 44 der Datei *back.html* im voraus geladen. Da jedes nach der Konvention *background0.jpg*, *background1.jpg*, *background2.jpg* usw. heißt, können wir eine Zahl, *backgroundIdx* einfügen und zusammengesetzte Strings verwenden, um die Bilder zu durchlaufen. Wenn das Dokument geladen wird, wird *backgroundIdx* auf 0 gesetzt. Jedesmal, wenn der Benutzer auf »Background -->« klickt, wird dieser Wert um 1 erhöht, bis es keine Bilder mehr zu referenzieren gibt. Mit anderen Worten: wenn *backgroundIdx* `top.Back.backImgs.length - 1` erreicht, wird die Variable auf 0 zurückgesetzt, um wieder von Anfang an zu beginnen.

Wir können diesen neu bestimmten Wert dazu benutzen, die *src*-Eigenschaft des korrekten *Image*-Objekts zu ändern. Da das Hintergrundbild zur genaueren Positionierung in einem Layer plaziert wurde, müssen wir darauf zurückgreifen, die unterschiedlichen DOMs von NN und MSIE auf unterschiedliche Weise anzusprechen.

Für MSIE wird das Bild als Eigenschaft des *document*-Objekts aufgefaßt, und zwar so:

```
top.Back.document.background.src
```

Für Navigator müssen wir zum *document*-Objekt innerhalb des Layers gehen. Da der Layer *Back* heißt, erreichen wir das gewünschte *Image* wie folgt:

```
top.Back.document.layers["Back"].document.images[0].src
```

Sobald die Syntax bestimmt worden ist, setzen Sie einfach den Pfad zur *src*-Eigenschaft des *backImgs*-Bilds mit *backgroundIdx*. Das ist übrigens nicht das erste Mal, daß ich diese Methode verwendet habe. In Kapitel 3 und Kapitel 8 können Sie ähnliche Beispiele finden. Jetzt kann der Benutzer zyklisch durch die Hintergründe schalten. Für die Icons brauchen wir etwas Ähnliches. Dazu kommt die Funktion `nextIcons()` ins Spiel, die Sie in den Zeilen 52 bis 68 finden:

```
function nextIcons() {
  for (var i = bRef.iconNum * iconIdx; i < (bRef.iconNum * iconIdx) +
    bRef.iconNum; i++) {
```

```
    if (i < bRef.icons.length && !onCard(i)) {
      bRef.hideSlide(bRef.icons[i]);
      }
    }
  iconIdx = (iconIdx >= (bRef.icons.length / bRef.iconNum)  - 1 ? 0 :
    iconIdx + 1);
  for (var i = bRef.iconNum * iconIdx; i < (bRef.iconNum * iconIdx) +
    bRef.iconNum; i++) {
    if (i < bRef.icons.length) {
      bRef.showSlide(bRef.icons[i]);
      }
    else { break; }
    }
  }
```

Der Benutzer durchläuft diese Icons genauso wie die Hintergründe, aber es gibt mehr zu tun, als nur die *src*-Eigenschaft eines einzelnen Bilds zu ändern. Statt dessen ist jedes Icon ein Bild in seinem eigenen Layer. Deshalb ist das Klicken des »Icons -->«-Buttons etwas komplizierter. Wir müssen nicht nur jeden gerade gezeigten Layer verstecken, sondern auch entscheiden, welcher Layer gezeigt werden soll, und wir müssen dazu Gruppen erstellen.

Für den Benutzer macht es nicht viel Sinn, zwanzigmal zu klicken um die zwanzig zur Verfügung stehenden Icons zu sehen. Das kann monoton und eine Verschwendung von Browserfläche sein. Sie können aus den bereits gezeigten Abbildungen sehen, daß ich beschlossen habe, die Icons in Vierergruppen anzuzeigen. Welche Anzahl Sie auch auswählen, sie wird durch den Wert der Variablen *iconNum* bestimmt, die in Zeile 24 von *back.html* gesetzt wird. Da es sich hier um *front.html* handelt, bezieht sich das Skript unter `top.Back.iconNum` darauf. Die Idee ist, jedesmal *iconNum* Icons anzuzeigen wenn der Benutzer auf »Icons -->« klickt. Wenn Sie zwanzig Icons haben, kann der Benutzer erwarten, fünf Icon-Gruppen zu sehen. Natürlich wollen wir es auch so einfach wie möglich machen, Icons nach Belieben hinzuzufügen oder zu entfernen. Wenn Sie ein Icon entfernen, wird der Benutzer vier Gruppen mit je vier Icons und eine Gruppe mit drei Icons zu sehen bekommen. Dazu brauchen Sie aber `nextIcons()` nicht zu ändern.

Das ist ziemlich einfach. Sie fangen mit den ersten vier Icons an, dann verstecken Sie sie und zeigen die nächsten vier an – und so weiter, bis Ihnen die Icons ausgehen. Dann fangen Sie wieder von vorn an. Auf deutsch: Verstecken Sie vier alte, zeigen Sie vier neue. Sehen wir uns die JavaScript-Version etwas genauer an. Um jede Gruppe zu identifizieren, benutzen wir die Variable *iconIdx*, die zu Beginn auf 0 gesetzt wird. Die erste Gruppe wird mit 0 assoziiert, die zweite mit 1 und so weiter.

Sobald der Benutzer »Icons -->« wählt, müssen wir die Icons unsichtbar machen, die zu der mit *iconIdx* assoziierten Gruppe gehören:

```
for (var i = bRef.iconNum * iconIdx; i < (bRef.iconNum * iconIdx) +
  bRef.iconNum; i++) {
  if (i < bRef.icons.length && !onCard(i)) {
    bRef.hideSlide(bRef.icons[i]);
    }
  }
```

Die Variable *i* wird auf `iconNum * iconIdx` gesetzt. *i* wird um 1 erhöht, solange sie kleiner als `(iconNum * iconIdx) + iconNum` ist. Wenn das verwirrend erscheint, dann überlegen Sie, was passiert, wenn das Dokument vollständig geladen ist. *iconNum* ist 4, und *iconIdx* ist 0. Das bedeutet, daß *i* beim ersten Aufruf der Funktion 0, 1, 2 und 3 ist. Beim nächsten Mal wird *iconIdx* 1 sein (das passiert später in der Funktion), also wird *i* gleich 4, 5, 6 und 7 sein. Und so weiter.

Die Variable *i* enthält eine Zahl, die zum Zugriff auf ein Element im *icons*-Array verwendet wird. Warum? Jedes Icon hat seinen eigenen Layer, richtig? Der Code in *back.html* bezeichnet jeden Layer nach den Elementen im *icons*-Array. `icons[0]` bezieht sich beispielsweise auf den *bear*-Layer.

Wir müssen nur die mit 0, 1, 2 und 3 assoziierten Layer verstecken, es sei denn, der Benutzer hat eines dieser Icons auf die Hintergrundanzeige gezogen. Die Funktion `onCard()`, die wir gleich behandeln werden, übernimmt das. Für den Augenblick lassen Sie uns annehmen, daß keines der Icons bewegt worden ist, so daß wir die Funktion etwas einfacher verstehen können. Wenn wir das im Kopf behalten, rufen wir einfach *hideSlide* aus *back.html* auf und übergeben nichts weniger als den passenden Layernamen, auf den über *i* zugegriffen wird:

```
bRef.hideSlide(bRef.icons[i]);
```

Die alten Icons sind jetzt weg, und wir müssen die nächste Gruppe anzeigen. Bevor wir das machen, müssen wir allerdings sicherstellen, daß wir uns nicht bereits bei der letzten Icon-Gruppe befinden. Wenn dem so ist, müssen wir *iconIdx* wieder auf 0 setzen. Ansonsten wird *iconIdx* um eins erhöht (siehe die Zeilen 59 und 60):

```
iconIdx = (iconIdx >= (bRef.icons.length / bRef.iconNum)  - 1 ? 0 :
  iconIdx + 1);
```

Nach einem weiteren Durchlauf wird die neue Gruppe sichtbar. Die Zeilen 61 bis 67 enthalten eine *for*-Schleife, die sich darum kümmert:

```
for (var i = bRef.iconNum * iconIdx; i < (bRef.iconNum * iconIdx) +
  bRef.iconNum; i++) {
  if (i < bRef.icons.length) {
    bRef.showSlide(bRef.icons[i]);
    }
  else { break; }
  }
```

Der Plan besteht darin, die nächste Icon-Gruppe in *iconNum* Durchläufen sichtbar zu machen. Wir haben *iconIdx* vorher in den Zeilen 59 und 60 herauf- oder zurückgesetzt, also bleibt fast genau dieselbe *for*-Schleife übrig wie die, die wir zum Verstecken der alten Gruppe benutzt haben. Diesesmal verwenden wir zur Abwechslung aber `showSlide()`. Dabei gibt es allerdings einen Haken. Denken Sie daran, daß der Plan darin besteht, *iconNum* Durchläufe zu machen. Was passiert aber, wenn dies die letzte Gruppe vor dem Neuanfang ist, und keine *iconNum* Icons übrig sind? Wenn Sie 20 Icons haben und jeweils vier auf einmal zeigen wollen, dann gibt das fünf Vierergruppen. Wenn Sie aber 19 Icons haben *und* jeweils vier auf einmal zeigen wollen, dann haben Sie immer noch fünf Gruppen, die letzte Gruppe wird aber nur drei Elemente enthalten. Deswegen brauchen wir das zusätzliche *if-else*-Statement, um zu überprüfen, ob es sich um weniger als die Gesamtzahl der Icons handelt. Wenn ja, macht `nextIcons()` das Icon sichtbar. Andernfalls sind keine weiteren Icons mehr in der Gruppe, und die Schleife wird mit *break* unterbrochen.

Verschobene Icons auf ihrem Platz halten

Wie Sie gerade gelesen haben, gehört zum Durchlaufen der Icons das Unsichtbarmachen einiger alter und das Anzeigen einiger neuer Icons. Das funktioniert ziemlich gut, außer wenn der Benutzer eines der Icons über die Hintergrundanzeige gezogen hat. Dann wollen wir es auf jeden Fall dort belassen, wo es ist. Die Funktion `onCard()` arbeitet hart daran, zu bestimmen, ob jedes der von ihr untersuchten Icons alleingelassen oder versteckt und zu seiner rechtmäßigen Position zurückgeführt werden sollte (siehe die Zeilen 83 bis 109). `onCard()` selbst versteckt nichts und zeigt auch nichts an. Sie liefert `true` oder `false` zurück, damit andere Funktionen entsprechende Aktionen ausführen können:

```
function onCard(iconRef) {
  var ref = bRef.refSlide(bRef.icons[iconRef]);
  var ref2 = bRef.refSlide("Back");
  if(document.all) {
    if((parseInt(ref.left) >= parseInt(ref2.left)) &&
      (parseInt(ref.top) >= parseInt(ref2.top)) &&
      (parseInt(ref.left) + parseInt(ref.width) <= parseInt(ref2.left) +
      parseInt(ref2.width)) &&
      (parseInt(ref.top) + parseInt(ref.height) <= parseInt(ref2.top) +
      parseInt(ref2.height))) {
      return true;
      }
    }
  else {
    if((ref.left >= ref2.left) &&
      (ref.top >= ref2.top) &&
      (ref.left + ref.document.images[0].width <=  ref2.left +
      ref2.document.images[0].width) &&
      (ref.top + ref.document.images[0].height <= ref2.top +
      ref2.document.images[0].height)) {
      return true;
      }
    }
  ref.left = ((iconRef % bRef.iconNum) * 110) + bRef.startWdh;
  ref.top = 15;
  return false;
  }
```

Bevor wir uns `onCard()` näher ansehen, müssen wir wissen, was ein Icon als »über der Hintergrundanzeige befindlich« qualifiziert. Im einfachsten Fall müssen alle Kanten des Icons (auch die transparenten Kanten) auf oder innerhalb *aller* Grenzen des Hintergrundbilds sein. Abbildung 10-8 demonstriert, was bleibt und was verschwinden muß.

Abbildung 10-8: Im Abseits: nur der Judokämpfer darf bleiben

Wenn wir annehmen, daß das weiße Feld die Hintergrundanzeige ist, dann liegt der kleine Typ auf der rechten Seite schwer daneben. Der Kaktus ist schon etwas näher dran, aber ein paar seiner Kanten liegen außerhalb der Begrenzungen des Hintergrundbilds. Also muß auch der Kaktus wieder zurück. Nur der Judokämpfer bleibt im Blickfeld. Dieses Verfahren funktioniert wie folgt:

Alles wird der Pixelposition nach erledigt. Da der Hintergrund Teil eines Layers ist, können wir DHTML verwenden, um seine *left*- und *top*-Positionen in Relation zum linken und oberen Rand des Dokuments zu finden. Da der Layer nur ein einziges Bild enthält, können wir die Eigenschaften *width* und *height* dieses *Image*-Objekts verwenden, um die Breite und Höhe des Layers genau zu bestimmen. Dasselbe gilt für die Icons. Wir werden die Eigenschaften *left* und *top* des Layers und die Eigenschaften *width* und *height* des *Image*-Objekts verwenden. Diese Funktion hat ein paar verschachtelte *if*-Statements, die äußeren if- und else-Blöcke machen aber dasselbe – einmal für MSIE, einmal für Navigator. Hier sehen Sie die erste Hälfte von `onCard()`, den Teil, der für IE funktioniert:

```
if(document.all) {
  if((parseInt(ref.left) >= parseInt(ref2.left)) &&
    (parseInt(ref.top) >= parseInt(ref2.top)) &&
    (parseInt(ref.left) + parseInt(ref.width) <= parseInt(ref2.left) +
    parseInt(ref2.width)) &&
    (parseInt(ref.top) + parseInt(ref.height) <= parseInt(ref2.top) +
    parseInt(ref2.height))) {
    return true;
    }
  }
```

Das Hintergrundbild hat vier Kanten. Jedes Icon auch. Deswegen brauchen wir vier Tests, um sicherzustellen, daß keine Icon-Kante über eine Hintergrundkante hinausragt. Hier ist die deutsche Version des umfangreichen *if*-Statements in den Zeilen 87 bis 94:

> WENN die linke Kante des Icons auf oder rechts von der linken Kante des Hintergrunds liegt,
> UND die obere Kante des Icons auf oder unter der oberen Kante des Hintergrunds liegt,
> UND die rechte Kante des Icons auf oder links von der rechten Kante des Hintergrunds liegt,
> UND die untere Kante des Icons auf oder über der unteren Kante des Hintergrunds liegt, dann
> RETURN TRUE.

Es ist relativ einfach, die Positionen der linken und oberen Kanten jedes Layers zu bestimmen. Sie verwenden einfach die Eigenschaften *left* und *top* in jedem Layer. Die rechten und unteren Kantenpositionen jedes Layers zu bestimmen ist allerdings auch nicht erheblich schwieriger. Die rechte Kante ist einfach die linke Position zuzüglich der Breite des Layers. Die Position der Unterkante ist die Position der Oberkante zuzüglich Höhe.

Inzwischen haben Sie vermutlich zwei Dinge bemerkt. Erstens sind die Variablen *ref* und *ref2* auf die Layer des Icons beziehungsweise des Hintergrunds gesetzt worden. Das habe ich nur gemacht, damit der Code ein bißchen einfacher zu lesen ist. Zum zweiten finden Sie überall die Funktion `parseInt()`. MSIE liefert die Eigenschaften *left* und *top* als Strings, wie zum Beispiel 250px, statt als 250. `parseInt()` konvertiert den Stringwert zu einer Zahl, so daß wir damit Mathematik betreiben können.

Der äußerste *else*-Block macht dasselbe für NN. Die Aufrufe von `parseInt()` brauchen Sie dort nicht, weil Navigator die Eigenschaften *top* und *left* als Zahlen zurückgibt.

```
else {
  if((ref.left >= ref2.left) &&
    (ref.top >= ref2.top) &&
    (ref.left + ref.document.images[0].width <=  ref2.left +
    ref2.document.images[0].width) &&
    (ref.top + ref.document.images[0].height <= ref2.top +
    ref2.document.images[0].height)) {
    return true;
    }
  }
```

Wenn das entsprechende Icon also alle vier Prüfungen besteht, dann liefern beide Browser `true` zurück. Sehen wir uns an, was passiert, wenn das nicht der Fall ist:

```
ref.left = ((iconRef % bRef.iconNum) * 110) + bRef.startWdh;
ref.top = 15;
return false;
```

`onCard()` stellt fest, daß sich die Icons nicht auf der Hintergrundanzeige befinden, und schickt sie zu ihrer Originalposition zurück. Alle Icons haben dieselbe obere Kantenposition von 15 Pixeln. Die linke Position eines jeden hängt aber davon ab, in welcher Reihenfolge es in der Gruppe vorkommt. Das ist aber kein Problem: Eine schnelle Rechnung mit den Variablen *iconRef* und *iconNum* bestimmt, wo die Originalposition des Icons war. Wie sich herausstellt, ist jedes Icon-Bild 100 Pixel breit. Zwischen jedem sind 10 Pixel horizontalen Leerraums, so daß die Positionierung ziemlich einfach ist. Zuletzt gibt die Funktion false zurück.

Das Kunstwerk testen

Es wäre nett, wenn der Absender in einer Vorschau sehen könnte, was der Empfänger zu sehen bekommt. Die Auswahl von »Test« öffnet zu diesem Zweck ein externes Browserfenster. Der Code in den Zeilen 131 bis 146 führt das durch:

```
function testGreeting(fObj) {
  var msgStr = '<HTML><TITLE>Testseite f&uuml;r CyberGr&uuml;&szlig;e</TITLE>' +
    genGreeting(fObj) + '<DIV STYLE="position:absolute;left:120;top:550;">' +
    '<TABLE ALIGN="CENTER"><TR><TD><FORM>' +
    '<INPUT TYPE=BUTTON VALUE="     OK     " onClick="self.close();">' +
    '</FORM></TD></TR></TABLE></DIV></HTML>';
  newWin =  open('', '', 'width=' + (
    bRef.backImgs[backgroundIdx].width + 50) +
    ',height=600,scrollbars=yes');
  with(newWin.document) {
    open();
    writeln(msgStr);
    close();
    }
  newWin.focus();
  }
```

`testGreeting()` hat nur zwei Aufgaben: diese Funktion öffnet ein Fenster, das breit genug zur Anzeige des CyberGrußes ist, und schreibt dann den übergebenen Inhalt in den Document Stream des neuen Fensters. Der Inhalt wird in der lokalen Variable *msgStr* gespeichert. Er besteht aus etwas HTML- und DHTML-Code zur Positionierung des »OK«-Buttons am unteren Fensterrand; der Rest ist der dynamische Inhalt des CyberGrußes. Letzterer wird von der Funktion `genGreeting()` geliefert, die hier ebenfalls mitwirkt. *msgStr* enthält am Ende auch ein Formular mit einem Button, der das externe Fenster schließt. Wenn *msgStr* mit den Kostbarkeiten geladen ist, öffnet `testGreeting()` ein Fenster, das 50 Pixel breiter als die Breite des Hintergrundbilds ist und willkürliche 600 Pixel hoch. Die Funktion schreibt den Inhalt in den Document Stream und setzt den Focus auf das neu geöffnete Fenster.

Den eigentlichen CyberGruß erzeugen

`testGreeting()` stellt ein Fenster für die Vorschau zur Verfügung; `genGreeting()` erzeugt aber das eigentliche Werk, das im Fenster angezeigt.

Hier sind alle 31 Zeilen, von Zeile 148 bis 177:

```
function genGreeting(fObj) {
  var greetingIdx = fObj.Greetings.selectedIndex;
  var msg = fObj.Message.value;

  msg = msg.replace(/\r+/g, "");
  msg = msg.replace(/\n+/g, "<BR><BR>");

  var msgStr = '<TABLE BORDER=0><TR><TD COLSPAN=2><FONT FACE=Arial>' +
    '<H2>Ihre CyberGr&uuml;&szlig;e</H2>An: ' + fObj.Recipient.value +
   '<DIV STYLE="position:absolute;left:10;top:100;z-Index:1;"><IMG SRC="' +
    top.baseURL + '/images/background' + backgroundIdx + '.jpg"></DIV>' +
    '<DIV STYLE="position:absolute;left:50;top:125;font-family:Arial;' +
    'font-size:48px;font-weight:bold;z-Index:2;">' +
    parent.greetings[greetingIdx] + '</DIV>';

  var iconStr = '';
  for (var i = 0; i < bRef.icons.length; i++) {
    if(onCard(i)) {
      iconStr += '<DIV STYLE="position:absolute;left:' +
      bRef.refSlide(bRef.icons[i]).left + ';top:' +
      (parseInt(bRef.refSlide(bRef.icons[i]).top) - 150) + ';">
      <IMG SRC="' +
      top.baseURL + '/images/' +  bRef.icons[i] + '.gif"></DIV>';
      }
    }

  msgStr += iconStr + '<DIV STYLE="position:absolute;left:10;top:400;z-In-
  dex:1;">' +
    '<TABLE><TR><TD WIDTH=' + bRef.backImgs[backgroundIdx].width +
    '><FONT FACE=Arial>' + msg +'</TD></TR></TABLE></DIV>';
  return msgStr;
  }
```

Diese Funktion ist ein wenig kompliziert, wir können die Dinge aber erheblich einfacher machen, indem wir die Funktion in der Reihenfolge der Teile besprechen, die sie beisteuern muß. Denken Sie nach: `genGreeting()` muß nur HTML-Code zurückgeben, um die folgenden Sachen darzustellen:

- Text zur Anzeige der E-Mail-Adresse des Empfängers
- Das korrekt positionierte Hintergrundbild
- Die korrekt positionierten Grüße
- Die korrekt positionierten Icons
- Die Textnachricht des Absenders

Das ist nicht viel, aber bevor wir den Inhalt erzeugen, müssen wir ein paar Hausarbeiten erledigen (siehe die Zeilen 149 bis 152):

```
var greetingIdx = fObj.Greetings.selectedIndex;
var msg = fObj.Message.value;
msg = msg.replace(/\r+/g, "");
msg = msg.replace(/\n+/g, "<BR><BR>");
```

Wir deklarieren zwei lokale Variablen, *greetingIdx* und *msg*. *greetingIdx* ist der *selectedIndex* der SELECT-Auswahlliste für die »Grußformeln«. *msg* stellt die vom Benutzer im Nachrichtenfeld eingegebene Nachricht ein. Da diese Grußnachricht als HTML-Code dargestellt wird, werden Newline-Zeichen nicht interpretiert. Das heißt, daß alle Umbrüche durch
-Tags ersetzt werden müssen. Jetzt können wir beginnen, den CyberGruß zusammenzusetzen. Lassen Sie uns am Anfang des CyberGrußes anfangen und uns nach unten durcharbeiten. Die Zeilen 154 bis 160 setzen die Dinge in Bewegung:

```
var msgStr = '<TABLE BORDER=0><TR><TD COLSPAN=2><FONT FACE=Arial>' +
  '<H2>Ihre CyberGr&uuml;&szlig;e</H2>An: ' + fObj.Recipient.value +
  '<DIV STYLE="position:absolute;left:10;top:100;z-Index:1;"><IMG SRC="' +
  top.baseURL + '/images/background' + backgroundIdx + '.jpg"></DIV>' +
  '<DIV STYLE="position:absolute;left:50;top:125;font-family:Arial;' +
  'font-size:48px;font-weight:bold;z-Index:2;">' + parent.greetings[greetingI
  dx] +
  '</DIV>';
```

Alles ist in einer Tabelle untergebracht, was das Leben einfacher macht. Also wird der lokalen Variable *msgStr* ein Tabellenkopf zugewiesen. Die erste Zeile enthält eine Überschrift, der der erste der vier benötigten Teile folgt: die E-Mail-Adresse des Empfängers. Diese befindet sich im Wert des Recipient-Felds im Formular namens *EntryForm*. In der nächsten Zeile wird das Hintergrundbild eingefügt. Mit den Variablen *baseURL* und *backgroundIdx* ist es nicht schwer, einen String zu erzeugen, der den Pfad zum entsprechenden Hintergrundbild darstellt. Denken Sie daran, daß *background4.jpg* zu sehen ist, wenn die SELECT-Auswahlliste *Greetings* einen *selectedIndex* von 4 hat.

In den letzten Zeilen dieses Codes wird die vom Benutzer gewählte Grußformel direkt über dem Hintergrundbild plaziert.

Drei benötigte Teile haben wir, zwei weitere kommen noch. Der nächste »Teil« sind die Icons, die der Benutzer auf die Anzeigefläche gezogen hat. Die Zeilen 162 bis 171 bringen sie dort unter:

```
var iconStr = '';
for (var i = 0; i < bRef.icons.length; i++) {
  if(onCard(i)) {
    iconStr += '<DIV STYLE="position:absolute;left:' +
    bRef.refSlide(bRef.icons[i]).left + ';top:' +
    (parseInt(bRef.refSlide(bRef.icons[i]).top) - 150) + ';">
    <IMG SRC="' +
    top.baseURL + '/images/' +  bRef.icons[i] + '.gif"></DIV>';
    }
  }
```

Die lokale Variable *iconStr*, die anfänglich auf einen leeren String gesetzt wird, wird die URLs und Positionen aller Icons im Hintergrundanzeigebereich enthalten. Die Prozedur ist ziemlich einfach: Alle Icons werden durchlaufen. Für jedes Icon innerhalb des Anzeigebereichs wird der HTML-Code erzeugt, der zur Duplikation des Icons (des Bilds) in einer anderen Seite an derselben Position relativ zum Hintergrundbild (die Positionen *left* und *top*) benötigt wird. Denken Sie daran, daß die Funktion `onCard()` bestimmt, wo das Icon hingehört, und daher auch festlegt, ob es auf den CyberGruß soll.

Der Code, der für jedes IMG-Tag generiert wird, ist von DIV-Tags umgeben. Dem DIV-Tag wird ein STYLE-Attribut zugewiesen. Außerdem bekommt es eine absolute *left*-Position, die der *left*-Position des aktuellen Icons entspricht, sowie eine absolute *top*-Position, die der *top*-Position des aktuellen Icons entspricht, minus 150 Pixel. Sie haben jetzt eine Frage, stimmt's?

Warum kann ich die *left*-Position des Icons verwenden, während die *top*-Position noch um über 100 Pixel verlegt werden muß?

Gute Frage.

Denken Sie erst einmal darüber nach, wo sich Ihr Hintergrundbild auf dem CyberGruß-Interface befindet. Es befindet sich etwa auf halbem Weg die Seite runter, abhängig von Ihrer Monitorauflösung. Jetzt betrachten Sie einmal das Hintergrundbild im Testgruß. Es befindet sich in der Nähe des Seitenkopfes, direkt unter der Überschrift und der E-Mail-Adresse des Empfängers. Der Pixeloffset kompensiert für den Unterschied. Wenn das Hintergrundbild in derselben Position sowohl im Arbeitsbereich als auch im Testgruß erschiene (was auch dem wirklichen CyberGruß entspricht), wäre diese zusätzliche Positioniererei nicht notwendig.

Nachdem für jedes plazierte Icon ein Layer erzeugt worden ist, wird *iconStr* an *msgStr* zusammen mit etwas abschließendem HTML-Code und *msg* angehängt, was einen kompletten CyberGruß in einer Tabelle ergibt:

```
msgStr += iconStr + '<DIV STYLE="position:absolute;left:10;top:400;z-In-
dex:1;">' +
  '<TABLE><TR><TD WIDTH=' + bRef.backImgs[backgroundIdx].width +
  '><FONT FACE=Arial>' + msg +'</TD></TR></TABLE></DIV>';
return msgStr;
```

msg wird in die Datenzelle mit derselben Breite wie das Hintergrundbild eingefügt, damit das Format hübscher aussieht. Dann wird der gesamte String zurückgegeben.

Den Gruß abschicken

Der Benutzer hat einen spritzigen CyberGruß gestaltet, ihn mehrfach getestet und ist schließlich mit dem Ergebnis zufrieden. Jetzt muß er nur noch »Absenden« wählen. Das ruft die Funktion shipGreeting() auf (siehe die Zeilen 111 bis 123):

```
function shipGreeting(fObj) {
if (fObj.Recipient.value == "") {
    alert('Sie müssen eine E-Mail-Adresse in das An:-Feld eintragen');
    return false;
    }
  else if (fObj.Message.value == "") {
    alert("Sie müssen eine Nachricht eingeben.");
    return false;
    }
  else if (fObj.Greetings.selectedIndex == 0) {
    alert('Sie müssen eine Grußbotschaft auswählen');
    return false;
    }
```

```
fObj.EntireMessage.value = genGreeting(fObj);
fObj.UniqueID.value = Math.round(Math.random() * 1000000);
fObj.BaseURL.value = top.baseURL;
return true;
}
```

Diese Funktion ist ziemlich kurz und wird über den *onSubmit*-Event-Handler in Zeile 187 aufgerufen. `shipGreeting()` bereitet nicht nur das Formular für das Abschicken zum Webserver vor, sondern führt auch eine schnelle Überprüfung durch. Solange der Absender den paar einfachen Anweisungen gefolgt ist, wird alles glattgehen. Die einzigen Regeln, die ich aufgestellt habe, besagen, daß der Absender sowohl für die E-Mail-Adresse als auch für die Nachricht etwas eingeben muß und daß er eine Grußformel aus der Auswahlliste wählen muß. Vielleicht möchten Sie strikter sein, aber für den Augenblick genügt das.

Wenn die eingegebene Information alle drei »rigorosen« Prüfungen besteht, dann ändert `shipGreeting()` den Wert der zwei versteckten Felder in den Zeilen 188 bis 189. Die Felder *EntireMessage* und *BaseURL*, zunächst auf leere Strings gesetzt, werden auf die vom server-seitigen Skript benötigten Informationen gesetzt. Um das server-seitige Skript von der Erzeugung des HTML-Codes für den CyberGruß zu entlasten, wird `EntireMessage.value` der Rückgabewert von `genGreeting()` zugewiesen.

Die letzte Information, die das Skript auf der anderen Seite braucht, ist der Basis-URL, der hilft, auf die Grußkartendateien, Hintergrundbilder und Icons zu verweisen. Dazu wird `BaseURL.value` der Wert von `top.baseURL` zugewiesen. Nachdem das passiert ist, wird das Formular zu dem im `ACTION`-Attribut angegebenen URL *greet.pl* geschickt. Sie können das in Zeile 186 sehen.

JavaScript-Technik: Optimieren Sie Ihre Funktionen

Woher wissen Sie, wieviel Code Sie in eine Funktion quetschen können, bevor sie zu groß wird? Wann sagen Sie sich »OK, hier höre ich auf und bringe den Rest in einer anderen Funktion unter«? Ich habe es bis jetzt nicht geschafft, mir dafür Regeln abzuleiten. Ich versuche aber immer, so viel Nutzen wie möglich aus so wenig Code wie nötig zu ziehen. Ich meine damit folgendes: Sehen Sie sich die Funktion `genGreeting()` an. Sie hilft, den Code sowohl für die Vorschau als auch für das eigentliche Abschicken zu erzeugen. Was ist mit `onCard()`? Diese Funktion ist integraler Bestandteil der Positionsbestimmung, wenn der Benutzer sich durch die zur Verfügung stehenden Icons klickt. Sie spielt auch bei der Erzeugung des Codes für die Vorschau und das Absenden eine Rolle. In den meisten Fällen können Sie diese Vorteile erreichen, indem Sie die Funktion kleiner machen. Das ist nicht immer möglich oder effizient, aber wenn, dann ist es ein Gewinn.

Anmerkung

Ich muß eine letzte Anmerkung einschieben, bevor wir zum server-seitigen Skript weitergehen. `resetForm()` in den Zeilen 70 bis 81 löscht den Inhalt des Eingabeformulars immer dann, wenn das Formular geladen oder aufgefrischt wird. Die Funktion wird mit dem `onLoad`-Event-Handler im `BODY`-Tag aufgerufen. Behalten wir das im Hinterkopf, und sehen wir uns an, was passiert, wenn unsere Anwendung beim Webserver ankommt.

Die Server-Seite

Wie die Online-Shop-Anwendung in Kapitel 8 benötigt diese Anwendung eine Art von server-seitigem Mechanismus. Der vom Benutzer gestaltete CyberGruß wird mit JavaScript auf der Client-Seite erzeugt. Diese Information wird dann zurück an den Webserver geschickt, genauer gesagt, an ein Skript in einer Anwendungsserver-Umgebung, wie z.B. Active Server Pages, Server-side JavaScript oder Cold Fusion.

Diese Skriptumgebung liest die vom Benutzer abgeschickten Informationen und erzeugt dann eine unverwechselbare Datei, in die sie den Grußkartencode schreibt. Der unverwechselbare Dateiname ist derselbe, der auch in der E-Mail-Nachricht an den Empfänger geschickt wird. Die Datei steht bereit, wenn der Empfänger dem Link in seiner E-Mail-Nachricht folgt.

Danach gibt das Skript eine Antwort an den Absender der CyberGrüße aus, um zu bestätigen, daß alles in Ordnung ist und, noch wichtiger, ein vorbereitetes HTML-Formular, mit dem der Absender E-Mail an den Empfänger schickt.

Ich bin mir schon im klaren darüber, daß Sie dieses Buch wegen JavaScript ausgewählt haben, aber das Skript, daß ich Ihnen zur Verfügung stelle, ist in Perl geschrieben. Dafür ist es kurz und bündig. Außerdem ist Perl eine relativ einfache und leistungsfähige Sprache und ist gerade dabei, die bevorzugte WinNT-Skriptsprache zu werden. In Anhang C, *Perl-Skripte verwenden*, finden Sie mehr Informationen über die Einrichtung von Perl zur Ausführung von Skripten und eine Erklärung der Arbeitsweise der beiden Perl-Skripte für die Anwendungen in diesem Buch.

Mögliche Erweiterungen

Sehen wir uns ein paar Möglichkeiten an, diese Anwendung weiter zu entwickeln.

Einen Link zu den CyberGrüßen hinzufügen

Warum fügen Sie nicht einen Link auf die CyberGrüße-Site ein? Sie können das tun, indem Sie den folgenden Code in die Funktion `genGreeting()` in *front.html* einbauen:

```
+ ' <A HREF="' + top.baseURL + '/index.html">Zu den  CyberGr&uuml;&sz-
lig;en</A>';
```

Das setzt voraus, daß *index.html*, *front.html* und *back.html* alle in dem in *baseURL* angegebenen Verzeichnis stehen. Wenn nicht, müssen Sie `top.baseURL` in dem Statement oben durch den hardcodierten URL ersetzen, den Sie benutzen möchten.

Bildthemen

Diese Anwendung schreit geradezu nach Bildthemen. Weihnachten, Ostern, Nikolaus, Karneval, so ziemlich alles, was Sie sich ausdenken können, kann als Thema oder Anlaß dienen. Sie müssen sich dabei auch nicht auf Feiertage beschränken. Sie können saisonale Hintergründe und passende Icons ebenso verwenden wie Genesungswünsche, Geburtstagsthemen oder so ziemlich jedes andere Thema, das Sie mit einschließen wollen.

Banner-Werbekampagnen

Wenn Sie diesen Dienst umsonst anbieten wollen, warum generieren Sie dann nicht ein bißchen Einkommen? In Ihrer `shipGreeting()`-Funktion könnten Sie eine Logik einbauen, die ein Banner auswählt und den Code für das `IMG`-Tag unter der Grußkarte einbaut. Wenn Sie die oben erwähnten Themen verwenden, könnten Sie Banner zuordnen, die dem gewählten Thema entsprechen.

Die Grußbotschaften interaktiver machen

Diese Anwendung verwendet JavaScript-Events, um maßgeschneiderte CyberGrüße zu erstellen. Sie sind zwar maßgeschneidert, aber nicht sehr interaktiv. Versuchen Sie doch, den Leuten Grüße mit Bildrollovern oder Dingen zum Draufklicken und Umherbewegen zu schicken. Wenn Sie ein oder zwei coole Java-Applets haben, könnten Sie diese ebenfalls als Grußelemente anbieten. Die Leute lieben es, mit nutzlosem Kram zu spielen. Das allein hält Tausende Websites am Leben.

11

Kontextabhängige Hilfe

Projektmerkmale

- Online-Hilfe
- »Intelligentes« JavaScript lädt automatisch Inhalte, die sich auf die aktuelle Anzeige beziehen
- Zusätzliche Informationsanzeige durch Mouseovers

JavaScript-Techniken

- Externe Fenster steuern
- Links ohne Klicken verwenden
- Layer ohne LAYER-Tags

Auch wenn Sie glauben, daß Sie die Verwendung Ihres Programms einfach gemacht haben, es läßt sich nicht vermeiden, daß jemand Probleme oder eine Frage hat. Auf einige Benutzerfragen gibt es offensichtliche Antworten. Bei anderen können *Sie* sich verheddern – und dabei stammt das Ding von Ihnen! Je nach ihrer Qualität kann eine Online-Dokumentation Benutzern entweder schnell wieder auf die Beine helfen oder sie noch weiter in den Dschungel schicken. Die Verwendung der Hilfedateien muß außerdem einfach sein. Darum geht es in dieser Anwendung.

»Einfach« heißt nicht nur, daß sich der Benutzer einfach in der Hilfeanwendung zurechtfinden muß, sondern auch, daß sie für Sie einfach einzurichten und zu verwalten ist. Diese Anwendung gehört auch wieder zu denen, die selbst eigentlich keinem besonderen Zweck dienen. Wie bei der Anwendung in Kapitel 7, *Benutzereinstellungen mit Cookies speichern*, läßt sich ihr Code aber in eine Ihrer Anwendungen einfügen, wo er für Sie arbeiten kann.

Ich habe die Anwendung JavaScript-SELECT-Listen genannt; sie demonstriert ein paar der visuell uninteressanten, aber trotzdem nützlichen Dinge, die Sie mit JavaScript und SELECT-Auswahllisten tun können. Abbildung 11-1 zeigt den Eröffnungsbildschirm.

Diese Anwendung zeigt, wie SELECT-Auswahllisten Hintergrundfarben ändern, Dokumente laden und andere SELECT-Auswahllisten bevölkern können, alles mit einem bißchen JavaScript-Code. Obwohl das vermutlich allenfalls von akademischem Interesse ist, öffnet das Anwählen des Links »Hilfe« ein externes Fenster mit einer Dokumentation, die sich auf das Wechseln der Hintergrundfarbe des Dokuments bezieht. Sie sehen dieses Fenster in Abbildung 11-2.

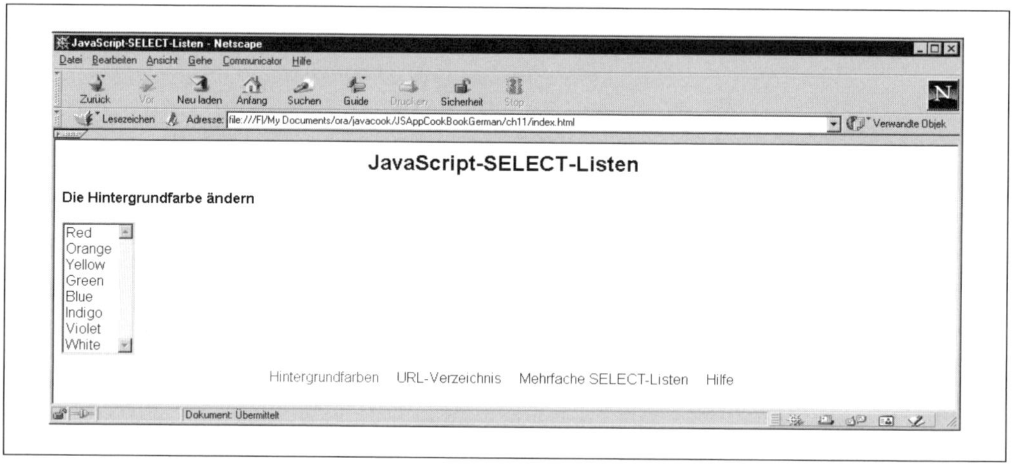

Abbildung 11-1: JavaScript-SELECT-Listen

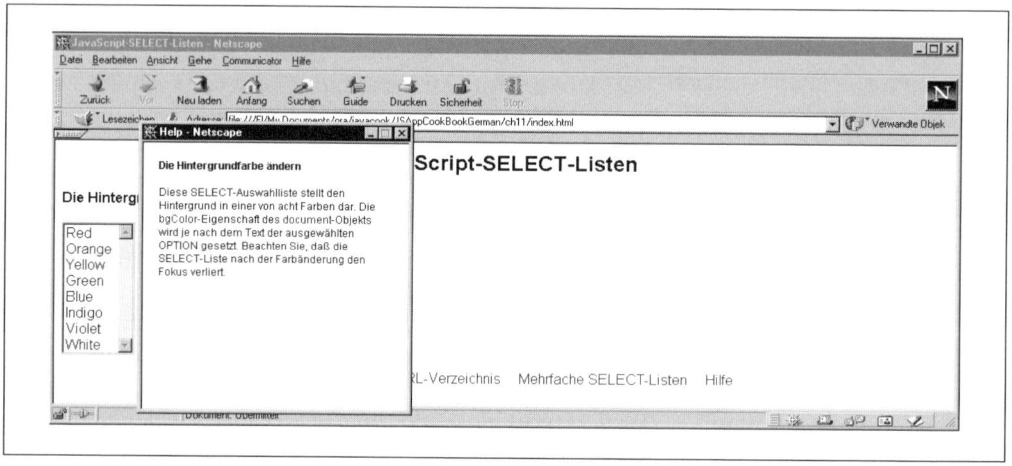

Abbildung 11-2: Der Vorgang der Hintergrundfarbenänderung wird erklärt

Das ist, zugegeben, nicht aufregend. Wenn Sie jedoch auf den Link »URL-Verzeichnis« klicken, der die Seite mit dem URL-Verzeichnis lädt, dann lädt ein Klick auf »Hilfe« die Dokumentation für die URL-Ladeprozedur (siehe Abbildung 11-3). Ziemlich cool. Jetzt brauchen Benutzer nicht mehr nach der richtigen Hilfedatei zu suchen. Es ist ziemlich wahrscheinlich, daß sich ihre Frage auf das gerade Angezeigte bezieht. Die Hilfedateien sind jetzt kontextabhängig.

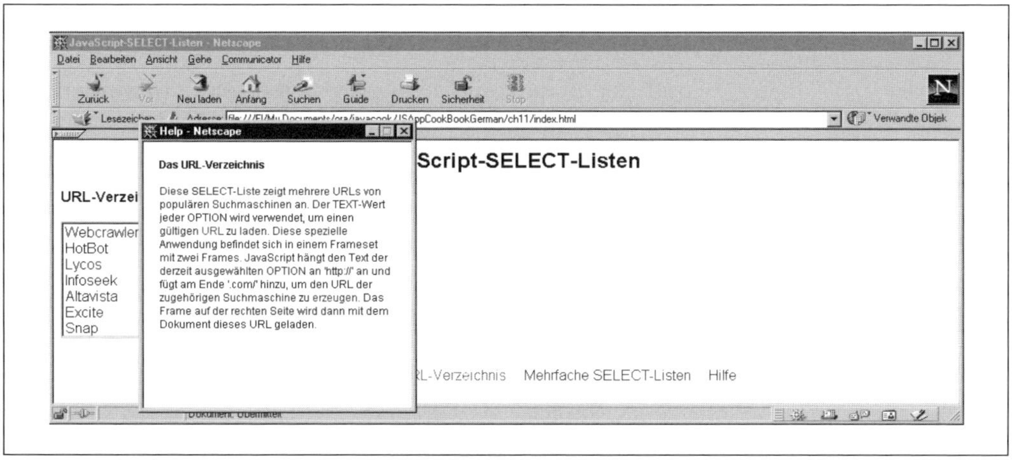

Abbildung 11-3: Derselbe Link mit einer anderen Dokumentation

Es wirkt so, als ob die Anwendung zusätzliche Intelligenz hätte. Sie »weiß« immer, wo sich der Benutzer oder die Benutzerin gerade »befindet«. Als zusätzlicher Bonus ist ein Teil des Dokumentationstexts über Hyperlinks mit anderen weiterführenden Informationen verbunden. Der Benutzer muß aber nicht auf den Link klicken, um ein anderes Dokument zu laden. Es genügt, den Mauszeiger über einen der Links zu bewegen, und die Informationen werden in einem hervorgehobenen Layer dargestellt (siehe Abbildung 11-4).

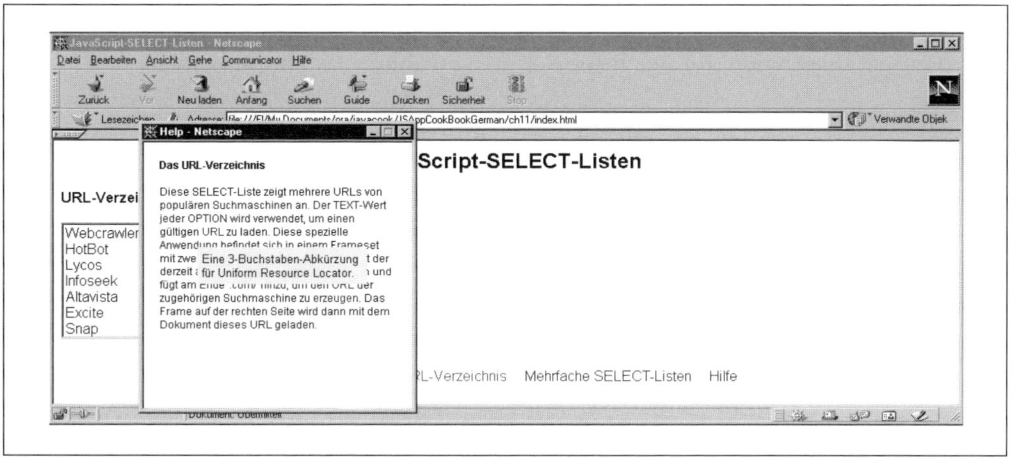

Abbildung 11-4: Zusätzliche Informationen ohne Warten

Jetzt braucht der Benutzer bzw. die Benutzerin nicht mehr zum Originaldokument zurückkehren, nachdem er oder sie dem Link gefolgt ist. Sobald der Mauszeiger vom Link entfernt wird, wird der Layer wieder unsichtbar. Diese Funktionalität läßt sich bei fast jeder Anwendung einsetzen, für die Benutzer Hilfe benötigen.

Einsatzvoraussetzungen

Wegen des DHTML-Codes und der Benutzung des neuen Event Models werden Sie MSIE oder Navigator in der Version 4.x oder höher benötigen. Stellen Sie sicher, daß Sie einen Monitor mit einer Auflösung von mindestens 1024 × 768 haben. Das ist zwar nicht zwingend nötig, aber sonst verdeckt das Hilfefenster einen großen Teil des Hauptfensterinhalts.

Die Syntax unter die Lupe genommen

Diese Anwendung ist Teil eines Framesets, zu dem die folgenden Dateien gehören:

index.html
: Oberste Ebene; enthält das Frameset und die Variablen der obersten Ebene.

top.html
: Zeigt die Überschrift »JavaScript-SELECT-Listen« an.

nav.html
: Zeigt die Links auf der Seite an.

background.html
: Ändert die Hintergrundfarben.

multiselect.html
: Füllt eine SELECT-Auswahlliste auf der Basis der Auswahlen in zwei anderen Listen.

urldirectory.html
: Lädt Suchmaschinen auf der Basis der ausgewählten Listenoptionen.

help/background.html
: Hilfedokument für *background.html*

help/multiselect.html
: Hilfedokument für *multiselect.html*

help/urldirectory.html
: Hilfedokument für *urldirectory.html*

help/help.js
: JavaScript-Quelldatei

Wahrscheinlich werden Sie sich nicht im Detail mit der Logik befassen wollen, die hinter den SELECT-Auswahllisten in *background.html, multiselect.html* und *urldirectory.html* steckt. Sie ist wirklich einfach zu verstehen und darum geht es in diesem Kapitel auch nicht. Stellen Sie aber sicher, daß Sie sich wenigstens das Auffüllen von SELECT-Listen in *multiselect.html* ansehen. Es ist ziemlich nützlich. Statt dessen lassen Sie uns die Sache in zwei Schritten durchgehen:

1. Kontextabhängige Hilfe: das richtige Dokument in das Hilfefenster laden (in *nav.html*)

2. Die zusätzliche Information anzeigen und verstecken: die Mouseover (in *help/help.js*) zum Laufen bringen

Kontextabhängige Hilfe

Dieser Teil ist ziemlich einfach. Alles findet in der Datei *nav.html* statt. Beispiel 11-1 zeigt den Code.

Beispiel 11-1: nav.html

```
<HTML>
<HEAD>
  <TITLE>top.html</TITLE>
</HEAD>
<STYLE TYPE="text/css">
<!--

A
  {
    text-decoration: none;
  }

BODY
  {
    font-family: Arial;
    text-align: center;
  }

//-->
</STYLE>
<SCRIPT>
<!--
var helpWin;

function inContext(currFile) {
  var start = currFile.lastIndexOf('/') + 1;
  var stop  = currFile.lastIndexOf('.');
  var helpName = currFile.substring(start, stop);
  if(helpWin == null || helpWin.closed) {
    helpWin = open('help/' + helpName + '.html', 'helpFile',
      'width=' + top.wdh + ',height=' + top.hgt +
      ',left=100,top=100,scrollbars=no');
    }
  else {
    helpWin.location.href = 'help/' + helpName + '.html';
    }
  helpWin.focus();
  }

//-->
</SCRIPT>
<BODY>

```

Beispiel 11-1: nav.html (Fortsetzung)

```
44 <A HREF="background.html" TARGET="WorkArea">Hintergrundfarben</A>
45    
46 <A HREF="urldirectory.html" TARGET="WorkArea">URL-Verzeichnis</A>
47    
48 <A HREF="multiselect.html" TARGET="WorkArea">Mehrfache SELECT-Listen</A>
49    
50 <A HREF="javascript: inContext(parent.WorkArea.location.href);">Hilfe</A>
51
52 </BODY>
53 </HTML>
```

Die Funktion `inContext()` setzt voraus, daß Sie für jedes Dokument, für das Sie Hilfstext anzeigen wollen, die Hilfe-Dokumentation in einer Datei mit demselben Namen und einer *.html*-Erweiterung erstellen. Das heißt, *background.html*, die Datei, die die Hintergrundfarben ändert, hat eine dazugehörige Datei im Verzeichnis *help/*, die ebenfalls *background.html* heißt. Die Details stehen in den Zeilen 25 bis 38:

```
function inContext(currFile) {
  var start = currFile.lastIndexOf('/') + 1;
  var stop  = currFile.lastIndexOf('.');
  var helpName = currFile.substring(start, stop);
  if(helpWin == null || helpWin.closed) {
    helpWin = open('help/' + helpName + '.html', 'helpFile', 'width=' +
      top.wdh + ',height=' + top.hgt +
      ',left=100,top=100,scrollbars=no');
    }
  else {
    helpWin.location.href = 'help/' + helpName + '.html';
    }
  helpWin.focus();
  }
```

Diese Funktion erwartet einen URL als Parameter. *currFile* kann ein absoluter URL wie *http://some.place.com/some/document.html* sein. *currFile* kann auch ein relativer URL mit einem Abfragestring sein, wie zum Beispiel *document.cgi?search=all.* Aus jedem URL benötigen wir nur den Dateinamen und nicht den Host oder die Domain, die höheren Verzeichnisse darüber oder die Dateierweiterung oder den Abfragestring. Mit anderen Worten: Wir brauchen alles nach dem letzten Vorwärtsstrich (/), sofern er existiert, bis zu – aber nicht einschließlich – dem letzten Punkt im URL (wenn jeder Dateiname eine Erweiterung hat, wird es immer einen geben).

Die Variable *start* gibt uns deswegen den Index des letzten Vorwärtsstriches + 1. Nehmen wir an, daß der URL keinen Vorwärtsstrich enthält. Das ist kein Problem. Wenn kein Vorwärtsstrich gefunden wird, gibt `lastIndexOf()` den Wert -1 zurück. Zählen Sie 1 dazu, und Sie haben 0. Dort müssen wir anfangen. Die Variable *stop* wird auf den Index des letzten Punkts im URL gesetzt. Die `substring()`-Methode in Zeile 28 pflückt dann den gewünschten Substring aus dem URL und weist ihn `helpName` zu. Sehen Sie sich das näher an:

```
var helpName = currFile.substring(start, stop);
```

Die nächsten paar Zeilen öffnen ein Fenster mit *helpName* gemäß der Konvention für Hilfe-Dateien. Der erste Parameter der `open()`-Methode in den Zeilen 30 bis 32 zeigt dynamisch auf die richtige Hilfedatei:

```
helpWin = open('help/' + helpName + '.html', 'helpFile', 'width=' +
  top.wdh + ',height=' + top.hgt + ',left=100,top=100,scrollbars=no');
```

JavaScript-Technik: Externe Fenster steuern

Wie viele gleichzeitig geöffnete Hilfe-Fenster braucht der Benutzer wirklich? Eins ist ziemlich gut geschätzt. Halten wir uns also daran: Haben Sie gemerkt, daß der globalen Variable *helpWin* das externe *window*-Objekt nach seiner Deklaration zugewiesen wird, ohne initialisiert zu sein? Mit anderen Worten, *helpWin* ist deklariert, aber auf nichts gesetzt, was einem Wert von null entspricht. Das Hilfe-Fenster wird dann geöffnet, indem der Rückgabewert *helpWin* zugewiesen wird, das bisher null war.

Wenn der Benutzer zum erstenmal um Hilfe klickt, dann »entscheidet« der folgende Code, ob ein neues Fenster zu öffnen ist, oder die *location* des existierenden Fensters zu setzen ist:

```
if(helpWin == null || helpWin.closed) {
  helpWin = open('help/' + helpName + '.html', 'helpFile',
    'width=' + top.wdh + ',height=' + top.hgt +
    ',left=100,top=100,scrollbars=no');
  }
else {
  helpWin.location.href = 'help/' + helpName + '.html';
  }
```

Wenn *helpWin* null ist, dann ist es noch nicht mit dem Rückgabewert der `open()`-Methode instanziiert worden. `inContext()` öffnet dann ein frisches neues externes Fenster. Wenn *helpWin* bereits ein Objekt ist, dann enthält *helpWin* als *window*-Objekt die Eigenschaft *closed*, die *true* ist, wenn das Fenster geschlossen ist, und *false* wenn das nicht der Fall ist. Wenn *helpWin.closed* true ist, hat der Benutzer das externe Fenster bereits geöffnet und wieder geschlossen. Das bedeutet, daß wir ein neues Fenster brauchen.

Wenn *helpWin.closed* `false` ist, dann ist das externe Fenster noch offen, so daß Zeile 35, ohne `open()` aufzurufen, einfach das passende Dokument lädt. Warum also das Ganze? Wenn der Benutzer wieder »Hilfe« anklickt, bevor er das gerade geöffnete Fenster geschlossen hat, dann erscheint ein weiteres Fenster. Bei nochmaligem Klicken werden es drei. Wer braucht das? Die Überprüfung des Null-Werts und der Eigenschaft *closed* können das verhindern. Da macht es keinen Unterschied, ob der Benutzer das Fenster bereits geöffnet hat oder nicht.

Beachten Sie, daß die Breite und Höhe des externen Fensters dynamisch mit Hilfe der Variablen *top.wdh* und *top.hgt* bestimmt wird, die beide auf 300 gesetzt werden. Diese beiden Variablen befinden sich in *index.html*. Da die Anwendung sich in anderen Teilen auf diese Variablen bezieht, habe ich sie dorthin gesteckt, um die einfache *top*-Referenz auszunützen. Sie werden gleich sehen, warum wir Variablen zur Bestimmung der Fenstergröße verwenden. Jetzt brauchen Sie nur einen anständigen Link, um die Funktion aufzurufen. Hier ist er, Sie finden ihn in Zeile 50:

```
<A HREF="javascript: inContext(parent.WorkArea.location.href);">Hilfe</A>
```

Wenn Sie diesem Link folgen, wird `inContext()` aufgerufen, und der URL des Dokuments, das gegenwärtig im Frame namens *WorkArea* geladen ist, wird übergeben. Solange Sie ein gleichnamiges Dokument im Verzeichnis *help/* haben, kann Ihr neues Pop-Up-Hilfe-System ausgeweitet oder geschrumpft werden, um so ziemlich jedes Programm unterzubringen.

> Diese Methode der Dateinamenbestimmung mit / und . ist nicht idiotensicher. Zum Beispiel verursachen URLs Probleme, die auf voreingestellte Dateinamen wie *http://web.net.com/* oder *../* zeigen. Welche Art Dateinamen referenzieren Sie damit? Stellen Sie sicher, daß Sie Ihren Code für diese URLs modifizieren, wenn Sie vorhaben, sie zu verwenden.

Zusätzliche Informationen anzeigen und verstecken

Die Pop-Up-Technik, die wir gerade besprochen haben, lädt die Hilfe-Dokumente, die wir benötigen. Um Links und Mouseovers zur Anzeige zusätzlicher Hilfeinformationen zu verwenden, müssen wir mit DHTML-Code zaubern. Wir nehmen dazu einige Teile, die wir bereits früher verwendet haben, und etwas neue Magie. Zum Glück befindet sich das meiste davon in der JavaScript-Quelldatei *help/help.js*. Beispiel 11-2 zeigt den Code.

Beispiel 11-2: help/help.js

```
var NN    = (document.all ? false : true);
var hideName = (NN ? 'hide' : 'hidden');
var showName = (NN ? 'show' : 'visible');
var zIdx     = -1;
var helpWdh  = 200;
var helpHgt  = 200;
var x, y, totalWidth, totalHeight;

function genLayer(sName, sLeft, sTop, sWdh, sHgt, sVis, copy) {
  if (NN) {
    document.writeln('<LAYER NAME="' + sName + '" LEFT=' + sLeft +
    ' TOP=' + sTop + ' WIDTH=' + sWdh + ' HEIGHT=' + sHgt +
    ' VISIBILITY="' + sVis + '" z-Index=' + (++zIdx) + '>' + copy +
    '</LAYER>');
```

Beispiel 11-2: help/help.js (Fortsetzung)

```
    }
  else {
    document.writeln('<DIV ID="' + sName +
      '" STYLE="position:absolute; overflow:none; left:' +
      sLeft + 'px; top:' + sTop + 'px; width:' + sWdh + 'px; height:' +
      sHgt + 'px; visibility:' + sVis + '; z-Index=' + (++zIdx) + '">' +
      copy + '</DIV>'
      );
    }
  }

function hideSlide(name) {
  refSlide(name).visibility = hideName;
  }

function showSlide(name) {
  refSlide(name).visibility = showName;
  }

function refSlide(name) {
  if (NN) { return document.layers[name]; }
  else { return eval('document.all.' + name + '.style'); }
  }

function motionListener() {
  if (NN) {
    window.captureEvents(Event.MOUSEMOVE);
    window.onmousemove = grabXY;
    }
  else {
    document.onmousemove = grabXY;
    }
  }

function grabXY(ev) {
  if(NN) {
    x = ev.pageX;
    y = ev.pageY;
    }
  else {
    x = event.x;
    y = event.y;
    }
  }

function helpDisplay(name, action) {
  if(action) {
    totalWidth = x + helpWdh;
    totalHeight = y + helpHgt;
    x = (totalWidth > opener.top.wdh ? x -
      (totalWidth - opener.top.wdh + 75) : x);
    y = (totalHeight > opener.top.hgt ? y -
```

Beispiel 11-2: help/help.js (Fortsetzung)

```
      (totalHeight - opener.top.hgt) : y);
    refSlide(name).left = x - 10;
    refSlide(name).top = y + 8;
    showSlide(name);
    }
  else { hideSlide(name); }
  }

motionListener();
```

Lassen Sie uns diese Funktionalität in zwei Schritten untersuchen. Erst unterhalten wir uns über die Erzeugung der Layer, die die zusätzlichen Informationen enthalten. Dann sehen wir uns an, was wir zum Anzeigen und Unsichtbarmachen dieser Layer brauchen.

Die Erzeugung der Layer

Wenn Sie die Kapitel 3, 4, 6, 7 oder 9 gelesen haben, werden Ihnen die ersten zwei Dutzend Zeilen sehr bekannt vorkommen. Wenn nicht, dann sehen Sie sich Kapitel 3 an, in dem die Details der Funktionen `genLayer()`, `hideSlide()`, `showSlide()` und `refSlide()` besprochen werden. Wir erzeugen die Layer genauso, wie wir es in den anderen Kapiteln gemacht haben. Wir müssen allerdings noch einen zusätzlichen Schritt unternehmen. Die Variablen *helpWdh* und *helpHgt* werden auf jeweils 200 Pixel gesetzt. Sie definieren die Defaultbreite und -höhe eines jeden Layers. Das ist wichtig, weil wir diese Variablen gleich zusammen mit *top.wdh* und *top.hgt* zur Positionierung brauchen.

Diese Funktionen sind die Werkzeuge, die wir zur Erzeugung der Layer brauchen. Wir müssen nur `genLayer()` aufrufen und den Inhalt zusammen mit anderen Variablen übergeben. Sie finden den Aufruf dieser Funktion in jeder der Hilfsdateien. Da die Dinge in so ziemlich allen Hilfsdokumenten gleich sind, sehen wir uns doch den Code in *help/background.html* an:

```
var helpOne = '<SPAN CLASS="helpSet">Diese Eigenschaft ist ein String, der ' +
  'der gegenw&auml;rtigen Hintergrundfarbe des Dokuments entspricht.</SPAN>';
var helpTwo = '<SPAN CLASS="helpSet">Diese Eigenschaft des ' +
  '<TT>window</TT>-Objekts enth&auml;lt die Objekthierachie der aktuellen ' +
  'Webseite.</SPAN>';

genLayer("bgColor", 0, 0, helpWdh, helpHgt, hideName, helpOne);
genLayer("document", 0, 0, helpWdh, helpHgt, hideName, helpTwo);
```

Die Variable *helpOne* enthält den String, der den ersten zusätzlichen Link anzeigt (`"bgColor"`), und *helpTwo* macht dasselbe für den *document*-Link. Dabei handelt es sich allerdings nicht nur um Text. Beide Strings enthalten ein SPAN-Tag-Paar, das der Cascading-Style-Sheet-Klassendefinition *.helpSet* zugewiesen ist. Die *.helpSet*-Klasse wird zwischen den STYLE-Tags definert. Werfen Sie einmal kurz einen Blick darauf. Es ist nicht die ausführlichste Style-Sheet-Klassendefinition, die Sie jemals sehen werden, leistet aber gute Arbeit, wenn es um das Definieren von Layern geht.

```
.helpSet
  {
    background-color: #CCFFCC;
    padding: 5px;
    border: 2px;
    width: 200px;
    font: normal 10pt Arial;
    text-align: left;
  }
```

Das Skript enthält zwei Aufrufe von `genLayer()`. Beachten Sie, daß die Variablen *helpWdh* und *helpHgt* anstelle von Zahlen für die Breite und Höhe den Layers übergeben werden. Das wird uns später eine bessere Positionierung ermöglichen. Jeder Layer wird anfänglich mit Hilfe der Variable *hideName* versteckt.

Die Layer sind jetzt erzeugt. Der Benutzer muß sie jetzt nur noch auf Anforderung anzeigen können. Diese Funktionalität kommt von den Funktionen `motionListener()`, `grabXY()` und `helpDisplay()`. Sehen Sie sich zunächst `motionListener()` in den Zeilen 39 bis 47 an:

```
function motionListener() {
  if (NN) {
    window.captureEvents(Event.MOUSEMOVE);
    window.onmousemove = grabXY;
    }
  else {
    document.onmousemove = grabXY;
    }
  }
```

Wir sollten den Layer dort auf der Seite darstellen, wo der Link auf den Layer zu liegen kommt. Zu diesem Zweck müssen wir die Mausbewegung auf dem Bildschirm verfolgen, wenn die Maus über den Link bewegt wird. Die Funktion `motionListener()` weist den *onMouseMove*-Event-Handler an, die Funktion `grabXY()` immer dann aufzurufen, wenn der Benutzer die Maus bewegt. Sowohl Navigator als auch MSIE implementieren *onMouseMove*; Navigator macht das aber über das *window*-Objekt und MSIE über das *document*-Objekt. Navigator benötigt auch einen Aufruf der `captureEvents()`-Methode, um das *mousemove*-Event abzufangen.

Die Funktion `grabXY()` weist den Variablen *x* und *y* jedesmal die horizontalen und vertikalen Pixelkoordinaten des Mauszeigers zu, wenn der Benutzer die Maus bewegt (siehe die Zeilen 49 bis 58):

```
function grabXY(ev) {
  if(NN) {
    x = ev.pageX;
    y = ev.pageY;
    }
  else {
    x = event.screenX;
    y = event.screenY;
    }
  }
```

Diese Koordinaten sind in MSIE und NN unterschiedlich implementiert. Navigator 4.x erzeugt jedesmal ein dynamisches Event-Objekt, wenn der Event-Handler aufgerufen wird. Das Objekt wird durch den Parameter *ev* dargestellt. Internet Explorer hat dagegen ein eingebautes *event*-Objekt. Wenn `grabXY()` jedesmal aufgerufen wird, wenn der Benutzer die Maus bewegt, dann werden die Variablen *x* und *y* kontinuierlich aufgefrischt. Wenn der Benutzer die Maus über einen Link bewegt, dann enthalten *x* und *y* Werte, die sich gut als Referenzpunkt zur Positionierung der zusätzlichen Hilfe-Layer verwenden lassen.

Die Informationen anzeigen

Wenn der Benutzer die Maus über den Link bewegt, wird die Funktion `helpDisplay()` aufgerufen. Hier sehen Sie zunächst den HTML-Code (aus *background.html*), der die Funktion aufruft, und dann die Funktion selbst:

```
<A HREF="javascript: void(0);"
  onMouseOver="helpDisplay('bgColor', true);"
  onMouseOut="helpDisplay('bgColor', false);">
  bgColor
  </A>
```

Der *onMouseOver*-Event-Handler ist dafür verantwortlich, den Layer sichtbar zu machen; *onMouseOut* dafür, ihn wieder zu verstecken. Die Funktion `helpDisplay()` kümmert sich um beides. Sie finden Sie in den Zeilen 60 bis 73:

```
function helpDisplay(name, action) {
  if(action) {
    totalWidth = x + helpWdh;
    totalHeight = y + helpHgt;
    x = (totalWidth > opener.top.wdh ? x -
      (totalWidth - opener.top.wdh + 75) : x);
    y = (totalHeight > opener.top.hgt ? y -
      (totalHeight - opener.top.hgt) : y);
    refSlide(name).left = x - 10;
    refSlide(name).top = y + 8;
    showSlide(name);
    }
  else { hideSlide(name); }
  }
```

`helpDisplay()` erwartet zwei Parameter. Der eine ist der Name des Layers, der sichtbar oder unsichtbar gemacht werden soll, der andere ist ein Boolescher Wert, der bestimmt, ob der Layer angezeigt oder versteckt werden soll. Das ist die erste Entscheidung, die gefällt werden muß – ob der Layer sichtbar oder unsichtbar gemacht werden soll. Wenn *action* `false` ist, dann ist die Prozedur einfach. Sie rufen einfach `hideSlide()` auf, und fertig. Wenn *action* `true` ist, dann bedeutet das, daß der Layer gezeigt werden soll. Sie rufen jetzt einfach `showSlide()` auf, richtig? Nicht ganz. Die Sache ist etwas komplizierter.

JavaScript-Technik: Links ohne Klicken verwenden

Manchmal wollen Sie, daß Links nur dann etwas bewirken, wenn Sie mit der Maus darüberfahren oder die Maus von den Links wegbewegen, aber nicht, wenn Sie sie anklicken. Hier sind zwei Methoden, um unerwünschte Klickeffekte zu verhindern:

Verwenden Sie `javascript: void(0)` im `HREF`-Attribut

Der `void`-Operator ignoriert den Rückgabewert jedes Vorgangs, einschließlich des *click*-Events. Sie müssen nicht 0 verwenden, es ist aber ein einfacher Operand. Sie können ein Beispiel am Anfang des Abschnitts »Die Informationen anzeigen« finden.

Verwenden Sie `onClick="return false;"`

Wenn Sie `false` zurückgeben, wird das Laden eventuell im `HREF`-Attribut angegebener Dokumente abgebrochen. Versuchen Sie es so:

```
<A HREF="" onMouseOver="machWas();" onClick="return false;">Mach was</A>
```

Egal was im `HREF`-Attribut steht, das Dokument wird nicht geladen.

Die Positionierung der Layer verwalten

Ein Aufruf von `showSlide()` würde die Aufgabe erledigen, Sie könnten aber etwas mehr bekommen, als Sie sich vorgestellt haben. Erinnern Sie sich an die Zeilen 30 bis 32 von *nav.html?*

```
helpWin = open('help/' + helpName + '.html', 'helpFile', 'width=' +
  top.wdh + ',height=' + top.hgt + ',left=100,top=100,scrollbars=no');
```

Die Breite des Fensters beträgt 300 Pixel. Die Höhe auch. Jetzt sehen Sie sich die Zeilen 5 und 6 von *help.js* noch einmal an:

```
var helpWdh  = 200;
var helpHgt  = 200;
```

Die Breite und Höhe jedes Layers wird auf 200 Pixel gesetzt. Die Höhe des Layers wächst übrigens dynamisch je nach Umfang des Inhalts, ähnlich wie Datenzellen in einer Tabelle. Wir brauchen aber immer noch einen Referenzpunkt. Sie brauchen kein Mathegenie zu sein, um zu sehen, daß zumindest ein Teil des Layers außerhalb des Blickfelds bleibt, wenn der Link weiter als 100 Pixel nach rechts auf der Seite zu liegen kommt (weniger übrigens, weil diese 300 Pixel die äußere Breite und nicht die innere Breite des Fensters darstellen, auf die es bei der Darstellung des Dokuments ankommt). Um das zu vermeiden, stellen wir unsere eigenen Berechnungen an, bevor wir den Layer positionieren und anzeigen.

Das funktioniert so: Wenn die horizontale Koordinate des Mauszeigers plus die Breite des anzuzeigenden Layers größer sind als die einsehbare Breite des externen Fensters, zeigen wir den Layer um eine Offsetnummer Pixel weiter links an. Sehen Sie sich Zeile 62 an:

```
totalWidth = x + helpWdh;
```

JavaScript-Technik: Layer ohne LAYER-Tags

Jetzt haben Sie die ganze Zeit DHTML-Layer als `DIV`-Tags für MSIE und `LAYER`-Tags für Navigator gesehen. Das `LAYER`-Tag funktioniert übrigens prima, aber es wird kein Standard werden. Alle Anzeichen vom World Wide Web Consortium deuten auf ein standardisiertes Document Object Model hin, das dem von MSIE unterstützten sehr ähnlich ist. Sehen Sie sich den folgenden Code an:

```
<HTML>
<HEAD>
  <TITLE>DHTML-Layer</TITLE>
<SCRIPT LANGUAGE="JavaScript1.2">
<!--
var action = true;
function display(name) {
  if (document.all) {
    var layerObj = eval("document.all." + name + ".style");
    var hide = "hidden";
    var show = "visible";
    }
  else {
    var layerObj = eval("document." + name);
    var hide = "hide";
    var show = "show";
    }
  layerObj.visibility = (action ?  hide : show);
  action = !action;
  }

//-->
</SCRIPT>
</HEAD>
<BODY>
<DIV ID="dhtml"
  STYLE="position:relative;background-color:#FFACEE;width:200;">
  Das ist ein DHTML-Layer.
</DIV>
<BR>
<A HREF="javascript:display('dhtml');">Anzeigen/Verstecken</A>
</BODY>
</HTML>
```

Sie können diesen Code in der Datei *\ch11\layer.html* finden. Wie Sie sehen können, gibt es hier keine `LAYER`-Tags, aber sowohl NN als auch MSIE sprechen auf diesen Code an (der beim Klicken den Layer anzeigt bzw. versteckt). Obwohl Navigator im Augenblick keinen Zugriff auf die meisten Elemente des Document Object Models gestattet, erlaubt er den Zugriff auf die Positionierungseigenschaften.

Was ist jetzt ist besser? Warum habe ich diese Methode nicht gleich in den anderen Kapiteln verwendet? Beide funktionieren gut. Persönlich ziehe ich aber die `genLayer()`-Methode zum dynamischen Erzeugen von `LAYER`-Tags in Navigator und `DIV`s in MSIE vor. Wichtig ist, ist daß Sie eine andere Option haben. Probieren Sie beide Methoden aus. Sehen Sie, was in Ihren Anwendungen am besten funktioniert.

Die Variable *totalWidth* ist gleich der horizontalen Koordinate plus der Breite des Layers. Jetzt können Sie sehen, warum wir die Variablen *helpWdh* und *helpHgt* anstelle Zahlen wie 200 zum Setzen der Dimensionen verwendet haben. Sehen Sie sich jetzt die Zeilen 64 und 65 an.

```
x = (totalWidth > opener.top.wdh ? x -
  (totalWidth - opener.top.wdh + 75) : x);
```

Wenn *totalWidth* größer als die Breite des externen Fensters (ohne Rand) ist, muß die horizontale Koordinate angeglichen werden. Wir verschieben sie einfach nach links, indem wir die Differenz zwischen `totalWidth` und der Breite des externen Fensters abziehen. Das stellt sicher, daß alle Layer horizontal dargestellt werden. Dasselbe gilt für die Höhe. Sie können das in den Zeilen 63, 66 und 67 sehen. Es könnte sein, daß dieses Verfahren nicht funktioniert, wenn Sie den Wert für *helpHgt* relativ niedrig ansetzen und den Layer dann mit viel Text erzeugen.

Mögliche Erweiterungen

Die hier vorgestellte Hilfe-Anwendung funktioniert in den meisten Anwendungen kleiner oder mittlerer Größe wahrscheinlich gut. Wenn die Anwendung wächst, dann kann es aber auch sein, daß Sie mehr Hilfe-Funktionen benötigen. Überlegen Sie sich die folgenden Vorschläge, um Ihre Online-Hilfe auszubauen.

Inhaltsverzeichnis

Manchmal suchen Benutzer nach einer Dokumentation zu etwas, das nichts mit dem momentanen Bildschirminhalt zu tun hat. Eine der einfachsten Methoden, Benutzer suchen zu lassen, ist eine Seite mit einem Inhaltsverzeichnis, das die Links zu allen Hilfe-Dokumenten sauber auflistet. Sie können das mit einer statischen HTML-Seite erreichen, oder Sie können JavaScript verwenden, um die Liste dynamisch aus einem Array zu erzeugen:

```
function showContents() {
  var helpDocs = ['background', 'multiselect', 'urldirectory'];
  var helpLinks = '<UL>';
  for (var i = 0; i < helpDocs.length; i++) {
    helpLinks += '<LI><A HREF="' + helpDocs[i] + '.html">' +
      helpDocs[i] + '</A>';
    }
  helpLinks = '</UL>';
  document.writeln(helpLinks);
  }
```

Durchsuchbare Hilfedateien

Wenn Sie eine Anzahl Hilfedokumente brauchen, warum machen Sie sich dann nicht die Suchanwendung aus Kapitel 1, *Die client-seitige Suchmaschine*, zunutze? Das ist immer ein guter Weg, um die Benutzerinteraktivität aufzupolieren.

Fragen Sie einen Experten

Manchmal können Benutzer einfach nicht finden, was sie suchen. Wenn Sie das Personal haben, dann sollten Sie sich überlegen, ob Sie nicht eine Seite mit einem E-Mail-Formular hinzufügen wollen, so daß Benutzer ein paar Fragen beantworten und sie an Ihr qualifiziertes Personal schicken können.

Telefonverzeichnis

Wenn Sie wirklich einen Kundenservice einrichten wollen, dann sollten Sie eine Liste mit Telefonnummern und E-Mail-Adressen anbieten, so daß Benutzer ein menschliches Wesen kontaktieren können. So wie die E-Mail auf Formularbasis ist das allerdings ressourcenintensiv. Stellen Sie sicher, daß Sie die Mitarbeiter haben, die die Anrufe beantworten können, bevor Sie die Telefonnummern bekanntgeben. Die Leute rufen an. Ich bin von Leuten angerufen worden, die meine Site besucht hatten. Dabei war meine Telefonnummer nur schwer herauszubekommen.

Epilog

Das ist ein anderer Grund, warum ich mein eigenes Buch schreiben wollte. Wenn Sie sich zur letzten Seite des letzten Kapitels einer dieser anderen Web-Publikationen durchgekämpft haben, deren Seitenzahl allenfalls noch von der *Bibel* oder von *Krieg und Frieden* übertroffen wird, was bekommen Sie dann üblicherweise? Ein paar Anhänge und einen Index. Das ist großartig, ist aber wie das Besteigen eines Bergs ohne Aussicht. Wo bleibt das Gefühl, daß Sie etwas erreicht haben?

Wenn Sie es bis auf diese Seite des Buchs geschafft haben, dann haben Sie einen langen Weg hinter sich, und zwar nicht nur, was die Seitenzahl betrifft. Denken Sie daran, wie gut Sie als JavaScript-Programmierer waren, als Sie im Laden zum erstenmal durch diese Seiten geblättert und sich entschieden haben, dieses Buch zu kaufen. Denken Sie daran, was Sie jetzt wissen. Es ist ein gutes Gefühl, Zeuge Ihrer eigenen Entwicklung zu werden und dem Gipfel ein paar Schritte näher zu kommen.

Natürlich können wir unseren Erfolg auskosten, wir sollten aber nicht zu bequem werden. Die Technologie ändert sich mit der Geschwindigkeit des Wettbewerbs. Wenn dieses Buch in den Regalen ankommt, haben Entwickler wahrscheinlich schon wieder eine neue Ladung von JavaScript-Erweiterungen und Techniken erfunden. Ich werde sie mir schleunigst anschauen. Sagen Sie mir Bescheid, wenn Sie über ein paar gute Beispiele stolpern. Wir sehen uns im Netz.

Jerry Bradenbaugh
hotsyte@mail.serve.com

A

JavaScript-Referenz

Dieser Anhang enthält eine JavaScript-Syntaxreferenz für die folgenden Bereiche:

- Objekte, Methoden und Eigenschaften
- Funktionen und Eigenschaften der obersten Ebene
- Event-Handler

Im allgemeinen hat JavaScript eine dreigliedrige Struktur: Core, Client-Side und Server Side. Core JavaScript bezieht sich auf die Merkmale, die sowohl auf der Client- als auch auf der Server-Seite zur Verfügung stehen. Client- und Server-Side JavaScript umfaßt Core JavaScript sowie die Erweiterungen für die jeweilige Umgebung. Client-Side JavaScript enthält beispielsweise das *window*- und das *document*-Objekt, mit denen der Server nichts anfangen könnte. Analog dazu enthält Server-Side JavaScript das *File*-Objekt.

Das Material hier entspricht dem Stand von Client-Side JavaScript 1.3 und Core JavaScript 1.4. Alles auf den folgenden Seiten kommt geradewegs von den folgenden Netscape-Sites:

> *http://developer1.netscape.com/docs/manuals/js/core/jsref/index.htm*
> *http://developer1.netscape.com/docs/manuals/js/client/jsref/index.htm*

Die Microsoft JScript-Ressourcen können sie unter

> *http://msdn.microsoft.com/scripting/default.htm?/scripting/jscript/default.htm*

finden. Halten Sie sich dieses Material zum schnellen Nachschlagen griffbereit. Sie sollten aber immer auf das neueste Material von Netscape und Microsoft zurückgreifen.

Browserkompatibilität

Tabelle A-1 zeigt, welche JavaScript-Version in den verschiedenen Versionen von Navigator und Internet Explorer unterstützt wird.

Tabelle A-1: JavaScript-Kompatibilität

JavaScript-Version	Navigator-Version	MSIE-Version
JavaScript 1.0	Navigator 2.0	MSIE 3.x
JavaScript 1.1	Navigator 3.0	
JavaScript 1.2	Navigator 4.0-4.05	MSIE 4.x – 5.0
JavaScript 1.3	Navigator 4.06-4.5	
JavaScript 1.4		

Objekte, Methoden und Eigenschaften

Dieser Abschnitt zählt JavaScript-Objekte geordnet nach Beschreibung, Kompatibilität, Eigenschaften und Methoden auf.

Anchor

Eine Stelle in einem Dokument, die das Ziel eines Hypertext-Links ist. Über das `A`-Tag in HTML oder einen Aufruf der Methode `String.anchor` erzeugt die JavaScript-Runtime-Maschine ein *Anchor*-Objekt für jedes `A`-Tag in Ihrem Dokument, das ein NAME-Attribut hat. Sie speichert diese Objekte in einem Array in der Eigenschaft *document.anchors*. Sie greifen auf ein *Anchor*-Objekt zu, indem Sie das Array indizieren.

Kompatibilität
JavaScript 1.0 / client

Zusammenfassung der Methoden
Dieses Objekt erbt die Methoden `watch` und `unwatch` von `Object`.

Applet

Das HTML-`<APPLET>`-Tag: Die JavaScript-Runtime-Maschine erzeugt ein *Applet*-Objekt für jedes Applet in Ihrem Dokument. Sie speichert diese Objekte in einem Array in der Eigenschaft *document.applets*. Sie greifen auf ein *Applet*-Objekt zu, indem Sie das Array indizieren.

Kompatibilität
JavaScript 1.1 / client

Zusammenfassung der Eigenschaften
Das *Applet*-Objekt erbt alle Eigenschaften des Java-Applets, die als *public* deklariert sind.

Zusammenfassung der Methoden

Das *Applet*-Objekt erbt alle Methoden des Java-Applets, die als *public* markiert sind.

Tabelle A-2: Array-Eigenschaften

Eigenschaft	Beschreibung	Version
`constructor`	Gibt die Funktion an, die den Prototyp des Objekts erzeugt.	1.1
`index`	Für ein durch Vergleich mit einem regulären Ausdruck erzeugtes Array; enthält den Index (von 0) der erfolgreichen Vergleiche im String.	1.2
`input`	Für ein durch Vergleich mit einem regulären Ausdruck erzeugtes Array; enthält den ursprünglichen String, der mit dem regulären Ausdruck verglichen wurde.	1.2
`length`	Enthält die Anzahl der Elemente in einem Array.	1.1
`prototype`	Erlaubt das Hinzufügen von Eigenschaften zu allen Objekten.	1.1

Tabelle A-3: Array-Methoden

Methode	Beschreibung	Version
`concat`	Kombiniert zwei Arrays und gibt das Ergebnis zurück.	1.2
`join`	Fügt alle Elemente eines Arrays in einem String zusammen.	1.1
`pop`	Entfernt das letzte Element aus einem Array und gibt das Element zurück.	1.2
`push`	Fügt ein oder mehrere Elemente an das Ende eines Arrays an und gibt die neue Länge des Arrays zurück.	1.2
`reverse`	Kehrt die Reihenfolge der Elemente eines Arrays um: Das erste Arrayelement wird das letzte und das letzte das erste usw.	1.2
`shift`	Entfernt das erste Element aus einem Array und gibt das Element zurück.	1.2
`slice`	Extrahiert einen Abschnitt aus einem Array und gibt ein neues Array zurück.	1.2
`sort`	Sortiert die Elemente eines Arrays.	1.1
`splice`	Entfernt Elemente aus einem Array und fügt neue hinzu.	1.2
`toSource`	Gibt eine Stringbeschreibung des angegebenen Arrays zurück. Sie können diesen Wert verwenden, um ein neues Array zu erzeugen. Überschreibt die `Object.toSource`-Methode.	1.3

Tabelle A-3: Array-Methoden (Fortsetzung)

Methode	Beschreibung	Version
`toString`	Gibt einen String zurück, der das angegebene Array und seine Elemente beschreibt. Überschreibt die `Object.toString`-Methode.	1.1
`unshift`	Fügt ein oder mehrere Elemente an den Anfang eines Arrays an und gibt die neue Länge des Arrays zurück.	1.2
`valueOf`	Gibt den Primitivwert des Arrays zurück. Überschreibt die `Object.valueOf`-Methode.	1.1

Area

Definiert eine Fläche eines Bilds als Imagemap. Wenn der Benutzer oder die Benutzerin auf die Fläche klickt, wird das von der Fläche referenzierte Hypertextdokument ins Zielfenster geladen. *Area*-Objekte sind *Link*-Objekte.

Kompatibilität
JavaScript 1.1 / client

Array

Läßt Sie mit Arrays arbeiten.

Kompatibilität
JavaScript 1.1 / core

Zusammenfassung der Eigenschaften
Die Eigenschaften von Array sind in Tabelle A-2 aufgelistet.

Zusammenfassung der Methoden
Die Methoden von Array sind in Tabelle A-3 aufgelistet.

Boolean

Das *Boolean*-Objekt ist ein Objekt, das einen Booleschen Wert umschließt.

Kompatibilität
JavaScript 1.1 / core

Zusammenfassung der Eigenschaften
Die Eigenschaften von Boolean sind in Tabelle A-4 aufgelistet.

Zusammenfassung der Methoden
Die Methoden von Boolean sind in Tabelle A-5 aufgelistet.

Tabelle A-4: Die Eigenschaften von Boolean

Eigenschaft	Beschreibung	Version
`constructor`	Gibt die Funktion an, die den Prototyp eines Objekts erzeugt.	1.1
`prototype`	Definiert eine Eigenschaft, die von allen *Boolean*-Objekten geteilt wird.	1.1

Tabelle A-5: Die Methoden von Boolean

Methode	Beschreibung	Version
`toSource`	Gibt eine Stringbeschreibung des angegebenen *Boolean*-Objekts zurück. Sie können diesen Wert verwenden, um ein neues Objekt zu erzeugen. Überschreibt die `Object.toSource`-Methode.	1.3
`toString`	Gibt einen String zurück, der das angegebene Objekt beschreibt. Überschreibt die `Object.toString`-Methode.	1.1
`valueOf`	Gibt den Primitivwert eines *Boolean*-Objekts zurück. Überschreibt die `Object.valueOf`-Methode.	1.1

Button

Eine Schaltfläche in einem HTML-Formular.

Kompatibilität

JavaScript 1.0 / client

Event-Handler

`onBlur`, `onClick`, `onFocus`, `onMouseDown`, `onMouseUp`

Zusammenfassung der Eigenschaften

Die Eigenschaften sind in Tabelle A-6 aufgelistet.

Zusammenfassung der Methoden

Die Methoden sind in Tabelle A-7 aufgelistet. Zusätzlich erbt dieses Objekt die `watch`- und `unwatch`-Methoden von `Object`.

Tabelle A-6: Button-Eigenschaften

Eigenschaft	Beschreibung	Version
`form`	Gibt das Formular an, das das *Button*-Objekt enthält.	1.0
`name`	Enthält das NAME-Attribut.	1.0
`type`	Enthält das TYPE-Attribut.	1.1
`value`	Enthält das VALUE-Attribut.	1.0

Tabelle A-7: Button-Methoden

Methode	Beschreibung	Version
`blur`	Nimmt den Button aus dem Fokus.	1.0
`click`	Simuliert einen Mausklick auf den Button.	1.0
`focus`	Verlagert den Fokus auf den Button.	1.0
`handleEvent`	Ruft den Handler für das angegebene Event auf.	1.2

Checkbox

Eine Checkbox in einem HTML-Formular. Eine Checkbox ist ein Umschalter, der den Benutzer Werte auf »ein« oder »aus« setzen läßt.

Kompatibilität

JavaScript 1.0 / client

Event-Handler

`onBlur`, `onClick`, `onFocus`

Zusammenfassung der Eigenschaften

Die Eigenschaften sind in Tabelle A-8 aufgelistet.

Zusammenfassung der Methoden

Die Methoden sind in Tabelle A-9 aufgelistet. Zusätzlich erbt dieses Objekt die `watch`- und `unwatch`-Methoden von `Object`.

Tabelle A-8: Checkbox-Eigenschaften

Eigenschaft	Beschreibung	Version
`checked`	Boolean-Eigenschaft, die den augenblicklichen Status der Checkbox wiedergibt.	1.0
`defaultChecked`	Boolean-Eigenschaft, die das CHECKED-Attribut wiedergibt.	1.0
`form`	Gibt das Formular an, das das *Checkbox*-Objekt enthält.	1.0
`name`	Enthält das NAME-Attribut.	1.0
`type`	Enthält das TYPE-Attribut.	1.1
`value`	Enthält das VALUE-Attribut.	1.0

Tabelle A-9: Checkbox-Methoden

Methode	Beschreibung	Version
`blur`	Nimmt die Checkbox aus dem Fokus.	1.0
`click`	Simuliert einen Mausklick auf die Checkbox.	1.0
`focus`	Verlagert den Fokus auf die Checkbox.	1.0
`handleEvent`	Ruft den Handler für das angegebene Event auf.	1.2

Date

Läßt Sie mit Datum und Zeiten arbeiten.

Kompatibilität
JavaScript 1.0 / core

Zusammenfassung der Eigenschaften
Die Eigenschaften sind in Tabelle A-10 aufgelistet.

Zusammenfassung der Methoden
Die Methoden sind in Tabelle A-11 aufgelistet.

Tabelle A-10: Date-Eigenschaften

Eigenschaft	Beschreibung	Version
`constructor`	Gibt die Funktion an, die den Prototyp eines Objekts erzeugt.	1.1
`prototype`	Erlaubt das Hinzufügen von Eigenschaften zu einem *Date*-Objekt.	1.1

Tabelle A-11: Date-Methoden

Methode	Beschreibung	Version
`getDate`	Liefert den Tag im Monat für den angegebenen Zeitpunkt in Ortszeit.	1.0
`getDay`	Liefert den Wochentag für den angegebenen Zeitpunkt in Ortszeit.	1.0
`getFullYear`	Liefert das Jahr für den angegebenen Zeitpunkt in Ortszeit.	1.3
`getHours`	Liefert die Stunde für den angegebenen Zeitpunkt in Ortszeit.	1.0
`getMilliseconds`	Liefert die Millisekunden für den angegebenen Zeitpunkt in Ortszeit.	1.3
`getMinutes`	Liefert die Minuten für den angegebenen Zeitpunkt in Ortszeit.	1.0
`getMonth`	Liefert den Monat für den angegebenen Zeitpunkt in Ortszeit.	1.0
`getSeconds`	Liefert die Sekunden für den angegebenen Zeitpunkt in Ortszeit.	1.0
`getTime`	Liefert den numerischen Wert für den angegebenen Zeitpunkt in Ortszeit.	1.0
`getTimezoneOffset`	Liefert den Zeitzonenoffset für die derzeitige Ortszeit in Minuten.	1.0
`getUTCDate`	Liefert den Tag (Date) im Monat für den angegebenen Zeitpunkt in koordinierter Universalzeit (UTC).	1.3

Tabelle A-11: Date-Methoden (Fortsetzung)

Methode	Beschreibung	Version
`getUTCDay`	Liefert den Wochentag für den angegebenen Zeitpunkt in koordinierter Universalzeit (UTC).	1.3
`getUTCFullYear`	Liefert das Jahr für den angegebenen Zeitpunkt in koordinierter Universalzeit (UTC).	1.3
`getUTCHours`	Liefert die Stunden für den angegebenen Zeitpunkt in koordinierter Universalzeit (UTC).	1.3
`getUTCMilliseconds`	Liefert die Millisekunden für den angegebenen Zeitpunkt in koordinierter Universalzeit (UTC).	1.3
`getUTCMinutes`	Liefert die Minuten für den angegebenen Zeitpunkt in koordinierter Universalzeit (UTC).	1.3
`getUTCMonth`	Liefert den Monat für den angegebenen Zeitpunkt in koordinierter Universalzeit (UTC).	1.3
`getUTCSeconds`	Liefert die Sekunden für den angegebenen Zeitpunkt in koordinierter Universalzeit (UTC).	1.3
`getYear`	Liefert das Jahr für den angegebenen Zeitpunkt in Ortszeit.	1.0
`parse`	Liefert die Anzahl der Millisekunden in einem Datumsstring seit dem 1. Januar 1970, 00:00:00, UTC.	1.0
`setDate`	Setzt den Tag im Monat für ein angegebenes Datum in Ortszeit.	1.0
`setFullYear`	Setzt das volle Jahr für ein angegebenes Datum in Ortszeit.	1.3
`setHours`	Setzt die Stunden für ein angegebenes Datum in Ortszeit.	1.0
`setMilliseconds`	Setzt die Millisekunden für ein angegebenes Datum in Ortszeit.	1.3
`setMinutes`	Setzt die Minuten für ein angegebenes Datum in Ortszeit.	1.0
`setMonth`	Setzt den Monat für ein angegebenes Datum in Ortszeit.	1.0
`setSeconds`	Setzt die Sekunden für ein angegebenes Datum in Ortszeit.	1.0
`setTime`	Setzt den Wert eines *Date*-Objekts nach Ortszeit.	1.0
`setUTCDate`	Setzt den Tag im Monat für ein angegebenes Datum in koordinierter Universalzeit (UTC).	1.3
`setUTCFullYear`	Setzt das volle Jahr für ein angegebenes Datum in koordinierter Universalzeit (UTC).	1.3
`setUTCHours`	Setzt die Stunden für ein angegebenes Datum in koordinierter Universalzeit (UTC).	1.3

Tabelle A-11: Date-Methoden (Fortsetzung)

Methode	Beschreibung	Version
`setUTCMilliseconds`	Setzt die Millisekunden für ein angegebenes Datum in koordinierter Universalzeit (UTC).	1.3
`setUTCMinutes`	Setzt die Minuten für ein angegebenes Datum in koordinierter Universalzeit (UTC).	1.3
`setUTCMonth`	Setzt den Monat für ein angegebenes Datum in koordinierter Universalzeit (UTC).	1.3
`setUTCSeconds`	Setzt die Sekunden für ein angegebenes Datum in koordinierter Universalzeit (UTC).	1.3
`setYear`	Setzt das Jahr für ein angegebenes Datum in Ortszeit.	1.0
`toGMTString`	Konvertiert ein Datum zu einem String unter Verwendung der Internet-GMT-Konventionen.	1.0
`toLocaleString`	Konvertiert ein Datum zu einem String unter Verwendung der Ortszeit-Konventionen.	1.0
`toSource`	Gibt eine Stringbeschreibung des angegebenen *Date*-Objekts zurück. Sie können diesen Wert verwenden, um ein neues Objekt zu erzeugen. Überschreibt die `Object.toSource`-Methode.	1.3
`toString`	Gibt einen String zurück, der das angegebene *Date*-Objekt beschreibt. Überschreibt die `Object.toString`-Methode	1.1
`toUTCString`	Konvertiert ein Datum zu einem String, unter Verwendung der Universalzeit-Konvention.	1.3
`UTC`	Liefert die Anzahl der Millisekunden in einem *Date*-Objekt seit dem 1. Januar 1970, 00:00:00, UTC.	1.0
`valueOf`	Gibt den Primitivwert eines *Date*-Objekts zurück. Überschreibt die `Object.valueOf`-Methode.	1.1

Document

Enthält Informationen über das aktuelle Dokument und stellt Methoden zur Verfügung, mit denen die HTML-Ausgabe dem Benutzer dargestellt werden kann.

Kompatibilität

JavaScript 1.0 / client

Event-Handler

`onClick, onDblClick, onKeyDown, onKeyPress, onKeyUp, onMouseDown, onMouseUp`

Zusammenfassung der Eigenschaften

Die Eigenschaften sind in Tabelle A-12 aufgelistet.

Zusammenfassung der Methoden

Die Methoden sind in Tabelle A-13 aufgelistet. Zusätzlich erbt dieses Objekt die `watch`- und `unwatch`-Methoden von `Object`.

Tabelle A-12: Document-Eigenschaften

Eigenschaft	Beschreibung	Version
`alinkColor`	Ein String, der das ALINK-Attribut angibt.	1.0
`anchors`	Ein Array, das einen Eintrag für jeden Anker im Dokument enthält.	1.0
`applets`	Ein Array, das einen Eintrag für jedes Applet im Dokument enthält.	1.1
`bgColor`	Ein String, der das BGCOLOR-Attribut angibt.	1.0
`cookie`	Gibt ein Cookie an.	1.0
`domain`	Gibt den Domainnamen des Servers an, der das Dokument geliefert hat.	1.1
`embeds`	Ein Array, das einen Eintrag für jedes eingebettete Objekt im Dokument enthält.	1.1
`fgColor`	Ein String, der das TEXT-Attribut angibt.	1.0
`formName`	Eine separate Eigenschaft für jedes benannte Formular im Dokument.	1.1
`forms`	Ein Array, das einen Eintrag für jedes Formular im Dokument enthält.	1.1
`images`	Ein Array, das einen Eintrag für jedes Bild im Dokument enthält.	1.1
`lastModified`	Ein String, der den Zeitpunkt angibt, zu dem das Dokument zuletzt geändert wurde.	1.0
`layers`	Ein Array, das einen Eintrag für jeden Layer im Dokument enthält.	1.2
`linkColor`	Ein String, der das LINK-Attribut angibt.	1.0
`links`	Ein Array, das einen Eintrag für jeden Link im Dokument enthält.	1.0
`plugins`	Ein Array, das einen Eintrag für jedes eingebettete Objekt im Dokument enthält.	1.0
`referrer`	Ein String, der den URL des aufrufenden Dokuments angibt.	1.1
`title`	Ein String, der den Inhalt der TITLE-Tags angibt.	1.0
`URL`	Ein String, der den vollständigen URL eines Dokuments angibt.	1.0
`vlinkColor`	Ein String, der das VLINK-Attribut angibt.	1.0

Tabelle A-13: Document-Methoden

Methode	Beschreibung	Version
`captureEvents`	Veranlaßt das Dokument, alle Events des angegebenen Typs abzufangen.	1.2
`close`	Schließt einen Ausgabe-Stream und erzwingt die Anzeige der Daten.	1.0
`getSelection`	Gibt einen String mit dem derzeit markierten Text zurück.	1.2
`handleEvent`	Ruft den Handler für das angegebene Event auf.	1.2
`open`	Öffnet einen Stream zum Sammeln der Ausgabe von `write`- oder `writeln`-Methoden.	1.0
`releaseEvents`	Veranlaßt das window oder document, abgefangene Events des angegebenen Typs wieder freizugeben und die Events an andere Objekte in der Eventhierarchie weiterzuleiten.	1.2
`routeEvent`	Reicht ein abgefangenes Event in der normalen Eventhierarchie weiter.	1.2
`write`	Schreibt einen oder mehrere HTML-Ausdrücke in ein Dokument im angegebenen Fenster.	1.0
`writeln`	Schreibt einen oder mehrere HTML-Ausdrücke in ein Dokument im angegebenen Fenster, gefolgt von einem Newline-Zeichen.	1.0

Event

Das *event*-Objekt enthält Eigenschaften, die ein JavaScript-Event beschreiben und wird als Parameter an einen Event-Handler weitergereicht, wenn das Event auftritt.

Kompatibilität

JavaScript 1.2 / client

Zusammenfassung der Eigenschaften

Die Eigenschaften sind in Tabelle A-14 aufgelistet. Nicht alle Eigenschaften sind für alle Eventtypen relevant.

Tabelle A-14: Event-Eigenschaften

Eigenschaft	Beschreibung	Version
`data`	Liefert ein Array mit Strings, die die URLs der abgelegten Objekte enthalten. Wird mit dem *DragDrop*-Event übergeben.	1.2
`height`	Enthält die Höhe des Fensters oder Frames.	1.2

Tabelle A-14: Event-Eigenschaften (Fortsetzung)

Eigenschaft	Beschreibung	Version
`layerX`	Eine Zahl, die entweder die Breite des Objekts enhält (wenn sie mit dem resize-Event übergeben wird) oder die horizontale Cursorposition in Pixeln, relativ zu dem Layer, in dem das Event aufgetreten ist. Beachten Sie, daß `layerX` ein Synonym für `x` ist.	1.2
`layerY`	Eine Zahl, die entweder die Höhe des Objekts enhält (wenn sie mit dem resize-Event übergeben wird) oder die vertikale Cursorposition in Pixeln, relativ zu dem Layer, in dem das Event aufgetreten ist. Beachten Sie, daß `layerY` ein Synonym für `y` ist.	1.2
`modifiers`	Ein String, der die Umschalttasten angibt, die während eines Maus- oder Tastaturevents gedrückt waren. Werte für Umschalttasten sind: ALT_MASK, CONTROL_MASK, SHIFT_MASK und META_MASK.	1.2
`pageX`	Zahl, die die horizontale Position des Cursors in Pixeln angibt, relativ zur Seite.	1.2
`pageY`	Zahl, die die vertikale Position des Cursors in Pixeln angibt, relativ zur Seite.	1.2
`screenX`	Zahl, die die horizontale Position des Cursors in Pixeln angibt, relativ zum Bildschirm.	1.2
`screenY`	Zahl, die die vertikale Position des Cursors in Pixeln angibt, relativ zum Bildschirm.	1.2
`target`	Ein String, der das Objekt angibt, an das das Event ursprünglich gesendet wurde (alle Events).	1.2
`type`	Ein String, der den Eventtyp angibt (alle Events).	1.2
`which`	Eine Zahl, die entweder die gedrückte Maustaste angibt oder den ASCII-Wert einer gedrückten Taste. Bei einer Maus ist 1 die linke Taste, 2 die mittlere Taste und 3 die rechte Taste.	1.2
`width`	Enthält die Breite des Fensters oder Frames.	1.2
`x`	Synonym für `layerX`.	1.2
`y`	Synonym für `layerY`.	1.2

FileUpload

Kompatibilität

JavaScript 1.0 / client

Bezieht sich auf ein File-Upload-Element in einem HTML-Formular. Ein File-Upload-Element läßt den Benutzer eine Datei als Eingabewert angeben.

Event-Handler

`onBlur, onChange, onFocus`

Zusammenfassung der Eigenschaften
Die Eigenschaften sind in Tabelle A-15 aufgelistet.

Zusammenfassung der Methoden
Die Methoden sind in Tabelle A-16 aufgelistet. Zusätzlich erbt dieses Objekt die `watch`- und `unwatch`-Methoden von `Object`.

Tabelle A-15: FileUpload-Eigenschaften

Eigenschaft	Beschreibung	Version
`form`	Gibt das Formular an, das das *FileUpload*-Objekt enthält.	1.0
`name`	Enthält das NAME-Attribut.	1.0
`type`	Enthält das TYPE-Attribut.	1.1
`value`	Enthält den momentanen Wert des File-Upload-Element-Felds; dabei handelt es sich um den Namen der Datei, die heraufgeladen werden soll.	1.0

Tabelle A-16: FileUpload-Methoden

Methode	Beschreibung	Version
`blur`	Nimmt das Objekt aus dem Fokus.	1.0
`focus`	Verlegt den Fokus auf das Objekt.	1.0
`handleEvent`	Ruft den Handler für das angegebene Event auf.	1.2
`select`	Selektiert das Eingabefeld des File-Upload-Felds.	1.0

Form

Läßt die Benutzer Text eingeben und mit Formularelementen wie Checkboxen, Radiobuttons und SELECT-Auswahllisten Auswahlen treffen. Sie können ein Formular auch zum Senden von Daten an einen Server verwenden.

Kompatibilität
JavaScript 1.0 / client

Event-Handler
`onReset, onSubmit`

Zusammenfassung der Eigenschaften
Die Eigenschaften sind in Tabelle A-17 aufgelistet.

Zusammenfassung der Methoden
Die Methoden sind in Tabelle A-18 aufgelistet.

Tabelle A-17: Form-Eigenschaften

Eigenschaft	Beschreibung	Version
action	Enthält das ACTION-Attribut.	1.0
elements	Ein Array, das alle Elemente eines Formulars enthält.	1.0
encoding	Enthält das ENCTYPE-Attribut.	1.0
length	Enthält die Anzahl der Formularelemente.	1.0
method	Enthält das METHOD-Attribut.	1.0
name	Enthält das NAME-Attribut.	1.0
target	Enthält das TARGET-Attribut.	1.0

Tabelle A-18: Form-Methoden

Methode	Beschreibung	Version
handleEvent	Ruft den Handler für das angegebene Event auf.	1.2
reset	Simuliert einen Mausklick auf einen Reset-Button für das aufrufende Formular.	1.1
submit	Schickt ein Formular ab.	1.0

Frame

Ein Fenster kann mehrere, unabhängig voneinander scrollbare Frames auf einem einzelnen Bildschirm darstellen, wobei jedes seinen eigenen unabhängigen URL hat. Diese Frames werden mit dem `<FRAME>`-Tag innerhalb eines `<FRAMESET>`-Tags deklariert. Frames können auf unterschiedliche URLs zeigen und das Ziel anderer URLs sein – alles im selben Bildschirm. Ein Satz von Frames ergibt eine Seite. Das *Frame*-Objekt ist eine Bequemlichkeitslösung, wenn es darum geht, über die diesen Frames zugrundeliegenden Objekte nachzudenken. In Wirklichkeit stellt JavaScript ein Frame aber durch ein *window*-Objekt dar. Jedes *Frame*-Objekt ist ein *window*-Objekt und verfügt über alle Methoden und Eigenschaften eines *window*-Objekts. Es gibt ein paar kleine Unterschiede zwischen einem Fenster, das ein Frame ist, und einem Fenster auf oberster Ebene. Unter `window` finden Sie auch die vollständigen Informationen über Frames.

Kompatibilität
: JavaScript 1.0 / client

Function

Gibt einen String mit JavaScript-Code an, der als Funktion zu kompilieren ist.

Kompatibilität
: JavaScript 1.1 / core

Zusammenfassung der Eigenschaften
: Die Eigenschaften sind in Tabelle A-19 aufgelistet.

Zusammenfassung der Methoden

Die Methoden sind in Tabelle A-20 aufgelistet.

Tabelle A-19: Function-Eigenschaften

Eigenschaft	Beschreibung	Version
`arguments`	Ein Array, das die Parameter enthält, die einer Funktion übergeben werden.	1.1
`arguments.callee`	Gibt den Inhalt der gerade ausgeführten Funktion an.	1.2
`arguments.caller`	Gibt den Namen der Funktion an, die die gerade ausgeführte Funktion aufgerufen hat.	1.1
`arguments.length`	Gibt die Anzahl der Parameter an, die der Funktion übergeben werden.	1.1
`arity`	Gibt die Anzahl der Parameter an, die von der Funktion erwartet werden.	1.2
`constructor`	Gibt die Funktion an, die den Prototyp eines Objekts erzeugt.	1.1
`length`	Gibt die Anzahl der Parameter an, die von der Funktion erwartet werden.	1.1
`prototype`	Ermöglicht das Hinzufügen von Eigenschaften zu einem *Function*-Objekt.	1.1

Tabelle A-20: Function-Methoden

Methode	Beschreibung	Version
`apply`	Ermöglicht es Ihnen, eine Methode eines anderen Objekts im Kontext eines unterschiedlichen Objekts (des aufrufenden Objekts) anzuwenden.	1.3
`call`	Ermöglicht es Ihnen, eine Methode eines anderen Objekts im Kontext eines unterschiedlichen Objekts (des aufrufenden Objekts) aufzurufen (auszuführen).	1.3
`toSource`	Gibt einen String mit dem Quellcode der Funktion zurück. Überschreibt die `Object.toSource`-Methode.	1.3
`toString`	Gibt einen String zurück, der den Quellcode der Funktion darstellt. Überschreibt die `Objekt.toString`-Methode.	1.1
`valueOf`	Gibt einen String zurück, der den Quellcode der Funktion darstellt. Überschreibt die `Objekt.valueOf`-Methode.	1.1

Hidden

Ein *Text*-Objekt, dessen Darstellung in einem HTML-Formular unterdrückt wird. Ein *Hidden*-Objekt wird benutzt, um Name-Wert-Paare zu übergeben, wenn das Formular abgeschickt wird.

Kompatibilität
JavaScript 1.0 / client

Zusammenfassung der Eigenschaften
Die Eigenschaften sind in Tabelle A-21 aufgelistet.

Zusammenfassung der Methoden
Dieses Objekt erbt die `watch`- und `unwatch`-Methoden von `Object`.

Tabelle A-21: Hidden-Eigenschaften

Eigenschaft	Beschreibung	Version
`form`	Gibt das Formular an, das das *Hidden*-Objekt enthält.	1.0
`name`	Enthält das NAME-Attribut.	1.0
`type`	Enthält das TYPE-Attribut.	1.1
`value`	Enthält den derzeitigen Wert des *Hidden*-Objekts.	1.0

History

Enthält ein Array mit Informationen über die URLs, die der Client innerhalb eines Fensters besucht hat. Diese Informationen werden in einer History-Liste gespeichert und sind über das »Gehe« oder »Wechseln zu«-Menü des Browsers zugänglich.

Kompatibilität
JavaScript 1.0 / client

Zusammenfassung der Eigenschaften
Die Eigenschaften sind in Tabelle A-22 aufgelistet.

Zusammenfassung der Methoden
Die Methoden sind in Tabelle A-23 aufgelistet. Dieses Objekt erbt die `watch`- und `unwatch`-Methoden von `Objekt`.

Tabelle A-22: History-Eigenschaften

Eigenschaft	Beschreibung	Version
`current`	Gibt den URL des aktuellen History-Eintrags an.	1.1
`length`	Gibt die Anzahl der Einträge in der History-Liste an.	1.0
`next`	Gibt den URL des nächsten History-Eintrags an.	1.1
`previous`	Gibt den URL des letzten History-Eintrags an.	1.1

Tabelle A-23: History-Methoden

Methode	Beschreibung	Version
`back`	Lädt den vorangegangenen URL in der History-Liste.	1.0
`forward`	Lädt den nächsten URL in der History-Liste.	1.0
`go`	Lädt einen URL aus der History-Liste.	1.0

Image

Stellt ein Bild auf einer HTML-Seite dar.

Kompatibilität
JavaScript 1.1 / client

Event-Handler
`onAbort, onError, onKeyDown, onKeyPress, onKeyUp, onLoad`

Zusammenfassung der Eigenschaften
Die Eigenschaften sind in Tabelle A-24 aufgelistet.

Zusammenfassung der Methoden
Die Methoden sind in Tabelle A-25 aufgelistet. Dieses Objekt erbt die `watch`- und `unwatch`-Methoden von `Object`.

Tabelle A-24: Image-Eigenschaften

Eigenschaft	Beschreibung	Version
`border`	Enthält das BORDER-Attribut.	1.1
`complete`	Boolescher Wert, der anzeigt, ob der Webbrowser das Bild vollständig geladen hat.	1.1
`height`	Enthält das HEIGHT-Attribut.	1.1
`hspace`	Enthält das HSPACE-Attribut.	1.1
`lowsrc`	Enthält das LOWSRC-Attribut.	1.1
`name`	Enthält das NAME-Attribut.	1.1
`src`	Enthält das SRC-Attribut.	1.1
`vspace`	Enthält das VSPACE-Attribut.	1.1
`width`	Enthält das WIDTH-Attribut.	1.1

Tabelle A-25: Image-Methoden

Methode	Beschreibung	Version
`handleEvent`	Ruft den Handler für das angegebene Event auf.	1.2

Java

Ein Objekt der höchsten Ebene, das zum Zugriff auf beliebige Java-Klassen im Package *java.** dient. Das *java*-Objekt ist ein Bequemlichkeitssynonym für die Eigenschaft *Packages.java*.

Kompatibilität
JavaScript 1.1

JavaArray

Ein verpacktes Java-Array, auf das aus JavaScript-Code heraus zugegriffen wird, hat den Typ `JavaArray`.

Kompatibilität
JavaScript 1.1 / core

Zusammenfassung der Eigenschaften
Die Eigenschaften sind in Tabelle A-26 aufgelistet.

Zusammenfassung der Methoden
Die Methoden sind in Tabelle A-27 aufgelistet.

Tabelle A-26: JavaArray-Eigenschaften

Eigenschaft	Beschreibung	Version
`length`	Die Anzahl der Elemente im Java-Array, das durch `JavaArray` dargestellt wird.	1.1

Tabelle A-27: JavaArray-Methoden

Methode	Beschreibung	Version
`toString`	In JavaScript 1.4 wird diese Methode von der ererbten Methode `java.lang.Objekt.toString` überschrieben. In JavaScript 1.3 und früheren Versionen liefert diese Methode einen String, der das Objekt als ein *JavaArray* identifiziert.	1.1

JavaClass

Eine JavaScript-Referenz auf eine Java-Klasse. Ein *JavaClass*-Objekt ist eine Referenz auf eine der Klassen in einem Java-Package, beispielsweise `netscape.javascript.JSObjekt`. Ein *JavaPackage*-Objekt ist eine Referenz auf ein Java-Package, wie z.B. `netscape.javascript`. In JavaScript reflektieren die Hierarchien von `JavaPackage` und `JavaClass` die Hierarchien der Java-Packages und Klassen.

Kompatibilität
JavaScript 1.1 / core

Zusammenfassung der Eigenschaften

Die Eigenschaften eines *JavaClass*-Objekts sind die als *static* deklarierten Felder der Java-Klasse.

Zusammenfassung der Methoden

Die Methoden eines *JavaClass*-Objekts sind die als *static* deklarierten Methoden der Java-Klasse.

JavaObject

Der Typ eines verpackten Java-Objekts, auf das aus JavaScript-Code heraus zugegriffen wird. Das *JavaObject*-Objekt ist eine Instanz einer Java-Klasse, die in JavaScript erzeugt oder an JavaScript übergeben wird. `JavaObject` ist eine Verpackung für diese Instanz; alle Referenzen auf die Klasseninstanz werden über das `JavaObject` abgewickelt. Nach JavaScript importierte Java-Daten werden zu JavaScript-Datentypen konvertiert. Wenn das *JavaObject* an Java zurückgegeben wird, wird es ausgepackt und kann von Java-Code verwendet werden.

Kompatibilität

JavaScript 1.1 / core

Zusammenfassung der Eigenschaften

Die Eigenschaften eines `JavaObject` sind die als *public* deklarierten Eigenschaften und Methoden des Java-Objekts, das es beschreibt, aber nicht dessen als *static* oder *class* deklarierten Felder oder Methoden.

JavaPackage

Ein Package in Java ist eine Sammlung von Java-Klassen oder anderen Java-Packages. Das `netscape`-Package zum Beispiel enthält das Package `netscape.javascript`; das `netscape.javascript`-Package enthält die Klassen `JSObjekt` und `JSException`.

Ein `JavaPackage` in JavaScript ist eine Referenz auf ein Java-Package. Eine Referenz auf `netscape` ist beispielsweise ein `JavaPackage`. `netscape.javascript` ist sowohl ein `JavaPackage` als auch eine Eigenschaft des `netscape`-`JavaPackage`. Ein *JavaClass*-Objekt ist eine Referenz auf eine der Klassen in einem Package, wie zum Beispiel `netscape.javascript.JSObjekt`. Die Hierarchie von `JavaPackage` und `JavaClass` spiegelt die Hierarchie von Packages und Klassen in Java wider. Obwohl die Packages und Klassen in `JavaPakkage` dessen Eigenschaften sind, können Sie, anders als bei Eigenschaften anderer Objekte, kein `for...in`-Statement verwenden, um sie aufzulisten.

Kompatibilität

JavaScript 1.1 / core

Zusammenfassung der Eigenschaften

Die Eigenschaften eines `JavaPackage` sind die *JavaClass*-Objekte und gegebenenfalls die anderen *JavaPackage*-Objekte, die es enthält.

Layer

Entspricht einem Layer in einer HTML-Seite und stellt eine Möglichkeit zum Umgang mit diesem Layer zur Verfügung.

Kompatibilität
JavaScript 1.2 / client

Zusammenfassung der Eigenschaften
Die Eigenschaften sind in Tabelle A-28 aufgelistet.

Zusammenfassung der Methoden
Die Methoden sind in Tabelle A-29 aufgelistet. Dieses Objekt erbt die `watch`- und `unwatch`-Methoden von `Object`.

Tabelle A-28: Layer-Eigenschaften

Eigenschaft	Beschreibung	Version
`above`	Das darüberliegende layer-Objekt in z-Reihenfolge unter allen Layern im Dokument oder das umgebende window-Objekt, wenn es sich um den obersten Layer handelt.	1.2
`background`	Das Bild, das als Hintergrund für die Layer-Fläche benutzt wird.	1.2
`bgColor`	Die Farbe, die als durchgehende Hintergrundfarbe für die Layerfläche benutzt wird.	1.2
`below`	Das darunterliegende Layer-Objekt in z-Reihenfolge unter allen Layern im Dokument oder null, wenn es sich um den untersten Layer handelt.	1.2
`clip.bottom`	Die Unterkante des Rechteckausschnitts (der Teil des Layers, der sichtbar ist).	1.2
`clip.height`	Die Höhe des Rechteckausschnitts (der Teil des Layers, der sichtbar ist).	1.2
`clip.left`	Die linke Kante des Rechteckausschnitts (der Teil des Layers, der sichtbar ist).	1.2
`clip.right`	Die rechte Kante des Rechteckausschnitts (der Teil des Layers, der sichtbar ist).	1.2
`clip.top`	Die Oberkante des Rechteckausschnitts (der Teil des Layers, der sichtbar ist).	1.2
`clip.width`	Die Breite des Rechteckausschnitts (der Teil des Layers, der sichtbar ist).	1.2
`document`	Das Dokument, das zu dem Layer gehört.	1.2
`left`	Die horizontale Position der linken Layer-Kante in Pixeln, relativ zum Ursprung des übergeordneten Layers.	1.2

Tabelle A-28: Layer-Eigenschaften (Fortsetzung)

Eigenschaft	Beschreibung	Version
`name`	Ein String, der den Namen angibt, der dem Layer durch das ID-Attribut im LAYER-Tag zugewiesen wurde.	1.2
`pageX`	Die horizontale Position des Layers in Pixeln, relativ zur Seite.	1.2
`pageY`	Die vertikale Position des Layers in Pixeln, relativ zur Seite.	1.2
`parentLayer`	Das layer-Objekt, das diesen Layer enthält, oder das umgebende *window*-Objekt, wenn der Layer nicht in einen anderen Layer eingebettet ist.	1.2
`siblingAbove`	Das layer-Objekt über dem aktuellen Objekt in z-Reihenfolge, unter allen Layern mit demselben übergeordneten Layer beziehungsweise null, wenn kein anderer Layer in der gleichen Hierarchieebene darüberliegt.	1.2
`siblingBelow`	Das layer-Objekt unter dem aktuellen Objekt in z-Reihenfolge, unter allen Layern mit demselben übergeordneten Layer beziehungsweise null, wenn es sich um den untersten Layer handelt.	1.2
`src`	Ein String, der den URL des Layer-Inhalts angibt.	1.2
`top`	Die vertikale Position der oberen Layerkante in Pixeln, relativ zum Ursprung des übergeordneten Layers.	1.2
`visibility`	Zeigt an, ob der Layer sichtbar ist oder nicht.	1.2
`zIndex`	Die relative z-Reihenfolge dieses Layers im Vergleich zu den anderen Layern in der gleichen Hierarchieebene.	1.2

Tabelle A-29: Layer-Methoden

Methode	Beschreibung	Version
`captureEvents`	Veranlaßt das window- oder document-Objekt, alle Events des angegebenen Typs abzufangen.	1.2
`handleEvent`	Ruft den Handler für das angegebene Event auf.	1.2
`load`	Ändert den Quelltext eines Layers auf den Inhalt der angegebenen Datei und ändert gleichzeitig die Breite, an der die HTML-Inhalte des Layers umbrochen werden.	1.2
`moveAbove`	Ordnet diesen Layer oberhalb des als Parameter angegebenen Layers ein und ändert dabei entweder die horizontale oder vertikale Position beider Layer.	1.2

Tabelle A-29: Layer-Methoden (Fortsetzung)

Methode	Beschreibung	Version
`moveBelow`	Ordnet diesen Layer unterhalb des als Parameter angegebenen Layers ein und ändert dabei entweder die horizontale oder vertikale Position beider Layer.	1.2
`moveBy`	Ändert die Layer-Position um die angegebenen Verschiebungen, die in Pixeln gemessen werden.	1.2
`moveTo`	Verschiebt die obere linke Ecke des Layers auf die angegebenen Bildschirmkoordinaten.	1.2
`moveToAbsolute`	Ändert die Layerposition auf die angegebenen Pixelkoordinaten innerhalb der Seite (statt des umgebenden Layers).	1.2
`releaseEvents`	Veranlaßt den Layer, abgefangene Events des angegebenen Typs freizugeben und zum nächsten Objekt in der Eventhierarchie weiterzureichen.	1.2
`resizeBy`	Ändert die Größe des Layers um die angegebenen Höhen- und Breitenwerte (in Pixeln).	1.2
`resizeTo`	Ändert die Größe des Layers auf die angegebenen Höhen- und Breitenwerte (in Pixeln).	1.2
`routeEvent`	Reicht ein abgefangenes Event entlang der normalen Eventhierarchie weiter.	1.2

Link

Dieses Objekt wird durch Verwendung der `<A>`- oder `<AREA>`-Tags in HTML oder über einen Aufruf der `String.link`-Methode erzeugt. Die JavaScript-Runtime-Maschine erzeugt ein *Link*-Objekt für jedes `<A>`- und `<AREA>`-Tag in Ihrem Dokument, das das HREF-Attribut zur Verfügung stellt. Sie speichert diese Objekte als Array in der *document.links*-Eigenschaft. Sie können auf ein *Link*-Objekt zugreifen, indem Sie dieses Array indizieren.

Kompatibilität

JavaScript 1.0 / client

Event-Handler

Area-Objekte haben die folgenden Event-Handler: `onDblClick`, `onMouseOut`, `onMouseOver`

Link-Objekte haben die folgenden Event-Handler: `onClick`, `onDblClick`, `onKeyDown`, `onKeyPress`, `onKeyUp`, `onMouseDown`, `onMouseOut`, `onMouseUp`, `onMouseOver`

Zusammenfassung der Eigenschaften

Die Eigenschaften sind in Tabelle A-30 aufgelistet.

Zusammenfassung der Methoden

Die Methode ist in Tabelle A-31 aufgeführt. Dieses Objekt erbt die `watch`- und `unwatch`-Methoden von `Object`.

Tabelle A-30: Link-Eigenschaften

Eigenschaft	Beschreibung	Version
`hash`	Gibt den Anchornamen im URL an.	1.0
`host`	Gibt den `host:port`-Teil des URL an.	1.0
`hostname`	Gibt den Host- und Domainnamen oder die IP-Adresse eines Netzwerkrechners an.	1.0
`href`	Gibt den vollständigen URL an.	1.0
`pathname`	Gibt den URL-Pfad-Teil des URL an.	1.0
`port`	Gibt den Netzwerkport an, den der Server benutzt.	1.0
`protocol`	Gibt den Anfang des URL an, einschließlich des Doppelpunkts.	1.0
`search`	Gibt einen Abfragestring an (den Teil des URL nach dem Fragezeichen, wenn vorhanden).	1.0
`target`	Enthält das TARGET-Attribut.	1.0
`text`	Ein String mit dem Inhalt des zugehörigen `A`-Tags.	1.0

Tabelle A-31: Link-Methoden

Methode	Beschreibung	Version
`handleEvent`	Ruft den Handler für das angegebene Event auf.	1.2

Location

Enthält Informationen über den aktuellen URL.

Kompatibilität

JavaScript 1.0 / client

Zusammenfassung der Eigenschaften

Die Eigenschaften sind in Tabelle A-32 aufgelistet.

Zusammenfassung der Methoden

Die Methoden sind in Tabelle A-33 aufgelistet. Dieses Objekt erbt die `watch`- und `unwatch`-Methoden von `Object`.

Tabelle A-32: Location-Eigenschaften

Eigenschaft	Beschreibung	Version
`hash`	Gibt den Anchornamen im URL an.	1.0
`host`	Gibt den `host:port`-Teil des URL an.	1.0

Tabelle A-32: Location-Eigenschaften (Fortsetzung)

Eigenschaft	Beschreibung	Version
`hostname`	Gibt den Host- und Domainnamen oder die IP-Adresse eines Netzwerkrechners an.	1.0
`href`	Gibt den vollständigen URL an.	1.0
`pathname`	Gibt den URL-Pfad-Teil des URL an.	1.0
`port`	Gibt den Netzwerkport an, den der Server benutzt.	1.0
`protocol`	Gibt den Anfang des URL an, einschließlich des Doppelpunkts.	1.0
`search`	Gibt einen Abfragestring an (den Teil des URL nach einem Fragezeichen, wenn vorhanden).	1.0

Tabelle A-33: Location-Methoden

Methode	Beschreibung	Version
`reload`	Lädt das aktuelle Dokument im Fenster neu.	1.1
`replace`	Lädt den angegebenen URL über den aktuellen History-Eintrag.	1.1

Math

Ein eigebautes Objekt, das Eigenschaften und Methoden für mathematische Konstanten und Funktionen hat. Die Eigenschaft *PI* des *Math*-Objekts hat beispielsweise den Wert von *pi*.

Kompatibilität
JavaScript 1.0 / core

Zusammenfassung der Eigenschaften
Die Eigenschaften sind in Tabelle A-34 aufgelistet.

Zusammenfassung der Methoden
Die Methoden sind in Tabelle A-35 aufgelistet.

Tabelle A-34: Math-Eigenschaften

Eigenschaft	Beschreibung	Version
`E`	Eulersche Konstante und Basis des natürlichen Logarithmus, ungefähr 2.718.	1.0
`LN10`	Natürlicher Logarithmus von 10, ungefähr 2.302.	1.0
`LN2`	Natürlicher Logarithmus von 2, ungefähr 0.693.	1.0
`LOG10E`	Logarithmus von E zur Basis 10, ungefähr 0.434.	1.0
`LOG2E`	Logarithmus von E zur Basis 2, ungefähr 1.442.	1.0

Tabelle A-34: Math-Eigenschaften (Fortsetzung)

Eigenschaft	Beschreibung	Version
`PI`	Verhältnis zwischen dem Umfang und dem Durchmesser eines Kreises, ungefähr 3.14159.	1.0
`SQRT1_2`	Quadratwurzel von 1/2; oder, gleichwertig, 1 geteilt durch die Quadratwurzel 2, ungefähr 0.707.	1.0
`SQRT2`	Quadratwurzel von 2, ungefähr 1.414.	1.0

Tabelle A-35: Math-Methoden

Methode	Beschreibung	Version
`abs`	Liefert den Absolutwert einer Zahl.	1.0
`acos`	Liefert den Arkuskosinus einer Zahl (als Kreissegment).	1.0
`asin`	Liefert den Arkussinus einer Zahl (als Kreissegment).	1.0
`atan`	Liefert den Arkustangens einer Zahl (als Kreissegment).	1.0
`atan2`	Liefert den Arkustangens des Quotienten der zwei übergebenen Parameter (als Kreissegment).	1.0
`ceil`	Liefert die kleinste ganze Zahl, die größer oder gleich dem Parameter ist.	1.0
`cos`	Liefert den Cosinus einer Zahl.	1.0
`exp`	Liefert E hoch dem übergebenen Parameter, wobei E die Eulersche Konstante ist, die Basis des natürlichen Logarithmus.	1.0
`floor`	Liefert die größte ganze Zahl, die kleiner oder gleich dem Parameter ist.	1.0
`log`	Liefert den natürlichen Logarithmus (zur Basis E) einer Zahl.	1.0
`max`	Liefert die größere zweier Zahlen.	1.0
`min`	Liefert die kleinere zweier Zahlen.	1.0
`pow`	Liefert Basis hoch Exponent.	1.0
`random`	Liefert eine Pseudozufallszahl zwischen 0 und 1.	1.0
`round`	Liefert den Wert einer Zahl, zur nächsten ganzen Zahl gerundet.	1.0
`sin`	Liefert den Sinus einer Zahl.	1.0
`sqrt`	Liefert die Quadratwurzel einer Zahl.	1.0
`tan`	Liefert den Tangens einer Zahl.	1.0

MimeType

Ein MIME-Typ (Multipart Internet Mail Extension), der vom Client unterstützt wird.

Kompatibilität

JavaScript 1.1 / client

Zusammenfassung der Eigenschaften

Die Eigenschaften sind in Tabelle A-36 aufgelistet.

Zusammenfassung der Methoden

Dieses Objekt erbt die `watch`- und `unwatch`-Methoden von `Object`.

Tabelle A-36: MimeType-Eigenschaften

Eigenschaft	Beschreibung	Version
`description`	Eine Beschreibung des MIME-Typs.	1.0
`enabledPlugin`	Referenz auf ein *Plugin*-Objekt, das für den MIME-Typ konfiguriert ist.	1.0
`suffixes`	Ein String, der mögliche Dateinamenserweiterungen für den MIME-Typ auflistet, beispielsweise »mpeg, mpg, mpe, mpv, vbs, mpegv«.	1.0
`type`	Der Name des MIME-Typs, beispielsweise »video/mpeg« oder »audio/x-wav«.	1.0

Navigator

Enthält Informationen über den benutzten Browser.

Kompatibilität

JavaScript 1.0 / client

Zusammenfassung der Eigenschaften

Die Eigenschaften sind in Tabelle A-37 aufgelistet.

Zusammenfassung der Methoden

Die Methoden sind in Tabelle A-38 aufgelistet. Dieses Objekt erbt die `watch`- und `unwatch`-Methoden von `Object`.

Tabelle A-37: Navigator-Eigenschaften

Eigenschaft	Beschreibung	Version
`appCodeName`	Gibt den Codenamen des Browsers an.	1.0
`appName`	Gibt den Namen des Browsers an.	1.0
`appVersion`	Gibt Versionsinformationen für den Browser an.	1.0
`language`	Zeigt an, welche Sprachversion des Browsers benutzt wird.	1.2

Tabelle A-37: Navigator-Eigenschaften (Fortsetzung)

Eigenschaft	Beschreibung	Version
`mimeTypes`	Ein Array mit allen MIME-Typen, die vom Client unterstützt werden.	1.1
`platform`	Zeigt den Maschinentyp an, für den der Browser kompiliert wurde.	1.2
`plugins`	Ein Array mit allen Plug-ins, die derzeit auf dem Client installiert sind.	1.1
`userAgent`	Gibt den User-Agent-Header an.	1.1

Tabelle A-38: Navigator-Methoden

Methode	Beschreibung	Version
`javaEnabled`	Prüft, ob Java aktiviert ist.	1.1
`plugins.refresh`	Macht neu installierte Plug-ins verfügbar und lädt gegebenenfalls offene Dokumente neu, wenn sie Plug-ins enthalten.	1.1
`preference`	Ermöglicht einem signierten Skript, bestimmte Navigator-Einstellungen zu lesen und zu ändern.	1.2
`taintEnabled`	Gibt an, ob das Data-Tainting aktiviert ist.	1.1

Netscape

Ein Objekt der obersten Ebene, das zum Zugriff auf die Java-Klassen im Package `netscape.*` verwendet wird. Das *netscape*-Objekt ist ein vordefiniertes JavaScript-Objekt der obersten Ebene. Sie können automatisch auf das Objekt zugreifen, ohne einen Konstruktor oder eine Methode aufrufen zu müssen.

Kompatibilität
JavaScript 1.1 / core

Number

Das *Number*-Objekt läßt Sie mit numerischen Werten arbeiten. Es ist ein Platzhalter für grundlegende numerische Werte.

Kompatibilität
JavaScript 1.1 / core

Zusammenfassung der Eigenschaften
Die Eigenschaften sind in Tabelle A-39 aufgelistet.

Zusammenfassung der Methoden
Die Methoden sind in Tabelle A-40 aufgelistet.

Tabelle A-39: Number-Eigenschaften

Eigenschaft	Beschreibung	Version
`constructor`	Gibt die Funktion an, die den Prototyp eines Objekts erzeugt.	1.1
`MAX_VALUE`	Die größte darstellbare Zahl.	1.1
`MIN_VALUE`	Die kleinste darstellbare Zahl.	1.1
`NaN`	Spezieller Wert »not a number«, keine Zahl.	1.1
`NEGATIVE_INFINITY`	Spezieller Wert für »negativ unendlich«, wird bei Überläufen zurückgegeben.	1.1
`POSITIVE_INFINITY`	Spezieller Wert für »unendlich«, wird bei Überläufen zurückgegeben.	1.1
`prototype`	Ermöglicht das Hinzufügen von Eigenschaften zu einem *Number*-Objekt.	1.1

Tabelle A-40: Number-Methoden

Methode	Beschreibung	Version
`toSource`	Gibt eine Stringbeschreibung des angegebenen *Number*-Objekts zurück. Sie können diesen Wert verwenden, um ein neues Objekt zu erzeugen. Überschreibt die `Object.toSource`-Methode.	1.3
`toString`	Gibt einen String zurück, der das angegebene Objekt beschreibt. Überschreibt die `Object.toString`-Methode.	1.1
`valueOf`	Gibt den Primitivwert des angegebenen Objekts zurück. Überschreibt die `Object.valueOf`-Methode.	1.1

Object

`Object` ist der grundlegende JavaScript-Objekttyp. Alle *JavaScript*-Objekte stammen von `Object` ab. Das heißt, alle JavaScript-Objekte haben die für `Object` definierten Methoden.

Kompatibilität
JavaScript 1.0 / core

Zusammenfassung der Eigenschaften
Die Eigenschaften sind in Tabelle A-41 aufgelistet.

Zusammenfassung der Methoden
Die Methoden sind in Tabelle A-42 aufgelistet.

Option

Stellt eine Option in einer SELECT-Auswahlliste dar.

Tabelle A-41: Object-Eigenschaften

Eigenschaft	Beschreibung	Version
`constructor`	Gibt die Funktion an, die den Prototyp eines Objekts erzeugt.	1.1
`prototype`	Ermöglicht das Hinzufügen von Eigenschaften zu allen Objekten.	1.1

Tabelle A-42: Object-Methoden

Methode	Beschreibung	Version
`eval`	Veraltet. Wertet einen String mit JavaScript-Code im Kontext des angegebenen Objekts aus.	1.1
`toSource`	Gibt eine Stringbeschreibung des angegebenen Objekts zurück. Sie können diesen Wert verwenden, um ein neues Objekt zu erzeugen.	1.3
`toString`	Gibt einen String zurück, der das angegebene Objekt beschreibt.	1.0
`unwatch`	Entläßt eine Eigenschaft des Objekts aus der Überwachung.	1.2
`valueOf`	Gibt den Primitivwert des angegebenen Objekts zurück.	1.1
`watch`	Stellt eine Eigenschaft des Objekts unter Überwachung.	1.2

Kompatibilität

JavaScript 1.1 / client

Zusammenfassung der Eigenschaften

Die Eigenschaften sind in Tabelle A-43 aufgelistet.

Zusammenfassung der Methoden

Die Methoden sind in Tabelle A-44 aufgelistet. Dieses Objekt erbt die `watch`- und `unwatch`-Methoden von `Object`.

Tabelle A-43: Option-Eigenschaften

Eigenschaft	Beschreibung	Version
`defaultSelected`	Gibt den anfänglichen Auswahlstatus der Option an.	1.1
`selected`	Gibt den aktuellen Auswahlstatus der Option an.	1.1
`text`	Gibt den Text für die Option an.	1.1
`value`	Gibt den Wert an, der an den Server zurückgeschickt wird, wenn die Option ausgewählt ist und das Formular abgeschickt wird.	1.1

Tabelle A-44: Option-Methoden

Methode	Beschreibung	Version
`reload`	Erzwingt ein Neuladen des derzeitigen Dokuments im Fenster.	1.1
`replace`	Lädt den angegebenen URL über den aktuellen History-Eintrag.	1.1

Packages

Ein Objekt auf oberster Ebene, das zum Zugriff auf Java-Klassen aus JavaScript-Code heraus benutzt wird.

Kompatibilität
JavaScript 1.1 / core

Zusammenfassung der Eigenschaften
Die Eigenschaften sind in Tabelle A-45 aufgelistet.

Tabelle A-45: Packages-Eigenschaften

Eigenschaft	Beschreibung	Version
`className`	Der vollständige Name einer Java-Klasse in einem anderen Package als `netscape`, `java` oder `sun`, das JavaScript zur Verfügung steht.	1.1
`java`	Eine beliebige Klasse im Java-Package `java.*`.	1.1
`netscape`	Eine beliebige Klasse im Java-Package `netscape.*`.	1.1
`sun`	Eine beliebige Klasse im Java-Package `sun.*`.	1.1

Password

Ein Textfeld in einem HTML-Formular, das seinen Wert dadurch verbirgt, daß es Sternchen (*) anzeigt. Wenn der Benutzer Text in das Feld einträgt, dann verbergen die Sternchen (*) die Einträge vor Beobachtung durch Dritte.

Kompatibilität
JavaScript 1.0 / client

Event-Handler
`onBlur, onFocus`

Zusammenfassung der Eigenschaften
Die Eigenschaften sind in Tabelle A-46 aufgelistet.

Zusammenfassung der Methoden
Die Methoden sind in Tabelle A-47 aufgelistet. Dieses Objekt erbt die `watch`- und `unwatch`-Methoden von `Object`.

Tabelle A-46: Password-Eigenschaften

Eigenschaft	Beschreibung	Version
`defaultValue`	Enthält das VALUE-Attribut.	1.0
`form`	Gibt das Formular an, das das *Password*-Objekt enthält.	1.0
`name`	Enthält das NAME-Attribut.	1.0
`type`	Enthält das TYPE-Attribut.	1.1
`value`	Enthält den aktuellen Wert des Eingabefelds des *Password*-Objekts.	1.0

Tabelle A-47: Password-Methoden

Methode	Beschreibung	Version
`blur`	Nimmt das Objekt aus dem Fokus.	1.0
`focus`	Setzt den Fokus auf das Objekt.	1.0
`handleEvent`	Ruft den Handler für das angegebene Event auf.	1.2
`select`	Selektiert das Eingabefeld des Objekts.	1.0

Plugin

Ein Plug-in-Modul, das auf dem Client installiert ist. *Plugin*-Objekte sind vordefinierte *JavaScript*-Objekte, auf die Sie über das Array *navigator.plugins* zugreifen. Ein Plug-in ist ein Software-Modul, das der Browser aufrufen kann, um spezielle eingebettete Datentypen im Browser darstellen zu können.

Kompatibilität
JavaScript 1.1 / client

Zusammenfassung der Eigenschaften
Die Eigenschaften sind in Tabelle A-48 aufgelistet.

Zusammenfassung der Methoden
Dieses Objekt erbt die `watch`- und `unwatch`-Methoden von `Object`.

Tabelle A-48: Plugin-Eigenschaften

Eigenschaft	Beschreibung	Version
`description`	Eine Beschreibung des Plug-ins.	1.1
`filename`	Name der Plug-in-Datei auf der Festplatte.	1.1
`length`	Anzahl der Elemente im Array mit den *MimeType*-Objekten des Plug-ins.	1.1
`name`	Name des Plug-ins.	1.1

Radio

Ein individueller Radiobutton in einem Satz Radiobuttons in einem HTML-Formular. Der Benutzer kann einen Satz von Radiobuttons dazu verwenden, eine einzelne Auswahl aus einer Liste zu treffen.

Kompatibilität
JavaScript 1.0 / client

Zusammenfassung der Eigenschaften
Die Eigenschaften sind in Tabelle A-49 aufgelistet.

Zusammenfassung der Methoden
Die Methoden sind in Tabelle A-50 aufgelistet. Dieses Objekt erbt die `watch`- und `unwatch`-Methoden von `Object`.

Tabelle A-49: Radio-Eigenschaften

Eigenschaft	Beschreibung	Version
`checked`	Ein Boolescher Wert, der angibt, ob der Button gedrückt ist.	1.0
`defaultChecked`	Ein Boolescher.Wert, der den Ausgangszustand des Buttons (gedrückt oder nicht gedrückt) angibt.	1.0
`form`	Gibt das Formular an, das das *Button*-Objekt enthält.	1.0
`name`	Enthält das NAME-Attribut.	1.0
`type`	Enthält das TYPE-Attribut.	1.1
`value`	Enthält das VALUE-Attribut.	1.0

Tabelle A-50: Radio-Methoden

Method	Beschreibung	Version
`blur`	Nimmt den Radio-Button aus dem Fokus.	1.0
`click`	Simuliert einen Mausklick auf den Radio-Button.	1.0
`focus`	Verlagert den Fokus auf den Radio-Button.	1.0
`handleEvent`	Ruft den Handler für das angegebene Event auf.	1.2

RegExp

Ein solches Objekt enthält das Muster für einen regulären Ausdruck. Es hat Eigenschaften und Methoden, die diesen regulären Ausdruck zum Finden und Ersetzen von passenden Stellen in Strings verwenden. Zusätzlich zu den von Ihnen mit der `RegExp`-Konstruktorfunktion erzeugten Eigenschaften für einen individuellen regulären Ausdruck hat das vordefinierte *RegExp*-Objekt statische Eigenschaften, die immer dann gesetzt werden, wenn ein regulärer Ausdruck verwendet wird.

Kompatibilität
JavaScript 1.2 / core

Zusammenfassung der Eigenschaften
Die Eigenschaften sind in Tabelle A-51 aufgelistet.

Zusammenfassung der Methoden
Die Methoden sind in Tabelle A-52 aufgelistet.

Tabelle A-51: RegExp-Eigenschaften

Eigenschaft	Beschreibung	Version
`$1, ..., $9`	Passende Substrings in Klammern, falls vorhanden.	1.2
`$_`	Entspricht der Eingabe.	1.2
`$*`	Entspricht `multiline`.	1.2
`$&`	Entspricht `lastMatch`.	1.2
`$+`	Entspricht `lastParen`.	1.2
`` $` ``	Entspricht `leftContext`.	1.2
`$'`	Entspricht `rightContext`.	1.2
`constructor`	Gibt die Funktion an, die den Prototyp eines Objekts erzeugt.	1.2
`global`	Gibt an, ob der reguläre Ausdruck nur für die erste passende Stelle in einem String getestet werden soll oder für alle möglicherweise passenden Stellen.	1.2
`ignoreCase`	Gibt an, ob Groß-/Kleinschreibung ignoriert werden soll, wenn nach einer Übereinstimmung in einem String gesucht wird.	1.2
`input`	Der String, der mit dem regulären Ausdruck untersucht werden soll.	1.2
`lastIndex`	Der Index, ab dem die nächste Übereinstimmung gesucht werden soll.	1.2
`lastMatch`	Die letzten passenden Zeichen.	1.2
`lastParen`	Der letzte passende geklammerte Substring, falls vorhanden.	1.2
`leftContext`	Der Substring bis zur letzten Übereinstimmung.	1.2
`multiline`	Gibt an, ob in Strings gesucht werden soll, die sich über mehrere Zeilen erstrecken.	1.2
`prototype`	Ermöglicht das Hinzufügen von Eigenschaften zu allen Objekten.	1.1
`rightContext`	Der Substring nach der letzten Übereinstimmung.	1.2
`source`	Der Text des Musters.	1.2

Tabelle A-52: RegExp-Methoden

Methode	Beschreibung	Version
`compile`	Kompiliert ein RegExp-Objekt.	1.2
`exec`	Führt eine Suche nach einer Übereinstimmung im String-Parameter durch.	1.2
`test`	Prüft, ob eine Übereinstimmung im String-Parameter vorliegt.	1.2
`toSource`	Gibt eine Stringbeschreibung des angegebenen Objekts zurück. Sie können diesen Wert verwenden, um ein neues Objekt zu erzeugen. Überschreibt die `Object.toSource`-Methode.	1.3
`toString`	Gibt einen String zurück, der das angegebene Objekt beschreibt. Überschreibt die `Object.toString`-Methode.	1.1
`valueOf`	Gibt den Primitivwert eines Objekts zurück. Überschreibt die `Object.valueOf`-Methode.	1.1

Reset

Ein Reset-Button in einem HTML-Formular. Ein Reset-Button setzt alle Elemente in einem Formular auf ihre Defaultwerte zurück.

Kompatibilität
: JavaScript 1.0 / client

Event-Handler
: `onBlur, onClick, onFocus`

Zusammenfassung der Eigenschaften
: Die Eigenschaften sind in Tabelle A-53 aufgelistet.

Zusammenfassung der Methoden
: Die Methoden sind in Tabelle A-54 aufgelistet. Dieses Objekt erbt die `watch`- und `unwatch`-Methoden von `Object`.

Tabelle A-53: Reset-Eigenschaften

Eigenschaft	Beschreibung	Version
`form`	Gibt das Formular an, das das *Reset*-Objekt enthält.	1.0
`name`	Enthält das NAME-Attribut.	1.0
`type`	Enthält das TYPE-Attribut.	1.1
`value`	Enthält das VALUE-Attribut.	1.0

Tabelle A-54: Reset-Methoden

Methode	Beschreibung	Version
`blur`	Nimmt den Reset-Button aus dem Fokus.	1.0
`click`	Simuliert einen Mausklick auf den Reset-Button.	1.0
`focus`	Verlagert den Fokus auf den Reset-Button.	1.0
`handleEvent`	Ruft den Handler für das angegebene Event auf.	1.2

Screen

Stellt Informationen über die Bildschirmanzeige zur Verfügung.

Kompatibilität
JavaScript 1.2 / client

Zusammenfassung der Eigenschaften
Die Eigenschaften sind in Tabelle A-55 aufgelistet.

Tabelle A-55: Screen-Eigenschaften

Eigenschaft	Beschreibung	Version
`availHeight`	Gibt die Bildschirmhöhe in Pixeln an, abzüglich permanenter oder semi-permanenter Elemente der Benutzerschnittstelle, die vom Betriebssystem angezeigt werden, wie zum Beispiel die Task-Leiste in Microsoft Windows.	1.2
`availWidth`	Gibt die Bildschirmbreite in Pixeln an, abzüglich permanenter oder semi-permanenter Elemente der Benutzerschnittstelle, die vom Betriebssystem angezeigt werden, wie zum Beispiel die Task-Leiste in Microsoft Windows.	1.2
`colorDepth`	Die Bittiefe der Farbpalette, wenn eine solche verwendet wird; wenn nicht, wird der Wert aus `screen.pixelDepth` übernommen.	1.2
`height`	Höhe des Bildschirms.	1.2
`pixelDepth`	Farbauflösung des Bildschirms (Bits pro Pixel).	1.2
`width`	Breite des Bildschirms.	1.2

Select

Eine Auswahlliste in einem HTML-Formular. Der Benutzer kann eine oder mehrere Optionen aus einer Auswahlliste wählen, abhängig davon, wie die Liste konfiguriert wurde.

Kompatibilität
JavaScript 1.0 / client

Event-Handler

`onBlur, onChange, onFocus`

Zusammenfassung der Eigenschaften

Die Eigenschaften sind in Tabelle A-56 aufgelistet.

Zusammenfassung der Methoden

Die Methoden sind in Tabelle A-57 aufgelistet. Dieses Objekt erbt die `watch`- und `unwatch`-Methoden von `Object`.

Tabelle A-56: Select-Eigenschaften

Eigenschaft	Beschreibung	Version
`form`	Gibt das Formular an, das die SELECT-Auswahlliste enthält.	1.0
`length`	Gibt die Anzahl der Optionen in der SELECT-Auswahlliste an.	1.0
`name`	Enthält das NAME-Attribut.	1.0
`options`	Enthält die OPTION-Tags.	1.0
`selectedIndex`	Enthält den Index der ausgewählten Option (oder der ersten ausgewählten Option, wenn mehrere Optionen ausgewählt wurden).	1.0
`type`	Gibt an, daß das Objekt eine SELECT-Auswahlliste ist und ob mehr als nur eine Option ausgewählt werden darf.	1.1

Tabelle A-57: Select-Methoden

Methode	Beschreibung	Version
`blur`	Nimmt die SELECT-Auswahlliste aus dem Fokus.	1.0
`focus`	Verlagert den Fokus auf die SELECT-Auswahlliste.	1.0
`handleEvent`	Ruft den Handler für das angegebene Event auf.	1.2

String

Ein Objekt, das eine Reihenfolge von Zeichen in einem String darstellt.

Kompatibilität

JavaScript 1.0 / core

Zusammenfassung der Eigenschaften

Die Eigenschaften sind in Tabelle A-58 aufgelistet.

Zusammenfassung der Methoden

Die Methoden sind in Tabelle A-59 aufgelistet. Dieses Objekt erbt die `watch`- und `unwatch`-Methoden von `Object`.

Tabelle A-58: String-Eigenschaften

Eigenschaft	Beschreibung	Version
`constructor`	Gibt die Funktion an, die den Prototyp eines Objekts erzeugt.	1.1
`length`	Gibt die Länge des Strings an.	1.0
`prototype`	Ermöglicht das Hinzufügen von Eigenschaften zu einem *String*-Objekt.	1.1

Tabelle A-59: String-Methoden

Methode	Beschreibung	Version
`anchor`	Erzeugt einen HTML-Anchor, der als Hypertext-Target verwendet werden kann.	1.0
`big`	Veranlaßt die Darstellung des Strings in einer großen Schriftart, als ob er von `<BIG>`-Tags umgeben wäre.	1.0
`blink`	Veranlaßt die blinkende Darstellung des Strings, als ob er von `<BLINK>`-Tags umgeben wäre.	1.0
`bold`	Veranlaßt die Darstellung des Strings, als ob er von `<B>`-Tags umgeben wäre.	1.0
`charAt`	Gibt das Zeichen an der angebenen Stelle im String zurück.	1.0
`charCodeAt`	Gibt den Unicode-Wert des Zeichens an der angebenen Stelle im String zurück.	1.2
`concat`	Kombiniert den Text zweier Strings und gibt einen neuen String zurück.	1.2
`fixed`	Veranlaßt die Darstellung des Strings in fester Schriftbreite, als ob er von `<TT>`-Tags umgeben wäre.	1.0
`fontcolor`	Veranlaßt die Darstellung des Strings in der angegebenen Farbe, als ob er von `<FONT COLOR=color>`-Tags umgeben wäre.	1.0
`fontsize`	Veranlaßt die Darstellung des Strings in der angegebenen Schriftgröße, als ob er von `<FONT SIZE=size>`-Tags umgeben wäre.	1.0
`fromCharCode`	Gibt einen String zurück, der aus der angegebenen Reihenfolge von Unicode-Werten erzeugt wird.	1.2
`indexof`	Gibt den Index des ersten Vorkommens des angegebenen Werts innerhalb des aufrufenden *String*-Objekts zurück oder -1, falls dieser nicht gefunden wird.	1.0
`italics`	Veranlaßt die kursive Darstellung des Strings, als ob er von `<I>`-Tags umgeben wäre.	1.0

Tabelle A-59: String-Methoden (Fortsetzung)

Methode	Beschreibung	Version
`lastindexOf`	Gibt den Index des letzten Vorkommens des angegebenen Werts innerhalb des aufrufenden *String*-Objekts zurück oder -1, falls dieser nicht gefunden wird.	1.0
`link`	Erzeugt einen HTML-Hypertext-Link, der einen anderen URL anfordert.	1.0
`match`	Wird verwendet, um einen regulären Ausdruck mit einem String zu vergleichen.	1.2
`replace`	Wird verwendet, um einen regulären Ausdruck mit einem String zu vergleichen und den passenden Substring durch einen neuen Substring zu ersetzen.	1.2
`search`	Führt die Suche nach einer Übereinstimmung zwischen einem regulären Ausdruck und einem angegebenen String durch.	1.2
`slice`	Extrahiert einen Stringabschnitt und gibt einen neuen String zurück.	1.0
`small`	Veranlaßt die Darstellung des Strings in kleiner Schriftgröße, als ob er von `<SMALL>`-Tags umgeben wäre.	1.0
`split`	Spaltet ein *String*-Objekt in ein Array mit Strings auf, indem der String in Substrings aufgespalten wird.	1.0
`strike`	Veranlaßt die durchgestrichene Darstellung des Strings, als ob er von `<STRIKE>`-Tags umgeben wäre.	1.0
`sub`	Veranlaßt die Darstellung des Strings als Subskript, als ob er von `<SUB>`-Tags umgeben wäre.	1.0
`substr`	Liefert die Zeichen in einem String, beginnend an der angegebenen Postion und mit der angegebenen Anzahl von Zeichen.	1.0
`substring`	Liefert die Zeichen zwischen zwei Positionen in einem String.	1.0
`sup`	Veranlaßt die Darstellung des Strings als Superskript, als ob er von `<SUP>`-Tags umgeben wäre.	1.0
`toLowerCase`	Liefert den aufrufenden String in Kleinschreibung.	1.0
`toSource`	Gibt eine Stringbeschreibung des angegebenen Objekts zurück. Sie können diesen Wert verwenden, um ein neues Objekt zu erzeugen. Überschreibt die `Object.toSource`-Methode.	1.3

Tabelle A-59: String-Methoden (Fortsetzung)

Methode	Beschreibung	Version
`toString`	Gibt einen String zurück, der das angegebene Objekt beschreibt. Überschreibt die `Object.toString`-Methode.	1.1
`toUpperCase`	Liefert den aufrufenden String in Großschreibung.	1.0
`valueOf`	Gibt den Primitivwert des angegebenen Objekts zurück. Überschreibt die `Objekt.valueOf`-Methode.	1.1

Submit

Entspricht einem »Submit«-Button in einem HTML-Formular. Ein Submit-Button schickt ein Formular an einen Server.

Kompatibilität
JavaScript 1.0 / client

Event-Handler
`onBlur, onClick, onFocus`

Zusammenfassung der Eigenschaften
Die Eigenschaften sind in Tabelle A-60 aufgelistet.

Zusammenfassung der Methoden
Die Methoden sind in Tabelle A-61 aufgelistet. Dieses Objekt erbt die `watch`- und `unwatch`-Methoden von `Object`.

Tabelle A-60: Submit-Eigenschaften

Eigenschaft	Beschreibung	Version
`form`	Gibt das Formular an, das das *Submit*-Objekt enthält.	1.0
`name`	Enthält das NAME-Attribut.	1.0
`type`	Enthält das TYPE-Attribut.	1.1
`value`	Enthält das VALUE-Attribut.	1.0

Tabelle A-61: Submit-Methoden

Methode	Beschreibung	Version
`blur`	Nimmt den Submit-Button aus dem Fokus.	1.0
`click`	Simuliert einen Mausklick auf den Submit-Button.	1.0
`focus`	Verlagert den Fokus auf den Submit-Button.	1.0
`handleEvent`	Ruft den Handler für das angegebene Event auf.	1.2

sun

Ein Objekt der obersten Ebene, das zum Zugriff auf Java-Klassen im Package `sun.*` verwendet wird. Das *sun*-Objekt ist ein vordefiniertes *JavaScript*-Objekt der obersten Ebene. Sie können automatisch auf es zugreifen, ohne einen Konstruktor zu verwenden oder eine Methode aufzurufen. Das *sun*-Objekt ist ein Bequemlichkeitssynonym für die Eigenschaft `Packages.sun`.

Kompatibilität
JavaScript 1.1 / core

Text

Ein Texteingabefeld auf einem HTML-Formular. Der Benutzer kann ein Wort, einen Ausdruck oder eine Reihe von Zahlen in ein Textfeld eingeben.

Kompatibilität
JavaScript 1.0 / client

Event-Handler
`onBlur`, `onChange`, `onFocus`, `onSelect`

Zusammenfassung der Eigenschaften
Die Eigenschaften sind in Tabelle A-62 aufgelistet.

Zusammenfassung der Methoden
Die Methoden sind in Tabelle A-63 aufgelistet. Dieses Objekt erbt die `watch`- und `unwatch`-Methoden von `Object`.

Tabelle A-62: Text-Eigenschaften

Eigenschaft	Beschreibung	Version
`defaultValue`	Enthält das VALUE-Attribut.	1.0
`form`	Gibt das Formular an, das das *Text*-Objekt enthält.	1.0
`name`	Enthält das NAME-Attribut.	1.0
`type`	Enthält das TYPE-Attribut.	1.1
`value`	Enthält den derzeitigen Inhalt des Eingabefeldes des *Text*-Objekts.	1.0

Tabelle A-63: Text-Methoden

Methode	Beschreibung	Version
`blur`	Nimmt das Textfeld aus dem Fokus.	1.0
`focus`	Verlagert den Fokus auf das Textfeld.	1.0
`handleEvent`	Ruft den Handler für das angegebene Event auf.	1.2
`select`	Selektiert das Eingabefeld des Objekts.	1.0

Textarea

Ein mehrzeiliges Eingabefeld auf einem HTML-Formular. Der Benutzer kann ein Textfeld verwenden, um Worte, Ausdrücke oder Zahlen einzugeben.

Kompatibilität
JavaScript 1.1 / client

Event-Handler
`onBlur`, `onChange`, `onFocus`, `onKeyDown`, `onKeyPress`, `onKeyUp`, `onSelect`

Zusammenfassung der Eigenschaften
Die Eigenschaften sind in Tabelle A-64 aufgelistet.

Zusammenfassung der Methoden
Die Methoden sind in Tabelle A-65 aufgelistet. Dieses Objekt erbt die `watch`- und `unwatch`-Methoden von `Object`.

Tabelle A-64: Textarea-Eigenschaften

Eigenschaft	Beschreibung	Version
`defaultValue`	Enthält das VALUE-Attribut.	1.0
`form`	Gibt das Formular an, das das *Textarea*-Objekt enthält.	1.0
`name`	Enthält das NAME-Attribut.	1.0
`type`	Enthält das TYPE-Attribut.	1.1
`value`	Enthält den derzeitigen Wert des *Textarea*-Objekts.	1.0

Tabelle A-65: Textarea-Methoden

Methode	Beschreibung	Version
`blur`	Nimmt das Objekt aus dem Fokus.	1.0
`focus`	Verlagert den Fokus auf das Objekt.	1.0
`handleEvent`	Ruft den Handler für das angegebene Event auf.	1.2
`select`	Selektiert das Eingabefeld des Objekts.	1.0

Window

Stellt ein Browserfenster oder ein Frame dar. Das ist das Objekt der obersten Ebene für jede *document-*, *Location-* und *History*-Objektgruppe.

Kompatibilität
JavaScript 1.0 / client

Event-Handler
`onBlur`, `onDragDrop`, `onError`, `onFocus`, `onLoad`, `onMove`, `onResize`, `onUnload`

Zusammenfassung der Eigenschaften

Die Eigenschaften sind in Tabelle A-66 aufgelistet.

Zusammenfassung der Methoden

Die Methoden sind in Tabelle A-67 aufgelistet. Dieses Objekt erbt die `watch`- und `unwatch` -Methoden von `Object`.

Tabelle A-66: Window-Eigenschaften

Eigenschaft	Beschreibung	Version
`closed`	Gibt an, ob ein Fenster geschlossen wurde.	1.1
`defaultStatus`	Gibt die Defaultmitteilung an, die in der Statuszeile des Fensters angezeigt wird.	1.0
`document`	Enthält Informationen über das derzeitige Dokument und stellt Methoden zur Verfügung, mit denen dem Benutzer die HTML-Ausgabe angezeigt werden kann.	1.0
`frames`	Ein Array, das alle Frames des Fensters enthält.	1.0
`history`	Enthält Informationen über die URLs, die der Client in diesem Fenster besucht hat.	1.1
`innerHeight`	Gibt die vertikale Abmessung der Ausgabefläche des Fensters an (in Pixeln).	1.2
`innerWidth`	Gibt die horizontale Abmessung der Ausgabefläche des Fensters an (in Pixeln).	1.2
`length`	Die Anzahl der Frames im Fenster.	1.0
`location`	Enthält Informationen über den derzeitigen URL.	1.0
`locationbar`	Referenziert die Adressen-Symbolleiste des Browserfensters.	1.2
`menubar`	Referenziert die Menüleiste des Browserfensters.	1.2
`name`	Ein unverwechselbarer Name als Bezeichnung für das Fenster.	1.0
`opener`	Gibt den Fensternamen des aufrufenden Dokuments an, wenn ein Fenster mit der open-Methode geöffnet wird.	1.1
`outerHeight`	Gibt die vertikale Abmessung der Außenbegrenzung des Fensters an (in Pixeln).	1.2
`outerWidth`	Gibt die horizontale Abmessung der Außenbegrenzung des Fensters an (in Pixeln).	1.2
`pageXOffset`	Gibt die derzeitige x-Position einer im Fenster dargestellten Seite an (in Pixeln).	1.2
`pageYOffset`	Gibt die derzeitige y-Position einer im Fenster dargestellten Seite an (in Pixeln).	1.2
`parent`	Ein Synonym für ein Fenster oder Frame, dessen Frameset das aktuelle Frame enthält.	1.0

Tabelle A-66: Window-Eigenschaften (Fortsetzung)

Eigenschaft	Beschreibung	Version
`personalbar`	Referenziert die Adressen-Symbolleiste des Browserfensters.	1.2
`scrollbars`	Stellt die Bildlaufleiste des Fensters dar.	1.2
`self`	Ein Synonym für das aktuelle Fenster.	1.0
`status`	Gibt eine Nachricht in der Statuszeile des Fensters aus.	1.0
`statusbar`	Stellt die Statuszeile des Fensters dar.	1.2
`toolbar`	Stellt die Navigationssymbolleiste des Browserfensters dar.	1.2
`top`	Ein Synonym für das oberste Browserfenster.	1.0
`window`	Ein Synonym für das aktuelle Fenster.	1.0

Tabelle A-67: Window-Methoden

Methode	Beschreibung	Version
`alert`	Zeigt eine Dialogbox mit einer Warnmeldung und einem »OK«-Button an.	1.0
`back`	Macht den letzten Schritt in der History eines beliebigen Frames innerhalb des obersten Fensters rückgängig.	1.2
`blur`	Nimmt das angegebene Objekt aus dem Fokus.	1.0
`captureEvents`	Veranlaßt das *window*- oder *document*-Objekt, alle Events des angegebenen Typs abzufangen.	1.2
`clearInterval`	Bricht ein Timeout-Intervall ab, das mit der `setInterval`-Methode gesetzt wurde.	1.2
`clearTimeout`	Bricht ein Timeout-Intervall ab, das mit der `setTimeout`-Methode gesetzt wurde.	1.0
`close`	Schließt das angegebene Fenster.	1.0
`confirm`	Zeigt einen Bestätigungsdialog mit der angegebenen Meldung sowie »OK«- und »Abbrechen«-Buttons.	1.0
`disableExternalCapture`	Schaltet das durch die `enableExternalCapture`-Methode eingeschaltete externe Abfangen von Events ab.	1.2
`enableExternalCapture`	Ermöglicht einem Fenster mit Frames, Events in Seiten abzufangen, die von verschiedenen Quellen (Servern) geladen werden.	1.2
`find`	Sucht nach dem angegebenen Textstring in den Inhalten des angegebenen Fensters.	1.2
`focus`	Verlagert den Fokus auf das angegebene Objekt.	1.1

Tabelle A-67: Window-Methoden (Fortsetzung)

Methode	Beschreibung	Version
forward	Lädt den nächsten URL in der History-Liste.	1.2
handleEvent	Ruft den Handler für das angegebene Event auf.	1.2
home	Verweist den Browser auf den URL, der in den Einstellungen als Homepage des Benutzers angegeben ist.	1.2
moveBy	Verschiebt das Fenster um die angegebenen Beträge.	1.2
moveTo	Verschiebt die obere linke Ecke des Fensters auf die angegebenen Bildschirmkoordinaten.	1.2
open	Öffnet ein neues Browserfenster.	1.0
print	Druckt die Inhalte des Fensters oder Frames.	1.2
prompt	Zeigt eine Dialogbox mit einer Eingabeaufforderung an, die aus einer Meldung und einem Eingabefeld besteht.	1.0
releaseEvents	Veranlaßt das Fenster, abgefangene Events des angegebenen Typs freizugeben und das Event entlang der Objekthierarchie weiterzureichen.	1.2
resizeBy	Ändert die Größe eines kompletten Fensters durch Verlagerung der unteren rechten Fensterecke um den angegebenen Betrag.	1.2
resizeTo	Ändert die Größe eines gesamten Fensters auf die angegebene Höhe und Breite.	1.2
routeEvent	Reicht ein abgefangenes Event entlang der normalen Eventhierarchie weiter.	1.2
scroll	Verschiebt den Fensterinhalt auf eine angegebene Koordinate.	1.1
scrollBy	Verschiebt den Fensterinhalt um den angegebenen Betrag.	1.2
scrollTo	Verschiebt den Fensterinhalt auf die angegebenen Koordinaten, so daß der angegebene Punkt zur oberen linken Ecke wird.	1.2
setInterval	Nach Ablauf der angegebenen Anzahl Millisekunden wird jedesmal ein Ausdruck ausgewertet oder eine Funktion aufgerufen.	1.2
setTimeout	Nach Ablauf der angegebenen Anzahl Millisekunden wird einmal ein Ausdruck ausgewertet oder eine Funktion aufgerufen.	1.0
stop	Bricht den derzeit laufenden Herunterladevorgang ab.	1.2

Eigenschaften und Funktionen der obersten Ebene

Eigenschaften und Funktionen der obersten Ebene hängen von keinem Objekt ab. Tabelle A-68 führt die Eigenschaften der obersten Ebene einzeln auf, Tabelle A-69 die Funktionen.

Tabelle A-68: Eigenschaften der obersten Ebene

Eigenschaft	Beschreibung	Version
`infinity`	Ein numerischer Wert, der Unendlich darstellt.	1.3
`NaN`	Ein Wert, der Not-A-Number (keine Zahl) darstellt.	1.3
`undefined`	Der Wert »undefined«.	1.3

Tabelle A-69: Funktionen der obersten Ebene

Funktion	Beschreibung	Version
`escape`	Liefert die hexadezimale Codierung eines Parameterstrings im Zeichensatz ISO Latin-1; wird dazu verwendet, Strings zu erzeugen, die zu einem URL hinzugefügt werden.	1.0
`eval`	Wertet einen String mit JavaScript-Code ohne Referenz auf ein bestimmtes Objekt aus.	1.0
`isFinite`	Wertet einen Parameter aus, um zu bestimmen, ob es sich um eine endliche Zahl handelt.	1.3
`isNaN`	Wertet einen Parameter aus, um zu bestimmen, ob es sich um eine Nicht-Zahl handelt.	1.0
`Number`	Wandelt ein Objekt in eine Zahl um.	1.2
`parseFloat`	Analysiert einen Stringparameter und gibt eine Gleitkommazahl zurück.	1.0
`parseInt`	Analysiert einen Stringparameter und gibt eine Ganzzahl zurück.	1.0
`string`	Wandelt ein Objekt in einen String um.	1.2
`unescape`	Liefert den ASCII-String für den angegebenen hexadezimalen Codierungswert.	1.0

Event-Handler

Dieser Abschnitt enthält die Syntax für die 23 Event-Handler in JavaScript.

onAbort

Event-Handler für `Image`. Führt JavaScript-Code aus, wenn ein *abort*-Event auftritt, das heißt, wenn der Benutzer das Laden eines Bildes abbricht (beispielsweise durch das Anklicken eines Links oder durch das Klicken auf den »Stop«-Button).

Kompatibilität
JavaScript 1.1

Event-Eigenschaften
onAbort hat die folgenden Event-Eigenschaften:

type
Gibt den Typ des Events an.

target
Gibt das Objekt an, an das das Event ursprünglich geschickt wurde.

onBlur

Event-Handler für `Button`, `Checkbox`, `FileUpload`, `Layer`, `Password`, `Radio`, `Reset`, `Select`, `Submit`, `Text`, `Textarea` und `Window`. Führt JavaScript-Code aus, wenn ein blur-Event auftritt; das heißt, wenn ein Formularelement, Fenster oder Frame den Fokus verliert.

Kompatibilität
JavaScript 1.0

Event-Eigenschaften
onBlur hat die folgenden Event-Eigenschaften:

type
Gibt den Typ des Events an.

target
Gibt das Objekt an, an das das Event ursprünglich geschickt wurde.

onChange

Führt JavaScript-Code aus, wenn ein change-Event auftritt, das heißt, wenn ein `Select`-, `Text`- oder `Textarea`-Feld den Fokus verliert und sein Wert modifiziert wurde. Diesen Event-Handler gibt es für `FileUpload`, `Select`, `Text` und `Textarea`.

Kompatibilität
JavaScript 1.0

Event-Eigenschaften

onChange hat die folgenden Event-Eigenschaften:

type

Gibt den Typ des Events an.

target

Gibt das Objekt an, an das das Event ursprünglich geschickt wurde.

onClick

Event-Handler für `Button`, `Document`, `Checkbox`, `Link`, `Radio`, `Reset` und `Submit`. Führt JavaScript-Code aus, wenn ein click-Event auftritt; das heißt, wenn ein Objekt auf einem Formular angeklickt wird. (Ein click-Event ist eine Kombination des *MouseDown*- und *MouseUp*-Events.)

Kompatibilität

JavaScript 1.0

Event-Eigenschaften

onClick hat die folgenden Event-Eigenschaften:

type

Gibt den Typ des Events an.

target

Gibt das Objekt an, an das das Event ursprünglich geschickt wurde.

layerX, layerY, pageX, pageY, screenX, screenY

Stellen die Mauszeigerposition zu der Zeit dar, zu der das Event aufgetreten ist.

which

Liefert 1 für einen linken Mausklick und 3 für einen rechten Mausklick.

modifiers

Enthält die Liste der Umschalttasten, die gedrückt waren, während das Event auftrat.

onDblClick

Event-Handler für `Document` und `Link`. Führt JavaScript-Code aus, wenn ein *DblClick*-Event auftritt, das heißt, wenn der Benutzer auf ein Formularelement oder einen Link doppelklickt.

Kompatibilität

JavaScript 1.2

Event-Eigenschaften

onDblClick hat die folgenden Eigenschaften:

type

Gibt den Typ des Events an.

target

Gibt das Objekt an, an das das Event ursprünglich geschickt wurde.

layerX, layerY, pageX, pageY, screenX, screenY

Stellen die Mauszeigerposition zu der Zeit dar, zu der das Event aufgetreten ist.

which

Liefert 1 für einen linken Mausklick und 3 für einen rechten Mausklick.

modifiers

Enthält die Liste der Umschalttasten, die gedrückt waren, während das Event auftrat.

onDragDrop

Event-Handler für `Document` und `Link`. Führt JavaScript-Code aus, wenn ein *DragDrop*-Event auftritt, das heißt, wenn der Benutzer ein Objekt, wie beispielsweise eine Datei, auf dem Browserfenster ablegt.

Kompatibilität

JavaScript 1.2

Event-Eigenschaften

onDragDrop hat die folgenden Event-Eigenschaften:

type

Gibt den Typ des Events an.

target

Gibt das Objekt an, an das das Event ursprünglich geschickt wurde.

lvt

Gibt ein *Array* mit *Strings* zurück, das die URLs der abgelegten Objekte enthält.

modifiers

Enthält die Liste der Umschalttasten, die gedrückt waren, während das Event auftrat.

screenX, screenY

Stellen die Mauszeigerposition zu der Zeit dar, zu der das Event aufgetreten ist.

onError

Führt JavaScript-Code aus, wenn ein error-Event auftritt, das heißt, wenn das Laden eines Dokuments oder Bilds einen Fehler hervorruft.

Kompatibilität

JavaScript 1.1

Event-Eigenschaften

onDragDrop hat die folgenden Event-Eigenschaften:

type

Gibt den Typ des Events an.

target

Gibt das Objekt an, an das das Event ursprünglich geschickt wurde.

onFocus

Event-Handler für `Button`, `Checkbox`, `FileUpload`, `Frame`, `Layer`, `Password`, `Radio`, `Reset`, `Select`, `Submit`, `Text`, `Textarea` und `Window`. Führt JavaScript-Code aus, wenn ein focus-Event auftritt, das heißt, wenn der Fokus auf ein Fenster, Frame oder Frameset verlagert wird oder ein Formularelement den Eingabefokus bekommt.

Kompatibilität

JavaScript 1.0

Event-Eigenschaften

onFocus hat die folgenden Event-Eigenschaften:

type

Gibt den Typ des Events an.

target

Gibt das Objekt an, an das das Event ursprünglich geschickt wurde.

onKeyDown

Event-Handler für `Document`, `Image`, `Link` und `Textarea`. Führt JavaScript-Code aus, wenn ein *KeyDown*-Event auftritt, das heißt, wenn der Benutzer eine Taste drückt.

Kompatibilität

JavaScript 1.2

Event-Eigenschaften

onKeyDown hat die folgenden Event-Eigenschaften:

type

Gibt den Typ des Events an.

target

Gibt das Objekt an, an das das Event ursprünglich geschickt wurde.

layerX, layerY, pageX, pageY, screenX, screenY

Für ein Event, das über einem Fenster stattfindet, geben diese Eigenschaften die Mauszeigerposition zum Zeitpunkt des Auftretens an. Für ein Event, das über einem Formular stattfindet, geben sie die Position des Formularelements an.

which

Gibt den ASCII-Wert der gedrückten Taste an. Um den eigentlichen Buchstaben, die Zahl oder das Symbol der gedrückten Taste zu bekommen, verwenden Sie die Methode `String.fromCharCode`.

modifiers

Enthält die Liste der Umschalttasten, die gedrückt waren, während das Event auftrat.

onKeyPress

Event-Handler für `Document`, `Image`, `Link` und `Textarea`. Führt JavaScript-Code aus, wenn ein *KeyPress*-Event auftritt, das heißt, wenn der Benutzer eine Taste drückt oder gedrückt hält.

Kompatibilität

JavaScript 1.2

Event-Eigenschaften

onKeyPress hat die folgenden Event-Eigenschaften:

type

Gibt den Typ des Events an.

target

Gibt das Objekt an, an das das Event ursprünglich geschickt wurde.

layerX, layerY, pageX, pageY, screenX, screenY

Für ein Event, das über einem Fenster stattfindet, geben diese Eigenschaften die Mauszeigerposition zum Zeitpunkt des Auftretens an. Für ein Event, das über einem Formular stattfindet, geben sie die Position des Formularelements an.

which

Gibt den ASCII-Wert der gedrückten Taste an. Um den eigentlichen Buchstaben, die Zahl oder das Symbol der gedrückten Taste zu bekommen, verwenden Sie die Methode `String.fromCharCode`.

modifiers

Enthält die Liste der Umschalttasten, die gedrückt waren, während das Event auftrat.

onKeyUp

Event-Handler für `Document`, `Image`, `Link` und `Textarea`. Führt JavaScript-Code aus, wenn ein `KeyUp`-Event auftritt, das heißt, wenn der Benutzer eine Taste losläßt.

Kompatibilität

JavaScript 1.2

Event-Eigenschaften

onKeyUp hat die folgenden Event-Eigenschaften:

type

Gibt den Typ des Events an.

target

Gibt das Objekt an, an das das Event ursprünglich geschickt wurde.

layerX, layerY, pageX, pageY, screenX, screenY

Für ein Event, das über einem Fenster stattfindet, geben diese Eigenschaften die Mauszeigerposition zum Zeitpunkt des Auftretens an. Für ein Event, das über einem Formular stattfindet, geben sie die Position des Formularelements an.

which

Gibt den ASCII-Wert der gedrückten Taste an. Um den eigentlichen Buchstaben, die Zahl oder das Symbol der gedrückten Taste zu bekommen, verwenden Sie die Methode `String.fromCharCode`.

modifiers

Enthält die Liste der Umschalttasten, die gedrückt waren, während das Event auftrat.

onLoad

Event-Handler für `Image`, `Layer` und `Window`. Führt JavaScript-Code aus, wenn ein load-Event auftritt; das heißt, wenn der Browser das Laden eines Fensters oder aller Frames innerhalb eines `<FRAMESET>`-Tags beendet.

Kompatibilität

JavaScript 1.0

Event-Eigenschaften

onLoad hat die folgenden Event-Eigenschaften:

type

Gibt den Typ des Events an.

target

Gibt das Objekt an, an das das Event ursprünglich geschickt wurde.

width, height

Für ein Event über einem Fenster (aber nicht über einem Layer) geben diese die Breite und Höhe des Fensters an.

onMouseDown

Event-Handler für `Button`, `Document` und `Link`. Führt JavaScript-Code aus, wenn ein `MouseDown`-Event auftritt; das heißt, wenn der Benutzer eine Maustaste drückt.

Kompatibilität

JavaScript 1.2

Event-Eigenschaften

onMouseDown hat die folgenden Event-Eigenschaften:

type

Gibt den Typ des Events an.

target

Gibt das Objekt an, an das das Event ursprünglich geschickt wurde.

LayerX, layerY, pageX, pageY, screenX, screenY
Gibt die Mauszeigerposition zu dem Zeitpunkt an, als das `MouseDown`-Event auftrat.

which
Liefert 1 für einen linken Mausklick und 3 für einen rechten Mausklick.

modifiers
Enthält die Liste der Umschalttasten, die gedrückt waren, während das Event auftrat.

onMouseMove

Da Mausbewegungen so häufig stattfinden, ist `onMouseMove` als Default keinem bestimmten Objekt als Event zugeordnet. Sie müssen es explizit mit einem bestimmten Objekt assoziieren. Führt JavaScript-Code aus, wenn ein *MouseMove*-Event auftritt, das heißt, wenn der Benutzer den Mauszeiger bewegt.

Kompatibilität
JavaScript 1.2

Event-Eigenschaften
onMouseMove hat die folgenden Event-Eigenschaften:

type
Gibt den Typ des Events an.

target
Gibt das Objekt an, an das das Event ursprünglich geschickt wurde.

layerX, layerY, pageX, pageY, screenX, screenY
Gibt die Mauszeigerposition zum Zeitpunkt des Auftretens des `MouseMove`-Events an.

onMouseOut

Event-Handler für `Layer` und `Link`. Führt JavaScript-Code aus, wenn ein *MouseOut*-Event auftritt, das heißt, jedesmal wenn der Mauszeiger aus einem Gebiet (client-seitige Imagemap) oder einem Link herausbewegt wird.

Kompatibilität
JavaScript 1.2

Event-Eigenschaften
onMouseOut hat die folgenden Event-Eigenschaften:

type
Gibt den Typ des Events an.

target
Gibt das Objekt an, an das das Event ursprünglich geschickt wurde.

layerX, layerY, pageX, pageY, screenX, screenY

Gibt die Mauszeigerposition zum Zeitpunkt des Auftretens des `MouseOut`-Events an.

onMouseOver

Event-Handler für `Layer` und `Link`. Führt JavaScript-Code aus, wenn ein *MouseOver*-Event auftritt, das heißt, jedesmal wenn der Mauszeiger von außerhalb über ein Objekt bewegt wird.

Kompatibilität

JavaScript 1.2

Event-Eigenschaften

onMouseOver hat die folgenden Event-Eigenschaften:

type

Gibt den Typ des Events an.

target

Gibt das Objekt an, an das das Event ursprünglich geschickt wurde.

layerX, layerY, pageX, pageY, screenX, screenY

Gibt die Mauszeigerposition zu dem Zeitpunkt an, als das `MouseOver`-Event auftrat.

onMouseUp

Event-Handler für `Button`, `Document` und `Link`. Führt JavaScript-Code aus, wenn ein `MouseUp`-Event auftritt, das heißt, wenn der Benutzer eine Maustaste losläßt.

Kompatibilität

JavaScript 1.2

Event-Eigenschaften

onMouseUp hat die folgenden Event-Eigenschaften:

type

Gibt den Typ des Events an.

target

Gibt das Objekt an, an das das Event ursprünglich geschickt wurde.

layerX, layerY, pageX, pageY, screenX, screenY

Gibt die Mauszeigerposition zu dem Zeitpunkt an, als das `MouseUp`-Event auftrat.

which

Liefert 1 für einen linken Mausklick und 3 für einen rechten Mausklick.

modifiers

Enthält die Liste der Umschalttasten, die gedrückt waren, während das `MouseUp`-Event auftrat.

onMove

Event-Handler für `Window`. Führt JavaScript-Code aus, wenn ein `move`-Event auftritt; das heißt, wenn der Benutzer oder das Skript ein Fenster oder Frame bewegt.

Kompatibilität
JavaScript 1.2

Event-Eigenschaften
onMove hat die folgenden Event-Eigenschaften:

type
Gibt den Typ des Events an.

target
Gibt das Objekt an, an das das Event ursprünglich geschickt wurde.

screenX, screenY
Gibt die Position der oberen linken Ecke des Fensters oder Frames an.

onReset

Event-Handler für `Form`. Führt JavaScript-Code aus, wenn ein *reset*-Event auftritt, das heißt, wenn der Benutzer ein Formular (durch Betätigen des »Reset«-Buttons) zurücksetzt.

Kompatibilität
JavaScript 1.1

Event-Eigenschaften
onReset hat die folgenden Event-Eigenschaften:

type
Gibt den Typ des Events an.

target
Gibt das Objekt an, an das das Event ursprünglich geschickt wurde.

onResize

Event-Handler für `Window`. Führt JavaScript-Code aus, wenn ein *resize*-Event auftritt; das heißt, wenn der Benutzer oder das Skript die Größe eines Fensters oder Frames ändert.

Kompatibilität
JavaScript 1.2

Event-Eigenschaften
onResize hat die folgenden Event-Eigenschaften:

type
Gibt den Typ des Events an.

target

Gibt das Objekt an, an das das Event ursprünglich geschickt wurde.

width, height

Geben die Breite und Höhe des Fensters oder Frames an.

onSelect

Event-Handler für `Text` und `Textarea`. Führt JavaScript-Code aus, wenn ein `select`-Event auftritt, das heißt, wenn ein Benutzer Text im Textfeld oder Textarea-Feld markiert.

Kompatibilität

JavaScript 1.0

Event-Eigenschaften

onSelect hat die folgenden Event-Eigenschaften:

type

Gibt den Typ des Events an.

target

Gibt das Objekt an, an das das Event ursprünglich geschickt wurde.

onSubmit

Event-Handler für `Form`. Führt JavaScript-Code aus, wenn ein submit-Event auftritt, das heißt, wenn ein Benutzer ein Formular »abschickt«.

Kompatibilität

JavaScript 1.0

Event-Eigenschaften

onSubmit hat die folgenden Event-Eigenschaften:

type

Gibt den Typ des Events an.

target

Gibt das Objekt an, an das das Event ursprünglich geschickt wurde.

onUnload

Event-Handler für `Window`. Führt JavaScript-Code aus, wenn ein unload-Event auftritt, das heißt, wenn das Dokument aus dem Fenster entfernt wird.

Kompatibilität

JavaScript 1.0

Event-Eigenschaften

onUnload hat die folgenden Event-Eigenschaften:

type
: Gibt den Typ des Events an.

target
: Gibt das Objekt an, an das das Event ursprünglich geschickt wurde.

B

Webressourcen

Dieser Anhang enthält Links auf JavaScript- und webbezogene Ressourcen. Die Abschnitte enthalten Referenzen auf Resssourcen zu JavaScript, Perl und CGI sowie Grafik. Der letzte Abschnitt, »Ähnliche Anwendungen«, verweist auf andere Websites, auf denen Sie ähnliche Anwendungen wie in diesem Buch finden. Es ist gut zu sehen, wie andere Programmierer ähnliche Probleme lösen.

Coole JavaScript-Sites

Hierbei handelt es sich um ein paar Sites, die JavaScript verwenden, um die Dinge zum Laufen zu bringen. Der meiste Code ist pures JavaScript und DHTML. Eine Site benötigt das Macromedia-Plug-in Flash 3; jede halbwegs aktuelle Version 4.x oder 5.x von MSIE und NN wird es aber haben. Es ist eine Augenweide.

GaboCorp:
http://www.gabocorp.com/

Doc Ozone:
http://www.ozones.com/blueprint.html

Scrutinizer by Vivatrix:
http://vivatrix.com/demos/en/scrutinizer

Honda Automobiles:
http://www.honda2000.com/

Haznet's Fallout Shelter:
http://www.hudziak.com/haznet/javascript.html

JavaScript-Referenz

Diese URLs haben mir in den letzten Monaten ungeheuer geholfen. Sie werden auch Ihnen helfen. Sie finden dort JavaScript-Referenzmaterial, Tutorials, Skripten, Artikel und vieles mehr.

Referenz für Core JavaScript:
http://developer.netscape.com/docs/manuals/js/core/jsref/contents.htm

Doc JavaScript:
http://www.webreference.com/js/

HotSyte – The JavaScript Resource:
http://www.serve.com/hotsyte/

Microsoft Scripting Technologies (JScript):
http://msdn.microsoft.com/scripting/default.htm?/scripting/jscript/default.htm

Microsoft Developer Network (JScript):
http://msdn.microsoft.com/developer/default.htm

The JavaScript Source:
http://javascript.internet.com/

Cut-n-Paste JavaScript:
http://www.infohiway.com/javascript/indexf.htm

JavaScriptWorld:
http://www.jsworld.com/

CNET Builder.com:
http://builder.cnet.com/Programming/

JavaScripts.com:
http://www.javascripts.com/

eScriptZone.com:
http://www.escriptzone.com/

JavaScript-FAQs

Sie haben Fragen. Die haben Antworten. Diese FAQs, insbesondere das von IRT.org, behandeln Themen von grundlegend bis komplex.

IRT.org:
http://www.irt.org/script/faq.htm

DevEdge NewsGroup FAQ:
http://developer.netscape.com/support/faqs/champions/javascript.html

JavaScript Beginner's FAQ:
http://www.it97.de/JavaScript/JS_tutorial/3rdless.html

Das JavaScript Mini-FAQ:
http://www.dannyg.com/javascript/jsminifaq.html

DHTML-Referenzen

Die folgenden URLs sind eine gute Quelle, um sich auf dem aktuellen Stand in Sachen DHTML zu halten. Viele der Artikel auf diesen Sites behandeln browserübergreifende Themen oder geben eine gründliche Erläuterung IE- oder NN-spezifischer Themen.

DevHead dHTML:
http://www.zdnet.com/devhead/filters/dhtml/

Dynamic HTML Zone:
http://www.dhtmlzone.com/index.html

Dynamic Drive:
http://www.dynamicdrive.com/

Inside DHTML:
http://www.SiteExperts.com/

The Dynamic Duo:
http://www.dansteinman.com/dynduo/

Frequently Asked Questions About Dynamic HTML:
http://msdn.microsoft.com/workshop/author/dhtml/dhtmlqa.asp

Referenzen für das Document Object Model

Diese Quellen stellen Informationen über die vom World Wide Web Consortium herausgegebenen Normen für das Document Object Model zur Verfügung.

Document Object Model:
http://www.w3.org/DOM/

Document Object Model FAQ:
http://www.w3.org/DOM/faq.html

Perl/CGI-Referenzen

Wenn Sie sich das Common Gateway Interface und Perl näher ansehen wollen, fangen Sie hier an. Perl-Ressourcen sind so umfangreich wie die Sprache selbst. Sorgen Sie dafür, daß Sie sehr viele Module für zusätzliche Funktionalitäten herunterladen.

Perl.com:
http://www.perl.com/pace/pub

Perl Reference Page:
http://reference.perl.com/query.cgi?section=tutorials

Eine Einführung in das Common Gateway Interface:
http://www.utoronto.ca/webdocs/CGI/cgi1.html

Grafik-Ressourcen

Da Grafik und JavaScript letzten Endes doch irgendwo zusammengehören, geben Ihnen die URLs hier ein paar Ressourcen zu Artikeln und kostenlosen Grafiken.

Cooltype.com:
http://cooltype.webpedia.com/

Screamdesign:
http://www.screamdesign.com/

Site Builder Workshop – Image Gallery:
http://msdn.microsoft.com/downloads/images/default.asp

Ähnliche Anwendungen

Dieser Abschnitt enthält Links zu Sites mit Anwendungen, die den in diesem Buch besprochenen ähneln oder sich zumindest im selben Bereich befinden.

Suchmaschinen für die Client-Seite

Die meisten JavaScript-Suchmaschinen, die ich auf dem Web gefunden habe, sind dazu entwickelt, Anfragen an mehrere Suchmaschinen wie Yahoo!, Infoseek und AltaVista zu schicken. Hier sind ein paar Sites mit client-seitigen JavaScript-Suchanwendungen. Alle scheinen gut zu funktionieren, aber keine hat die Funktionalität der Anwendung in Kapitel 1. Wie dem auch sei, sehen Sie sie sich an. Wenn Sie sich den Quellcode anschauen, gibt Ihnen das vielleicht einige Anregungen.

The Computer Crap Search Engine:
http://www.geocities.com/SiliconValley/Horizon/2188/search.html

Ich habe kreativere Titel gesehen; der Autor Nathan Wiegand benutzt aber ähnliche Programmiertechniken wie die hier besprochenen.

Online-Tests

Sie müssen schon genau hingucken, aber Sie können dort draußen JavaScript-Tests finden. Hier sind ein paar, die ich gefunden habe.

Hardware Fundamentals Practice Test:
http://www.cit.ac.nz/smac/hf100/test1s.htm

Dieser Test ist ist recht hübsch. Es ist ein Praxistest über Diskformatierung, Festplattenpartitionierung, Speicherkapazität und mehr. Das besondere dabei ist, daß die Anwendung Ihnen sofort bei der Antwort sagt, ob Sie recht hatten. Eigentlich handelt es sich um eine Serie von Praxistests. Versuchen Sie denselben Pfad mit *test2s.htm* bis *test9.htm* (Sie finden nichts bei *test6.htm*). Sie können mehr Tests von dieser Sorte über das Thema C-Programmierung unter *http://www.cit.ac.nz/smac/cprogram/c_054s.htm* finden. Diese Tests werden vom Central Institute of Technology in Neuseeland zur Verfügung gestellt.

Norm's Multiple Choice Test:
http://lisa.unomaha.edu/2.0/test.html

Der gelbe Hintergrund wirft Sie vielleicht nicht gerade um, aber auch dieser Test erledigt seine Aufgabe unter Verwendung von JavaScript. Anstatt die Seite immer wieder neu zu schreiben, setzt dieser Test Fragen und Antworten in Formularfelder ein. Er führt auch über Ihr Gesamtresultat Buch.

Diashows

Hier sind ein paar interessante Diashow-Anwendungen.

web blazonry:
http://blazonry.com/javascript/slideshow/

Diese coole Diashow stellt die Evolution der *mkaz*-Website dar, vermutlich von ihrem Anfang an. Reine Bildrollover.

Apartment Home Animated Virtual Tour:
http://www.mark-taylor.com/virtualtour/index.htm

Diese automatisierte Diashow führt die Benutzer durch einen Komplex mit Apartmenthäusern. Das Herunterladen der Bilder ist ziemlich langwierig. Dem Entwickler ist das aber klar, und er versucht, Sie derweil zu unterhalten, damit Sie sich während des Ladens nicht anderswohin verklicken.

Schnittstellen zu mehreren Suchmaschinen

An JavaScript-Suchmaschinen im Internet besteht kein Mangel. Hier sind zwei von den Dutzenden, die mir begegnet sind.

Virtual Meta Search 2:
http://WebcastLinks.com/vmsearch/vmsearch.html

Diese Anwendung läßt Sie bis zu sechs aus 31 Suchmaschinen wählen und gibt dann die Ergebnisse von jeder Suchmaschine in separaten Frames zurück.

Computer ESP Bargain Agent:
http://www.shopper.com/shop/

Anstatt Suchmaschinen-Datenbanken abzufragen, durchsucht diese Anwendung die Datenbanken von Online-Computerläden, so daß Sie die Ausrüstung finden können, die Sie brauchen.

Rollover-Generatoren

Im Internet gibt es eine Anzahl von Rolloveranwendungen. Warum besuchen Sie diese Sites nicht einmal, und sehen sich an, aus was sie gemacht sind?

The Mighty Mouseover Machine:
http://builder.cnet.com/Programming/Kahn/012898/index.html

Charity Khans Site bekommt wahrscheinlich mehr Hits, als Builder.com verarbeiten kann. Ihre Anwendung verwendet ein externes Fenster, um eine Bildschablone herzustellen und schließlich den Code zu erzeugen.

OnMouseOver Whipper:
http://wsabstract.com/mousewhipper/index.htm

Diese Webabstraktionsanwendung erlaubt nur ein Bildpaar auf einmal. Sie ist aber trotzdem recht interessant, weil der Programmierer ein tolles Auto-Detect-Feature hinzugefügt hat, das auf die Breite und Höhe der Bilder zugreift. Die Anwendung findet diese Werte sie für Sie heraus. Dann müssen Sie nur noch ein *Image()*-Objekt erzeugen, aus dem die Eigenschaften geholt werden können. Hübsche Arbeit.

JavaScript Rollover Generator:
http://webreview.com/wr/pub/98/03/13/coder/rollover.html

Wie beim Whipper können Sie nur ein Paar auf einmal bearbeiten. Sie können aber jede Menge Einstellungen vornehmen. Sie können das Rollover auch in einer Vorschau ansehen, bevor Sie den Code behalten.

Bibliotheken

Ich habe den Markt für JavaScript-Bibliotheken ganz bestimmt nicht unter Kontrolle. Die hier aufgelisteten Bibliotheken enthalten einigen strapazierfähigen Code, der DHTML ausspuckt. Wenn Sie ein paar freie Stunden haben, laden Sie sich doch diese Bibliotheken herunter, und versuchen Sie, den Code zu verstehen. Sie könnten dabei ein paar Neuronen verlieren, Ihr Investment wird sich aber in großen Programmierdividenden auszahlen.

DHTMLLib Version 2:
http://www.insidedhtml.com/dhtmllib/page1.asp

Diese Bibliothek von InsideDHTML.com ist der Aufhänger für browserübergreifenden Anwendungsbau. Auf dem Document Object Model von MSIE basierend, ermöglicht diese Bibliothek es Ihnen, Code zu schreiben, der von beiden Object Models (NN und MSIE) unterstützt wird.

FreeDOM:
http://www.builder.com/Programming/FreeDOM/

Diese bei C|Net erhältliche Bibliothek ermöglicht es Ihnen, JavaScript-Objekte außerhalb des Kontexts der DOMs besser erzeugen und bearbeiten zu können.

Die JavaScript Menü-Komponente:
http://developer.netscape.com/viewsource/smith_menu/smith_menu.html

Die Netscape-Bibliotheksdateien (*menu.js*) ermöglichen es Ihnen, einfach schwebende Menüs mit Untermenüs hinzuzufügen. Habe ich den Begriff »browserübergreifend« erwähnt? Sehen Sie sich diese Website an.

JavaScript-DHTML-Listen zum Zusammenklappen:
http://developer.netscape.com/docs/technote/dynhtml/collapse/index.html#xbrowser

Der hier dokumentierte Code ermöglicht es Ihnen, zusammenklappbare Strukturen wie im Windows Explorer zu erzeugen, um Ihre Inhalte zu ordnen und zu linken. Sie werden sogar einen Link auf einen Codegenerator finden, der Ihnen bei der Erstellung des DHTML-Codes hilft.

ScriptBuilder.com:
http://www.scriptbuilder.com/netobjects/library.nsf/By+Language

Diese Sammlung von NetObjects-Skripten enthält jede Menge Code, den Sie kopieren und einfügen können. Nicht aller Code ist in *.js*-Dateien gespeichert, Sie und Ihr Texteditor können das aber alles ändern.

Cookies

Die folgenden zwei Links zeigen auf eine Anzahl von Cookie-Anwendungen. Sie rangieren von einfach bis fortgeschritten, genug, um Sie für eine Zeitlang beschäftigt zu halten.

Cookie-Demos:
http://www.cookiecentral.com/demomain.htm

Diese Seite enthält eine Liste mit Links zu Cookie-Demos von Cookie Central. Die Anwendungen umfassen das Setzen von Benutzereinstellungen, individuelles Zählen von Besuchen und Browsererkennung.

Einkaufskorb mit Cookies:
http://www.ozemail.com.au/~dcrombie/cartdemo/index.html

Hier können Sie sehen, wie sich Cookies in Einkaufskorb-Anwendungen verwenden lassen. Sie können sie umarbeiten und zur Online-Shop-Anwendung in Kapitel 8 hinzufügen.

Einkaufskörbe

JavaScript-Einkaufskörbe sind nicht neu im Internet. Sehen Sie sich die folgenden an. Alle außer den ersten beiden sind kostenlos.

Shop@ssitant:

http://www.floyd.co.uk/

Diese kommerzielle Anwendung hat viele Merkmale und Vorzüge für den Web-Shopper. Sie wurde von einem qualifizierten Team von JavaScript-Gurus entwikkelt, lassen Sie sich also nicht einschüchtern.

Shopmaster:

http://www.shopmaster.net/shopmaster/shop.htm

Die Anwendung auf dieser Site demonstriert einen ziemlich robusten Einkaufskorb, komplett mit Thumbnail-Bildern für Gruppenanzeigen, Produktinfoanzeige mit Mausovern und mehr.

Ein einfaches Einkaufskorb-Programm:

http://lymdenlodge.hypermart.net/ShoppingCart.htm

Dieses Programm ist in der Tat einfach, es könnte aber völlig ausreichen, wenn Sie nur wenige gut bekannte Produkte verscherbeln wollen. Produktauswahl, Kostenberechnung und Zahlungsinformationen sind alle auf einer Seite untergebracht.

JShop JavaScript-Einkaufskorb:

http://javaboutique.internet.com/JShop/

Diese Anwendung von JavaBoutique ist ein guter, einfacher Einkaufskorb. Sie hat Potential, Sie werden aber wahrscheinlich ziemlich viel Code dazuschreiben müssen, um sie für sich zum Laufen zu bringen.

Einkaufskorb mit Cookies:

http://www.ozemail.com.au/~dcrombie/cartdemo/index.html

Eine gute Site, um zu sehen, wie sich Cookies in Einkaufskorb-Anwendungen verwenden lassen. Dann können Sie sie überarbeiten und zur Online-Shop-Anwendung in Kapitel 8 hinzufügen.

Chiffren

Sie können haufenweise Sites mit großartigen Informationen über Chiffren finden. Sites, die JavaScript zu ihrer Demonstration verwenden, scheint es aber nur vereinzelt zu geben. Wenn Sie welche finden, sagen Sie mir Bescheid.

RSA Algorithm JavaScript Page:

http://www.orst.edu/dept/honors/makmur/

Diese mehrseitige Einführung in die RSA-Verschlüsselung zeigt Ihnen, wie Sie eine sehr einfache Form von RSA mit JavaScript implementieren können. Wenn Sie sich den Code näher ansehen wollen, sollten Sie gute Grundkenntnisse in der Zerlegung von Primzahlen mitbringen.

Ziehen und Ablegen

Diese Links zeigen auf ein paar Ressourcen, die Browser-Eventmodels und JavaScript einsetzen.

DHTMLLib Demos/ Drag and Drop:
http://www.insidedhtml.com/dhtmllib/demos/dragdrop.asp

Diese Demo ist Teil der SiteExperts DHTMLLib-Bibliothek, die bereits erwähnt wurde. Das schließt browserübergreifenden DHTML-Code ein, der ein gleichmäßiges Ziehen und Ablegen ermöglicht.

Netscape's Visual DHTML:
http://developer.netscape.com/docs/examples/dynhtml/visual/index.html

Browserabhängige Technologie liegt mir nicht so, aber dieser Drag-and-Drop-DHTML-Editor für Netscape ist toll. Diese Anwendung schöpft JavaScript 1.2 voll aus, um dem Benutzer oder der Benutzerin eine web-basierte grafische Schnittstelle zu geben. Auch wenn Sie nicht vorhaben, die Anwendung zu benutzen, sollten Sie die Demo fahren, um zu sehen, wie alles funktionert.

Drag and Drop:
http://www.dpunkt.de/javascript/bsp/script2/dragdrop/index.html

Diese kleine Beispielseite (in Deutsch) gibt Ihnen eine weitere Perspektive zum Ziehen und Ablegen.

Coolnerds Dynamic HTML Examples:
http://www.milliscrip.com/webauth/dhtml/dragdrop.htm

Ich würde das ein Online-Phantombild nennen. Bauen Sie Ihr eigenes Gesicht, indem Sie die gewünschten Haare, Augen, Mund, Nase und mehr ziehen und ablegen. Dabei handelt es sich eigentlich um ein VBScript-Beispiel, aber Sie können wenigstens sehen, wie das DOM arbeitet.

Kontextabhängige Hilfe

Eine Online-Hilfe-Anwendung wie die in Kapitel 11 beschriebene muß mir auf dem Netz erst noch begegnen. Den Code unter den folgenden Links werden Sie aber nicht als Zeitverschwendung empfinden. Jede Anwendung verwendet ähnlichen Code, um coole, aber leicht verschiedene Effekte zu erzeugen.

Die Microsoft Homepage:
http://www.microsoft.com/ms.htm

Direkt von der Homepage aus haben die Microsoft-Entwickler ausklappbare Listen in der Navigationsleiste implementiert. Jede Liste bietet Links zu anderen Seiten oder auch zu anderen Listen.

Die JavaScript-Menü-Komponente:
http://developer.netscape.com/viewsource/smith_menu/smith_menu.html

Dieser Artikel führt Sie Schritt für Schritt durch den Prozeß der browserübergreifenden Erzeugung von DHTML-Menüs, die denen auf der Microsoft-Homepage ähneln. Der Autor Gary Smith packt die Sache lohnenswerterweise objektorientiert an.

Das Menu Toolkit:

http://www.insidedhtml.com/constsets/menus/menubar.asp

Diese Demo stammt aus einem der vielen Toolkits von inside DHTML. Benutzen Sie diesen Code.

C

Perl-Skripte verwenden

Dieser Anhang enthält vier Abschnitte:

1. Ein Überblick über Perl/CGI
2. Perl herunterladen
3. Das Online-Shop-Skript – *shop.cgi*
4. Das Skript für die CyberGrüße – *greet.cgi*

Der erste Abschnitt enthält ein paar Hintergrundinformationen zu Perl und erwähnt einige seiner Vorteile. Der nächste Abschnitt sagt Ihnen, von wo Sie Perl herunterladen können, und nennt verschiedene, vom Betriebssystem abhängige Alternativen. Die letzten beiden Abschnitte erklären, wie die Perl-Skripte in Kapitel 8, *Der JavaScript-Online-Shop mit Einkaufskorb*, und Kapitel 10, *CyberGrüße: Drag-und-Drop-E-Mail*, arbeiten.

Ein Überblick über Perl/CGI

Die Abkürzung Perl steht für Practical Extraction and Report Language. Perl wurde ursprünglich zur Text- und Dateibearbeitung entwickelt, hat sich aber auch zur Verwaltung von Systemaufgaben und bei der Erzeugung dynamischer Inhalte für das Web bewährt. Perl hat seine Wurzeln in Programmiersprachen wie C, sed, awk und sh.

Was ist so gut an Perl?

Perl ist aus einer ganzen Anzahl von Gründen populär. Als Sprache ist Perl ziemlich einfach zu lernen. Es ist vergleichsweise leistungsfähig. Es wird in fast allen denkbaren Programmierszenarien eingesetzt. Hier sind einige der vielen Einsatzgebiete von Perl:

- dynamische Webseiteninhalte
- CGI-Skripte für zahllose Webanwendungen

- Datenbankzugriff
- Konstruktion von Suchmaschinen und Webrobotern
- Paßwortschutz und andere Verschlüsselung
- Systemverwaltung, Site-Logging und regelmäßige Aufgaben
- Netzwerkaufgaben und anderes Skripting
- Chatserver und Message Boards

Perl ist dabei, schnell seinen Weg in viele andere Arenen zu finden. Sie können Perl wie folgt verwenden:

- um Java, C, VisualBasic, Delphi und anderen Code zu erweitern
- in Anwendungen mit XML (Extensible Markup Language)
- als PerlScript, eine ActiveX-Skriptmaschine

Perl ist kostenlos. Sie können es von der Site des CPAN (Comprehensive Perl Archive Network) unter *http://www.perl.com/CPAN/* bekommen. Windows-Benutzer können es auch von der ActiveState-Site unter *http://www.activestate.com/* beziehen.

Perl hat eine sehr große und loyale Gefolgschaft. Programmierer erweitern ständig die Hunderte, wenn nicht Tausende Module und Anwendungen, die geschrieben wurden, und die Sie einfach auf Ihrer Website implementieren können. Die überwiegende Mehrheit dieser Programme ist kostenlos. Die Popularität von Perl bringt es mit sich, daß Sie auch tonnenweise Dokumentation, Unterstützung und erfahrene Programmierer auf der ganzen Welt finden.

Perl läuft auf vielen Plattformen, einschließlich Unix, VMS, MS-DOS, Windows NT/98/95, OS/2 und anderen. Der meiste Code, den Sie schreiben, läßt sich von Betriebssystem zu Betriebssystem portieren.

Was ist nicht so gut an Perl?

Das größte Problem, das Entwickler mit Perl haben, ist seine Geschwindigkeit. Perl ist in der Ausführung vergleichsweise langsamer als kompilierte Sprachen wie C. In der Webumgebung müssen CGI-Skripte (mehr über das Common Gateway Interface folgt in Kürze), die in Perl (und anderen Sprachen) geschrieben sind, jedesmal von der Festplatte gelesen und als neue Prozesse ausgeführt werden, wenn sie aufgerufen werden. Technologien wie Active Server Pages und Java-Servlets können im selben Speicherbereich wie der Webserver ablaufen, was die Ausführung sehr beschleunigt. Entwicklungen wie Perl für ISAPI und das neuere PerlEx haben die Leistung bedeutend erhöht.

Ein anderer Nachteil besteht darin, daß Perl nicht als elegante (gutaussehende) Sprache gilt. Perl ersetzt Schönheit durch Zweckmäßigkeit. Es funktioniert, kann aber häßlich aussehen.

Perl und CGI

Wenn Sie Ihren Browser dazu verwenden, eine Datei mit der Erweiterung *.html* von einem Webserver anzufordern, dann bekommen Sie ein statisches Dokument. Das bedeutet, daß diese Datei in einem Verzeichnis auf dem Server existiert. Sie könnten sich an diesen Computer setzen, die Datei in einem Texteditor öffnen und dieselben Daten ansehen, die auch an Ihren Browser geschickt werden.

Wenn Sie eine *.cgi*-Datei (oder eine Datei mit *.pl-*, *.plx-* oder einer anderen Erweiterung) anfordern, dann bekommen Sie nicht den Code, der in der Datei geschrieben steht. Statt dessen führt der Webserver die Datei mit der Engine aus, für die die Datei konfiguriert ist (in unserem Fall Perl), und sendet die Ausgabe an den Browser zurück. Was Sie in Ihrem Browser sehen, existiert auf dem Webserver nicht. Der Inhalt wird erzeugt, wenn Sie ihn anfordern.

Der gesamte Prozeß des Anforderns und Empfangens von Ausgabedaten wird über CGI, das Common Gateway Interface, abgewickelt. CGI ist eine Standardschnittstelle für HTTP-Server. Die Sprache auf der Server-Seite muß dabei übrigens nicht Perl sein. Es gibt jede Menge CGI-Skripte, die in C und C++, Python, Fortran, AppleScript oder anderen Sprachen geschrieben sind. Weitere Details können Sie der Perl CGI Programming-FAQ unter *http://www.cpan.org/doc/FAQs/cgi/perl-cgi-faq.html* entnehmen.

Warum CGI verwenden?

Obwohl ColdFusion, Active Server Pages und andere Technologien generell mehr leisten als CGI-Skripte, wird der CGI-Standard immer noch im ganzen Netz verwendet. Es gibt auch jede Menge Webserver auf der Welt, die mit Perl arbeiten. Zudem ist es kostenlos. Da sich diese Software nahezu überall befindet, macht es Sinn, den serverseitigen Teil der JavaScript-Applikationen in etwas zu schreiben, auf das jeder relativ einfach zugreifen kann. Ich denke auch, daß Sie es relativ einfach finden werden, den Skripten zu folgen.

Auf Nummer Sicher gehen

Ein Wort der Warnung ist angebracht. CGI-Skripte sind äußerst leistungsfähig, da sie einem entfernten Benutzer die Ausführung von Code auf dem Webserver ermöglichen. Wenn Sie ein CGI-Skript schreiben, dann können Sie sehr einfach mehr bekommen, als Sie bestellt haben.

Viele CGI-Skripte werden leichtsinnigerweise in der Annahme entwickelt, daß die Eingabedaten für das CGI-Skript bestimmten Formaten oder Typen gehorchen. Wenn das CGI-Skript aber nicht sicher mit *beliebigen* Eingabedaten umgehen kann, die ihm vom Webbenutzer übergeben werden (z.B. über ein Formular, das speziell zum Hacken einer Site entwickelt wird), dann kann ein böswilliger Benutzer Formulardaten einreichen, mit denen das Skript Aufgaben ausführt, für die es nicht entwickelt wurde.

Abhängig von den Sicherheitslücken in Ihrem Skript und der Konfiguration Ihres Servers kann das vom böswilligen Ablegen oder Überschreiben von Webinhalten auf Ihrem Server bis hin zum Ausspionieren von Paßwortdateien und unautorisiertem Root-Zugriff auf Ihren Computer oder sogar Ihren ISP reichen. Aus diesem Grund bestehen viele ISPs immer noch darauf, daß auf ihren Servern nur genehmigte CGI-Skripte laufen.

Mit einigen Sicherheitsmaßnahmen ist es jedoch möglich, CGI-Skripte zu schreiben, die (jedenfalls nach dem derzeitigen Wissensstand) sicher sind. Für weitere Informationen über CGI-Sicherheit sollten Sie die CGI Security FAQ unter *http://www.w3.org/Security/faq/www-security-faq.html* lesen. Wenn Sie Ihre eigenen Skripte schreiben wollen, ist das Pflichtlektüre.

Perl herunterladen

Sie müssen Perl auf Ihrem Webserver installiert haben. Auf den meisten Webserver-Hosts ist es vorhanden. Wenn Sie Perl selbst installieren müssen, dann können Sie die neueste Perl-Distribution kostenlos unter *ftp://ftp.rge.com/pub/languages/perl/ports/index.html* bekommen.

Klicken Sie einfach auf den Link, der Ihrem Betriebssystem entspricht. Wenn Sie mit WinNT/98/95 arbeiten, können Sie die neuesten Perl-Binärdateien und Informationen unter *http://www.activestate.com/pw32/* bekommen. Wenn Sie mehr Leistung und Merkmale wollen, sehen Sie sich ActivePerl – einen bedeutenden Fortschritt in der Win32-Perl-Distribution – unter *http://www.activestate.com/ActivePerl/* an.

Beide Websites stellen eine Dokumentation zur Installation und Konfiguration von Perl zur Verfügung. Wenn Sie Windows haben, ist es aber ziemlich einfach. Egal ob Sie die normalen Win32-Binärdateien oder das ActivePerl-Package installieren, die Installation benötigt nur ein paar Schritte und konfiguriert sogar Ihren Webserver (wie den Microsoft Internet Information Server, Peer Web Services oder Personal Web Server) zur Ausführung von Perl-Skripten. Die Installation und Konfiguration von Perl für Unix und andere Betriebssysteme ist generell etwas komplizierter. Sehen Sie sich die beiliegende Dokumentation auf jeden Fall an.

Wenn Perl erst einmal installiert ist, dann muß der Webserver konfiguriert werden, so daß Perl-Skripte ausgeführt werden können. Wenn Ihr Webserver-Host Perl installiert hat, dann ist das vermutlich schon passiert. Fragen Sie Ihren Website-Administrator. Wenn Sie Ihr eigener Administrator sind, dann werden Sie vermutlich den Webserver konfigurieren müssen. Bei beliebten Webservern wie dem Internet Information Server von Microsoft, Netscape's Enterprise Server, O'Reilly's WebSite Pro, Apache von der Apache Group und anderen ist das üblicherweise eine ziemlich einfache Operation. Sehen Sie sich die Online-Dokumentation Ihres Webservers an, um Unterstützung zu finden.

Das Online-Shop-Skript - shop.cgi

Beispiel C-1 ist das Skript für Kapitel 8. Das Skript ist hier hauptsächlich zur Verfügung gestellt, damit Sie von Anfang bis Ende sehen können, wie der Online-Shop funktioniert. Das Skript funktioniert gut, ist aber primitiv. Wenn Sie ein leistungsfähiges Verkaufsprogramm mit zahlreichen server-seitigen Optionen suchen, dann schlage ich vor, daß Sie sich nach einer besseren Lösung umsehen.

Denken Sie daran, daß Kunden vertrauliche Kreditkarteninformationen über das Bestellformular übergeben. Wenn diese Informationen vor dem Abschicken nicht anständig geschützt werden, dann können sie leicht in die falschen Hände fallen und illegal genutzt werden. Um das zu verhindern, sollte Ihr Webserver-Host einen Schutzmechanismus wie Secure Sockets Layer (SSL) zur Verfügung stellen, ein Protokoll, das zur Verschlüsselung verwendet wird. Die meisten Webserver-Hosts unterstützen es. Sie sollten Ihren Website-Administrator fragen. Mehr Informationen über SSL können Sie unter *http://webopedia.internet.com/TERM/S/SSL.html* finden.

shop.cgi hat drei Aufgaben:

1. Alle Produkt- und Kundeninformationen ermitteln
2. Diese Informationen in einer Textdatei mit einzigartigem Namen auf dem Webserver speichern
3. Eine Bestätigungsseite an den Browser zurücksenden

Einige Webserver-Hosts verlangen, daß Sie CGI-Skripte mit der Erweiterung *.pl* statt *.cgi* ausführen. Das ist keine große Angelegenheit. Benennen Sie die Datei einfach in *shop.pl* um.

Sehen wir uns an, wie *shop.cgi* sich um alle drei Aufgaben kümmert. Wenn Sie sich diesen Code ansehen, dann denken Sie daran, daß Sie die Syntax nicht verstehen müssen. Dieses Buch hat nicht Perl zum Thema. Versuchen Sie einfach, von einem Schritt zum nächsten zu verfolgen, was der Code macht.

Beispiel C-1: shop.cgi

```
#!/usr/bin/perl

$orderdir = '/users/onlineshop/orders/';

require "cgi-lib.pl";

print "Content-type: text/html\n\n";
```

Beispiel C-1: shop.cgi (Fortsetzung)

```

&ReadParse(*in);

$orderno = $$.  '_' . time();
$filename = $orderdir . 'order' . $orderno .  '.txt';

open(FILE,">$filename");
select(FILE);
printInfo();
close(FILE);
select(STDOUT);
printInfo();

exit 0;

sub printInfo() {
$clock = localtime();

print <<CUSTOMER_INFO;
<PRE><FONT FACE=Tahoma SIZE=3>
<H2>Online-Shop Bestellbest&auml;tigung</H2>

<B>$clock</B>
<B>Referenznummer: $orderno</B>


--------------------
Kundeninformation

Kunde Vorname: $in{'fname'}
Kunde Nachname   $in{'lname'}
Firmenname:         $in{'cname'}
Stra&szlig;enanschrift 1:    $in{'saddress1'}
Stra&szlig;enanschrift 2:    $in{'saddress2'}
Stadt:                 $in{'city'}
Bundesland:       $in{'stpro'}
Land:               $in{'country'}
PLZ:        $in{'zip'}

CUSTOMER_INFO

print <<PAYMENT_INFO;

Zahlungsinformationen

Kreditkartentyp:    $in{'ctype'}
Kreditkartennummer:  $in{'cnumb'}
Ablaufdatum:     $in{'edate'}

PAYMENT_INFO

print "Produktinformationen\n\n";
```

Beispiel C-1: shop.cgi (Fortsetzung)

```
60
61 $idx = 0;
62
63 while ($in{'prod' . $idx}) {
64   @getProdInfo = split("-", $in{'prod' . $idx});
65   print "Bestellnummer:\t\t$getProdInfo[0]\n";
66   print "\Menge:\t$getProdInfo[1]\n\n";
67   $idx++;
68   }
69
70 print <<TOTAL_INFO;
71
72 Summen (&euro;)
73
74 Zwischensumme:       $in{'subtotal'}
75 Steuern:      $in{'taxtotal'}
76 Versand:      $in{'shiptotal'}
77 Gesamt:       $in{'bagtotal'}
78
79 --------------------
80 </FONT></PRE>
81 TOTAL_INFO
82 }
```

Die Produktinformationen ermitteln

Der erste Schritt ist eigentlich ziemlich kompliziert. Die harte Arbeit anderer Programmierer macht ihn aber zum Kinderspiel. Fangen wir mit den Zeilen 1 bis 9 an:

```
#!/usr/bin/perl

$orderdir = '/users/onlineshop/orders/';

require "cgi-lib.pl";

print "Content-type: text/html\n\n";

&ReadParse(*in);
```

Die erste Zeile ist in allen CGI-Skripten dieselbe. Sie sagt dem Server, wo er Perl finden kann. Der Pfad ist von Computer zu Computer verschieden, Sie müssen also gegebenenfalls Ihren Website-Administrator fragen. Wenn Sie einen Windows-Rechner haben, wird diese Zeile ignoriert. Die nächste Zeile bestimmt, in welchem Verzeichnis Sie Ihre Bestelldateien abspeichern wollen. Dieses Verzeichnis sollte sicherheitshalber nicht vom Web aus einsehbar sein. Die folgende Zeile weist Perl an, Code aus einer Bibliotheksdatei namens *cgi-lib.pl* einzubeziehen (die als Standard bei den meisten Perl-Installationen mitgeliefert wird). Sie enthält den Code, der die vom HTML-Formular abgeschickten Informationen liest. Jetzt müssen wir nur noch die korrekte Perl-Subroutine aufrufen, und das Skript liest alle vom Formular gelieferten Informationen und speichert sie in uns zugänglichen Variablen ab.

Die nächste Zeile gibt eine HTTP-Kopfzeile aus. Diese Kopfzeile zeigt dem Browser den MIME-Typ (Multipart Internet Mail Extension) an, der angibt, welche Art von Informationen zu erwarten sind. Er ist auf *text/html* gesetzt. Andere MIME-Typen sind u.a. *image/gif* und *text/plain*.

JavaScript verwendet Funktionen und Methoden; Perl verwendet Funktionen, Methoden und Subroutinen. Die Subroutine `ReadParse()` aus *cgi-lib.pl* liest die HTML-Formulardaten aus der Standardeingabe und speichert die Daten in einem assoziativen Array namens *%in*, das ihr per Referenz **in* übergeben wird. Ein assoziatives Array besteht aus Schlüssel-Wert-Paaren. In unserem Fall sind die Schlüssel die Namen der Formularfelder, und die Werte sind deren vom Benutzer oder der Benutzerin übergebenen Inhalte. `$in{'lname'}` ergibt zum Beispiel den Nachnamen, z.B. »Müller«.

Wir kommen gleich noch zu den Formulardaten, zunächst ist es aber gut zu wissen, daß wir sie haben. Machen wir weiter.

Die Informationen in einer Datei auf dem Webserver speichern

Jetzt haben wir die Formulardaten. Lassen Sie uns eine Datei erzeugen, in der wir sie ablegen können. Die Zeilen 11 und 12 erzeugen eine einzigartige Auftragsnummer und daraus einen einzigartigen Dateinamen:

```
$orderno = $$ . '_' . time();
$filename = $orderdir . 'order' . $orderno . '.txt';
```

Der Code `$orderno = $$ . '_' . time();` erzeugt eine Zeichenkette aus der Prozeßnummer und der Systemzeit, die auch als Auftragsnummer dient. Da nie zwei CGI-Prozesse gleichzeitig mit derselben Prozeßnummer laufen, ist diese Zeichenkette bei jedem Aufruf des Skripts einzigartig. Als nächstes erzeugt Perl eine Variable namens *$filename*, die den einzigartigen Dateinamen enthält. Der Dateiname wird aus dem Auftragsverzeichnis, dem String »order«, der Auftragsnummer und der Erweiterung ».txt« zusammengesetzt:

```
$filename = $orderdir . 'order' . $orderno . '.txt';
```

Sobald der Wert von *$filename* bestimmt ist, macht Perl mit den Zeilen 14 bis 17 weiter:

```
open(FILE,">$filename.txt");
select(FILE);
printInfo();
close(FILE);
```

Dieser Code öffnet (erzeugt) eine Datei unter Verwendung der Variablen *$filename*. Der Code in `select(FILE)` weist Perl an, die Ausgabe bis auf Widerruf in die neugeschaffene Datei umzuleiten. Jetzt müssen wir nur noch den Inhalt hinüberschicken. Das wird durch die Subroutine `printInfo()` erledigt. Sie können das in den Zeilen 23 bis 82 sehen:

```
sub printInfo() {
$clock = localtime();
```

```
print <<CUSTOMER_INFO;
<PRE><FONT FACE=Tahoma SIZE=3>
<H2>Online-Shop Bestellbest&auml;tigung</H2>

<B>$clock</B>
<B>Referenznummer: $orderno</B>


--------------------
Kundeninformation

Kunde Vorname: $in{'fname'}
Kunde Nachname   $in{'lname'}
Firmenname:        $in{'cname'}
Stra&szlig;enanschrift 1:    $in{'saddress1'}
Stra&szlig;enanschrift 2:    $in{'saddress2'}
Stadt:                   $in{'city'}
Bundesland:       $in{'stpro'}
Land:               $in{'country'}
PLZ:       $in{'zip'}

CUSTOMER_INFO

print <<PAYMENT_INFO;

Zahlungsinformationen

Kreditkartentyp:    $in{'ctype'}
Kreditkartennummer:  $in{'cnumb'}
Ablaufdatum:     $in{'edate'}

PAYMENT_INFO

print "Produktinformationen\n\n";

$idx = 0;

while ($in{'prod' . $idx}) {
  @getProdInfo = split("-", $in{'prod' . $idx});
  print "Bestellnummer:\t\t$getProdInfo[0]\n";
  print "\Menge:\t$getProdInfo[1]\n\n";
  $idx++;
  }

print <<TOTAL_INFO;

Sumen (\$US)

Zwischensumme:       $in{'subtotal'}
Steuern:      $in{'taxtotal'}
Versand:     $in{'shiptotal'}
Gesamt:      $in{'bagtotal'}

--------------------
```

```
</FONT></PRE>
TOTAL_INFO
}
```

Wie der Name andeutet, gibt die Funktion `printInfo()` die Formulardaten aus. Als erstes generiert sie eine Zeit/Datumsmarke, indem sie die Variable *$clock* auf den Rückgabewert der Funktion `localtime()` setzt. Wir werden sie gleich verwenden. Der Ausdruck beginnt in Zeile 26. Der Code `<<CUSTOMER_INFO` markiert den Anfang eines sogenannten *here string*, der im Prinzip ein mehrzeiliger String zwischen zwei Bezeichnern ist. Dieser Bezeichner ist hier `CUSTOMER_INFO`. *Here strings* sind ziemlich nützlich, weil Sie sich nicht um Zeilenumbrüche oder einzelne und doppelte Anführungszeichen zu kümmern brauchen. Sie benutzen sie einfach so, als würden Sie einen Brief schreiben. Auf diese Weise gibt Perl alles aus, was zwischen `CUSTOMER_INFO` und `CUSTOMER_INFO` steht, und zwar:

```
<PRE><FONT FACE=Tahoma SIZE=3>
<H2>Online-Shop Bestellbest&auml;tigung</H2>

<B>$clock</B>
<B>Referenznummer: $orderno</B>


--------------------
Kundeninformation

Kunde Vorname: $in{'fname'}
Kunde Nachname    $in{'lname'}
Frimenname:         $in{'cname'}
Stra&szlig;enanschrift 1:    $in{'saddress1'}
Stra&szlig;enanschrift 2:    $in{'saddress2'}
Stadt:                  $in{'city'}
Bundesland:       $in{'stpro'}
Land:               $in{'country'}
PLZ:       $in{'zip'}
```

Beachten Sie, daß Sie Strings, die sich über mehrere Zeilen erstrecken, nicht zusammenfügen müssen. Sie tippen ganz einfach drauflos. Beachten Sie auch, daß Variablen interpretiert werden. Außer den einfachen Variablen *$clock* und *$orderno* betrifft das hier vor allem das assoziative Array `%in`. Mit anderen Worten, `$in{'lname'}` gibt nicht `$in{'lname'}` aus, sondern einen Namen, wie z.B. »Müller«.

Wenn Sie sich den Code sorgfältig anschauen, dann werden Sie sehen, daß die ersten Informationen, die ausgegeben werden, die Versandinformationen des Kunden sind. Danach kommt die Zahlungsinformation. Alle diese Informationen stammen aus bekannten Formularfeldern, wie die Felder mit den Namen *fname, lname* und *city*. Diese Felder werden vom Kunden ausgefüllt, also wissen wir, daß sie vorhanden sind.

Aber was ist mit der Produktinformation? Wir können eine beliebige Anzahl von Produkten bekommen. Wie weiß Perl, wie viele Produkte vorliegen? Es weiß es nicht. Die Zeilen 59 bis 68 erklären, warum das trotzdem in Ordnung ist:

```
print "Produktinformationen\n\n";

$idx = 0;

while ($in{'prod' . $idx}) {
  @getProdInfo = split("-", $in{'prod' . $idx});
  print "Bestellnummer:\t\t$getProdInfo[0]\n";
  print "\Menge:\t$getProdInfo[1]\n\n";
  $idx++;
  }
```

Erinnern Sie sich, daß der Online-Shop ein verstecktes Feld für jedes vom Kunden bestellte Produkt anlegt. Jedes dieser versteckten Felder wurde nach der Namenskonvention »prod« + Zahl genannt (z.B. *prod0*, *prod1*, *prod2* usw.). Perl deklariert einfach eine Variable *$idx* und setzt sie auf 0. Über eine vertraute `while`-Schleife in Zeile 63 verwendet Perl `$in{'prod' . $idx}`, um herauszufinden, ob *prod0* existiert. Wenn ja, dann muß die Variable Produktinformationen enthalten.

Perl verwendet dann seine `split()`-Funktion, um ein Array namens *@getProdInfo* mit zwei Elementen zu erhalten. Das erste Element enthält die Bestellnummer des Produkts; das zweite Element enthält die angeforderte Menge. Diese Informationen werden ausgegeben, dann wird *$idx* um eins erhöht. Perl durchläuft dann *prod1*, *prod2* usw., bis ein `$in{'prod' . $idx}` nicht existiert.

Sobald dieser Vorgang abgeschlossen ist, gibt Perl die Zwischensumme, Steuern und den Gesamtbetrag in den Zeilen 70 bis 81 aus:

```
print <<TOTAL_INFO;

Summen (&euro;)

Zwischensumme:       $in{'subtotal'}
Steuern:       $in{'taxtotal'}
Versand:      $in{'shiptotal'}
Gesamt:       $in{'bagtotal'}

--------------------
</FONT></PRE>
TOTAL_INFO
```

Eine Bestätigungsseite an den Kunden ausgeben

Mit diesen Zeilen endet die Subroutine, also macht Perl mit der Ausführung der Zeilen 17 bis 21 unter dem Aufruf von `printInfo()` weiter:

```
close(FILE);
select(STDOUT);
printInfo();

exit 0;
```

Da die Datei jetzt alle Informationen enthält, können wir sie schließen. `close(FILE)` kümmert sich darum. Was ist mit dem Kunden? Es wäre nett, ihn oder sie wissen zu lassen, daß die Bestellung empfangen worden ist. Warum geben wir also nicht dieselbe Information an den Kunden zurück, die wir schon in die Datei geschrieben haben? Der Aufruf von `select(STDOUT)` weist Perl an, wieder zur Standardausgabe zu schreiben, also in diesem Fall an den Browser (Sie erinnern sich, daß wir in Zeile 15 die Ausgabe auf *$filename* umgeschaltet haben). Jetzt müssen wir nur noch einmal `printInfo()` aufrufen, und die Transaktion ist abgeschlossen. Der Kunde bekommt einen Ausdruck.

Das Skript installieren

In *shop.cgi* müssen Sie in Zeile 3 eintragen, in welchem Verzeichnis Sie die Textdateien mit den Bestellungen ablegen wollen. Dieses Verzeichnis sollte nach Möglichkeit außerhalb der durch den Webserver einsehbaren Verzeichnisse liegen (ansonsten können unter Umständen Kundendaten vom Web aus eingesehen werden). Der Webserver muß Schreibrechte für das gewählte Verzeichnis haben.

Wenn Ihnen das Konzept von Berechtigungen neu ist, dann sollten Sie wissen, daß sie den Zugriff steuern, den Benutzer auf Verzeichnisse und Dateien haben. Um beispielsweise einfache HTML-Dateien anfordern zu können, müssen dem Verzeichnis, das die HTML-Dateien enthält, Leserechte zugewiesen werden, die dem Webserver den Zugriff erlauben. Die indviduellen Dateien brauchen ebenfalls Leserechte, die den Webserver einschließen. Um CGI- und andere Skripte ausführen zu können, müssen die Skripte und das entsprechende Verzeichnis Ausführungsrechte für den Webserver bekommen. Um Dateien in einem Verzeichnis erzeugen und modifizieren zu können, muß das Verzeichnis Schreibrechte gewähren. Das Verzeichnis, das *shop.cgi* enthält, braucht demnach Ausführungsrechte, sollte aus Sicherheitsgründen aber nicht durch den Webserver schreibbar sein.

Wenn Sie Ihr Skript auf einem Windows-Rechner installieren, dann werden Sie in Zeile 3 einen Windows-Pfad eintragen müssen. Dabei sollten Sie zum Trennen der Verzeichnisse im Pfad Vorwärtsstriche wie unter UNIX verwenden, nicht Rückwärtsstriche, wie sonst unter Windows üblich (diese werden von Perl als Escape-Zeichen interpretiert); zum Beispiel:

```
$orderdir = 'C:/Eigene Dateien/Onlineshop/Bestellungen/';
```

Damit können Sie loslegen. Stellen Sie sicher, daß das `ACTION`-Attribut in Zeile 276 von *\ch08\manager.html* den korrekten URL für *shop.cgi* enthält.

Das Skript für die CyberGrüße – greet.cgi

Beispiel C-2 ist das Skript für Kapitel 10. Dieses Skript liest die vom Benutzer übergebenen Informationen, erzeugt dann eine Datei mit unverwechselbarem Namen und schreibt den Code für den Gruß in die Datei. Danach gibt das Skript eine Bestätigungsseite an den Absender zurück, die ein HTML-Formular enthält. Durch das Abschicken dieses Formulars schickt der Absender eine E-Mail an den Empfänger. Diese E-Mail-Nachricht enthält einen Link auf die Datei, die *greet.cgi* gerade erzeugt hat. Die Datei steht dann zum Abruf bereit, wenn der Empfänger dem Link in seiner E-Mail-Nachricht folgt.

Das Skript einrichten

Ähnlich wie beim Skript für Kapitel 8 brauchen Sie eine Verzeichnisstruktur, um *greet.cgi* zu verwenden. Das Verzeichnis, in dem Sie *greet.cgi* unterbringen, muß dem Webserver-Benutzer Ausführungsrechte gewähren. Sie brauchen auch ein zweites Verzeichnis (diesmal innerhalb der Website), für das der Webserver Schreibrechte hat.

Wie ich in diesem Kapitel bereits erwähnt habe, sollten Sie wissen, daß Berechtigungen die Art des Zugriffs kontrollieren, den Benutzer auf Verzeichnisse und Dateien haben. Um beispielsweise einfache HTML-Dateien abrufen zu können, muß der Webserver-Benutzer für das Verzeichnis mit den HTML-Dateien Leserechte haben. Um CGI- und andere Skripte ausführen zu können, muß der Webserver Ausführungsrechte haben. Um Dateien in einem Verzeichnis erzeugen und modifizieren zu können, muß man Schreibrechte für das Verzeichnis haben.

Jetzt ist eigentlich eine gute Gelegenheit, sich anzusehen, wie Ihre Verzeichnisstruktur aussehen sollte. Nehmen wir an, daß Sie alle JavaScript-Dateien für diese Anwendung im Verzeichnis *public_html/* Ihres Webservers unterbringen und das Perl-Skript im Verzeichnis *public_html/cgi-bin/* ablegen. Dann sollte Ihre Verzeichnisstruktur so aussehen:

```
public_html/cgi-bin/
  greet.cgi
  public_html/greetings/
  public_html/images/
  public_html/
  index.html
  back.html
  front.html
```

public_html/ enthält die drei HTML-Dateien der client-seitigen Anwendung sowie die Unterverzeichnisse *cgi-bin/, greetings/* und *images/.cgi-bin/* enthält *greet.cgi, images/* enthält alle Icons und Hintergrundbilder, die der Benutzer oder die Benutzerin auswählt, um die CyberGrüße zu gestalten. Denken Sie daran, daß der auf der Client-Seite erzeugte Code hierher zeigt, um auf diese Grafiken zuzugreifen und sie für jeden Cybergruß herunterzuladen.

Das Verzeichnis *greetings/* ist am Anfang leer. Dort werden die Grußdateien mit dem einzigartigen Namen erzeugt und zum Herunterladen durch den Empfänger abgespeichert. Da die CyberGrüße hier erzeugt werden, braucht der Webserver Schreibrechte für dieses Verzeichnis. Wenn Sie diese Verzeichnisstruktur implementiert haben und alle Dateien an ihren Plätzen sind, sind Sie in der Lage, CyberGrüße zu versenden. Stellen Sie sicher, daß das ACTION-Attribut in Zeile 186 von *\ch10\front.html* den korrekten URL von *greet.cgi* enthält.

Einige Webserver-Hosts verlangen, daß Sie CGI-Skripte mit der Erweiterung *.pl* statt *.cgi* ausführen. Das ist keine große Angelegenheit. Benennen Sie die Datei einfach in *greet.pl* um.

Sehen wir uns das Skript als Abfolge von drei Aufgaben an:

1. Die formatierten Grüße werden aus dem eingereichten Formular übernommen.
2. Diese Informationen werden in einer Datei mit einzigartigem Namen gespeichert.
3. Eine Bestätigungsseite zur Rückgabe an den Browser wird zusammen mit einem E-Mail-Formular ausgegeben.

Wenn Sie sich diesen Code ansehen, denken Sie daran, daß Sie die Syntax nicht zu verstehen brauchen. Dies ist kein Perl-Buch. Versuchen Sie einfach, Schritt für Schritt zu verfolgen, was der Code macht.

Beispiel C-2: greet.cgi

```
#!/usr/bin/perl

require 'cgi-lib.pl';

$greetdir = '/users/jerry/public_html/greetings/';
$baseURL = 'http://www.yoursite.com/';

&ReadParse(*in);
$msg     = $in{'EntireMessage'};
$recip   = $in{'Recipient'};

unless ($recip =~ /\w+([\w.]*\w)*(\@\w+([\w.]*\w)*)?/) {
  print "Content-type: text/html\n\n";
  print <<INVALID;
<HTML>
<HEAD>
  <TITLE>Ihr personalisierter CyberGru&szlig;</TITLE>
</HEAD>
<BODY>
Die von Ihnen eingegebene E-Mail-Adresse $recip ist ung&uuml;ltig. Versuchen Sie es nochmal.
</BODY>
</HTML>
INVALID
exit(0);
}

$fileID = $$ . '_' . time();

open(FILE, ">greetings/greet$fileID.html") || die "No can do: $!";
select(FILE);
print <<GREETING;
```

Beispiel C-2: greet.cgi (Fortsetzung)

```
<HTML>
<HEAD>
  <TITLE>Ihr personalisierter CyberGru&szlig;</TITLE>
</HEAD>
<BODY>
  $msg
</BODY>
</HTML>
GREETING
close(FILE);
select(STDOUT);

print "Content-type: text/html\n\n";

print <<RESPONSE;

<HTML>
<HEAD>
  <TITLE>CyberGru&szlig;-Best&auml;tigung</TITLE>
</HEAD>
<BODY>
<TABLE WIDTH="500">
  <TR>
    <TD>
    <H2>Bravo!</H2>
    Sie haben erfolgreich einen CyberGru&szlig; f&uuml;r
           <B>$recip</B> angelegt. Sie m&uuml;ssen ihm oder ihr jetzt nur noch
           eine E-Mail senden, um ihn oder sie auf die Gru&szlig;karte
           aufmerksam zu machen. Klicken Sie einfach auf den Button unten, und
           die E-Mail wird abgeschickt.
    <CENTER>
    <FORM NAME="SendEmail" ENCTYPE="text/plain"
            ACTION="mailto:$recip?Subject=Ein CyberGruss fuer Sie!">
    <INPUT TYPE=HIDDEN NAME="Message"
            VALUE="Fuer Sie liegt ein CyberGruss vor. Sie koennen Ihn unter
            $baseURL/greetings/greet$fileID.html ansehen">
    <INPUT TYPE=SUBMIT VALUE="CyberGr&uuml;&szlig; abschicken">
    </FORM>
    </CENTER>
    <BR>
    Beim Absenden durch Ihre E-Mail-Software &uuml;ber Ihren Mailserver
    kann es zu Verz&ouml;gerungen kommen.
    <BR><BR>
    <A HREF="$baseURL/index.html">Zur&uuml;ck zu den CyberGr&uuml;&szlig;en</A>
    </TD>
  </TR>
</TABLE>
</BODY>
</HTML>

```

Beispiel C-2: greet.cgi (Fortsetzung)

```
82 RESPONSE
83
84 exit 0;
```

Die Grußinformationen übernehmen

Als erstes müssen wir an alle vom Benutzer übergebenen Daten kommen und sie in eine zugängliche Form bringen. Fangen wir mit den Zeilen 1 bis 8 an, die dem vorherigen Perl-Skript sehr ähnlich sehen:

```
#!/usr/bin/perl

require 'cgi-lib.pl';

$greetdir = '/users/jerry/public_html/greetings/';
$baseURL = 'http://www.yoursite.com/';

&ReadParse(*in);
```

Wie im Abschnitt über den »Online-Shop« bereits beschrieben, ist die erste Zeile diejenige, die dem Server sagt, wo er Perl findet. Zeile 3 weist Perl an, Code aus einer Bibliotheksdatei namens *cgi-lib.pl* mit einzubeziehen. Diese enthält die Perl-Subroutine `ReadParse()`, die die vom HTML-Formular übergebenen Informationen einliest.

`ReadParse()` liest die HTML-Formulardaten aus der Standardeingabe (STDIN) und speichert sie in einem assoziativen Array namens *%in,* wobei sie ein Arrayelement für jedes übergebene Formularelement erzeugt. Jedem Element wird ein Wert zugewiesen, der dem Wert der eingereichten Formularkomponente entspricht. Wenn wir uns alle Komponenten des HTML-Formulars in *\ch10\front.html* ansehen, dann bekommt *%in* die folgenden Elemente:

`$in{'EntireMessage'}-`
: Die vom Benutzer oder der Benutzerin eingegebene, formatierte Grußbotschaft.

`$in{'Recipient'}-`
: Die E-Mail-Adresse des Empfängers.

`$in{'Message'}-`
: Die ursprüngliche unformatierte Grußbotschaft, so wie sie der Benutzer oder die Benutzerin eingegeben hat. Wir brauchen sie aber nicht, weil wir bereits die formatierte Version in `$in{'EntireMessage'}` haben.

`$in{'Greetings'}-`
: Enthält den Namen des CyberGrußes, den der Absender mit der SELECT-Liste in *\ch10\front.html* ausgewählt hat.

Um diese Elemente einfacher referenzieren zu können, weist das Skript ihre Werte einigen Variablen mit kürzeren Namen zu. Wir brauchen aber nur zwei davon. Sie finden sie in den Zeilen 9 bis 10:

```
$msg     = $in{'EntireMessage'};
$recip   = $in{'Recipient'};
```

Danach prüft das Skript mit einem regulären Ausdruck, ob die angegebene Empfängeradresse auch tatsächlich das Format einer E-Mail-Adresse hat. Das ist ein Sicherheitscheck, der hier eigentlich unnötig ist. Wenn Sie Ihr Skript aber einmal so erweitern wollen, daß Ihr Server die E-Mail selbst an den Empfänger schickt, empfiehlt es sich, vorher das Format der Empfängeradresse zu überprüfen, da sich in dieser sonst ein bösartiger Kommandostring verbergen läßt, der unter Umständen zusammen mit dem externen Mailprogramm aufgerufen werden könnte. Generell ist es eine gute Idee, bei CGI-Skripten zu überprüfen, daß alle Eingabefelder auch tatsächlich die Sorte Daten enthalten, die wir erwarten. Hier ist es allerdings mehr eine Höflichkeitsleistung für unsere Benutzer. Sie findet in den Zeilen 12 bis 25 statt:

```
unless ($recip =~ /\w+([\w.]*\w)*(\@\w+([\w.]*\w)*)?/) {
  print "Content-type: text/html\n\n";
  print <<INVALID;
<HTML>
<HEAD>
  <TITLE>Ihr personalisierter CyberGru&szlig;</TITLE>
</HEAD>
<BODY>
Die von Ihnen eingegebene E-Mail-Adresse $recip ist ung&uuml;ltig. Versuchen Sie
es nochmal.
</BODY>
</HTML>
INVALID
exit(0);
}
```

Die Grußbotschaft in einer Datei mit einzigartigem Namen speichern

Wir haben jetzt alle Informationen, die wir zur Ausgabe des CyberGrußes in eine Datei benötigen. Wir müssen nur eine unverwechselbare Textdatei erzeugen und den entsprechenden HTML-Code an sie ausgeben. Sehen Sie sich die Zeilen 27 bis 41 an:

```
$fileID = $$ . '_' . time();

open(FILE, ">greetings/greet$fileID.html") || die "No can do: $!";
select(FILE);
print <<GREETING;
<HTML>
<HEAD>
  <TITLE>Ihr personalisierter CyberGru&szlig;</TITLE>
</HEAD>
<BODY>
  $msg
</BODY>
</HTML>
GREETING
close(FILE);
```

Diese Codezeilen erzeugen im Verzeichnis *greetings/* eine neue Datei mit der Prozeßnummer und einem Zeitstempel als Teil des Dateinamens. Der genaue Dateiname hängt von Ihrem Betriebssystem ab. Nachdem die Datei erzeugt wird, schreibt Perl etwas HTML-Code sowie den aus dem *EntireMessage*-Formularfeld in *front.html* stammenden und jetzt in der Variable *$msg* gespeicherten DHTML-Code in die Datei.

Der Code `<<GREETING` bezeichnet etwas, das *here string* genannt wird; das ist im Prinzip ein mehrzeiliger String, der zwischen zwei Bezeichnern liegt. Der Bezeichner ist in diesem Fall `GREETING`. *Here strings* sind praktisch, weil Sie sich nicht um Zeilenumbrüche und einzelne oder doppelte Anführungszeichen kümmern müssen. Sie verwenden sie einfach so, als ob Sie einen Brief schreiben. Auf diese Weise gibt Perl aus, was sich zwischen `GREETING` und `GREETING` befindet. Sie tippen einfach drauflos. Beachten Sie, daß Variablen interpretiert werden. Mit anderen Worten: *$msg* gibt nicht »$msg« aus, sondern die formatierte Grußbotschaft.

Das ist es auch schon. Das Skript schließt die Datei in Zeile 41. Damit kann sie vom Empfänger eingesehen werden.

Ausgabe einer Bestätigungsseite

Jetzt müssen wir nur noch eine Bestätigungsseite an der Absender zurückschicken. Diese Seite enthält ein HTML-Formular, das beim Abschicken eine Ankündigung des CyberGrußes und den zum Abholen notwendigen URL an den Empfänger schickt. Zeilen 44 bis 82 kümmern sich darum.

Zeile 44, `print "Content-type: text/html\n\n"`, gibt einen HTTP-Header aus. Dieser spezielle Header zeigt dem Browser den MIME-Typ an, der angibt, welche Art Daten der Browser erwarten kann.

Sie können in den Zeilen 46 und 82 sehen, daß `RESPONSE` einen weiteren *here string* umschließt. Beachten Sie die fettgedruckten Variablen:

```
print "Content-type: text/html\n\n";

print <<RESPONSE;

<HTML>
<HEAD>
  <TITLE>CyberGru&szlig;-Best&auml;tigung</TITLE>
</HEAD>
<BODY>
<TABLE WIDTH="500">
  <TR>
    <TD>
    <H2>Bravo!</H2>
    Sie haben erfolgreich einen CyberGru&szlig; f&uuml;r
          <B>$recip</B> angelegt. Sie m&uuml;ssen ihm oder ihr jetzt nur noch
          eine E-Mail senden, um ihn oder sie auf die Gru&szlig;karte aufmerk-
          sam zu machen. Klicken Sie einfach auf den Button unten, und die E-
          Mail wird abgeschickt.
```

```
    <CENTER>
    <FORM NAME="SendEmail" ENCTYPE="text/plain"
      ACTION="mailto:$recip?Subject=Ein CyberGruss fuer Sie!">
    <INPUT TYPE=HIDDEN NAME="Message"
      VALUE="Fuer Sie liegt ein CyberGruss vor. Sie koennen Ihn unter
      $baseURL/greetings/greet$fileID.html ansehen">
    <INPUT TYPE=SUBMIT VALUE="CyberGr&uuml;&szlig; abschicken">
    </FORM>
    </CENTER>
    <BR>
    Beim Absenden durch Ihre E-Mail-Software &uuml;ber Ihren Mailserver
    kann es zu Verz&ouml;gerungen kommen.
    <BR><BR>
    <A HREF="$baseURL/index.html">Zur&uuml;ck zu den CyberGr&uuml;&sz
    lig;en</A>
    </TD>
  </TR>
</TABLE>
</BODY>
</HTML>

RESPONSE
```

Der Code besteht zum größten Teil aus HTML, das dem Absender bestätigt, daß der CyberGruß erfolgreich erstellt wurde und eine Anleitung zum Absenden der E-Mail gibt. Sehen Sie sich die Zeilen 63 bis 69 näher an. Das ist das Formular, das für das Senden der E-Mail an den Empfänger verantwortlich ist:

```
<FORM NAME="SendEmail" ENCTYPE="text/plain"
  ACTION="mailto:$recip?Subject=Ein CyberGruss fuer Sie!">
<INPUT TYPE=HIDDEN NAME="Message"
  VALUE="Fuer Sie liegt ein CyberGruss vor. Sie koennen Ihn unter
  $baseURL/greetings/greet$fileID.html ansehen">
<INPUT TYPE=SUBMIT VALUE="CyberGr&uuml;&szlig; abschicken">
</FORM>
```

Das Skript gibt ein Formular mit einem `mailto:`-Protokoll im `ACTION`-Attribut aus und setzt `ENCTYPE` auf `text/plain`. Dieses Formular hat ein verstecktes Feld namens *Message*, es enthält die Ankündigung des CyberGrußes und den URL, unter dem der Empfänger auf ihn zugreifen kann. Der URL wird aus den Variablen *$baseURL* und *$fileID* konstruiert.

Das Formular hat auch einen Button zum Abschicken der E-Mail. Solange der E-Mail-Client im Browser des Absenders richtig konfiguriert ist, bringt das die E-Mail auf den Weg (obwohl der Absender noch aufgefordert wird, das zu bestätigen).

Index

D

J

P

Q

Über den Autor

Jerry Bradenbaugh ist ein erfahrener Web-Entwickler und technischer Berater in Los Angeles, Kalifornien. Seine Website *HotSyte-The JavaScript Resource* gab es bereits als JavaScript noch in den Kinderschuhen steckte – womit sie eine der ältesten JavaScript-Ressourcen im Internet ist. Jerry Bradenbaugh hat außerdem an der Entwicklung von Enterprise-Applikationen für Netscape und die First Union National Bank mitgearbeitet.

Über den Übersetzer

Ulrich Günther lebt in Auckland, Neuseeland, und ist dort als Web-Entwickler, technischer Übersetzer und Berater mit seiner Firma *Technology Transfer Consulting* sowie als Dozent an der University of Auckland tätig.

Kolophon

Auf dem Einband von *JavaScript Kochbuch für Web-Anwendungen* ist ein Flußpferd (Hippopotamus amphibus) dargestellt. Der wissenschaftliche Name *Hippopotamus* kommt aus dem Griechischen und bedeutet übersetzt ebenfalls *Flußpferd*. Die Tiere sind in verschiedenen Regionen Afrikas beheimatet, wo sie in Flüssen und den angrenzenden Graslandschaften leben. Die großen, unbeholfen erscheinenden Tiere bewegen sich im Wasser, wo sie sich die meiste Zeit des Tages aufhalten, erstaunlich anmutig. Nachts verlassen die Flußpferde das Wasser, um zu fressen. Ihre pflanzliche Nahrung besteht überwiegend aus Gras, bis zu 75 Kilogramm pro Tag, sowie einigen Wasserpflanzen und Fallobst. Abgesehen vom Menschen haben ausgewachsene Flußpferde keine natürlichen Feinde. Sie werden von ihm als Nahrung und wegen ihrer Elfenbeinartigen Zähne und ihres Felles bejagt.

Flußpferde, die bis zu 40 Jahren alt werden, erzielen die beachtliche Größe von fast 1,50 Meter Schulterhöhe und beinahe 4 Meter Länge. Sie erreichen dann ein Gewicht von 3000 bis 4000 Kilogramm. Ihr Körper ist von einer relativ unbehaarten, grau-braunen Haut bedeckt, die ein rötliches Öl ausscheidet, das die Haut feuchthält und fälschlicherweise oft für Blut gehalten wird. Die Nasenlöcher, Ohren und Augen des Flußpferdes sind nahe an der Kopfoberseite angeordnet, so daß das Tier auch dann noch atmen, hören und sehen kann, wenn es fast komplett untergetaucht schwimmt oder auf dem Gewässergrund entlangläuft. Einige der im Feuchtgebiet beheimateten Tiere sitzen häufig auf dem Rücken von Flußpferden, so zum Beispiel Krokodile, Schildkröten und Vögel.

Edie Freedman hat den Umschlag dieses Buches gestaltet und dabei einen Stich des Dover Pictorial Archive aus dem 19. Jahrhundert benutzt. Das Titellayout wurde von Kathleen Wilson mit Quark XPress 3.32 und ITC Garamont erstellt.

World Wide Web

JavaScript – Das umfassende Referenzwerk

David Flanagan
720 Seiten, 1997, 69,- DM
ISBN 3-930673-56-8

David Flanagan dokumentiert ausführlich die Programmiersprache JavaScript und liefert viele ausgefeilte Programmbeispiele. Er beschreibt außerdem in einem vollständigen Referenzteil detailliert alle Funktionen, Objekte, Methoden, Eigenschaften und Event-Handler von JavaScript. Die deutsche Übersetzung behandelt die Versionen 1.0 und 1.1 von JavaScript, die von Netscape Navigator 2.0 und 3.0 und Microsoft Internet Explorer 3.0 unterstützt werden, sowie die JavaScript-Version 1.2, die von Netscape Navigator 4.0 unterstützt wird.

JavaScript Kochbuch für Web-Anwendungen

Jerry Bradenbaugh
512 Seiten, 2000, 74,- DM
ISBN 3-89721-162-9

Das Kochbuch stellt zehn gebräuchliche Web-Anwendungen vor. JavaScript-Interessierte vertiefen mit Hilfe dieser Beispiele ihre Programmierkenntnisse und können die Lösungen rasch anpassen und für eigene Webprojekte nutzen.

JavaScript – kurz & gut

David Flanagan
98 Seiten, 1998, 14,80 DM
ISBN 3-89721-208-0

Eine kompakte Referenz aller Funktionen, Objekte, Methoden, Eigenschaften und Event-Handler von JavaScript in der Version 1.2. Der Referenz ist eine Beschreibung des client-seitigen Einsatzes der beliebten Skriptsprache u.a. mit Blick auf die Gestaltung von Fenstern, Frames, Formularen und Events vorangestellt.

Apache – Das umfassende Referenzwerk

Ben Laurie & Peter Laurie
408 Seiten, 1999, 74,- DM
ISBN 3-89721-127-0

Apache ist der weltweit meistgenutzte Server. Dieses Buch ist ein komplettes Nachschlagewerk zu Apache 1.3 und enthält umfassende Beschreibungen zur Installation des Web-Servers, zur Konfiguration für Unix und Windows, zu Apache-Modulen und zum Thema Sicherheit.

HTML – Das umfassende Referenzwerk, 2. Auflage

Chuck Musciano & Bill Kennedy
624 Seiten, 1999, 69,- DM
ISBN 3-89721-102-5

HTML – Das umfassende Referenzwerk erklärt die Syntax, die Semantik und den Einsatz von Stilelementen von HTML. Es behandelt die Version 4.0 des HTML-Standards, einschließlich aller gängigen Erweiterungen von Netscape und Microsoft.

HTML – kurz & gut

Jennifer Niederst
96 Seiten, 2000, 14,80 DM
ISBN 3-89721-214-5

Eine umfassende Referenz aller HTML-Tags von HTML 4.0, Navigator und Internet Explorer, ergänzt um Übersichten über Tag-Gruppen, Tag-Strukturen, Zahlenkonvertierung, Zeichenbeschreibungen (Character Entities) sowie Farbnamen und -werte.

CGI-Programmierung im World Wide Web

Shishir Gundavaram
478 Seiten, 1996, 69,- DM
ISBN 3-930673-43-6

Dieses Buch erklärt anhand vieler Beispiele den Einsatz von CGI und damit verbundener Technologie. Die meisten Beispiele basieren auf Unix und verwenden die am häufigsten verwendete Sprache für CGI-Programmierung: Perl. Aber auch für den Einsatz von CGI auf anderen Plattformen und mit anderen Programmiersprachen erfährt der Leser alles Notwendige.

CGI – kurz & gut

Linda Mui
104 Seiten, 1999, 12,80 DM
ISBN 3-89721-218-8

CGI – kurz & gut ist eine separate Veröffentlichung des CGI-Teils aus Perl in a Nutshell. Nach einer kurzen Einführung in CGI und einem Überblick über die Umgebungsvariablen für CGI werden im Referenzteil ausführlich das Perl-Modul CGI.pm und das Apache-Modul mod_perl sowie das Einbetten von Perl in HTML behandelt.

O'REILLY®

anfragen@oreilly.de • http://www.oreilly.de • +49 (0)221-97 31 60-0

Linux

Linux in a Nutshell, 2. Auflage

Ellen Siever & die Mitarbeiter von O'Reilly
634 Seiten, 1999, 59,- DM
ISBN 3-89721-116-5

Linux in a Nutshell ist das Nachschlagewerk für Benutzer, Programmierer und Systemadministratoren und beschreibt alle wichtigen Befehle, die in den verbreitetsten Linux-Distributionen enthalten sind.

Linux – Wegweiser für Netzwerker

Olaf Kirch
394 Seiten, 1996, 59,- DM
ISBN 3-930673-18-5

Dieser Wegweiser behandelt alle für die Vernetzung grundlegenden Softwarepakete unter Linux. Besprochen wird neben einigen Hardware-Fragen wichtige Netzwerksoftware (UUCP, SLIP und PPP, NFS und NIS, mail, TCP/IP) sowie die Konfiguration eines Netzes und serieller Peripherie.

Linux-Gerätetreiber

Alessandro Rubini
464 Seiten, 1998, 69,- DM
ISBN 3-89721-122-X

Dieses Buch richtet sich an alle, die unter Linux periphere Geräte unterstützen oder neue Hardware entwickeln wollen. Es erklärt Schritt für Schritt, wie man Treiber für eine große Bandbreite an Geräten schreibt, liefert viele Beispiele, die man sofort anpassen und einsetzen kann, und gibt Einblick in die Interna des Linux-Kernels.

Linux – Wegweiser für Onliner

Michael Renner
278 Seiten, 1999, 54,- DM
ISBN 3-89721-132-7

Linux ist ein ideales Betriebssystem für all jene, die intensiv das Internet nutzen möchten. Dieses Praxisbuch zeigt Linux-Onlinern, wie sie ihr System komfortabel einrichten, Arbeitsschritte automatisieren, vorhandene Leistungskapazität möglichst optimal ausnutzen und so Onlinezeiten verkürzen.

Linux – Wegweiser zur Installation & Konfiguration, 3. Auflage

Matt Welsh, Matthias Kalle Dalheimer & Lar Kaufman
848 Seiten, 2000, 69,- DM
ISBN 3-89721-133-5

Dieser Wergweiser erklärt Ihnen alles, was Sie wissen müssen, um Linux zu verstehen, es zu installieren und um damit arbeiten zu können. Neben einer umfassenden Installationsanleitung enthält das Buch u.a. eine Einführung in Unix, Hinweise zur System- und Netzwerkverwaltung, einen Überblick über X Windows sowie Informationen über Kernel-Updates, Werkzeuge für die Programmierung und jetzt auch Kapitel zu KDE und Samba.

Linux – Wegweiser zur Programmierung & Entwickung

Matthias Kalle Dalheimer
484 Seiten, 1997, 59,- DM
ISBN 3-930673-77-0

Dieses Buch richtet sich an Programmierer und Software-Entwickler, die sich einen Überblick über die Vielfalt der Programmierwerkzeuge unter Linux verschaffen wollen: Es ist keine Anleitung zum Programmieren, sondern soll helfen, die interessantesten Sprachen und Tools kennenzulernen und die geeignetsten auszuwählen.

KDE – Anwendung und Programmierung

Matthias Kalle Dalheimer & Tanja Dalheimer
322 Seiten, 1999, 59,- DM
ISBN 3-89721-131-9

Mit KDE wird dem Anwender von UNIX-Systemen ein Desktop geboten, dessen Funktionalität, Konsistenz und Anwenderfreundlichkeit weit über die traditionellen Linuxoberflächen hinausgeht. Kalle Dalheimer, einer der Hauptentwickler von KDE, zeigt, wie Sie den Desktop an Ihre Bedürfnisse anpassen und sogar eigene KDE-Programme schreiben können.

Kontaktieren Sie uns

1. Besuchen Sie uns auf unserer Homepage

http://www.oreilly.de/

- Ankündigungen von Neuerscheinungen
- Gesamtkatalog der englischen und deutschen Titel
- Probekapitel und Inhaltsverzeichnisse unserer Bücher

2. Tragen Sie sich in unsere Mailingliste ein

Neuerscheinungen

Wenn Sie automatisch per E-Mail über Neuerscheinungen informiert werden möchten, schicken Sie eine E-Mail an: *majordomo@oreilly.de*
Setzen Sie die folgende Information in die erste Zeile Ihrer Nachricht (nicht in die Subject-Zeile):

- für Informationen über neue englische Titel: *subscribe ora-news* + Ihre E-Mail-Adresse
- für Informationen über neue deutsche Titel: *subscribe oreilly-aktuell* + Ihre E-Mail-Adresse

Oder füllen Sie einfach das entsprechende Formular auf unserem Web-Server aus:

- http://www.oreilly.de/oreilly/majordomo.form.html

3. Bestellen Sie unseren gedruckten Katalog

- über unseren Web-Server: *http://www.oreilly.de/oreilly/katalog.html*
- oder per Post, telefonisch oder per Fax

4. Beziehen Sie die Beispiele aus unseren Büchern (per FTP)

- ftp an:
  ftp.oreilly.de
  (login: *anonymous*
  password: Ihre E-Mail-Adresse)

- oder mit Ihrem Web-Browser über:
  ftp://ftp.oreilly.de/

5. Treten Sie mit uns per E-Mail in Kontakt

- *anfragen@oreilly.de*
  für generelle Anfragen und Informationen

- *order@oreilly.de*
  für Bestellungen

- *kommentar@oreilly.de*
  für Anmerkungen zu unseren Büchern

- *proposals@oreilly.de*
  um Manuskripte und Buchvorschläge an uns zu senden

- *presse@oreilly.de*
  für Journalisten, die mehr über uns oder unsere Bücher erfahren möchten

O'Reilly Verlag GmbH & Co. KG
Balthasarstraße 81, 50670 Köln
Tel. 49 (0)221/973160-0 • (9 bis 18 Uhr)
Fax 49(0)221/973160-8